Das große Hüttenwanderbuch

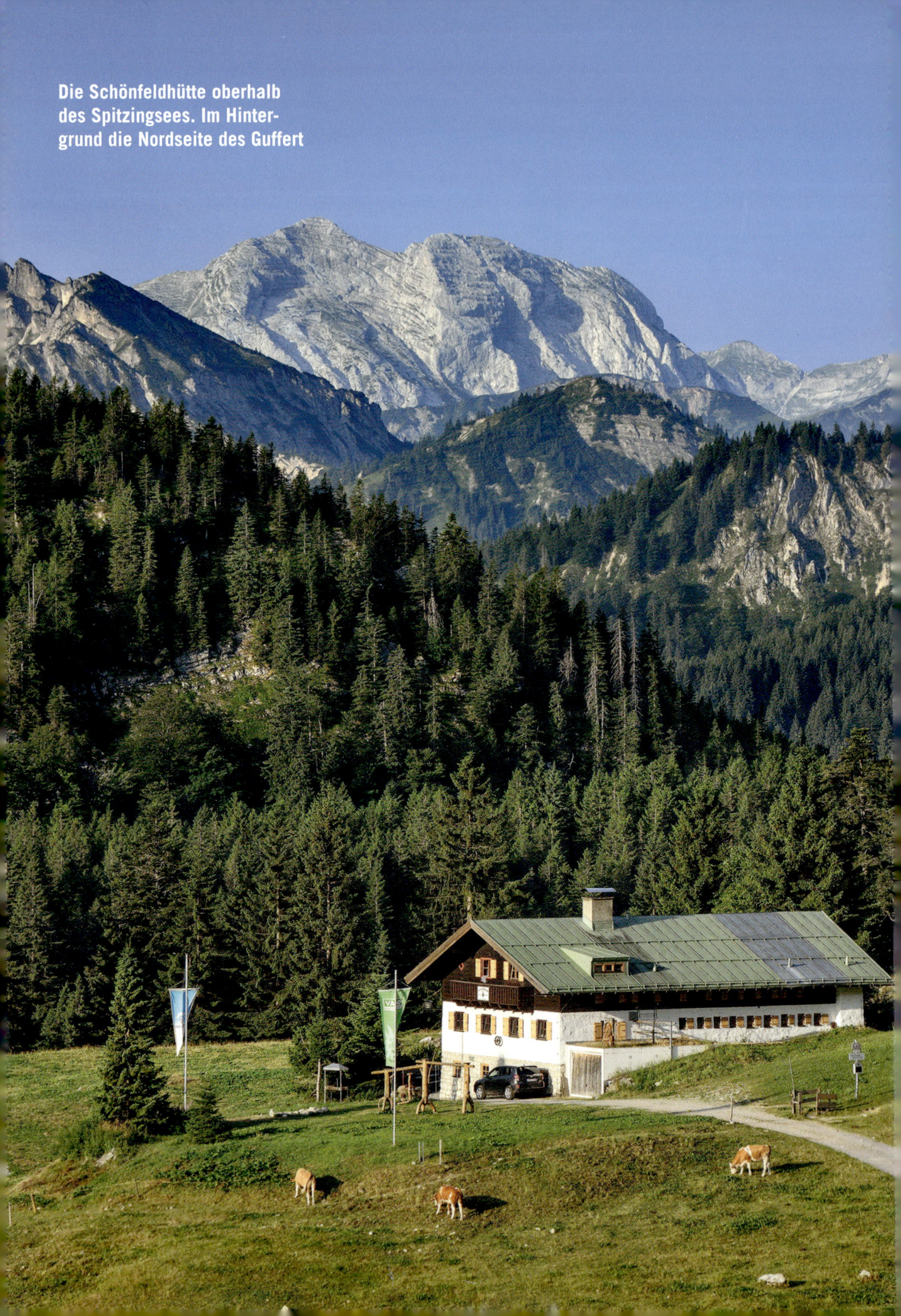

Die Schönfeldhütte oberhalb des Spitzingsees. Im Hintergrund die Nordseite des Guffert

Heinrich Bauregger

Das große HÜTTEN WANDERBUCH

Genusstouren zu 100 Hütten und ihren Gipfeln zwischen Berchtesgaden und Allgäu

BRUCKMANN

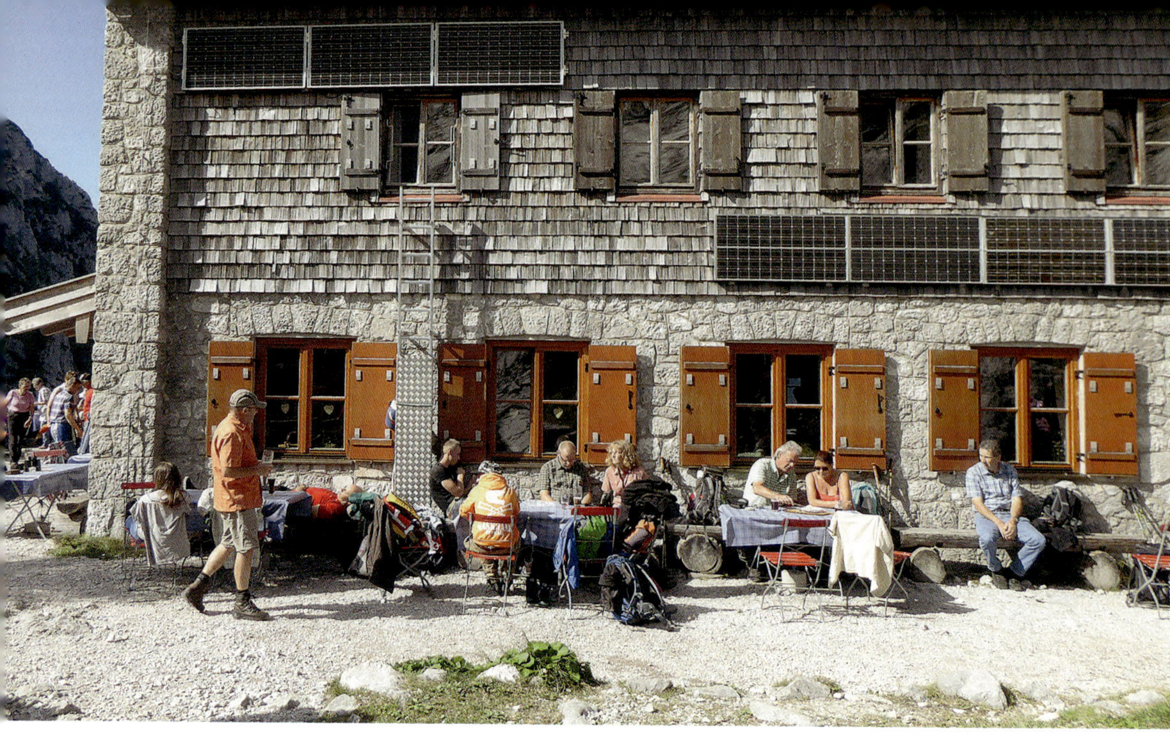

Die windgeschützte Terrasse der Blaueishütte, dem einzigen Stützpunkt im Hochkaltermassiv

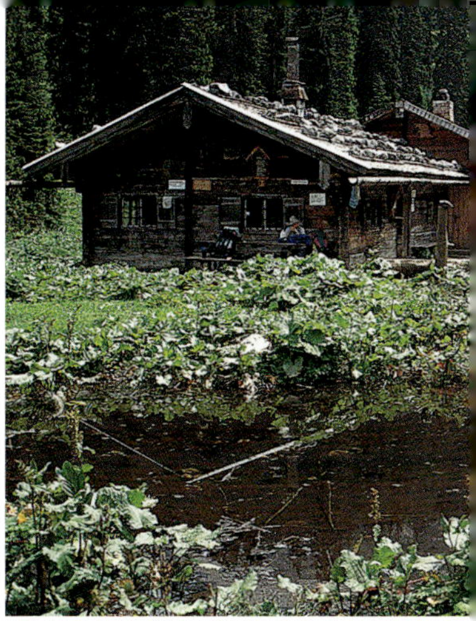

Die einfach bewirtschaftete Wasseralm in der Röth ist ein wichtiger Stützpunkt für Touren hoch über dem Königssee.

Karrenfelder am Großen Hinterhorn in den Loferer Steinbergen

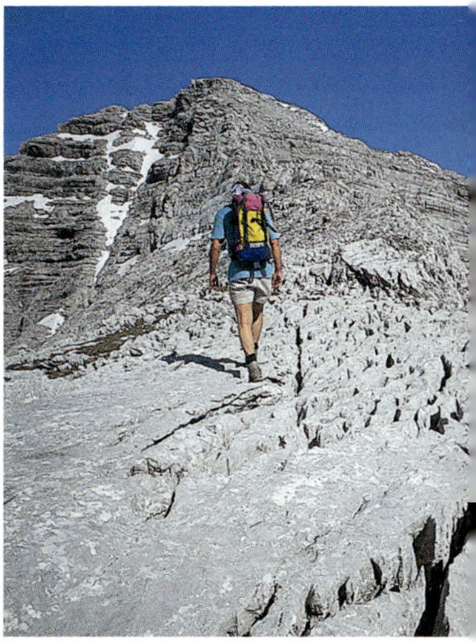

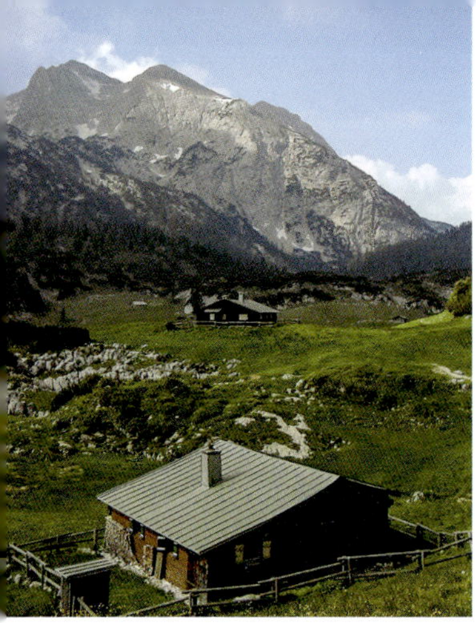

Auf dem Hochplateau der Reiter Alm: Das Kleine und das Große Häuselhorn sind die beliebtesten Hüttengipfel der Neuen Traunsteiner Hütte.

Der Blick aus dem Kaisertal gegen die gewaltige Nordwestwand der Kleinen Halt.

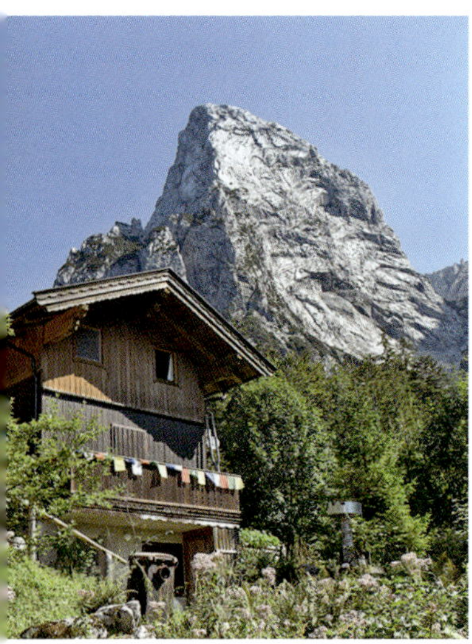

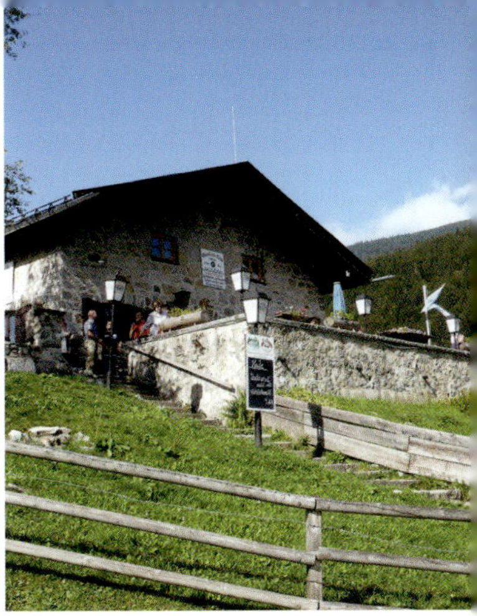

Die ganzjährig bewirtschaftete Albert-Link-Hütte im Spitzingseegebiet

Almidyll bei der Königsalm, die wir beim Anstieg zur Blaubergalm und zur Halserspitz passieren.

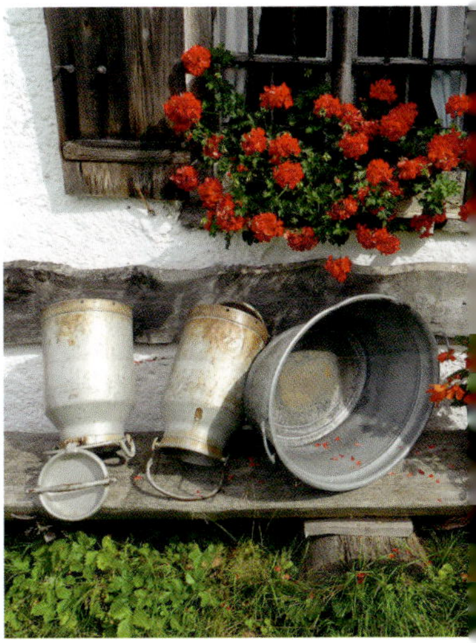

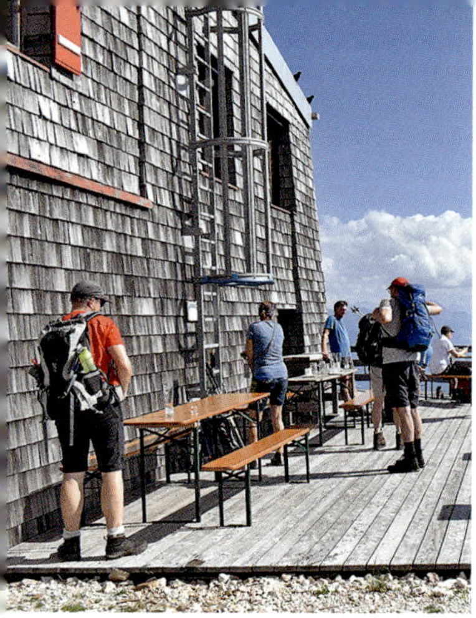

Viele Hütten haben einen Freisitz, um die wärmende Sonne zu genießen – wie hier am Stöhrhaus.

Die Tölzer Hütte am Gipfelfuß des Scharfreiter

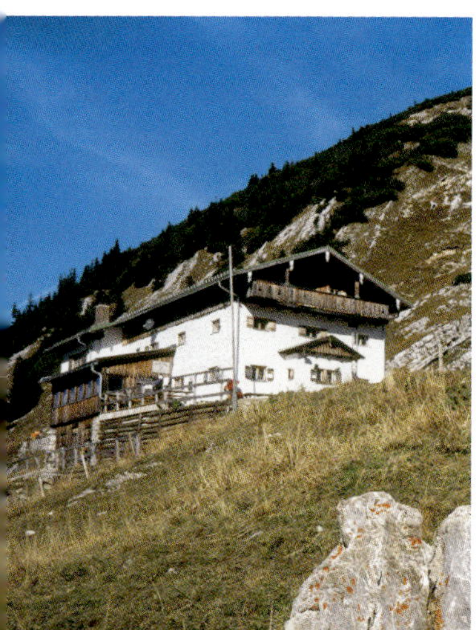

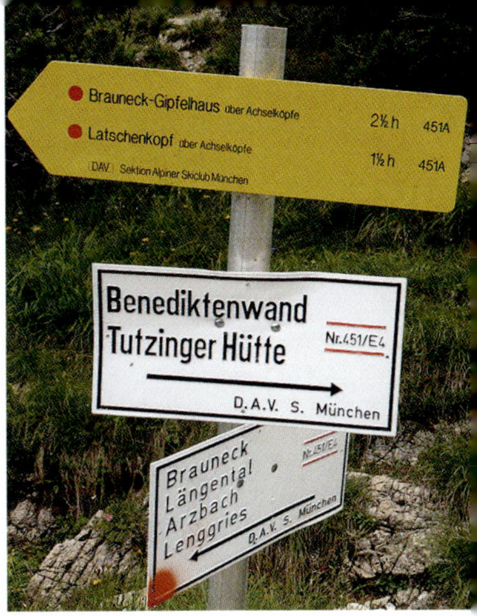

Die meisten Hüttenzugangswege sind bestens ausgeschildert.

Etwas oberhalb der Reintalangerhütte führt ein Steg über die Partnach.

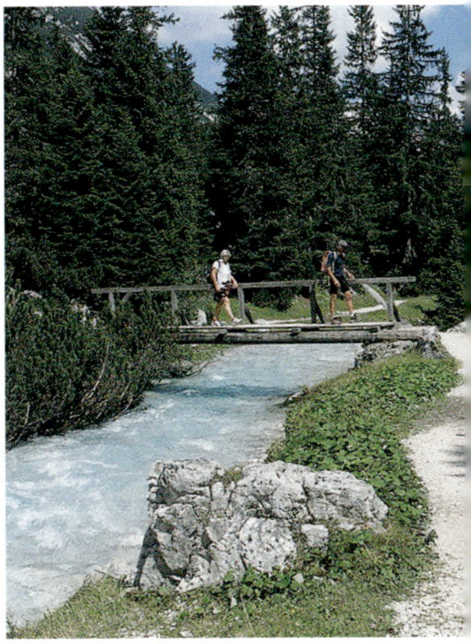

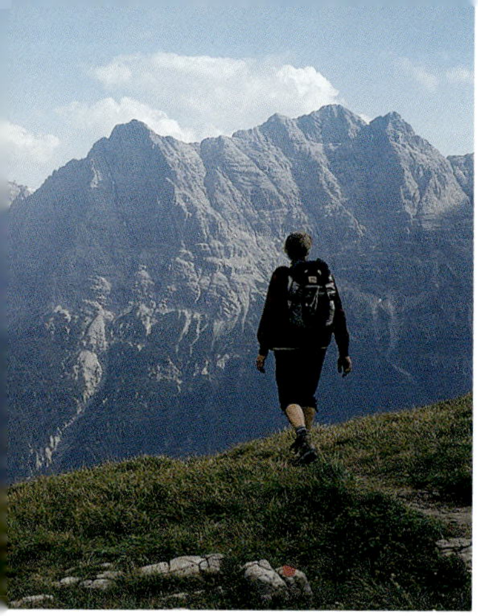

Blick über das Hornbachtal auf Urbeleskarspitze und Bretterspitze

Die Köllenspitze (manchmal auch »Kellespitze« genannt) ist der höchste Gipfel der Tannheimer Berge.

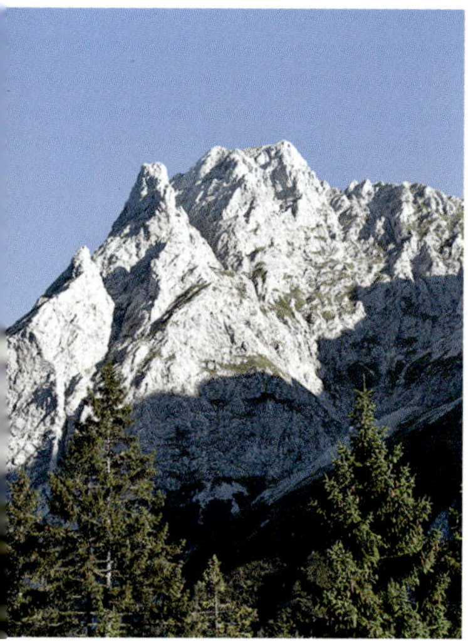

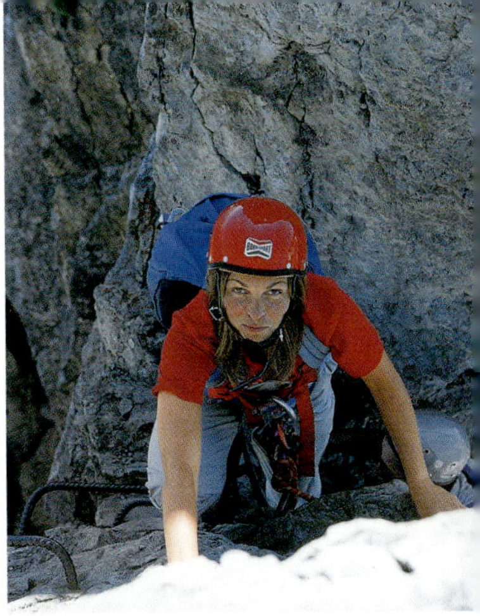

Der gut gesicherte Mindelheimer Klettersteig ist eine Herausforderung auch für geübte Bergsteiger.

Die Enzianhütte am Anstiegsweg zur Rappenseehütte ist seit 1930 als private Unterkunftshütte in Betrieb.

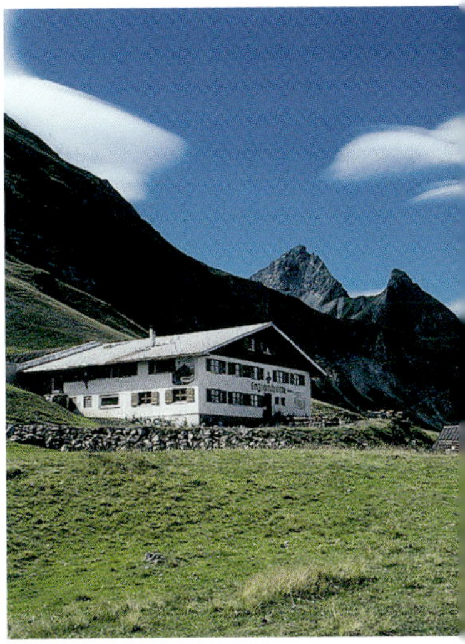

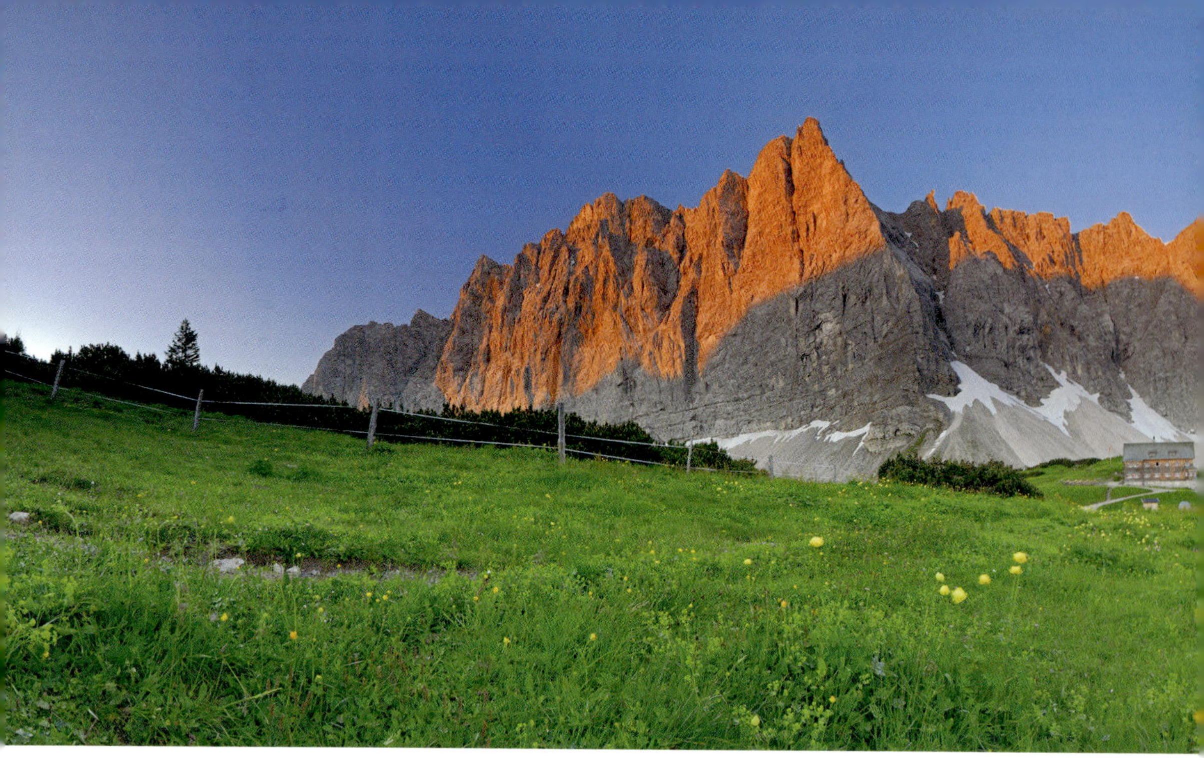

Vorwort

Die Bayerischen Alpen zwischen Berchtesgaden und dem Allgäu sind ein nahezu unerschöpfliches Wanderparadies. Neben der durch die Alm- und Forstwirtschaft geschaffenen Infrastruktur sind es vor allem die Leistungen des Deutschen und des Österreichischen Alpenvereins sowie der Touristenverein der Naturfreunde, die die grundlegende Infrastruktur für den Bergtourismus geschaffen haben – sei es in Form von Hüttenbauten, sei es durch Anlegen und Markieren von Wanderwegen und Bergsteigen.

Die Freude an den Bergen liegt nicht zwangsläufig im Besteigen von mehr oder weniger hohen Gipfeln, bei vielen Wanderern »gipfelt« das Berg- und Landschaftserlebnis im Erreichen einer schützenden Hütte oder Alm. Und wenn dann auch noch eine Portion Gastlichkeit und ein deftiges Essen hinzukommen, ist das Glück für die meisten vollkommen. Die Zeiten, in denen mit Proviant prall gefüllte Rucksäcke die Berge hochgeschleppt wurden, sind zum Glück vorbei. Bewirtschaftete Hütten und Almen haben sich auf die neuen Bedürfnisse eingestellt, und beide – Wanderer wie Betreiber – ziehen ihren Vorteil aus dieser Entwicklung.

Zum runden Bergerlebnis gehören aber neben dem allgemeinen Landschaftserlebnis auch Sonnenunter- und Sonnenaufgänge. Und wo ließen sich diese besser genießen als auf einer aussichtsreich gelegenen Berghütte. Bergwanderer – und besonders auch die Kinder – werden von Hüttenabenden begeistert sein. Dort ergeben sich neue Kontakte, Gelegenheiten für Gemeinschaftsspiele, und die Musikabende sind zweifellos authentischer als im Gasthaus zu Hause.

In diesem Band werden die schönsten und attraktivsten 100 Hütten in den Bayerischen Alpen vorgestellt; darüber hinaus über 300 weitere Hütten, bewirtschaftete

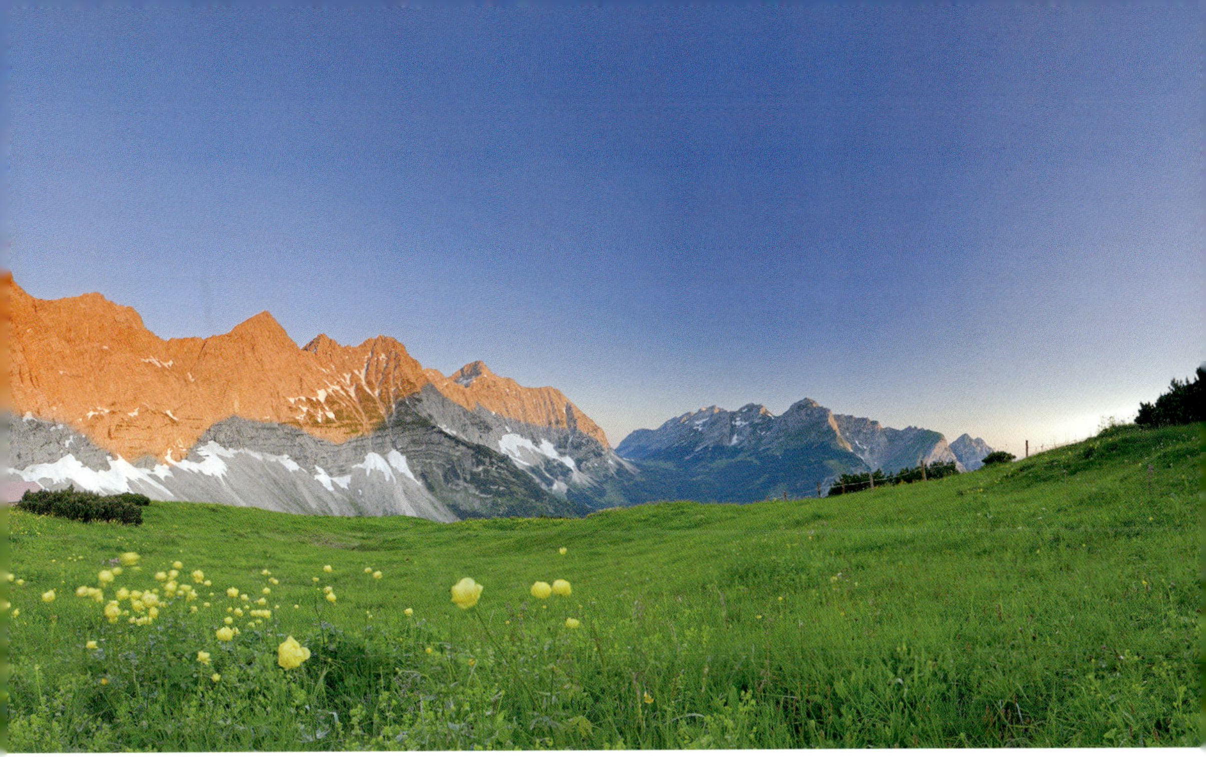

Die Laliderer Wände im frühen Morgenlicht, deutlich zu erkennen die markante Laliderer-Nordkante; im Vordergrund die traditionsreiche Falkenhütte

Almen und Berggasthäuser mit detaillierten Angaben, die zusätzlich als Übernachtungsmöglichkeiten für Bergwanderer und Bergsteiger von Bedeutung sind. Und zwar mit all ihren Zugangswegen; so haben wir die Möglichkeit aus allen Himmelsrichtungen anzufahren und – soweit existent – einen gut bezeichneten und instand gehaltenen Aufstieg zu den Hütten vorzufinden. Porträtiert werden – mit wenigen Ausnahmen – ausschließlich Bergwanderstützpunkte, in denen auch eine Übernachtungsmöglichkeit gegeben ist. Damit liegt hier ein konkurrenzloses Kompendium für Bergwanderer für den Bereich der Bayerischen Alpen vor.

Die in diesem Band beschriebenen Alm- und Hüttenwege sind leicht zu begehen. Die als Anschlussprogramm empfohlenen Hüttengipfel können in der Regel ebenfalls leicht erwandert werden, einige von ihnen stellen jedoch höhere Anforderungen an das Können und die Ausdauer der Wanderer. Das ergibt sich zum Teil aus der Lage der Hütten, zum Teil aber auch dadurch, dass es sich um besonders attraktive Gipfel handelt. Die Fülle dieses Angebots ermöglicht ein ideales Kombinieren mehrerer Hüttenanstiegswege zu Rundtouren sowie zu Gebirgsüberschreitungen. Verbindungswege zwischen den Hütten werden erwähnt und kurz beschrieben, wenn sich daraus sinnvolle Hüttenrundtouren zusammenstellen lassen.

Wer also die Bergnatur im Rhythmus eines gesamten Tages von frühmorgens bis spät in die Nacht erleben will, wird in diesem Band zahllose Anregungen finden. Ich wünsche allen Bergfreunden, die sich die Bayerischen Hausberge von Hütte zu Hütte und von Gipfel zu Gipfel erwandern wollen, genussreiche Tage und erholsame Nächte. Wenn das kein Weckruf ist, dies einmal vor Ort selbst zu überprüfen?

Ihr
Heinrich Bauregger, München im Frühjahr 2021

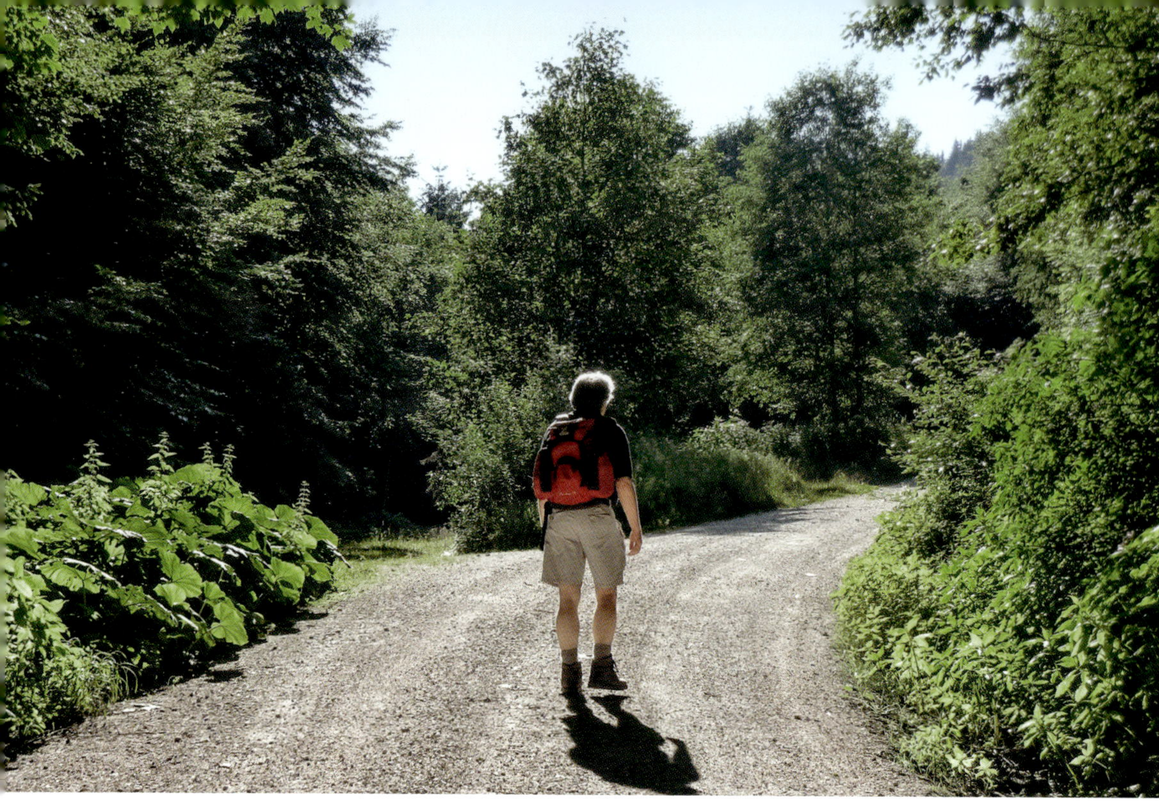

Nicht jeder Hüttenzugang erfolgt über einen Hüttenfahrweg; manchmal handelt es sich durchaus um anspruchsvolle Bergwanderungen.

Einleitung

Anfahrt

Das Wandergebiet zwischen Berchtesgaden und Allgäu ist mit einem guten Straßennetz versehen, das aber trotz seiner Dichte – besonders am Wochenende, wenn sich ein jeder in die Berge aufmacht – oft überlastet ist. Überall dort, wo die Anreise mit öffentlichen Verkehrsmitteln sinnvoll erscheint, wird im Anhang zu den Anfahrtswegen der jeweiligen Hüttentour darauf hingewiesen (Bahn/Bus). Für die Anreise mit dem Auto wird bei den jeweiligen Hüttenwegen jeweils der nächstgelegene Parkplatz angegeben; da heutzutagenahezu jeder Wanderparkplatz gebührenpflichtig ist, wurde auf diese Hinweise verzichtet.
Folgende Bahnlinien erleichtern den Weg in die Berge: München – Freilassing – Berchtesgaden mit Anschluss nach Ruhpolding; München – Kiefersfelden; München – Bayerischzell; München – Tegernsee; München – Lenggries; München – Kochel; München – Garmisch-Partenkirchen – Mittenwald; München – Oberammergau; Augsburg – Pfronten; Augsburg – Kempten – Oberstdorf.

Anforderungen

Die Anstiegswege zu den in diesem Band vorgestellten Hütten führen in der Regel über gut instand gehaltene Wege und Steige; sie sind meist ausgeschildert bzw. markiert und leicht. Einige der Routen – besonders bei den Gipfelabstechern – erfordern jedoch Trittsicherheit und Schwindelfreiheit. Zur besseren Einschätzung der Anforderungen hat jeder Hüttengipfel eine Schwierigkeitsbewertung. Doch auch ohne Gipfelerlebnisse lassen sich genussreiche Bergwanderungen ins Tourenbuch schreiben.

Ausrüstung

Zu einer Bergausrüstung gehören feste Schuhe mit Profilgummisohle, die vor allem dem Knöchel einen guten Halt geben müssen (sogenannte Trekkingschuhe), sowie ein Rucksack mit Kleidung zum Wechseln, Regenschutz (auch für den Rucksack) und etwas Proviant (Trinkflasche), falls die gewählte Hütte oder Alm gerade Ruhetag haben sollte, oder für den kleinen Hunger unterwegs. Sonnenschutz, bei höher gelegenen Hütten und Gipfeln evtl. sogar ein Biwaksack, im Frühjahr und Herbst auch Handschuhe und eine Mütze.
Ein Erste-Hilfe-Set sowie eine Trillerpfeife für die Signalgebung, falls man einmal in Bergnot kommen sollte, gehört in jeden Rucksack. Und selbst auf einer kurzen Bergtour kann man in Bergnot geraten!

Bergbahnen

Alle bei den vorgestellten Touren mit einbezogenen Bergbahnen sind in der Regel ganzjährig in Betrieb, da sie vorwiegend für den Wintersport erbaut wurden. In den Übergangszeiten (November/Dezember und nach der Schneeschmelze) muss we-

Diese Kühe weiden am Übergang von der Blaubergalm zur Königsalm – immerhin auf einer Höhe von knapp 1500 Metern.

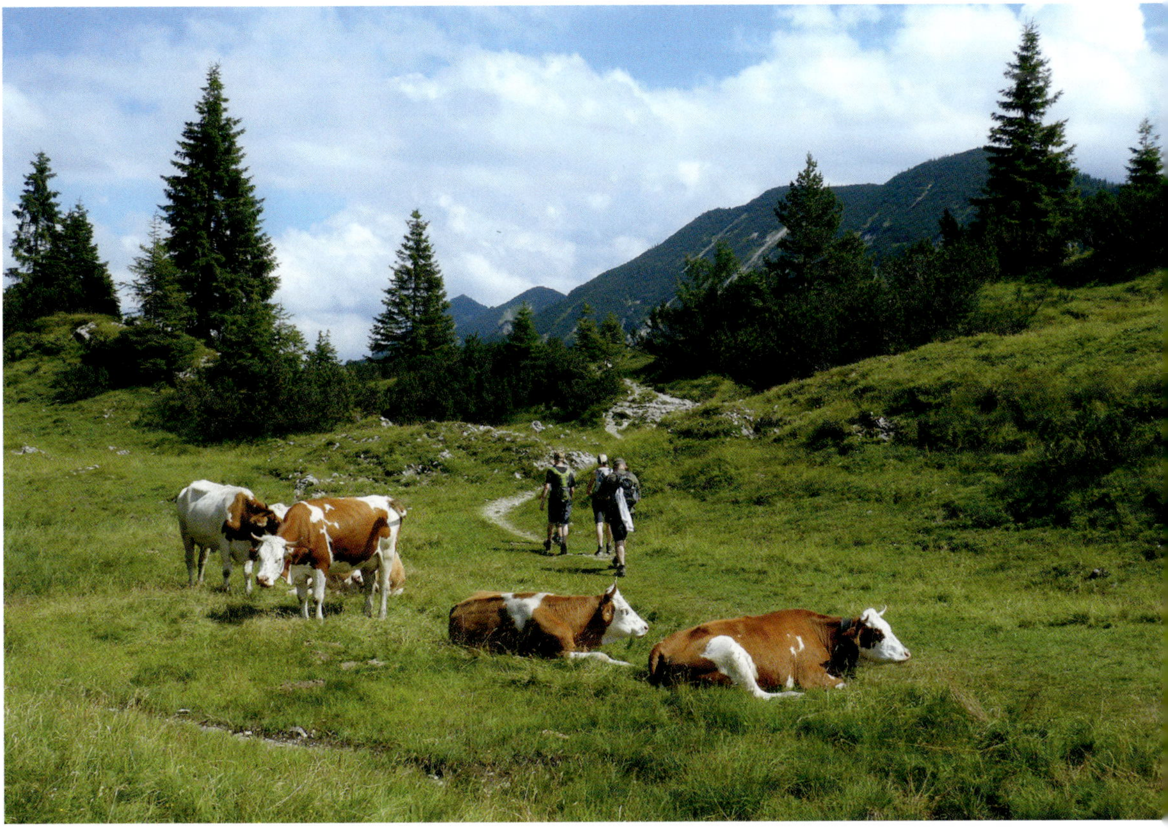

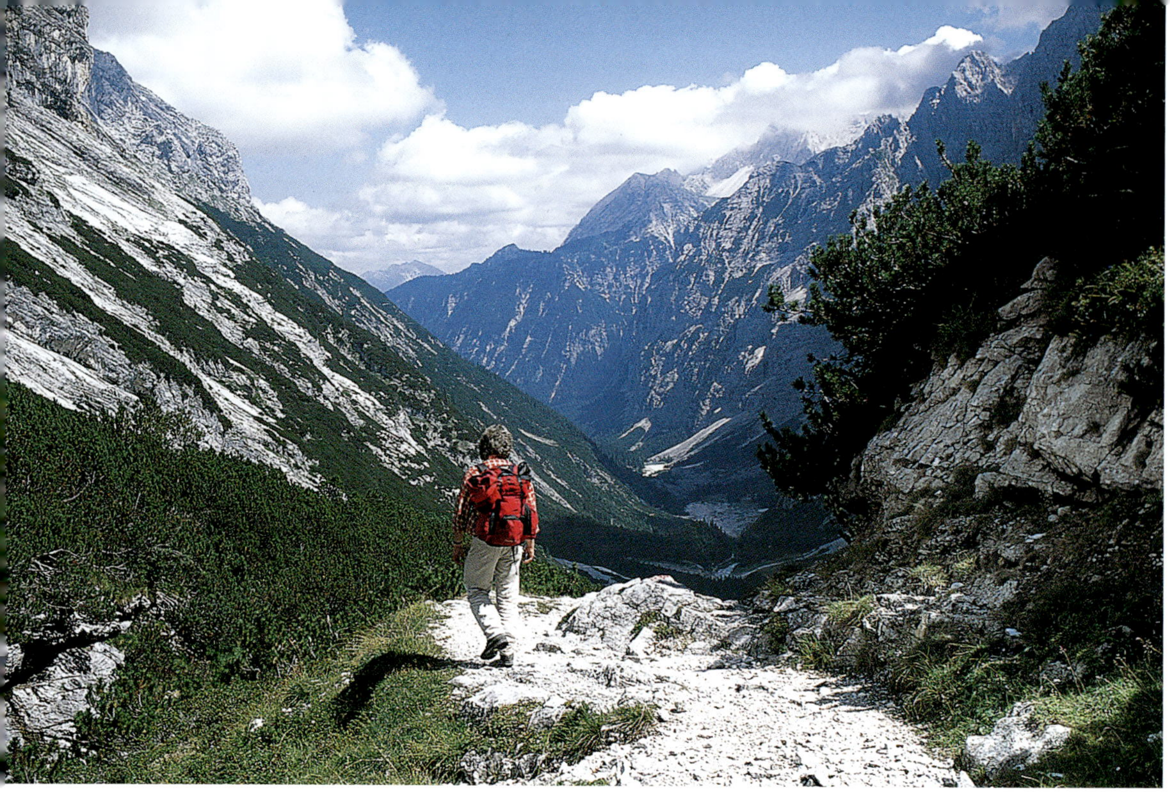

Abstieg von der Knorrhütte ins Reintal, wo im Talgrund die urgemütliche Reintalangerhütte wartet.

gen Revisionsarbeiten bzw. wegen zu geringer Auslastung mit Stillstand gerechnet werden; in diesen Fällen werden aber Alternativen aufgezeigt. Doch oft korrespondieren die Öffnungszeiten der Hütten mit denen der Betriebszeiten der Bergbahnen.

Bergrettung und das alpine Notsignal

Auch wenn wir nicht hoffen, dass die Aussendung eines Hilferufes nötig sein wird – kaum eine Wanderung kann so einfach sein, dass nicht einmal der Ernstfall eintreten könnte, z. B. durch Blitzschlag, Wettersturz, Abrutschen, Steinschlag etc.
Das international gültige alpine Notsignal sollte deshalb auch jeder Wanderer im Ernstfall anwenden können: Innerhalb einer Minute wird sechsmal in regelmäßigen Abständen ein hörbares oder sichtbares Zeichen (Pfeifen/Blinken) gegeben. Der Empfänger antwortet dann mit dreimaliger Zeichengebung in der Minute. Am einfachsten ist die Mitnahme eines Trillerpfeifchens, wie es im Sport verwendet wird. Die moderne Technik ist allerdings schon weiter…

Notruf mit dem Handy

Seit einigen Jahren hat sich der Einsatz von Handys immer mehr durchgesetzt, und auch in den Bergen können Handys wichtige Dienste leisten. Die meisten »Funklöcher« wurden in der Zwischenzeit geschlossen, sodass ein nahezu lückenloses Funknetz vorhanden ist. Trotzdem muss mit einem »Ausfall« des mobilen Telefons gerechnet werden. Auch sollte man nicht leichtfertig mit dem Handy Hilfe anfordern, das kann durchaus unangenehm teuer werden. Wichtig ist natürlich, die entsprechenden Telefonnummern parat zu haben: z.B. die Bergwachtstellen in den einzelnen Gebieten – oder die Notrufnummer 112, die mittlerweile alpenweit gilt.

Gehzeiten und Höhenmeter

Die angegebenen Gehzeiten verstehen sich ohne Rastpausen, sind aber großzügig bemessen. In der Regel werden bei durchschnittlichem Gehtempo 400 Höhenmeter (Hm) in der Stunde im Aufstieg bewältigt, im flachen Gelände vier Kilometer pro Stunde; die Zeit- und Meterangaben bei den **Hüttenzustiegen** beziehen sich allein auf den Aufstieg. Bei den **Hüttengipfeln** beziehen sich die Angaben zu Gehzeiten und Höhenmetern auf die Summe aus Auf- und Abstieg.

Informationen und alpine Auskünfte

Die Alpine Auskunftsstelle des Deutschen Alpenvereins geht mit der Zeit: Seit 2016 gibt es keine telefonische Auskunft mehr. Nun ist der Service 24 Stunden am Tag auf der Website alpenvereinaktiv.com abrufbar. Auf dem neuen Tourenportal können nahezu alle Fragen beantwortet werden, die bisher telefonisch oder per Mail gestellt wurden. Im Infoteil dieses Bandes werden zudem die – soweit vorhandenen – Webseiten der vorgestellten Hütten genannt. Buchungsportal: Huetten-holiday.de
Österreichischer Alpenverein: 00 43/5 12/58 78 28, info@alpine-auskunft.at

Bergwetter (gesamte Alpen)

Deutscher Wetterdienst (Regionalwetter Bayerische Alpen): www.dwd.de
Wetterdienst-Hotline: 01 80/2 91 39 13
Lawinenlageberichte (Tonband): Tel. 089/92 14 12 10
www.lawinenwarndienst-bayern.de
www.alpenvereinaktiv.com; www.alpenverein.at

Am Schrecksattel auf der Reiter Alm

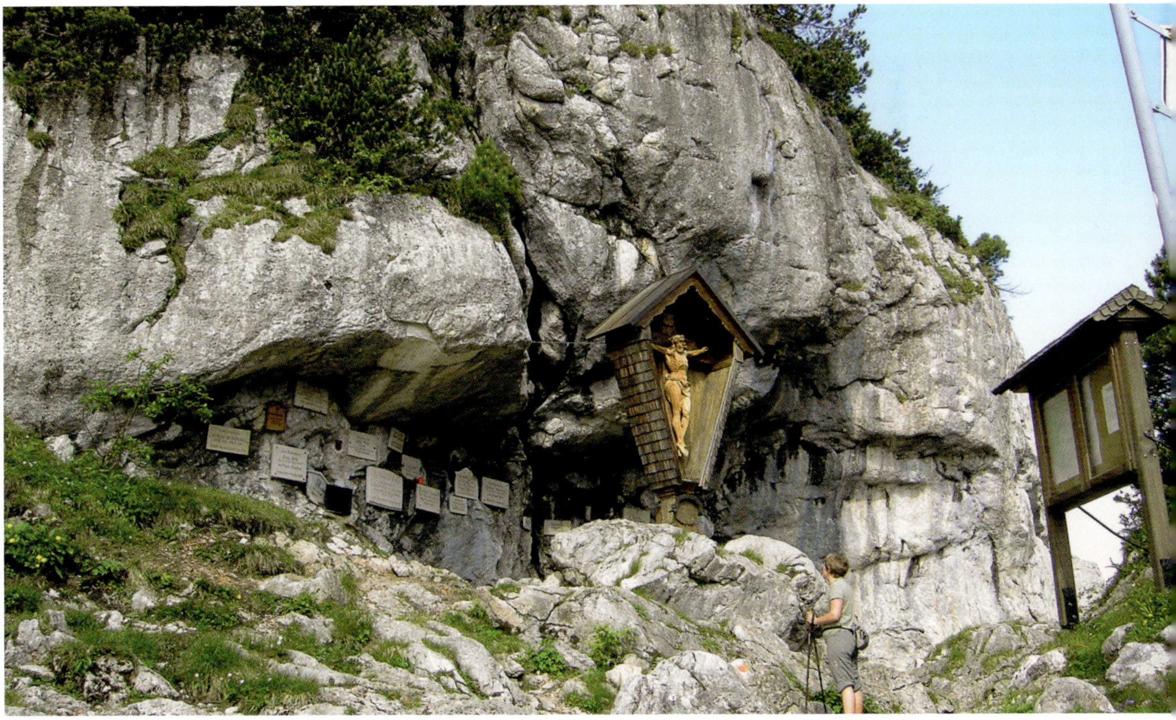

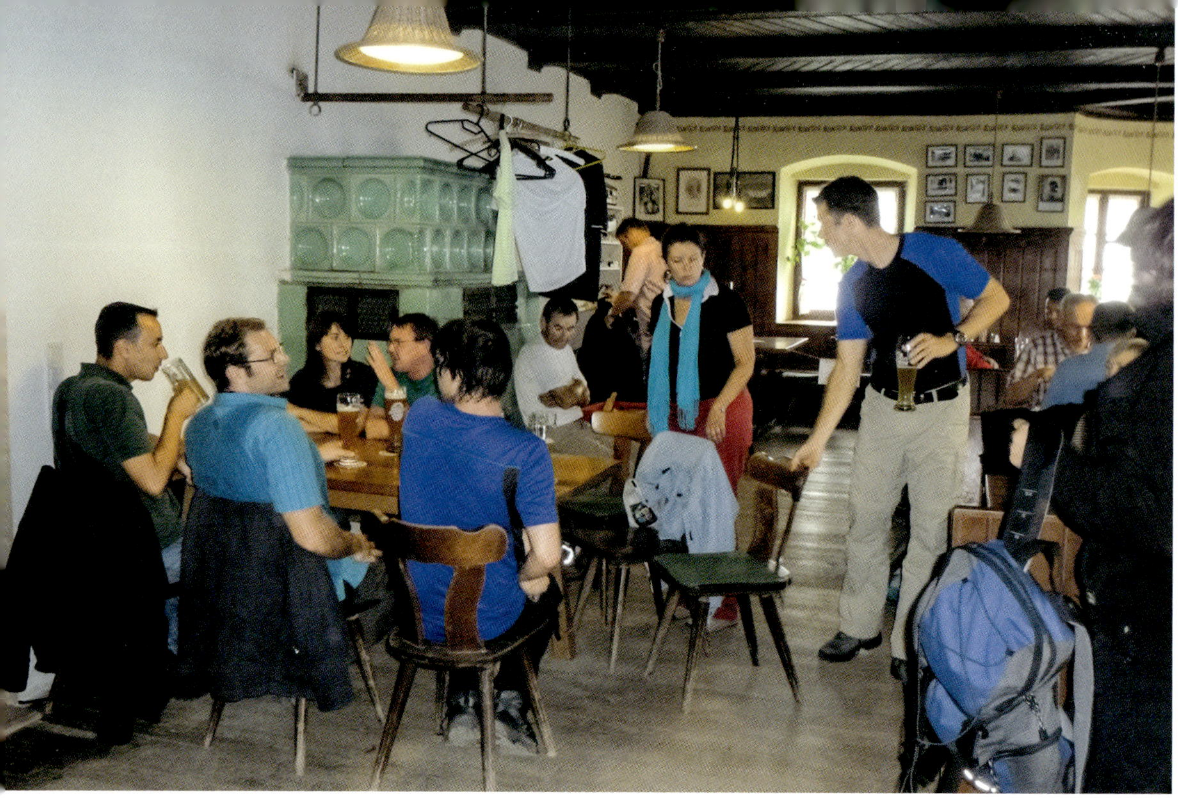

Hüttenleben im Rotwandhaus; an kalten Tagen wärmt dort ein Kachelofen die müden Bergwanderer.

Karten

Am genauesten sind die Topografischen Blätter des Bayerischen Landesamtes für Digitalisierung, Breitband und Vermessung (LDBV). Bei den Touren wird auf das entsprechende Kartenblatt hingewiesen. Weitere Kartenblätter für die Bayerischen Alpen gibt es zudem vom Deutschen bzw. Österreichischen Alpenverein (im Maßstab 1:25 000) sowie von Kompass, Freytag & Berndt und Kümmerly+Frey (im Maßstab 1:50 000 bzw. 1:60 000).

Tourenplanung und Wetter

Erkundigen Sie sich vor der Tour über die Wetterlage (Nachrichten, Telefonauskunft, Internet, Anruf bei der Tourismusinformation vor Ort) – vor allem, wenn mit Kaltlufteinbrüchen zu rechnen ist. Sommerlicher Neuschnee lässt die Temperaturen schnell sinken und schafft Orientierungsprobleme, selbst in den Vorbergen. In den Übergangszeiten ist es ratsam, die Hütte direkt (Internet oder Telefon soweit möglich) oder die alpinen Auskunftsstellen zu kontaktieren, um sicherzustellen, dass die angesteuerte Hütte tatsächlich geöffnet ist.

Tipps zum Hüttenwandern

Wer darf wo übernachten?

Die meisten Unterkunftshütten in den Alpen wurden von den alpinen Vereinigungen (Deutscher und Österreichischer Alpenverein, Touristenverein Die Naturfreunde) erbaut und durch markierte Wege erschlossen. Durch sie erfolgen auch – mit Unterstützung der Gemeinden und Tourismusämter – die Instandhaltung und Bewirtschaftung der Hütten.

Hüttenregeln

Diese Umgangsregeln gelten nicht nur für die Alpenvereinshütten, sie finden üblicherweise auch auf den Privathütten und auf den Übernachtungsalmen Anwendung.

- Hüttenruhe ist in den Hütten der Kategorie I zwischen 22 Uhr und 6 Uhr, in den Hütten der Kategorie II zwischen 23 Uhr und 7 Uhr. Wer früher aufstehen will, verhält sich so, dass die Hüttenruhe nicht gestört wird.

- Musikgeräte, die andere Wanderer stören könnten, dürfen in der Hütte und in der näheren Umgebung der Hütte nicht benutzt werden.

- Das Übernachten auf den Alpenvereinshütten ist nur mit Hüttenschlafsack gestattet; dieser kann meist auch auf den Hütten erworben werden.

- Frühstück gibt es in der Regel ab 7.30 Uhr; bei den höher gelegenen Hütten mit Gipfelaspiration wird das Frühstück auch früher bereitgestellt.

- Die Mittagessenszeiten sind variabel, in der Regel werden warme Gerichte zwischen 11.30 und 14 Uhr, auf manchen Hütten auch durchgehend angeboten; warme Suppen und Brotzeiten gibt es meistens ganztags.

- Abendessen wird von 17 bis 19 Uhr, in einigen Hütten auch bis 20 Uhr angeboten. Je höher die Kategorie bei der jeweiligen Alpenvereinshütte ist, desto länger hat auch die Küche geöffnet.

- Der Verzehr mitgebrachter Speisen ist in den Alpenvereinshütten der Kategorie I und II gestattet, der Genuss von mitgebrachtem Alkohol jedoch nicht.

- Auf manchen der privaten Hütten und auf den Almen ist Selbstversorgung nicht gestattet, obwohl die Auslegung nicht so eng ist.

- Manche Hütten bieten einen Gepäcktransport an; Anruf bei der jeweiligen Hütte erforderlich, siehe hierzu die jeweiligen Telefonnummern im Infoblock.

- In den Alpenvereinshütten liegt ein Hüttenbuch aus. Tragen Sie sich bitte ein, besonders, wenn Sie allein unterwegs sind; bei der Suche nach Vermissten können die dort gemachten Angaben eine wichtige Hilfe sein.

- Eigener Abfall darf nicht auf der Hütte deponiert werden.

- Hunde dürfen nicht in Schlafräume mitgenommen werden. Unbedingt vorher beim Hüttenwirt anfragen, ob die Mitnahme von Hunden gestattet ist; manche Hütte bietet sogar eigene Hundeschlafplätze an.

- Hüttenbesucher (ab 15 Jahren), die nicht auf der Hütte übernachten, müssen eine Tagesgebühr entrichten.

- Die bewirtschafteten Hütten sowie die Selbstversorgerhütten der Alpenvereine sind generell rauchfrei.

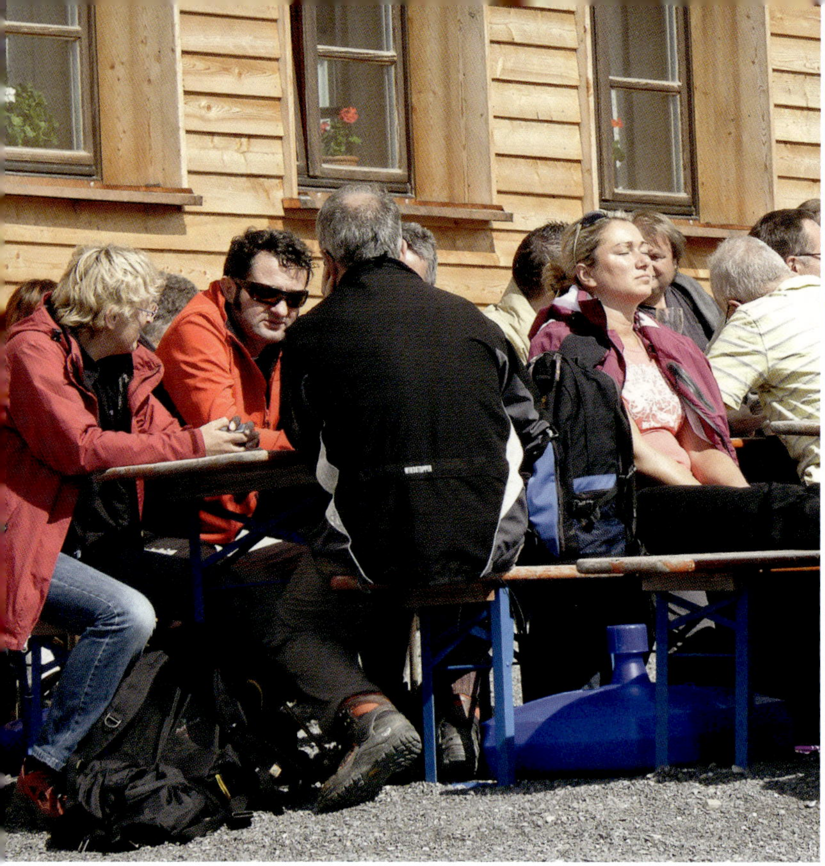

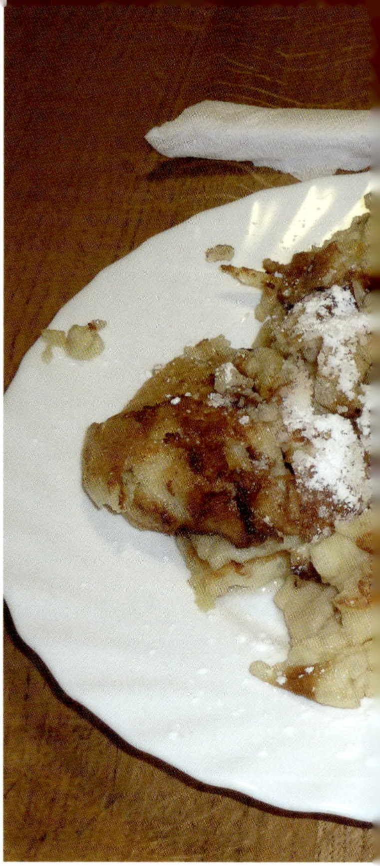

Sonne tanken auf der Terrasse des neu renovierten Rotwandhauses (oben); ein Hit auf vielen Hütten, der Kaiserschmarrn (Mitte); auf vielen Hütten gilt Selbstbedienung (rechts), je größer die Hütte, desto größer die Arbeitsteilung.

Die Benutzung der Hütten ist allerdings nicht an eine Mitgliedschaft in einem dieser Vereine gebunden, jedoch erhalten Mitglieder einige Vergünstigungen (etwa reduzierter Übernachtungspreis, Vorrecht auf Schlafplatz, Bergsteigeressen, Teewasser etc.). Angeboten werden Doppelzimmer, Mehrbettzimmer und Mehrbettlager (oft mit Etagenbetten). Alle Schlafplätze dürfen nur mit Hüttenschlafsack benutzt werden (mit wenigen Ausnahmen bei den Privathütten und/oder Almen).
Vorausbestellungen für Nichtmitglieder sind nicht zulässig. Zwischen den meisten alpinen Vereinen besteht ein Gegenrecht – das bedeutet, dass die Vergünstigungen normalerweise auch den Mitgliedern der anderen Vereine eingeräumt werden.
Selbstversorgerhütten dürfen in der Regel nur von AV-Mitgliedern benutzt werden. Es ist allerdings gestattet, gegen erhöhte Gebühren auch Nichtmitglieder auf eine Selbstversorgerhütte mitzunehmen (Anmeldung und Auskünfte direkt bei den jeweiligen AV-Sektionen).

Einteilung der Hütten

Die Hütten des Deutschen und des Österreichischen Alpenvereins unterteilen sich in drei Kategorien:

Kategorie I

Schutzhütte mit Stützpunktcharakter für Bergsteiger und Bergwanderer mit schlichter Ausstattung und Verköstigung in einem bergsteigerisch bedeutsamen Gebiet, die ihren ursprünglichen Charakter bewahren müssen. Diese Hütten befinden sich meist über eine Stunde Gehzeit vom nächstgelegenen Ausgangspunkt entfernt. Me-

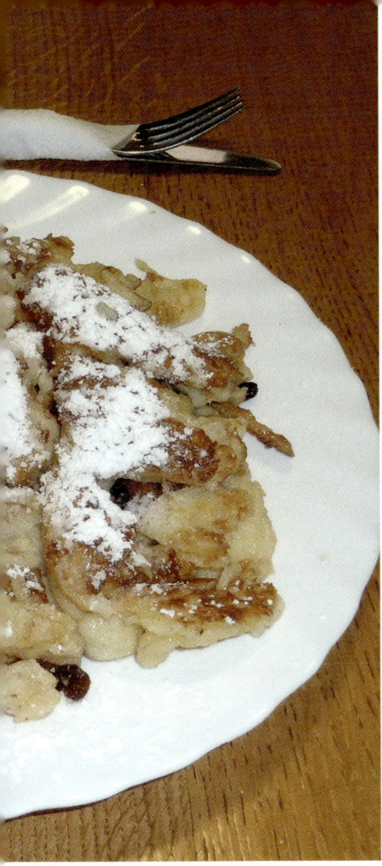

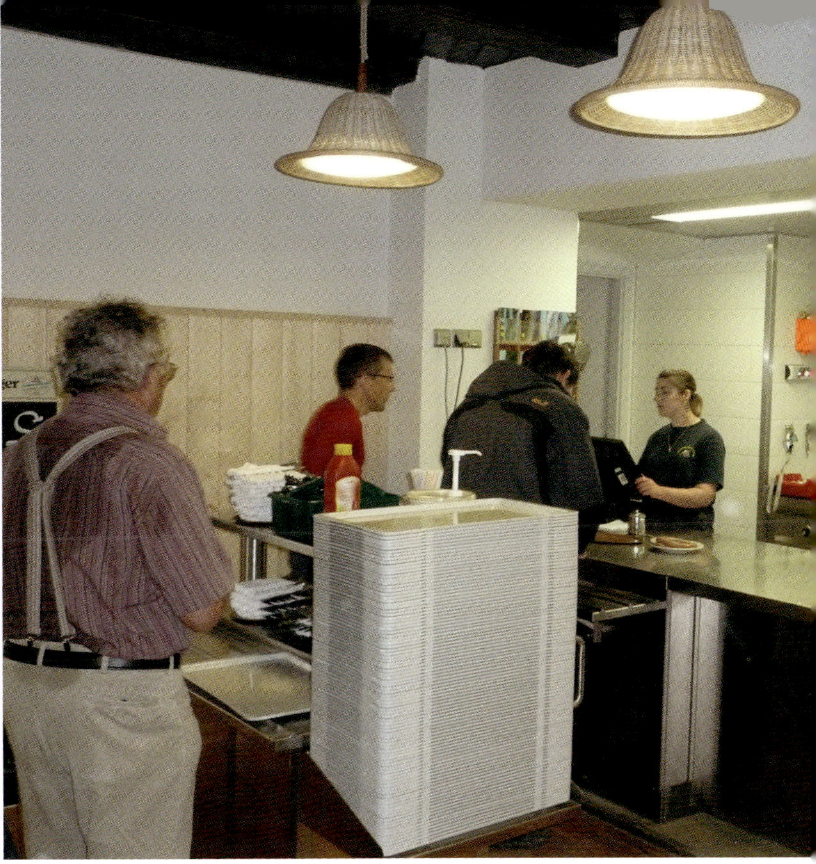

chanisch sind diese Hütten nur in Ausnahmefällen zu erreichen. Hütten dieser Kategorie besitzen grundsätzlich einen Winterraum.

Kategorie II

Alpenvereinshütte mit Stützpunktfunktion in einem viel besuchten Wander- und Bergsteigergebiet. Solche Hütten eignen sich auch für mehrtägige Aufenthalte bzw. auch für Familienurlaube im Sommer wie auch oft im Winter; sie sind gut ausgestattet und in der Regel sogar ganzjährig bewirtschaftet.

Kategorie III

Alpenvereinshütte, die nicht nur zu Fuß, sondern auch mit dem Pkw oder per Bergbahn erreichbar ist und vorwiegend als Tagesausflugsziel dient und wenige Übernachtungen aufweist. Das gastronomische Angebot ist den landestypischen Verhältnissen angepasst.

Hüttenöffnungszeiten

Bei jeder der vorgestellten Hütten sind die Öffnungszeiten angegeben. Sollten Sie in den Übergangszeiten unterwegs sein (also frühes Frühjahr oder Herbst), empfiehlt es sich, bei den Hütten selbst (Telefonnummern oder Webseiten sind bei jeder Beschreibung angegeben), bei den alpinen Auskunftsstellen oder bei den Tourismusbüros nachzufragen. Manche Hütten und Almen haben Ruhetage, an denen dann auch nicht übernachtet werden kann, bzw. einige sind nur an Wochenenden bewirtschaftet, oder es kann nur an Wochenenden übernachtet werden. Bei den Hütten, in denen ein Winterraum zur Verfügung steht, wird dies ebenfalls vermerkt.

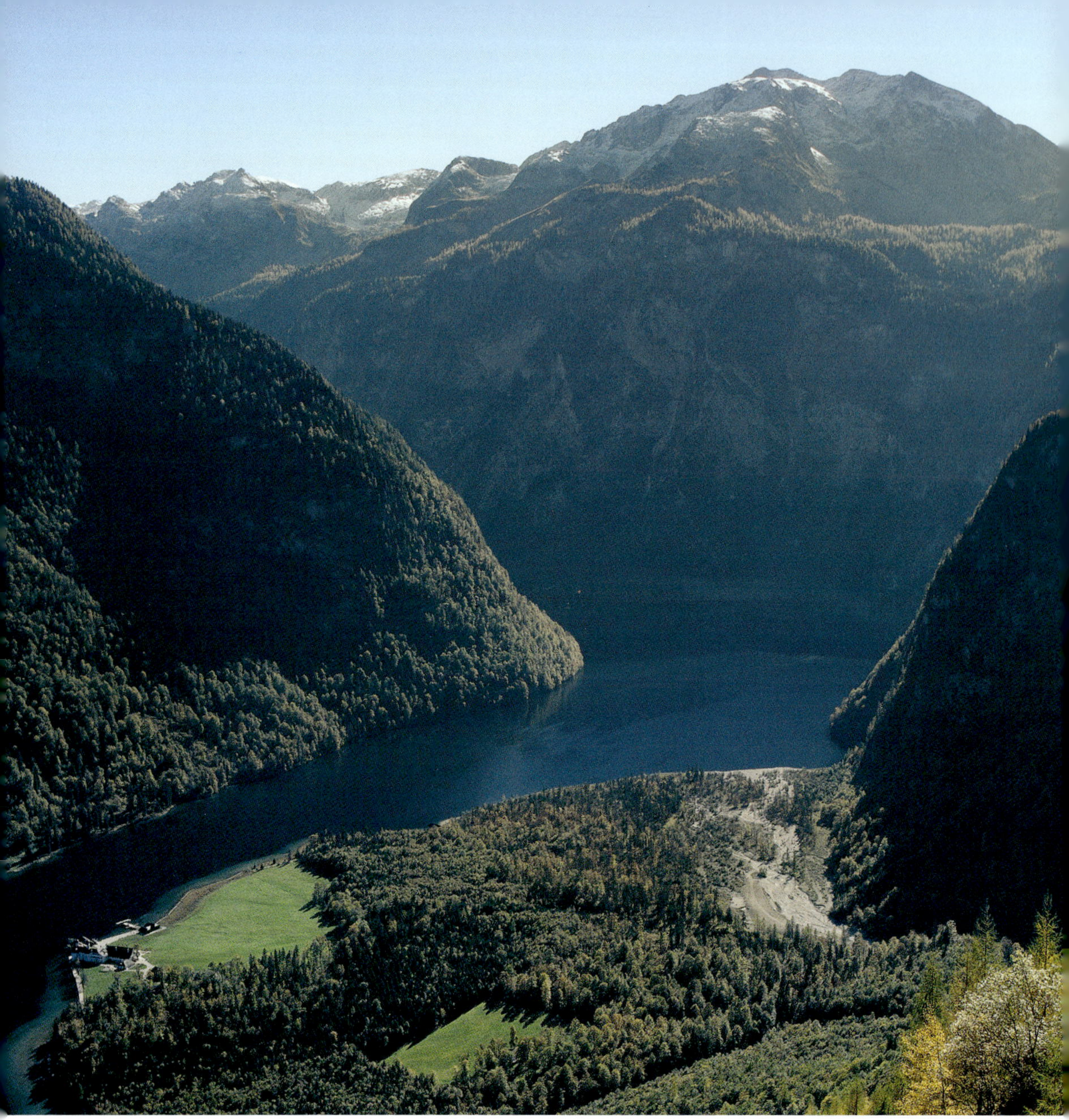

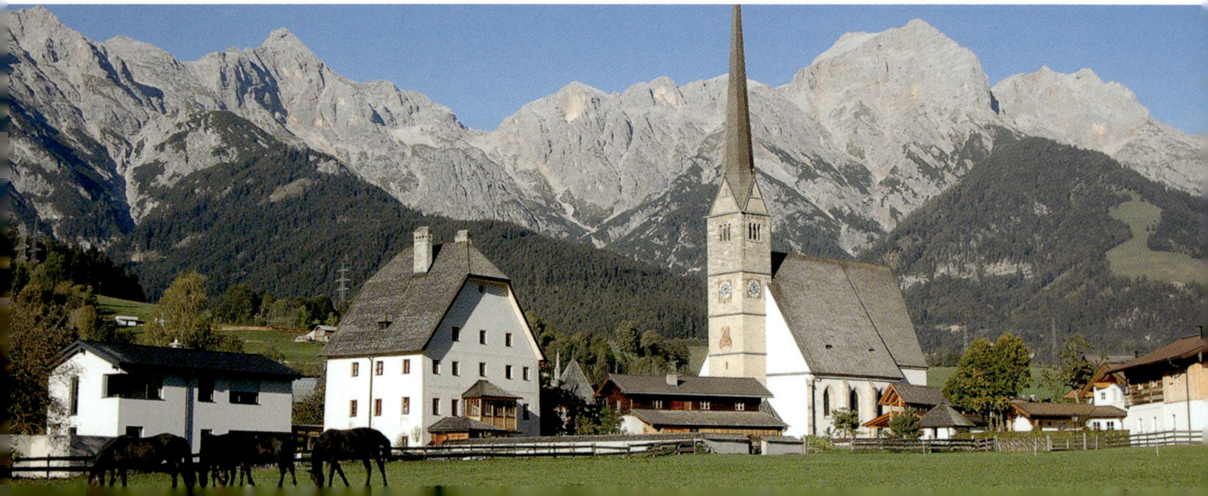

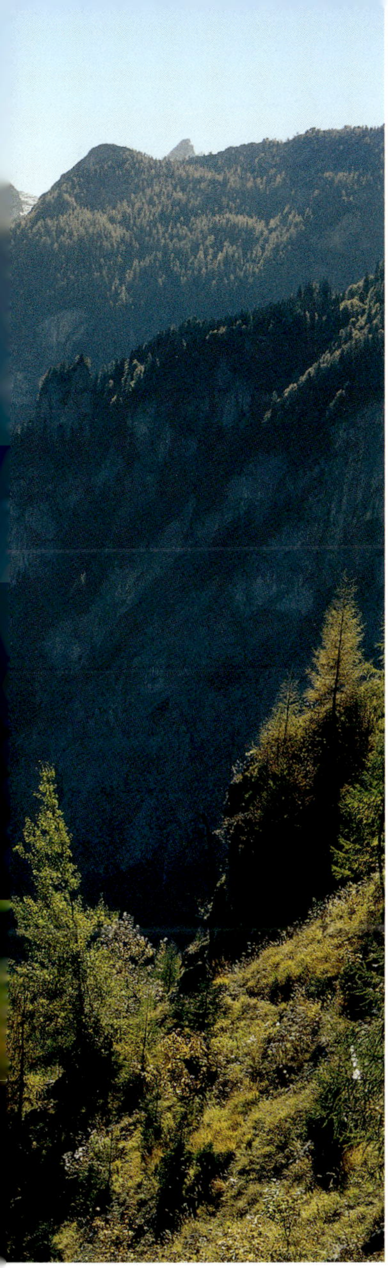

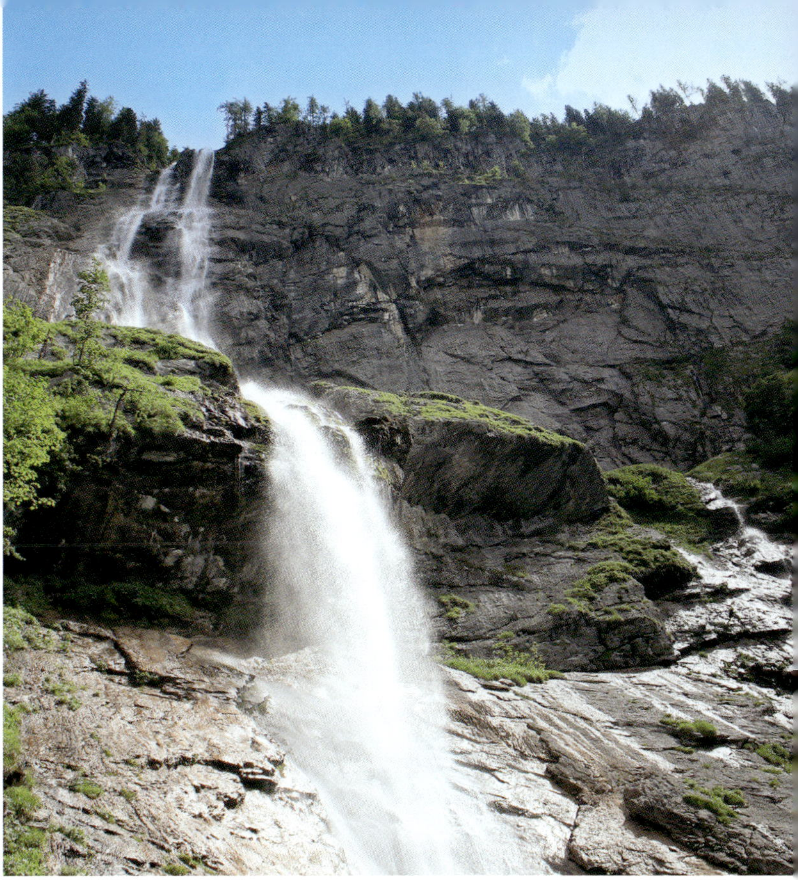

Berchtesgadener Alpen

Im Zentrum der Berchtesgadener Alpen, tief unten der Königssee (li. oben). Von Saalfelden im Pinzgau geht es steil hinauf ins Steinerne Meer (li. unten). Der Röthbachfall im Hagengebirge (re. oben). Das Matrashaus, höchstgelegenes Unterkunftshaus in den Berchtesgadener Alpen (rechts).

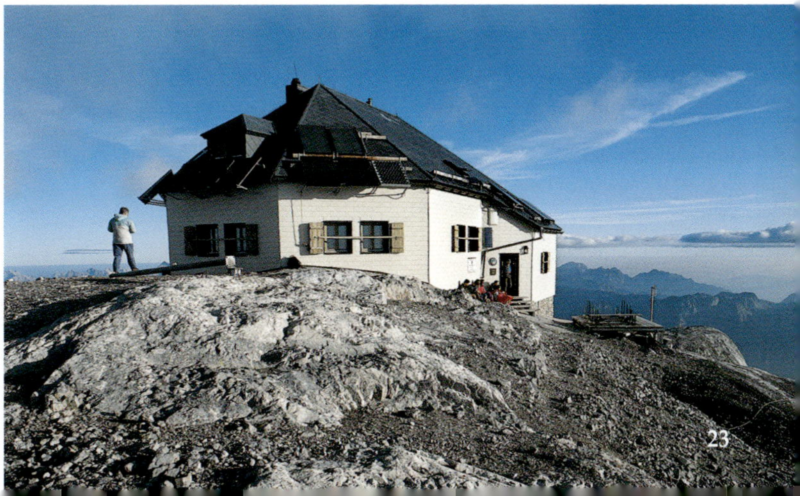

1

Purtschellerhaus (1692 m)

Treffpunkt für »Grenzgänger«

Die Hütte

Purtschellerhaus (1692 m), AV-Hütte, Kat. I, bewirtschaftet von Mitte Mai bis Ende Oktober, je nach Schneelage, 13 Betten, 35 Lager; Tel. 0 86 52/24 20 www.purtschellerhaus.de

Charakter

Leichte Wanderungen auf guten, teilweise breiten, manchmal auch steilen Wegen von jedem Ausgangspunkt aus

Anreise

Mit Pkw: Auf der A 8 bis Ausfahrt Salzburg-Süd (Vignettenpflicht), dann weiter in Richtung Berchtesgaden. 7 km nach Marktschellenberg links ab auf die Roßfeldstraße (Mautstrecke). Mehrere Parkplätze entlang der Roßfeldstraße (Hüttenwege 1 und 2). Oder weiter bis Ausfahrt Kuchl und über Kuchl (Bahnstation) hinauf nach Gasteig bis zum Ende der Fahrstraße (660 m; Hüttenweg 3); dort Parkplatz. *Mit Bahn/Bus:* Vom Endbahnhof Berchtesgaden fahren Busse über die Roßfeldstraße.

Karte

Topografische Karte 1:50 000 Berchtesgadener Alpen (LDBV)

Weitere Hütten

Ahornkaser (1500 m), an der Roßfeldstraße, ganzjährig bewirtschaftet

Roßfeld-Skihütte (1551 m), privat, gemütliche Zimmer, ganzjährig bewirtschaftet, Übernachtung auf Anfrage;Tel. 0 86 52/94 87 20

Schon das äußere Erscheinungsbild des Purtschellerhauses mit seiner Holzschindelverkleidung strahlt Behaglichkeit pur aus. Als Kuriosität bleibt anzumerken, dass das Haus zur Hälfte auf österreichischem und zur anderen Hälfte auf bayerischem Boden steht.

Die nach dem Pionier des führerlosen Bergsteigens Ludwig Purtscheller benannte Unterkunftshütte auf der Nordostseite des Hohen Göll am Eckerfirst wurde im Jahr 1900 eröffnet und 1910 erweitert. Ursprünglich sollte das neu gebaute Alpenvereinshaus »Göll«-Hütte getauft werden, der plötzliche Tod von Purtscheller am 3. März 1900 (er ist auf dem Salzburger Kommunalfriedhof beigesetzt) führte aber einen Sinneswandel herbei. Heute wird die Hütte von dem Ehepaar Gabi und Sigi Hinterbrandner liebevoll geführt. Der alleinige Hausberg ist natürlich der Hohe Göll, der vom Purtschellerhaus von geübten Bergwanderern in drei Stunden erstiegen werden kann. Deutlich weiter ist der Übergang über den gesamten Göllstock zur nächstgelegenen Alpenvereinshütte, dem Carl-von-Stahl-Haus, denn dafür muss man sechseinhalb Stunden Gehzeit veranschlagen. Wer keine alpinistischen Ambitionen hat, wird auch so

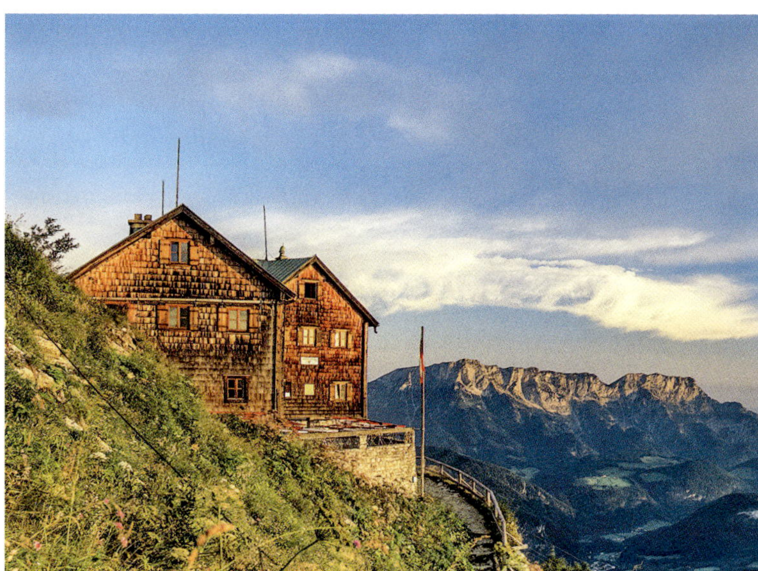

Das Purtschellerhaus im Morgenlicht, im Hintergrund die Südwände des Untersberg. Rechte Seite: Unterwegs auf den Hausberg, den Hohen Göll.

gut unterhalten: Einmal im Monat gibt es einen Bergler-Stammtisch und im September einen Musikantentag.

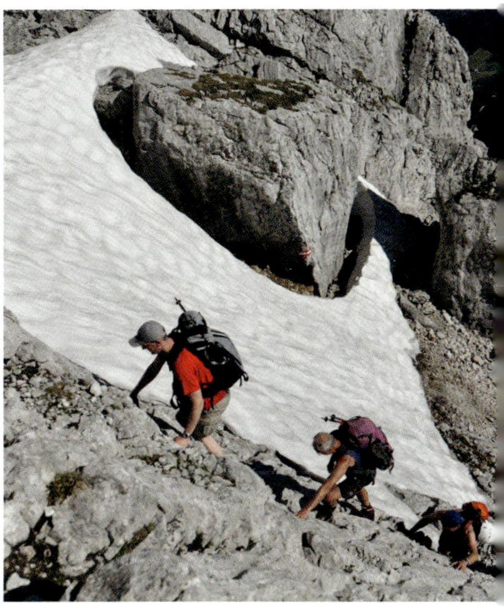

1. Von der Roßfeldstraße

leicht 350 Hm 1.00 Std.

Wir folgen vom Parkplatz an der Roßfeldstraße (Mautstraße) der Markierung ein Stück in Richtung Ofnerboden, dann wandern wir links auf breitem Wanderweg hinunter zum Eckersattel (1412 m). Von dort führt ein steiler Serpentinenweg (»deutscher Weg«) über zahlreiche Stufen hinauf zum aussichtsreich gelegenen Haus.

2. Von der Enzianhütte

leicht 492 Hm 1.30 Std.

Von der Enzianhütte an der Roßfeldstraße führt ein kleines Bergsträßchen zunächst hinauf zum Eckersattel (1412 m), dort geht es dann rechts – auf der bayerischen Seite – sehr steil hinauf zur Hütte.

3. Von Kuchl (Gasteig)

leicht 1234 m bzw. 1032 Hm 3.30 bzw. 2.30 Std.

Von Kuchl (468 m) aus wandern wir auf einem ausgeschilderten Weg hinauf nach Gasteig bzw. vom Parkplatz am Ende der Fahrstraße (660 m) im oberen Weißenbachtal (oberhalb des Loherbauerns; 2½ Std.) rechts auf markiertem, steilem Weg durch waldiges Gelände hinauf zur Dürrfeichtenalm (1344 m). Dann biegen wir links auf einen Almfahrweg zum Eckersattel (1412 m) ab. Von dort geht es entweder direkt über den Eckerfirst oder davor – weniger steil – auf der österreichischen Seite (dem »Salzburger Steig«) hinauf zur Hütte.

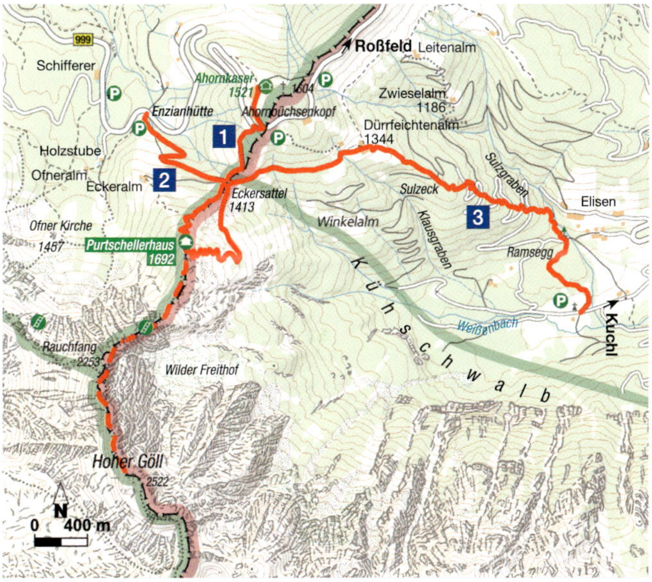

Der Hüttengipfel

schwer 1660 Hm 5.00 Std.

Hoher Göll (2522 m): Der »Abstecher« auf diesen markanten Aussichtsberg ist kein Spaziergang, doch für den berggewohnten Geher (Trittsicherheit und Schwindelfreiheit erforderlich) ist die Gipfelbesteigung ein echter Genuss. Vom Purtschellerhaus steigen wir zunächst über den grasigen First hinauf zu den Felsen des Nordostgrats. Von dort leitet uns der markierte Steig zu einem Gratabsatz mit Kreuz. Dort steigen wir nun wieder etwas ab, bis an den Fuß eines steilen Grats. Von hier bieten sich nun zwei Möglichkeiten für den Weiterweg an: Links steigt man über steile, zum Teil gesicherte Bänder hinauf zum Grat (»Salzburger Weg«), rechts weist eine Tafel zum »Schusterweg«, einem Klettersteig. Die beiden Wege vereinigen sich wieder auf der sogenannten Göllleite. Dort angekommen, überqueren wir den weiten, geröllbedeckten Rücken und erreichen schließlich den berühmten Aussichtsgipfel mit Kreuz.

2 Carl-von-Stahl-Haus (1728 m)

Ausgangspunkt für den leichtesten Zweitausender

Das ganzjährig bewirtschaftete Stahlhaus liegt am Torrener Joch, das Berchtesgaden mit dem Salzburger Land verbindet. Wanderer starten hier für den leichtesten Zweitausender der Berchtesgadener Alpen, den Schneibstein, sowie für die Überschreitung des Hohen Göll.

Das Carl-von-Stahl-Haus befindet sich nur wenige Meter jenseits der bayerisch-österreichischen Grenze und wurde im Jahr 1921 mit den finanziellen Mitteln eines nach Amerika ausgewanderten Bergsteigers aus Salzburg errichtet und folgerichtig nach diesem benannt. Seit seiner Einweihung im Jahr 1923 ist sie ganzjährig bewirtschaftet. Auch heute noch gehört sie der Alpenvereinssektion Salzburg und stellt daher einen österreichischen Einfluss aufs Berchtesgadener Land sicher – dieser drückt sich vor allem in den Künsten des Küchenchefs aus. Aufgrund des großen Andrangs hat man die Hütte vor einigen Jahren mit einem Anbau versehen, um mehr moderne Übernachtungsplätze bieten zu können. Die Hüttenversorgung wird mit einer Materialseilbahn von der Unteren Jochalm sichergestellt. Skitourengeher beginnen hier die »Große« oder die »Kleine Reib'n«, zwei klassische Winterunternehmungen in den Berchtesgadener Alpen. Aber die Hütte ist auch Treffpunkt für

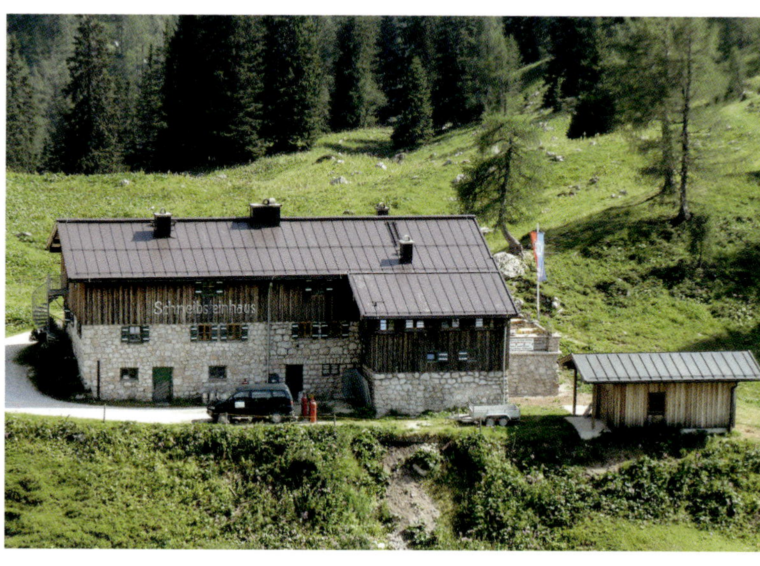

Die Hütte
Carl-von-Stahl-Haus (1728 m), AV-Haus, Kat. I, ganzjährig bewirtschaftet, 44 Betten, 58 Lager; Tel. 0 86 52/6 55 99 22. www.alpineausbildung.at/stahlhaus/

Charakter
Gesperrte Wirtschaftswege bzw. leichte Bergwege

Anreise
Mit Pkw: Auf der A 8 bis Ausfahrt Bad Reichenhall, dann über Bischofswiesen und Berchtesgaden nach Königssee; dort großer Parkplatz. Oder über Berchtesgaden und Obersalzberg nach Hinterbrand; dort befindet sich ebenfalls ein Wanderparkplatz. Oder über A 8/A 10 bis Ausfahrt Golling, dann über die Salzach hinweg ins Bluntautal bis zum Ende der Fahrstraße beim Gasthaus Bärenhütte (507 m); dort Parkplatz. Achtung: Vom 1. Mai bis 31.Oktober ist die Anfahrt mit eigenem Pkw bis zum Gasthaus an Samstagen, Sonntagen und Feiertagen in der Zeit von 10 bis 17 Uhr nicht gestattet. In diesem Fall den Parkplatz am Eingang ins Bluntautal (474 m) benutzen.
Mit Bahn/Bus: Vom Endbahnhof Berchtesgaden fahren Busse nach Königssee und nach Hinterbrand. Golling (Bahnhof Abtenau) ist Bahnstation an der Linie Salzburg – Bischofshofen.

Karte
Topografische Karte 1:50 000 Berchtesgadener Alpen (LDBV)

Weitere Hütten
Schneibsteinhaus (1668 m), privat, Tel. 0 86 52/25 96. **Königsbachalm** (1180 m), privat, im Sommer einfach bewirtschaftet. **Jennerhaus** (Dr.-Hugo-Beck-Haus, 1260 m), Tel. 0 86 52/27 27
Mitterkaseralm (1534 m, privat)

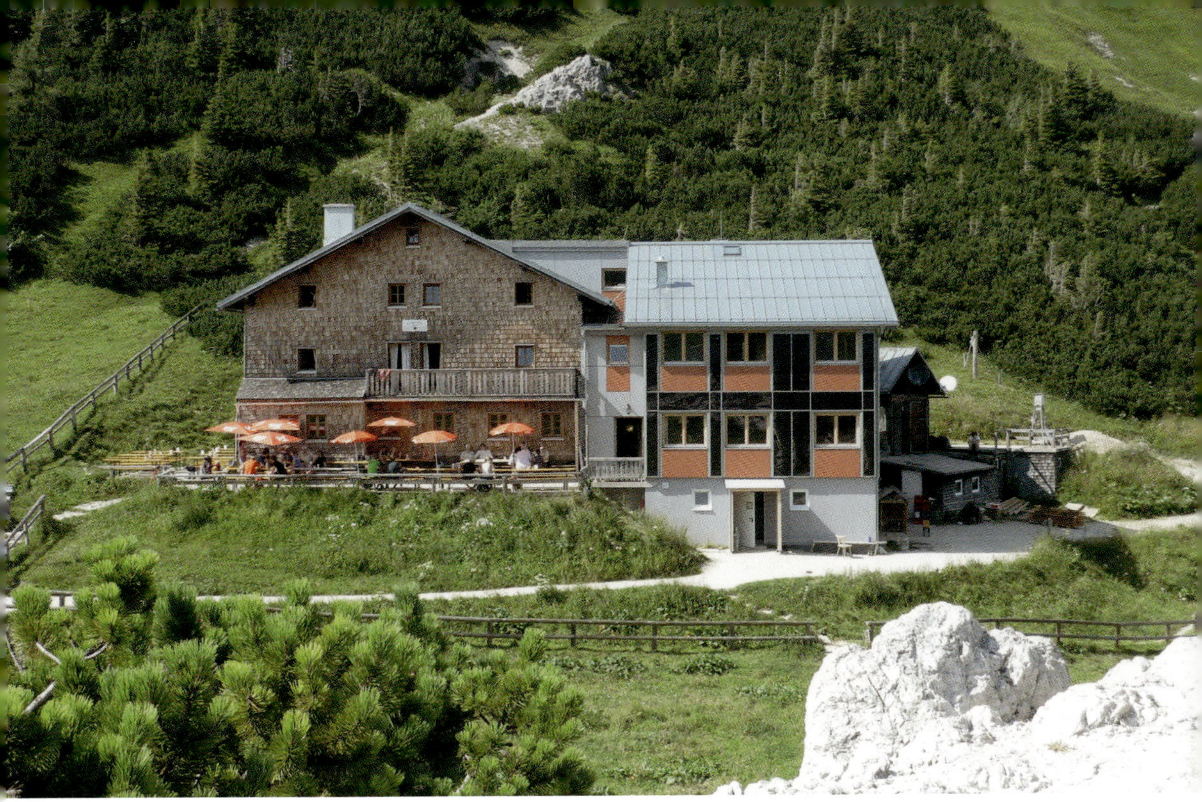

Mountainbiker, die den steilen Weg von Königssee oder Hinterbrand bewältigt haben, oder Kletterer, die in den Südwänden des Breithorns anspruchsvolle Routen finden.

Das Carl-von-Stahl-Haus am Torrener Joch mit dem neuen Anbau. Auf der Hütte sind – nach Anmeldung – Hunde willkommen: es gibt sogar eigene Hundezimmer.

1. Von Golling

leicht 1221 Hm 4.00 Std.

Vom Wanderparkplatz beim Gasthaus Bärenhütte im Bluntautal (einem sechs Kilometer langen, wasserreichen Bergtal, das heute unter Naturschutz steht und früher Jagdgebiet des österreichischen Thronfolgers Erzherzog Franz Ferdinand vor seiner Ermordung in Sarajevo war) folgen wir dem gut ausgeschilderten Fahrweg (Mark.-Nr. 451) bis zu einer Wegverzweigung. Dort haben wir zwei Möglichkeiten: Entweder wir wandern rechts auf dem Fahrweg weiter und über die Hubertusgrotte zur Unteren Jochalm (1172 m) oder alternativ links auf Wanderweg (Mark.-Nr. 451a) dorthin, denn dieser ist besonders reizvoll, da wir in die Nähe des Bluntau-Wasserfall kommen; etwas oberhalb davon liegt die Bärenhöhle, die einen Hinweis darauf gibt, dass es in früheren Jahrhunderten hier Bären gab. Dann geht es auf schönem, serpentinenreichen und von steil aufragenden Bergflanken einge-

Linke Seite: Das Schneibsteinhaus des TVN liegt nur knapp unterhalb des Torrener Jochs.

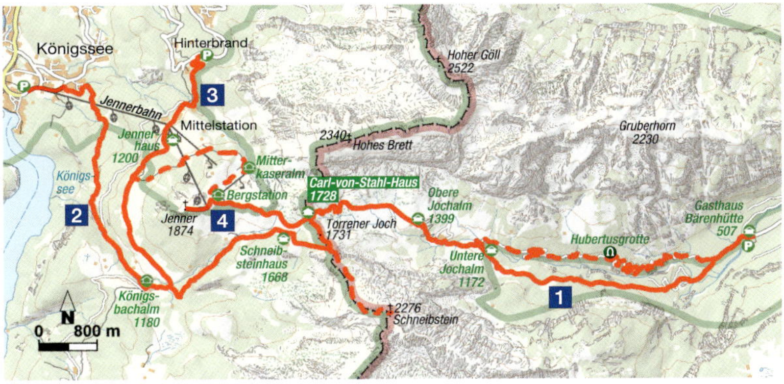

fassten Almweg weiter zur Oberen Jochalm (1399 m). Bis hierher ist die Route auch eine beliebte Strecke für Mountainbiker. Anschließend geht es hinauf zum Stahlhaus auf dem Torrener Joch (1728 m), das den Göllstock vom Hagengebirge trennt.

2. Von Königssee

leicht 1126 Hm 3.00 Std.

Vom Großparkplatz Königssee wandern wir das kurze Stück hinüber zur Talstation der neu errichteten Jennerbahn und links weiter zum Ortsteil Toffen. Von dort leitet uns ein Wirtschaftsweg (Mark.-Nr. 493) unter der Bergbahntrasse sowie durch den Pletzgraben über die Hochbahn zur bewirtschafteten Königsbachalm (1180 m), die zu einer ersten Rast einlädt. Denn der Weg zum Alpenvereinshaus ist noch lang und trotz des breiten Wirtschaftsweges anstrengend. Anschließend geht es weiter zu dem oberhalb querenden Weg, der von der Jenner-Mittelstation herüberführt. Dort gehen wir rechts weiter, steigen dann links haltend steil hinauf und bleiben weiterhin auf dem Fahrweg (nun Mark.-Nr. 498) zum Schneibsteinhaus (1668 m) des Touristenvereins Naturfreunde. Von dort ist es nur noch ein gemütlicher Fußmarsch von einer Viertelstunde bis zum Carl-von-Stahl-Haus.

3. Von Hinterbrand

leicht 608 Hm 2.00 Std.

Vom großen Wanderparkplatz (gute Alternative, wenn die Jennerbahn nicht in Betrieb ist) folgen wir dem ausgeschilderten und gesperrten Wirtschaftsweg zunächst zur Mittelstation der Jennerbahn. Von dort geht es dann weiterhin auf breitem Wanderweg rechts um den Jenner-Gipfel herum bis zu der Wegverzweigung oberhalb

Der Hüttenzugang von der Jenner-Bergstation zum Stahl-Haus ist leicht und für Groß und Klein machbar.

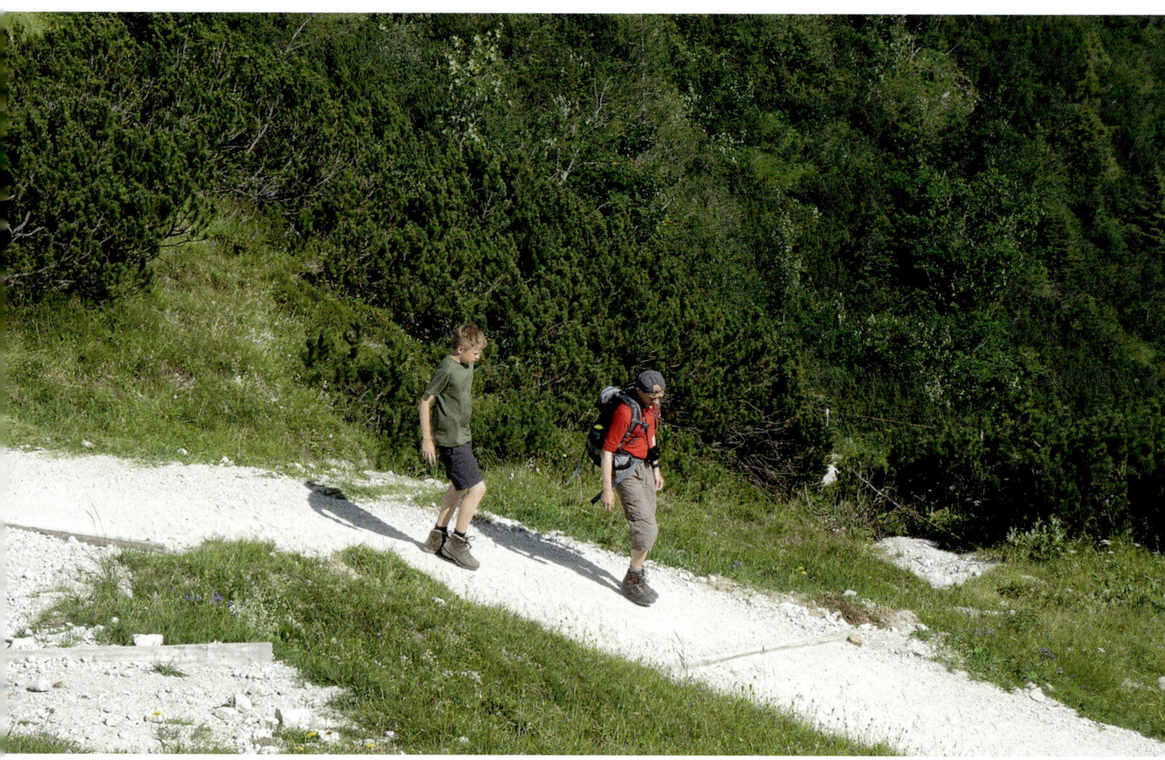

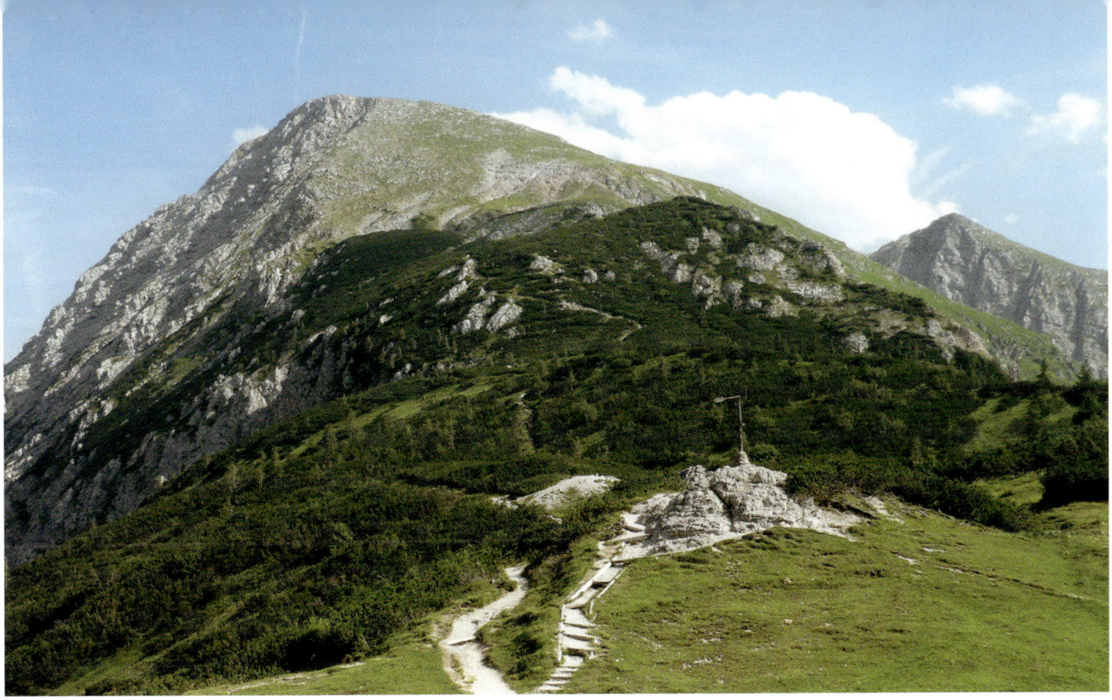

der Königsbachalm. Von dort aus wandern wir jetzt links haltend weiter, vorbei an der Bärenwand, und folgen dem steilen und etwas ermüdenden Wirtschaftsweg hinauf zum Schneibsteinhaus und von dort dann gemütlicher weiter bis zum Carl-von-Stahl-Haus.

Unterwegs zum Carl-von-Stahl-Haus, der Pfaffenkegel verdeckt noch das Hohe Brett; rechts im Hintergrund die Spitze des Schneibsteins.

Variante: Etwa eine Viertelstunde nach der Mittelstation der Bergbahn zweigt links der Fahrweg zur Mitterkaseralm ab. Wir wandern auf dem Fahrweg in einer weiten Rechtsschleife zur Mitterkaseralm und dann steil auf Bergweg hinauf zum Sattel zwischen Jenner und Pfaffenkegel. Dort geht es links auf Bergwanderweg in leichtem Auf und Ab durch mit Latschen bewachsenes Gelände hinüber zum Carl-von-Stahl-Haus.

4. Von der Jenner-Bergstation

leicht 575 Hm 0.45 Std.

Bei diesem Hüttenzugang ist ein kurzer Besuch des Jennergipfels, der nur ungefähr eine halbe Stunde Gehzeit ab der Bergstation der Kleinkabinenbahn beansprucht, geradezu Pflicht. Er bietet ein wirklich fantastisches Panorama – einschließlich Blick auf die Watzmann-Ostwand – und einen herrlichen Tiefblick auf den Königssee.

Anschließend gehen wir auf einem geteerten Wirtschaftsweg von der Bergstation zunächst hinab in den Sattel zwischen Jenner und Pfaffenkegel und halten dann auf das sich links aufbauende Hohe Brett zu. Der nun schmälere Bergwanderweg schlängelt sich im Auf und Ab durch Latschengelände, dann über freie Bergmatten hinüber zum etwas oberhalb liegenden Carl-von-Stahl-Haus am Torrener Joch.

Der Hüttengipfel

mittel 1088 Hm 3.15 Std.

Schneibstein (2276 m): Vom Alpenvereinshaus folgen wir dem rot bezeichneten Bergsteig (Mark.-Nr. 416) bis an den Bergfuß des Schneibsteins, dann links an einem felsigen Köpferl vorbei zum oberen Rand der Teufelsgemäuer. Dort geht es über den freien, teils grasigen, teils schrofigen Nordwestkamm höher. Rote Farbpunkte markieren dabei unseren Weg. Durch Latschen und ein paar Felsstufen gelangen wir schließlich zum letzten Teil des Gipfelhangs und dann zum geräumigen Gipfelplateau mit den beiden kleinen Gipfelkreuzen.

3

Gotzenalm (1685 m)

Auf der größten Alm im Berchtesgadener Land

Die Hütte
Springlkaser (1685 m), privat, bewirtschaftet von Ende Mai bis Mitte Oktober, 54 Betten und 45 Lager; Tel. 0 86 52/69 09 00. www.gotzenalm.de

Charakter
Mit Ausnahme des Unteren Hirschenlaufs und des Kaunersteigs (Trittsicherheit und Schwindelfreiheit erforderlich) leichte Wander- bzw. Almwege

Anreise
Mit Pkw: Auf der A 8 bis Ausfahrt Bad Reichenhall, dann auf der B 20 über Bischofswiesen und Berchtesgaden nach Königssee; dort Großparkplatz. Oder über Berchtesgaden und Obersalzberg nach Hinterbrand; dort befindet sich ebenfalls ein Wanderparkplatz.
Mit Bahn/Bus: Vom Endbahnhof Berchtesgaden fahren Busse nach Königssee und nach Hinterbrand.

Karte
Topografische Karte 1:50 000 Berchtesgadener Alpen (LDBV)

Weitere Hütten
Ruppenkaser (1690 m), privat, zur Weidesaison einfach bewirtschaftet
Königsbachalm, siehe Tour 2
Saletalm (606 m), privat, Juni bis Ende September bewirtschaftet, keine Übernachtung

Die wohl großartigste Wanderung über dem Königssee führt über die Gotzenalm, die sich am westlichen Rand des Hagengebirges befindet. Die Route kombiniert in idealer Weise die Auffahrt mit der Jennerbahn mit einer aussichtsreichen und einfachen Wanderstrecke direkt gegenüber dem Watzmann und einer Rückfahrt mit dem Boot auf dem Königssee.

Die Hochfläche der Gotzenalm hoch über dem Königssee ist das größte Almgebiet im Berchtesgadener Land und wird seit nachweislich über 800 Jahren mit Almvieh bestoßen. Eine erste Erwähnung findet sich bereits für das Jahr 790. Der Springlkaser (auch Gotzenalm genannt) ist die größte Hütte und dient schon seit über 70 Jahren ausschließlich zur Einkehr und als Unterkunftshaus. Mittlerweile wurde das Hauptgebäude durch einen Anbau mit Zimmerlager ergänzt. Neben dem großartigen Blick auf den Watzmann und ins Steinerne Meer genießen wir bei dieser Wanderung ein weiteres Highlight: den Tiefblick vom Feuerpalfen auf den Königssee mit der Wallfahrtskapelle St. Bartholomä.
Die Hütte ist nicht nur für Wanderer und Bergsteiger ein attraktives Ziel, auch Mountainbiker schätzen die Auffahrt auf dem langen Almfahrweg und genießen im Springlkaser oder im benachbarten Ruppenkaser ein kühles Weißbier.

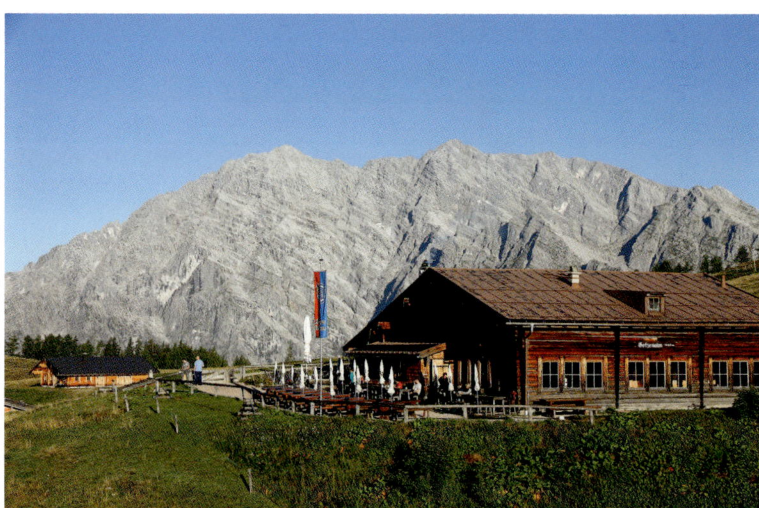

Der Springlkaser auf der Gotzenalm hat vor über 70 Jahren seine ursprüngliche Funktion verloren und dient seitdem als beliebtes Unterkunftshaus; im Hintergrund der Watzmann mit seinen drei Hauptgipfeln

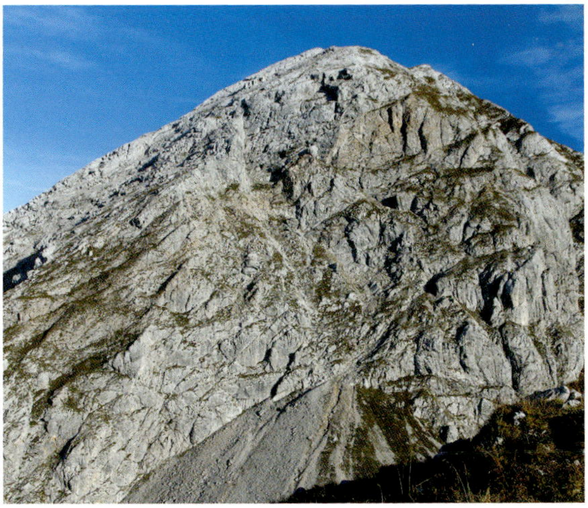

Der Hüttengipfel

● schwer 1330 Hm 5.00 Std.

Kahlersberg (2350 m): Der Anstieg erfolgt am besten über die Priesbergalmen. Zunächst dem Weg in Richtung Unterer Hirschenlauf (Hüttenweg 1) folgen; bei der Wegverzweigung im Abwärtsgraben links und den Weg (Mark.-Nr. 497) steil bergan in den Stiergraben, dann am Fuß der Tauernwand entlang zum quer führenden Weg Nr. 416, der links vom Seeleinsee kommt. Rechts zum Hochgschirrsattel (1949 m). Dort beginnt links der Steig zum Gipfel des Kahlersbergs. Der Abstieg erfolgt dann zur Regenalm.

Der Kahlersberg ist der Hausberg über der Gotzenalm.

1. Ab Jennerbahn-Mittelstation

● mittel 560 Hm 4.00 Std.

Auf dem breiten Wanderweg (Mark.-Nr. 497) wandern wir rechts am Jenner vorbei auf dem Königsweg bis zur Wegverzweigung oberhalb der Königsbachalm. Dort geht es links weiter, bei der Verzweigung zum Torrener Joch rechts und an der Branntwein-Brennhütte vorbei zu den Priesbergalmen (1452 m). Wir wandern an den Almen vorbei, durch Almwiesen, hinab in einen Graben zu einer Wegverzweigung. Dort geht es rechts bergab zum tiefsten Punkt. Nun wieder bergan über Stufen und Serpentinen zur Seeaualm (Variante über Königsbachalm und Gotzentalalm, Hüttenweg 1a; leicht). Wir treffen auf den von Kessel bzw. von der Königsbachalm kommenden Almfahrweg, über den wir links haltend zur Gotzenalm hinaufwandern.

2. Von Kessel

● leicht 1030 Hm 2.30 Std.

Vom Bedarfshaltepunkt Kessel (609 m) wandern wir auf dem ehemaligen Reitweg (Mark.-Nr. 494) in weiten Kehren durch den bewaldeten Berghang zur Gotzentalalm (1050 m), dort geht es rechts haltend über weite Kehren hinauf zur Gotzenalm.

3. Von der Saletalm

● schwer 1030Hm 3.00 Std.

Von der Schiffsanlegestelle gehen wir links am Seeufer entlang, dann bald rechts steil durch Wald den mit zahllosen Stufen versehenen Kaunersteig hinauf. Bei der unbewirtschafteten Regenalm (dort links) erreichen wir einen Reitweg, über den wir zum Springlkaser gelangen.

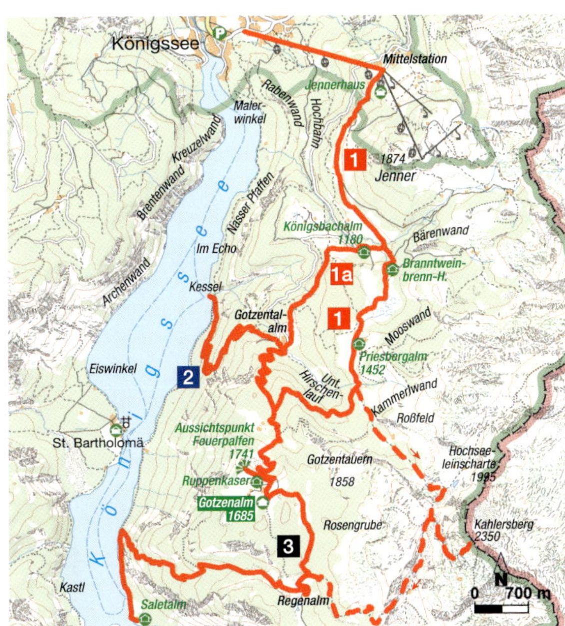

4

Kärlingerhaus (1630 m)

Idealer Ausgangspunkt für Touren ins Steinerne Meer

Die Hütte
Kärlingerhaus (1630 m), AV-Haus, Kat. I, von Ende Mai bis Mitte Oktober sowie an Ostern bewirtschaftet, 40 Betten, 163 Lager, Winterraum mit 20 Plätzen, Sektionsschlüssel erforderlich; Tel. 08652/ 6 09 10 10. Reservierung nur über die Homepage. www.kaerlingerhaus.de bzw. huetten-holiday.de

Charakter
Der Normalweg über die Saugasse zum Kärlingerhaus ist einfach. Der Sagerecksteig und die Route über die Wasseralm sind sehr reizvoll, erfordern jedoch den trittsicheren und (über den Röthsteig) auch den schwindelfreien Bergwanderer.

Anreise
Mit Pkw: Auf der A 8 bis Ausfahrt Piding, dann über Bad Reichenhall (schneller über Walserberg und Salzburg Süd, aber mautpflichtig) nach Berchtesgaden und weiter nach Königssee. Dort Großparkplatz.
Mit Bahn/Bus: Mit Bahn bis Berchtesgaden; von dort mit RVO-Bus nach Königssee.

Karte
Topografische Karte 1:50 000 Berchtesgadener Alpen (LDBV).

Weitere Hütten
Wasseralm in der Röth (1416 m), ganzjährig geöffnete Selbstversorgerhütte, 42 Lager, von Ende Mai bis Anfang Oktober bewartet; Tel. 0 86 52/6 09 11 60, im Winter Zugang nur mit Sektionsschlüssel
Saletalm (620 m), von Mai bis Oktober bewirtschaftet, keine Übernachtung
Fischunkelalm (820 m), privat, im Sommer bewirtschaftet
Riemannhaus, siehe Tour 6
Ingolstädter Haus, siehe Tour 8

Natürlich reservieren wir uns einen Platz auf dieser gut besuchten Alpenvereinshütte, die wir nicht ignorieren können, falls wir von der Königsseer Seite hinauf ins Steinerne Meer wollen. Trotz seiner Größe ist das Kärlingerhaus gemütlich und verfügt über eine gute Küche.

Das anstelle einer früheren Forstamtshütte in den Jahren 1903–05 erbaute Kärlingerhaus, benannt nach dem damaligen Vorstand der Sektion Berchtesgaden, ist eine Oase im weiträumigen, etwas lebensfeindlichen Hochgebirge im Süden der Berchtesgadener Alpen. Und so hat das Steinerne Meer seinen Namen wohl zu Recht erhalten. Bereits im Jahr 1880 hatte man an der gleichen Stelle das Funtenseehaus errichtet, einen Vorläuferbau des heutigen Hauses, das bereits damals als Bergsteigerstützpunkt diente. Vor allem an den Wochenenden im Sommer muss mit Überfüllung gerechnet werden. Während der Wintersaison ist das Haus wichtige Station an der »Großen Reib'n«, der großartigen und mittlerweile klassischen Ski-Unternehmung in den Berchtesgadener Alpen. Die Hütte ist zwar dann nicht mehr geöffnet, der Winterraum ist jedoch mit Sektionsschlüssel (DAV-Sektion Berchtesgaden) zugänglich und bie-

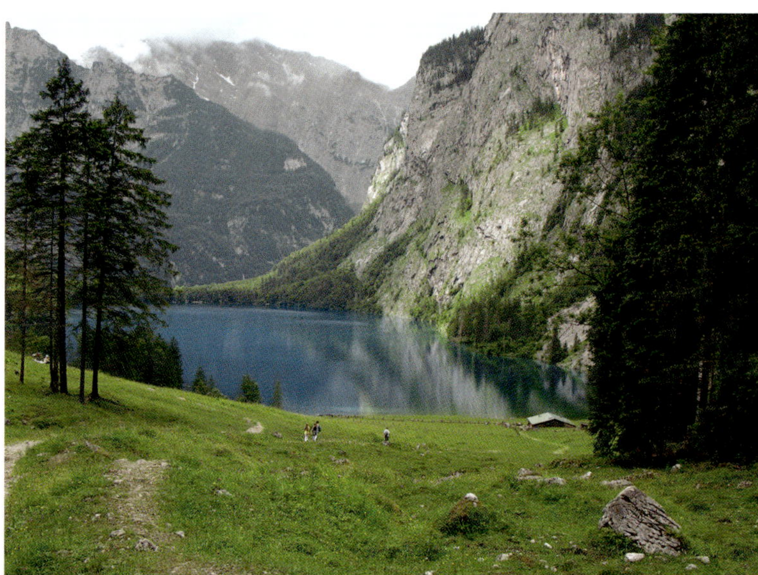

Der idyllisch gelegene Obersee wird am Anstieg zur Wasseralm berührt.

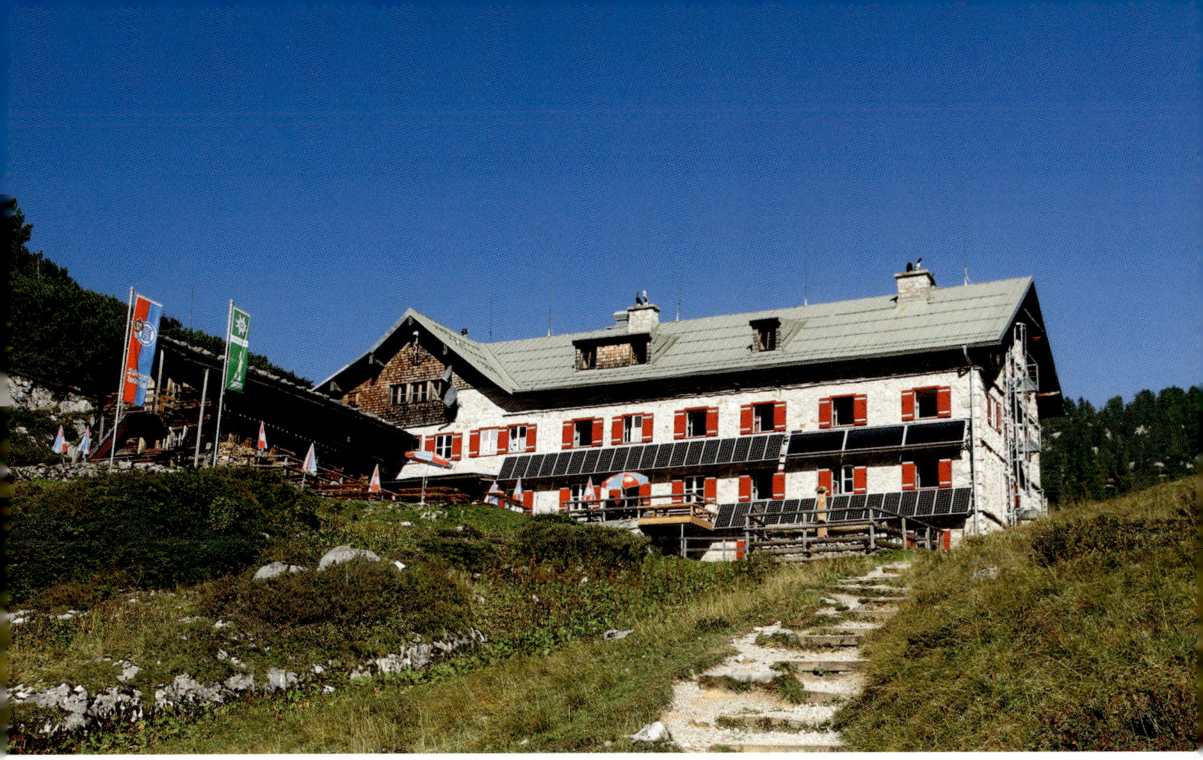

tet Decken, Holz und Wasser aus dem Trog für eine zünftige Übernachtung. Und noch was: Am Funtensee, dem kleinen Bergsee unterhalb der Hütte, werden regelmäßig im Winter die kältesten Temperaturen in ganz Deutschland gemessen.

Das Kärlingerhaus am Funtensee ist die »Hüttendrehscheibe« ins Steinerne Meer.

1. Von St. Bartholomä

leicht 1108 Hm 3.30 Std.

Wir wandern von der Bootsanlegestelle links auf breitem und markiertem Weg am Ufer entlang bis an die Felsen der Burgstallwand und zur Schrainbach-Holzstube. Nach Überqueren des Schrainbachs geht es in steilen Kehren weiter hinauf durch Wald bis zur verfallenen Unterlahneralm. Wir verlassen den Wald und steigen zur Steilpassage der sogenannten Saugasse an. Wir erreichen dann das Hochtal der Oberlahneralm und wandern durch das »Ofenloch« hinauf zum Funtenseesattel. Leicht fallend geht es weiter zum Kärlingerhaus, das reizvoll am Funtensee gelegen ist.

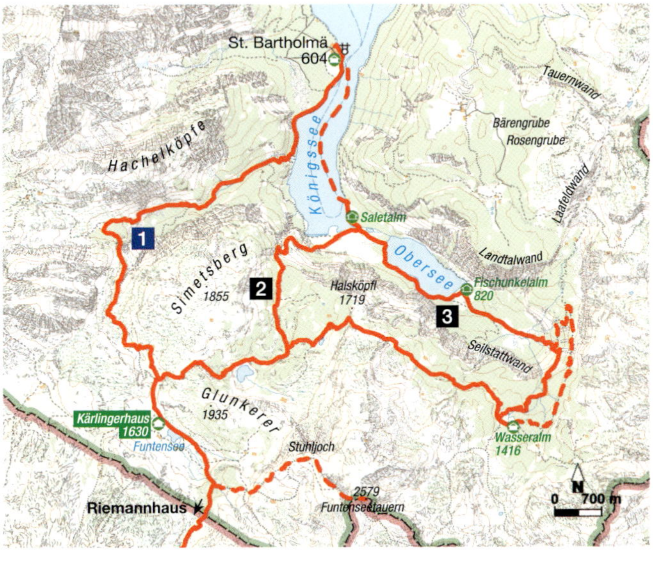

2. Über den Sagerecksteig

schwer 1250 Hm 4.00 Std.

Von der Bootsanlegestelle Saletalm führt ein breiter Wanderweg zur bewirtschafteten Saletalm, dort weiter in Richtung Obersee. Gleich nach der

Brücke über den Bach biegen wir rechts ab und folgen den Markierungen (Weg-Nr. 422/423) an den Fuß der Sagereckwand. Bald treten wir in den Wald und steigen über eine gesicherte Steilstufe (Drahtseile, geschlagene Tritte) in Serpentinen durch die Sagereckwand. Nach etwa 2 Stunden Gehzeit erfolgt ein Abstieg in die Senke der verfallenen Sagereckalm. Durch lichten Wald in südlicher Richtung über den Talboden und jenseits wieder ansteigend zum Grünseetauern. Bei der Wegverzweigung (1525 m) halten wir uns rechts (Weg-Nr. 422) und wandern leicht hinab zum Grünsee (1474 m). Rechts oberhalb geht es eben an diesem vorbei und über zwei Steilstufen mit zahlreichen Treppeneinlagen ansteigend (die zweite wird »Himmelsleiter« genannt) in den Sattel, der Simetsberg und Glunkerer verbindet. Dort wandern wir fallend links um den Bergfuß des Glunkerer zum Sattel oberhalb des Funtensees und links hinab zum Kärlingerhaus.

3. Über die Wasseralm

schwer 1230 Hm 6.00 Std.

Von der Bootsanlegestelle am Südostufer des Königssees wandern wir auf dem breiten Weg zur bewirtschafteten Saletalm und über den Zufluss des Königssees. An der Wegverzweigung halten wir uns links und gehen dann am rechten Ufer des Obersees entlang bis an die Walchhüttenwand. Dort geht es auf gesichertem Steig zur Fischunkelalm am anderen Ende des Obersees. Von dort folgen wir dem markierten Weg weiter zum Waldrand, wo man dann jenseits eines kleinen Sattels den Talschluss erreicht (rechts der schöne Röthbach-Wasserfall). Wir halten uns links und

Blick von der Terrasse des Kärlingerhauses über den Funtensee in Richtung Steinernes Meer

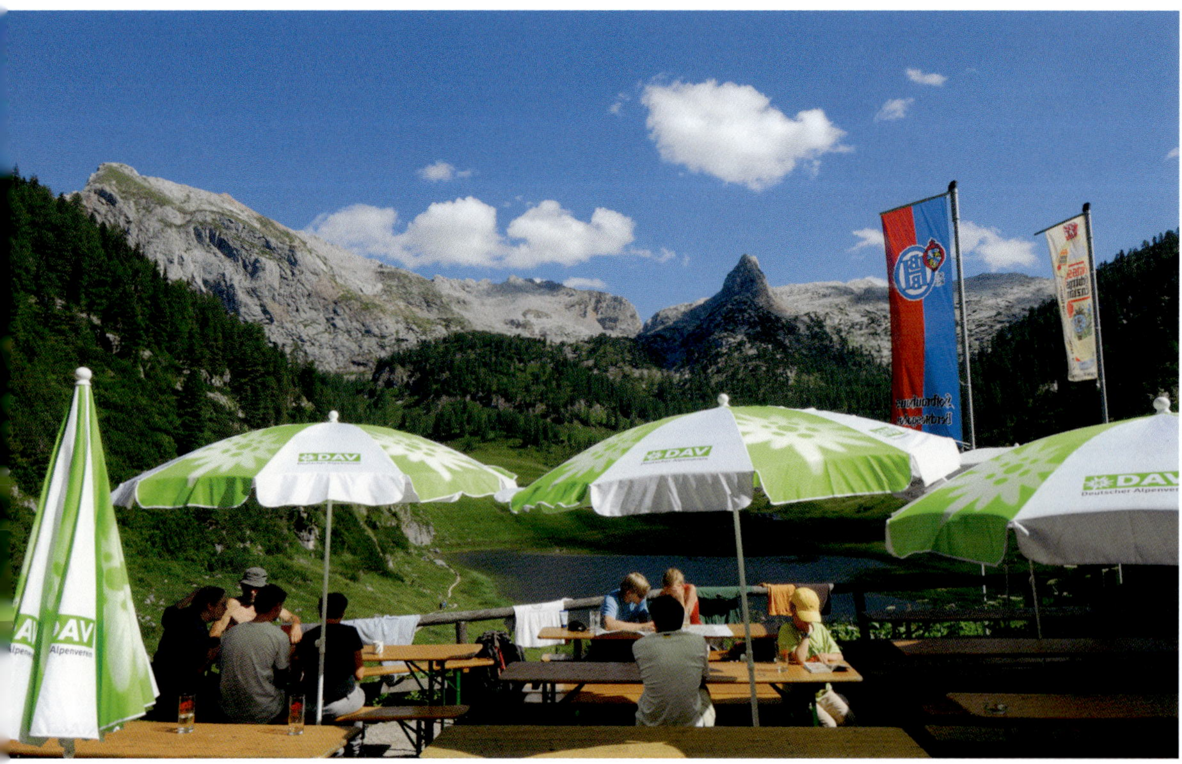

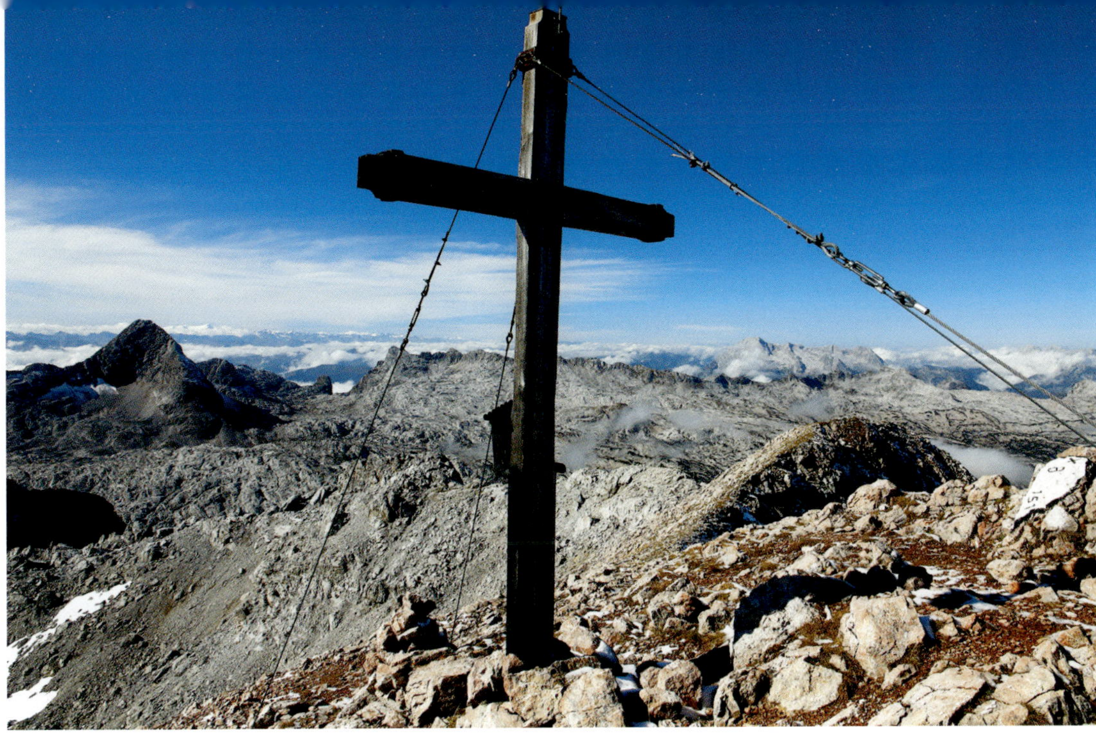

wandern auf dem Röthsteig weiter, der über eine steile Felsstufe nach oben führt und sich nach einer halben Stunde Gehzeit teilt. Hier geht es nun entweder links – ein wenig leichter – durch die bewaldete Landtalwand zum Reitweg, der von der Gotzenalm in die Röth führt, oder rechts auf den anspruchsvolleren Röthsteig (Achtung: Steinschlaggefahr!) weiter. Man quert dabei oberhalb des Wasserfalls den Röthbach und steigt durch Wald weiter an zur großen Bergwiese, wo sich die Wasseralm befindet.

Von dort geht es ein Stück auf dem Anstiegsweg zurück und links (Weg-Nr. 423) aus der Senke heraus und durch Wald leicht ansteigend zur verfallenen Walchhütte und weiter über die Moosscheibe zum Halsköpfl (1719 m), einem prächtigen Aussichtspunkt (auf den Königssee). Wir gehen kurz auf dem Weg zurück und wandern rechts hinab zum Schwarzsee und weiter durch Wald hinab zu dem über die Sagereckwand heraufführenden Weg. Weiter auf diesem (siehe Route 2).

Der Funtenseetauern (unten) ist der Hausberg des Kärlingerhauses. Das schlichte Kreuz auf dem Gipfel (oben).

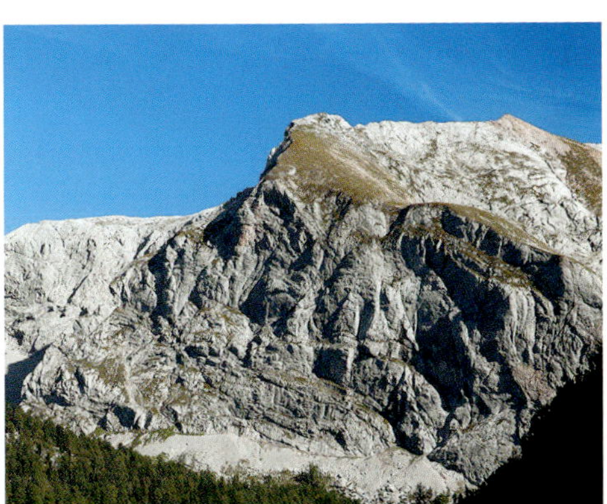

Der Hüttengipfel

schwer 1900 Hm 6.00 Std.

Funtenseetauern (2578 m): Vom Kärlingerhaus folgen wir zunächst dem rot markierten Weg Nr. 414 bis zur zweiten Abzweigung, die links in Richtung Stuhljoch (weiterhin rot markiert) führt, überwinden dann eine Steilstufe und steigen über karriges Gelände hinauf zum Stuhljoch (2446 m), das man aber links liegen lässt. Wir biegen rechts ab, erreichen einen weiteren Gratsattel und gelangen über eine schmale Gratschneide zunächst zu einem Vorgipfel und schließlich zum Hauptgipfel des Funtenseetauern.

5

Matrashaus (2941 m)

Höher geht's nicht in den Berchtesgadener Alpen

Das Matrashaus, direkt auf dem Gipfel des Hochkönigs, ist mit 2941 Metern Höhe das zweithöchste – nach dem Münchner Haus auf der Zugspitze – Berghaus in den Bayerischen Hausbergen. Obwohl wir natürlich ohne Neid gestehen müssen, dass es auf österreichischem Gebiet, genauer im Salzburger Land, liegt.

Eine erste Hütte auf dem Hochkönig wurde bereits im Jahr 1856 von den Mitterberger Knappen errichtet, da auf der Südseite dieses Gipfels schon seit Jahrhunderten Bergbau betrieben wurde. Im Jahr 1897 errichtete dann der Österreichische Touristenklub auf dem Hochkönig das erste richtige Gipfelhaus (ursprünglich wurde es Kaiser-Jubiläums-Schutzhaus genannt), das jedoch vom damaligen Thronfolger Franz Ferdinand heftig bekämpft wurde, da es in seinem Jagdgebiet lag und er eine Störung des Wilds durch die Bergwanderer befürchtete. Franz-Eduard Matras, der spätere erste Präsident des alpinen Clubs und Manager eines Metallwerks, verhinderte die Abtragung des Baus, in dem er sich direkt an den Kaiser Franz Joseph I. wandte. Ab dem Jahr 1932 trug das Schutzhaus dann seinen Namen. Er starb übrigens nicht in den geliebten Bergen, sondern im Alter von 82 Jahren bei einem Luftangriff in Wien. Nachdem das Haus 1982 abgebrannt war, errichtete man einen neuen Bau mit achteckigem Grundriss, das im Jahr 1985 eingeweiht wurde. Aufgrund der Höhe haben wir dort oben ein grandioses Panorama mit einem Ausblick auf über 200 Dreitausender, gehört das Haus doch zu den höchsten Unterkunftshütten in den gesamten Ostalpen.

Die Hütte

Matrashaus (2941 m), ÖTK-Haus, von Mitte Juni bis Mitte Oktober und von März bis Juni an Wochenenden bei Schönwetter bewirtschaftet, in den Osterferien durchgehend, 18 Betten, 87 Lager; Winterraum offen, 10 Lager, jedoch keine Heiz- oder Kochmöglichkeit.
Tel. 00 43/64 67/75 66
www.matrashaus.at

Charakter

Der Normalanstieg vom Arthurhaus erfolgt auf langem, aber gut markiertem Bergwanderweg; das letzte Stück über den flachen, spaltenlosen Gletscher ist mit Stangen markiert; am Gipfelaufbau kurze Steiganlage. Der Anstieg über die Erichhütte und durch das Birgkar ist nur geübten Bergwanderern anzuraten, teilweise Seilsicherungen.

Anreise

Mit Pkw: Über Bischofshofen oder über Lofer und Saalbach nach Mühlbach am Hochkönig; von dort auf steiler asphaltierter Straße hinauf zum Arthurhaus; großer Parkplatz (Hüttenweg 1). Oder über den Dientener Sattel zu den Hüttenwegen 2 und 3; Parkplätze am Dientener Sattel und am Birgkarhaus.
Mit Bahn/Bus: Mit der Bahn nach Bischofshofen oder Saalfelden, dann mit dem Wanderbus (verkehrt von Ende Mai bis Anfang Oktober) über die Hochkönigsstraße zum Arthurhaus bzw. zum Dientener Sattel.

Karte

Topografische Karte 1:50 000 Berchtesgadener Alpen (LDBV)

Weitere Hütten

Berghotel Arthurhaus (1502 m),
Tel. 00 43/64 67/72 02
Mitterfeldalm (1670 m),
Tel. 00 43/664/6 43 80 77
Erichhütte (1540 m)
Tel. 00 43/664/2 64 35 53

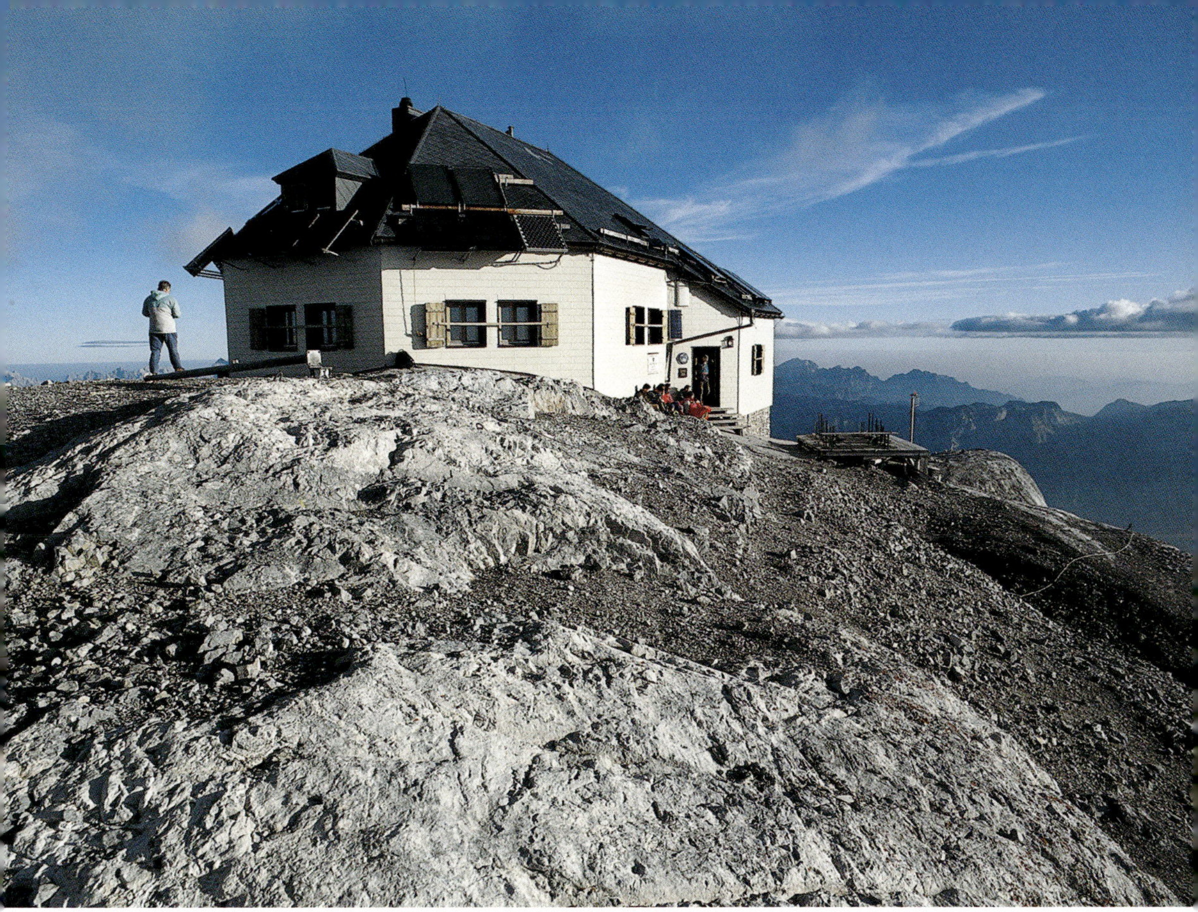

Das Matrashaus auf dem Gipfel des Hochkönigs wurde nach einem Brand in den 1980er-Jahren mit einem reizvollen Grundriss neu aufgebaut.

1. Vom Arthurhaus

mittel 1440 Hm 5.00 Std.

Ein breiter Wanderweg führt uns zunächst hinauf zur bewirtschafteten Mitterfeldalm, eine gute Alternative, falls das Matrashaus überfüllt ist. Dort folgen wir links dem ausgeschilderten Hüttenweg zum Matrashaus (Mark.-Nr. 430), der bis zum Unteren Ochsenkar leicht ansteigt. Diesen umgehen wir rechts. Auf seiner Nordseite windet sich der Pfad dann zur beeindruckenden Torsäule hinauf, die wir linksseitig umgehen. Bald erreichen wir den Kessel des Oberen Ochsenkares und steigen auf steinigem Weg hinauf zur Schrammbachscharte, die in Höhe des Kleinen Bratschenkopfes den Übergang zum Firnfeld der Übergossenen Alm vermittelt. Über einige steile Wegpassagen gelangen wir zum Saum des flachen, spaltenlosen Gletschers. Wir folgen den Wegspuren über den Gletscher – bei Nebel orientieren wir uns an den auf gestellten Wegstangen – und erreichen schließlich das durch Felskuppen gegliederte Plateau. Über das Plateau gelangen wir zum Gipfelaufbau des Hochkönigs. Dieses letzte, felsige Hindernis wird nun mittels einer Steiganlage aus Eisenbügeln, Holzleiter und Eisenkette überwunden.

2. Durch das Birgkar

schwer 1540 Hm 5.00 Std.

Vom Birgkarhaus führt ein Wanderweg hinauf zur Stegmoosalm und von dort ein serpentinenreicher, etwas mühsamer Steig hinauf ins Birgkar (Mark.-Nr. 436/433/432). Dort geht es weiter wie auf dem Hüttenweg 4. Oder suchen den

Anschluss zum Normalweg und nehmen den Verbindungs hinüber zum Arthurhaus (siehe Hüttenweg 3).

3. Arthurhaus – Kopphütte – Birgkarhaus

schwer 140 Hm 3.00 Std.

Ein nahezu eben verlaufender Wanderweg (Mark.-Nr. 436) unterhalb der Felswände der Mandlwand und entlang der Bratschenköpfe verbindet das Arthurhaus über die Widdersbergalm mit dem Birgkarhaus. Somit können wir den Hochkönig in einer großartigen Tour quasi umrunden.

4. Über die Erichhütte

schwer 1500 Hm 5.30 Std.

Vom Dientner Sattel (1342 m) führt ein Fahrweg in etwa einer halben Stunde hinauf zur Erichhütte, die am Südwestfuß der Taghaube liegt. Von dort geht es zunächst auf Wanderweg (Mark.-Nr. 432) über Bergwiesen rechts haltend in Richtung Taghaube. Nach ungefähr einer halben Stunde Gehzeit zweigt links der Steig zur Hochscharte ab, die wir nach etwa einer Stunde erreichen. Jenseits geht es dann durch eine steile Rinne (Achtung: hier gibt es häufig Altschneereste!) mithilfe von Seilsicherungen ins Birgkar hinab. Anschließend gehen wir weiter über Schneefelder zum Beginn der Felsen. Wir steigen über steiles, zum Teil plattiges Felsgelände in Kehren empor, wobei uns stellenweise Drahtseilsicherungen unterstützen. Rechts haltend steigen wir an den Hohen Köpfen und unter dem Kummetstein vorbei – zuletzt

Die Erichhütte auf der Südseite des Hochkönigstocks ist Stützpunkt für den Übergang zur Übergossenen Alm und weiter zum Matrashaus.

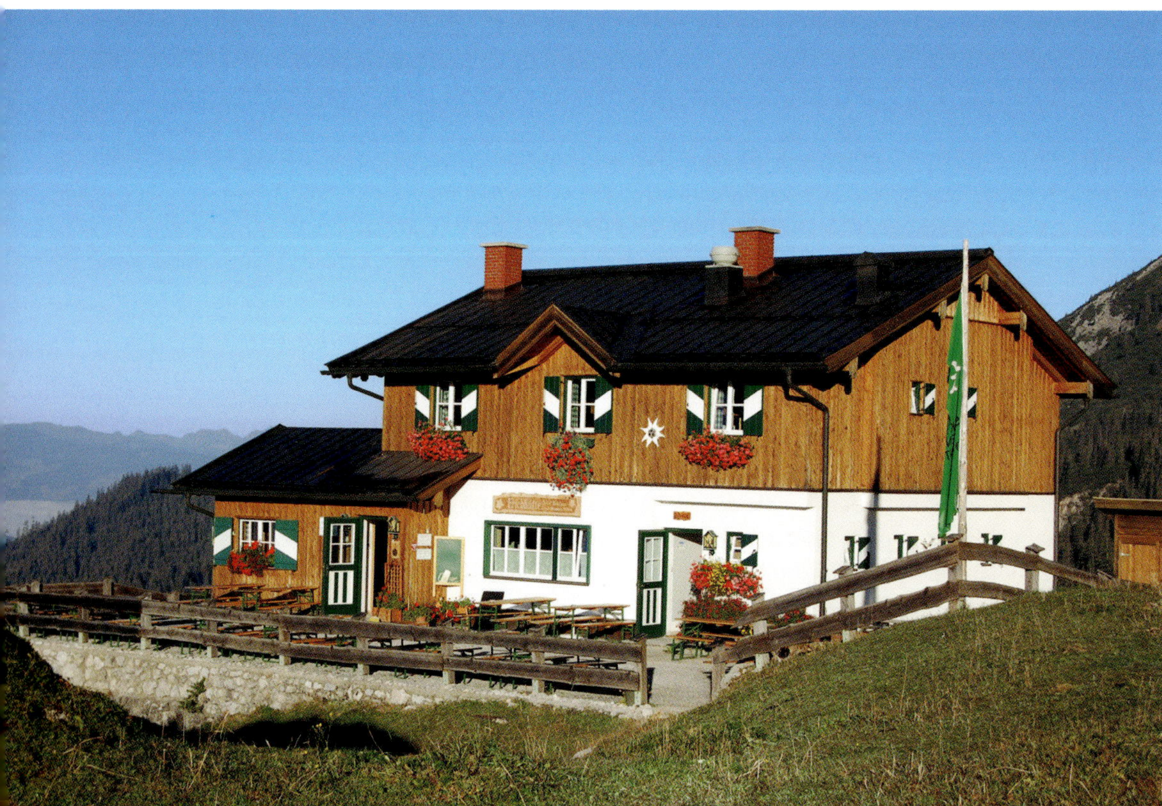

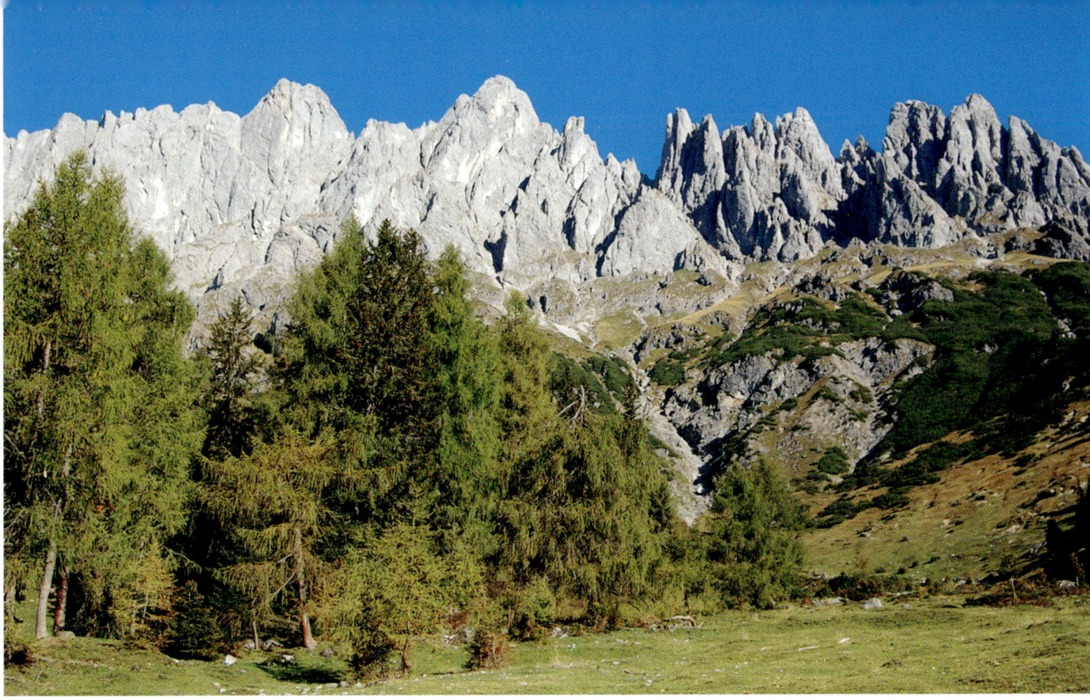

Die zerklüfteten Gipfel der Manndlwand, nördlich dahinter verläuft der Normalaufstieg vom Arthurhaus zum Matrashaus.

über einen schottrigen Steig, der zum Teil mit Schneefeldern durchsetzt ist (Achtung, hier besteht die Gefahr von Vereisung!) – in zahlreichen Serpentinen hinauf zum sogenannten Fensterl, das den Durchgang zur Übergossenen Alm auf der Nordseite der Felsenmauer ermöglicht. Dort wandern wir rechts an den Schneewechten entlang bis zu deren Ende, dann noch mal rechts zu den Gipfelfelsen hinauf und weiter zum Matrashaus auf dem Gipfel des Hochkönigs.

5. Von Werfen über die Dielalm

mittel 2400 Hm 8.30 Std.

Von Werfen führt ein markierter Weg (Nr. 401) hinauf zur Dielalm (1014 m). Von dort folgen wir dem Wanderweg »E 4 alpin« (auch Weg-Nr. 6), der meist auf der Kammhöhe durch Wald zur Blühnteckalm (1423 m) führt. Dort geht es über die Wegalm weiter zur Ostpreußenhütte. Von diesem Alpenvereinshaus folgen wir weiter den Markierungen des »E 4 alpin«. Ein Steig führt erst durch einen Latschenhang zur Wilden Steingrube, an dieser rechts aufwärts und auf der Westseite des Floßkogels (den wir in wenigen Minuten besteigen könnten) vorbei. Weiter geht es durch eine Einsenkung hinüber zur »Übergossenen Alm«. Den Markierungen folgend geht es in südwestlicher Richtung zum bereits von Weitem sichtbaren Matrashaus. Zuletzt weiter wie Hüttenweg 1.

Der Hüttengipfel

schwer 600 Hm 3.30 Std.

Hochseiler (2793 m): Neben dem Hochkönig ist der Hochseiler der gewaltigste Felsstock in der näheren Umgebung. Doch dieser Gipfel hat neben seiner großen Höhe noch eine weitere Attraktion zu bieten: die sogenannten Teufelslöcher nämlich, zwei riesige Felsenfenster, die den beeindruckenden Durchstieg (von Hinterthal aus) zur Übergossenen Alm und damit zum Hochkönig vermitteln. Die Teufelslöcher erreicht man vom Matrashaus am einfachsten, indem man auf der Westseite der Gipfelfelsen zum Gletscher absteigt und dann in etwa einer halben Stunde am oberen Firnfeldrand zum Fuß des Hochseilers wandert (Mark.-Nr. 401). Aber Achtung: Nur für Geübte! Trittsicherheit und Schwindelfreiheit und Bergerfahrung sind unbedingt erforderlich.

Riemannhaus (2177 m)

6

Freier Blick in den Pinzgau

Die spektakuläre Lage dieser Alpenvereinshütte zwischen Sommerstein und Breithorn zeichnet diese Bergsteiger-Unterkunft aus. Darüber hinaus bietet der Hüttenzustieg von Maria Alm den schnellsten Weg ins Steinerne Meer. Leichtester Gipfel in Hüttennähe – auch für Normalwanderer – ist das Breithorn.

Das Riemannhaus liegt in der Ramseider Scharte hoch über Saalfelden auf 2177 Metern. Bereits 1885 wurde dort eine Hütte eingeweiht, die 1902 vergrößert wurde; Erweiterungen erfuhr der Bau 1909 und 1977. Sein Name stammt vom Mitbegründer der Sektion Pinzgau, Rudolf Ehrenfried Riemann aus Posen. Heute ist die Hütte ein beliebter Stützpunkt für die Überschreitung der Schönfeldspitze, für Hüttenrundtouren im Steinernen Meer und für den Übergang zum Hochgang. Klettermöglichkeiten gibt es am Breithorn und am Sommerstein. Aufgrund der hochalpinen Lage der Hütte ist eine entsprechende Ausrüstung notwendig.

1. Von Saalfelden

mittel · 1360 Hm · 4.00 Std.

Vom Parkplatz folgen wir zunächst dem Fahrweg in Richtung Kalmbachgraben, bis rechts der ausgeschilderte Ramseider Steig (Mark.-Nr. 413)

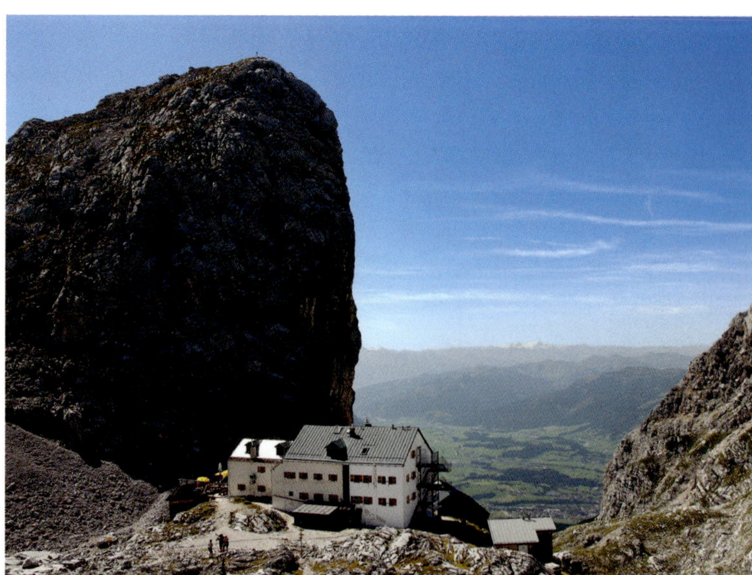

Die Hütte

Riemannhaus (2177 m), AV-Haus, Kat. I, 20 Betten, 100 Lager, 20 Notlager, Pfingsten sowie von Mitte Juni bis Anfang Oktober bewirtschaftet; Buchungen nur per Tel. 0043/65 82/7 33 00 oder riemannhaus@aon.at. Winterraum mit 8 Lagern (AV-Schloss). www.riemannhaus.de

Charakter

Beide Zustiegswege, die unterhalb der Ramseider Scharte aufeinandertreffen und dann gemeinsam weiterführen, sind gut markierte Wanderwege, im letzten Abschnitt einige gesicherte Stellen. Die Übergänge von den Nachbarhütten sind relativ leicht und markiert, bei Nebel erfordern sie jedoch Orientierungssinn.

Anreise

Mit Pkw: Über Kufstein oder Lofer nach Saalfelden im Pinzgau, dann weiter Richtung Schloss Lichtenberg; etwas oberhalb befindet sich ein Parkplatz (Hüttenweg 1). Oder 5 km weiter nach Maria Alm, am östlichen Ortsrand links über die Brücke ins Griesbachtal und hinauf zum Parkplatz Sanden (1130 m; Hüttenweg 2).
Mit der Bahn: Saalfelden ist Bahnstation; von dort weiter zu Fuß

Karte

Topografische Karte 1:50 000 Berchtesgadener Alpen (LDBV)

Weitere Hütten

Kronreithhof (992 m), privat, von Mitte Mai bis Mitte Oktober und von Dezember bis März bewirtschaftet; Kinderspielplatz; Tel. 0043/65 84/236 55. Oberhalb von Maria Alm gelegener Berggasthof; von Maria Alm (Ortsmitte) auf Wanderweg in 1 Std. zu erreichen

abzweigt. Durch Wald steigen wir nun zur Riemannhöhe (1173 m) an und folgen dann dem gut angelegten Steig. Wir gehen direkt auf die Felswände des Breithorns zu, bis wir auf den von Maria Alm heraufführenden Weg stoßen. Der weitere Weg verläuft wie in Route 2 beschrieben.

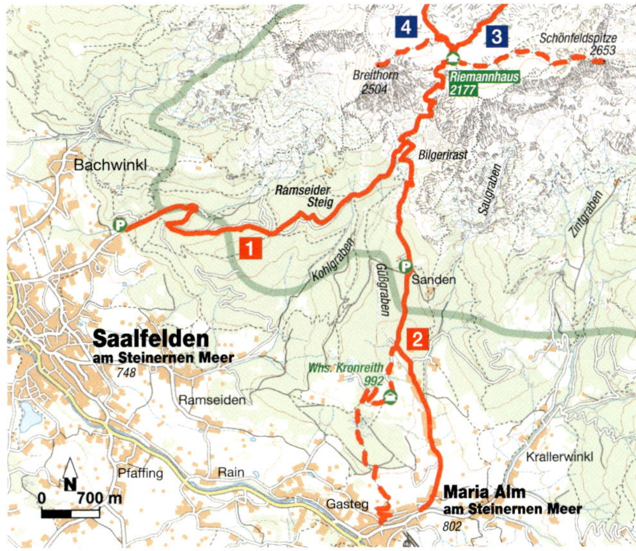

2. Von Maria Alm

mittel 1340 Hm 3.00 Std.

Vom Parkplatz Sanden im oberen Griesbachtal folgen wir dem gesperrten Schotterweg (Mark.-Nr. 425) weiter bis kurz vor die Talstation des Materiallifts des Riemannhauses. Dort treffen wir auf den Ramseider Steig, der von Saalfelden heraufkommt. Nun steigen wir links auf diesem Steig weiter an den Fuß des Sommersteins heran und über viele Stufen und Kehren und durch Latschenbewuchs hinauf bis zu einer Felsrippe. Auf dieser geht es in eine Felsschlucht. Mittels einer seilgesicherten Steintreppe überwinden wir die nächsten Felsstufen und gelangen zur Ramseider Scharte und zum Riemannhaus kurz dahinter.

Linke Seite: Das Riemannhaus in der Ramseiderscharte mit dem Sommerstein; rechts beginnen die Felsen des Hüttengipfels, des Breithorns.

3. Übergang vom Kärlingerhaus

leicht 500 Hm 2.30 Std.

Dieser Übergang stellt einen großartigen Höhenweg durch die einzigartige Felswildnis des Steinernen Meeres dar. Er wird viel begangen und ist gut markiert. Nach dem Anstieg vom Kärlingerhaus über das Baumgartl wandern wir hinauf zur Hochfläche und im Auf und Ab weiter zum Riemannhaus.

4. Übergang vom Ingolstädter Haus

mittel 325 Hm 2.30 Std.

Der gut ausgebaute Höhenweg, der Eichstätter Weg, führt über die Karrenfelder des Steinernen Meeres; der höchste Punkt liegt bei 2309 Meter Höhe.

Auf dem Weg zum Hundstod passiert man die Hochwies.

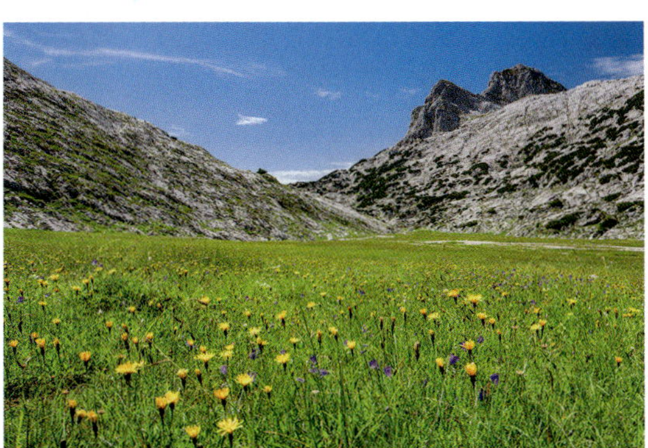

Der Hüttengipfel

mittel 660 Hm 1.45 Std.

Breithorn (2504 m): Vom Riemannhaus folgt man erst dem Eichstätter Weg (Mark.-Nr. 428), der Riemannhaus und Ingolstädter Haus verbindet. Nach einer Einsenkung trifft man bald auf eine Wegverzweigung. Dort halten wir uns links und folgen dem Steig, der gut bezeichnet durch die Felsblöcke führt. Im Zickzackkurs steigen wir nun über gestufte Felsschichten hinauf bis zum leicht erreichbaren Gipfel.

7

Peter-Wiechenthaler-Hütte (1752 m)

Startpunkt für einen großartigen Klettersteig

Die Hütte
Peter-Wiechenthaler-Hütte (1752 m), AV-Hütte, Kat. I, 25 Betten, 30 Lager, von Anfang Mai bis Ende Oktober bewirtschaftet, Anfang Mai nur bei schönem Wetter an den Wochenenden, Winterraum mit 6 Lagern/AV-Schloss; Tel. 0043/65 82/7 34 89 oder 0043/664/9 54 48 22 (mobil)

Charakter
Der Anstieg über den Kienberg (das ist der Normalweg) erfolgt auf leichtem Bergwanderweg, der Übergang von der Steinalm erfordert Trittsicherheit und Schwindelfreiheit.

Anreise
Mit Pkw: Über Kufstein oder Lofer nach Saalfelden; kurz vor dem Ort links in den Ortsteil Bachwinkl und zum Ende der Fahrstraße im Wald; dort Wanderparkplatz (Hüttenweg 1). Oder weiter bis zur zweiten Abzweigung nach links und Richtung Schloss Lichtenberg; am Ende der Lichtenbergstraße befindet sich ein Wanderparkplatz (775 m; Hüttenweg 2).
Mit der Bahn: Saalfelden ist Bahnstation an der Linie Wörgl – Bischofshofen; von dort weiter zu Fuß (evtl. mit Bus bis Halstestelle Hubertus im Bachwinkl)

Karte
Topografische Karte 1:50 000 Berchtesgadener Alpen (LDBV)

Weitere Hütten
Steinalm (1269 m), privat, von Juni bis Anfang Oktober sowie an schönen Wochenenden davor und danach bew.

Das Persailhorn ist der unbestrittene Hüttengipfel dieser Alpenvereinshütte. Doch der setzt die entsprechende Ausrüstung, Trittsicherheit und auch Schwindelfreiheit voraus. Weniger Geübte steuern von hier das Wanderwegenetz im Steinernen Meer an.

Die Peter-Wiechenthaler-Hütte der Alpenvereinssektion Saalfelden steht auf einem Vorgipfel des Persailhorns, dem Kienalkopf. Die im Jahr 1926 eingeweihte und in den Jahren 1990/91 sowie 2019/2020 erweiterte Hütte bietet eine herrliche Aussicht auf die Leoganger Steinberge und ist eine der gemütlichsten Hütten in den Berchtesgadener Alpen; benannt ist sie nach seinem Erbauer, dem Maurermeister Peter Wiechenthaler. Das Gros der Hüttenbesucher setzt sich aus Klettersteiggehern zusammen. Wer's nicht so luftig mag, kann den Anstieg zur Hütte zu einer Rundtour gestalten und am Abstiegsweg eine der wenigen noch besetzten Einsiedeleien im Alpenraum besuchen.

1. Von Saalfelden über Kienberg

leicht | 870 Hm | 3.30 Std.

Vom Parkplatz im Bachwinkl zunächst bergwärts über eine kleine Brücke, dann nach wenigen Minuten links über einen Steg (große Infotafel) und jenseits rechts weiter. Bald in Kehren durch Wald höher und dem markierten Wanderweg (Mark.-Nr. 412) folgend hinauf zu einer Wegver-

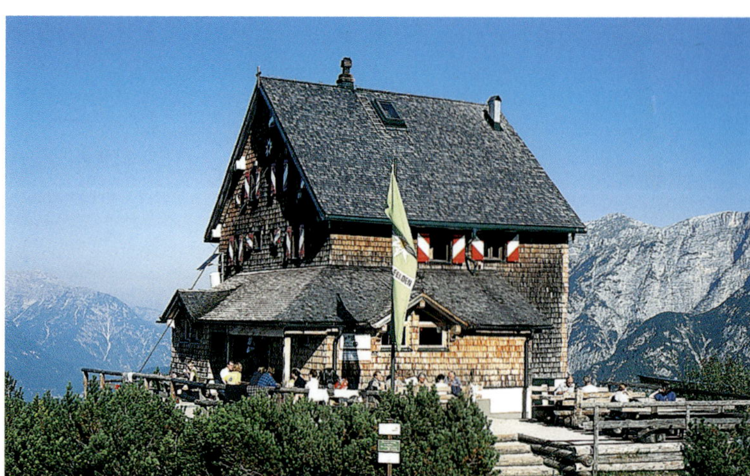

Die Peter-Wiechenthaler-Hütte auf dem Kienalkopf auf der Südwestseite der Berchtesgadener Alpen

zweigung. Links führt der anspruchsvollere Jagasteig zur Hütte, rechts der leichtere Zustieg durch Latschen und über Felsabsätze hinauf zur Peter-Wiechenthaler-Hütte.

2. Über die Einsiedelei und die Steinalm

mittel · 850 Hm · 4.00 Std.

Vom Parkplatz Bürgerau führt ein ausgeschilderter Steig direkt zur Einsiedelei hinauf (ausgeschilderter Abkürzungsweg: Lehrwanderweg »Steinalpe«). Dort folgt man dann rechts dem gesicherten Fuchssteig (Trittsicherheit und Schwindelfreiheit erforderlich, Leitern und Trittbügel) hinauf zu einer Scharte, anschließend einem Kamm entlang zu den gewellten Böden der Steinalm. Jenseits durch Wald hinauf zu einer Aussichtsbank; dort beginnt ein ausgeschilderter Steig (Mark.-Nr. 412C), der zunächst durch einen bewaldeten Graben hinaufführt, dann weiter auf der Südseite des Persailhorns über einen stark schotterigen Graben hinweg und durch Latschen etwas anstrengend hinüber zur Peter-Wiechenthaler-Hütte.

Unterwegs zum Gipfel des Persailhorns (oben); das Persailhorn mit seinen auf den ersten Blick für Normalbergsteiger abschreckenden Felswänden (unten)

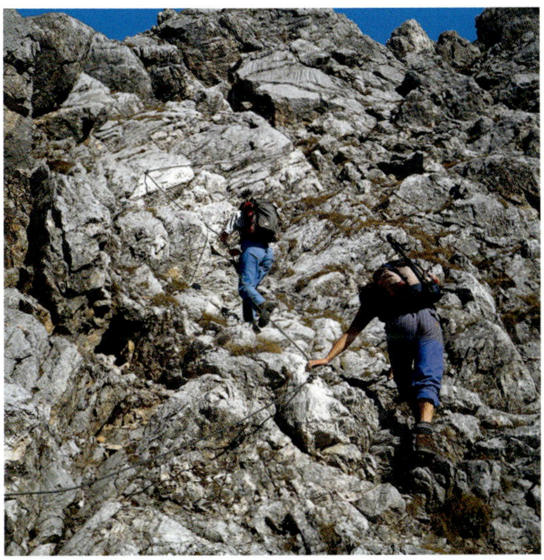

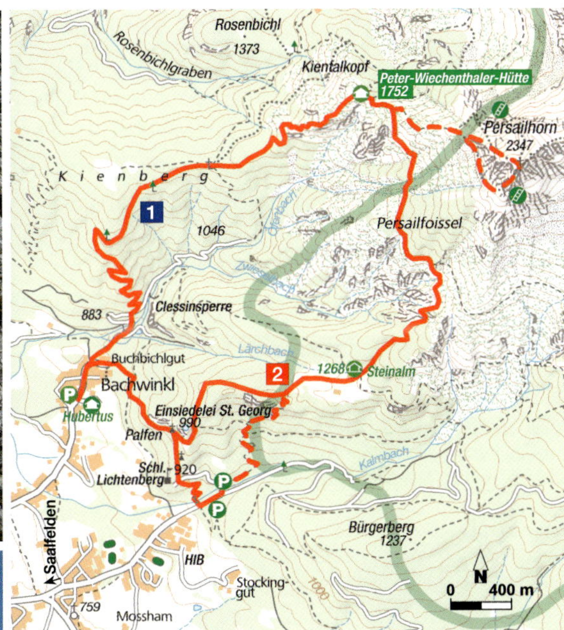

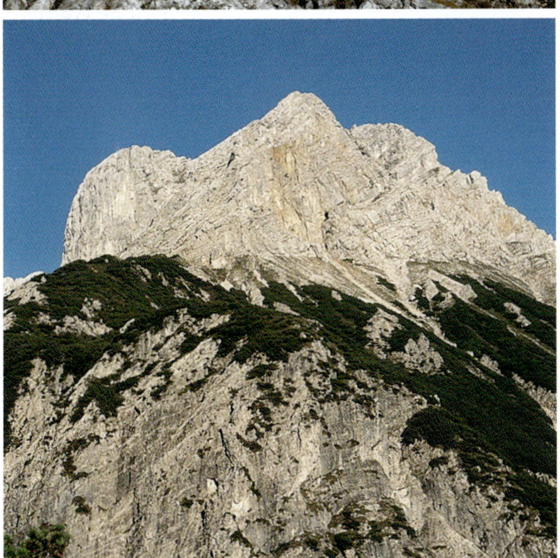

Der Hüttengipfel

schwer · 1280 Hm · 3.30 Std.

Persailhorn (2347 m): Von der Hütte auf dem rot bezeichneten Bergsteig über eine Gratschneide direkt auf den Gipfelaufbau des Persailhorns zu. Nach einer Dreiviertelstunde verzweigt sich der Weg (Wegweiser): Links geht es zum Einstieg des Wildenthalsteigs in der Nordflanke, rechts zum Südwand-Klettersteig. Noch ein kurzes Stück Weg weiter, dann beginnt rechts bei einem begrasten Felssporn das Geländerseil, das fast durchgehend zum Gipfel führt (Gipfelkreuz und Gipfelbuch).

8

Ingolstädter Haus (2119 m)

Gemütliche Hütte in karger Hochgebirgslandschaft

Die Hütte
Ingolstädter Haus (2119 m), AV-Haus, Kat. I, 25 Betten, 90 Lager, 20 Notlager, von Anfang/ Mitte Juni bis Anfang Oktober bewirtschaftet; offener Winterraum mit 10 Lagern; Tel. 00 43/65 82/83 53. www.ingolstaedter-haus.de

Charakter
Alle »normalen« Hüttenzustiege sind lang und setzen Trittsicherheit voraus. Der Anstieg von St. Bartholomä über die Sigeretplatte erfordert außerdem unbedingte Schwindelfreiheit, ebenso der Anstieg von Diesbach.

Anreise
Mit Pkw: Auf der A 8 bis Ausfahrt Siegsdorf, dann über Inzell, Schneizlreuth und Lofer nach Weißbach bei Lofer; dort links in den Ort und hinauf nach Pürzlbach; dort Parkplatz (Hüttenweg 1). Oder weiter auf der B 311 bis Diesbach (Hüttenweg 2). Oder über Bad Reichenhall und Bischofswiesen bzw. von Berchtesgaden in Richtung Ramsau (bzw. A 8 bis Ausfahrt Siegsdorf, dann über Schneizlreuth nach Ramsau) bis zur Abzweigung Wimbachbrücke; dort großer Parkplatz (Hüttenweg 3). Oder weiter bis Königssee (siehe Tour 4; Hüttenweg 4)
Mit Bahn/Bus: Bahn bis Berchtesgaden, dann mit RVO-Bus nach Königssee oder zur Haltestelle Wimbachbrücke. Für den Anstieg aus dem Saalachtal mit der Bahn bis Saalfelden, dann mit Postbus Richtung Lofer bis Weißbach/Anschluss mit dem Almerlebnisbus in Richtung Hirschbichl

Karte
Topografische Karte 1:50 000 Berchtesgadener Alpen (LDBV)

Dieses gemütliche Alpenvereinshaus zieht vor allem Bergwanderer mit Ausdauer an, denn alle Zustiege verlangen einen Zeitaufwand von mindestens fünf Stunden Gehzeit. Die weitläufigen Wege ins Steinerne Meer setzen Orientierungssinn und ordentliche Kondition voraus.

Das Ingolstädter Haus ist eine relativ junge Hütte; sie wurde erst 1928 erbaut und gilt – trotz der langen Anstiegswege, aber wegen des Gemütlichkeitsfaktors – als sehr beliebte Bergsteigerunterkunft im Steinernen Meer. Von der großen Terrasse hat man freien Blick über die riesigen Karrenfelder hinüber zur dominanten Schönfeldspitze. Eine beliebte Wanderrunde führt über das Riemann- und das Kärlingerhaus wieder zurück zum Ingolstädter Haus. In den Jahren zwischen 2006 bis 2009 wurde dieses Alpenvereinshaus renoviert und erweitert.

1. Von Weißbach (Pürzlbach)

mittel | 1000 Hm | 5/6 Std.

Vom oberen Parkplatz (1180 m) in Pürzlbach folgen wir dem mäßig ansteigenden Wirtschaftsweg (Mark.-Nr. 411) rechts um den Kühkranz herum und gelangen so zu den großen Bergwiesen der Kallbrunnalm. Dann geht es rechts auf dem Wirtschaftsweg weiter zum Dießbach-Stausee. An der Staumauer rechts vorbei und auf schönem Wanderweg bis zum Ende des Sees. Durch Wald (weiterhin mit Mark.-Nr. 411, jetzt auch 401 und E 4) ansteigen zur Mitterkaseralm, wo man auf die Talstation der Materialseilbahn

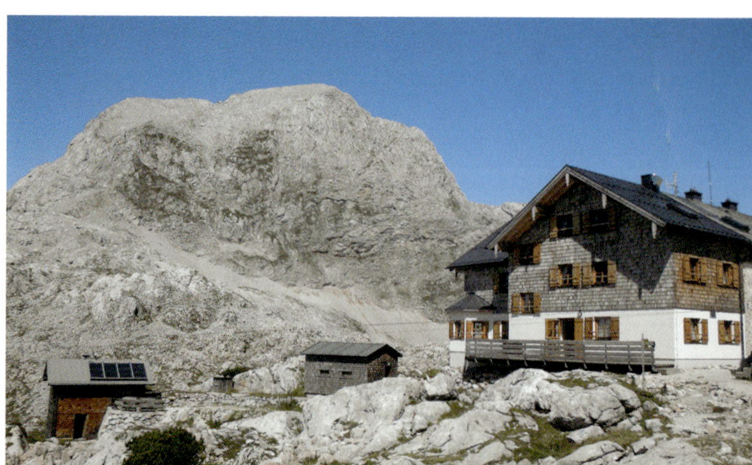

zum Ingolstädter Haus trifft. Nun links haltend auf rauem Pfad zu einer Weggabelung und rechts unter den steilen Felsen des Dießbachecks und des Kleinen Hundstods hinauf zur Dießbachscharte und weiter zum Ingolstädter Haus.

2. Von Diesbach

schwer 1440 Hm 4.30 Std.

Vom Weiler Diesbach an der B 311 führt ein steiler, sehr ausgesetzter Klettersteig durch Wald, oberhalb des tief eingegrabenen Dießbachs hinauf zur Fahrstraße zum Dießbach-Stausee; weiter wie bei Hüttenweg 1.

3. Von der Wimbachgrieshütte

mittel 1020 Hm 3.30 Std.

Von der Hütte (siehe Tour 10) folgt man dem gut markierten Wanderweg (Mark.-Nr. 421) ins hinterste Wimbachtal und steigt hinauf zum Trischübelpass (1774 m). Dort hält man sich rechts und folgt dem steilen Weg (Mark.-Nr. 411) über latschenbewachsene Schrofen zur Hundstodgruben und zum Hundstodgatterl (2188 m). Jetzt wandern wir hinab zu einer Wegverzweigung und rechts wieder hinauf über Karrenfelder zum Ingolstädter Haus des DAV.

4. Von St. Bartholomä

schwer 1730 Hm 6.00 Std.

Von der Bootsanlegestelle links (Mark.-Nr. 412) am Ufer entlang bis zu den Felsen der Burgstallwand. Weiter auf breitem Weg durch Wald, nun ansteigend, zum Schrainbach-Wasserfall und in Serpentinen oberhalb des Schrainbachs hinauf zu einer Diensthütte. Etwas oberhalb zweigt rechts der Steig (Mark.-Nr. 419) über die Sigeretplatte zum Trischübelpass ab. Über Geröll zum Sockel der Hachelköpfe ansteigen. Eine Steiganlage mit Leitern hilft, eine Felspassage zu überwinden. Nun führt der Weg durch ein wildes Hochtal hinauf zum Trischübelpass (1774 m). Bei der Wegverzweigung links (Mark.-Nr. 411) und durch die Hundstodgruben hinauf zum Hundstodgatterl. Jenseits hinab und bei der folgenden Weggabelung rechts weiter zum Ingolstädter Haus.

Der Hüttengipfel

leicht 475 Hm 1.30 Std.

Großer Hundstod (2593 m): Vom Ingolstädter Haus wandern wir auf markiertem und ausgeschildertem Pfad über Schrofengelände auf den Bergfuß zu. Achtung auf Dolinen und Schneefelder, die hier bis in den Sommer hinein liegen! Rechts geht es nun am Kleinen Hundstod vorbei und auf gut markiertem, aber nun steiler werdendem Steig hinauf zu einer Hochfläche. Weitere steile Passagen folgen – wobei der lose Schotter etwas unangenehm sein kann. Zum Gipfelkreuz, das ein auffälliges Edelweiß schmückt, passieren wir wiederum steilere Abschnitte.

Linke Seite: Das Ingolstädter Haus inmitten der Karrenfelder des Steinernen Meeres; im Hintergrund der Große Hundstod, der auch für Normalbergsteiger machbar ist.

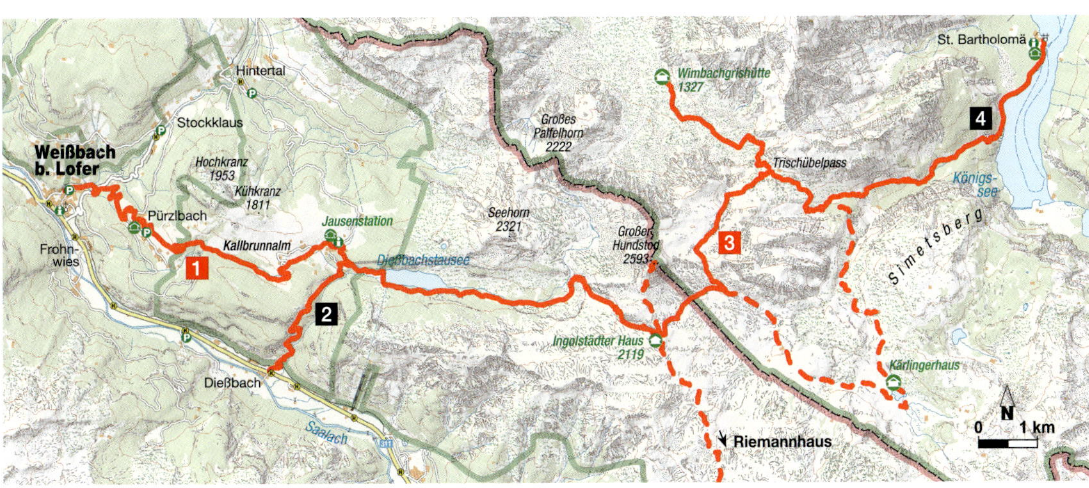

9

Watzmannhaus (1928 m)

Zum Wahrzeichen des Berchtesgadener Landes

Die Hütte
Watzmannhaus (1928 m), AV-Haus, Kat. I, von Mitte Mai bis Anfang/ Mitte Oktober bewirtschaftet, 50 Betten, 162 Lager; Winterraum mit 10 Lagern offen; Tel. 0 86 52/96 42 22; Reservierungen nur telefonisch. www.watzmannhaus.de

Charakter
Von Ramsau und Königssee leichte Anstiege auf Forstwegen und Bergsteigen (Falzsteig z. T. gesichert); von St. Bartholomä über den Rinnkendlsteig Trittsicherheit und Schwindelfreiheit erforderlich

Anreise
Mit Pkw: Auf der A 8 bis Ausfahrt Piding, dann über Bad Reichenhall und Bischofswiesen bis kurz vor Ramsau zum Parkplatz Wimbachbrücke bzw. zum Parkplatz Hammerstiel in Hinterschönau (Hüttenwege 1 und 1a) oder über Berchtesgaden zum Großparkplatz Königssee (Hüttenwege 2 und 3). *Mit Bahn/Bus:* Berchtesgaden ist Endpunkt der Linie München–Freilassing–Bad Reichenhall. Von dort RVO-Bus nach Königssee und zur Wimbachbrücke

Karte
Topografische Karte 1:50 000 Berchtesgadener Alpen (LDBV)

Weitere Hütten
Kührointhütte (1420 m), privat, bewirtschaftet von Ende Mai bis Mitte Oktober, 10 Betten, 18 Lager; Tel. 086 52/73 39 oder mobil 0171/3 53 33 69 www.kuehroint.com
Bartlerkaser (1420 m), auf der Kühroint; von Mai bis max. Mitte Oktober bewirtschaftet
Grünsteinhütte (1200 m), privat, im Sommer einfach bewirtschaftet
Mitterkaseralm (1400 m), privat, im Sommer almtypisch bewirtschaftet

Einmal dabei sein beim Treck hinauf zum höchsten Gipfel – und wenn es nur bis zum Eingangstor der Watzmann-Überschreitung ist. Das Watzmannhaus lockt nicht nur »echte« Bergsteiger an, auch Normalwanderer und Familien sind hier willkommen.

Das Watzmannhaus auf dem Falzköpfl am Watzmann ist einer der gefragtesten alpinen Stützpunkte im Ostalpenraum. Schon mancher Besucher musste die Nacht auf dem Boden verbringen, weil die Hütte an die Grenzen ihrer Kapazität gelangt war. Das 1888 von einem italienischen Bauunternehmer erbaute Haus (einheimische Anbieter waren zu teuer) fasste damals nur 25 Personen zum Übernachten. 1894 und 1911 erfolgten Erweiterungsbauten. Von 1898 bis 1917 wurde das Haus vom berühmten Ramsauer Bergführer Johann Grill, genannt »der Kederbacher«, geführt. Die kürzlich renovierte »Hütte« verfügt über eine umweltfreundliche Fotovoltaikanlage und Abwasseranlage und auch über renovierte Gast- und Schlafräume. Und da der Erstbesteiger der Watzmann-Mittelspitze, Valentin Stanic, Slowene war, gibt es nun auch eine Hüttenpatenschaft mit der Vodrikova-Hütte im slowenischen Triglav-Nationalpark.

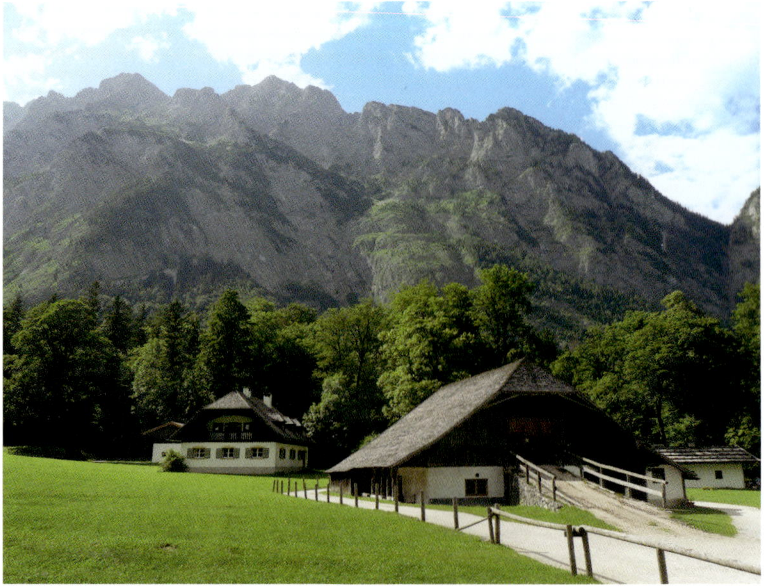

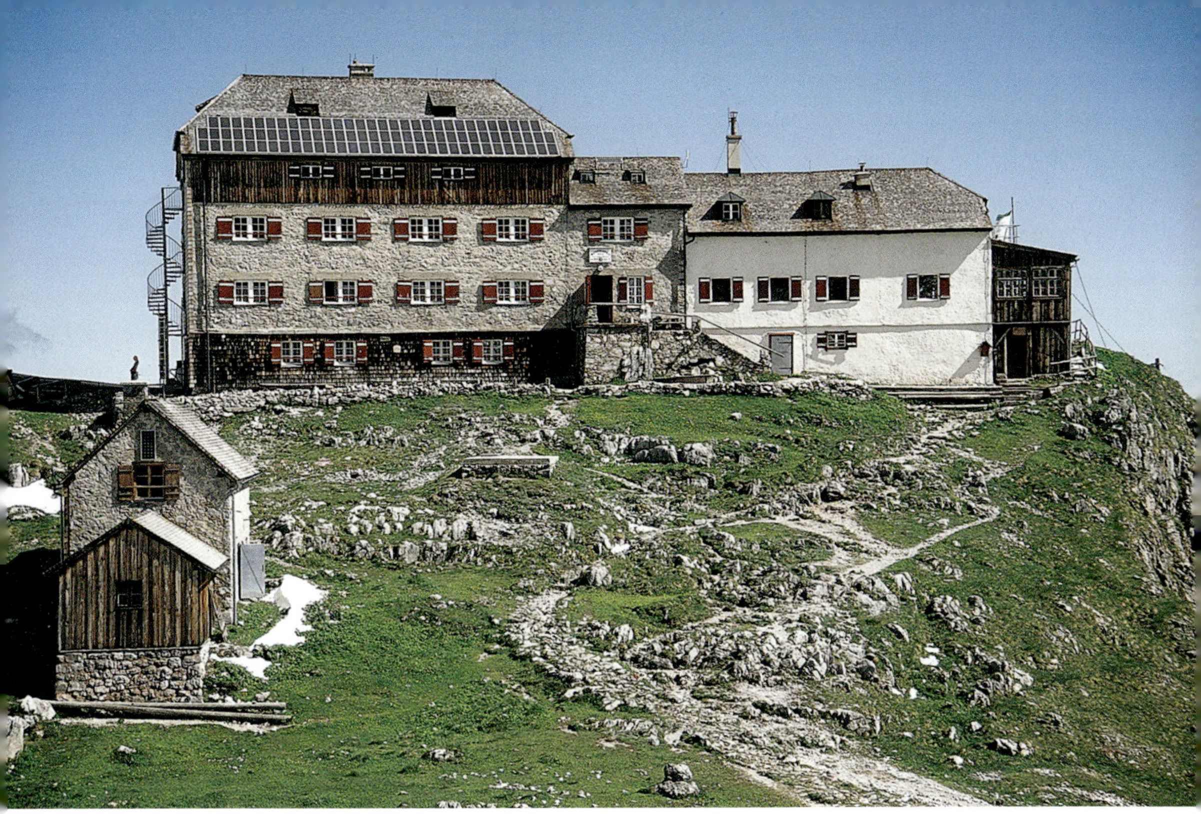

1. Von Ramsau-Wimbachbrücke

leicht 1315 Hm 4.00 Std.

Vom Wanderparkplatz Wimbachbrücke an der Ramsauer Ache gehen wir zunächst bis zum oberen Ende des Parkplatzs; dort links über die kleine Brücke und sogleich wieder rechts und über den oberen Parkplatz. Dort folgen wir dem bezeichneten Fahrweg (Mark.-Nr. 441) durch Wald hinauf zur Stubenalm. Im weiteren Verlauf wandern wir hinauf zur bewirtschafteten Mitterkaseralm (1400 m). Hier verlassen wir den Almfahrweg und steigen rechts auf einem Bergsteig über die teilweise freien Hänge zur Falzalm (hier mündet der Anstiegsweg von Königssee über die Kührointhütte ein) an. Das letzte Stück Weg schlängelt sich in Serpentinen zum Falzköpfl und weiter zum Watzmannhaus hinauf.

2. Vom Parkplatz Hammerstiel

leicht 1160 Hm 4.00 Std.

Über eine Forststraße (Mark.-Nr. 444) gelangen wir hier durch Wald hinüber zur Schapbach-Holzstube und treffen auf die von der Wimbachbrücke zur Kühroint führende Forststraße. Nun jedoch auf der anderen Talseite auf einem Wirtschaftweg weiter und hinauf zur Stubenalm. Etwas oberhalb weiter auf dem Hüttenweg 1.

3. Von Königssee (mit Variante über Grünstein)

mittel 1325 Hm 4.00 Std.

Vom Großparkplatz in Königssee-Dorf wandern wir zunächst zur Seeklause und weiter zu den Bauernhöfen oberhalb. Dort geht es rechts ab und vor dem Klingerbach (vor der Brücke) links hoch in den Klingergraben, wo man auf eine Fahrstraße trifft. Nun links weiter auf dieser und in Serpentinen höher, bis rechts der Anstieg zum Grünstein abzweigt.

Bild oben: Das Watzmannhaus auf dem Falzköpfl; trotz der großen Bettenkapazität muss man bei gutem Wetter jederzeit mit Überfüllung rechnen.

Linke Seite: Blick von St. Bartholomä auf die Osteite des Watzmanns; von hier führt der reizvolle Rinnkendlsteig hinauf zur Kühroint und weiter zum Watzmannhaus.

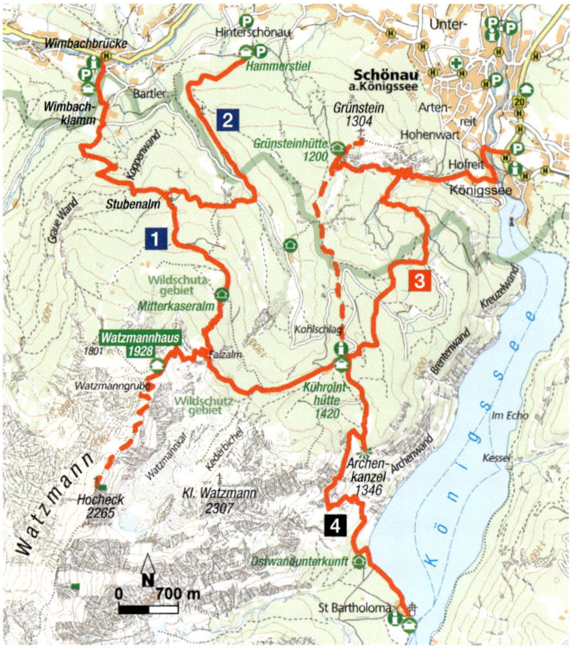

Variante: Auf steilem Weg steigen wir hinauf durch die Abbrüche der Weißen Wand bis zu einem quer führenden Weg und rechts weiter zur Grünsteinhütte (1200 m). Von dort sind es noch 20 Minuten auf dem Wanderweg zum Grünsteingipfel. Um vom Grünstein zur Kührointalm zu gelangen, folgen wir dem Anstiegsweg zurück bis zur Abzweigung in den Klingergraben, gehen jedoch geradeaus weiter auf Bergsteig durch Wald, steigen dann wieder etwas steiler an und treffen nach einer Dreiviertelstunde auf einen Forstweg. Hier kurz links, bald wieder rechts und weiter bis zur Kührointhütte, die auf einer schönen Almwiese unter dem Kleinen Watzmann liegt.

Nun geht es jedoch links weiter (Weg-Nr. 443), auf einem Fahrweg zur Klingeralm, dort erneut über den Klingerbach und weiter durch Wald. Bei den nächsten Verzweigungen rechts bleiben und auf einem Ziehweg bis zum Ende der Forststraße von Herrenroint. Dort wandern wir rechts weiter, noch mal eine Forststraße querend, zur Hochfläche der Kührointalm. Jetzt geht es westwärts über die Wiesen zum Waldrand. Bei der Wegverzweigung biegen wir links (Mark.-Nr.

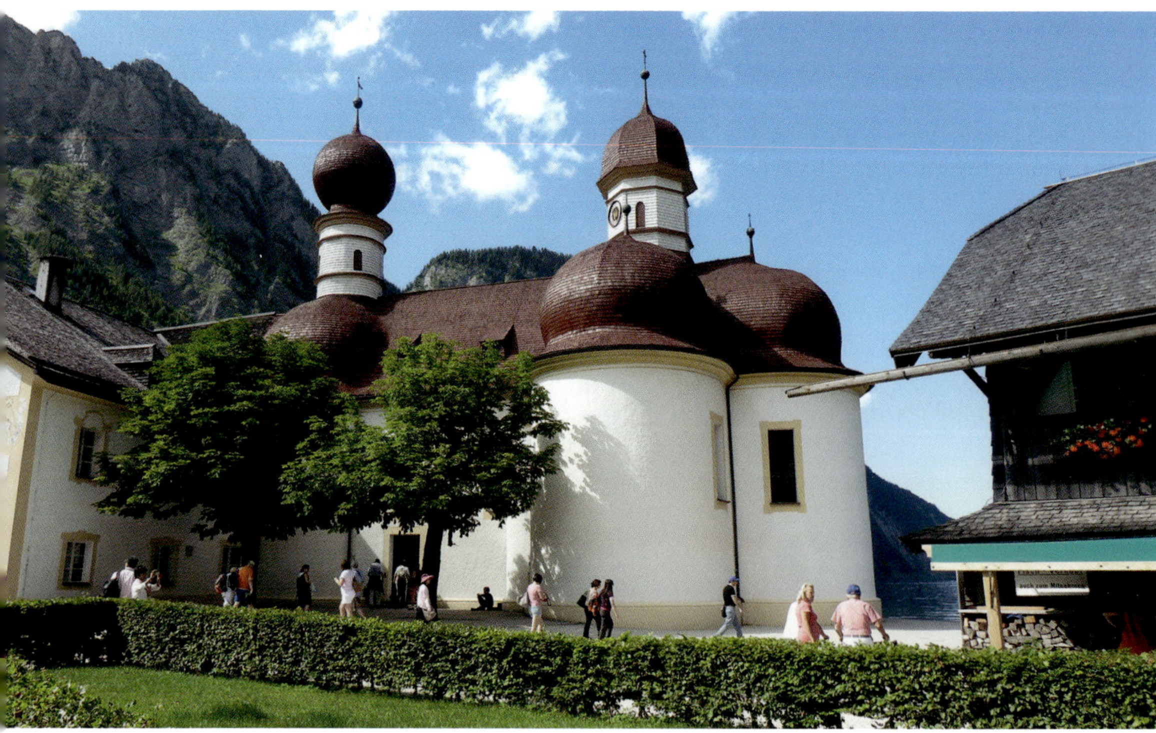

Die Wallfahrtskirche St. Bartolomä am Königssee – und gleich nebenan der Biergarten …

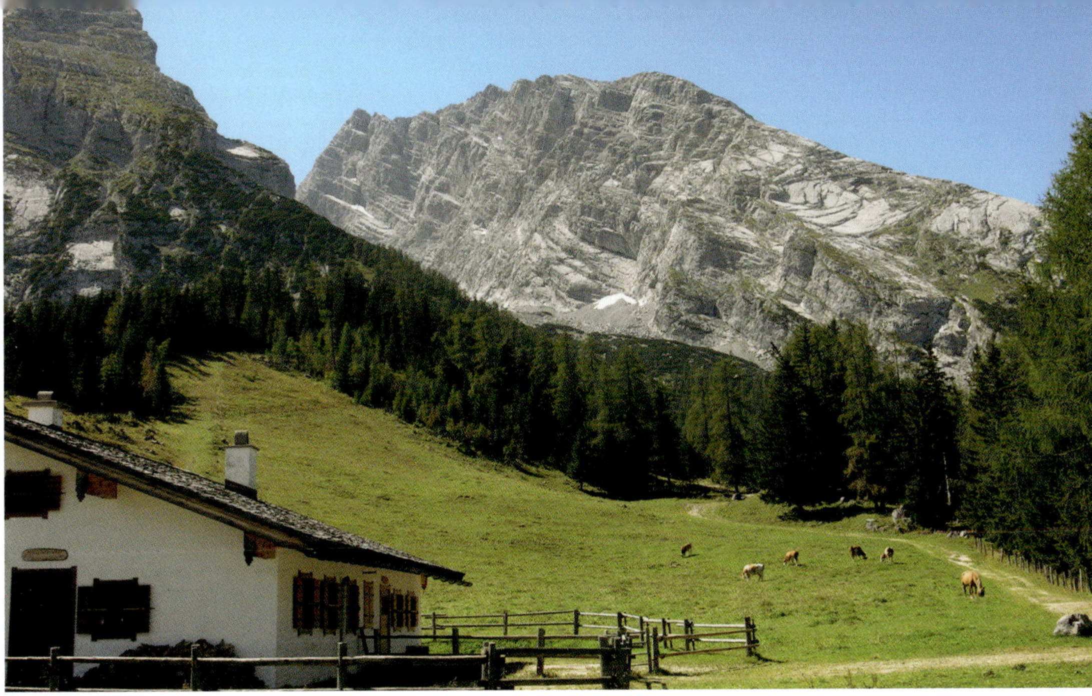

442) in Richtung Watzmannkar ab und steigen über den Falzsteig (einige Sicherungen) zum Teil durch schönen Lärchenwald hinauf zur Falzalm (1630 m). Dort geht es links weiter in zahlreichen steilen Serpentinen zum Watzmannhaus.

Auf der Kühroint gibt es ein paar Almen; in der Kührointhütte können wir sogar übernachten; im Hintergrund der Watzmann mit seinen drei Gipfeln

4. Von St. Bartholomä

schwer 1345 Hm 5.00 Std.

Vom Gasthaus wandern wir rechts am Ufer entlang zum Bergfuß, wo links der gesicherte Rinnkendlsteig ansetzt. Ein kurzes Stück des Steigs führt durch Wald, dann durch überwiegend freies Gelände (im Sommer sehr heiß!). In Serpentinen geht es nun hinauf zum sogenannten Rinnkendl, einer felsigen Verengung, dann weiter nordwärts durch die steile Flanke in einen nun wieder grünen Graben und auf breitem Weg zur Kührointalm, auf der sich neben dem Bartelkaser die ebenfalls bewirtschaftete Kührointhütte befindet. Von dort wandern wir am nächsten Tag – falls wir hier oben schon übernachten wollen, denn das Watzmannhaus ist ja meist überfüllt - weiter wie auf dem Hüttenweg 2 hinauf zur Falzalm und über steile Serpentinen weiter zum Watzmannhaus.

Der Hüttengipfel

schwer 725 Hm 3.30 Std.

Watzmann-Hocheck (2651 m): Der Watzmann ist der ungekrönte König der Berchtesgadener Alpen. Auch wer nicht so versiert ist, den höchsten Gipfel oder gar die Überschreitung zu schaffen – schon die Besteigung des leichtesten Gipfels, des Hochecks, ist ein grandioses Erlebnis. Der Steig ist markiert und führt durch Schrofen- und Felsgelände mit einigen ausgesetzten Stellen an der »Schulter« (mit Drahtseilen gesichert), Trittsicherheit und Schwindelfreiheit sind jedoch erforderlich. Am Gipfel des Hochecks erwartet uns schließlich eine wirklich fantastische Sicht und eine kleine Schutzhütte. Der weitere Routenverlauf hinüber zur Mittelspitze sieht für den Normalbergsteiger schon etwas abschreckend aus, und so wird er trotzdem – auch wenn der Hauptgipfel nicht auf dem Plan steht – mit einem Gefühl des Stolzes und der Befriedigung wieder den Weg hinab zum Watzmannhaus antreten.

10

Wimbachgrieshütte (1327 m)

Süß, deftig oder Müsli – Frühstück im Wimbachtal

Die Hütte
Wimbachgrieshütte (1327 m), TVN-Hütte, 20 Betten, 40 Lager, von Februar bis Mai an Wochenenden, von ca. Mitte Mai bis Mitte Oktober durchgehend bewirtschaftet, Winterraum; Tel. 0 86 57/794 40 01. www.wimbachgrieshuette.de

Charakter
Vom Parkplatz Wimbachbrücke breiter Wanderweg; von St. Bartholomä anspruchsvoller Bergsteig, der Trittsicherheit und Schwindelfreiheit voraussetzt (einige gesicherte Passagen mit Leitern und Seilen).

Anreise
Mit Pkw: Auf der A 8 bis Ausfahrt Piding, dann über Bad Reichenhall und Bischofswiesen bis kurz vor Ramsau zum Parkplatz Wimbachbrücke (Hüttenweg 1). Oder weiter über Berchtesgaden nach Königssee zum Großparkplatz (Hüttenweg 2). Von dort mit dem Boot nach St. Bartholomä.
Mit Bahn/Bus: Vom Endbahnhof Berchtesgaden fahren Busse nach Ramsau (Haltestelle Wimbachbrücke) und nach Königssee

Karte
Topografische Karte 1:50 000 Berchtesgadener Alpen (LDBV)

Weitere Hütten
Wimbachschloss (937 m), im Sommer bewirtschaftet, keine Übernachtung

Die Wimbachgrieshütte ist zwar kein Gourmettempel, aber sie hat für den, der gutes Essen schätzt, durchaus ein paar Schmankerl zu bieten, darunter viel Hausgemachtes wie Rinds- oder Gamsgulasch, und das Frühstück ist variantenreich.

Die Wimbachgrieshütte im hintersten Wimbachtal ist eine Bergsteigerunterkunft des Touristenvereins »Die Naturfreunde«, der größten alpinen Vereinigung neben dem Alpenverein, die nach ihrer Gründung 1895 in Österreich im Jahr 1905 auch in Deutschland Fuß fasste. Die Hütte wurde 1924 auf dem Gebiet der alten Wimbachgriesalm errichtet, 1956 ersetzte ein Neubau die ursprüngliche Hütte. Sie ist ein idealer Stützpunkt für Wanderungen ins Steinerne Meer; im Jahr 2001 erfolgte der Ausbau der ökologischen Energie- und Wasserversorgung.

1. Von der Wimbachbrücke

leicht 700 Hm 3.00 Std.

Vom Wanderparkplatz (Nationalparkstelle) zunächst zum oberen Parkplatzrand; dort rechts haltend auf Fahrweg hinauf zu einer Wegverzweigung, dort entweder links durch die Wimbachklamm (Chip für den Ein-

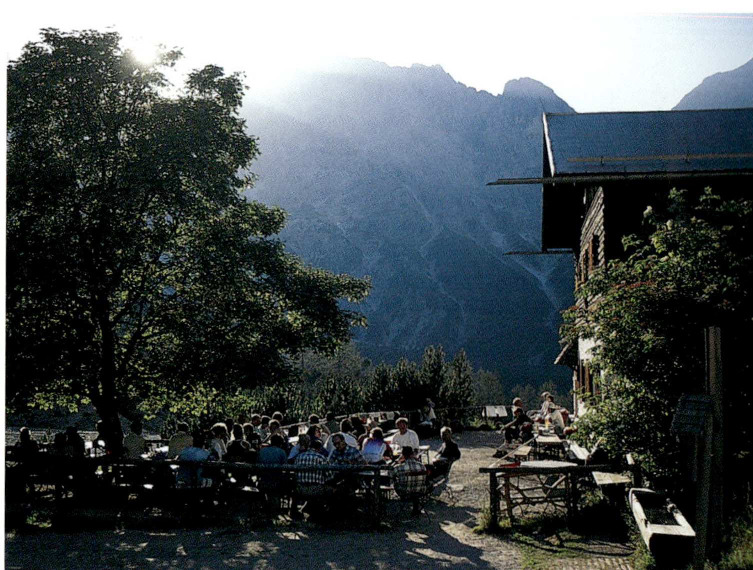

Die Wimbachgrieshütte vermittelt trotz der kargen Umgebung ein Gefühl der Behaglichkeit.

tritt am Wollstadl) oder rechts auf Wirtschaftsweg ins zunächst weite, karge Wimbachtal. Der Wanderweg (Mark.-Nr. 421) führt dann nurmehr leicht ansteigend durch eine prächtige Hochgebirgskulisse, vorbei am Wimbachschloss, zur Wimbachgrieshütte im Talschluss.

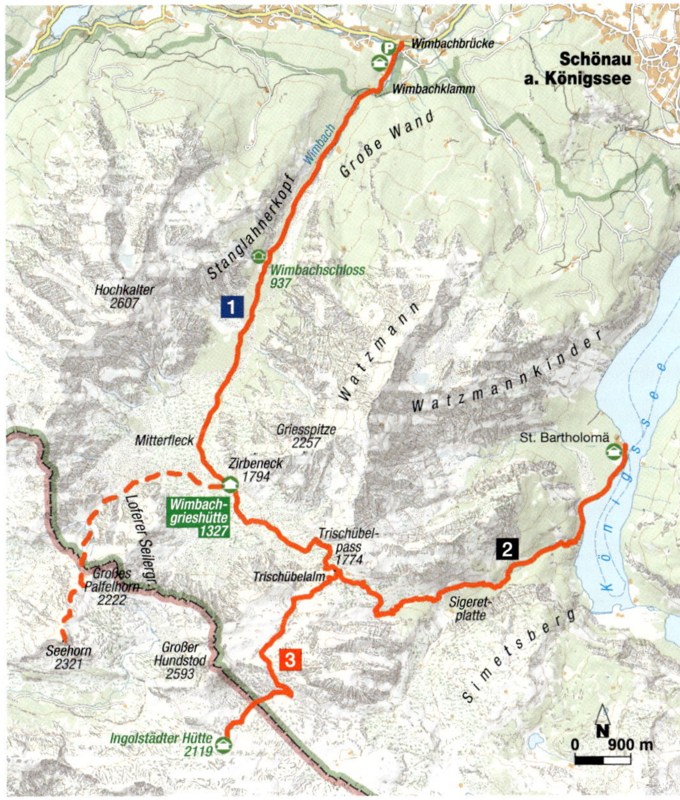

2. Von St. Bartholomä

schwer 1625 Hm 4.00 Std.

Zunächst wandern wir von der Wallfahrtskapelle auf dem breiten Wanderweg (Mark.-Nr. 412) am Seeufer entlang zum Bergfuß, dann ansteigend zum Schrainbachwasserfall (kurzer Abstecher dorthin) und in Kehren durch Wald hinauf ins Schrainbachtal. Oberhalb der verfallenen Schrainbachalm trifft man auf eine Wegverzweigung. Dort geht es rechts (Mark.-Nr. 419) über Geröll an die Felsen der Hachelköpfe heran und über eine Steiganlage hinauf zur Sigeretplatte und durch ein Labyrinth von Felsblöcken immer rechts haltend zum Trischübelpass (1774 m). Ein guter Steig leitet uns dort jenseits hinab in den Banngraben und weiter – vorbei an der sogenannten Kirche (links) – ins Wimbachtal und zur Wimbachgrieshütte.

3. Übergang zum Ingolstädter Haus

mittel 1020 Hm 2.30 Std.

Die Route führt über den Trischüberpass zum Hundstodgatterl und weiter zum Ingolstädter Haus; siehe Tour 8.

Das Seehorn setzt Orientierungssinn und Trittsicherheit voraus.

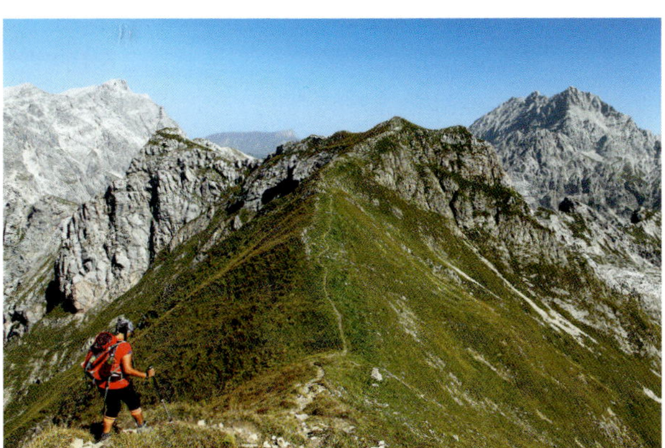

Der Hüttengipfel

schwer 1000 Hm 5.30 Std.

Seehorn (2321 m): Von der Wimbachgrieshütte führt der Weg erst über den weiten Gries zum Loferer Seilergraben. Am Fuß des Grabens befindet sich eine Plattenflucht, die wir links umgehen; die rote Markierung weist den weiteren Weg über die Serpentinen zur Wimbachscharte (1986 m). Von dort steigen wir links in die Kematenschneid (2165 m), dann über den blockigen und gestuften Südgrat zum Gipfel.

11

Blaueishütte (1560 m)

Am Fuße des nördlichsten Gletschers der Alpen

Die Hütte
Blaueishütte (1680 m), AV-Hütte, Kat. I, von Mitte Mai bis Mitte Oktober bewirtschaftet, 48 Betten, 24 Lager im Haupthaus sowie 24 in der Nebenhütte; Tel. 0 86 57/271. www.blaueishuette.de

Charakter
Forstwege und Bergwanderwege. Leicht.

Anreise
Mit Pkw: Auf der A 8 bis Ausfahrt Siegsdorf bzw. Bad Reichenhall, dann über die B 305 und die Deutsche Alpenstraße oder über Bad Reichenhall nach Ramsau und weiter zur Wimbachbrücke (Wanderparkplatz jenseits der Achenbrücke) bzw. weiter nach Hintersee; dort einige Parkplätze.
Mit Bahn/Bus: Vom Endbahnhof Berchtesgaden mit RVO-Bus bis Haltestelle Wimbachbrücke bzw. weiter nach Ramsau-Ortsmitte oder weiter in Richtung Hintersee bis zu den Haltestellen »Holzlagerplatz« oder »Seeklause« (beides sind nur Wanderparkplätze)

Karte
Topografische Karte 1:50 000 Berchtesgadener Alpen (LDBV)

Weitere Hütten
Schärtenalm (1359 m), privat, 8 Lager, Brotzeit und Getränke im Sommer erhältlich

WLAN, Kachelöfen und das Umweltsiegel – so präsentieren sich moderne Alpenvereinshütten. Und die Blaueishütte ist eine davon. Zudem lockt dort das zweite große alpinistische Ziel im Berchtesgadener Land: der Hochkalter, nach dem weitgehenden Abschmelzen des Blaueisgletschers für geübte Bergsteiger ein machbares Ziel.

Die Blaueishütte ist der einzige alpine Stützpunkt im Hochkaltermassiv, und überdies ist es ein alpines Ausbildungszentrum – denn rund um die Hütte gibt es zahlreiche Möglichkeiten für Kletterer in allen Schwierigkeitsgraden. Zudem liegt die Hütte im weiten Kessel am Fuße des Blaueisgletschers, was ihr einen zusätzlichen Reiz vermittelt. Die 1962 eröffnete neue Hütte hat ihren Namen dem nördlichsten Gletscher der Alpen zu verdanken und steht an der Stelle der alten, 1946 durch Brandstiftung zerstörten Hütte. Trotz seiner bescheidenen Höhenlage von 1680 Metern ist das Umfeld der Hütte Hochgebirge. Der Hochkalter ist dort natürlich das wichtigste bergsteigerische Ziel in Hüttennähe; wir begnügen uns jedoch mit der Schärtenspitze als dem »einfacheren« Hüt-

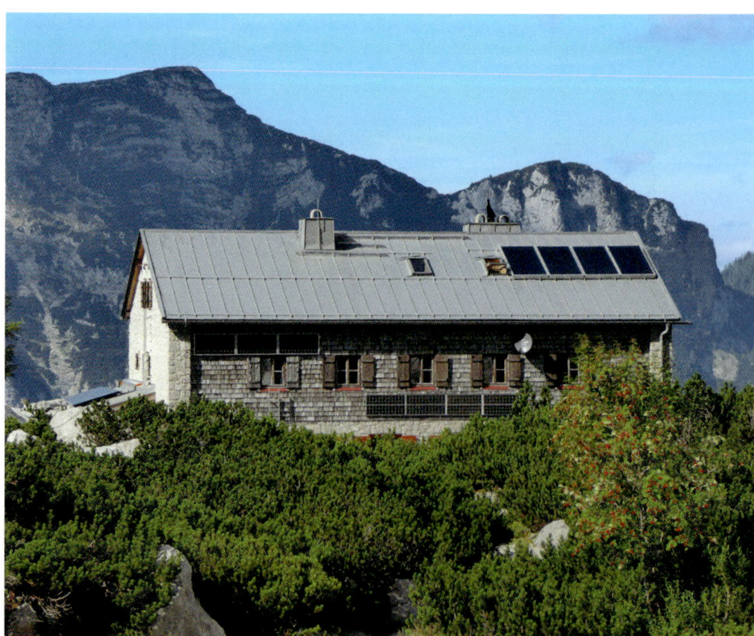

Die Blaueishütte ist der einzige Stützpunkt im Hochkaltergebiet.

tengipfel. Neben dem Blick auf den Blaueisgletscher nimmt uns das blaue Auge des Hintersees gefangen, über dem sich die imposante Kulisse der Reiter Alm aufbaut.

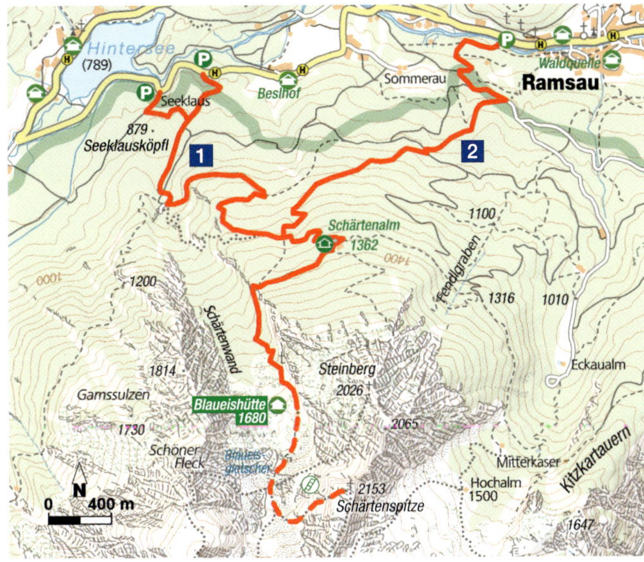

1. Von Hintersee

leicht 890 Hm 2.30 Std.

Von einem der Parkplätze am Ostufer des Sees wandern wir auf einer Forststraße (Mark.-Nr. 482) in weiten Kehren durch Wald hinauf zur bewirtschafteten Schärtenalm (1359 m). Von dort folgen wir der Forststraße eben weiter ins Blaueistal bis zum Aussichtspunkt »Eisbankl«. An dieser Stelle zweigt dann bald links der etwas steile und sehr reizvolle Steig ab, der an einer Felswand entlang hinauf ins Blaueiskar und zur Blaueishütte führt.

2. Von Ramsau

leicht 1000 Hm 3.00 Std.

Von der Ortsmitte Ramsau bei der Kirche – ein sehr beliebtes Fotomotiv vor der mächtigen Kulisse der Reiter Alm – folgen wir einige Minuten der Hinterseer Landstraße, dann gehen wir links über die Achenbrücke (Wegtafel). Zunächst wandern wir auf einer Forststraße durch Wald, bis nach etwa einer Viertelstunde ein Weg (Mark.-Nr. 485) nach rechts abzweigt. Diesem Weg folgen wir nun in südwestlicher Richtung, queren einen Forstweg und treffen dann etwas unterhalb der Schärtenalm auf den von Hintersee heraufführenden Weg. Dort wandern wir weiter, wie beim Hüttenweg 1 beschrieben.

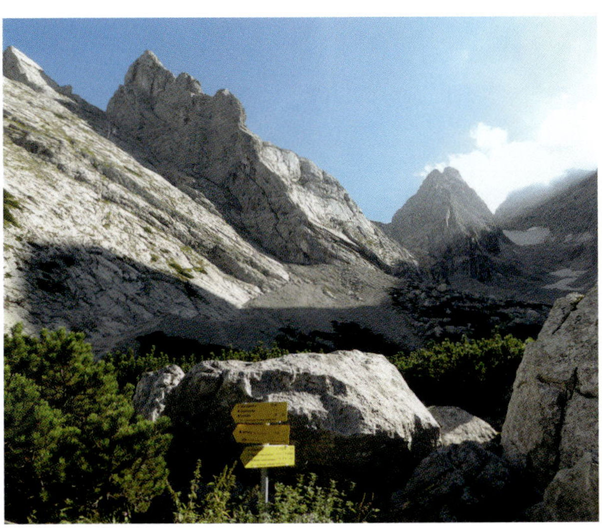

Die Gipfelumrahmung des Blaueisgletschers; links die Schärtenspitze, rechts die Blaueisspitze

Der Hüttengipfel

schwer 475 Hm 2.15 Std.

Schärtenspitze (2153 m): Vom AV-Haus zunächst in Richtung Blaueisgletscher; bald zweigt links (bei einem großen Felsblock) ein Steig ab, der recht steil und mit Drahtseilen gesichert über die Schrofenhänge der Südwestseite und zuletzt über den Westgrat hinauf zur Schärtenspitze führt. Einen Helm aufzusetzen ist auf dieser Gipfeltour angeraten, denn auf dem Westgrat muss mit Steinschlag gerechnet werden. Ein fantastischer Blick auf den Gletscher, den Hintersee und die umliegenden Berge belohnt schließlich für den etwas anstrengenden Aufstieg zur Schärtenspitze.

12

Neue Traunsteiner Hütte (1560 m)

Zustiegswege aus allen Himmelsrichtungen

Die Hütte
Neue Traunsteiner Hütte (1560 m), AV-Hütte, Kat. I, bew. Mitte Mai bis Mitte Oktober, Ostern auf Anfrage, ca. 60 Betten; Tel. 0171/ 437 89 19; offener Wintderraum. www.traunsteinerhuette.com

Charakter
Die Anstiege von Oberjettenberg, vom Wachterl und von Reit sind leicht. Die Anstiege vom Hintersee (Böslsteig) und vom Hirschbichl (Schaflsteig) erfordern jedoch unbedingte Trittsicherheit und Schwindelfreiheit.

Anreise
Mit Pkw: Auf der A 8 bis Ausfahrt Siegsdorf, dann weiter auf der Deutschen Alpenstraße Richtung Berchtesgaden. Oberhalb von Unterjettenberg dann Abzweigung nach rechts Richtung Oberjettenberg. Nach knapp 2 km links ab bis zum Ende der öffentlichen Straße (dort Wanderparkplatz kurz vor der Schranke; Hüttenweg 1). Oder 5 km weiter bis Schwarzbachwacht (dort Wanderparkplatz auf der rechten Seite; Hüttenweg 2) bzw. weiter zum Hintersee zum Eingang ins Klausbachtal (Wanderparkplatz; Hüttenwege 3 und 4). Oder ins österreichische Saalachtal nach Reit bzw. über Au bei Lofer zum Mayrberg (Hüttenweg 5).
Mit Bahn/Bus: Vom Bahnhof Bad Reichenhall mit RVO-Bus bis Unterjettenberg, dann weiter zu Fuß nach Oberjettenberg. Oder bis Endbahnhof Berchtesgaden, dann weiter mit Bus nach Ramsau bzw. zur Engert-Diensthütte (wird auch von Weißbach im Saalachtal über den Hirschbichlpass angefahren)

Karte
Topografische Karte 1:50 000 Berchtesgadener Alpen (LDBV)

Die einzige Unterkunftshütte des DAV im Massiv der Reiter Alm ist entsprechend gut besucht – gibt es doch auf diesem Hochplateau zahlreiche leichte wie auch anspruchsvolle Gipfel. Noch dazu mit großartiger Aussicht auf die Berchtesgadener und Chiemgauer Alpen sowie auf die Loferer und Leoganger Steinberge.

Die Neue Traunsteiner Hütte auf dem Plateau der Reiter Alm verdankt ihre Existenz politischen Querelen zwischen Deutschland und Österreich in den 30er-Jahren des 20. Jahrhunderts. Die Alte Traunsteiner Hütte, die knapp hinter der österreichischen Grenze stand, war plötzlich nicht mehr zugänglich. In der Folge baute die Sektion Traunstein in den Jahren 1936 bis 1938 eine neue, größere Hütte auf der deutschen Seite. Nach der Fertigstellung fielen für sieben Jahre die Grenzen, dann, nach dem Zweiten Weltkrieg wurden sie wieder für Jahre hochgezogen. Zuletzt wurde die Hütte dann im Jahr 1984 erneuert, und etwas später noch erhielt sie eine umweltfreundliche Energieversorgung. Seit kurzem gibt es dort oben auch keine Lager mehr, nur noch Zimmer.

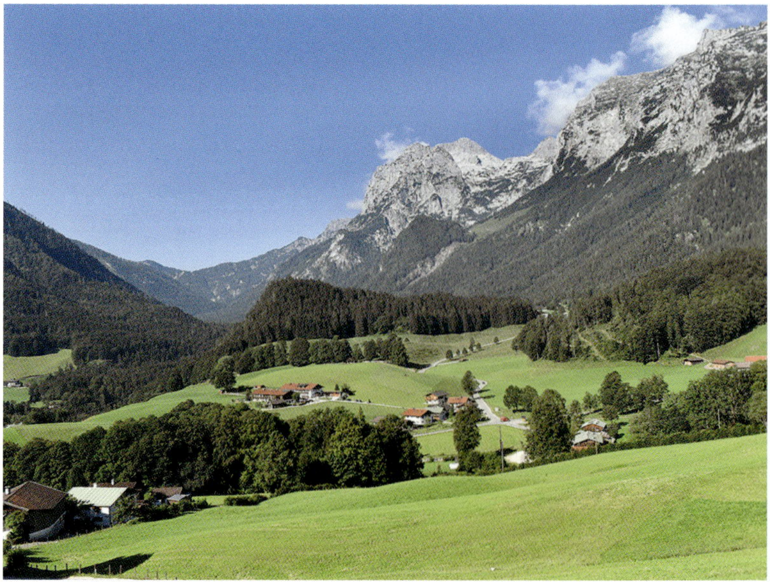

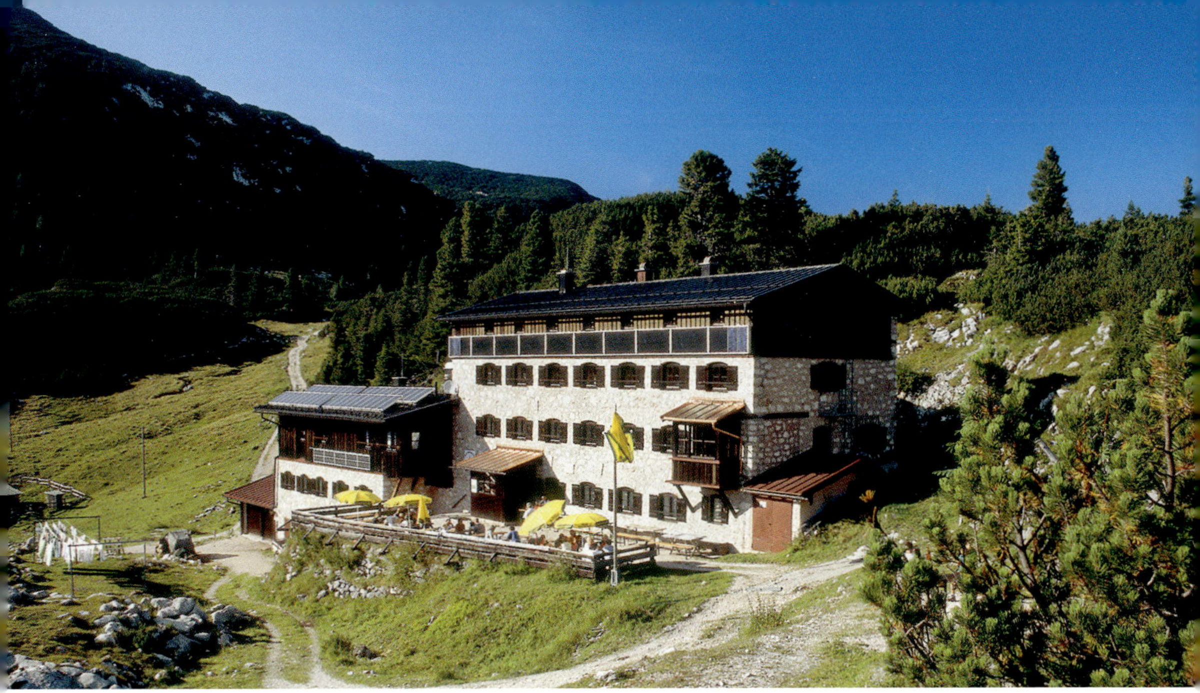

Die Neue Traunsteiner Hütte ist die zentrale Anlaufstelle auf dem Hochplateau der Reiter Alm.

Linke Seite: Das Massiv der Reiter Alm, von Ramsau aus

1. Von Oberjettenberg

leicht · 860 Hm · 3.45 Std.

Vom Wanderparkplatz am Ende der öffentlichen Fahrstraße wandern wir zunächst auf breiter Forststraße (Mark.-Nr. 474) hinauf zur Holzstube. Kurz dahinter verzweigt sich der Weg: Wir halten uns links und verlassen die Forststraße (beide Wege treffen sich wieder). Dann steigen wir durch Mischwald weiter bergan, queren unter den Felsen des Wartsteins und gelangen zur Schreckwiese (die allerdings nur noch den Namen hat, denn sie ist mittlerweile zugewachsen) und schließlich hinauf zum Schrecksattel, der den Durchstieg durch die steil abfallenden Felsmauern vermittelt. Für den heutigen Wanderer kaum nachvollziehbar, denn der breite Wanderweg ist gut angelegt und ungefährlich. Schrecklich war er wohl mehr für das Weidevieh, das hier hinaufgetrieben wurde. Aber das sind tempi passati. Doch am Durchschlupf durch die Felsenmauer halten wir kurz inne – gibt es doch dort ein schönes Wegkreuz. Von dort wandern wir – uns rechts haltend – über die wellige Hochfläche im Auf und Ab weiter zur Neuen Traunsteiner Hütte, die wir jedoch erst in den letzten Minuten entdecken, da sie am Rande einer Senke erbaut wurde.

2. Vom Wachterl

leicht · 900 Hm · 4.00 Std.

Vom Wanderparkplatz geht es zunächst hinter den alten Holzgebäuden rechts haltend leicht fallend bzw. eben auf einem Forstweg durch Wald (Weg-Nr. 470), bis links der »Wachterlsteig« abzweigt. Dann folgen wir den Serpentinen des gut markierten Steigs durch Wald höher, vorbei am Bärenkareck, zu den verfallenen Oberen Schwegelalmen (1438 m). Anschließend wandern wir über die unübersichtliche baum- und latschenbedeckte Hochfläche im Auf

Unser Tipp

Zwischen Weißbach bei Lofer und der Engert-Diensthütte auf der Ramsauer Seite verkehrt zwischen Mai und Oktober über den Hirschbichlpass ein Wanderbus. Von Weißbach gibt es auch den Taxidienst Lofeyer hinauf zum Hirschbichlpass. Auf der Berchtesgadener Seite wird die Engert-Diensthütte von Bussen des RVO angefahren.

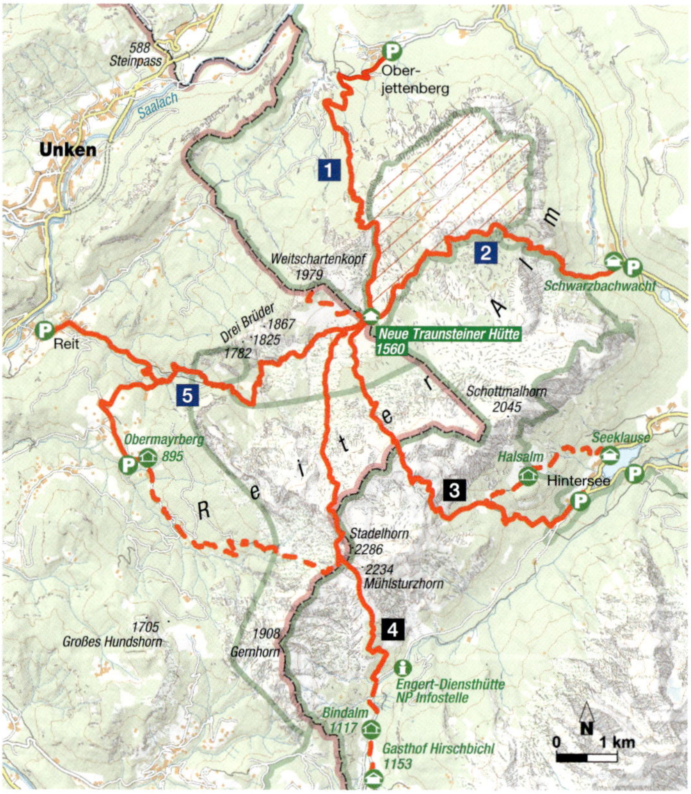

und Ab weiter und zuletzt durch die »Saugasse« zum Alpenvereinshaus.

3. Vom Hintersee

schwer 1640 Hm 6.00 Std.

Vom Wanderparkplatz am Ende der öffentlichen Fahrstraße geht es nach fünf Minuten rechts ab (Wegweiser) und durch Wald hinauf zur Halsgrube (rechts Abzweig zur Halsalm). Wir halten uns jedoch links und wandern auf schmalem Weg direkt auf die Felsen zu. Dort beginnt der eigentliche Bölsteig. Dieser steile Steig leitet uns durch die östlichen Felsabbrüche der Reiter Alm und ist mit einigen Sicherungsseilen, Holztreppen und künstlichen Tritten gangbar gemacht worden. Nach etwa 3.30 Stunden Anstieg erreichen wir den Rand des Wagendrischlkars. Dort geht es weiter hinauf auf den Rücken des Reiter Steinbergs, wo wir zum ersten Mal die weite Hochfläche der Reiter Alm vor uns sehen. Jenseits wandern wir nun auf bezeichnetem Weg (Mark.-Nr. 472) hinab zu den Reiter Almen und gelangen dann rechts haltend zur Neuen Traunsteiner Hütte, die sich erst kurz vor Erreichen zu erkennen gibt.

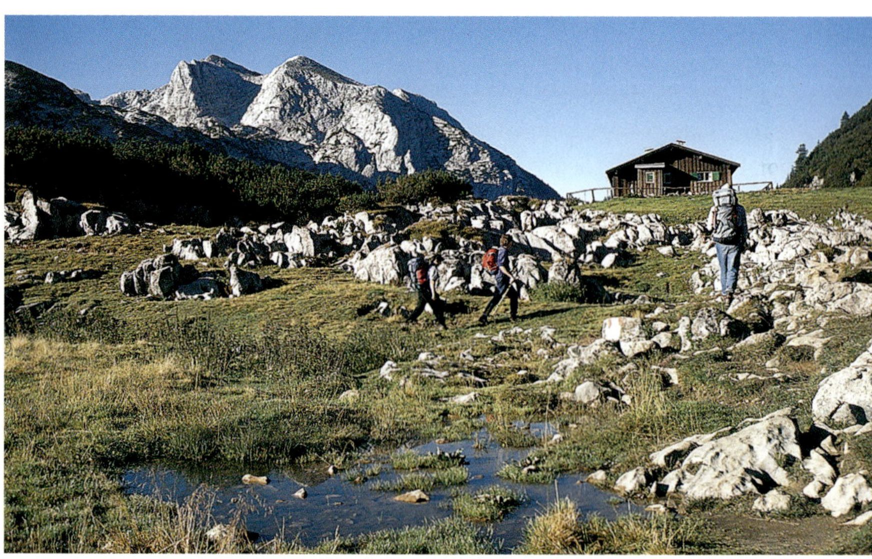

Auf dem Hochplateau der Reiter Alm; im Bild die ehemalige Grenzerhütte

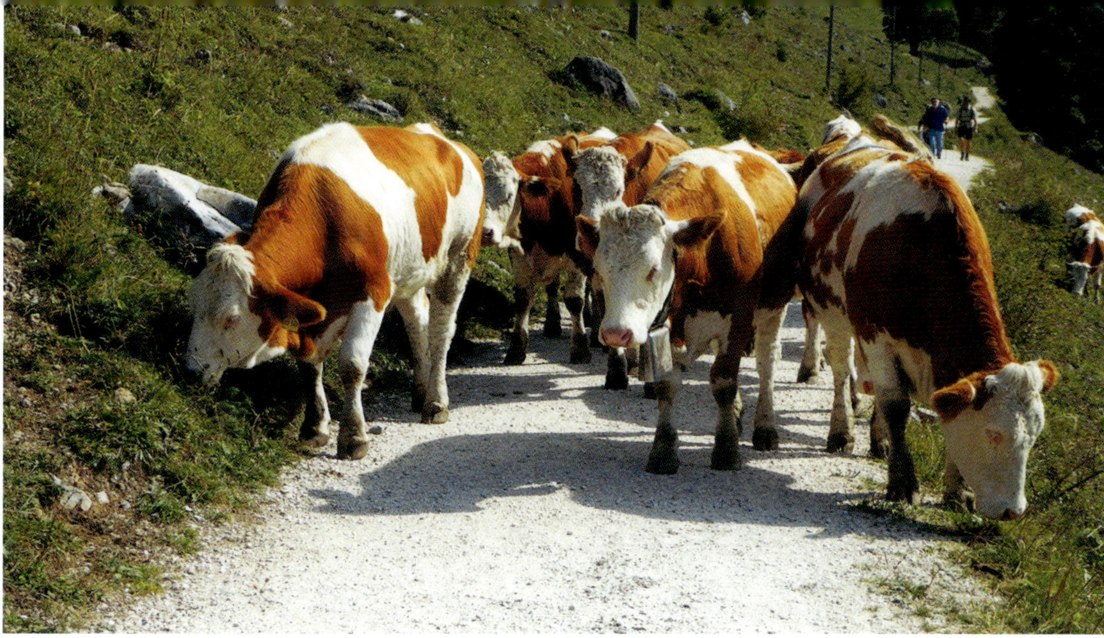

Das Pinzgauer Jungvieh wird auch heute noch auf die Reiter Alm getrieben, Almwirtschaft gibt es aber keine mehr.

4. Von der Hirschbichlstraße

schwer 1720 Hm 6.00 Std.

200 Meter talwärts nach der Engert-Holzstube zweigt rechts der anspruchsvolle Schaflsteig ab. Und wie der Name schon sagt, durften sich früher hier die Schafe zu den Bergmahdern hinaufquälen. Der Steig führt steil hinauf zu einer Almwiese (oberhalb Wegweiser) und weiter hinauf durch Wald und Latschen bis an den Fuß der Stadelmauer, dann weiter zum Hochgescheid (hier Einmündung des Loferer Steigs). Wir nehmen nun rechts den Klettersteig hinauf zur Mayrbergscharte (2053 m). Dann geht es weiter auf dem Weg Nr. 473 links am Wagendrischlhorn vorbei und durch die Roßgasse zu den Reiter Almen und zur Neuen Traunsteiner Hütte.

5. Von Reit bzw. Mayrberg

leicht 1060 Hm 3.15 Std.

Vom Wanderparkplatz am oberen Ortsrand von Reit wandern wir am Donnersbach auf Fahrweg (Mark.-Nr. 470) talein, bis dieser in den Alpasteig übergeht (von rechts mündet der kürzere Weg von Mayrberg ein). Nun geht es steil hinauf zur Alpaalm (1250 m) und scharf links unter den Felsen des Guggenbühel hinauf zur Hochfläche der Reiter Alm mit einer kleinen Almensiedlung und weiter über die wellige Hochfläche – vorbei an der Alten Traunsteiner Hütte – zum »neuen« Unterkunftshaus.

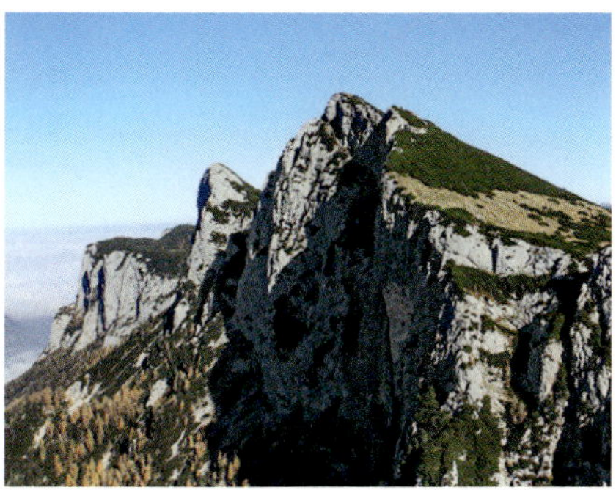

Der Nordabbruch der Reiter Alm; im Vordergrund der Große Weitschartenkopf

Der Hüttengipfel

leicht •••m 1.15 Std.

Großer Weitschartenkopf (1979 m): Randgipfel des Reiter-Alm-Plateaus mit großartiger Aussicht nach Norden und Westen, aber auch über das gesamte Hochplateau mit seinen bedeutenderen Gipfeln. Der Weg zum Gipfel beginnt direkt bei der Neuen Traunsteiner Hütte (Wegweiser). Auf schmalem Pfad zuerst über Almgelände hinüber zur alten Grenzerhütte, dann über die weiten und freien Südosthänge bis in den Gipfelbereich. Dort führt der Pfad durch Latschen zum höchsten Punkt.

13

Stöhrhaus (1894 m)

Auf der Terrasse sind alle vereint …

Die Hütte
Stöhrhaus (1894 m), AV-Haus, Kat. I, Ende Mai bis Mitte Oktober bewirtschaftet, 29 Betten, 30 Lager; Tel. 0 86 52/72 33. www.stoehrhaus.de

Charakter
Überwiegend leichte, zum Teil steile Anstiegswege; der einfachste und schnellste Anstieg erfolgt von Hintergern.

Anreise
Mit Pkw: Auf der A 8 bis Ausfahrt Bad Reichenhall, dann weiter auf der B 20 nach Hallthurm (Hüttenweg 1) bzw. über Bischofswiesen nach Hintergern (Hüttenweg 2); Wanderparkplätze. Oder über die A 8/A 10 bis Ausfahrt Salzburg-Süd (mautpflichtig), dann weiter bis St. Leonhard (Hüttenweg 4) bzw. Marktschellenberg; von dort auf einem schmalen Sträßchen hinauf nach Ettenberg (ca. 1 km davor Wanderpark-
platz auf der rechten Seite; Hüttenweg 3).
Mit Bahn/Bus: Mit dem Bahnbus bis Hallthurm oder weiter bis Berchtesgaden, dann mit RVO-Bus nach Hintergern. Oder mit der Bahn bis Salzburg und weiter mit Bus bis St. Leonhard

Karte
Topografische Karte 1:50 000 Berchtesgadener Alpen (LDBV)

Weitere Hütten
Toni-Lenz-Hütte, siehe Tour 14

Wer ein großartiges Panorama der Berchtesgadener und Chiemgauer Alpen genießen will, ist mit dem Aufstieg zum Stöhrhaus gut bedient – und wer stimmungsvolle Sonnenauf- und -untergänge liebt, ebenso …

Das in den Jahren 1898–1901 erbaute Carl-von-Stöhr-Haus auf dem Untersberg wurde nach einem Textilfabrikanten aus Thüringen benannt, der sich beim Bau des Hauses und der Zustiegswege finanziell großzügig beteiligte. Das knapp unterhalb des Berchtesgadener Hochthrons gelegene Haus bietet knapp 60 Wanderern und Bergsteigern Platz für die Übernachtung. Das klingt nicht viel, ist aber dem Umstand geschuldet, dass vorzugsweise Tagesausflügler diese Alpenvereinshütte ansteuern. Zwei Probleme machen den Hüttenwirten jedoch zu schaffen – der Wassermangel und die Blitzgefahr aufgrund der exponierten Lage. Dieser Gefahr sind auch Klettersteigfreunde ausgesetzt, die den im Jahre 2007 installierten Hochthron-Klettersteig begehen wollen – er endet direkt beim Stöhrhaus.

1. Von Hallthurm

mittel | 1280 Hm | 4.00 Std.

Vom Wanderparkplatz geht es zunächst auf den »Maximiliansweg«, vorbei am Blasihof, dann weiter auf Forstweg (Mark.-Nr. 465) durch Wald, bis dieser sich teilt, dann links halten. Auf der Forststraße wandern wir in südöstlicher Richtung bergan, bis diese sich zu einem Steig verengt. In steilen Serpentinen geht es immer durch Wald hinauf zum Plateau des

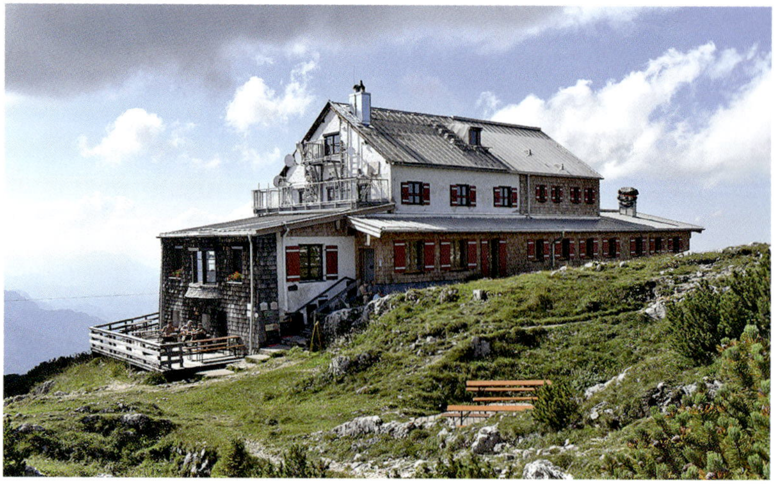

In den Jahren 2019/2020 wurde die Hütte renoviert und erweitert.

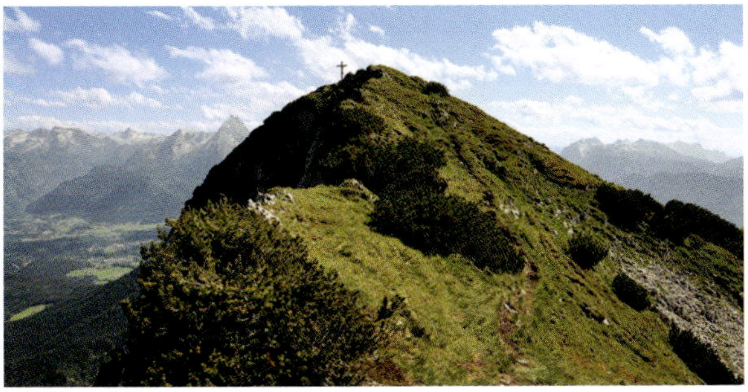

Der Hüttengipfel

leicht 78 Hm 0.30 Std.

Berchtesgadener Hochthron (1972 m): Höchste Erhebung des Untersbergstocks mit steil nach Süden abbrechenden Felswänden. Vom Stöhrhaus ein Stück dem Höhenweg Nr. 410 in Richtung Geiereck folgen, bis rechts der Gipfelweg abzweigt; am Gipfel Vorsicht, steiler Felsabbruch!

Untersbergs mit Reisenkaser und Lisabethenkaser und weiter zum »Leiterl«, dem Durchschlupf nach Süden. Dort jedoch nicht hinab, sondern links haltend in steilen Kehren durch Latschen zum Stöhrhaus.

Der Berchtesgadener Hochthron ist die höchste Erhebung des Untersbergmassivs.

2. Von Hintergern

leicht 1075 Hm 3.00 Std.

Vom Gasthaus Bachgütl wandern wir bis zur Straßenverzweigung, dann links weiter auf Fahrweg (Mark.-Nr. 417) zum Nußhof und wiederum links auf Steig hinauf zum Stöhrweg. Auf diesem rechts unter den Felswänden des Bannkopfs entlang, dann in freiem Gelände in Serpentinen hoch zum »Leiterl«. Dort rechts weiter durch serpentinenreiche Latschenhänge zum Stöhrhaus.

3. Von Ettenberg

mittel 1060 Hm 3.00 Std.

Vom Parkplatz in Hinterettenberg wandern wir zunächst auf einer Forststraße (Mark.-Nr. 466) rechts haltend in den Ludlgraben hinein, queren dann den Bach und wandern links haltend durch Wald hinauf zum Ende des Sträßchens. Auf steilem Bergwanderweg geht es zu den Hängen des unbewirtschafteten Scheibenkasers (1440 m), mit großartiger Aussicht nach Süden. Im Linksbogen unter der hoch aufragenden Untersberg-Südwand auf schmalem Steig weiter zum »Leiterl«, das den Zugang zum Hochplateau darstellt; dort rechts haltend hinauf zum Stöhrhaus.

4. Übergang von der Untersbergbahn

mittel 1040 Hm 4.00 Std.

Von der Bergstation (1776 m) folgen wir erst dem Weg Nr. 410 zum Salzburger Hochthron und steigen jenseits hinab zur Mittagscharte. Dort geht es geradeaus weiter, jenseits wieder bergan und südostwärts am Ochsenkamm vorbei zum Rauheck (1892 m). Bald erreichen wir den Berchtesgadener Hochthron und wandern von dort hinunter zum Unterkunftshaus.

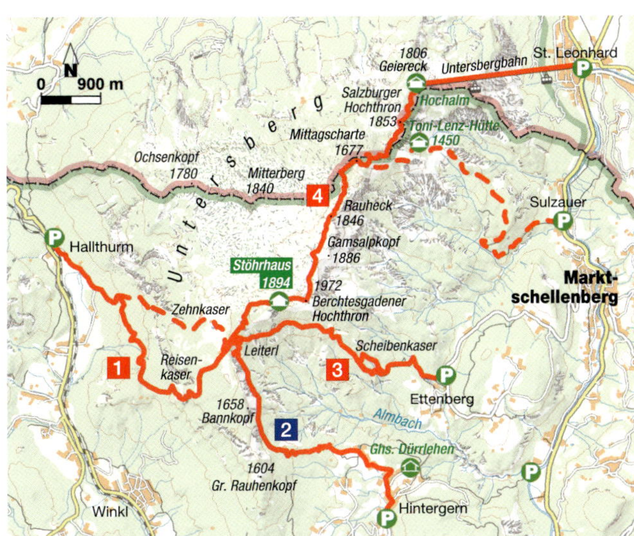

14

Toni-Lenz-Hütte (1450 m)

Ein Panoramaplatz auf der Untersberg-Südseite

Die Hütte
Toni-Lenz-Hütte (1450 m), bewirtschaftet von Mitte Mai bis Ende Oktober, 8 Betten; zurzeit keine Übernachtung möglich; Tel. 00 43/6 60/6 58 14 30. www.toni-lenz-huette.de

Charakter
Von Paßthurm leichter Bergwanderweg. Der Abstieg vom Geiereck über Mittagscharte und Thomas-Eder-Steig ist anspruchsvoll.

Anreise
Mit Pkw: Auf der A 8 bis Ausfahrt Salzburg-Süd (mautpflichtig) und weiter nach St. Leonhard (Untersbergbahn, Hüttenweg 2). Oder weiter über den ehemaligen Grenzübergang Hangendenstein nach Paßthurm (Hüttenweg 1) kurz vor Marktschellenberg; dort Parkplatz.
Mit Bahn/Bus: Vom Endbahnhof Berchtesgaden bis zur Haltestelle Paßthurm oder St. Leonhard

Karte
Topografische Karte 1:50 000 Berchtesgadener Alpen (LDBV)

Weitere Hütten
Zeppezauerhaus, siehe Tour 15

Rechte Seite: Der Salzburger Hochthron ist die zweithöchste Gipfelerhebung auf dem Untersberg.

Wer zu dieser privaten Hütte aufsteigt, hat in der Regel nur ein Ziel: einen der kühlsten Plätze Deutschlands aufzusuchen, die Schellenberger Eishöhle. Diese ist allerdings nur mit einer Führung zu besichtigen.

Im Jahr 1925 wurde in Schellenberg ein Verein für Höhlenkunde gegründet. Sein Anliegen war unter anderem der Ausbau der Schellenberger Eishöhle zur Schauhöhle. Eine einfache Schutzhütte in Nähe der Höhle genügte nicht mehr, und so errichtete man 1936 eine größere. Bei der 25-Jahr-Feier des Vereins wurde sie nach dem ersten, recht beliebten Hüttenwirt, Toni Lenz, umbenannt. Wer hier oben nach weiteren Zielen Ausschau hält, wird gleich fündig: die Untersberghochfläche wartet mit neuen Entdeckungen – und zwei, drei weiteren Hütten sowie einigen markanten Randgipfeln.

1. Von Marktschellenberg

leicht 940 Hm 2.45 Std.

Vom Wanderparkplatz am alten Schellenberger Paßthurm folgen wir zunächst dem Forstweg (Mark.-Nr. 463) leicht ansteigend oberhalb des Rothmannbaches durch Wald bergwärts und biegt dann rechts haltend in den Bachgraben ein. Dann führt der Weg rechts weg von diesem und in Kehren weiter durch Wald hinauf – der Forstweg endet und geht in einen Bergwanderweg über – bis zur ehemaligen Jagdhütte Mitterkaser. Bald

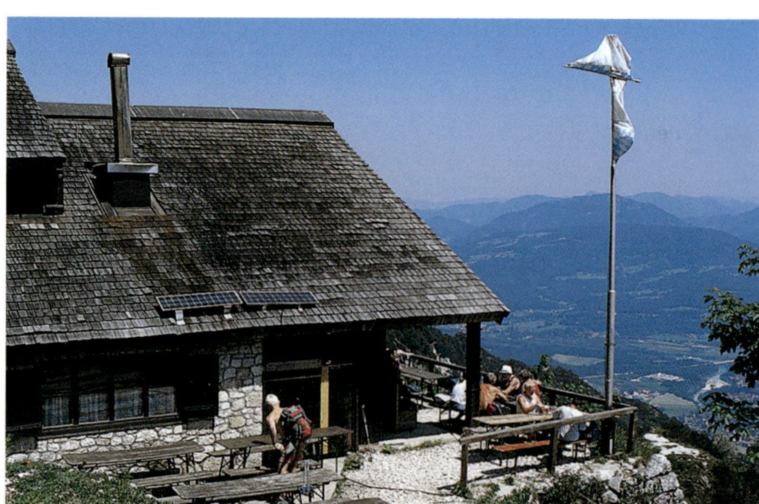

Die Toni-Lenz-Hütte auf der Südseite des Untersbergs mit freiem Blick ins Salzburger Land

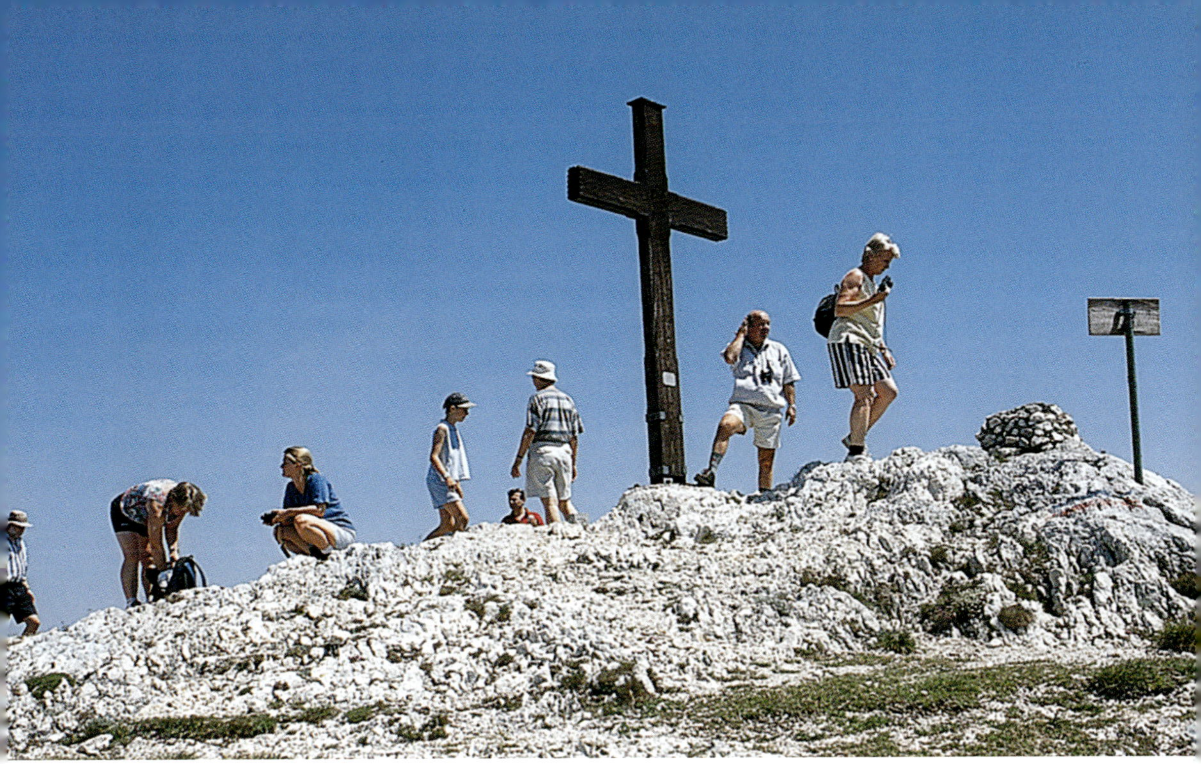

lichtet sich der Wald, und aussichtsreich wandern wir über zahlreiche Serpentinen durch Latschenhänge hinauf zur frei stehenden Toni-Lenz-Hütte am Fuß der steilen Felsabbrüche des Berchtesgadener Hochthrons.

2. Über das Geiereck

mittel 750 Hm 1.30 Std.

Von der Bergstation der Untersbergbahn (1776 m) geht es zunächst in wenigen Minuten hinauf zum Geiereck (1806 m) – rechts unterhalb liegt das bewirtschaftete Zeppezauerhaus – und weiter auf dem Bergkamm auf ausgeschildertem Weg zum Salzburger Hochthron (1852 m), den wir auf dieser Strecke überschreiten oder auch rechts liegen lassen können. Jenseits steigen wir steil durch Latschen hinunter zur Mittagscharte, dann links haltend auf dem Thomas-Eder-Steig über Eisentreppen und durch die in den Fels geschlagenen Tunnel in der Untersberg-Südwand hinab zur Hütte.

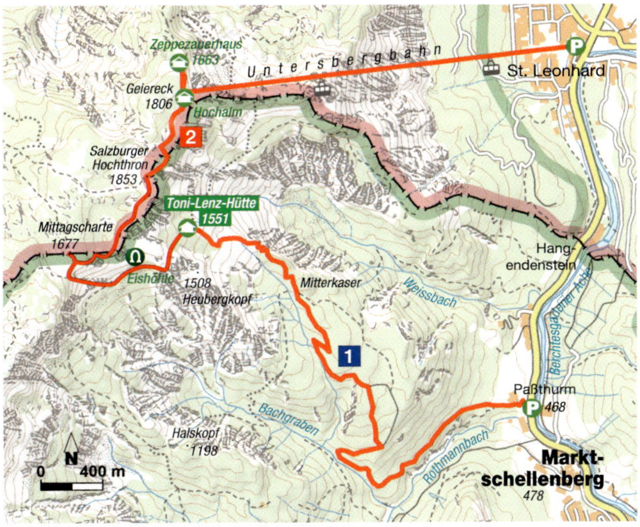

Der Hüttengipfel

mittel 445 Hm 3.30 Std.

Salzburger Hochthron (1852 m): Auf gutem Steig gelangen wir von der Toni-Lenz-Hütte zur Eishöhle (sie liegt etwas abseits vom Weg), dann geht es weiter auf dem aufregenden und gut gesicherten Thomas-Eder-Steig durch Felstunnel und über zahlreiche Stufen hinauf zur Mittagscharte. Dort halten wir uns rechts und wandern in einer knappen Stunde steil hinauf zum Salzburger Hochthron.

15

Zeppezauerhaus (1663 m)

Am Alpenrand mit Blick auf Salzburg

Die Hütte
Zeppezauerhaus (1663 m), AV-Hütte, bewirtschaftet von Anfang Mai bis Mitte/Ende Oktober, 14 Betten, 40 Lager, kein Winterraum; Tel. 00 43/650/779 40 32. www.zeppezauerhaus.com

Charakter
Dopplersteig und Reitsteig sind jeweils nur für trittsichere und schwindelfreie Bergwanderer.

Anreise
Mit Pkw: Auf der A 8 bis Ausfahrt Salzburg-Süd (mautpflichtig), dann über Gröding nach Glanegg, oder Ausfahrt Piding und über Marzoll und Großgmain dorthin; Wanderparkplatz an der Rosittenstraße (Hüttenwege 1 und 2). Oder weiter zum ehemaligen Grenzübergang Hangendenstein in Richtung Marktschellenberg bis St. Leonhard zur Talstation der Untersbergbahn (Hüttenweg 3).
Mit Bahn/Bus: Bis Salzburg und von dort mit Bus nach St. Leonhard oder weiter nach Glanegg. Oder vom Endbahnhof Berchtesgaden mit RVO-Bus nach Hangendenstein bzw. St. Leonhard

Karte
Topografische Karte 1:50 000 Berchtesgadener Alpen (LDBV).

Weitere Hütten
Hochalm (1786 m), ein paar Minuten von der Bergstation der Untersbergbahn, im Sommer täglich, im Winter von Mittwoch bis Sonntag geöffnet, 20 Lager, Übernachtung nur nach Voranmeldung; Tel. 00 43/664/119 99 11

Übergänge
Vom **Zeppezauerhaus** zum **Stöhrhaus**: 3 Std. (Weg-Nr. 417, siehe Tour 13)

Dieses Alpenvereinshaus liegt bereits auf Salzburger Boden. Aufgrund der Nähe zur erneuerten Untersbergbahn ist es ein beliebtes Ausflugsziel für Tagesgäste, die nur kurz Bergluft schnuppern wollen.

In der zweiten Hälfte des 19. Jahrhunderts wurden in den Alpen viele neue Wege gebaut, so auch am Untersberg. Es entstand der Doppler- und der Reitsteig, um die neu entdeckten Höhlen zu erkunden. Das Zeppezauerhaus am Nordhang des Geierecks auf dem Untersberg folgte alsbald und wurde 1883 von der Sektion Salzburg des Österreichischen Alpenvereins eröffnet. Schon damals war im Haus eine meteorologische Station untergebracht, und bereits im Jahr 1903 installierte man hier auch eine Fernsprechleitung. 1912 brannte das Zeppezauerhaus völlig aus und wurde im Jahr 1914 durch einen größeren Neubau ersetzt. Das schindelbedeckte Unterkunftshaus hat seither sein Aussehen kaum verändert.

1. Über den Reitsteig

mittel 1180 Hm 2.30 Std.

Vom Wanderparkplatz vor dem ehemaligen Gasthaus Rositten halten wir direkt auf den Berg zu und erreichen so eine kleine Bachbrücke. Vor dieser halten wir uns rechts (Weg-Nr. 417) und wandern auf dem sogenann-

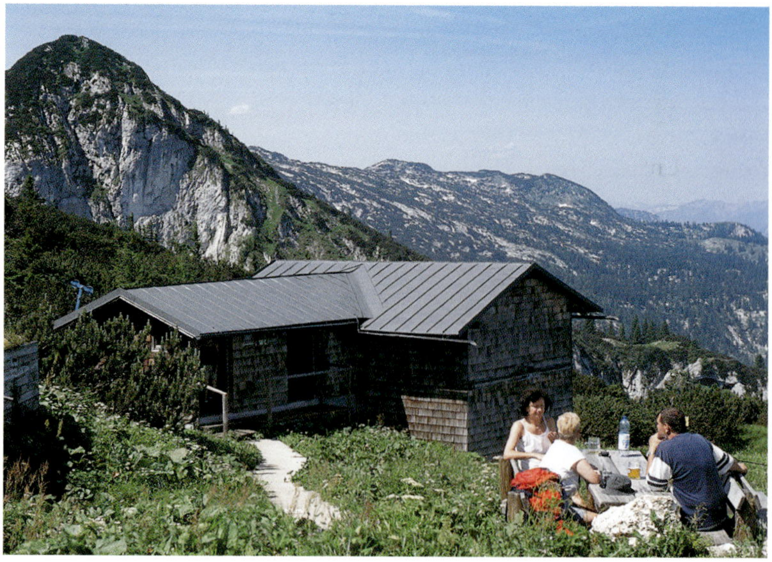

Blick über das Zeppezauerhaus hinweg in Richtung Süden auf das latschenbewachsene Hochplateau des Untersbergs

ten Reitsteig steil durch Wald aufwärts und in zahllosen kleinen Serpentinen – zuletzt über die »Steinerne Stiege« – zum flacheren Nordhang des Geierecks. Auf dem letzten Teilstück geht es durch Latschen hoch zum Zeppezauerhaus.

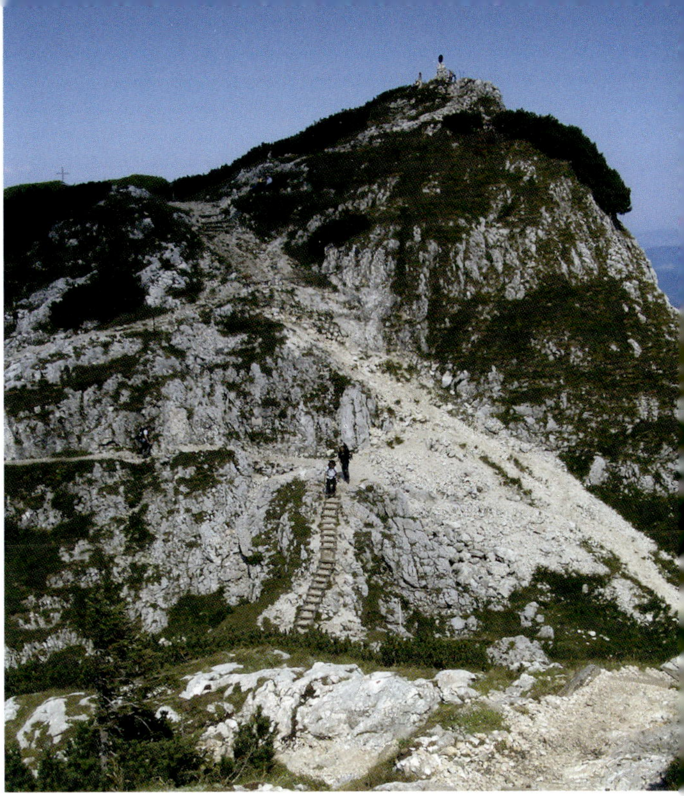

2. Über den Dopplersteig

schwer 1180 Hm 2.30 Std.

Vom Wanderparkplatz geht es zunächst einige Meter bergwärts bis zu einer kleinen Bachbrücke. Dort verzweigen sich die Wege. Wir halten uns links (Weg-Nr. 460), passieren einen alten Steinbruch und folgen dann rechts dem ausgeschilderten Steig. Dieser schraubt sich bald mit zahlreichen Stein- und auch Betonstufen über der tief eingeschnittenen Klamm des Rosittenbaches höher. Über die verfallene Untere und Obere Rosittenalm (1287 m) steigen wir weiter auf einer Vielzahl von Holzstufen bergan. Etwas oberhalb des letzten Almbodens verzweigt sich dann der Weg. Wir halten uns hier rechts und steuern direkt auf die steile felsige Ostwand des Untersbergs zu. Auch hier gibt es wieder Hunderte von Fels- und Holzstufen, die meist durch Seile gesichert sind, sie führen zum latschenbewachsenen Nordrücken des Geierecks. Bald treffen wir auf den Reitsteig. Dort wandern wir links auf gutem Wanderweg weiter durch Latschen hinauf zum Zeppezauerhaus.

Das Geiereck am Untersberg ist zwar nur ein untergeordneter Gipfel, trägt aber das größte Gipfelkreuz.

3. Von der Untersbergbahn

leicht 115 Hm 0.15 Std.

Das Zeppezauerhaus ist von der Bergstation der Untersbergbahn (1776 m) auf leichtem Weg in etwa einer Viertelstunde bergab zu erreichen.

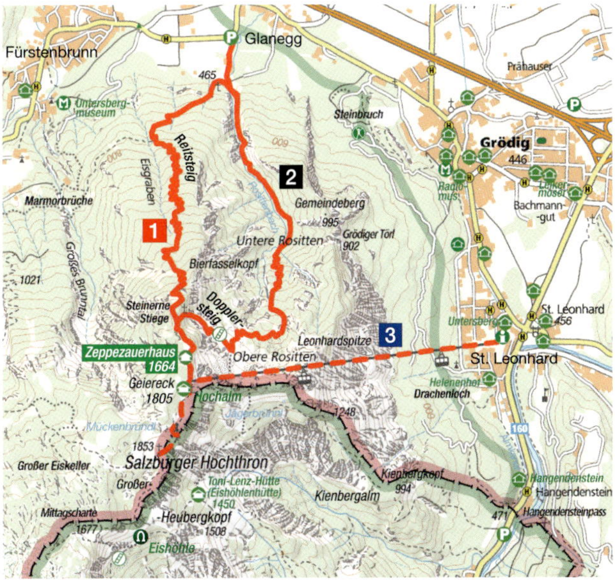

Der Hüttengipfel

leicht 145 Hm 0.35 Std.

Geiereck (1805 m): Von der Bergstation der Untersbergbahn ist das Geiereck nicht weit entfernt; vom Zeppezauerhaus erreicht man den Gipfel auf leichtem Wanderweg in ungefähr 20 Minuten.

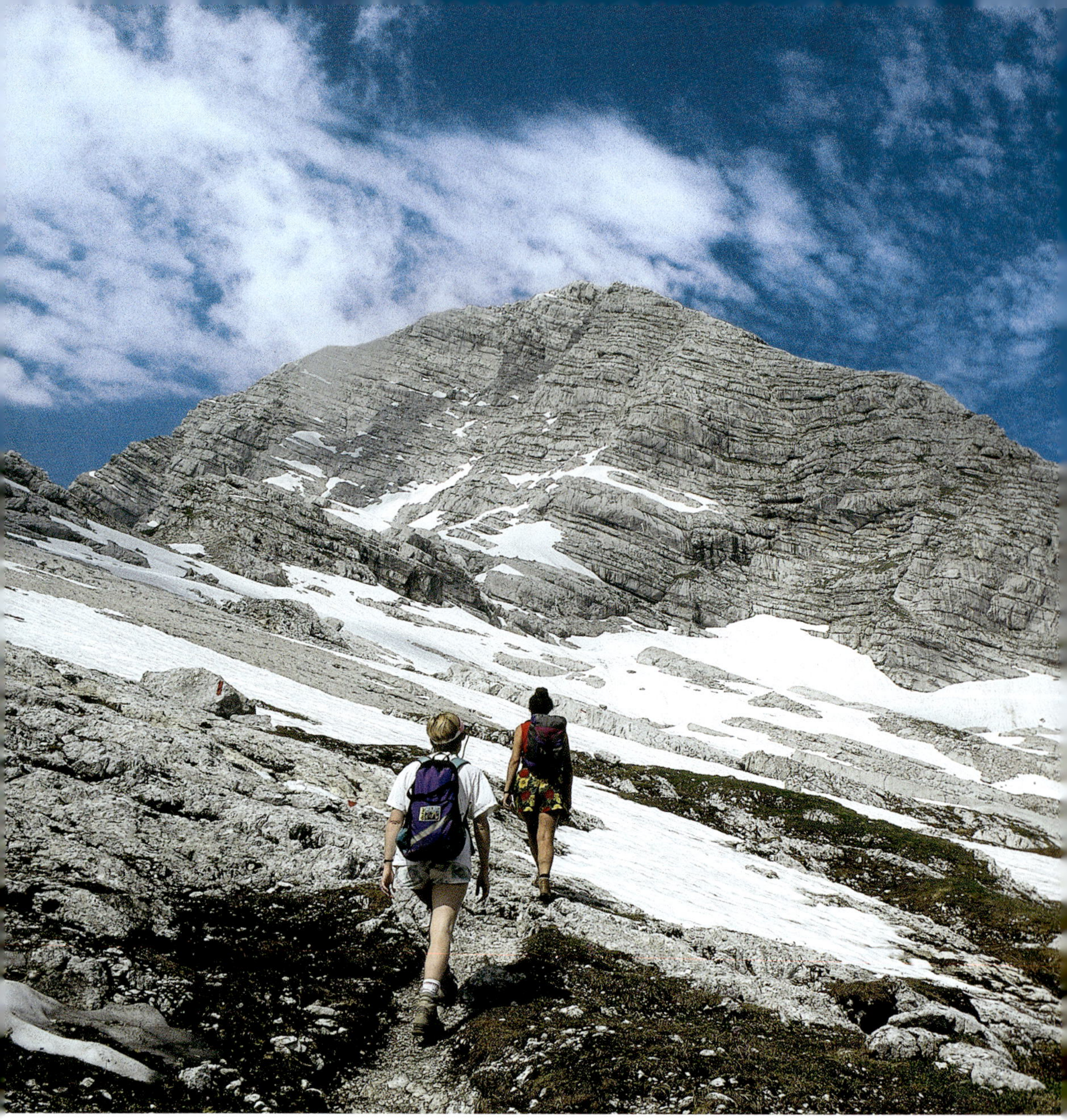

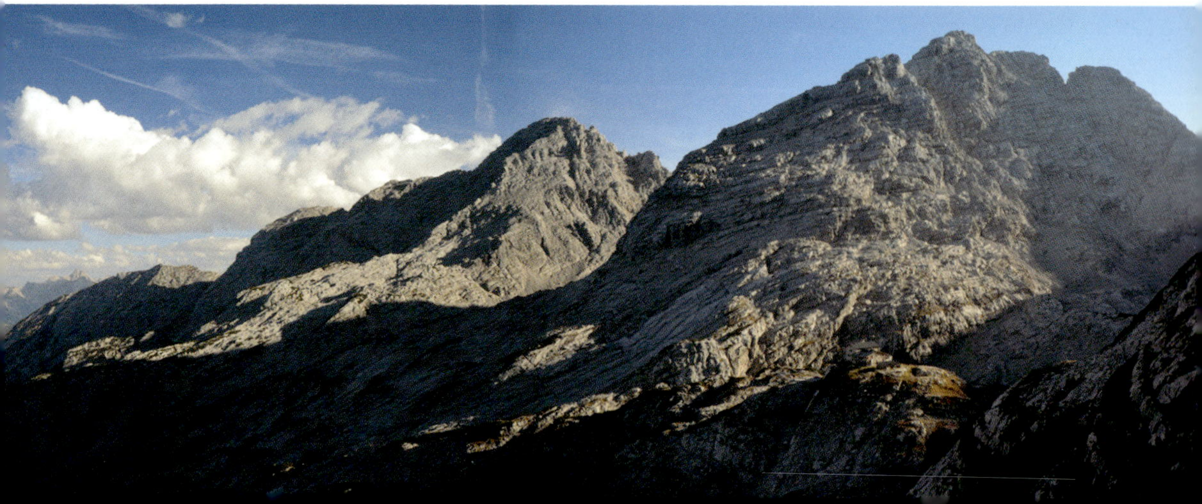

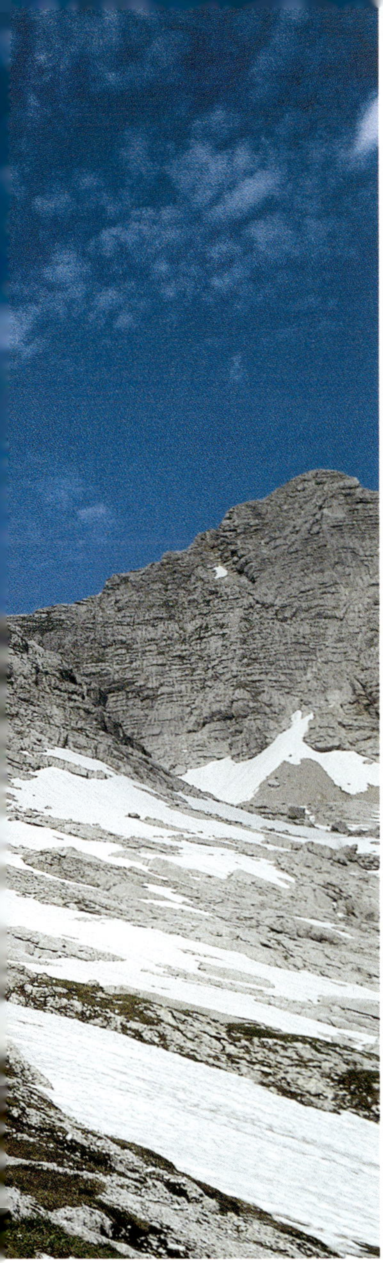

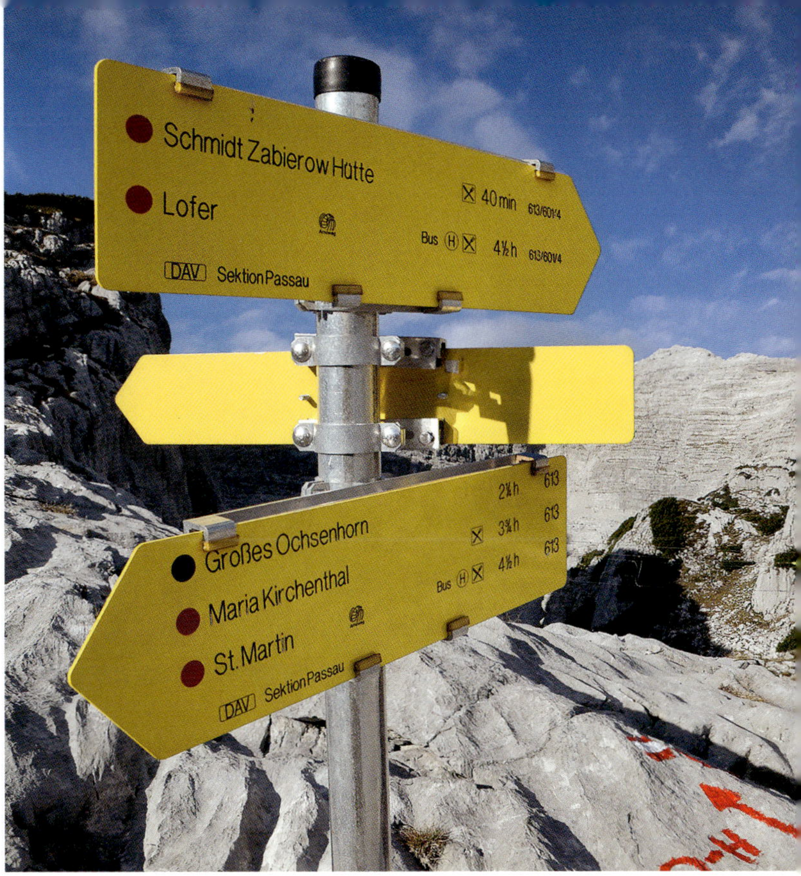

Loferer und Leoganger Steinberge

Das Wehrgrubenjoch, der Übergang von St. Ulrich zur von-Schmidt-Zabierow-Hütte her (li. oben). Das Große Hinterhorn (li. unten) und die Riefhörner, markante Gipfel in den Loferer Steinbergen. Das Melkerloch im Abstieg vom Birnhorn (re. unten). Die Wege sind bestens ausgeschildert (re. oben).

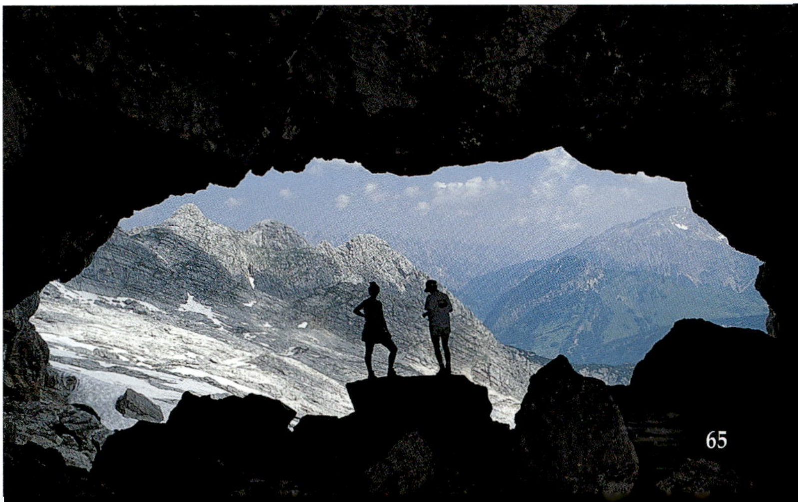

16

Passauer Hütte (2051 m)

Kleine Oase inmitten felsiger Umgebung

Ein Biwak, Kletterkurse und eine der höchsten Wände in den Nördlichen Kalkalpen runden das Angebot rund um die Hütte ab. Durch die Birnhorn-Südostwand führt z. B. der »Pinzgawurm« mit 45 Seillängen bis zum Gipfel – das sind 2150 Klettermeter.

Die 1892 von der Sektion Passau erbaute Hütte steht oberhalb der Mittagsscharte und bietet herrliche Ausblicke auf die Berchtesgadener Alpen sowie auf den Alpenhauptkamm. Die gemütliche Hütte brannte 1946 ab, zehn Jahre später wurde sie wieder aufgebaut, danach noch mal erweitert und immer wieder mal modernisiert und erweitert, zuletzt in den Jahren 2014 und 2015. Beliebter, aber auch anspruchsvoller Hüttengipfel ist das Birnhorn. In Hüttennähe wurden vor einigen Jahren einige Klettersteige eingerichtet. Ausrüstungsverleih auf der Hütte.

Die Hütte

Passauer Hütte (2051 m), AV-Hütte, Kat. I, von Anfang Juni bis Anfang Oktober bewirtschaftet, 43 Lager; Tel. 00 43/6 80/5 07 26 24. Wandertaxi aus dem Saalachtal (Abfahrt von Weißbach bei Lofer; nur für Gruppen ab 7 Personen; tel. Voranmeldung: 00 43/6 64/5 45 47 21). In der Nähe der Hütte befindet sich ein neues Notbiwak (2 Schlafplätze, im Winter immer offen; www.passauer-huette.de

Charakter

Der Anstieg von Leogang sowie die Route über den Lettlkaser erfolgen auf markiertem und zum Teil gesichertem Steig, die Trittsicherheit und Schwindelfreiheit erfordern, im Sommer tagsüber sehr heiß. Von Diesbach auf Bergwanderweg, Forstweg und Bergsteig

Anreise

Mit Pkw: Auf der A 8/A 93 bis Ausfahrt Kufstein Süd (mautpflichtig), dann über St. Johann i. T. und Fieberbrunn nach Leogang; über den Ortsteil Ullach zum Parkplatz »Birnbachbrücke« unterhalb des Gunzenreitbauern (880 m; Hüttenwege 1 und 3). Oder auf der A 8 bis Ausfahrt Siegsdorf, dann über Schneizlreuth und den Steinpasstunnel nach Lofer und in Richtung Saalfelden bis Wanderparkplatz Diesbach; dort auch mit Hüttentaxi (allerdings von Weißbach, kurz davor) weiter (Hüttenweg 2) bzw. nach Saalfelden und rechts in Richtung St. Johann in Tirol bis Leogang.
Mit der Bahn: Leogang ist Bahnstation (Haltepunkt »Leogang-Steinberge«)

Karte

Freytag&Berndt-Wanderkarte WK 104, 1:50 000 Chiemgauer Alpen - Lofer – Leogang – Steinberge

1. Von Leogang

mittel · 1170 Hm · 2.30 Std.

Vom Parkplatz (880 m) oberhalb Ullach folgen wir zunächst ein kurzes Stück dem Birnbach (Mark.-Nr. 623), dann zweigt der Hüttenweg rechts ab und führt über Bergwiesen zu einer weiteren Wegverzweigung hinauf. Dort halten wir uns links und folgen den zahlreichen Serpentinen durch Wald und weiter oben durch eine Latschenzone bis zum Beginn

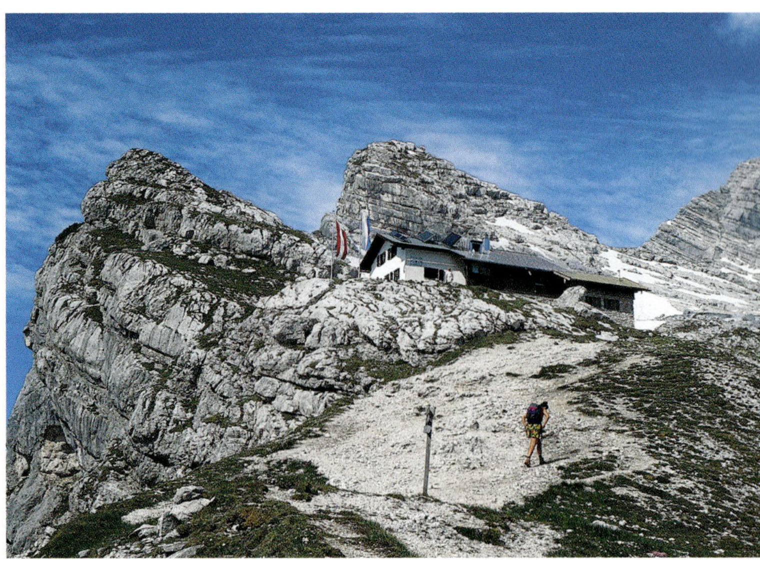

der Felsen. Von hier führt der gesicherte Steig ostwärts durch eine Grube (von rechts führt der Weg über den Lettlkaser heran), dann steil weiter durch Felsengelände und in kurzen Serpentinen hinauf zum Hochtor (1875 m), am Fuße des Fahnenköpfls. Wir steigen jenseits an die Mittagsscharte heran und erneut steil hinauf zu dieser. Von dort sind es nur mehr wenige Minuten zur Passauer Hütte.

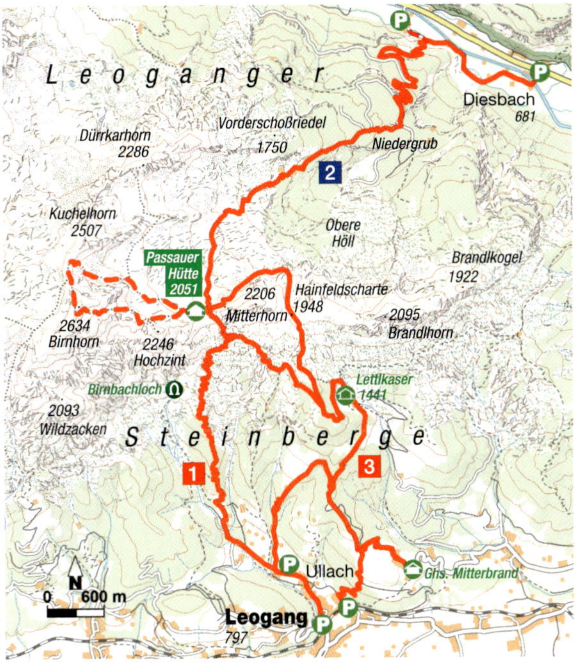

2. Von Diesbach

leicht · 850 Hm · 4.30 Std.

Vom Wanderparkplatz beim Diesbachbauern folgen wir dem Wegweiser zur Passauer Hütte, überqueren auf einer Brücke die Saalach und halten uns sodann rechts und wandern durch Wiesen auf den Steinbruch am Bergfuß zu. Dort treffen wir auf den markierten Steig (Nr. 622), der zunächst mäßig steil in den Wald hineinführt, dann steil hinauf zu einer Jagdhütte (1125 m). Dort geht es rechts haltend auf einem Forstweg weiter, bis links der Pfad wieder abzweigt und durch schönen Hochwald hinauf zur Jagdhütte auf der Hochgrubachalm (1534 m) führt. Etwas oberhalb verlässt man den Wald und steigt dann über die verkarstete Hochgrub hinauf zur Passauer Hütte.

3. Über den Lettlkaser

mittel · 1255 Hm · 4.00 Std.

Von Ullach folgen wir zunächst einem Wirtschaftsweg in südöstlicher Richtung bis an die Bahngleise beim Weiler Sinning, dort zweigt links der Wanderweg ab (Mark.-Nr. 12), führt durch ein Waldstück hinauf zum sogenannten Hochland, einer weitläufigen Bergwiese (dort Einmündung eines Sträßchens vom Gasthaus Mitterbrand). Hier gehen wir links haltend auf einem Ziehweg durch Wald hinauf und auf dem Kamm des Sinningerbergs – teilweise über steile Bergwiesen – zum Lettlkaser (1441 m). Dort wandern wir auf dem Weg Nr. 12 über Bergwiesen, durch lichten Wald zur Latschengrenze, dann südwestwärts leicht absteigend durch einen Graben und hinauf zum Plattenkopf (1661 m). Von dort geht es links haltend hinüber zum Hüttenweg 1.

Linke Seite: Die letzten Meter am Weg zur Passauer Hütte, der einzigen AV-Hütte in den Leoganger Steinbergen

Der Hüttengipfel

schwer · 1170 Hm · 3.00 Std.

Birnhorn (2634 m): Von der Passauer Hütte folgen auf markiertem Steig in Richtung Westen, der sich nach 10 Minuten verzweigt. Hier rechts und direkt auf die Kuchelnieder zu, eine Einsattelung zwischen Birnhorn und Kuchelhorn; am obersten Rand der Hochgrub bis zum Fuß des Birnhorn-Ostgrates. Rechtshaltend in ein Geröllfeld und auf gesichertem Steig durch eine Rinne in die Kuchelnieder (2437 m), dort links über die breiten Bänder (Sicherungen) auf die Westseite des Gipfels und weiter zum Südwestgrat. Über diesen Grat zum Gipfelkreuz des Birnhorns. Auf dem Anstiegsweg kurz zurück, dann links über ein Band in die Südwand, über mehrere, zum Teil gesicherte Felsstufen hinab und links weiter zum »Melkerloch«, einem Felsentor zwischen Birnhorn und Hochzint, das wir von Nord nach Süd queren. Ein gut bezeichneter Steig führt zurück zur Passauer Hütte.

17

Von-Schmidt-Zabierow-Hütte (1966 m)

Inmitten einer großartigen Karstlandschaft

Die Hütte
Von-Schmidt-Zabierow-Hütte (1966 m), AV-Hütte, Kat. I, bewirtschaftet von Mitte Juni bis Anfang Oktober, 18 Betten, 43 Lager; Tel. 0043/6588/7284. Für den Winterraum ist ein Schlüssel erforderlich. www.schmidt-zabierow.at

Charakter
Alle Anstiege sind sehr lang. Der einfachste Weg beginnt im Loferer Hochtal (Normalweg zur Hütte). Alle anderen Hüttenzustiege erfordern Trittsicherheit und Schwindelfreiheit.

Anreise
Mit Pkw: Auf der A 8 bis Ausfahrt Siegsdorf, dann über Schneizlreuth nach Lofer; dort nicht durch den Tunnel, sondern auf der Umgehungsstraße in Richtung Waidring, bis links der Fahrweg ins Loferer Hochtal abzweigt; dort nach ca. 1,5 km Wanderparkplatz (Hüttenweg 1). Oder weiter in Richtung Saalfelden, dann rechts hinauf nach Maria Kirchenthal (880 m; Hüttenweg 2). Oder auf der B 312 in Richtung Waidring, links auf Nebenstrecke bis 500 m vor Strub, dann links hinauf bis zur Schranke an der Forststraße (Hüttenweg 4). Oder über Waidring nach St. Ulrich, kurz hinter dem Ort links ab zum Parkplatz Weißleiten (Hüttenweg 3).
Mit Bahn/Bus: Mit der Bahn über Kufstein und Wörgl bis St. Johann bzw. Saalfelden, dann weiter mit Bus nach Lofer

Karte
Freytag&Berndt-Wanderkarte WK 104, 1:50 000 Chiemgauer Alpen - Lofer – Leogang – Steinberge; Alpenvereinskarte 1:20 000 Loferer und Leoganger Steinberge

Die einzige Bergsteigerunterkunft in den Loferer Steinbergen bietet neuen Glanz, denn sie wurde erst kürzlich erneuert: WLAN, Handyempfang, Seminarraum – alles vorhanden, großartiges Panorama inklusive.

Ein königlicher Oberinspekteur – der Gründer Alpenvereinssektion Passau – gab dieser beliebten, familienfreundlichen Hütte ihren Namen. Die Von-Schmidt-Zabierow-Hütte wurde 1899 erbaut und steht in aussichtsreicher Lage auf einem Felsvorsprung am Rande der Großen Wehrgrube mit herrlichem Blick auf die Reiter Alm und die anderen Gipfel der Berchtesgadener Alpen; sie wurde mehrmals erweitert, zuletzt im Jahr 2016. Hüttengipfel ist das Große Ochsenhorn, der höchste Gipfel der Loferer Steinberge; es ist auch für Normalbergsteiger ein gut zu bewältigendes Ziel.

1. Von Lofer

leicht 1190 Hm 4.00 Std.

Vom Wanderparkplatz im Loferer Hochtal folgt man dem ausgeschilderten Weg Nr. 601 eben bis zum Talende zu einem Buchenwald, dann auf serpentinenreichem Weg steil hinauf zum Unteren Trett, dann über weitere Geländestufen in zahlreichen Serpentinen hinauf zur Hütte.

2. Von Maria Kirchental

mittel 1120 Hm 4.30 Std.

Der Schärdinger Steig (Mark.-Nr. 613) beginnt hinter der schönen Wallfahrtskirche. Zunächst führt er in einem sanften Anstieg durch Wald,

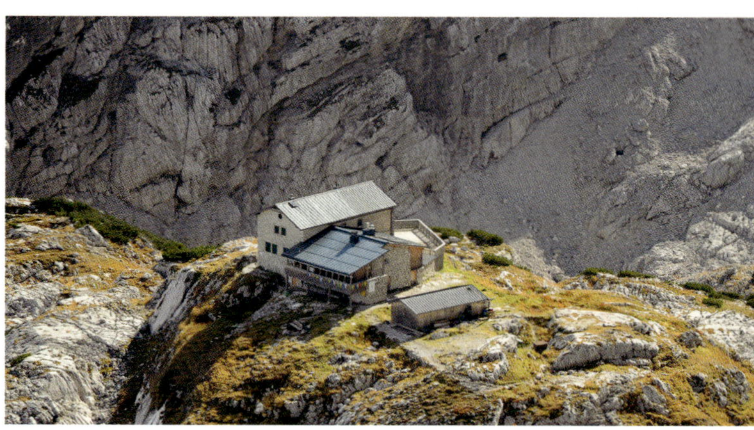

wird aber nach und nach steiler. Bei der ersten Wegverzweigung hält man sich links und steigt dann durch ein langes Hochtal an. Nach zwei Stunden wird eine Biwakschachtel erreicht. Über weite Karstfelder erreicht man dann den Sattel nördlich des Großen Ochsenhorns. Dort geht es weiter in die Nordwestseite des großen Bergmassivs, bis zur Abzweigung des Gipfelsteigs. Von dort weiter durch die Kleine Wehrgrube hinüber zum Unterkunftshaus.

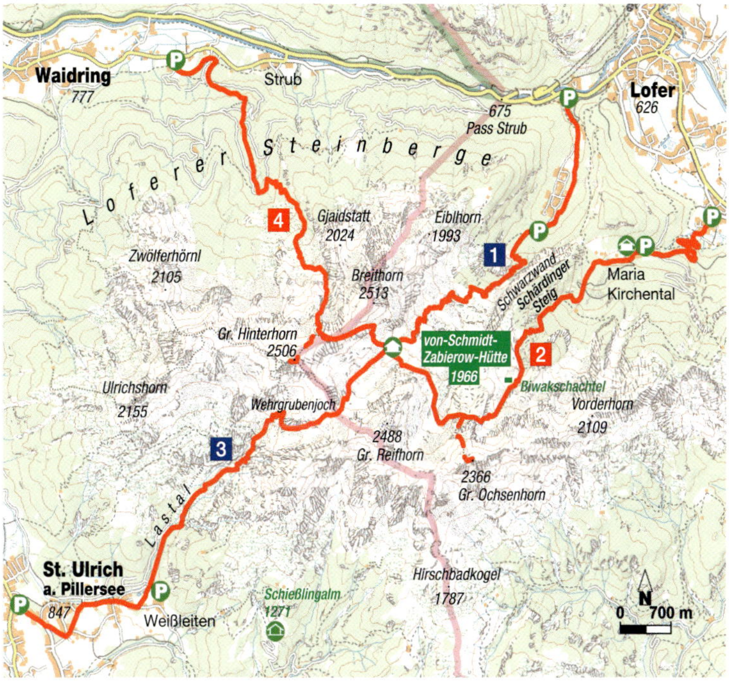

3. Von St. Ulrich

mittel 1150 Hm 4.30 Std.

Vom Parkplatz oberhalb von Weißleiten auf markiertem Wanderweg (Mark.-Nr. 613) ins Lastal. Zuerst wandern wir flach durch Wald, dann allmählich ansteigend über einen Latschenkamm zu einer Jagdhütte. Über eine Rinne geht es hinauf in die Schneegrube und weiter zu einer Wegteilung (Tafel). Wir steigen an der Scheibenwand entlang, dann über die Ulricher Grube hinauf zum Wehrgrubenjoch (2216 m). Jenseits hinab auf steilem, teils drahtseilgesichertem Steig in die verkarstete Große Wehrgrube und zum bereits sichtbaren Bergsteigerstützpunkt.

Der Hüttengipfel

schwer 600 Hm 2.30 Std.

Großes Ochsenhorn (2513 m): Der Zugang zum höchsten Gipfel der Loferer Steinberge liegt am Hüttenzugangsweg von St. Martin (Hüttenweg 2). Man quert auf diesem Steig in südöstlicher Richtung hinüber zur Kleinen Wehrgrube, dem großen Kar zwischen Reifhorn und Großem Ochsenhorn. Am Fuß der Nordwestflanke folgt man dann den Markierungen, die über einen stark gebänderten Grat bis knapp unter den Gipfel leiten. Dann geht es durch die oft noch mit Schnee gefüllte Rinne hinauf zum Westgrat und wenige Meter weiter auf diesem zum Gipfelkreuz.

4. Von Waidring

mittel 1870 Hm 5.00 Std.

Von der Schranke auf Forststraße (Waidringer Panoramaweg) bis zu einer Wegverzweigung, dann links hinauf zur ehemaligen Jägeralm. Kurz dahinter (ca. 1 Std. ab Ausgangspunkt) zweigt rechts der Grießbachsteig (Mark.-Nr. 601) ab. Nun geht es steil durch Wald, weiter oben durch Latschengebiet zum großen Geröllfeld oberhalb. Über dieses hinweg, dann über drahtseilgesicherte Felsstufen hinauf zur Waidringer Nieder (2302 m). Jenseits links auf gutem Steig (Mark.-Nr. 612) erst flach, dann steil hinab durch die breite Flanke des Breithorns und durch die Ausläufer der Großen Wehrgrube zur von-Schmidt-Zabierow-Hütte.

Linke Seite: Die von-Schmidt-Zabierow-Hütte am nordöstlichen Rand der Großen Wehrgrube

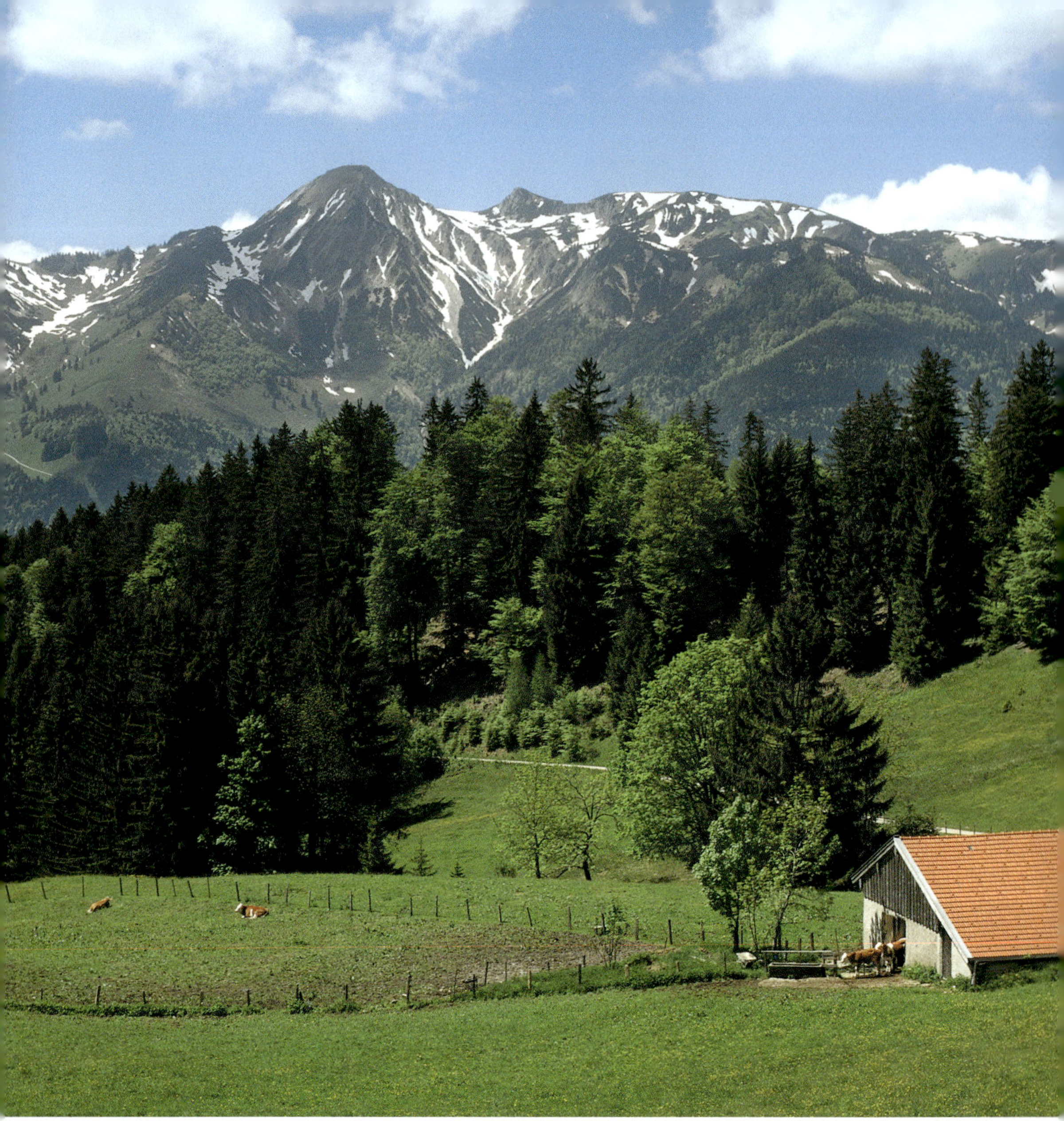

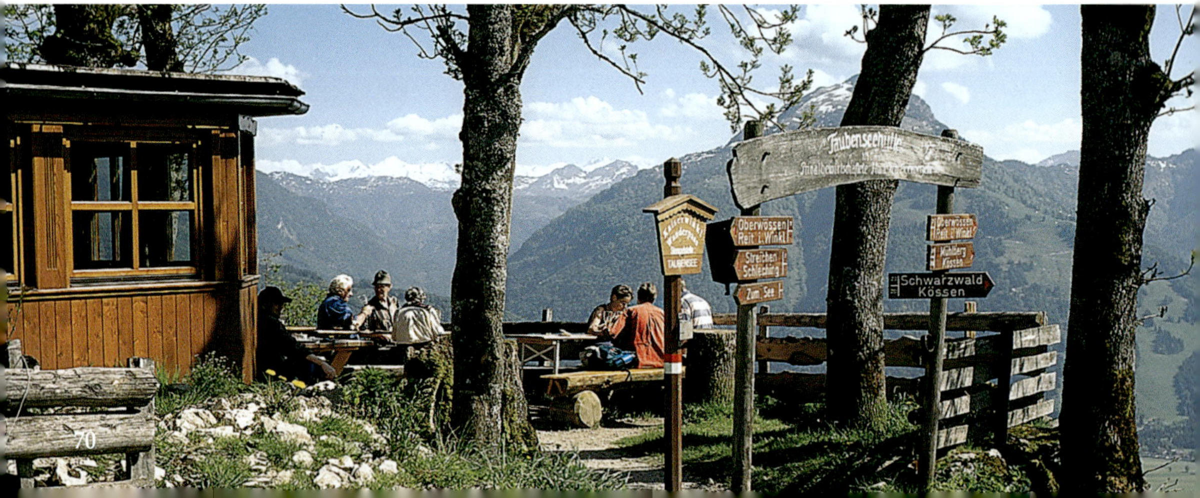
Taubenseehütte
Oberwössen
Reit i. Winkl
Streichen
Schleching
Zum See
TAUBENSEE
Schwarzwald
Kössen

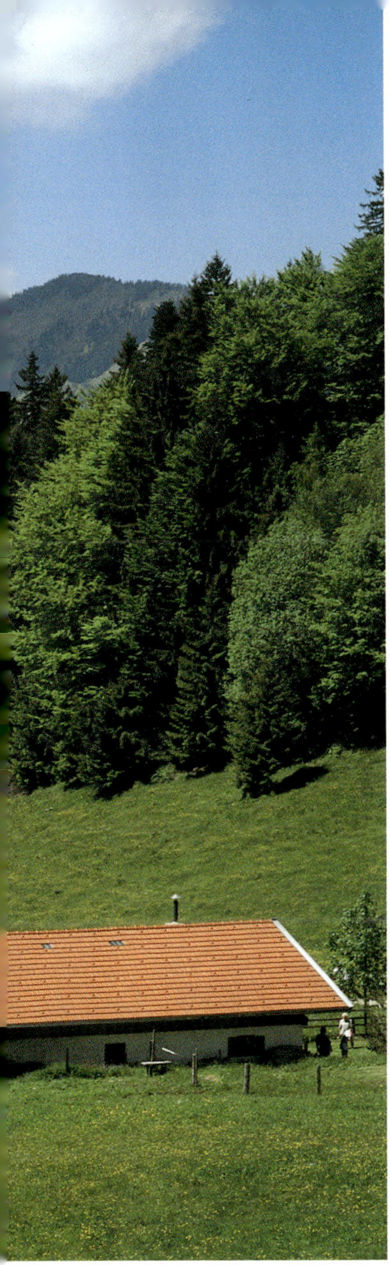

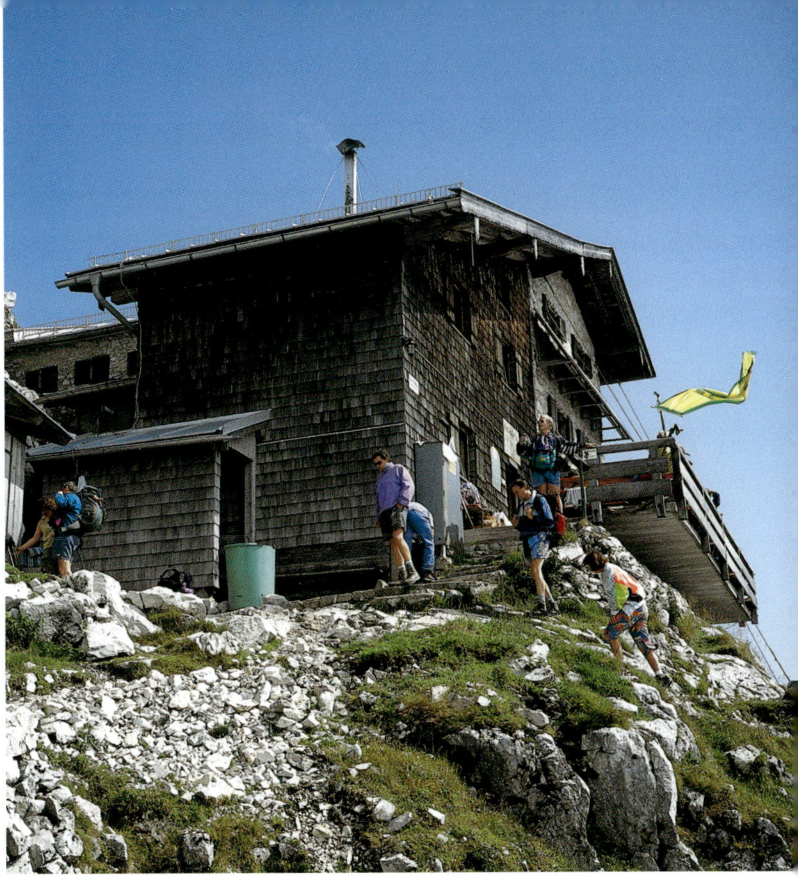

Chiemgauer Alpen

Blick vom Aufstieg über die Donaueralm zum Taubensee (li. oben). Das Taubenseehaus, ein Wanderziel hoch über Kössen (li. unten). Das Reichenhaller Haus am Gipfel des Hochstaufen (re. oben). Typische Brotzeit auf der Jochbergalm (re. unten).

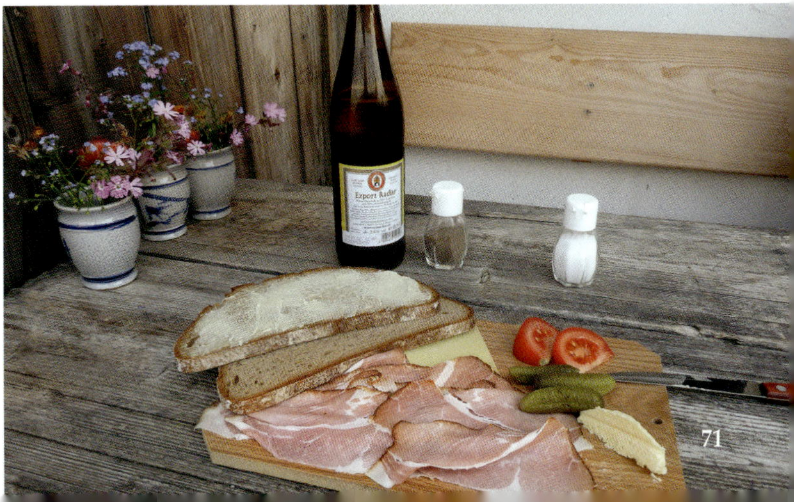

18

Reichenhaller Haus (1750 m)

Ein »Adlerhorst« über der Kurstadt

Wie an die Felsen geklebt wirkt das Haus unter dem Hochstaufen. Und der Gipfel ist nur wenige Meter entfernt. Die Steige dort hinauf haben es in sich – also besser nicht im Rahmen eines Familienausflugs planen …

Das Reichenhaller Haus liegt hoch über dem namensgebenden Kurort in exponierter Lage knapp unter dem Hochstaufengipfel, dem östlichsten Vorposten der Chiemgauer Alpen. Erbaut wurde das Alpenvereinshaus bereits in den Jahren 1925 bis 1926. In den 70er-Jahren des letzten Jahrhunderts wurde groß umgebaut. Die Hütte ist vor allem ein Ziel für geübte Bergwanderer, Bergsteiger und Klettersteiggeher (Pidinger Klettersteig). Der Hüttengipfel, der einen grandiosen Panoramablick bietet, ist in einer knappen Viertelstunde auf einem breiten Serpentinenweg zu erreichen.

Die Hütte

Reichenhaller Haus (1750 m), AV-Haus, Kat. I, bewirtschaftet von Mitte Mai bis Mitte Oktober, 20 Betten; Tel. 0 86 51/55 66. www.alpenvereinaktiv.com/reichenhaller-haus

Charakter

Mit Ausnahme des leichtesten Anstiegs über die Bartlmahd setzen alle Anstiege Trittsicherheit und Schwindelfreiheit voraus.

Anreise

Mit Pkw: Auf der A 8 bis Ausfahrt Piding, dann auf der B 20 nach Bad Reichenhall, dort auf der Umgehungsstraße bis zur Abfahrt nach Karlstein. Nach der Kretabrücke rechts Richtung Nonn und hinauf zur Padinger Alm (Hüttenwege 1 und 2); dort Wanderparkplatz (die Zufahrt über die Privatstraße ist möglicherweise gesperrt, dann im Tal parken). Oder Ausfahrt Siegsdorf, dann auf der B 306/305 bis Inzell und in der Ortsmitte links weiter nach Inzell-Adlgaß (4 km); dort großer Wanderparkplatz (Hüttenweg 3). Oder Ausfahrt Piding, dann rechts in Richtung Aufham; im Ortsteil Urwies Parkmöglichkeit oder weiter bis Mauthausen (Parkplatz) bzw. nach Staufenbrücke; kurz nach der Kapelle an der Straße rechts und 300 m weiter auf schmalem Sträßchen; dort parken. *Mit Bahn/Bus:* Mit der Bahn bis Bad Reichenhall und weiter mit Bus nach Nonn

Karte

Topografische Karte 1:50 000 Berchtesgadener Alpen (LDBV)

1. Über die Steinernen Jäger

schwer 1120 Hm 3.30 Std.

Vom Wanderparkplatz zunächst auf der Forststraße durch Wald bergan bis zu einer Wegverzweigung. Dort rechts weiter durch Wald. Über zum Teil freies Gelände – vorbei an einem Brunnen – steigen wir über die Buchmahd bis zum Ostgrat des Hochstaufen an. Zuerst geht es links auf

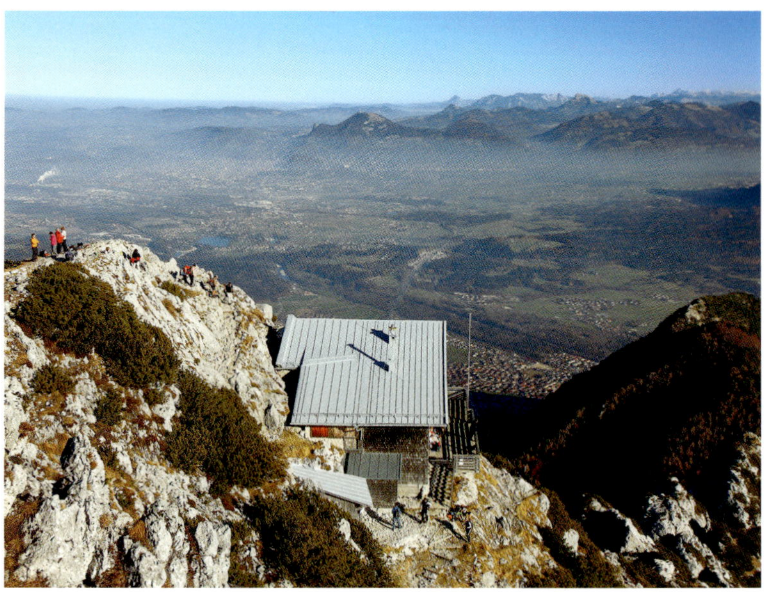

Das Reichenhaller Haus knapp unterhalb des Hochstaufengipfels mit freiem Blick bis Salzburg

dem Grat weiter, dann etwas unterhalb durch gestuftes, felsiges Gelände (keine Sicherungen), immer auf markiertem Steig zum Unterkunftshaus.

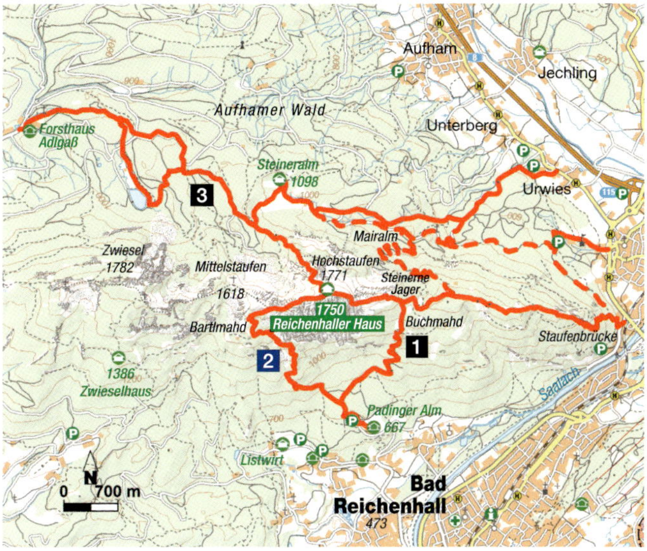

2. Über die Bartlmahd

leicht 1120 Hm 3.00 Std.

Vom Wanderparkplatz folgen wir zunächst dem bergwärts führenden Forstweg, bis nach einer Viertelstunde links der markierte breite Wanderweg über die Bartlmahd abzweigt. Durch Wald aufwärts auf allmählich steiler werdendem Weg. Nach etwa zwei Stunden erreichen wir die sogenannte Bartlmahd (heute zugewachsen). Dort geht es rechts haltend (Wegverzweigung) weiter in Serpentinen durch überwachsenes Geröll und über Felsen hinauf zum Grat, der die Staufengipfel miteinander verbindet. Der Weg bleibt jedoch breit und ungefährlich und führt meist etwas unterhalb der Gratlinie hinüber zum Hochstaufengipfel.

3. Ab Inzell-Adlgaß

schwer 930 Hm 3.30 Std.

In Adlgaß der Forststraße in östlicher Richtung (Wegweiser) folgend über eine kleine Brücke, dann zweimal rechts und auf Ziehweg entlang des Frillenseebaches zu einer Wegverzweigung. Wir halten uns links (rechts geht es zum Frillensee) und erreichen eine Forststraße, die wir überqueren. Dort folgen wir dem bergwärts abzweigenden Weg. In direkter Linie geht es weiter durch Wald aufwärts, wobei wir stets der Ausschilderung »Hochstaufen« folgen. Bei einer Verzweigung halten wir uns rechts, dann wieder links, bis zum Ende der Forststraße bei einem Wendeplatz. Der gut angelegte Steig führt uns nun durch lichten Wald über zahlreiche Stufen an die Felsen heran. Direkt auf dem Grat bzw. auf dessen Westseite höher. Nach einer guten Stunde ab Wendeplatz biegen wir auf seine Ostseite, wo wir an einem Marterl vorbeikommen. Immer gut markiert steigen wir hinauf, schlüpfen durch Felsverengungen und wechseln dann erneut hinüber auf die Westseite. Zuletzt über leichten Serpentinen hinauf zum Gipfel und jenseits hinab zum Reichenhaller Haus.

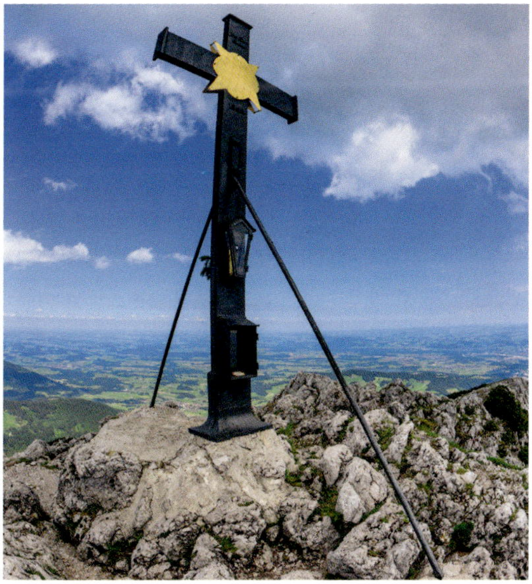

Das massive Gipfelkreuz am Hochstaufen; dahinter das Alpenvorland

Der Hüttengipfel

leicht 40 Hm 0.15 Std.

Hochstaufen (1771 m): Er ist nicht der höchste Gipfel der Chiemgauer Alpen, aber sicher einer der markantesten. – Vom Reichenhaller Haus führt ein breiter Steig in einer Viertelstunde zum Gipfelkreuz.

19

Zwieselhaus (1386 m)

Reminiszenz an Kaiser Wilhelm II. am Zwiesel

Die Hütte
Zwieselhaus (1386 m), privat, Mitte Mai bis Mitte/Ende Oktober je nach Witterung am Wochenende bewirtschaftet, zwischen Mitte Juli und Mitte September durchgehend, Montags Ruhetag, 30 Betten und 30 Lager, Übernachtung im Kaiser-Wilhelm-Haus zurzeit nicht möglich;
Tel. 0 86 51/31 07

Charakter
Vorwiegend Forstwege, dann leichte Wanderwege. Nur der Anstieg von Inzell ist etwas anspruchsvoll.

Anreise
Mit Pkw: Auf der A 8 bis Ausfahrt Bad Reichenhall, dann auf der B 20 an Bad Reichenhall vorbei; bei der Kretabrücke rechts über die Saalach Richtung Karlstein, dann gleich wieder rechts nach Nonn und der Ausschilderung zum Listwirt folgen; dort Parkplatz (Hüttenweg 1).
Oder Autobahnausfahrt Siegsdorf, dann auf der Bundesstraße nach Inzell, in der Ortsmitte links ab in Richtung Adlgaß, dann rechts zum Ortsteil Einsiedel mit Wanderparkplatz (Hüttenweg 4) bzw. weiter nach Weißbach a. d. Alpenstraße, am Ortsende links hinauf zum Ortsteil Jochberg bis zum Ende der öffentlichen Straße (dort Wanderparkplatz; Hüttenweg 2) bzw. weiter in Richtung Schneizlreuth; kurz hinter dem Gasthaus Mauthäusl gibt es Parkbuchten entlang der Deutschen Alpenstraße (Hüttenweg 3).
Mit Bahn/Bus: Mit der Bahn bis Bad Reichenhall-Kirchberg und von dort zu Fuß oder mit Bus nach Nonn

Karte
Topografische Karte 1:50 000 Berchtesgadener Alpen (LDBV)

Seit dem Jahr 1965 bewirtschaftet die Familie Potschacher die ehemalige Alm am Zwiesel – eine Lebensaufgabe, die von vielen Bergwanderern und Einheimischen sehr geschätzt wird.

Auf dem Zwieselhaus (manchmal auch noch Zwieselalm genannt) wird das Andenken an Kaiser Wilhelm II. noch wach gehalten. Das schlichte Unterkunftshaus neben dem Zwieselhaus trägt immer noch seinen Namen. Aufregender als diese historische Erinnerung ist hier oben jedoch der fantastische Tiefblick, den man von der kleinen Terrasse auf das Reichenhaller Talbecken genießen kann. Wer nach der obligatorischen Brotzeit noch eine Gipfeleinlage zu schätzen weiß, steigt auf den leichten Zwieselgipfel. Mittlerweile steht dieses Hüttenensemble unter Denkmalschutz

1. Von Nonn

leicht 810 Hm 3.00 Std.

Vom Parkplatz folgen wir dem anfangs noch geteerten Sträßchen bergwärts und treffen bald auf den Listsee. Am See rechts auf Steig vorbei,

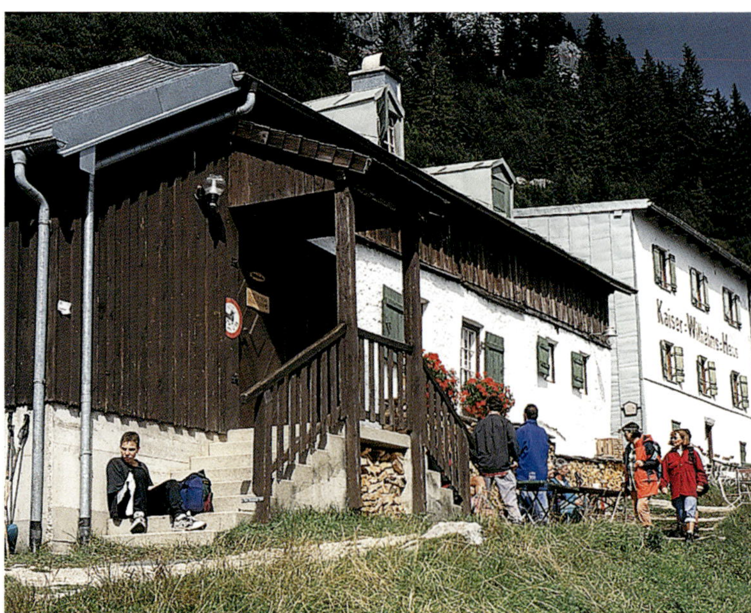

Das Zwieselhaus, dahinter das Kaiser-Wilhelm-Haus (das sogenannte Schlafhaus)

oder wir folgen dem ausgeschilderten Forstweg weiter zum Listanger. In weiten Kehren hinauf, bis zu der vom Jochberg her einmündenden Forststraße. Dort verlassen wir den Forstweg nach rechts und steigen über steile Serpentinen zum Zwieselhaus hinauf.

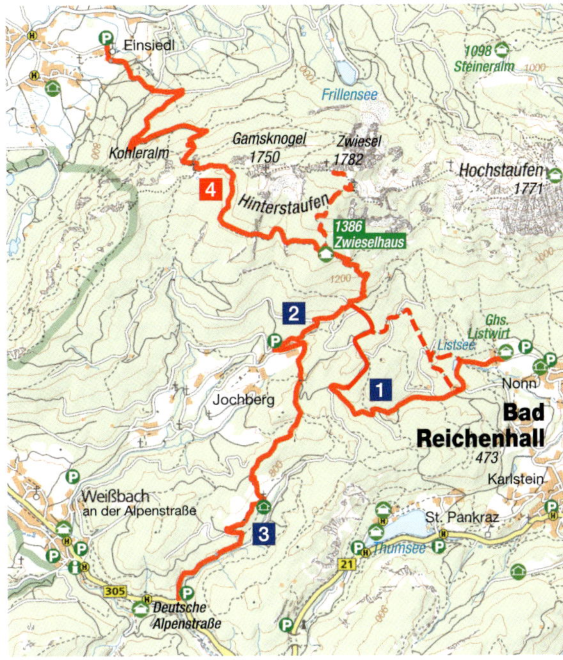

2. Von Jochberg

leicht 510 Hm 1.30 Std.

Vom Wanderparkplatz am oberen Ende in Jochberg (880 m) folgen wir zunächst der Forststraße durch Wald. Nach etwa einer Viertelstunde zweigt rechts der alte Wanderweg ab und kürzt die Forststraße etwas ab. Dann treffen wir auf den von Bad Reichenhall heraufführenden Weg (E 4). Diesem folgen wir nun bergwärts weiter durch Wald. In Serpentinen steigen wir direkt in Richtung Zwiesel zu einer Weggabelung; dort links weiter in vorwiegend freiem Gelände über steile Serpentinen hinauf zum Zwieselhaus.

3. Von der Deutschen Alpenstraße

leicht 740 Hm 3.45 Std.

Vom kleinen Wanderparkplatz (650 m) folgen wir der Forststraße (Ausschilderung »Höllenbachalm«), passieren eine Schranke und wandern dann oberhalb des Höllenbachs bergwärts. Bei den nächsten Verzweigungen jeweils links und dann wieder rechts und weiter auf Almfahrweg. Links von der Höllenbachalm führt ein Pfad steil hinauf in den Wald bis zum Wanderparkplatz in Jochberg. Weiter auf Hüttenweg 2.

Das schlichte Gipfelkreuz auf dem Zwiesel, immerhin höher als der Hochstaufen

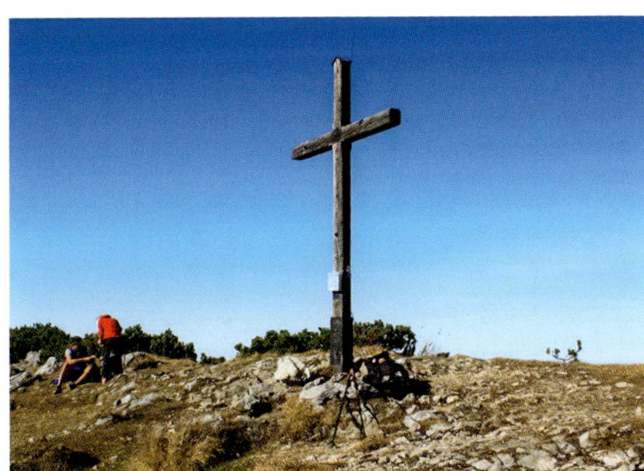

4. Von Inzell-Einsiedel

mittel 620 Hm 3.30 Std.

Vom Parkplatz zwischen Bauernhaus und Kirchlein gehen wir den Weg Nr. 23 zum Waldrand und wandern dort rechts – auf einem ausgeschilderten Weg – durch einen Wald hinauf zu einer Forststraße. Auf dieser rechts weiter, links um eine Kehre und bald wieder rechts ab. In Serpentinen durch Mischwald hinauf zu einer Wegverzweigung, dort links weiter und hinauf zu den ersten Schrofen. Bald ist die Kohleralm erreicht. Dort wandern wir links weiter zu einer Wegverzweigung und rechts teilweise eben, dann auf wurzeligem Steig hinüber zum Zwieselhaus.

Der Hüttengipfel

leicht 400 Hm 2.30 Std.

Zwiesel (1782 m): Höchster Gipfel der Staufengruppe. – Direkt von der Zwieselalm führt ein leicht begehbarer, markierter Steig durch Wald und Latschen zunächst hinauf zum Zennokopf (1756 m), dann links weiter über freies Gelände hinüber zum Zwieselgipfel.

20 Traunsteiner Hütte (1160 m)

Wandertreffpunkt auf der Winklmoosalm

In der urigen, gemütlichen Alpenvereinshütte lässt es sich auch gut feiern – die Wirte stellen sich gerne auf Geburtstagsfeiern und sonstige Anlässe ein – eine Anlaufstelle im Sommer wie im Winter.

Die Hütte
Traunsteiner Hütte (1160 m), AV-Hütte, Kat. II, 8 Betten, Lager, nahezu ganzjährig bewirtschaftet, November geschlossen, im Sommer Mittwoch Ruhetag; Tel. 0 86 40/ 81 40. www.traunsteinerhuette.de

Charakter
Wirtschafts- und leichte Bergwanderwege

Anreise
Mit Pkw: Auf der A 8 bis Ausfahrt Siegsdorf, dann über Ruhpolding nach Seegatterl; dort großer Parkplatz (Hüttenweg 1). Oder weiter auf Mautstraße zur Winklmoosalm, großer Wanderparkplatz am Ende der öffentlichen Straße. Im Winter Parkmöglichkeit nur in Seegatterl, dann Auffahrt mit der Kabinenbahn.Oder Autobahnausfahrt Siegsdorf, dann über Schneizlreuth und Unken ins Heutal, Mautstraße; Parkplatz am Ende der Fahrstraße (Parkplazu Heutal; Hüttenweg 2). Im Winter Parkmöglichkeit nur in Seegatterl, dann Auffahrt mit der Kabinenbahn.Oder über A 8 / A 93 bis Ausfahrt Oberaudorf, dann über Kössen nach Waidring, dort links Auffahrt zum Wanderparkplatz Steinplatte Mautstraße (1376 m; Hüttenweg 3).
Mit Bahn/Bus: Mit der Bahn bis Ruhpolding, weiter mit RVO-Bus nach Seegatterl und zur Winklmoosalm.

Karte
Topografische Karte 1:50 000 Chiemsee – Chiemgauer Alpen (LDBV)

Weitere Hütten
Winklmoosalm (1100–1200 m), mehrere bewirtschaftete Berggasthöfe
Möseralm (1274 m), privat, ganzjährig bewirtschaftet

Die gemütliche Traunsteiner Hütte – vor einiger Zeit hieß sie noch Traunsteiner Skihütte, womit ihre ursprüngliche Nutzung besser bezeichnet ist – liegt auf dem weiten Plateau der Winklmoosalm. Die ehemalige Almhütte wurde von der Alpenvereinssektion Traunstein im Jahr 1925 erworben, deutlich erweitert und 1987 umfassend renoviert. Im Winter ist sie nur per Gondelbahn ab Seegatterl erreichbar.

1. Von Seegatterl
leicht 400 Hm 1.45 Std.

Parallel zur Mautstraße führt links ein ausgeschilderter gesperrter Fahrweg hinauf bis zur Winklmoosalm. Bereits nach zehn Minuten verlassen wir diesen nach rechts und wandern durch das Dürrnbachtal aufwärts (Mark. 111). Das letzte Stück müssen wir dann allerdings wieder auf der Straße zurücklegen.

2. Vom Heutal
leicht 270 Hm 2.00 Std.

Vom Parkplatz am Ende der Straße im Heutal führt ein ausgeschilderter Wirtschaftsweg (Mark. Nr. 16 und 15; der sogenannte »Landweg«) zuerst

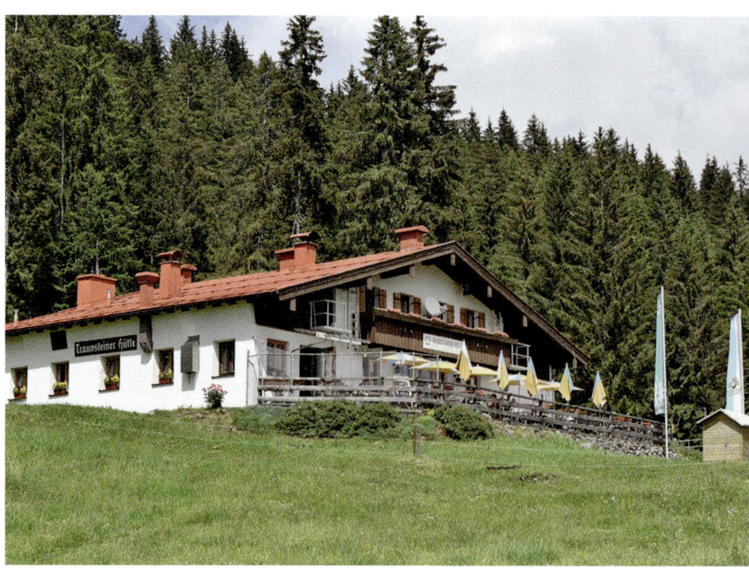

Die Traunsteiner Hütte auf der Winkelmoosalm – ein ganzjährig bewirtschaftetes AV-Haus

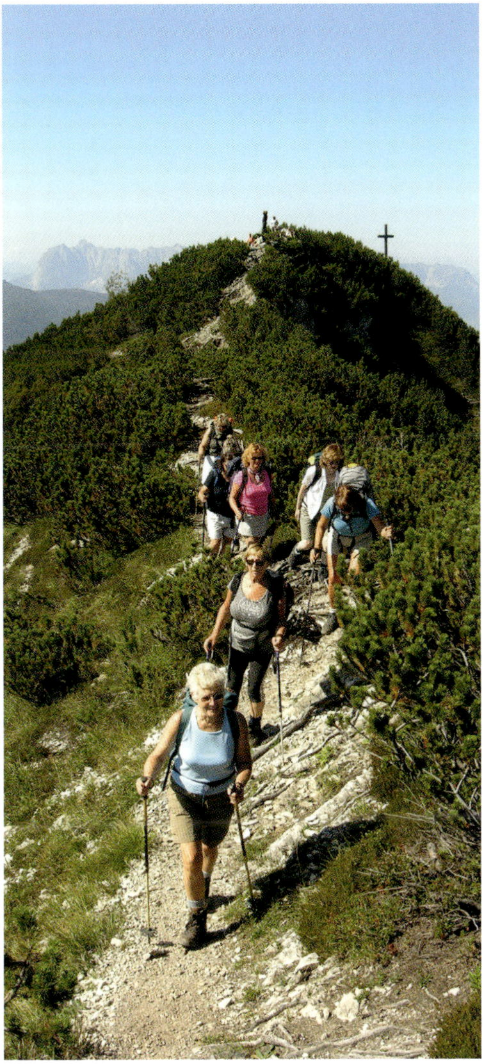

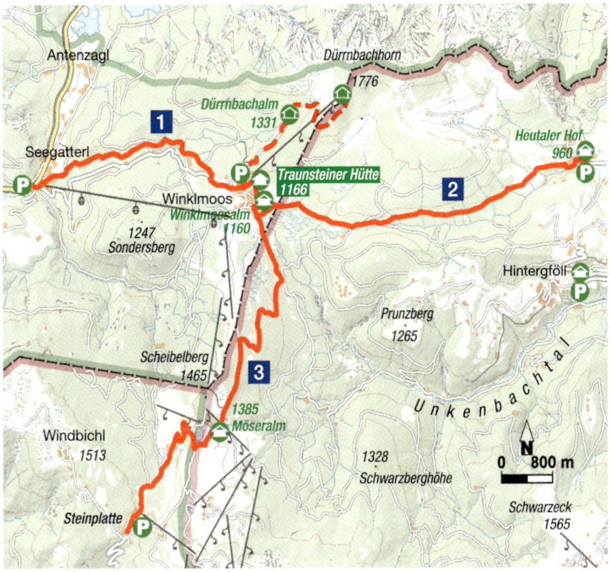

Der Hüttengipfel

leicht 620 Hm 3.30 Std.

Dürrnbachhorn (1776 m): Am leichtesten ist der Gipfel mit dem Sessellift (Einkehr an der Bergstation möglich) – nur wenige Minuten von der Traunsteiner Hütte entfernt – zu erreichen. Von dort führt ein steiniger, aber leichter Pfad durch Latschen zum Gipfel. Achtung Steilabbruch!

Zu Fuß: Von der Hütte wandern wir auf einem Wirtschaftsweg durch den Wald hinauf zur Dürrnbachalm. Dort quert ein Wanderweg über Grashänge hinüber zur Bergstation des Sessellifts. Von dort aus geht es dann weiter, wie oben beschrieben.

leicht ansteigend zum Herbstkaser, dann geht es eben weiter – durch ein schönes, schattiges Waldgebiet – hinüber bis zur Winklmoosalm.

Auf dem Gipfelkamm des Dürrnbachhorns, die Wanderer befinden sich auf dem Weg zum Riegerkaser.

3. Vom Wanderparkplatz Steinplatte

leicht 400 Hm 2.00 Std.

Vom großen Parkplatz führt rechts haltend ein ausgeschilderter, unbefestigter Wirtschaftsweg durch den Westabfall der Steinplatte – vorbei an der Stallenalm – hinauf zur Kammhöhe, dort geht es dann bei der Weggabelung rechts hinab zur Möseralm. Wir wandern weiter auf einem Fahrweg durch Wald seitlich am Scheibelberg vorbei zu einer Weggabelung und dort rechts hinab zur Muckklause. Bei der Wegverzweigung gehen wir links weiter, und bald wandern wir hinab über die Almwiesen zu den Häusern der Winklmoosalm. Am Gegenhang auf ausgeschildertem Fahrweg geht es zur Traunsteiner Hütte.

21

Hochgernhaus (1510 m)

Ein Hüttenziel für das ganze Jahr

Die Hütte
Hochgernhaus (1510 m), privat, ganzjährig bewirtschaftet, 15 Betten, 20 Lager; Tel. 0 86 41/ 692 92 83. www.hochgernhaus.de

Charakter
Der Anstieg von Marquartstein (Normalweg) ist ein breiter, im oberen Teil auch steiler Wirtschaftsweg. Hüttenweg 2 bis Staudacher Alm Fahrweg, dann sehr steiler Bergpfad. Hüttenwege 3 (bis Eschelmoos Wirtschaftsweg) und 4 überwiegend schöne Bergwanderwege mit einigen steileren Passagen

Anreise
Mit Pkw: Auf der A 8 bis Ausfahrt Bernau bzw. Grabenstätt, dann auf der Bundesstraße nach Marquartstein. Dort in der Ortsmitte links hoch – an Burg und Schlossgaststätte vorbei – zum großen Waldparkplatz (Hüttenweg 1) oberhalb. Oder bei Grassau nach Staudach-Egerndach abbiegen, durch den Ort zum Waldrand, wo sich beim Holzlagerplatz ein großer Wanderparkplatz befindet (Hüttenweg 2). Oder weiter nach Unterwössen, dort zum östlichen Ortsende, am Eingang ins Kaltenbachtal; Anfahrt über Hardergasse und Hochgernweg, dort großer Wanderparkplatz (Zustiegsvariante zu Hüttenweg 1). Oder weiter auf der A 8 bis Ausfahrt Bergen, dann zur Talstation der Hochfellnbahn (Hüttenweg 4). Oder weiter ins Tal der Weißen Achе bis kurz vor die ehemalige Kohlstattalm; dort großer Wanderparkplatz (Hüttenweg 3).
Mit Bahn/Bus: Auf der Strecke München – Salzburg bis zu den Stationen Übersee oder Bergen, dort weiter mit RVO-Bussen bis Staudach-Egerndach, Marquartstein, Unterwössen oder Bergen

Karte
Topografische Karte 1:50 000 Chiemsee – Chiemgauer Alpen (LDBV)

Der Blick von der Terrasse über das weite Tal der Tiroler Achen, auf den Geigelstein und die fernen Kaisergipfel, ja, bis zum Großglockner ist überwältigend. Und dazu ein Frühstück nach einer Hüttennacht – unvergesslich!

Auf dem Hüttenfahrweg über die Agergschwendalm (der Normalweg zum Hochgernhaus) muss allerdings mit zahlreichen Mountainbikern gerechnet werden. Im Winter sind auf dieser Strecke die Rodelfans aktiv. Alljährlich im Mai findet der Hochgernlauf statt: Die besten Läufer bewältigen die 900 Meter Höhendifferenz zum Hochgernhaus in einer Zeit unter 40 Minuten. Das Hochgernhaus liegt überdies am Europäischen Fernwanderweg E 4, der auf einer Länge von 8000 Kilometern vom spanischen Algeciras bis nach Kreta führt. Auch Richard Strauss, der gerne wanderte, war hier unterwegs – da gab es allerdings das Hochgernhaus noch nicht. In Marquartstein komponierte er unter anderem seine »Salome«.

1. Von Marquartstein

leicht 915 Hm 2.30 Std.

Vom oberen Ende des Wanderparkplatzes (546 m) wandern wir auf Ziehweg bergan (Ausschilderung »Hochgernhaus«), der zuerst die Forststraße quert, dann weiter oben in diese mündet. Auf dieser gut ausge-

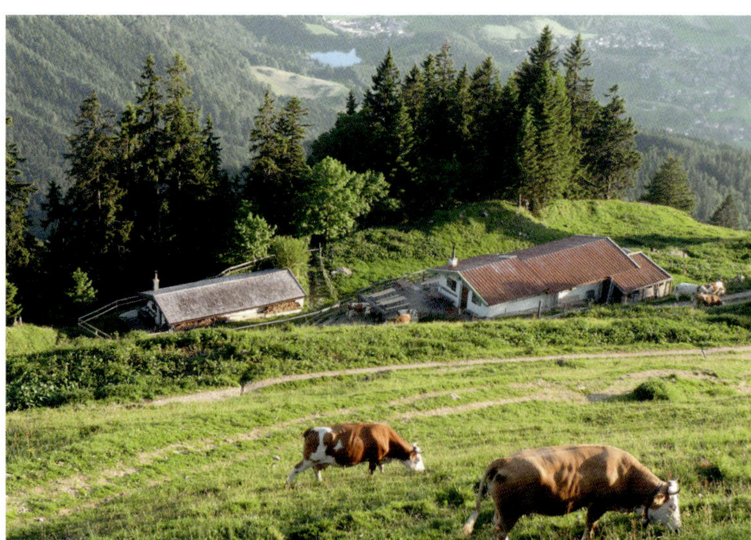

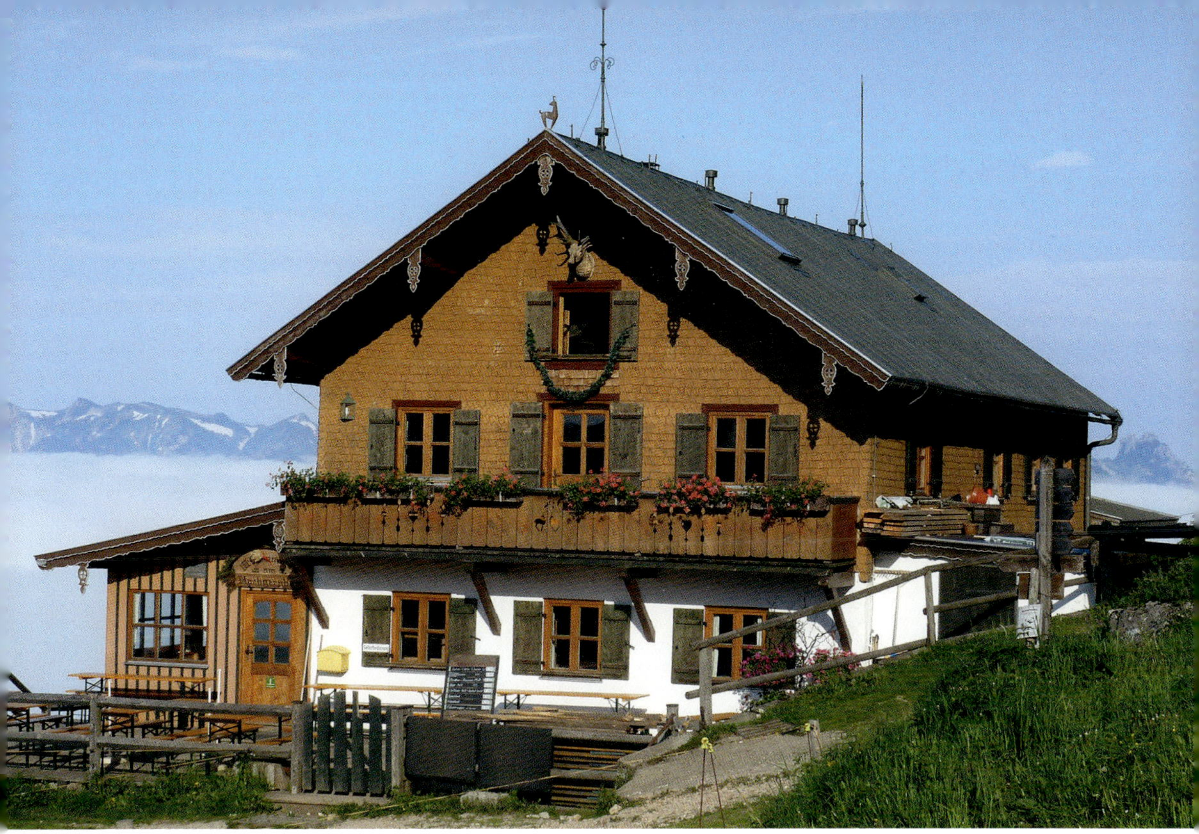

schildert über die Agergschwendalm. Dort gehen wir links vorbei und auf schmalerem Fahrweg angenehm schattig zur Bergwachthütte oberhalb, dann steigen wir links haltend hinauf zum Hochgernhaus.

Varianten: Der Zustieg kann auch von Unterwössen unternommen werden. Wer den Normalweg zu einer Runde ausbauen möchte, folgt kurz oberhalb des Parkplatzes den Ausschilderungen zum Schnappenberg und wandert über die Schnappenkirche bis zur Staudacher Alm. Dort trifft man dann auf den Hüttenweg 2, der hier vom Fahrweg in einen sehr steilen Bergpfad übergeht.

Die Terrasse des Hochgernhauses ist in der Frühe noch leer.

Linke Seite: Die Enzianhütte unterhalb des Hochgernhauses, auch sie ist bewirtschaftet.

2. Von Staudach-Egerndach

mittel | 1100 Hm | 3.00 Std.

Vom Wanderparkplatz folgt man zunächst dem Wirtschaftsweg (Ausschilderung »Staudacher Alm«, »Hochgern«) dem Alplbach entlang. Bei den nächsten beiden Wegverzweigungen hält man sich rechts. Die letzte große Schleife des Wirtschaftsweges, der direkt zur Staudacher Alm hinaufführt, kann man auf einem Wiesenweg abkür-

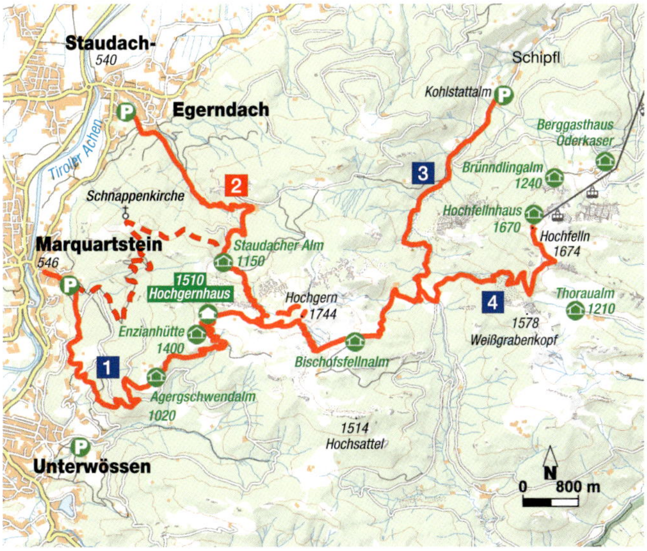

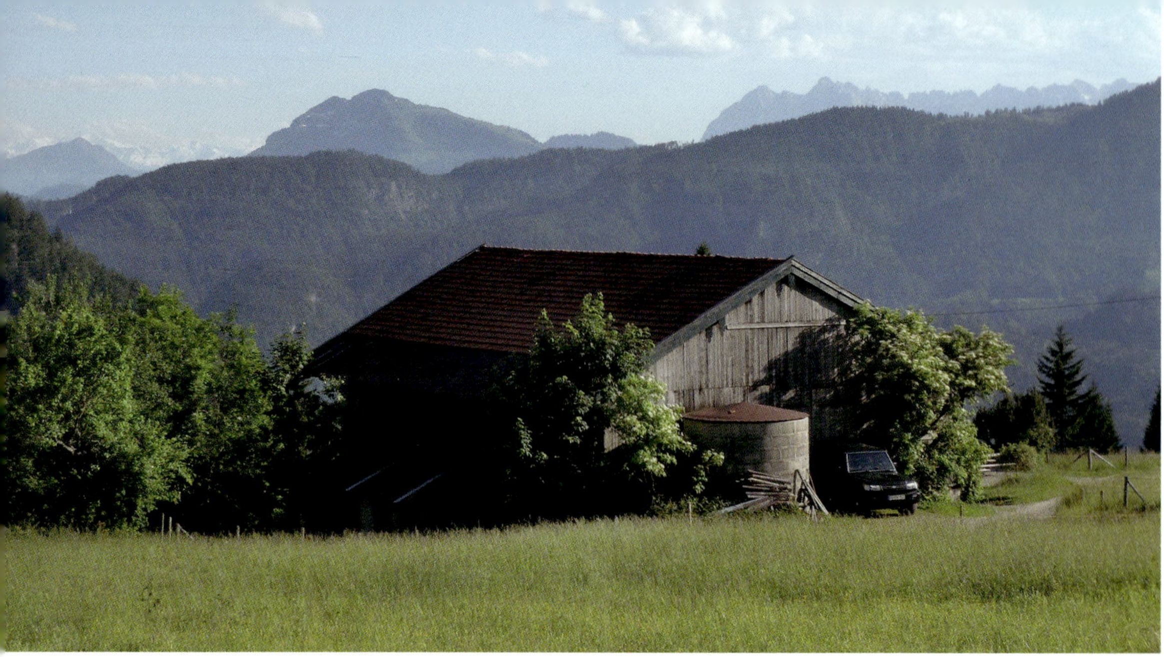

Die Agergschwendalm am Anstiegsweg von Marquartstein

Rechte Seite: Die Südseite des Hochgern wird beim Anstieg von Osten gequert (oben). Der Hochgern weist zwei Gipfelerhebungen auf, eine mit Mini-Kapelle (unten).

zen. Von der Alm dann weiter zum Fuß des Hochgern und auf steilem Pfad hinauf zum Sattel zwischen Hochgern und Zwölferspitz, dort rechts auf breitem Wanderweg hinab zum Hochgernhaus.

3. Vom Wanderparkplatz Kohlstattalm

leicht 970 Hm 3.00 Std.

Man folgt zunächst der Forststraße – angenehm schattig an der Weißen Ache entlang – taleinwärts (Ausschilderung »Eschelmoos«, »Röthelmoos«), dann geht es weiter ansteigend durch eine wilde Schlucht hinauf zum Eschelmoos. Dort hält man sich rechts (Wegtafel »Hinteralm«, »Hochgern«) und wandert auf einem Wirtschaftsweg hinauf zur Hinteralm. Dort beginnt ein markierter Pfad, der über die Bischofsfellnalm (1380 m) auf den vom Hochgern nach Süden herabziehenden Kamm führt (direkter Anstieg zum Gipfel möglich). Kurz durch die Südflanke des Hochgern, bis rechts ein Pfad direkt hinauf zum Haus führt.

4. Vom Hochfellnhaus

leicht 1370 Hm 3.00 Std.

Dieser ungewöhnliche Zustiegsweg zum Hochgernhaus benutzt einen Abschnitt des Europäischen Fernwanderweges E 4 und verbindet zwei der aussichtsreichsten Gipfel der Chiemgauer Alpen. Vom Fellhorngipfel geht es zunächst auf dem breiten Höhenweg hinauf zur Kapelle, wo der Abstiegsweg beginnt. Zuerst folgt man der Ausschilderung zur Thoraualm, hält sich jedoch bald rechts und umrundet den Thoraukopf. Bei einem bewaldeten Sattel biegt man rechts ab und wandert durch den Weißgraben talwärts, wo man auf eine Forststraße trifft. Auf dieser hinab zum Eschelmoos. Weiter wie Hüttenweg 3.

Der Hüttengipfel

leicht 240 Hm 1.30 Std.

Hochgern (1748 m): Beliebter Aussichtsberg, ohne Seilbahn-Unterstützung (Bergwanderweg und Bergpfad, am Gipfel Vorsicht!). – Vom Hochgernhaus führt ein guter Bergwanderweg in östlicher Richtung leicht bergan durch die freien Hänge des Zwölferspitz auf den Westkamm des Hochgern. Dann umwandert man in einem weiten Linksbogen eine große Mulde und steigt über freies Gelände den Westhang hinauf. Nach Passieren eines Überstiegs halten wir uns rechts und steigen das letzte steile Stück hinauf zum Gipfelkreuz. Auf der Nachbarerhebung – der Hochgern verfügt über zwei Gipfel – steht eine Miniaturkirche.

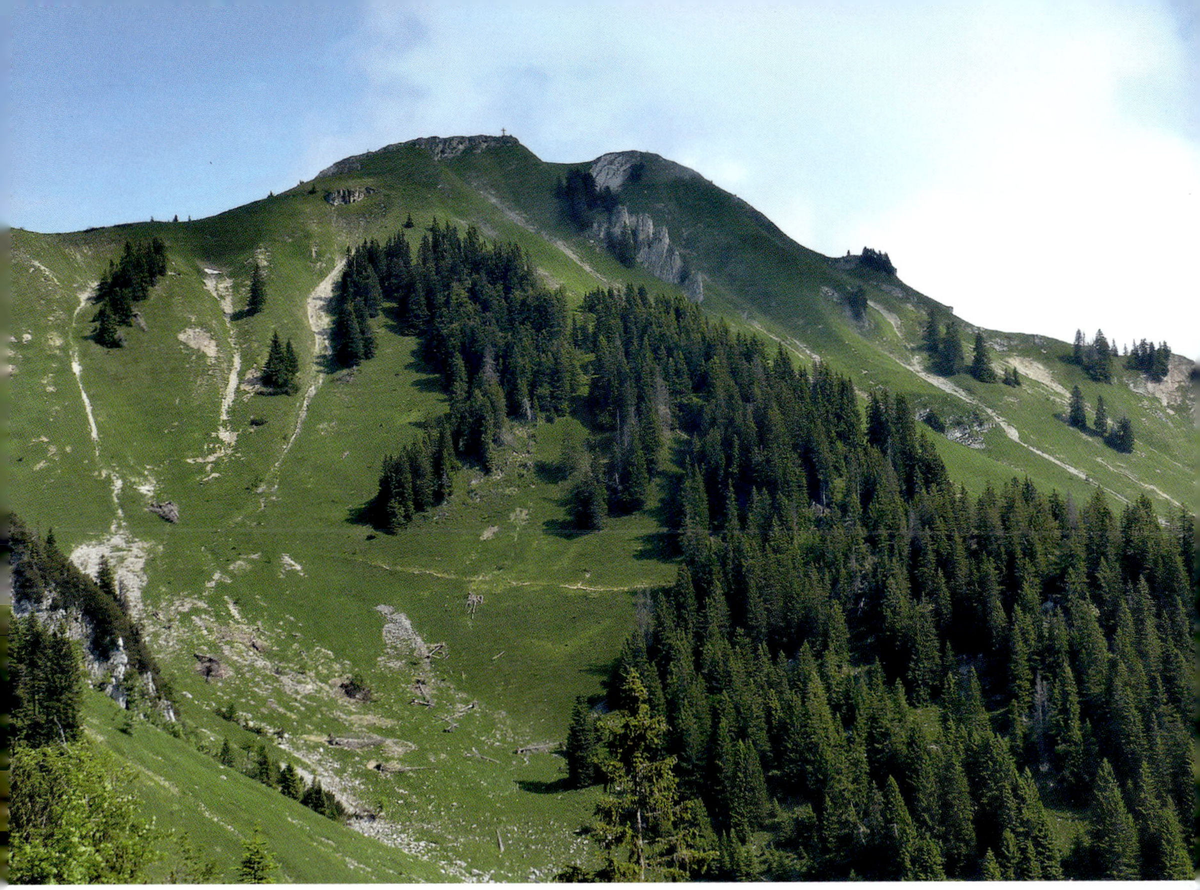

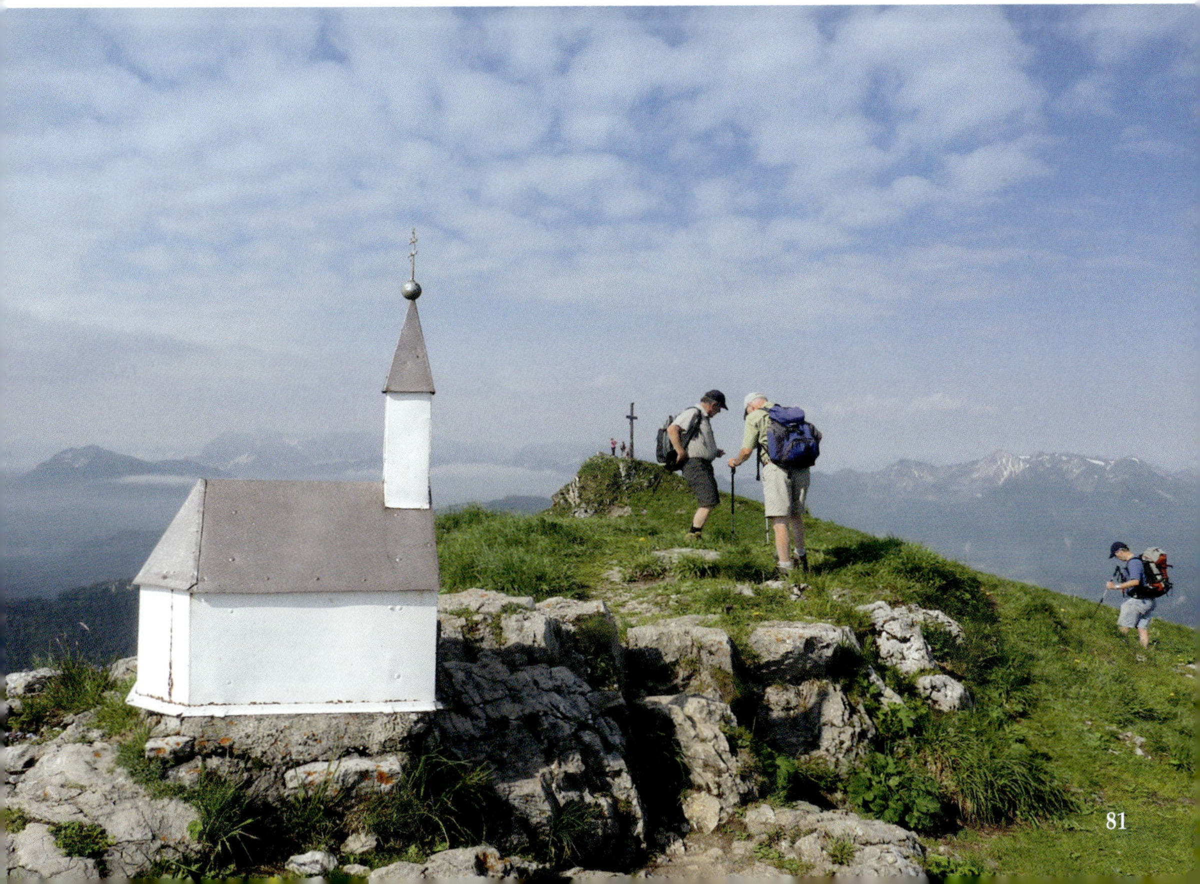

Straubinger Haus (1600 m)

22

Familienhütte mit fantastischem »Kaiser«-Panorama

Die Hütte
Straubinger Haus (1600 m), AV-Haus, Kat. II, bew. Anfang/Mitte Mai – Ende Oktober, 16 Betten, 44 Lager; Tel. 00 43/53 75/64 29. Winterraum für 8 Personen (Schlüssel bei der Sektion erhältlich). www.straubingerhaus.at

Charakter
Leichte Bergwanderwege und Wirtschaftssträßchen

Anreise
Mit Pkw: Auf der A 8 bis Ausfahrt Siegsdorf, dann über Ruhpolding nach Seegatterl; dort großer Wanderparkplatz (Hüttenweg 1). Oder Autobahnausfahrt Bernau, dann über Grassau, Unterwössen zum Ortsteil Blindau in Reit im Winkl (Wanderparkplatz; Hüttenwege 2 und 3). Über Kössen bzw. Lofer und Waidring zu den Ausgangspunkten 4, 5 und 6 (Auffahrt zum Wanderparkplatz Steinplatte auf Mautstraße).
Mit Bahn/Bus: Mit der Bahn bis Ruhpolding, weiter mit RVO-Bus nach Seegatterl bzw. Reit im Winkl (Haltestelle Blindau).

Karte
Topografische Karte 1:50 000 Chiemsee – Chiemgauer Alpen (LDBV)

Weitere Hütten
Nattersbergalm (896 m), privat, bewirtschaftet von Weihnachten bis Ostern, Pfingsten bis Allerheiligen, im Sommer Montag/Dienstag Ruhetag,
16 Betten; Tel. 0 86 40/84 30
Sulzner Kaser (1220 m), auf der Oberen Hemmersuppenalm,im Sommer einfach bewirtschaftet
Hindenburghütte (1261 m), privat, ganzjährig bewirtschaftet, keine Übernachtung; Tel. 0171/543 79 23
Brennhütte (1413 m), privat, ganzjährig bewirtschaftet
Ambachhütte (1490 m), auf der Durchkaseralm, nur Brotzeit im Sommer

Das Straubinger Haus auf der Eggenalm ist ein Platz für eine ruhige Hüttennacht ohne viel Rummel, denn es wird hauptsächlich von Tagesgästen frequentiert. Vor einigen Jahren erhielt dieses Alpenvereinshaus das Umwelt-Gütesiegel.

Sternförmig laufen die Hüttenzustiege aus den umliegenden Tälern auf das Straubinger Haus zu. Alle Wege sind leicht, die Aussicht grandios. Im Jahr 1926 wurde die Vorgängerhütte erworben, in den Jahren 1976–1977 wurde sie neu gebaut, um die Jahrtausendwende wurde dann aufwändig saniert. Und heute bietet sie sich uns als eine großartige Familienhütte mit großer Terrasse, einem Spielplatz für Kinder und einer ungefährlichen Hüttenumgebung an. Auch Weitwanderern ist das Straubinger Haus ein Begriff, denn es liegt am Fernwanderweg E 4, der den Bodensee mit dem Neusiedler See verbindet.

1. Von Seegatterl

leicht 880 Hm 2.45 Std.

Am Westende des Wanderparkplatzes geht es über eine Brücke, dann links haltend durch Wald hinauf zur Nattersbergalm. Seitlich an dieser auf schmalem Wanderweg vorbei (Wegweiser) und über die Almwiesen

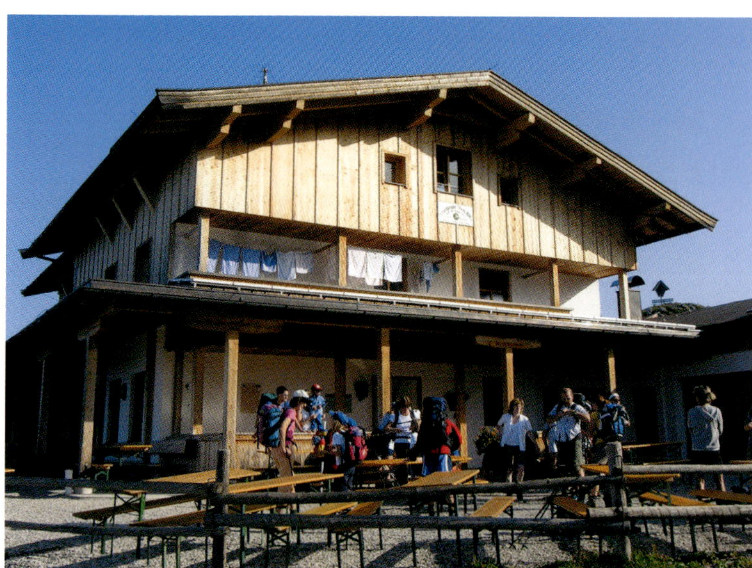

zum Waldrand, dann links weiter zur quer führenden Forststraße. Dort gehen wir links in weiten Serpentinen weiter bergwärts, bis erneut links ein Ziehweg von der Forststraße abzweigt. Auf diesem hinauf zur Oberen Hemmersuppenalm. Am hintersten Gebäude zweigt links ein Weg ab (Wegweiser), der in einen Wiesenpfad übergeht. Wir halten uns links und wandern weiter zum Berghang, leicht ansteigend über freie Wiesen, dann durch Wald. Nach einem Weideüberstieg mündet rechts der Filzenweg ein. Danach links haltend hinauf zu einem Sattel und jenseits hinab zum Straubinger Haus.

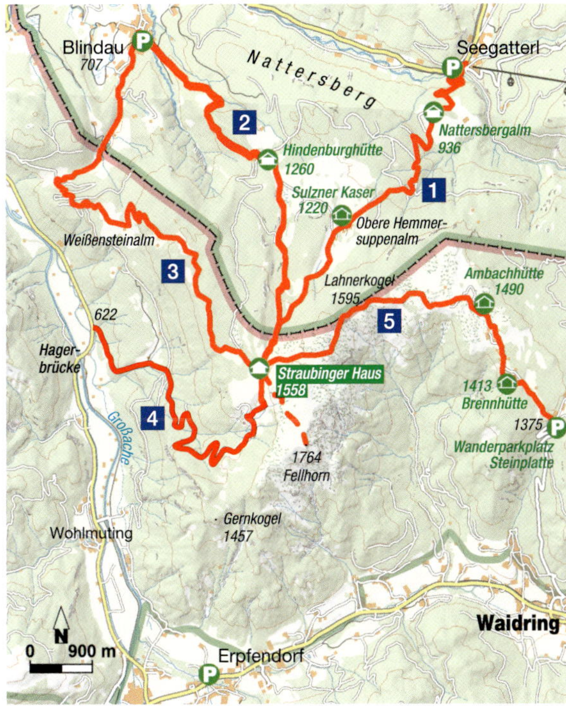

2. Von Blindau

leicht 920 Hm 2.30 Std.

Vom Wanderparkplatz entweder mit Pendelbus oder zu Fuß auf Wirtschaftssträßchen hinauf zur Hindenburghütte. Dort weiter auf Wirtschaftsweg zu einer Hochfläche, wo rechts der ausgeschilderte Filzenweg abzweigt.

3. Über die Weißensteinalm

leicht 890 Hm 4.00 Std.

Das ist der schönste Hüttenweg: Vom Parkplatz Blindau wandern wir auf einem Sträßchen zur Klausenbergalm (Variante durch die Klausenbergklamm), dann links auf dem rot-weiß markierten Wanderweg durch Wald zur Weißensteinalm (1080 m). Dort links auf Steig in Serpentinen hinauf zur Neualm (1420 m) und leicht ansteigend weiter durch Wald und über einen Sattel zum Straubinger Haus.

4. Von der Hagerbrücke

leicht 970 Hm 2.30 Std.

Das ist der kürzeste Anstieg von der Tiroler Seite und zugleich der Hüttenversorgungsweg. 200 Meter nördlich der Brücke beginnt der teilweise sehr steile Fahrweg über die Hasenaueralm und die Kreuzangeralm.

Linke Seite: Das Straubinger Haus hat nach dem letzten Umbau ein völlig neues Gesicht erhalten – Holz dominiert.

5. Vom Wanderparkplatz Steinplatte

leicht 240 Hm 2.00 Std.

Ein gut ausgeschilderter Wanderweg führt vom Parkplatz in leichtem Auf und Ab hinüber zum Almdorf Durchkaseralm (Einkehr Ambachhütte). Weiter geht's über Almwiesen und durch Latschenfelder an den Fuß des Eggenalmkogels (kurze Passage mit Drahtseil). Links leicht ansteigend an diesem vorbei zur Hochtrittalm und durch Mulden zum Straubinger Haus.

Der Hüttengipfel

leicht 430 Hm 1.15 Std.

Fellhorn (1765 m): Aussichtsreicher, leichter und einziger Hüttengipfel. Gute 400 Höhenmeter sind es von der Eggenalm, auf der sich das Straubinger Haus befindet, hinauf zum Gipfel des Hüttenberges. Man wandert erst 100 Meter auf dem Fahrweg nach Süden, bis links der Pfad abzweigt, der über freie Weidehänge zum höchsten Punkt leitet.

23 Priener Hütte (1410 m)

Ofenfrischer Schweinsbraten, Brotbackofen und Kaiserschmarrn

Die Hütte
Priener Hütte (1410 m), AV-Hütte, Kat. II, ganzjährig bewirtschaftet, 43 Betten, 54 Lager; Tel. 080 57/ 4 28. www.prienerhuette.de

Charakter
Von Sachrang und Walchsee Wirtschaftswege. Anstieg von Ettenhausen auf Wirtschafts- und leichten Bergwanderwegen

Anreise
Mit Pkw: Auf der A 8 bis Ausfahrt Frasdorf, dann Bundesstraße über Aschau nach Sachrang; 200 m vor dem Ort Wanderparkplatz auf der linken Seite (Hüttenweg 1). Oder: A 8 bis Ausfahrt Bernau, dann über Marquartstein und Schleching nach Ettenhausen; Parkplatz am westlichen Ortsrand an der Talstation der ehemaligen Geigelsteinbahn (Hüttenweg 2). Oder über die A 8/A 93 bis Ausfahrt Oberaudorf und über Niederndorf zum Ort Walchsee; Parkplätze im Ort (Hüttenweg 3).
Mit Bahn/Bus: Mit der Bahn bis Prien bzw. Aschau, dann weiter mit RVO-Bus nach Sachrang. Oder mit der Bahn bis Bernau oder Übersee und mit RVO-Bus nach Schleching

Karte
Topografische Karte 1:50 000 Chiemsee – Chiemgauer Alpen (LDBV)

Weitere Hütten
Ackeralm (1200 m), im Sommer einfach bewirtschaftet
Wuhrsteinalm (1160 m), privat, ganzjährig bewirtschaftet, 39 Betten und Lager; Tel. 0 86 49/ 98 63 84
Jausenstation Ottenalm (965 m), privat, ganzj. bewirtschaftet

Die Wirte der Priener Hütte haben sich eine Menge einfallen lassen, um ihre Gäste anzulocken – und das gilt rund ums ganze Jahr. Lediglich im Dezember werden die wohlverdienten Betriebsferien gemacht. Neu: Gipfelsackerl

Die 1925 erbaute Priener Hütte wirkt von außen groß und behäbig, aber im Inneren geht es sehr gemütlich zu. Der mit einem Kachelofen ausgestattete Gastraum setzt – besonders im Winter – einen gemütlichen Akzent. Die umweltfreundlich versorgte Hütte war lange Zeit ein Vorzeigeprojekt des Alpenvereins, mittlerweile haben zahlreiche Hütten nachgezogen. Zwei Hüttenberge – der Geigelstein und der Breitenstein – bieten sich als unschwierige Gipfelziele an. Direkt gegenüber liegt der Zahme Kaiser und rundet das Panorama hochalpin ab.

1. Von Sachrang (oder Huben)

leicht 710 Hm 3.00 Std.

Vom Wanderparkplatz am Waldrand folgen wir links dem ausgeschilderten Fahrweg durch Wald bergan (der Anstiegsweg von Huben mündet

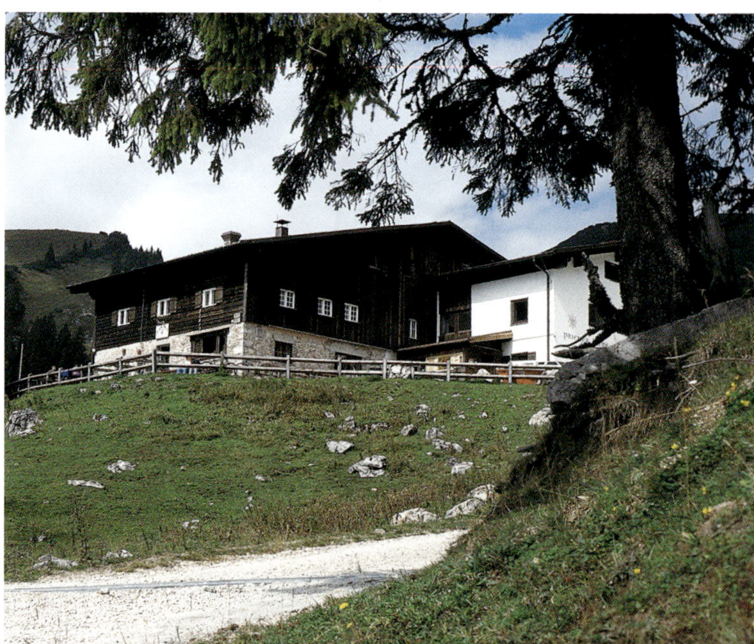

Die Priener Hütte ist ganzjährig geöffnet.

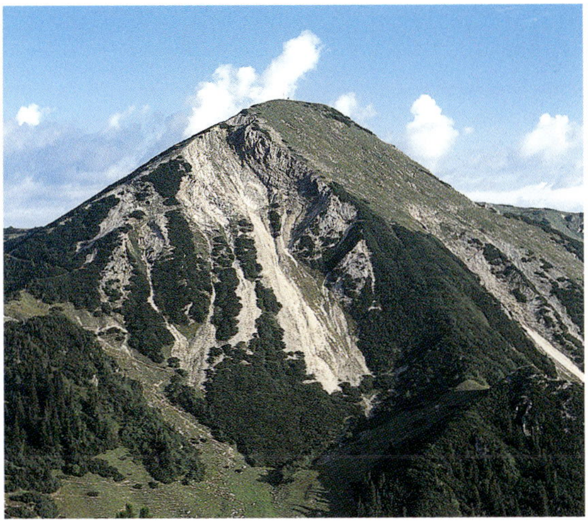

Der Hüttengipfel

mittel · 800 Hm · 2.30 Std.

Geigelstein (1800 m): Vom Alpenvereinshaus geht es zunächst auf Almweg bergan, bis nach wenigen Minuten der Wanderweg in Richtung Roßalm rechts abzweigt. Über die Almwiesen wandern wir dann rechts haltend in den Sattel nördlich des Geigelsteingipfels, dann rechts durch Latschen hinauf zum höchsten Punkt mit Gipfelkreuz und kleiner Kapelle. Jenseits in Serpentinen über einen schrofigen Hang hinab, dann aber nicht nach links zur Wirtsalm absteigen, sondern auf dem Kamm bleiben. Auf Höhe der Priener Hütte zweigt rechts ein schmaler Pfad ab, der steil hinab zur Hütte führt.

Der Geigelstein vom Breitenstein aus gesehen; er gilt als der Blumenberg der Chiemgauer Alpen.

etwas oberhalb auf diese Route). Obwohl dieser breite Wirtschaftsweg bis zum Unterkunftshaus führt, lässt sich der Anstieg idealerweise gut variieren. Mehrere alte Ziehwege verkürzen die weiten Schleifen des Fahrweges und machen ihn abwechslungsreicher. Kurz vor Erreichen der Hütte kann man noch einen Schlenker nach rechts einbauen und bei der altehrwürdigen Ackernalm einkehren. Von dort führt dann ein Bergpfad direkt hinüber zur Priener Hütte.

2. Von Ettenhausen

mittel · 1060 Hm · 3.00 Std.

Vom Wanderparkplatz der Geigelsteinbahn (evtl. ab 2021 wieder in Betrieb)folgen wir dem gesperrten Fahrweg (Mark.-Nr. 208), der von der Talstation in Schleifen durch Wald hinaufführt. Von der Wuhrsteinalm führt dann ein Bergwanderweg hinauf zur Wirtsalm, wo sich der Weg verzweigt. Hier wandern wir nun links auf markiertem Bergpfad hinauf in die Einsattelung, die den Geigelstein vom Breitenstein trennt, dann jenseits auf steilem, aber gut zu begehendem Pfad hinab zur Priener Hütte.

3. Von Walchsee

leicht · 750 Hm · 3.30 Std.

Von der Ortsmitte führt ein ausgeschildertes Sträßchen zum Ortsteil Winkel. Es geht nun weiter auf einem Wirtschaftsweg durch Wald in Richtung Ottenalm (das Gasthaus liegt rechts). Bei der Weggabelung halten wir uns dann links und wandern über die Baumgartneralm, zuletzt über freies Gelände, hinauf zu einem neu erbauten Jagdhaus und schließlich weiter zur Priener Hütte.

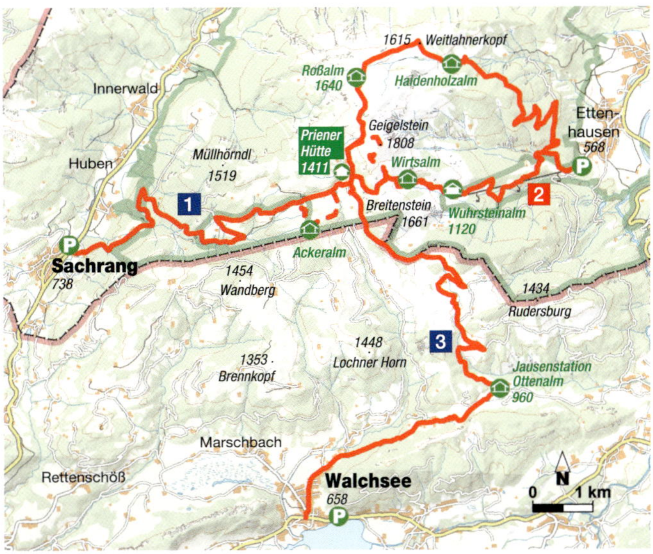

24

Schwarzrieshütte (970 m)

Gemütliche Unterkunft im Trockenbachtal

Dass es im Trockenbachtal eine bewirtschaftete Hütte gibt, ist jüngeren Datums. Nach den ehemaligen Wirten Jan Piepenstock und Annette Ziegler, hat nun die Familie Aufhammer dort eine neue Bergheimat gefunden.

Die Schwarzrieshütte ist ein schnell erreichbares Ausflugsziel. Rund um die Hütte weidet Almvieh, und wer aufpasst, kann leicht ein Murmeltier beobachten. Nahezu alle Zutaten für die angebotenen Gerichte und Brotzeiten – es gibt eine typisch Tiroler Küche – werden von regionalen Betrieben bezogen. Da die Schwarzrieshütte »nur« auf einer Höhe von 970 Metern liegt, dürfte sie vor allem für Genusswanderer ein attraktives Ziel sein. Auch für Mountainbiker liegt die Hütte recht günstig. Leicht erreichbare Gipfelziele sind der Pastaukopf, das Kranzhorn, die Hochries und der Klausenberg. Auch für die Kleinen ist gesorgt: Es gibt einen Spielplatz für Kinder.

Die Hütte

Schwarzrieshütte (970 m), privat, 16 Schlafplätze, bewirtschaftet von ca. Anfang Mai bis Anfang November von Mittwoch bis Sonntag; im Winter von Freitag bis Sonntag von 10 – 18 Uhr geöffnet sowie über die Weihnachtsferien; Tel. 00 43/720/51 24 19. Strom für E-Bikes. www.schwarzries.at

Charakter

Wirtschaftswege und leichte Bergwanderwege, an keiner Stelle ausgesetzt. Lediglich der Abstieg von der Bergstation der Hochriesbahn über Karkopf (kann nördlich umgangen werden) und Feichteck verläuft auf schmalen Bergsteigen, Trittsicherheit erforderlich.

Anreise

Mit Pkw: Auf der A 8 bis Ausfahrt Achenmühle, dann über Landstraße hinauf zum Samerberg und nach Grainbach (hier evtl. zur Talstation der Hochriesbahn, Hüttenweg 4), dann weiter in Richtung Gasthaus Duftbräu, bis links ein Forstweg zum Waldparkplatz Gammern (880 m) abzweigt (Hüttenweg 1). Oder auf der Inntalautobahn bis zur Ausfahrt Brannenburg, dann über Nussdorf nach Erl; in der Ortsmitte links ins Trockenbachtal bis zum Wanderparkplatz am Ende der Straße (Hüttenweg 2); oder bei der Straßenverzweigung rechts hinauf zum Erlerberg bis zum Ende der Fahrstraße bei Parkplatz Goglalm (Hüttenweg 3)

Karte

Topografische Karte 1:50 000 Chiemsee – Chiemgauer Alpen (LDBV)

1. Aus dem Gammernwald

leicht 150 Hm 1.00 Std.

Vom Wanderparkplatz auf ausgeschildertem Weg durch Wald in Richtung Wagneralm, bei der Wegverzweigung an der Spiegelalm rechts bis zur nächsten quer führenden Forststraße. Dort kurz links und bei der nächsten

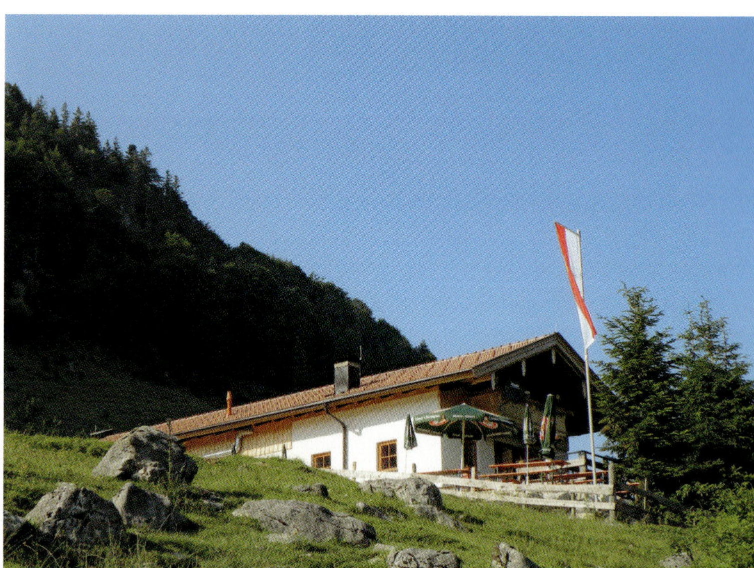

Die Schwarzrieshütte im Hinteren Trockenbachtal – leicht erreichbar und doch schön abgeschieden.

Kreuzung rechts. Auf dem höchsten Punkt dann links ab zur Käsalm. Zwischen Hütten hindurch und links haltend auf einem Almweg leicht fallend weiter zur Schwarzrieshütte.

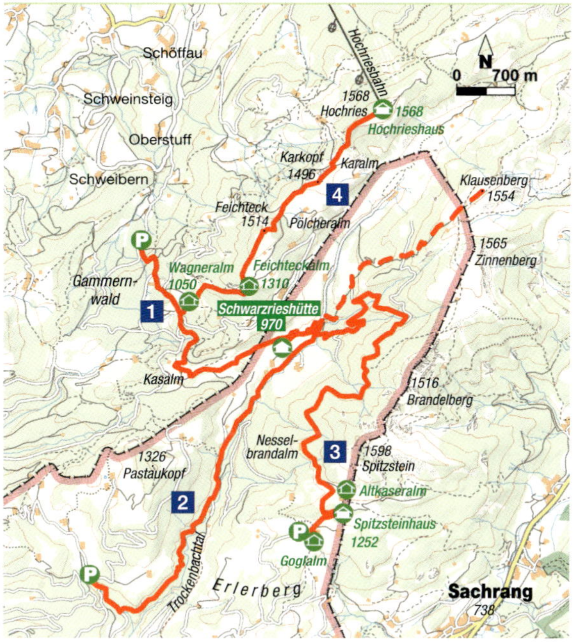

2. Durch das Trockenbachtal

leicht 140 Hm 1.00 Std.

Vom Wanderparkplatz Kranzhorn kurz zurück zur Talsohle, dann links über die Brücke und durch das lang gezogene Trockenbachtal bis zur Höhe der Schwarzriesalm, dort links auf rauem Almweg hinauf zur Schwarzrieshütte.

3. Vom Parkplatz Goglalm

leicht 430 Hm 2.15 Std.

Zunächst weiter in Richtung Spitzsteinhaus, dann links haltend auf Forststraße über die Nesselbrandalm in Kehren hinab ins Trockenbachtal, dort kurzer Gegenanstieg zur Schwarzrieshütte. Etwa 15 Minuten nach der Nesselbrandalm gibt es einen schlecht markierten, steilen Abkürzer durch den Wald direkt zur Schwarzriesalm gegenüber der Hütte.

4. Von der Bergstation der Hochriesbahn

mittel 600 Hm 3.30 Std.

Vom Hochrieshaus auf Bergsteig (Mark.-Nr. 221/ E 4) auf dem Gipfelkamm südwestwärts leicht bergab, rechts um den Karkopf herum, bis in Höhe der Pölcheralm links ein Bergsteig vom hier querenden Almweg abzweigt. Über Bergsteig zunächst durch Wald, dann durch Latschen und Grashänge zum Feichteck (1514 m), jenseits hinab und auf markiertem Steig (Mark.-Nr. 241), teilweise steilem Steig zur Wagneralm. Von dort auf Wirtschaftsweg weiter hinab (die beiden Linksabzweiger ignorieren wir), bis zum Forstweg, der vom Gammernwald heraufführt; weiter wie Hüttenweg 1.

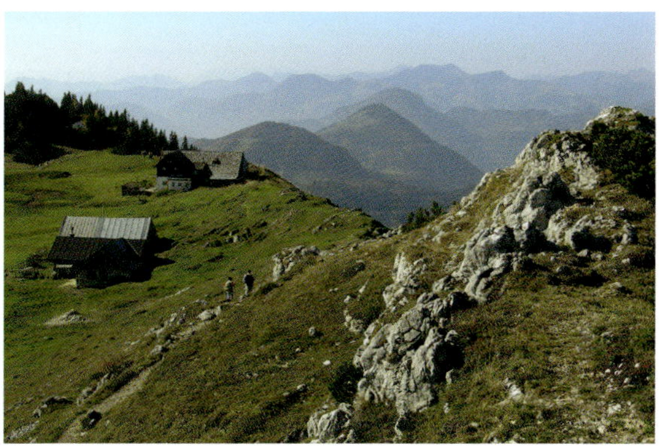

Blick vom Klausengipfel auf die leider nicht mehr bewirtschaftete Klausenhütte

Der Hüttengipfel

leicht 1340 Hm 4.00 Std.

Klausenberg (1554 m): Von der Schwarzrieshütte entweder auf dem Hüttenfahrweg hinab ins Trockenbachtal und talauswärts bis zur Brücke über den Trockenbach. Dort auf dem Wanderweg (Mark.-Nr. 215 a) überwiegend durch Wald und passagenweise auch steil hinauf zur Klausen. An der geschlossenen Hütte links vorbei und auf Pfadspuren hinauf zum Gipfel mit Kreuz.

25

Hochrieshaus (1568 m)

Ein echtes Gipfelhaus in den Chiemgauer Alpen

Die Hütte
Hochrieshütte (1568 m), AV-Hütte, Kat. II, 23 Betten, ganzj. bewirtschaftet, im Winter Mi/Do sind Ruhetage sowie Di ab 16 Uhr geschlossen; Tel. 0 80 32/82 10. www.hochrieshuette.de

Charakter
Wirtschafts- und leichte Bergwanderwege

Anreise
Mit Pkw: Auf der A 8 bis Ausfahrt Achenmühle, dann über Landstraßen hinauf zum Samerberg und zur Talstation der Hochriesbahn oberhalb von Grainbach (Parkplatz; Hüttenweg 1) oder weiter in Richtung Gasthaus Duftbräu bis zum Wanderparkplatz Spatenau (760 m; Hüttenweg 2) bzw. weiter, bis links ein unbefestigter Forstweg zum Waldparkplatz Gammern abzweigt (Hüttenweg 3). Oder weiter bis Autobahnausfahrt Frasdorf, dann über Aschau nach Hohenaschau, beim Schloss rechts zum Bergfuß und noch mal rechts zum kleinen Wanderparkplatz (Hüttenweg 4).
Mit Bahn/Bus: Mit der Bahn bis Rosenheim, dann – nur am Wochenende – Wanderbus nach Grainbach. Oder weiter mit der Bahn bis Prien, umsteigen nach Aschau; Bus von dort nach Hohenaschau

Karte
Topografische Karte 1:50 000 Chiemsee – Chiemgauer Alpen (LDBV)

Weitere Hütten
Hofalm (970 m), privat, im Sommer bewirtschaftet, Do Ruhetag
Doaglalm (980 m), privat, Mai bis Okt. bewirtschaftet, Mo Ruhetag
Wagneralm (1050 m), privat, ganzjährig bewirtschaftet, je nach Witterung
Kräuterhexe (915 m), an der Mittelstation der Hochriesbahn

Im Sommer sind es die Wanderer, Gleitschirmflieger und Drachenflieger, im Winter die Skifahrer, die bei Sonne den Aufenthalt auf der Terrasse, bei Wind und Wetter die gemütlichen Gasträume schätzen.

Die Hochries gilt als Aussichtsberg par excellence. Direkt am Gipfel wurde 1913 die Hochrieshütte erbaut, das 1959 einem Neubau weichen musste. Mit dem Bau der zweiteiligen Hochriesbahn war es aber nicht um die Bedeutung der Hütte als Wanderstützpunkt geschehen. Auch heute kann sich die Alpenvereinshütte über mangelnden Zulauf nicht beklagen. Gekocht wird gemäß dem Motto des Alpenvereins »So schmecken die Berge« – heißt, alle Grundnahrungsmittel werden von regionalen Erzeugern bezogen. Nichts wie hinauf also!

1. Von Grainbach

mittel 850 Hm 2.30 Std.

Von der Talstation der Hochriesbahn links auf gesperrtem Fahrweg zur Mittelstation, dann rechts haltend weiter auf dem Almfahrweg bis zum Ende bei der Moseralm. Von dort führt der Wanderweg geradeaus in den Wald hinein und in einem steilen Rechtsbogen hinauf zur Wimmeralm. Dort wandern wir links auf dem freien Kamm in steilen Serpentinen über die Seitenalm hinauf zum Westgrat der Hochries und weitert links zur Hochrieshütte mit ihrer windgeschützten Terrasse.

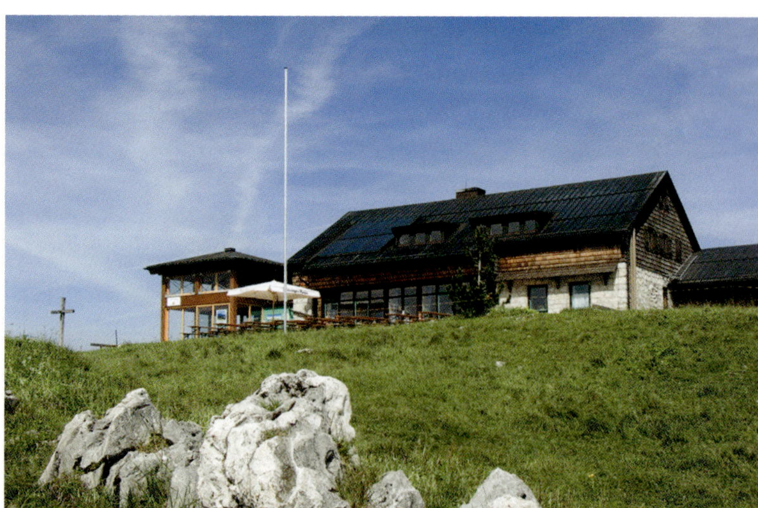

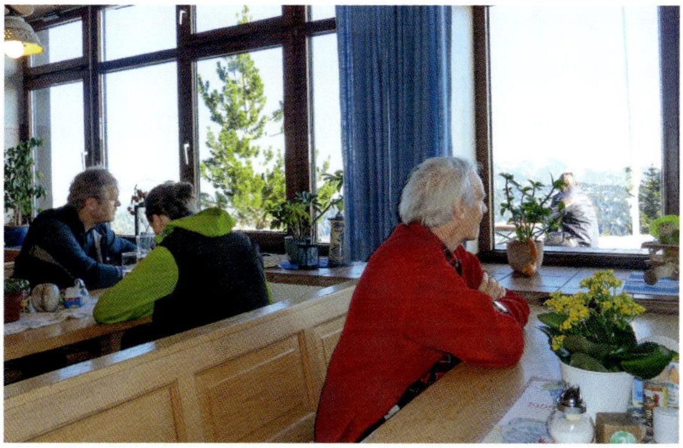

Der Hüttengipfel

mittel · 500 Hm · 1.30 Std.

Feichteck (1514 m): Von der Hochrieshütte geht es auf Bergsteig (Mark.-Nr. 221/E4) auf dem Gipfelkamm südwestwärts leicht bergab, rechts um den Karkopf herum, bis in Höhe der Pölcheralm links ein Bergsteig vom hier querenden Almweg abzweigt. Über einen Bergsteig (Trittsicherheit erforderlich) wandern wir erst durch einen Wald, gelangen dann durch Latschen und Grashänge zum Feichteck.

Blick aus dem Panoramafenster des Hochrieshauses

2. Von der Spatenau

mittel · 810 Hm · 2.30 Std.

Vom Wanderparkplatz geht es auf breitem Wirtschaftsweg (ausgeschildert) hinauf zur Doaglalm. Wir wandern rechts an der Alm vorbei und auf nun schmalem Wirtschaftsweg in einem Linksbogen durch Wald zur Kammhöhe, dort links auf der Kammhöhe (E 4/Mark.-Nr. 221) hinauf zum Hochrieshaus.

3. Aus dem Gammernwald

leicht · 750 Hm · 2.30 Std.

Vom Wanderparkplatz wandern wir auf ausgeschildertem, breitem Weg durch Wald zur Wagneralm, dann rechts an dieser vorbei durch Wald ins Trockenbachtal (Mark.-Nr. 220), bis die Straße bei einer Spitzkehre zur Feichteckalm abzweigt. Hier geht es rechts weiter in zahlreichen Kehren über die Pölcheralm hinauf zur Kammhöhe hinter dem Feichteck. Von dort führt der Höhenweg (Mark.-Nr. 221) hinauf zum Haus.

Linke Seite: Das Hochries ist ein echtes Gipfelhaus – höchster Punkt sind die obersten Schlafstellen.

4. Von Hohenaschau

leicht · 950 Hm · 3.30 Std.

Von Hohenaschau (oder Aschau) auf ausgeschilderten Wegen (»Hofalm«, »Riesenhütte«) zum Bergfuß, dann rechts und gleich wieder links auf steilem Almfahrweg durch Wald hinauf zur Hofalm. Dort seitlich vorbei und nach 150 Metern links vom Almfahrweg weg, um den Fahrweg abzukürzen. Bald geht es weiter auf der Forststraße bergwärts wieder durch Wald. Bei einer scharfen Rechtskurve geradeaus weiter zum Almboden der Riesenalm, wo auch die derzeit unbewirtschaftete Riesenhütte liegt. Dort auf dem ausgeschilderten Wanderweg E 4 durch lichten Wald und Latschenhänge hinauf zum Hochrieshaus.

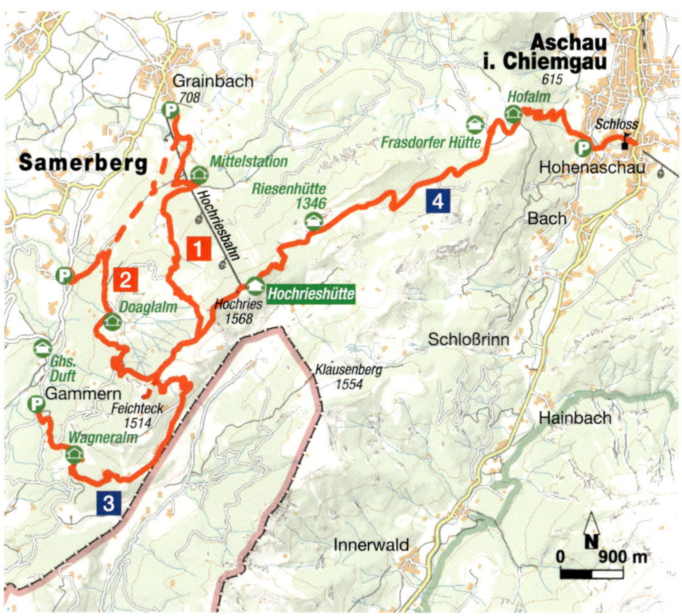

26

Spitzsteinhaus (1252 m)

Grenzhütte in den südwestlichen Chiemgauern

Die Hütte
Spitzsteinhaus (1252 m), AV-Haus, Kat. II, ganzjährig bewirtschaftet, kein Ruhetag, von Mitte November bis Mitte Dezember Betriebsruhe, 28 Betten, 25 Lager; Tel. 00 43/ 53 73/83 30.
www.spitzsteinhaus.info

Charakter
Bergwanderwege, abschnittsweise Wirtschaftswege; vom Erlerberg durchgehend Wirtschaftsweg zur Hütte

Anreise
Mit Pkw: Auf der A 8 bis Ausfahrt Frasdorf, dann über Aschau nach Innerwald; Wanderparkplatz am Ortsrand (Hüttenweg 3). Oder weiter durch das Priental bis zum Wanderparkplatz Sachrang (Hüttenwege 2 und 3). Oder auf der A 93 bis Ausfahrt Brannenburg, dann über Nußdorf nach Erl; in der Ortsmitte links weiter in Richtung Trockenbachtal, an der Straßenverzweigung rechts hinauf zum Parkplatz Erlerberg am Ende der öffentlichen Straße; dort Wanderparkplatz (990 m; Hüttenweg 4).
Mit Bahn/Bus: Mit der Bahn bis Prien, dort umsteigen nach Aschau; Bus von dort nach Innerwald bzw. Sachrang.

Karte
Topografische Karte 1:50 000 Chiemsee – Chiemgauer Alpen (LDBV).

Weitere Hütten
Altkaseralm (1279 m), privat, ganzjährig geöffnet, Montag Ruhetag
Goglalm (1143 m), privat, Mai bis Oktober bewirtschaftet
Alpengasthof Moosbauer (980 m), ganzjährig bewirtschaftet, Montag, Dienstag und Mittwoch sind Ruhetage, außer an Feiertagen; Zimmer; Tel. 00 43/53 73/81 50

Zwar schon auf dem Gemeindegebiet von Erl gelegen, gilt das Spitzsteinhaus aber durchaus noch als »deutsche« Hütte. Seine Südlage vermittelt uns einen herrlichen Panoramablick bis in die Zentralalpen.

Das gemütliche Spitzsteinhaus aus dem Jahr 1905 gibt es nicht mehr, ein Brand zerstörte es bis auf die Grundmauern. An seiner Stelle entstand in den Jahren 1980/81 das neue Haus, das auf den ersten Blick gar nicht an eine Bergsteigerunterkunft denken lässt. Das Spitzsteinhaus ist neben anderen Hütten in den Chiemgauer Alpen am Projekt »Direktvermarktung landwirtschaftlicher Produkte auf Alpenvereinshütten« beteiligt und nahezu das ganze Jahr über bewirtschaftet. Im Jahr 2017 wurde sein wichtigster Talort Sachrang von den Alpenvereinen zum »Bergsteigerdorf« erhoben; es ist damit eines von dreien im gesamten bayerischen Alpenraum. Das Spitzsteinhaus ist Stützpunkt für drei Weitwanderwege: den Maximiliansweg, die Via Alpina und die Chiemgautour.

1. Von Sachrang über Mitterleiten

leicht 515 Hm 2.00 Std.

Vom Wanderparkplatz gehen wir durch den Ort Sachrang. Am Ortsende (noch vor dem Bach) zweigt rechts ein ausgeschilderter Wanderweg ab,

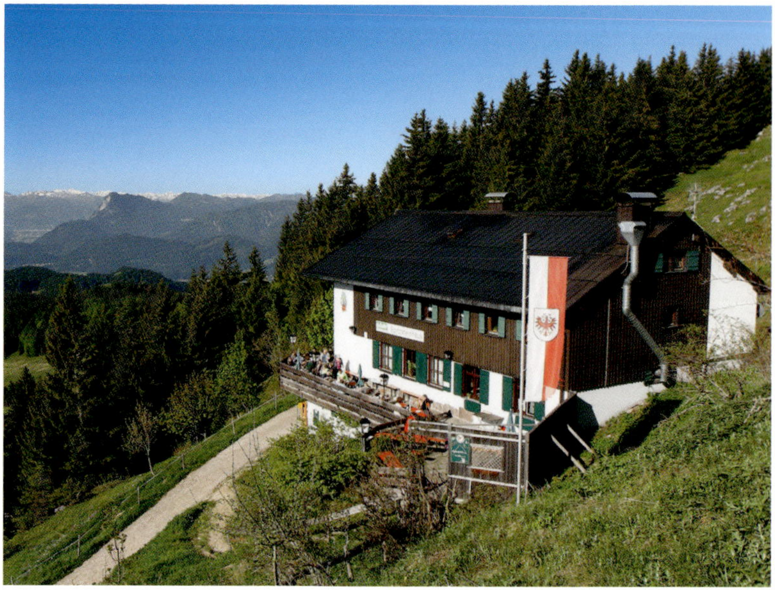

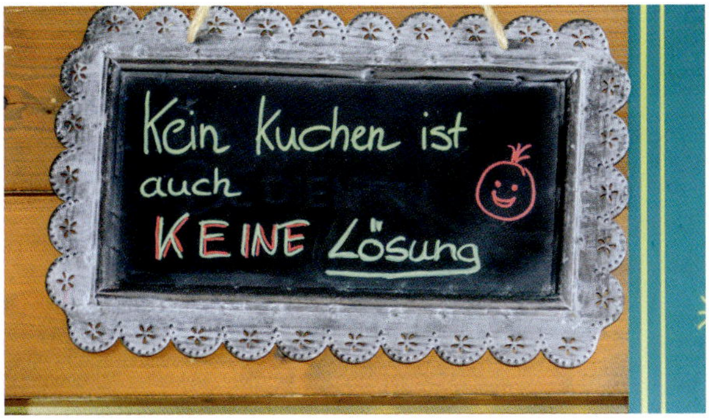

Der Hüttengipfel

mittel 345 Hm 1.15 Std.

Spitzstein (1596 m): Nach Norden und Osten steil abfallender Aussichtsgipfel; von Süden leicht zu ersteigen. Vom Spitzsteinhaus wandern wir auf ausgeschildertem Weg über den freien Südhang, dann in Kehren durch lichten Wald (etwas steiniger und wurzeliger Steig) zum Gipfel mit Kreuz und Kapelle.

Humorige Einlage der Hüttenwirte – offenbar war der Andrang zu groß!

der direkt nach Mitterleiten (883 m) hinaufführt. Wir folgen ungefähr 100 Meter geradeaus dem Sträßchen, dann geht es auf einem Wanderweg über Bergwiesen und durch einen Wald zur Steinmoosalm und schließlich weiter zum Spitzsteinhaus.

2. Von Sachrang über Mesneralm

leicht 520 Hm 2.00 Std.

Vom Wanderparkplatz gehen wir zunächst in den Ort hinein und weiter bis zur Kirche; dort rechts auf Asphaltsträßchen hinauf, wo nach 700 Metern der ausgeschilderte Wanderweg (Mark.-Nr. 213) zum Spitzstein abzweigt.

Zunächst wandern wir auf rauem Fahrweg in den Wald hinein, halten uns dann bei der Wegverzweigung rechts und steigen hoch zur Mesneralm (1197 m). Durch aufgeforstetes Almgelände geht es über den Mesnerboden hinauf zu einem Sattel unterhalb der Aueralm. Dort wandern wir links auf einem Wirtschaftsweg hinüber zum Spitzsteinhaus.

Linke Seite: Das Spitzsteinhaus unter dem Spitzstein ist ganzjährig bewirtschaftet; von seiner Terrasse bietet sich ein herrlicher Blick auf das Kaisergebirge und die Kitzbüheler Alpen.

3. Von Innerwald

leicht 585 Hm 2.30 Std.

Vom westlichen Ortsrand wandern wir auf Wirtschaftsweg am Brandelbach entlang, bis links der markierte Weg Nr. 212 abzweigt. Auf diesem geht es durch Wald hinauf – über den Graben des Schwarzenbachs hinweg – zu einer Wegverzweigung in einem ebenen Waldstück. Wir wandern links weiter zur Aueralm (1305 m) und von dort auf Almweg nahezu eben hinüber zum Spitzsteinhaus.

4. Vom Erlerberg

leicht 265 Hm 1.00 Std.

Vom Parkplatz (990 m) führt ein ausgeschilderter Wirtschaftsweg bis zum Spitzsteinhaus. Alternativ dazu führt ein Wanderweg (Mark.-Nr. 211) über Gasthaus Moosbauer und die Goglalm dorthin.

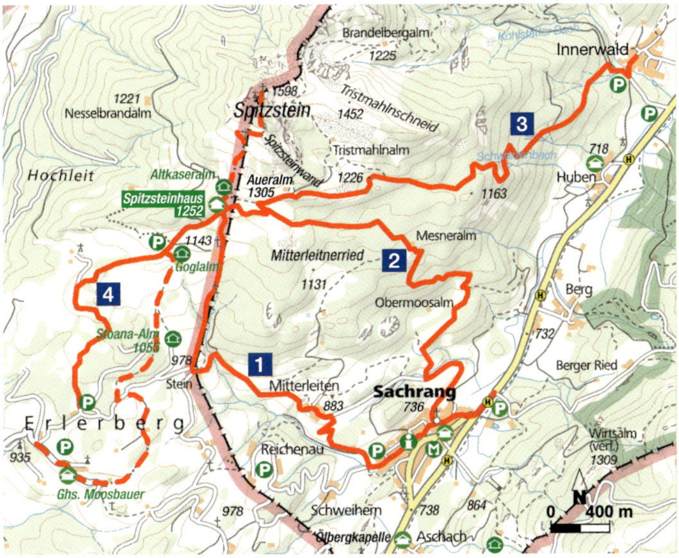

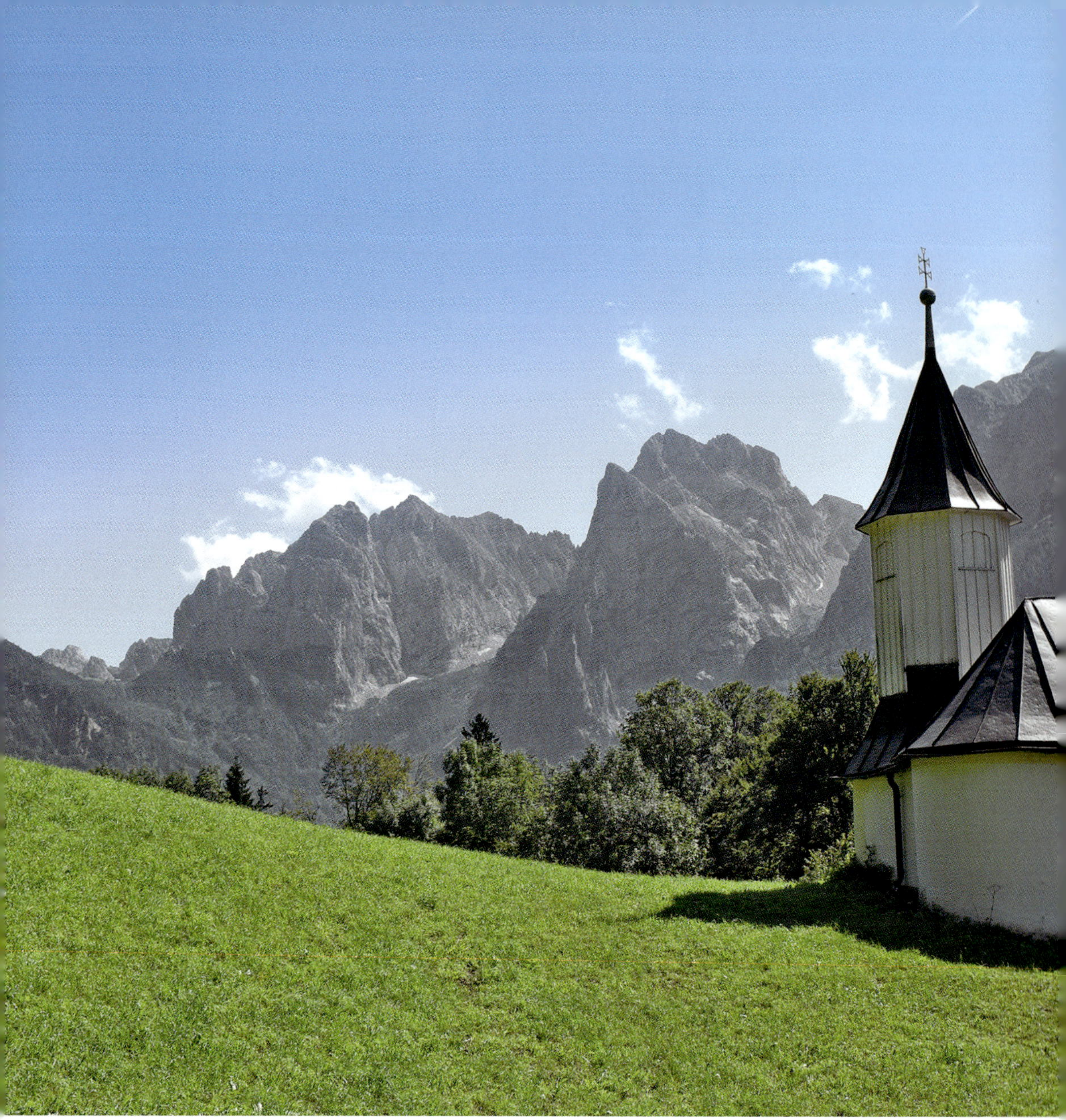

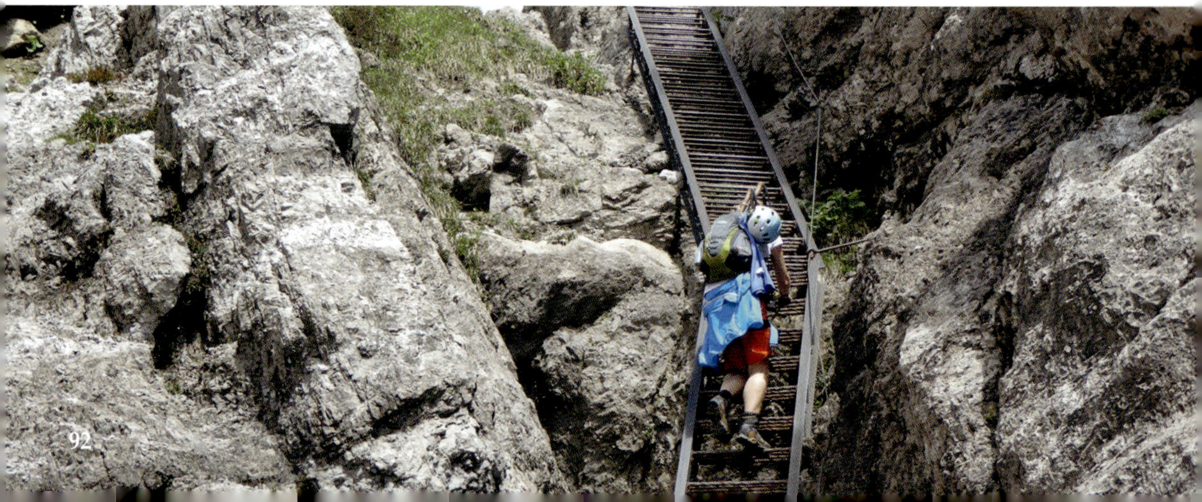

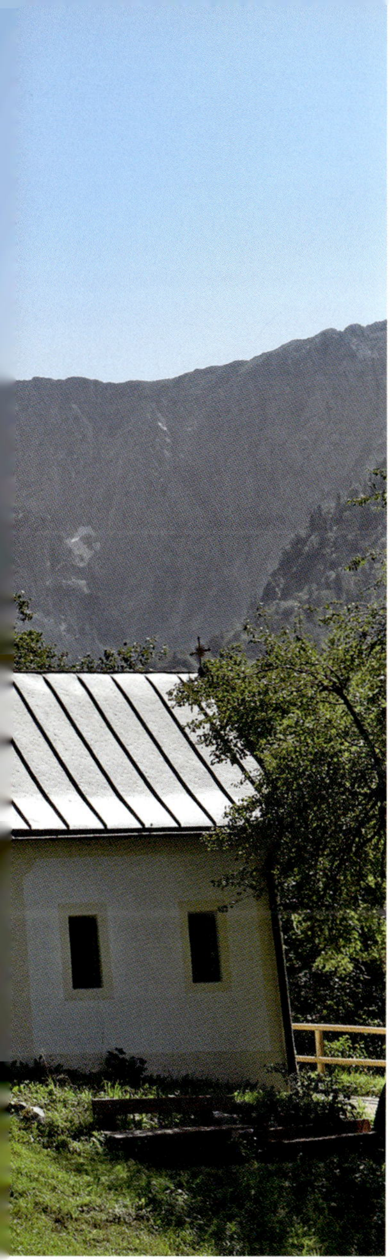

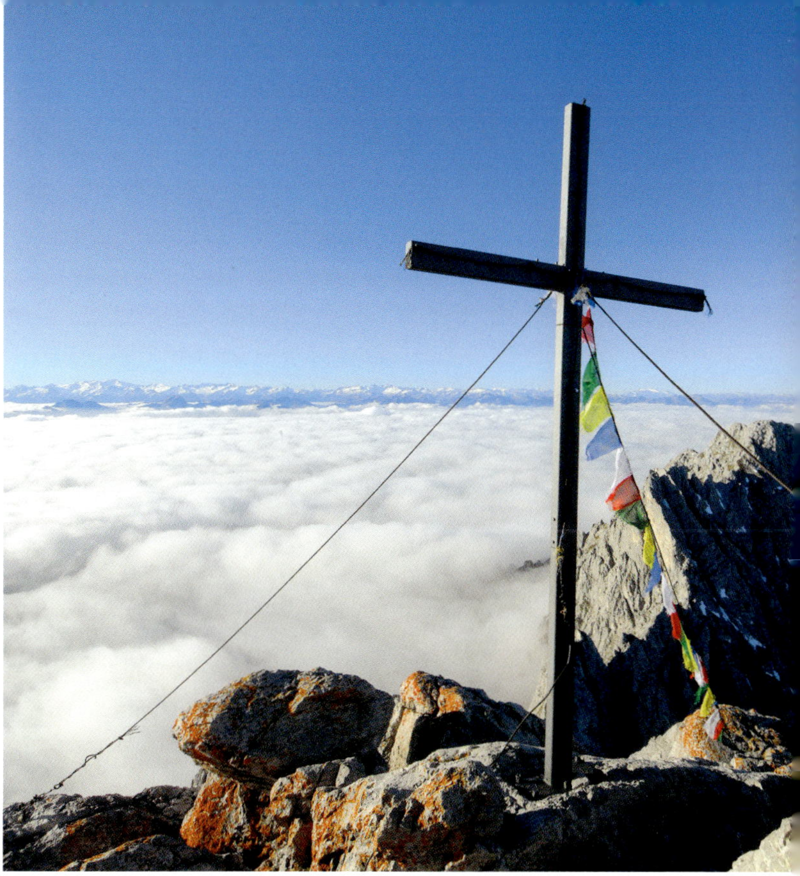

Kaisergebirge

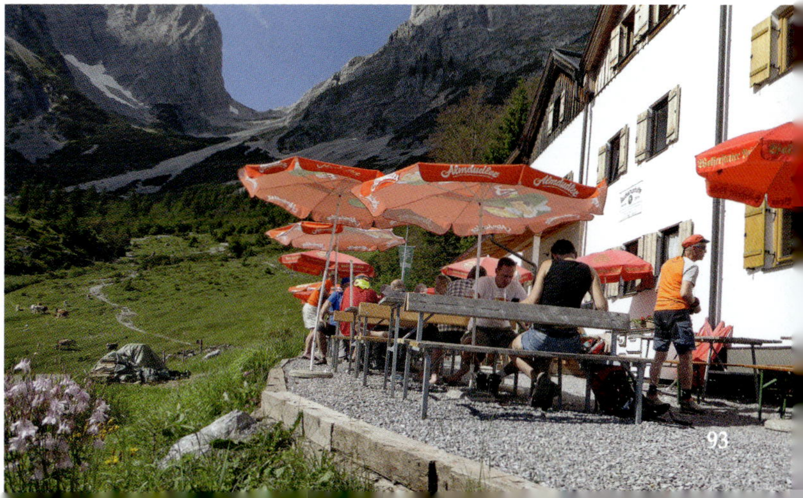

Blick durch das Kaisertal gegen die Halten und das Totenkirchl (li. oben). Am Gipfel der Ellmauer Halt (re. oben). Das Kaisergebirge bietet einige Klettersteige für Bergfreunde dieser speziellen Disziplin (li. unten). Blick von der Terrasse der Gaudeamushütte zum Ellmauer Tor (re. unten).

27 Kaindlhütte (1318 m)

Private Schutzhütte auf der Steinbergalm

Die Hütte ist Anlaufstelle nicht nur für Kletterer (Klettergarten in Hüttennähe), sondern auch für zahlreiche Wanderer. Der Wilder-Kaiser-Lift in Kufstein vermittelt dabei den schnellsten Zugang zu dieser Berghütte voller Charme.

Die Kaindlhütte auf der Nordseite des Wilden Kaisers ist eine der wenigen Privathütten in diesem Gebirge. Erbaut wurde sie im Jahr 1903 vom Bergführer Michael Kaindl, der »Kaindl-Much«, einem Bauernsohn aus der Gegend von Kufstein, der die immer häufiger in die Alpen kommenden Bürger aus Deutschland und dem Österreichischen Kaiserreich in die Berge führte und ihnen zugleich eine rustikale Unterkunft anbot. Damit hatte er großen Erfolg. Die heutigen Hüttenwirte sind Michael und Renate Gruber, Nachfahren des legendären »Much«.

1. Vom Brentenjoch

leicht 310 Hm 1.00 Std.

Von der Bergstation des Wilder-Kaiser-Lifts wandert man hinab zur Brentenjochalm, dann links dem Sandsträßchen folgend ins Talende »In der Antalau«. Immer auf der linken Bachseite, passiert man nach der

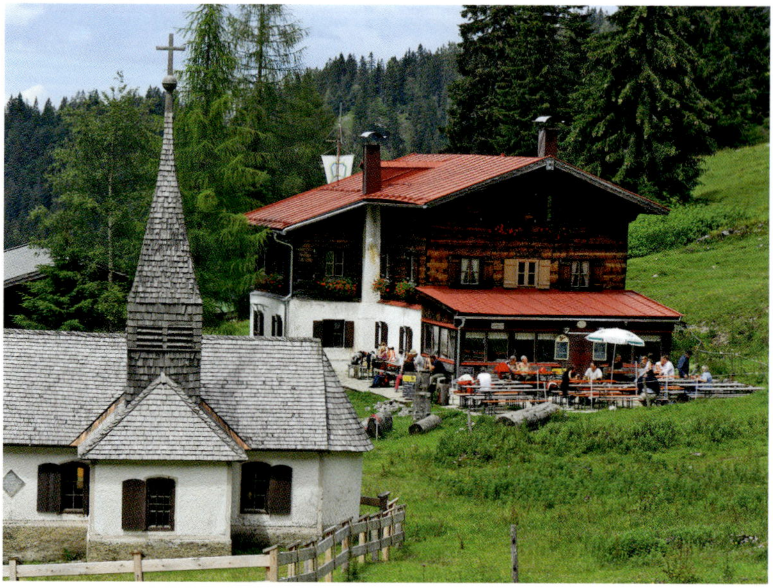

Die Hütte

Kaindlhütte (1318 m), privat, von Anfang Mai bis Allerheiligen bewirtschaftet, 24 Betten, 16 Lager; Tel. 00 43/5372/212 55. www.kaindlhuette.com

Charakter

Mit Ausnahme des Bettlersteigs (Hüttenweg 2), der Trittsicherheit voraussetzt, leichte Wirtschaftswege und Bergwanderwege

Anreise

Mit Pkw: Auf der A 8 bis Inntaldreieck, dann weiter auf der A 93 bis Ausfahrt Kufstein-Nord, dann der Ausschilderung zum Sessellift Wilder Kaiser folgen; dort Parkplatz (Hüttenweg 1). Oder Autobahnausfahrt Kufstein-Süd (Mautpflicht), dann über die Bundesstraße in Richtung Scheffau bis Kufstein-Weißbach (Ausgangspunkt Hüttenweg 4 nach 1,5 km) bzw. weiter nach Scheffau, im Ort Abzweigung zum Hintersteiner See und zum Wanderparkplatz (Hüttenweg 3).

Mit Bahn/Bus: Kufstein ist Bahnstation an der Linie München – Innsbruck. Mit Stadtbus zum Ausgangspunkt von Hüttenweg 1 bzw. 2 (Weißach)

Karte

Freytag&Berndt-Wanderkarte WK 301, 1:50 000 Kufstein – Kaisergebirge – Kitzbühel.

Weitere Hütten

Berghaus Aschenbrenner (1128 m), privat, ganzjährig bewirtschaftet, Mo. Ruhetag, 23 Betten; Tel. 00 43/53 72/6 22 20. Pendelbus von Kufstein zum Berghaus Aschenbrenner

Weinbergerhaus (1272 m), privat, von Ende April bis Ende Oktober, Dezember bis Mitte April bew., 30 Betten; Tel. 0043/6 64/2 56 47 60. 10 Min. von der Bergstation des Sessellifts

Anton-Karg-Haus, siehe Tour 29

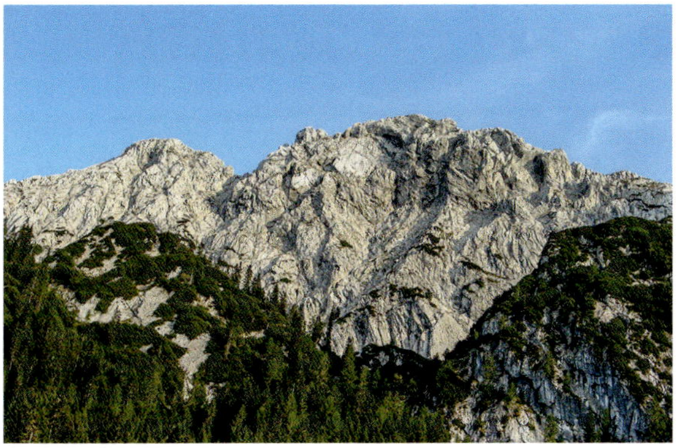

Der Hüttengipfel

schwer 800 Hm 5.00 Std.

Scheffauer (2111 m): Von der Hütte auf rot markiertem Steig (Wegweiser »Scheffauer«), der direkt auf die Felsen zuhält, dann links haltend in Serpentinen und über zwei Geländestufen ins Kar »Großer Friedhof«, unter der Nordwand des Scheffauer. Am Beginn des Kars links und über Geröll zum linken oberen Ende des Kars, wo der Einstieg des Klettersteigs (1700 m; Tafel) zum Gipfel ist.

Wegverzweigung einen Stadel und gelangt über eine weite Rechtskurve auf die andere Talseite. Auf einem breiten Almfahrweg wandern wir zur Kaindlhütte.

Der Scheffauer ist der einzige ernstzunehmende Gipfel rund um die Kaindlhütte.

2. Vom Anton-Karg-Haus

mittel 570 Hm 2.00 Std.

Der lohnende Bettlersteig, der beide Hütten verbindet, beginnt wenige Meter von der Ostseite des Hauses entfernt (Wegtafel; Mark.-Nr. 97) und führt unter den Nordabstürzen der Hackenköpfe und des Scheffauer hindurch; siehe Anton-Karg-Haus, Tour 29.

3. Vom Hintersteiner See

leicht 730 Hm 2.30 Std.

Vom Parkplatz in Hinterstein folgt man vor dem Café Seestüberl der Ausschilderung zur Walleralm. Ein Wanderweg führt erst durch Bergwiesen, dann durch Nadelwald immer in nordwestlicher Richtung den Berg hinauf, bis man die Böden der Walleralm erreicht. Das letzte Stück wandert man auf einem Almsträßchen, das von links aus dem Tal heraufführt. Gleich hinter der Walleralm verlässt man den Fahrweg und steigt auf Trittspuren links über Wiesen hinauf zum Waldrand, wo der Steig zur Kaindlhütte wieder deutlich erkennbar wird. Auf diesem gelangt man über das Hocheck (1470 m) zu den Weiden der Steinbergalm mit der bereits sichtbaren Kaindlhütte.

Die Kaindlhütte auf der Steinbergalm, neben der Almkapelle

4. Von Kufstein-Weißach

leicht 1120 Hm 3.00 Std.

Der Wilder-Kaiser-Steig leitet uns über die Locherer Kapelle und den Haberghof durch Wald und über Bergwiesen hinauf zum Pestkreuz (772 m). Dort steigen wir links in steilen Serpentinen hinauf zur Walleralm (1171 m) und auf schönem Steig geht es über das Hocheck (1470 m) hinüber zur Kaindlhütte.

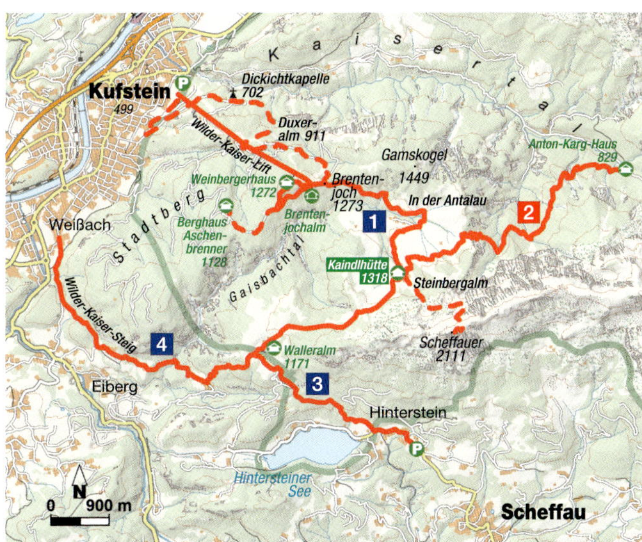

28

Vorderkaiserfeldenhütte (1388 m)

Die Hütte mit der besten Aussicht ins Inntal

Die Hütte

Vorderkaiserfeldenhütte (1388 m), AV-Hütte, Kat. I, ganzjährig bewirtschaftet, Januar bis März Mi und Do Ruhetag, im April Do, ab Mai durchgehend, 31 Betten, 56 Lager; Winterraum (AV-Schlüssel) mit 22 Schlafplätzen;
Tel. 00 43/53 72/6 34 82.
www.vorderkaiserfelden.com

Charakter

Leichte Wanderungen, vom Gasthaus Zur Schanze und von Ebbs jedoch steil, aber angenehm schattig durch Wald

Anreise

Mit Pkw: Auf der A 8 bis Inntaldreieck, dann weiter auf der A 93 bis Kufstein-Nord und weiter zum Ortsteil Sparchen; Wanderparkplatz am Eingang ins Kaisertal. Oder A 8/ A 93 bis Ausfahrt Oberaudorf, dann über Niederndorf nach Ebbs und zum Ortsteil Feldberg (Hüttenweg 3).
Mit Bahn/Bus: Mit der Bahn bis Kufstein und mit Citybus bis Kufstein-Sparchen. Oder mit Bus zum Gasthaus Zur Schanze (Hüttenwege 1, 2 und 4) bzw. nach Ebbs

Karte

Freytag&Berndt-Wanderkarte WK 301, 1:50 000 Kufstein – Kaisergebirge – Kitzbühel

Weitere Hütten

Jausenstation Ritzaualm (1160 m), privat, ganzjährig bewirtschaftet, 25 Betten; Mo. Ruhetag;
Tel. 00 43/53 72/6 36 24.
www.ritznaualm.com
Anton-Karg-Haus, siehe Tour 29

Diese Hütte liegt im Naturschutzgebiet Kaisertal und ist das ganze Jahr über Anlaufpunkt für Wanderer, Kletterer und Winterwanderer. Zudem ist sie Stützpunkt für die großartige, viertägige Kaiserdurchquerung.

Die Vorderkaiserfeldenhütte liegt in aussichtsreicher Lage am Südhang des Zahmen Kaisers und damit direkt gegenüber der großartigen Felsenmauer des Wilden Kaisers. Der mehrfach erweiterte Bau basiert auf einer ehemaligen Almhütte, die im Jahr 1900 von der Alpenvereinssektion Oberland erworben und dann zum Unterkunftshaus umgebaut wurde. Gleich neben der Hütte gibt es einen Alpenpflanzengarten, der bereits 1930 angelegt wurde und bis heute liebevoll gepflegt wird.

1. Von Kufstein-Sparchen

leicht · 890 Hm · 2.30 Std.

Vom Parkplatz mit Orientierungstafel (500 m) steigen wir auf Treppenweg (»Sparchenstiege«) erst über eine Geländestufe hoch ins Kaisertal, dann folgen wir dem Talweg bis hinter den Veitenhof. Bei der Wegverzweigung halten wir uns links und steigen durch den Wald hin-

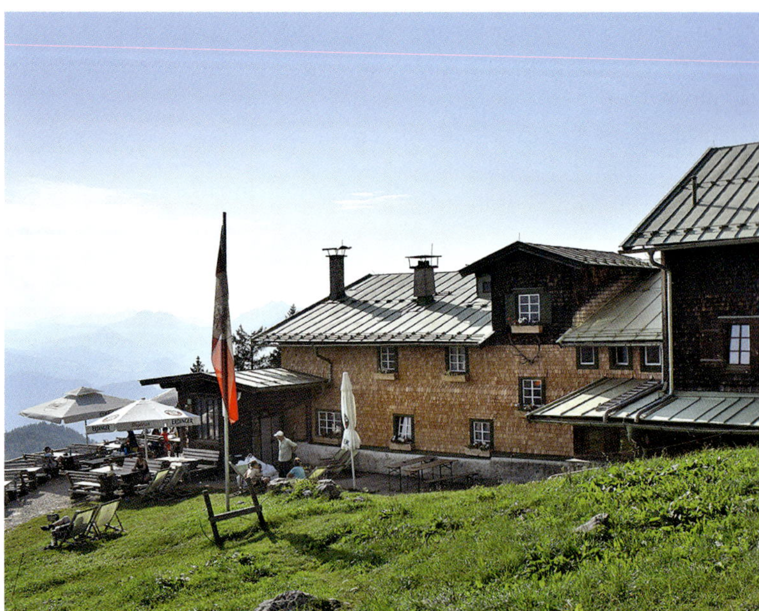

Von der Vorderkaiserfeldenhütte hoch über dem Inntal kann man die leicht erreichbaren Gipfel des Zahmen Kaisers besteigen.

auf auf das Plateau der Ritzaualm (1160 m). Auf gutem Weg geht es weiter in einer halben Stunde zur Vorderkaiserfeldenhütte.

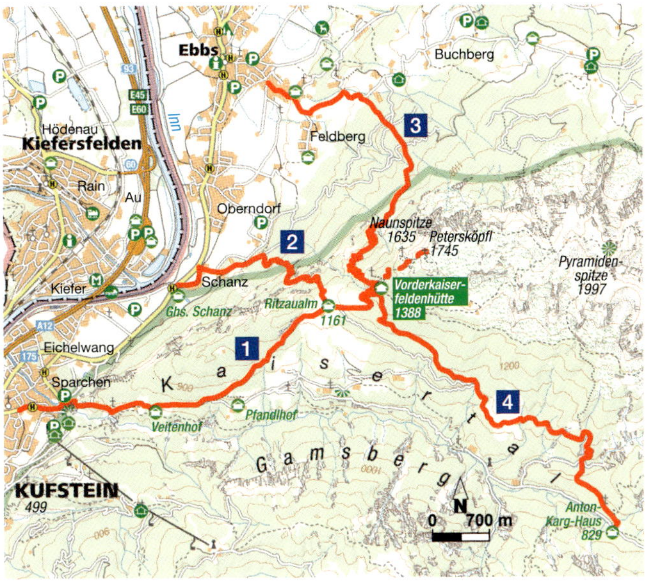

2. Vom Gasthaus Schanz

leicht 890 Hm 2.30 Std.

Wir wandern auf der Straße in Richtung Ebbs, nach fünf Minuten rechts ab und auf einem Wirtschaftsweg weiter: Nun bald in den Wald hinein und in östlicher Richtung weiter bis zu einer Wegverzweigung. Dort geht es rechts haltend in Serpentinen hinauf zu den Böden der Ritzaualm. Weiter wie Hüttenweg 1.

3. Von Ebbs

leicht 915 Hm 3.00 Std.

Von der Kirche in Ebbs folgen wir der Beschilderung (Weg.-Nr. 811) auf der Straße leicht ansteigend nach Feldberg, dann weiter in Richtung Café Zacherl. Bald geht es rechts in den Kaiserwald. Der Weg biegt dann in südliche Richtung ab, passiert die Ebbser Jagdhütte und quert unter den Nordabstürzen der Naunspitze herum zu einem kleinen Sattel. Dort wandern wir unter einer Felswand entlang, dann links in einem Graben aufwärts und zu dem vom Veitenhof kommenden Weg. Links weiter zur Vorderkaiserfeldenhütte.

4. Vom Anton-Karg-Haus

leicht 460 Hm 2.00 Std.

Vom Unterkunftshaus in Hinterbärenbad (siehe Tour 29) geht es über den Bach und nach der Kapelle links haltend über den westlichen Ausläufer des Längecks und hinab ins Bärental. Beim Steg wechseln wir die Bachseite und wandern links haltend durch Wald hinauf zur Hochleitenalm. Weiter geht es in nordwestlicher Richtung durch Hochwald zum Weg, der vom Veitenhof herauf führt. Danach rechts weiter zur Hütte.

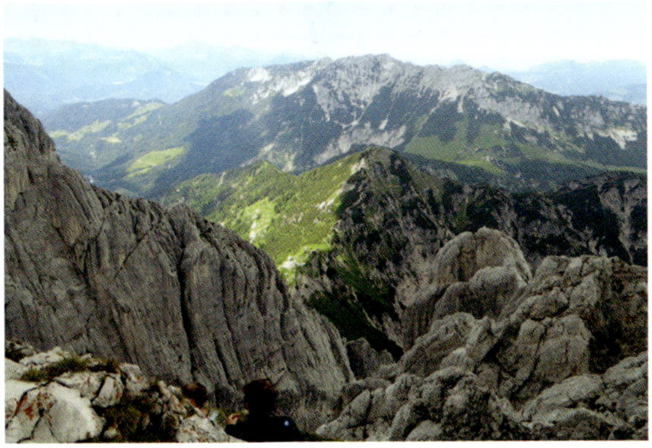

Blick von der Hinteren Goinger Halt auf die Gipfel des Zahmen Kaisers

Der Hüttengipfel

mittel 495 Hm 1.30 Std.

Naunspitze (1635 m): Dieser Gipfel bietet eine hervorragende Aussicht hinab ins Inntal. Nach drei Seiten fallen die Felsflanken ins Tal, die Südseite erlaubt einen unproblematischen Aufstieg. – Von der Vorderkaiserfeldenhütte geht es auf gutem, markiertem Steig (Trittsicherheit jedoch erforderlich) durch lichten Wald bergan (Mark.-Nr. 95) bis zu einer Scharte. Links über den Gipfelhang bis zum Gipfelkreuz.

29

Anton-Karg-Haus (829 m)

Denkmalgeschützt im schönsten Teil des Kaisertals

Die Hütte
Anton-Karg-Haus (829 m), AV-Hütte, Kat. I, von Anfang Mai bis Ende Oktober bewirtschaftet, 36 Betten, 52 Lager; Winterraum mit 10 Lagern, Schlüssel bei der OeAV-Sektion Kufstein; Tel. 00 43/53 72/6 25 78. www.hinterbaerenbad.at

Charakter
Leichte Bergwanderwege und zum Teil breite Wirtschaftswege

Anreise
Mit Pkw: Auf der A 8 bis Inntaldreieck, dann weiter auf der A 93 bis Ausfahrt Kufstein-Nord und weiter zum Ortsteil Sparchen; Wanderparkplatz am Eingang ins Kaisertal (Hüttenwege 1 und 2). Oder Ausfahrt Oberaudorf und über Kössen nach Griesenau; von dort Mautstraße zur Griesner Alm (Hüttenweg 3).
Mit Bahn/Bus: Mit der Bahn bis Kufstein, dann mit Bus oder zu Fuß zum Ortsteil Sparchen

Karte
Freytag&Berndt-Wanderkarte WK 301, 1:50 000 Kufstein – Kaisergebirge – Kitzbühel

Weitere Hütten
Griesner Alm (1006 m), ganzjährig bewirtschaftet, Anfang Mai bis Mitte Oktober durchgehend bewirtschaftet; im Winter vom 20. Dezember bis Ende März, Mo. Ruhetag, 38 Betten, 14 Lager; Tel. 00 43/53 52/6 44 43
Pfandlhof (783 m), ganzjährig bewirtschaftet, 20 Betten; Do. Ruhetag Tel. 00 43/53 72/6 21 18. Von Kufstein-Sparchen 1½ Std.
Kaisertalhaus (Hans-Berger-Haus, 936 m), bei Hinterbärenbad im Kaisertal, TVN, von Anfang Mai bis Mitte Oktober bewirtschaftet, 54 Bettenr; Tel. 00 43/53 72/6 25 75
Kaindlhütte, siehe Tour 27

Das Anton-Karg-Haus zählt zu den ältesten Schutzhäusern im Kaisergebirge, denn die erste Unterkunftsmöglichkeit wurde bereits 1883 in der ehemaligen Bärenbadalm geschaffen. Ein Hinweis darauf, dass es hier früher Bären gab.

Das Anton-Karg-Haus in Hinterbärenbad wurde 1899 erbaut. Ein Vorgängerbau, auf dem Anton Karg Hüttenwart war, wurde 1899 durch ein Feuer zerstört. Als die Hinterbärenbadhütte 1883 eröffnete, war der Besucherandrang so stark, dass sie bald erweitert werden musste. Ungewöhnlich sind die geräumigen Zimmer und die Balkone. Heute wie damals bietet dieses schöne Alpenvereinshaus großzügige Gasträume und Zimmer. Und ein Brotbackofen ist auch in Betrieb. Über eine mangelnde Auswahl an Tourenzielen im Kaisertal hat sicher auch noch niemand beklagt.

1. Von Kufstein

leicht 330 Hm 2.30 Std.

Vom Parkplatz in Sparchen auf angelegtem Treppenweg steil hinauf in die höher gelegene Talstufe des Kaisertals. Dort folgt man dem nunmehr breiten Talweg (Mark.-Nr. 801), vorbei am Veitenhof und weiter zum ebenfalls bewirtschafteten Pfandlhof. Im weiteren Wegverlauf hat man beeindruckende Blicke auf die Felskolosse des Wilden Kaisers. Dort bieten sich nun der Fahrweg bzw. der Wanderweg (alter Kaisertalweg über

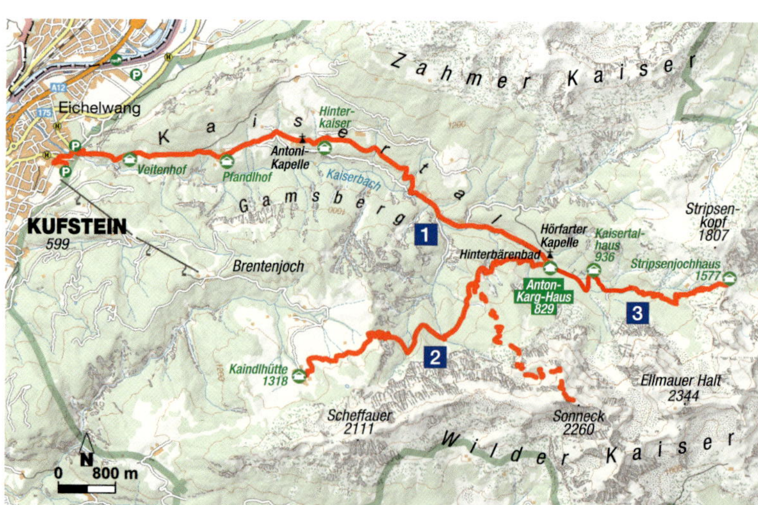

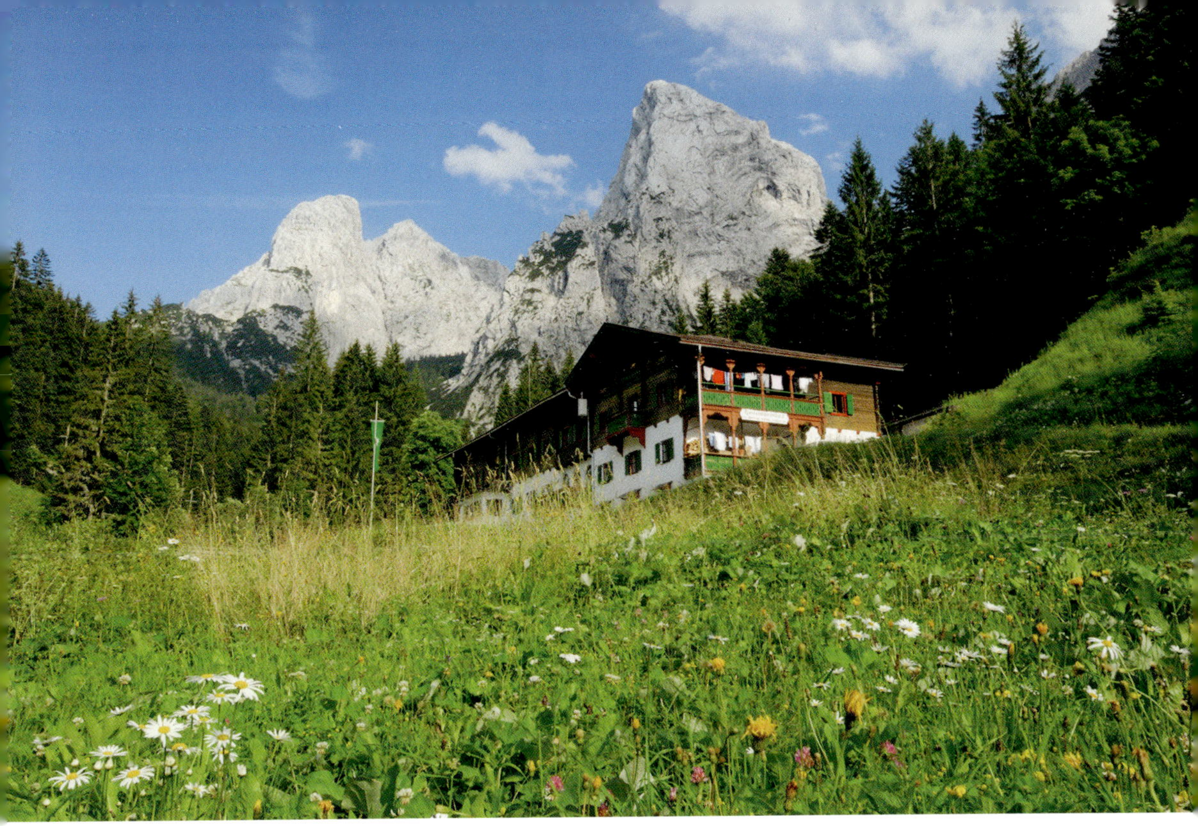

die Antoniuskapelle) an. Beide Wege treffen sich bei der Klaushütte wieder. Auf dem Fahrweg weiter nach Hinterbärenbad mit dem Anton-Karg-Haus.

Das Anton-Karg-Haus im Kaisertal vor den Spitzen von Totenkirchl und Kleiner Halt

2. Übergang von der Kaindlhütte

mittel 570 Hm 2.00 Std.

Beschreibung siehe Tour 27/2 »Bettlersteig«.

3. Übergang vom Stripsenjochhaus

leicht 750 Hm 1.30 Std.

Vom Stripsenjoch (Tour 30) über Serpentinen die grasigen Hänge ins Kaisertal hinab (Mark.-Nr. 801). Bei der ersten Wegverzweigung rechts halten; dann durch Wald hinunter zum Kaisertalhaus. Schließlich auf einem alten Saumweg weiter zum Anton-Karg-Haus.

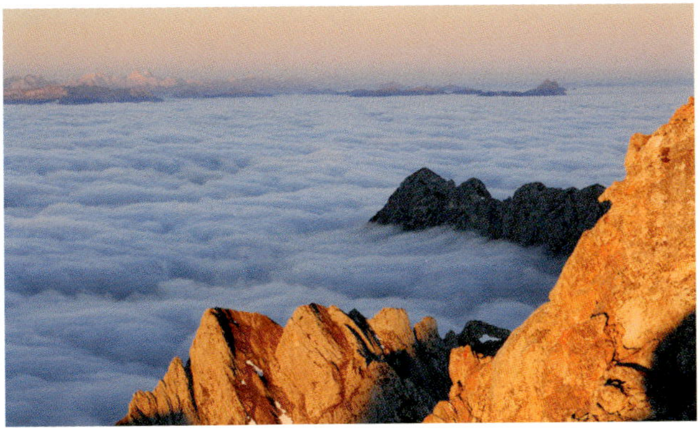

Das Sonneck über dem herbstlichen Nebelmeer

Der Hüttengipfel

schwer 1430 Hm 6.30 Std.

Sonneck (2260 m): Er ist einer der leichteren Gipfel des Wilden Kaisers und wurde 1917 mit dem Güttlersteig (gesicherte Steiganlage, Trittsicherheit und Schwindelfreiheit erforderlich) zugänglich gemacht. – Vom Anton-Karg-Haus zunächst auf dem Bettlersteig 45 Minuten in Richtung Kaindlhütte, dann links ab (Tafel!) auf den rot markierten Steig zum Gipfel.

30 Stripsenjochhaus (1577 m)

Wo Wanderer und Kletterer gleichermaßen herzlich willkommen sind …

Die Hütte
Stripsenjochhaus (1577 m), AV-Haus, Kat. I, von Mitte/Ende Mai bis Mitte Oktober bewirtschaftet, 90 Betten, 60 Lager;
Tel. 00 43/6 64/3 55 90 94 oder 00 43/6 64/4 32 17 90 (privat).
www.stripsenjoch.at

Charakter
Leichte Bergwanderwege und zum Teil breite Wirtschaftswege. Der Höhenweg von der Vorderkaiserfeldenhütte zum Stripsenjoch erfordert Trittsicherheit und ist nahezu ohne Schatten.

Anreise
Mit Pkw: Auf der A 8 bis Inntaldreieck, dann auf der A 93 bis Ausfahrt Kufstein-Nord und weiter zum Ortsteil Sparchen; Wanderparkplatz am Eingang ins Kaisertal (Hüttenwege 1 und 3). Oder Ausfahrt Oberaudorf und über Kössen nach Griesenau; von dort Mautstraße zur Griesner Alm (Hüttenweg 2).
Mit Bahn/Bus: Mit der Bahn bis Kufstein, dann mit Bus oder zu Fuß zum Ortsteil Sparchen

Karte
Freytag&Berndt-Wanderkarte 1:50 000, Blatt 301 »Kufstein – Kaisergebirge – Kitzbühel«; AV-Karte 1:25 000, Blatt 8 »Kaisergebirge«

Weitere Hütten
Griesner Alm (1006 m), privat, nahezu ganzjährig bewirtschaftet, von Anfang November bis etwa Mitte Dezember geschlossen, Mo. Ruhetag, 10 Betten, 45 Lager;
Tel. 00 43/53 52/6 44 43
Vorderkaiserfeldenhütte, siehe Tour 28
Anton-Karg-Haus, siehe Tour 29
Kaisertalhaus (Hans-Berger-Haus, 936 m), bei Hinterbärenbad im Kaisertal, TVN, von Anfang Mai bis Mitte Oktober bewirtschaftet, 54 Betten; Tel. 00 43/53 72/6 25 75

Das Stripsenjochhaus liegt auf dem gleichnamigen Joch auf der Ostseite des Wilden Kaisers und ist ein bevorzugter Stützpunkt für Touren am Totenkirchl, an der Fleischbank und am Predigtstuhl, außerdem ein idealer Ausgangspunkt für den Übergang auf die Südseite des Gebirges.

Das Alpenvereinshaus wurde bereits ab 1899 geplant und im Jahr 1902 eingeweiht. Mehrere Erweiterungsbauten folgten, so etwa das 1958 geschaffene zusätzliche Schlafhaus. Diese Bergsteigerunterkunft ist auch alpine Meldestelle und Ausbildungszentrum für Kletterer mit eigener Indoor-Kletterwand. Die ersten Hüttenwirte waren berühmte Klette-

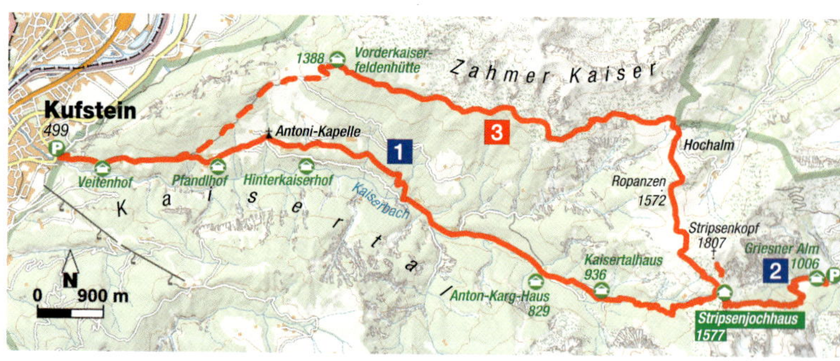

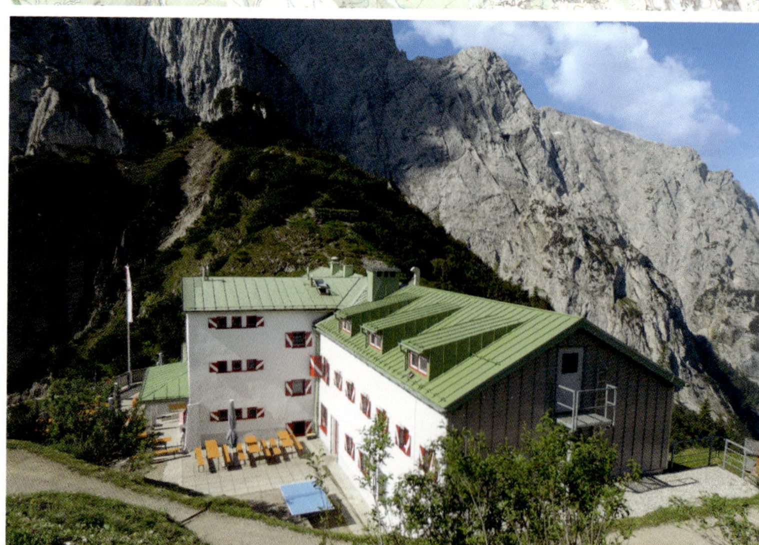

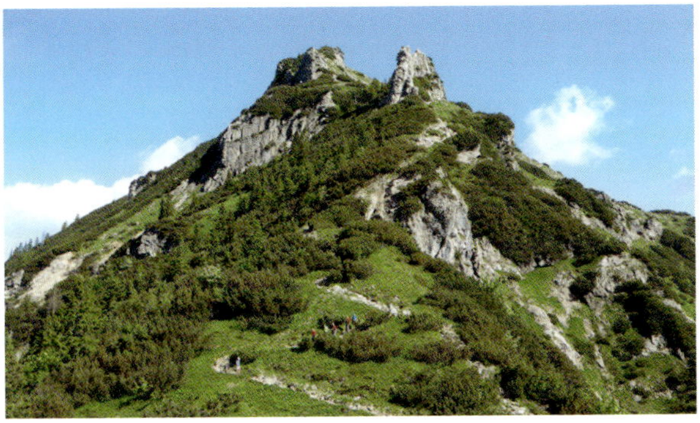

Der Hüttengipfel

leicht 460 Hm 1.30 Std.

Stripsenkopf (1807 m): Den Stripsenkopf erreicht man vom Stripsenjochhaus in nördlicher Richtung auf einem leicht zu gehenden Wanderweg auf der Route zum nur wenig höheren Feldberg. Man passiert zuerst das Tavonarokreuz und steigt dann in gleichmäßiger Steigung – zuletzt über einige Schrofen – bis zum Gipfel an.

rer wie Johann Tavonaro, aber auch der berühmte Alpinist Peter Aschenbrenner. Der kürzeste Aufstieg beginnt an der Griesner Alm, der landschaftlich schönste, aber auch längste Aufstieg führt durch das Kaisertal.

Der Stripsenkopf, ein markanter, aber unbedeutender Gipfel im Kaisergebirge

1. Von Kufstein

leicht 1080 Hm 4.30 Std.

Vom Parkplatz in Sparchen (mit Orientierungstafeln) wandert man zunächst auf angelegtem Treppenweg steil hinauf (reizvoller Rückblick auf Kufstein) und erreicht so die höher gelegene Talstufe des Kaisertals. Dann folgt man dem nunmehr breiten Talweg (Mark.-Nr. 801) bis hinter den Veitenhof (dort geht es links hinauf zur Vorderkaiserfeldenhütte) und anschließend weiter zum ebenfalls bewirtschafteten Pfandlhof. Im weiteren Wegverlauf gibt es beeindruckende Blicke auf die Felskolosse des Wilden Kaisers. Hier bieten sich nun der Fahrweg bzw. der Wanderweg (alter Kaisertalweg) über die Antoniuskapelle an, die sich bei der Klaushütte wieder treffen, dann auf Fahrweg weiter nach Hinterbärenbad mit dem Anton-Karg-Haus. Auf einem alten Saumweg geht es dann zum Kaisertalhaus, weiter durch Wald und zuletzt in weiten Kehren über die freien Grashänge hinauf zum Stripsenjoch mit dem gleichnamigen Haus.

Linke Seite: Die »Strips« im Stripsenjoch, dem Übergang vom Kaisertal ins Griesner Tal

2. Von der Griesner Alm

leicht 590 Hm 1.30 Std.

Ein bequemer und breiter Wanderweg (Mark.-Nr. 81) führt von der Griesner Alm bald vom Kaiserbach links weg und durch Wald in einigen Serpentinen hinauf unter die Felsen des Predigtstuhls. Dort quert der Weg dann unter den Abstürzen der Fleischbank und des Totenkirchls entlang und führt zuletzt in zahlreichen Kehren zum im gleichnamigen Joch gelegenen Stripsenjochhaus.

3. Übergang von der Vorderkaiserfeldenhütte

mittel 640 Hm 4.00 Std.

Wir gehen den Anstiegsweg zur Hütte ein Stückchen zurück, biegen dann links ab (Weg-Mark. 811/816) und wandern nun auf schönem Höhenweg durch lichten Wald in Richtung Osten. Bei der folgenden Wegverzweigung halten wir uns rechts. Nach ungefähr einer halben Stunde steigt der Weg bis unter die Latschen an. Der weitere Weg führt nun in stetigem Auf und Ab durch Latschen und Kare zur Hochalm (1404 m). Von der Hochalm geht es jetzt weiter über den Ropanzen zum Feldalmsattel (1428 m) und schließlich über die ausgedehnten latschenbedeckten Südwesthänge des Stripsenkopfes hinüber zum Stripsenjoch.

31

Gaudeamushütte (1267 m)

Familienhütte mit »Gaunerschlupf«

Die Hütte
Gaudeamushütte (1267 m), AV-Hütte, Kat. I, von Mitte Mai bis Mitte Oktober bewirtschaftet, 48 Betten, 18 Lager; Winterraum mit 12 Lagern, Schlüssel nur bei der Sektion; Tel. 00 43/664/ 860 22 87.

Charakter
Der Normalweg ist leicht, alle anderen Zustiege erfordern Trittsicherheit, der Übergang vom Stripsenjochhaus auch Schwindelfreiheit.

Anreise
Mit Pkw: Auf der A 8 bis Inntaldreieck, dann auf der A 93 bis Ausfahrt Kufstein-Süd (Mautpflicht), weiter nach Ellmau, wo links die Mautstraße zur Wochenbrunner Alm abzweigt; großer Wanderparkplatz (Hüttenweg 1) bzw. nach Going; in Ortsmitte starten oder dem schmalen Sträßchen zum Waldparkplatz Prama (860 m) folgen (Hüttenweg 2).
Mit Bahn/Bus: Auf der Linie München – Rosenheim – Innsbruck bis Kufstein oder Wörgl, dann mit Bundesbus nach Ellmau oder Going

Karte
Freytag&Berndt-Wanderkarte WK 301, 1:50 000 Kufstein – Kaisergebirge – Kitzbühel

Weitere Hütten
Ackerlhütte (1460 m), AV-Hütte, Selbstversorger, 15 Lager, von Juni bis September an Wochenenden beaufsichtigt. 1½ Std. von der Gaudeamushütte
Wochenbrunner Alm, siehe Tour 32
Gruttenhütte, siehe Tour 32
Stripsenjochhaus, siehe Tour 30

Von der Hüttenterrasse aus hat man bereits einen guten Blick auf das Ellmauer Tor, das Herz des Kaisergebirges. Wer Größeres vorhat, steigt auf die Hintere Goinger Halt oder unternimmt eine Klettertour. Ob als Familienhütte oder Klettererstützpunkt – die Gaudeamushütte bringt's.

Die Gaudeamushütte war lange Zeit in den Händen der Familie Hochfilzer aus Going; davor bewirtschaftete der Strobl Hermann, ein Onkel der Familie, 23 Jahre lang die ehemals klassische Bergsteigerhütte. Jetzt ist es das Ehepaar Leichtfried, die den Laden »schmeißt«. Die ursprüngliche Besitzerin der 1927 erbauten Hütte, die Akademische Alpenvereinssektion Berlin (der lateinische Name sollte auch Programm sein: »Freuet euch!«), verkaufte 1999 die Hütte an die Sektion Main-Spessart. Danach wurde die Hütte erweitert und erneuert. Mittlerweile ist es mehr eine Familienhütte als eine Hütte für Kletterer. So gibt es für die Kleinen nebenan eine kleine Kinderhütte, den »Gaunerschlupf«.

1. Von der Wochenbrunner Alm

leicht 285 Hm 0.30 Std.

Vom Parkplatz bei der Wochenbrunner Alm folgt man dem Hüttenfahrweg (Mark.-Nr. 812) zunächst durch Wald, dann über steile Almwiesen zur Gaudeamushütte.

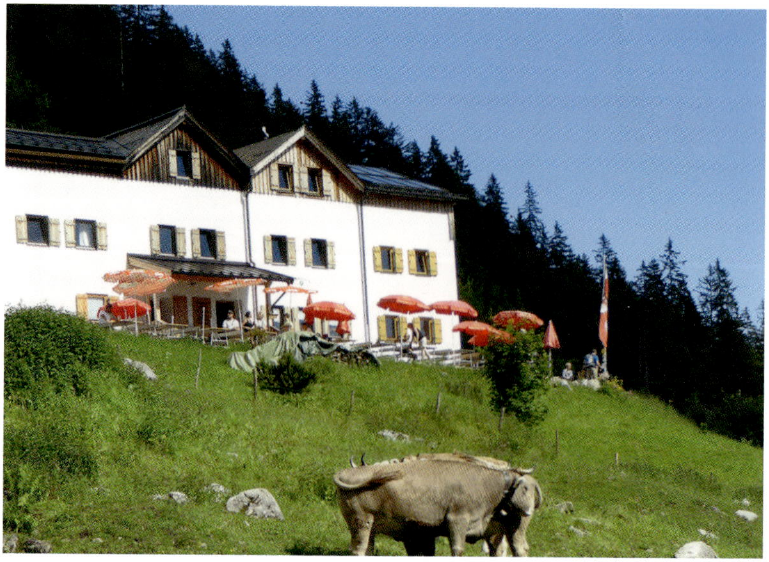

Ihre leichte Erreichbarkeit und die ungefährliche Umgebung machen die Gaudeamushütte für Familienausflüge interessant.

2. Von Going

leicht 410 Hm 1.30 Std.

Von der Ortsmitte geht es auf Sträßchen über Schwendt hinauf zum Waldparkplatz Prama (860 m). Auf Forstweg (Mark.-Nr. 815/813) weiter zur Tannenbühelkapelle. Kurz dahinter ist eine Weggabelung; hier links weiter durch Wald zur Schöntalau und zur Gaudeamushütte.

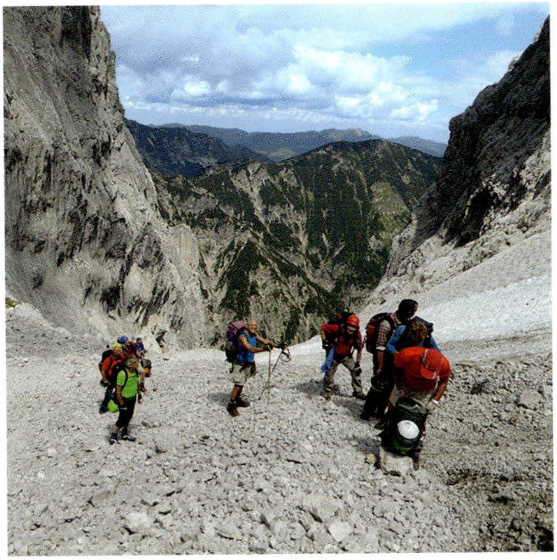

Wanderer im Ellmauer Tor; von hier erfolgt der Aufstieg zur Goinger Halt.

3. Übergang von der Gruttenhütte

mittel 420 Hm 1.00 Std.

Der leichteste Weg führt durch das »Klamml«, eine Felsspalte. Von der Hütte (Mark.-Nr. 813) geht es in Serpentinen über einen Grashang in eine Mulde, durchs »Klamml« und am Fuß der Felsen zu den Grashängen oberhalb der Hütte.

4. Übergang vom Stripsenjochhaus

schwer 1350 Hm 4.00 Std.

Von der Hütte wandern wir 10 Minuten auf dem Weg in Richtung Griesner Alm bergab, dann rechts auf den markierten Eggersteig. Dieser leitet an den Fuß der berühmten Fleischbank, führt leicht bergan (Sicherungen, Felsstufen) über den hier plattigen Nordgrat und etwas absteigend in die Steinerne Rinne. Auf der linken Seite der Rinne in Kehren über Felsstufen (Seilsicherungen, künstliche Tritte) zu deren Ende. Die letzten Höhenmeter geht es weniger steil und ohne Sicherungen hinauf ins Ellmauer Tor (1995 m). Jenseits hinab ins Kübelkar, bei der Wegverzweigung links, bald wieder rechts (Mark.-Nr. 812) und hinab zur Hütte.

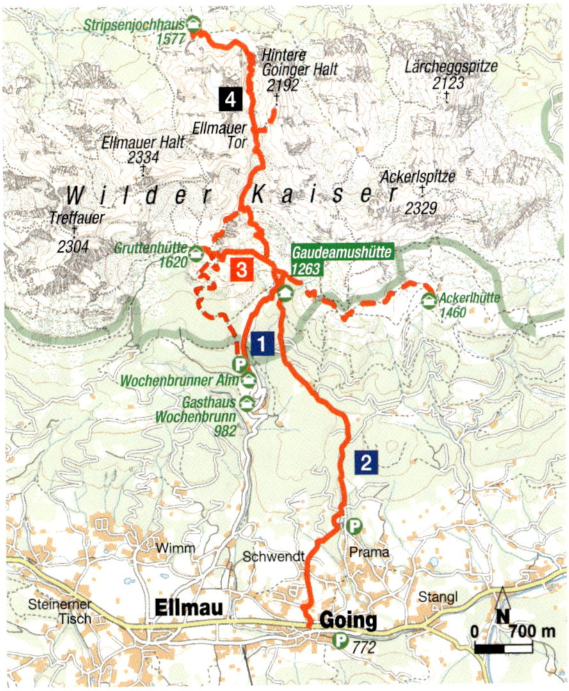

Der Hüttengipfel

mittel 1850 Hm 3.30 Std.

Hintere Goinger Halt (2192 m): Von der Gaudeamushütte halten wir uns links über Bergwiesen und gelangen zu den Latschenfeldern, die das Kübelkar nach unten begrenzen. Dort wandern wir über eine Geländestufe ins Kar, dann weiter über Schuttströme zum Ellmauer Tor (1995 m). Hier führt rechts der steile Steig (einige Seilsicherungen) hinauf zum Gipfel.

32

Gruttenhütte (1620 m)

Die Wander-»Drehscheibe« im Kaisergebirge

Die Alpenvereinshütte liegt auf der landschaftlich besonders reizvollen Kaiser-Südseite und bietet großartige Ausblicke über die Kitzbüheler Alpen hinweg auf den vergletscherten Alpenhauptkamm. Die »Grutten« trägt ihren Namen von der großen Karmulde namens Grutten, die sich unterhalb des Kaiserkopfs erstreckt.

Die Gruttenhütte im Wilden Kaiser wurde 1899 von der Alpenvereinssektion »Turner Alpenkränzchen« erbaut und 1900 eröffnet. Später kamen zwei Schlafhäuser und ein Wirtschaftsbau hinzu. In jenen Jahren wurde auch der Gamsängersteig auf die Ellmauer Halt angelegt, den höchsten Gipfel des Kaisergebirges und den Hausberg der »Grutten«. Im Jahr 2017 wurde die Hütte modernisiert, kleinere Schlafeinheiten geschaffen und die Sanitäranlagen auf den neuesten Stand gebracht. Das Hauptgebäude wurde erweitert, die Nebengebäude verschwanden bis auf ein kleines.

Die ideale Lage der Hütte macht sie zum Stützpunkt für zahlreiche Kaisertouren. Wegen des hoch gelegenen Wanderparkplatzes auf der Wochenbrunner Alm hat sie ihre Bedeutung als Stützpunkt allerdings etwas

Die Hütte

Gruttenhütte (1620 m), AV-Hütte, Kat. I, von Anfang Juni bis Mitte Oktober bewirtschaftet, 85 Betten und 18 Lager; Tel. 00 43/53 58/433 89. www.gruttenhuette.gmx.at

Charakter

Alle Zustiege erfolgen auf Wirtschafts- und Bergwanderwegen.

Anreise

Mit Pkw: Auf der A 8 bis Inntaldreieck, dann auf der A 93 bis Ausfahrt Kufstein-Süd (Mautpflicht), weiter in Richtung Ellmau, bis links die Straße nach Scheffau (745 m) abzweigt (Hüttenweg 2) bzw. weiter nach Ellmau (804 m; Hüttenweg 1). Dort führt links eine Mautstraße hinauf zur Wochenbrunner Alm; großer Wanderparkplatz (Hüttenweg 3).

Mit Bahn/Bus: Mit der Bahn auf der Linie München – Rosenheim – Innsbruck bis Kufstein oder Wörgl, dann mit Bundesbus nach Scheffau oder Ellmau

Karten

AV-Karte 1 : 25 000 Kaisergebirge; Freytag&Berndt-Wanderkarte WK 301, 1 : 50 000 Kufstein – Kaisergebirge – Kitzbühel

Weitere Hütten

Wochenbrunner Alm (1087 m), privat, ganzjährig bewirtschaftet, FW, DZ und Chalets; Tel. 00 43/53 58/21 80. Am Ende der Mautstraße von Ellmau

Riedlhütte (1268 m), privat, von Mai bis Oktober bewirtschaftet, 11 Betten, Tel. 00 43/6 64/2 77 06 97. Von Scheffau 1¾ Std. bzw. von Ellmau 1½ Std. www.riedlhuette.at

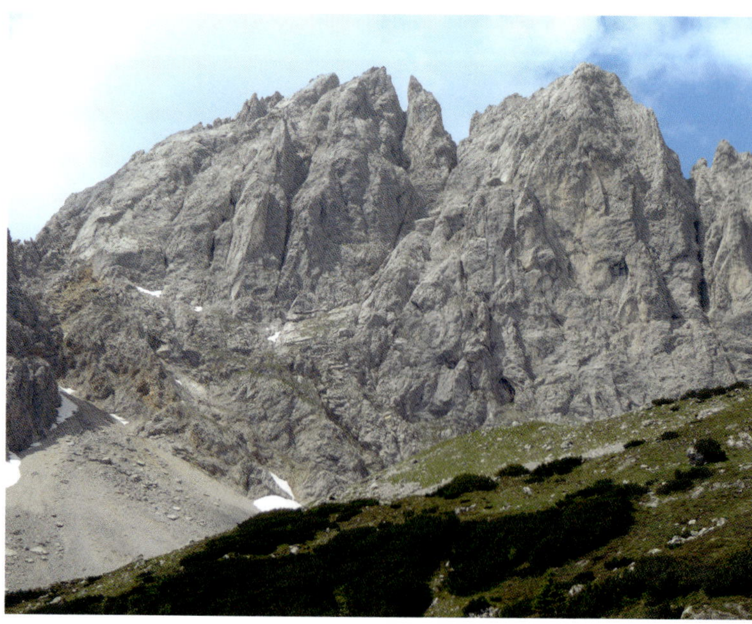

Die Ellmauer Halt – höchster Gipfel des Kaisergebirges – in ihrer massiven Pracht

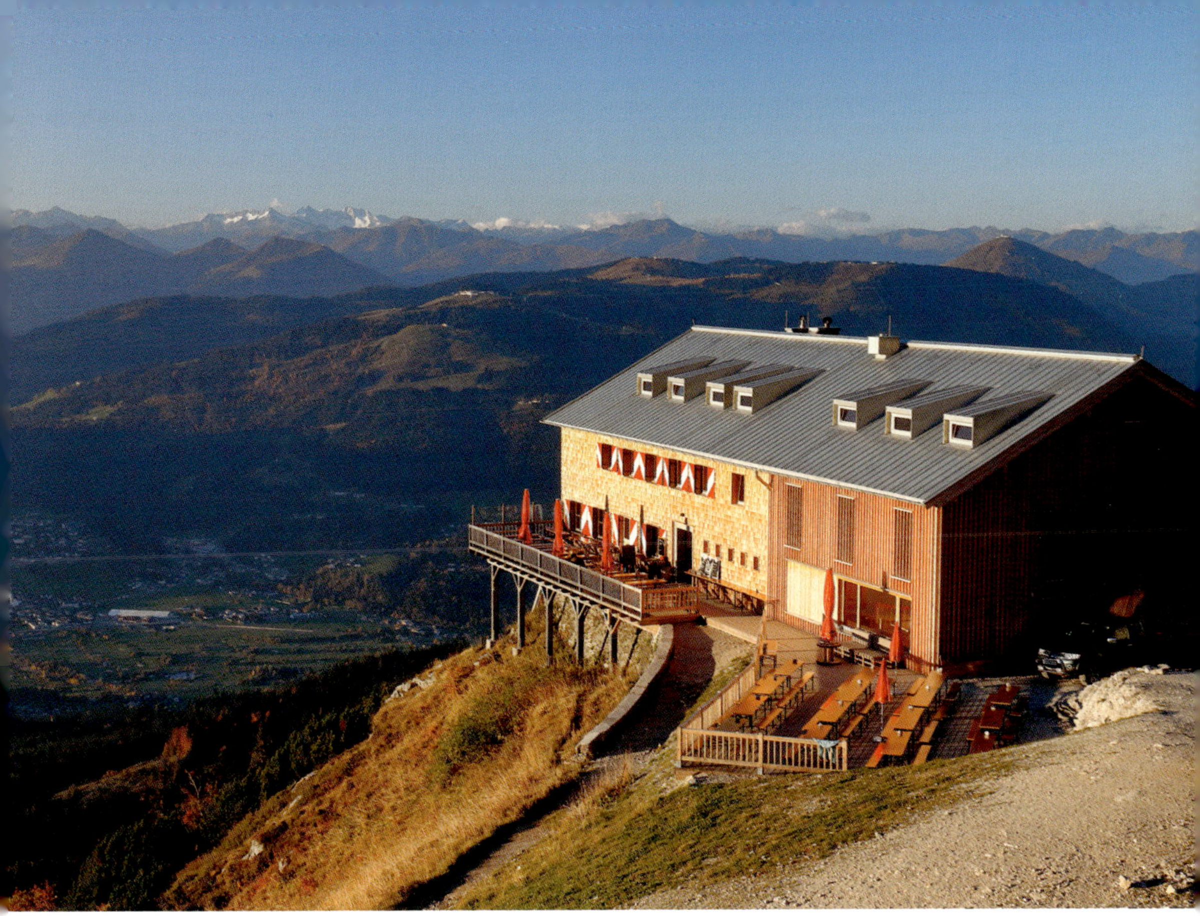

Blick über die Gruttenhütte auf die Kitzbüheler und die Zillertaler Alpen

eingebüßt. Die meisten Kaisertouren lassen sich in einem Tag erledigen. Wer aber den neu markierten, drei Tage fordernden Wilder-Kaiser-Steig »schultern« will, findet hier eine Unterkunft, in der Bergsteigergeschichte geschrieben wurde. Und natürlich ist sie Ausgangspunkt für die Ellmauer Halt.

1. Von Ellmau

leicht 820 Hm 2.30 Std.

Von der Ortsmitte (804 m; Bushaltestelle) folgen wir zunächst dem kleinen Sträßchen (Mark.-Nr. 22, 23) nach Wimm. Dort bieten sich zwei Möglichkeiten an: entweder rechts auf dem Forstweg (Mark.-Nr. 23) über das Gasthaus Riesen und in weiten Kehren in Richtung Riedlhütte oder links der Markierung 24 folgend auf Wirtschaftsweg durch Wald hinauf zur Biedringer Platte und weiter zur Riedringalm, wo wir auf den von rechts heraufführenden ersten Weg stoßen. Dann geht es gemeinsam (Mark.-Nr. 23) weiter zur Riedlhütte. Von dort wandern wir rechts weiter aufwärts zum Krummbacheck, wo wir an der Verzweigung den linken Weg nehmen, der uns hinauf zum Wilden-Kaiser-Steig (Mark.-Nr. 13) bringt. Dort wandern wir unter den steilen Abbrüchen des Treffauer rechts nur mehr leicht ansteigend zur Gruttenhütte.

2. Von Scheffau

leicht 875 Hm 3.00 Std.

Man kann den Anstiegsweg verkürzen, indem man der Ausschilderung zum Jagerwirt (Asphaltsträßchen von knapp 2 km) folgt und dort parkt. Dort geht es auf dem

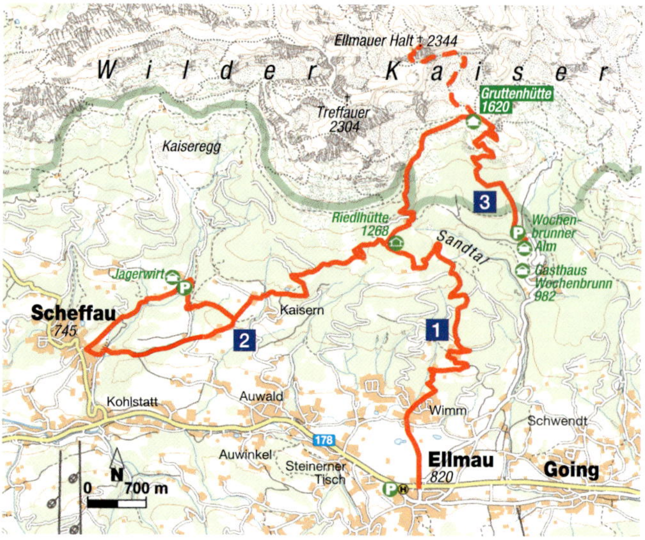

Wanderweg Nr. 22 hinab zum Talbach, dann jenseits hinauf zum Grecklberg, wo wir auf den direkten Wanderweg stoßen. Nun links weiter. Oder wir gehen von der Ortsmitte von Scheffau auf dem Wanderweg Nr. 13 in Richtung Riedlhütte zum Bad und wandern hinauf nach Mittersbach, biegen dort rechts ab, dann gleich wieder links und schließlich auf einem Sträßchen (Mark.-Nr. 14) zum Weiler Kaisern.

Hier geht es weiter auf Wanderweg über die Buchauer Alm durch Wald und Bergwiesen zur Riedlhütte. Weiter wie Hüttenweg 1.

3. Von der Wochenbrunner Alm

leicht 420 Hm 1.30 Std.

Vom Parkplatz bei der Wochenbrunner Alm (Wegtafel) folgt man links haltend dem bequemen Weg über Almböden, dann durch Buchenwald hinauf zu den Abhängen des Gruttenplateaus. Zuletzt geht es schließlich über Latschenhänge zur schön gelegenen Hütte.

»Maximiliansstraße« heißt das drahtseilgesicherte Felsband, das zum höchsten Punkt der Ellmauer Halt führt.

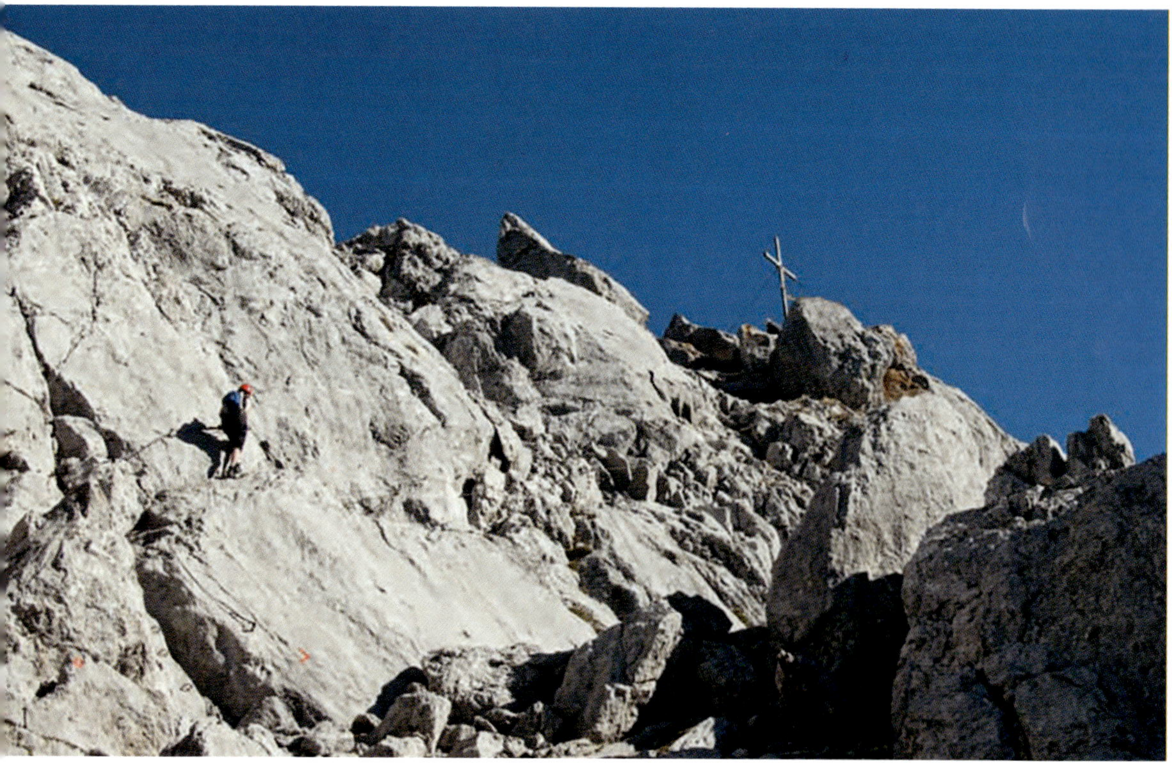

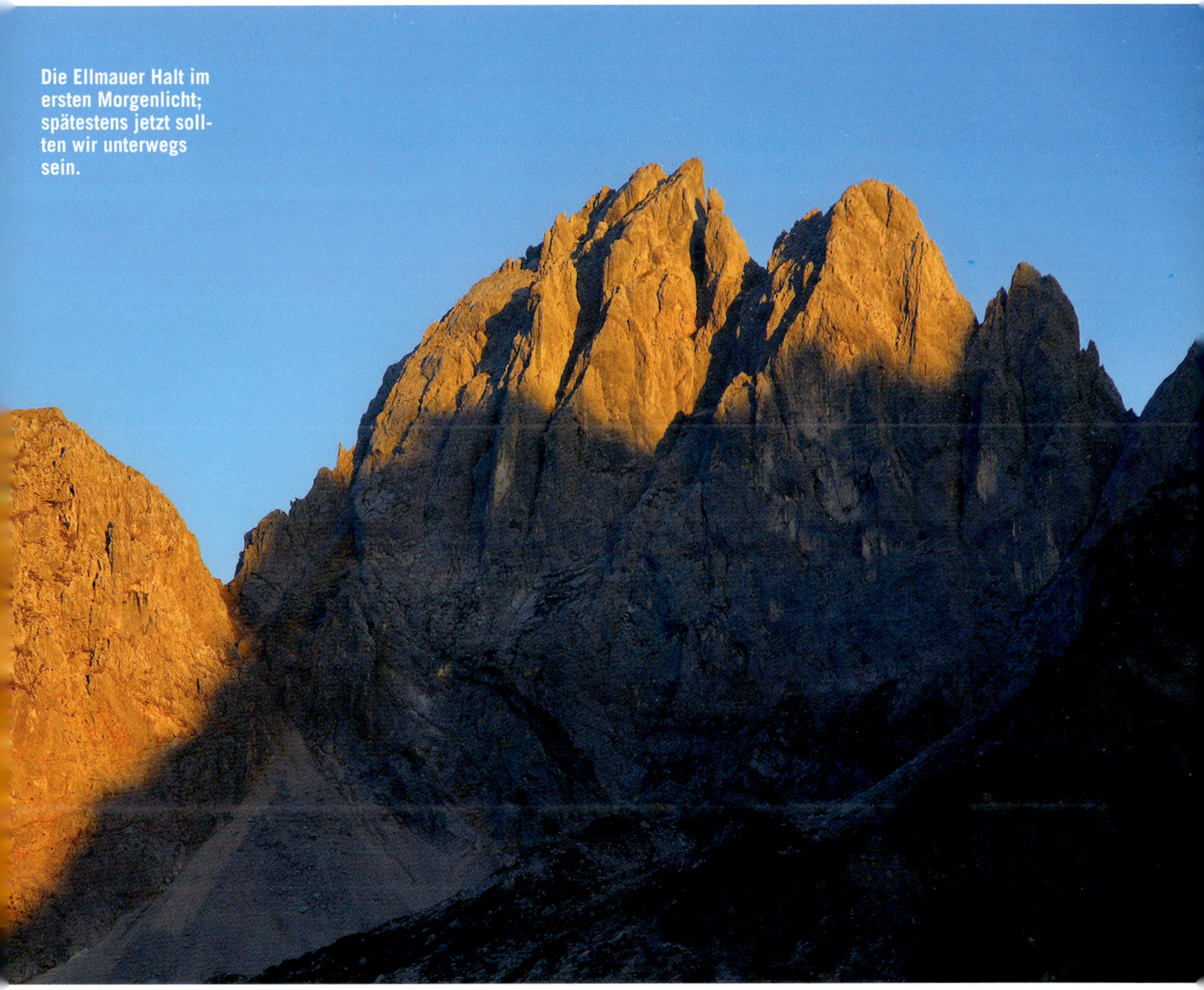

Die Ellmauer Halt im ersten Morgenlicht; spätestens jetzt sollten wir unterwegs sein.

Der Hüttengipfel

schwer 1450 Hm 4.30 Std.

Ellmauer Halt (2344 m): Höchster Gipfel des Kaisergebirges, auch für Nichtkletterer machbar, Trittsicherheit und absolute Schwindelfreiheit erforderlich. Nur für Geübte! Klettersteigcharakter mit Seilsicherungen, Eisenbügeln und Eisenstiften. Im Frühjahr muss mit Altschneefeldern gerechnet werden; Steinschlaggefahr. Von der Gruttenhütte folgt man erst dem markierten Steig ins Hochgrubachkar. Dort befindet sich der Einstieg zum Klettersteig, dessen Verlauf nun bis zum Gipfel mit roten Punkten markiert ist. Zunächst steigen wir in direkter Linie gesichert bergan, dann Querung in westlicher Richtung zu den Gras- und Schrofenbändern der »Gamsänger«. Nach einer Passage blockigen Geländes erreicht man die glatte »Jägerwand«, die man mit Drahtseil gesichert über eine »Treppe« aus Eisenstiften überwindet. Über eine lehmige Passage steigt man bis zur Einmündung des Anstiegs über die Rote-Rinn-Scharte, der von Hinterbärenbad heraufführt. Dort geht es rechts steil hinauf zu einem auffälligen Felskopf. Über Felsgelände steigt man weiter, dann durch eine große Rinne bis unter einen Felsturm zur »Achselrinne«. Dort rechts, exponiert, aber gesichert, in einer plattigen Verschneidung weiter oder links durch einen schmalen Kamin mittels Leiter hinauf zum breiten Schuttband der »Maximiliansstraße«. Drahtseilgesichert geht es nun auf dem breiten Grat zum Babenbergerstübchen (nur Unterstand, bei Gewitter meiden) und zum höchsten Punkt der Ellmauer Halt.

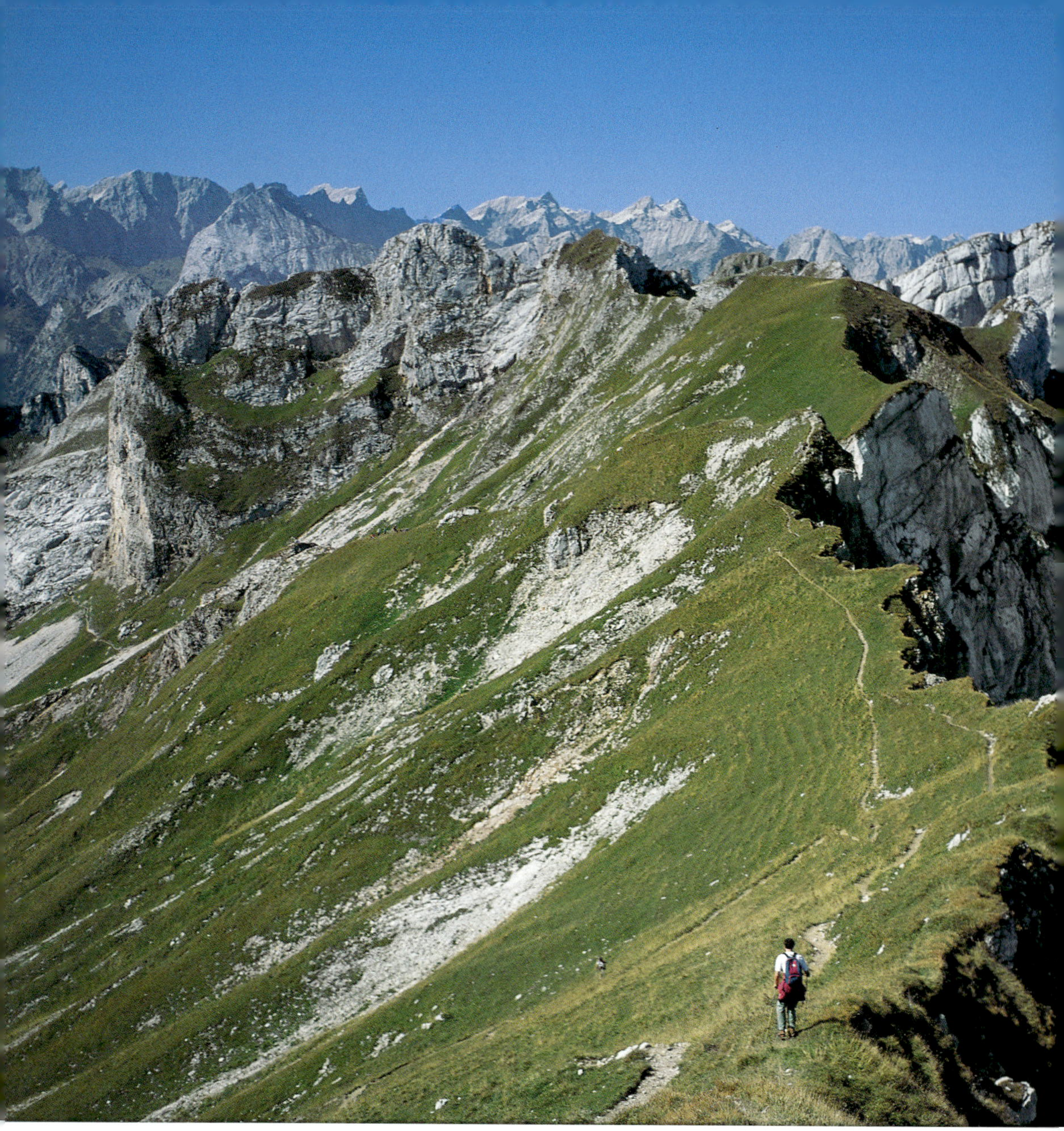

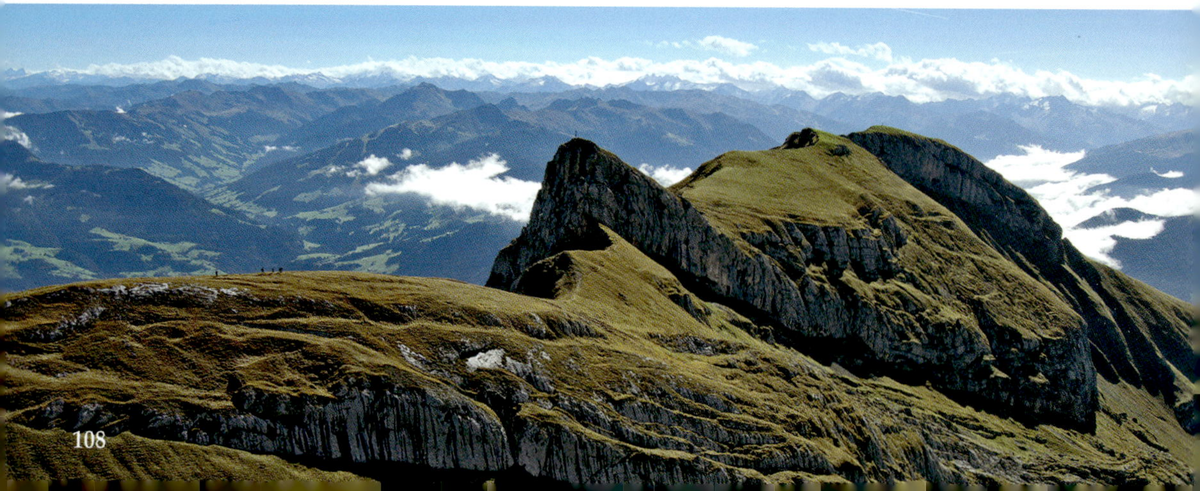

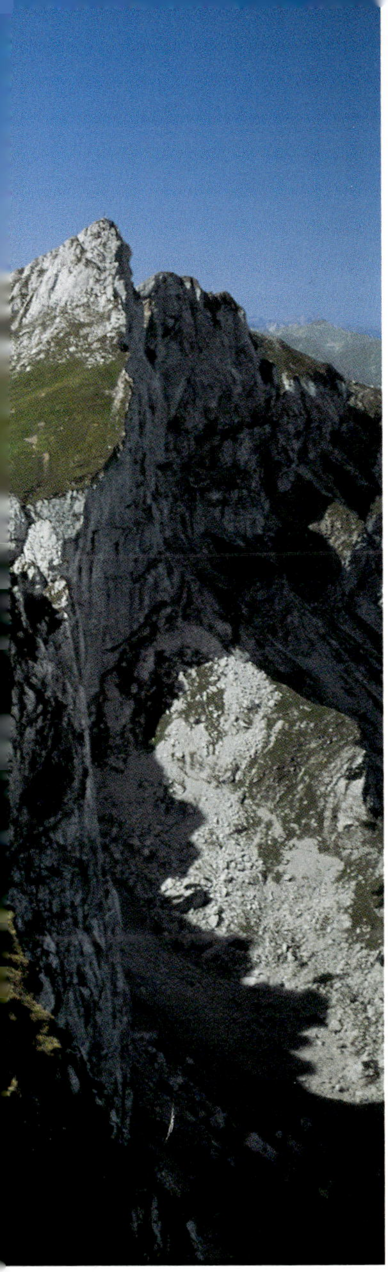

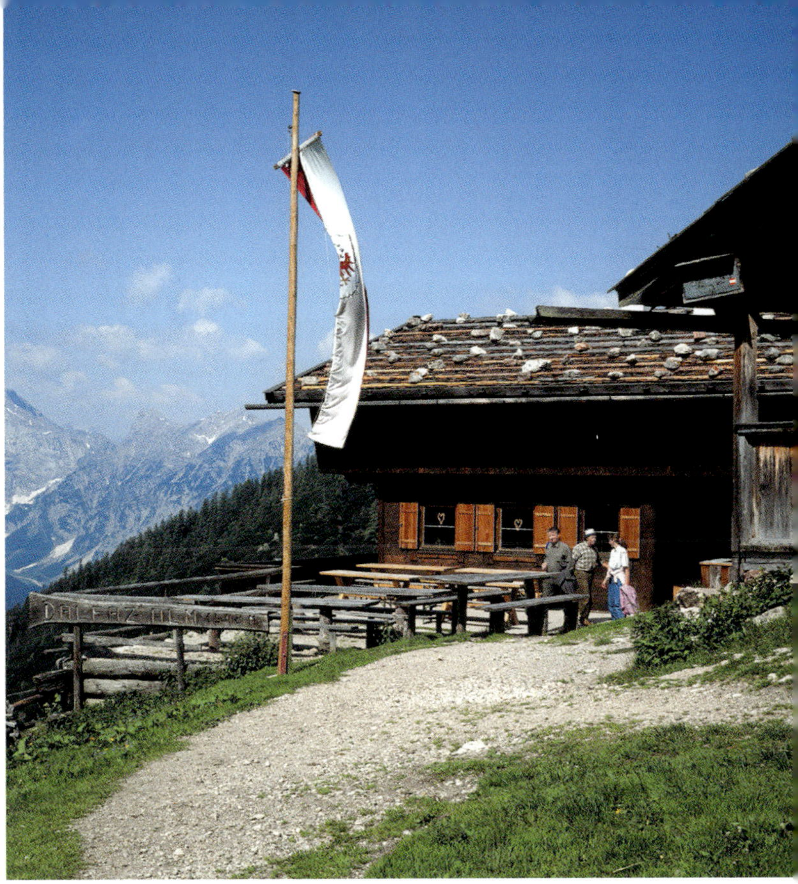

Rofangebirge und Brandenberger Alpen

Im Abstieg von der Rofanspitze mit Blick nach Westen ins Karwendelgebirge (li. oben). Der Sagzahn ist der südöstliche Ausläufer des Rofangebirges (li. unten). Die Dalfazalm hoch über dem Achensee (re. oben). Der Achensee trennt das Rofangebirge vom Karwendel (re. unten).

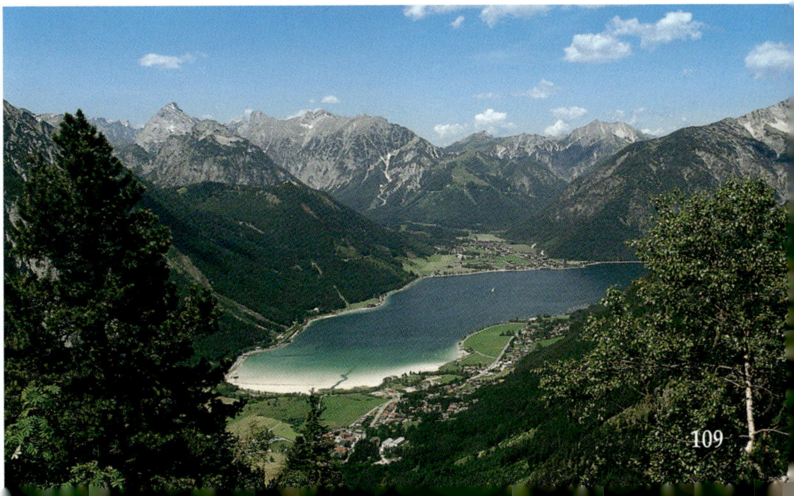

33

Kufsteiner Haus (1537 m)

»Adlernest« hoch über dem Inntal

Die Hütte
Kufsteiner Haus (1537 m), privat, von Ende April bis Anfang November bewirtschaftet, 55 Betten und Lager; Tel. 00 43/53 76/53 74. www.pendlinghaus.at

Charakter
Bergwanderwege; der Inntal-Anstieg ist steil.

Anreise
Mit Pkw: Auf der A 8 bis Inntaldreieck, dann weiter auf der A 93 bis Ausfahrt Kufstein-Süd und weiter auf der Landstraße bis Thiersee, beim Pfarrwirt links ab und hinauf zum Gasthaus Schneeberg; gebührenpflichtiger Parkplatz (Hüttenwege 1 und 2). Falls man von Langkampfen starten will, nimmt man die Autobahnausfahrt Kufstein-Süd (mautfrei) und fährt auf der Landstraße weiter nach Unterlangkampfen; Parkplatz am westlichen Ortsrand (Hüttenweg 3). Als weitere Möglichkeit bietet sich der Start in Kufstein-Zentrum sowie vom Thiersee-Ostufer an (Hüttenwege 4 und 4a).
Mit Bahn/Bus: Mit der Bahn bis Kufstein, dann Busverbindung nach Hinterthiersee; der Anstieg zum Alpengasthof Schneeberg erfolgt dann allerdings zu Fuß. Unterlangkampfen – die Ausgangsalternative – ist ebenfalls Bahnstation. Von dort kann man direkt zu Fuß starten.

Karte
Freytag&Berndt-Wanderkarte WK 301, 1:50 000 Kufstein – Kaisergebirge – Kitzbühel

Weitere Hütten
Kala-Alm (1400 m), im Sommer bewirtschaftet, 36 Betten; Tel. 00 43/6 64/205 53 58. www.kala-alm.at
Höhlensteinhaus (1230 m), privat, von Anfang Mai bis Ende Oktober bewirtschaftet; Tel. 00 43/6 64/51 6 03 80

Das Kufsteiner Haus auf dem Pendling (daher auch der geläufige Name Pendlinghaus) liegt direkt über Kufstein und führt den Namen zu Recht. Es ist das höchste und auch exponierteste Unterkunftshaus in den Brandenberger Alpen, vielleicht sogar in ganz Tirol.

Diese private Berghütte wurde bereits im Jahr 1909 errichtet und bietet herrliche Blicke auf Wilden Kaiser, Kitzbüheler Alpen und weiter bis in die Zentralalpen. Aufgrund des kurzen Aufstiegs vom Berggasthof Schneeberg kann man diese aussichtsreiche Tour auch noch schnell am Nachmittag einschieben. Doch nicht nur Wanderer, auch Mountainbiker und im Winter die Rodler schätzen dieses Ausflugsziel.

1. Vom Alpengasthof Schneeberg

leicht 530 Hm 1.30 Std.

Erst wandern wir bergwärts auf Fahrweg und halten uns bei einer Wegverzweigung links an die Ausschilderung »Pendling«. Eine halbe Stunde geht es einen Forstweg entlang, bis wir bei einer scharfen Kehre links auf den Steig Richtung Kufsteiner Haus abzweigen. Wir steigen steil durch Wald bergan. An der letzten Weggabelung halten wir uns rechts, wo wir auf den quer führenden neuen Wirtschaftsweg treffen (links zum Kufsteiner Haus, rechts zur Kala-Alm bzw. ins Inntal), steigen links haltend weiter an durch Waldgelände und erreichen das Gipfelkreuz des Pendling. Von dort hinab zum Kufsteiner Haus.

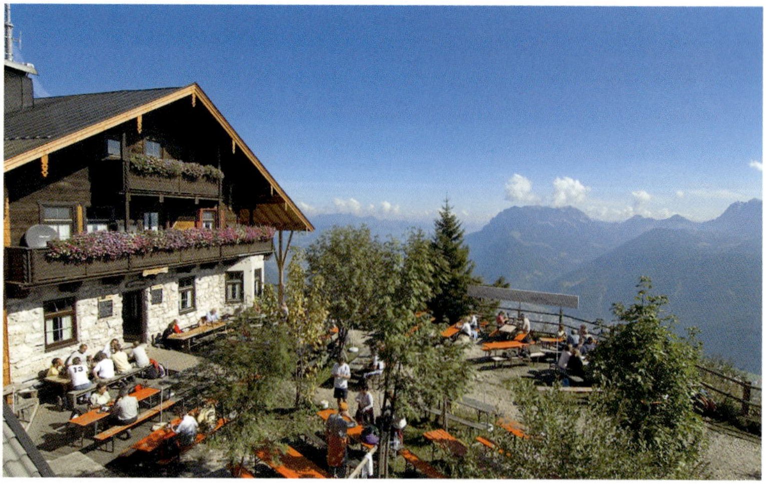

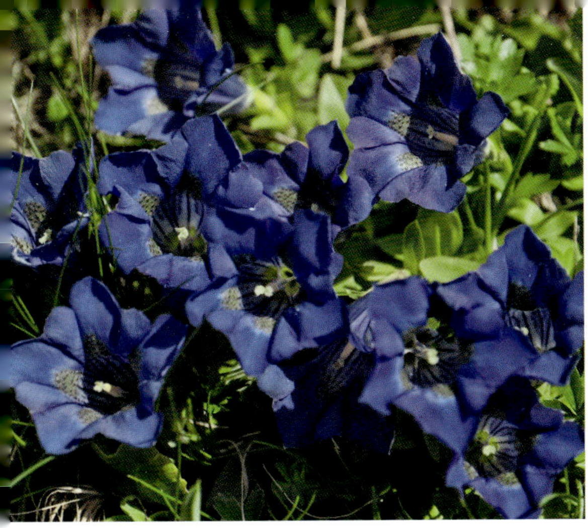

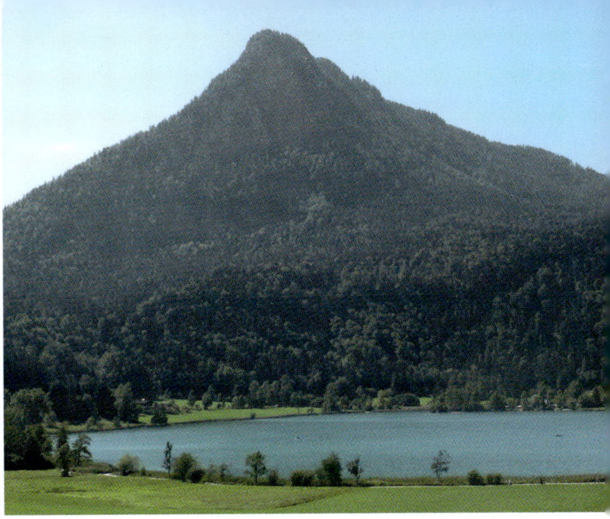

Das Kufsteiner Haus hoch über dem Inntal (linke Seite). Den Stengellosen Enzian (oben links) findet man am Pendling (oben rechts), der sich wie eine Pyramide über dem Thiersee erhebt.

2. Über die Jausenstation Kala-Alm

leicht 560 Hm 2.00 Std.

Vom Berggasthaus Schneeberg führt ein ausgeschilderter Forstweg direkt zur Kala-Alm. Dort geht es links weiter auf neu angelegtem Wirtschaftsweg links auf der bewaldeten Nordseite des Pendling hinauf zum Kufsteiner Haus.

3. Von Unterlangkampfen

leicht 1020 Hm 4.00 Std.

Von der Kirche gehen wir auf Fahrweg nach Westen (Ausschilderung »Höhlenstein«) bis zum Ende. Auf kehrenreichem Waldweg steigen wir durch die Hänge des Schnaizlbergs zum Almgelände zwischen Feuerköpfl und Jochberg und weiter zum Höhlensteinhaus. Von dort führt ein Wirtschaftsweg auf die Nordseite des Bergkammes zur Kala-Alm und rechts weiter zum Kufsteiner Haus.

Der Hüttengipfel

leicht 55 Hm 0.10 Std.

Pendling (1563 m): Nördlichster Gipfel der Brandenberger Alpen, der das Kufsteiner Haus nur um wenige Meter überragt; bietet aufgrund seiner Insellage ein überwältigendes Panorama; Wanderweg zum Gipfel.

4. Von Kufstein (bzw. Thiersee, 4a)

leicht 1040 Hm 4.00 Std.

Vom Bahnhof Kufstein wandert man erst hinüber zum Ortsteil Zell und folgt dabei der Ausschilderung des E 4a, unterschreitet die Inntalautobahn und erreicht so den Weiler Maistall. Dort geht es links haltend zum Stimmersee und rechts hoch durch Wald zum Dreibrunnenjoch (732 m). Dort mündet der Anstiegsweg vom Thiersee ein. Links leicht ansteigend zu einer Jagdhütte, wieder links haltend durch den Nordhang des Pendling, bis zum Anstiegsweg vom Gasthaus Schneeberg. Links weiter zum Kufsteiner Haus.

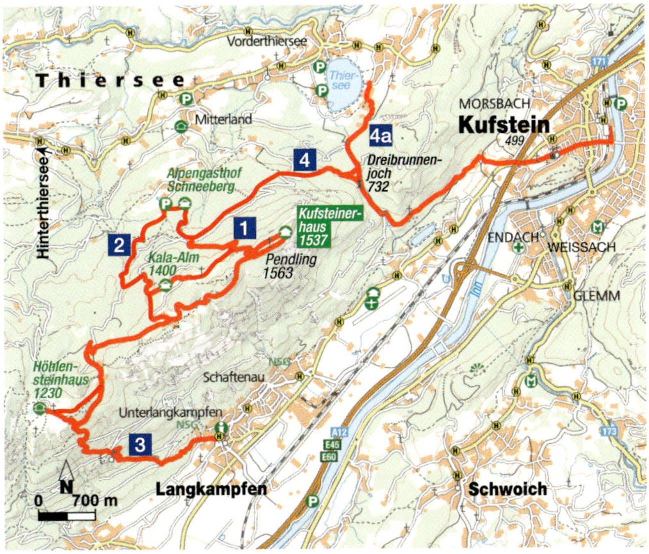

34

Bayreuther Hütte (1576 m)

Stützpunkt für eine Durchquerung des Rofangebirges

Die Hütte

Bayreuther Hütte (1576 m), AV-Hütte, Kat. I, von Pfingsten bis Mitte Oktober bewirtschaftet, 28 Betten, 28 Lager; Tel. 00 43/ 6 64/3 42 51 03. www.bayreuther-huette.de

Charakter

Der Anstieg von Münster ist recht steil und erfolgt überwiegend auf Bergsteig. Der Anstieg von Kramsach verläuft hingegen vorwiegend auf einem Almfahrweg. Der Abstecher zum Zireinsee erfolgt auf Bergwanderweg.

Anreise

Mit Pkw: Auf der A 8 bis Inntaldreieck, dann weiter auf der A 93 bis Ausfahrt Kramsach. Die Talstation der Sonnwendjochbahn liegt am Nordwestende des Ortes (Hinweisschilder); dort Parkplatz (Hüttenwege 1). Oder weiter auf der Landstraße über Habach nach Münster; Parkmöglichkeiten im Ort (Hüttenweg 2).

Mit der Bahn: Mit der Bahn von München über Kufstein bis Kramsach, dann zu Fuß zur Talstation der Bergbahn

Karte

Freytag&Berndt-Wanderkarte WK 321, 1:50 000 Achensee – Rofan – Unterinntal.

Weitere Hütten

Bergalm (1520 m), private Jausenstation, bewirtschaftet von Pfingsten bis Anfang Oktober. Knapp unterhalb der Bayreuther Hütte

Diese Alpenvereinshütte eignet sich auch gut für Familien und Kletteranfänger. Denn ganz in Hüttenähe gibt es einen sanierten Klettergarten für die Schwierigkeitsgrade IV bis VI. Gipfelziele sind das Vordere Sonnwendjoch, der Sagzahn und der Rofangipfel.

Die an aussichtsreicher Stelle gelegene Hütte – der Blick reicht übers Inntal hinweg bis in die Zillertaler Alpen – wurde 1908 als Privathütte von einer Tiroler Familie erbaut. 1926 erfolgte der Verkauf an die Sektion Bayreuth, die die Hütte seit dieser Zeit betreut. Nach dem Ende des Zweiten Weltkrieges wurde die Hütte beschlagnahmt und erst 1956 wieder an die Eigentümer zurückgegeben. Danach erfolgte eine Generalsanierung: Eine Kläranlage wurde gebaut, eine drei Kilometer lange Wasserleitung zur Hütte gelegt und ein Dieselaggregat angeschlossen. 1995 schlug die ökologische Stunde: Die Energieversorgung wurde vorbildlich umweltgerecht modernisiert und mit einer Fotovoltaikanlage und einer thermischen Solaranlage ausgerüstet. Leider wurde im Jahr 2016 die Sonnwendjochbahn eingestellt, weshalb weniger Tagesgäste kommen.

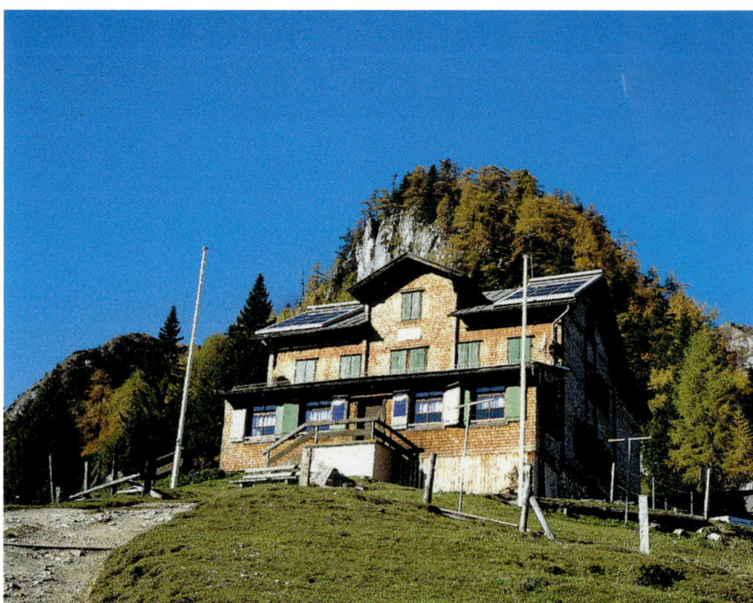

Die Bayreuther Hütte, einst Treffpunkt für Kletterer, heute beliebtes Ziel für wanderfreudige Familien

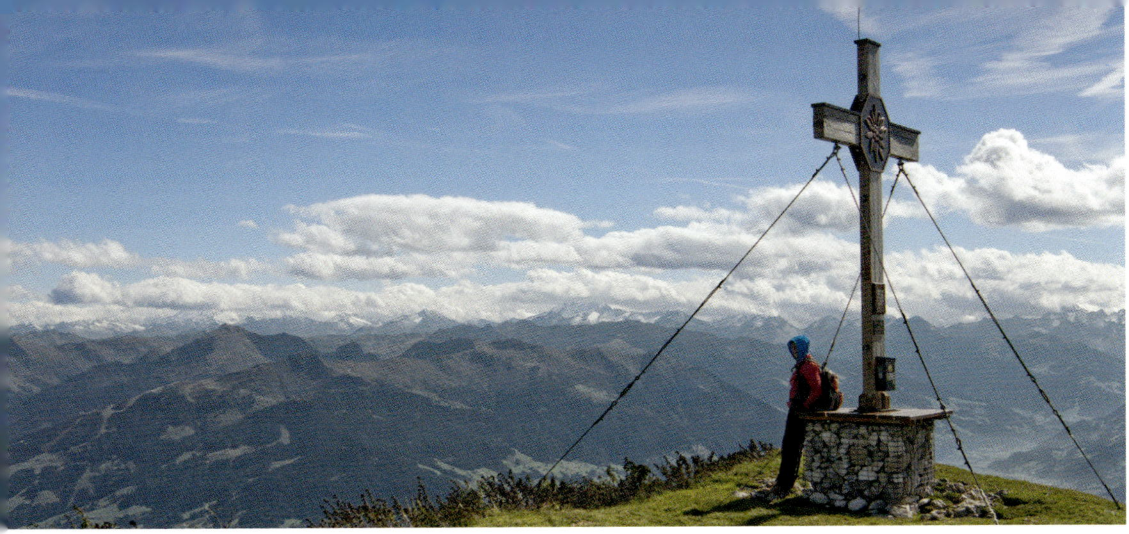

Am Gipfel des Vorderen Sonnjochs; der Aufstieg von der Bayreuther Hütte erfolgt auf einem markierten Bergwanderweg.

Wer also eine ruhige Hütte schätzt, ist dort oben sehr willkommen. Mountainbiker schätzen die Strecke von Münster über die Kniefallkapelle zur Alpenvereinshütte.

1. Von Kramsach

leicht 1020 Hm 2.30 Std.

Von der Talstation der stillgelegten Sonnwendjochbahn führt in einem weiten Bogen der markierte Almfahrweg (Nr. 9) zum Rotgschöß, und in vielen Kehren geht es hinauf zum Pletzachgatterl. Dann wandern wir weiter über den Ludoibach und den Seitenbach – immer links haltend – hinauf zur Bayreuther Hütte. Variante: Dort, wo wir den Wirtschaftsweg in Richtung Zireinalm kreuzen, können wir den Schlenker über diese und weiter zum Zireinsee einbauen und dann erst von dort über die Bergalm hinauf zur Bayreuther Hütte wandern.

Der Hüttengipfel

mittel 1300 Hm 2.30 Std.

Vorderes Sonnwendjoch (2224 m): Genießt man bereits von der Bayreuther Hütte einen herrlichen Panoramablick, so steigert sich dieser vom Vorderen Sonnwendjoch zu einer grandiosen Rundschau, da der Blick von dort oben zusätzlich nach Westen frei wird. – Von der Bayreuther Hütte folgt man dem markierten Wanderweg (Nr. 20) um den Berglkopf herum zu einem Sattel, dann über grasige Flanken und mit Latschen bedeckte Schrofen hinauf zum breiten Gipfelkamm mit Kreuz.

2. Von Münster

mittel 1040 Hm 3.00 Std.

Von der Ortsmitte (534 m) wandert man zunächst auf Fahrweg bergwärts zu den Häusern von Höllenstein, kreuzt oberhalb einen Fahrweg, überquert rechts einen Bach und steigt dann steil zum sogenannten Wiesl an. An der Wegverzweigung rechts halten (links Variante über die verfallene Steinlackenalm); zunächst geht es sanft, später jedoch sehr steil durch Wald (Mark.-Nr. 412) und schrofige Hänge bergan zur Bayreuther Hütte.

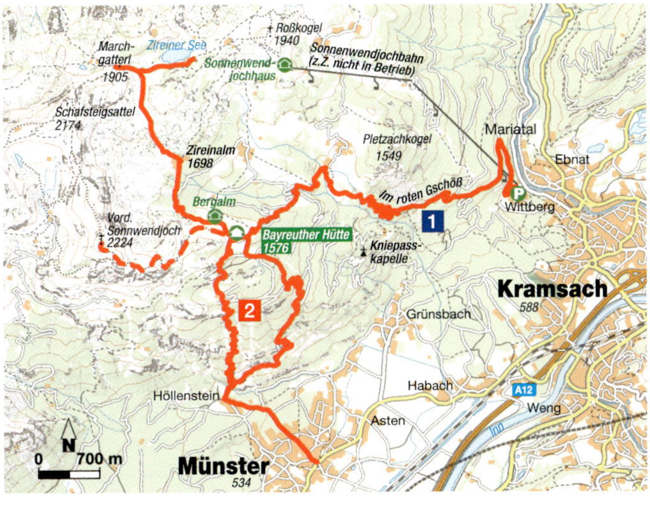

35

Erfurter Hütte (1834 m)

Gemütliches Alpenvereinshaus im Herzen des Rofan

Gleich neben der Bergstation der Rofan-Bergbahn gelegen, braucht sich die Erfurter Hütte keine Sorgen über Tagesgäste zu machen; zudem liegt sie am Fernwanderweg E 4 sowie am Adlerweg. Und der höchste Gipfel des Rofan – die Hochiß – ist nicht weit.

Die Erfurter Hütte, nach der gleichnamigen Alpenvereinssektion benannt, wurde 1895 erbaut. Ein Brand zerstörte 1920 die Hütte. Nach dem Neubau im Jahr 1925 kamen die Schwierigkeiten: In den 1930er-Jahren kam der Reiseverkehr nach Österreich fast zum Erliegen, 1945 wurde die Hütte beschlagnahmt, danach unter Zwangsverwaltung gestellt. 1959 wurde die Rofan-Bergbahn eröffnet, was mehr Tagesgäste brachte, aber die Übernachtungszahlen drückte. Erst 1973 konnte die Sektion die Hütte wieder erwerben. Die Hütte wurde renoviert, 1980 ans Stromnetz angeschlossen, 1985, 1995 und 2010 gab es Hüttenan- bzw. Erweiterungsbauten. Die Sektion Erfurt ging 1995 in der Sektion Ettlingen auf, der eingebürgerte Hüttenname aber blieb erhalten.

1. Mit der Rofanbergbahn

leicht 8 Hm 0.15 Std.

Der einfachste Weg: Die Erfurter Hütte liegt nur wenige Meter neben der Bergstation der Rofanbergbahn.

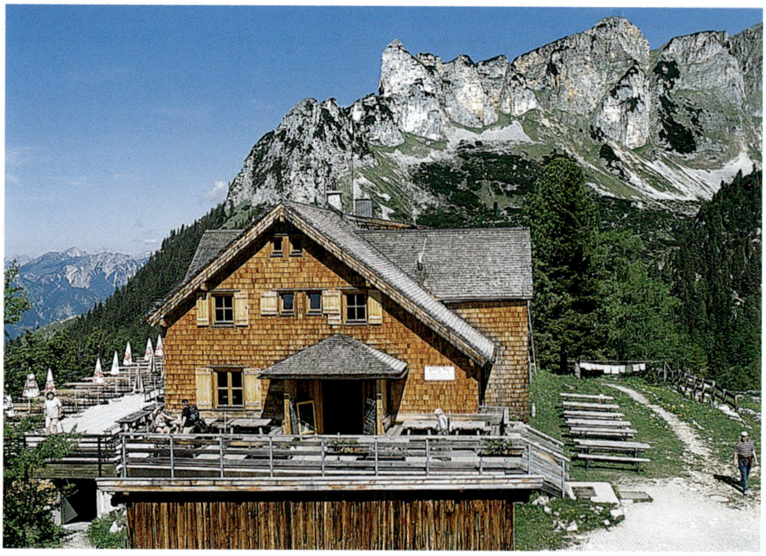

Die Hütte

Erfurter Hütte (1834 m), AV-Hütte, Kat. II, Pfingsten bis Mitte Oktober, und ab Neujahr bis Ostern bewirtschaftet; im Januar nur Tagesbetrieb, aber am Wochenende auch Übernachtung, 24 Betten, 50 Lager; Tel. 00 43/52 43/55 17. www.erfurterhuette.at

Charakter

Leichte, teilweise steile Bergwanderwege; von Maurach bis zur Buchauer Alm Wirtschaftsweg

Anreise

Mit Pkw: Auf der A 8 bis zur Ausfahrt Holzkirchen, dann auf der Landstraße über Gmund, Bad Wiessee und den Achenseepass über Achensee nach Maurach. Oder über A 8/A 93 bis Ausfahrt Zillertal/Achensee, dann über Wiesing und Eben nach Maurach; große Parkplätze an der Talstation der Rofanbergbahn (Hüttenwege 1 bis 3). Wer auf der Hütte übernachten will, muss bis zu den obersten Parkplätzen hochfahren. *Mit Bahn/Bus:* Mit der Bahn über Kufstein nach Jenbach, von dort mit dem ÖBB-Bus nach Maurach. Oder mit der Oberlandbahn nach Tegernsee, dort mit dem RVO-Bus bis Maurach

Karte

Freytag&Berndt-Wanderkarte WK 321, 1:50 000 Achensee – Rofan – Unterinntal

Weitere Hütten

Buchauer Alm (1385 m), während der Weidesaison bewirtschaftet. Von Maurach 1.15 Std.
Dalfazalm (1692 m), privat, 43 Übernachtungsplätze in Zimmern und Lager; Tel. 00 43/6 64/ 9 15 98 07. Von Maurach 2 Std. www.dalfazalm.at
Mauritzalm (1845 m), privat, Tel. 00 43/6 64/8 49 97 15. 10 Minuten oberhalb der Bergstation der Rofanbergbahn

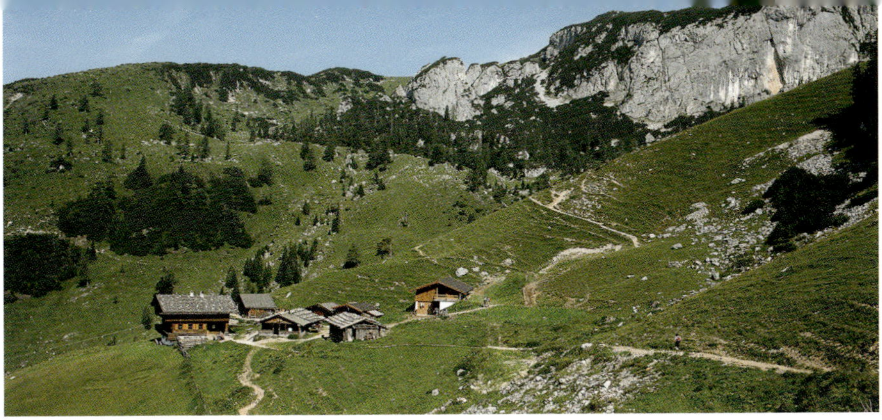

Die Erfurter Hütte mit den Dalfazer Wänden im Hintergrund (linke Seite). Die Dalfazalm hat einen Logenplatz hoch über dem Achensee (links). Die Hochiß ist der höchste Gipfel im Rofangebirge (unten).

2. Von Maurach über die Buchauer Alm

leicht 885 Hm 2.45 Std.

Von der Talstation der Rofanbergbahn führt ein ausgeschilderter Wirtschaftsweg (Mark.-Nr. 401) durch Wald hinauf zur Buchauer Alm. Anschließend geht es auf leichtem Bergsteig durch Almwiesen und Waldstücke über den verfallenen Mauritzalm-Niederleger hinauf zur Rofan-Hochfläche mit der Seilbahn-Bergstation und der Erfurter Hütte.

3. Über die Dalfazalm

leicht 880 Hm 3.00 Std.

Von der Talstation der Rofanbergbahn führt ein ausgeschilderter Bergsteig (Mark.-Nr. 13) durch Wald und über die Durraalm hinauf zur Dalfazalm. Von dort folgt man rechts dem Panoramaweg (Mark.-Nr. 413) leicht ansteigend hinauf zur Erfurter Hütte.

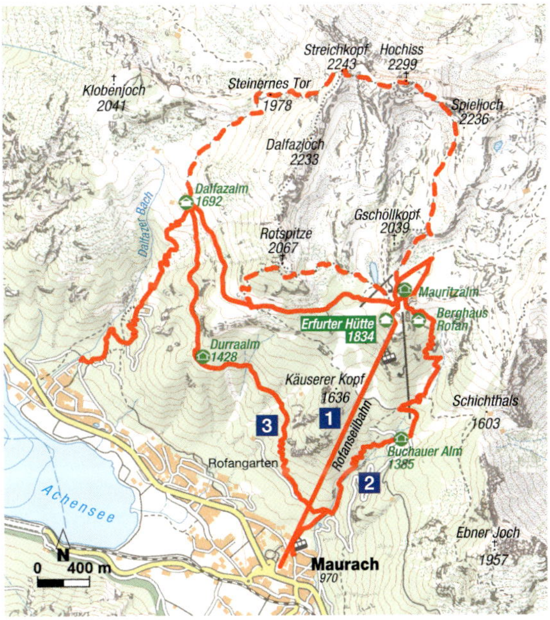

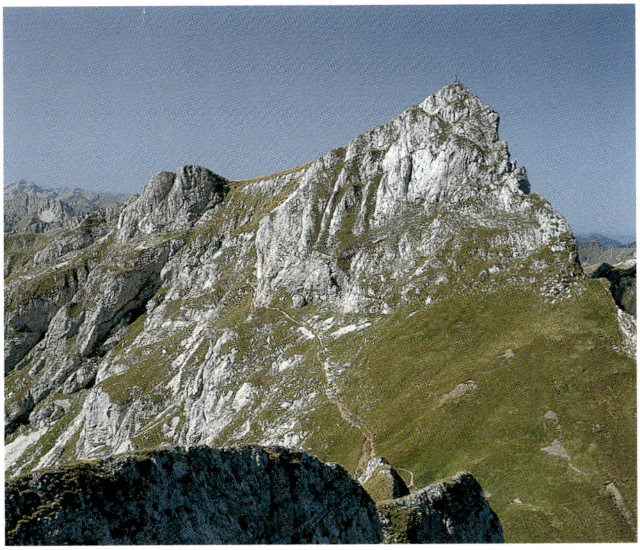

Der Hüttengipfel

schwer 930 Hm 3.45 Std.

Hochiß (1807 m): Von der Erfurter Hütte geht es zunächst auf breitem Weg (durchgehende Mark.-Nr. 413) in Richtung Gschöllkopf – links an der Mauritzalm vorbei – und an dessen Ostflanke vorbei. Anschließend geht es links hinauf in die Einsenkung zwischen Gschöllkopf und Spieljoch. Wir wandern nun eben weiter, dann links durch die Südflanke der Hochiß (Seilsicherungen) und über die westliche Kammhöhe zum Gipfel. Der Abstieg kann dann über den Streichkopf, den Kotalmsattel und die Dalfazalm erfolgen.

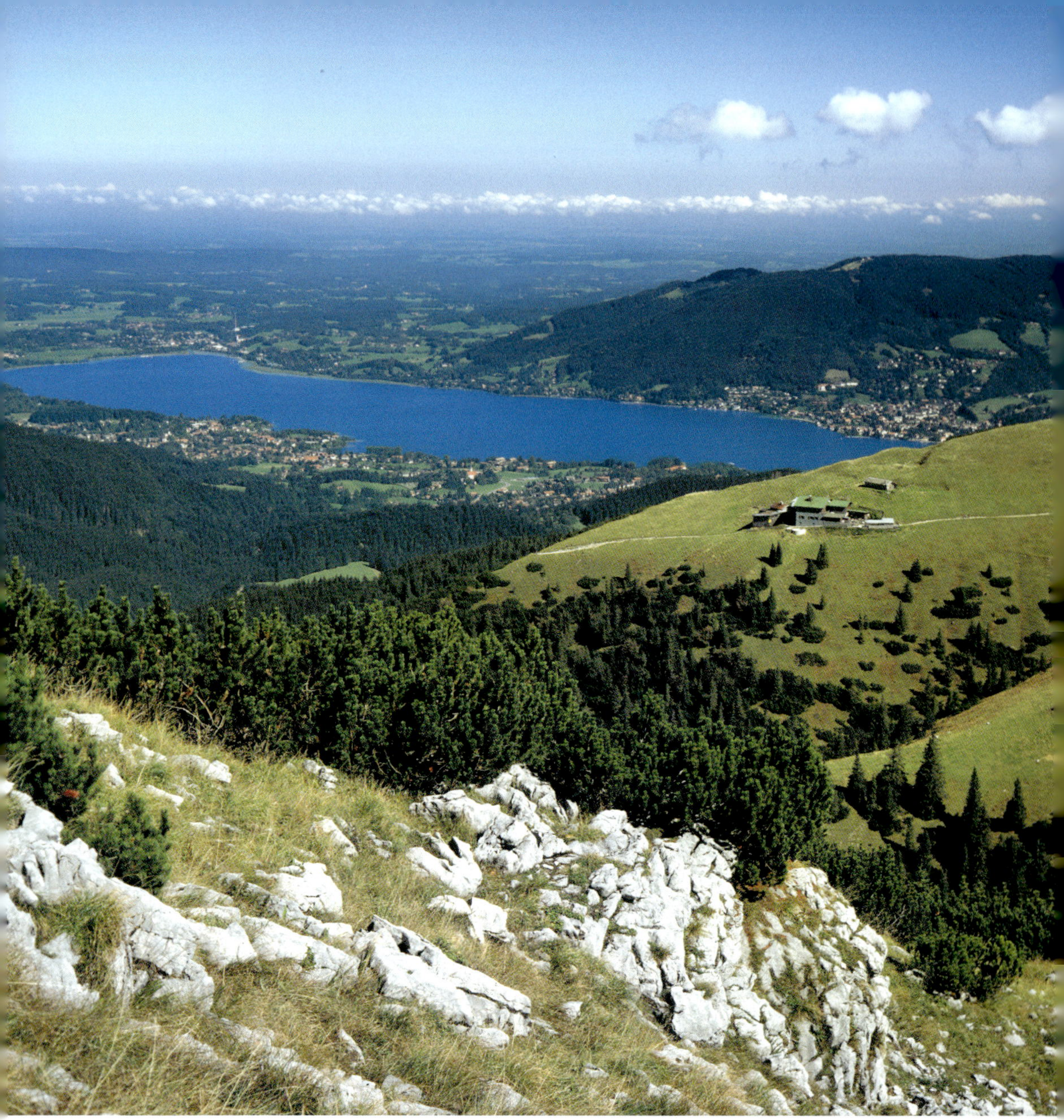

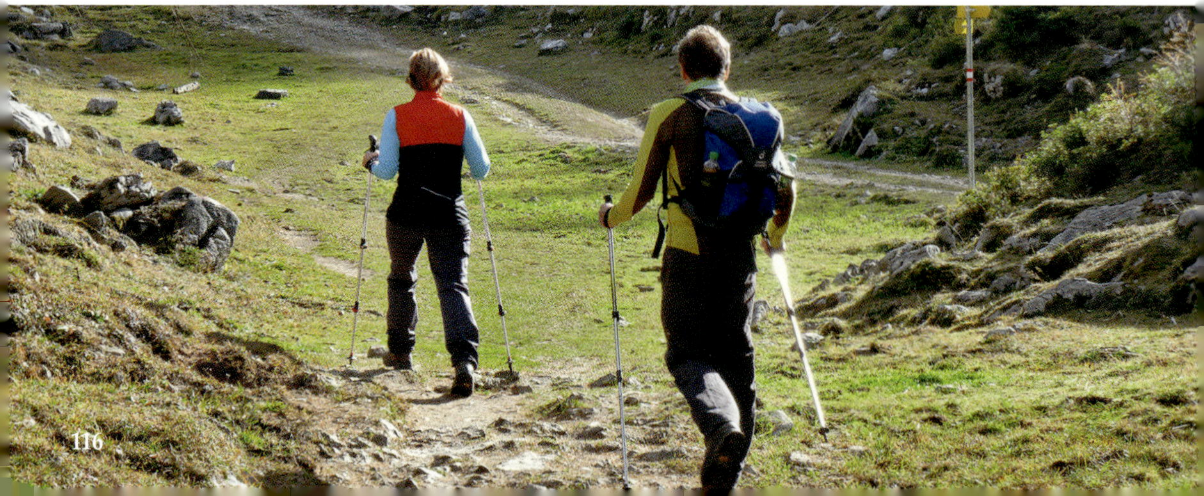

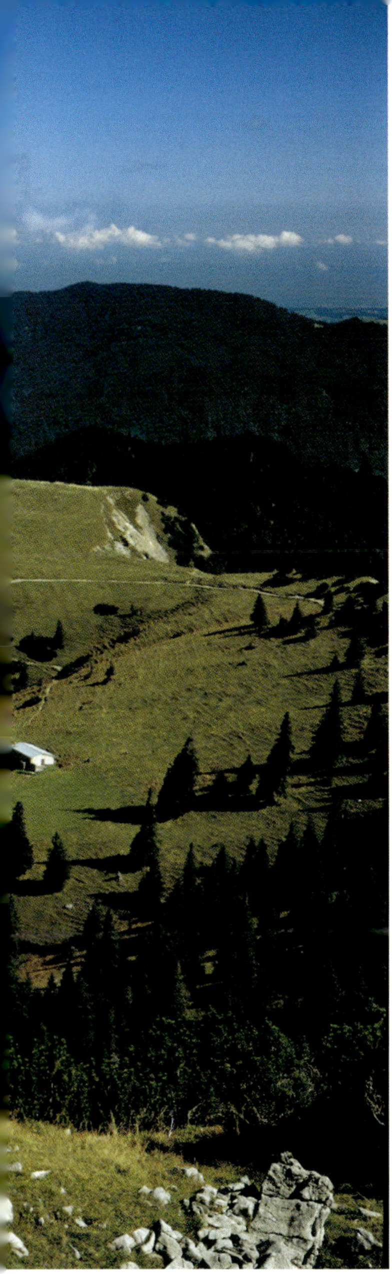

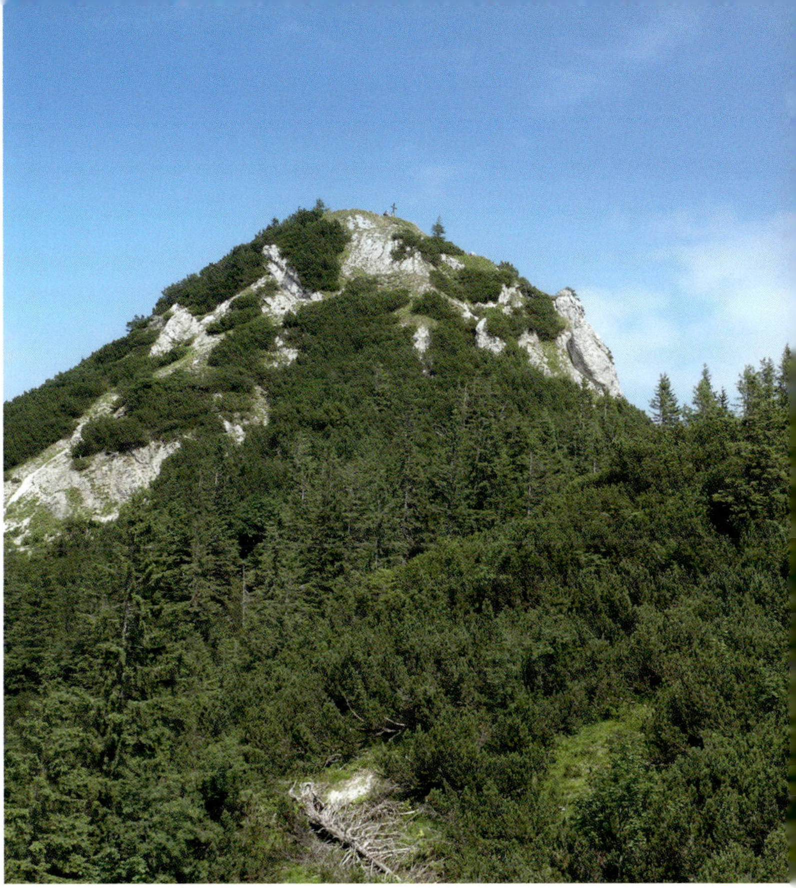

Tegernseer und Schlierseer Berge

Vom Hirschberg bietet sich ein fantastischer Blick auf den Tegernsee (li. oben). Die Wanderer (li. unten) befinden sich kurz vor der Himmelmoosalm am Weg zum Brünnsteinhaus. Der Schildenstein (re. oben) am Verbindungsweg Königsalm – Blaubergalm. Das Neureuthaus (re. unten).

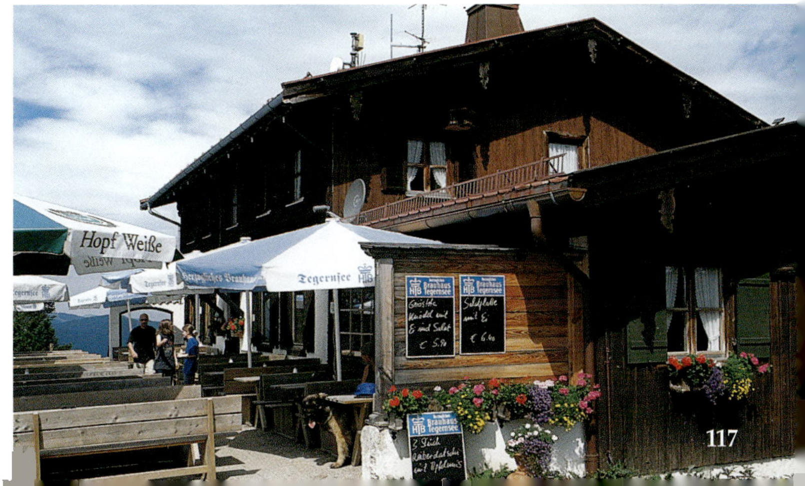

36

Gufferthütte (1475 m)

Familienhütte mit Almwiesen, Murmeltieren und Kletterfelsen

Die Hütte
Gufferthütte (1475 m), AV-Hütte, Kat. I, von Mitte Mai bis Oktober bewirtschaftet, 38 Betten, 30 Lager, Winterraum mit 6 Plätzen (AV-Schloss); Tel. 00 43/6 76/6 29 24 04. www.gufferthuette.at

Charakter
Durch die Lange Au erst Wirtschaftsweg, dann Bergwanderweg; über die Wolfsschlucht anspruchsvoll, Trittsicherheit und Schwindelfreiheit erforderlich (Variante über Königsalm leicht); Anstieg vom Köglboden auf Wirtschaftsweg

Anreise
Mit Pkw: Auf der A 8 bis Ausfahrt Holzkirchen, dann über Gmund, Bad Wiessee und Kreuth zum Parkplatz »Lange Au« (Hüttenwege 1 und 2). Oder auf der Achenpassstraße bis kurz vor Achenkirch, dann links weiter Richtung Steinberg am Rofan. Nach etwa 4 km zweigt links ein Wirtschaftsweg ab; dort Parkplatz am sogenannten Köglboden (zwei Parkplätze; Hüttenweg 3).
Mit Bahn/Bus: Mit der Bahn bis Endbahnhof Tegernsee, dann mit RVO-Bus bis Wildbad Kreuth oder mit dem RVO-Bus bis Achenthal und dann zu Fuß zum Köglboden.

Karte
Amtliche Österreichische Karte 1:50 000 Achenkirch. Evtl. Topografische Karte 1:50 000 Mangfallgebirge (LDBV)

Weitere Hütten
Schweigeralm (800 m), privat, von Weihnachten bis Anfang November bewirtschaftet
Schönleitenalm (1470 m), privat, während des Weidebetriebs einfach bewirtschaftet
Blaubergalm (1540 m), privat, durchgehend bewirtschaftet von Mitte Mai bis Anfang November, ab Oktober nur wochenends, 16 Lager; Tel. 00 43/6 64/2 30 67 19

Am schnellsten ist diese Alpenvereinshütte natürlich von der Tiroler Seite zu erreichen, doch die spektakulärsten Hüttenanstiege führen aus dem Tegernseer Tal dorthin. Eigentlich sind das dann schon kleine Gebirgsüberschreitungen, die durch die Blauberge führen.

Die Gufferthütte wird zwar den Brandenberger Alpen zugeschrieben, liegt aber eindeutig noch im Gebiet der Tegernseer Berge. Und auch der mehrfach gewechselte Name (zeitweise hieß sie auch Ludwig-Aschenbrenner-Hütte, nach einem Vorsitzenden der Sektion München) zeugt von einer Zwitterstellung der Hütte. Für den Guffert ist die Hütte kein idealer Ausgangspunkt, näher liegt da schon der Halserspitz als Hüttenberg. Die 1926 erbaute, 1957 abgebrannte und wieder aufgebaute Hütte liegt in einem schönen Wandergebiet mit zahlreichen Wander- und Klettermöglichkeiten. Zwischen 1998 und 2003 wurde sie komplett renoviert.

1. Durch die Lange Au

leicht 700 Hm 3.00 Std.

Vom Parkplatz »Lange Au« wandern wir auf Wirtschaftsweg über die Schweigeralm leicht ansteigend in die bewaldete Lange Au bis zum Steinernen Kreuz (884 m). Dort geht es rechts weg (Mark. BB 1) und bald in

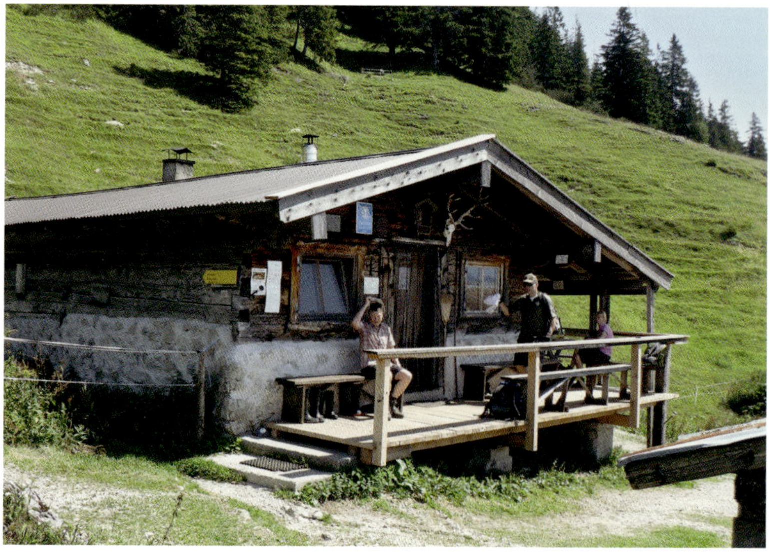

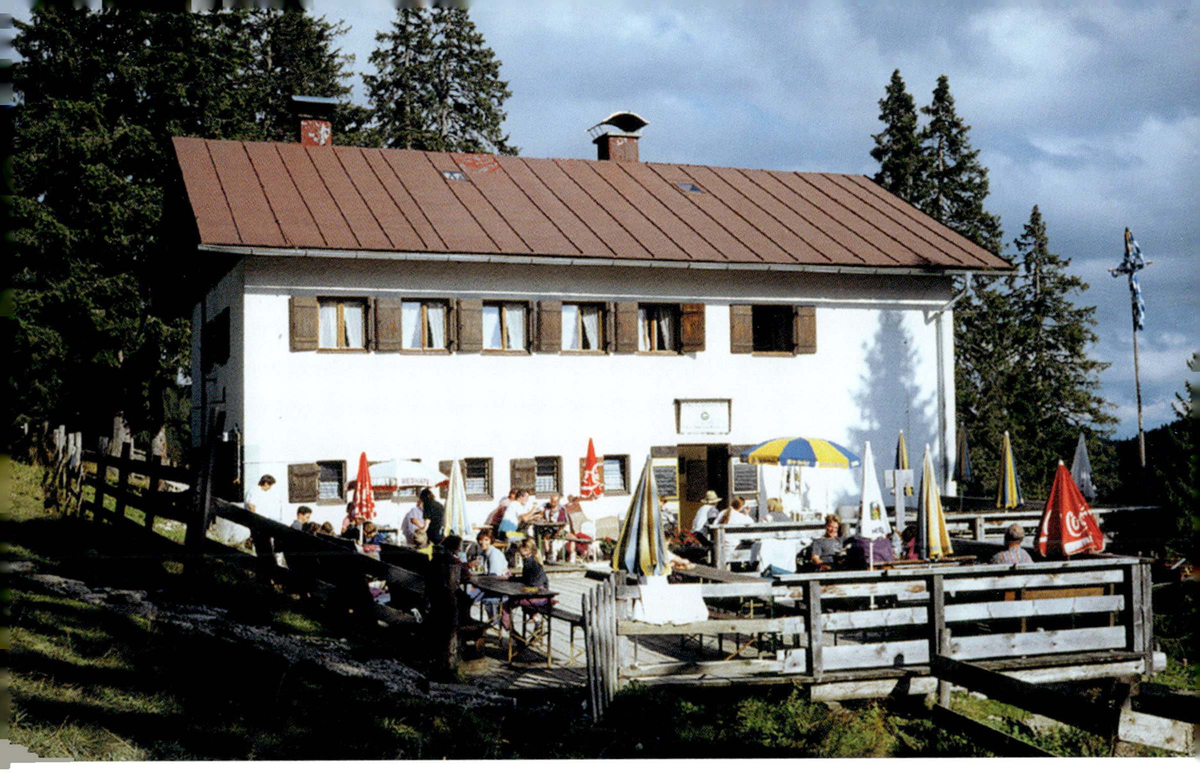

steilen Serpentinen durch Wald zu einer Wasserscheide (1222 m) und den Böden der Bayrbachalm. Dort halten wir uns rechts und steigen durch Wald und über Bergwiesen durch steiles Gelände bergan und wechseln schließlich hinüber zur Bayerischen Wildalm (1450 m) und weiter zur Gufferthütte.

Die Gufferthütte liegt auf einem freien Waldflecken (oben). Linke Seite: Die Blaubergalm

2. Über die Blaubergalm

mittel 860 Hm 4.30 Std.

Am Parkplatz »Lange Au« gehen wir rechts über die Weißachbrücke, folgen dem unbefestigten breiten Weg am Flussufer entlang (nicht dem asphaltierten Weg nach Wildbad Kreuth) bis zu einer Brücke. Dort überqueren wir nun die Weißach, wandern auf der anderen Seite links weiter und erreichen schließlich die versteckt gelegene Siebenhüttenalm. Von dort geht es auf Fahrweg weiter zur Königsalm und jenseits wieder hinab ins Tal der Felsweißach. Nun wandern wir teilweise im Bachbett zum Talschluss. Auf zum Teil mit Drahtseilen gesichertem Steig geht es durch die steile Wolfsschlucht hinauf zum Blaubergsattel und links weiter zur Blaubergalm (1540 m). Nun wandern wir auf Almfahrweg weiter und auf der Südseite des Blaubergkamms im leich-

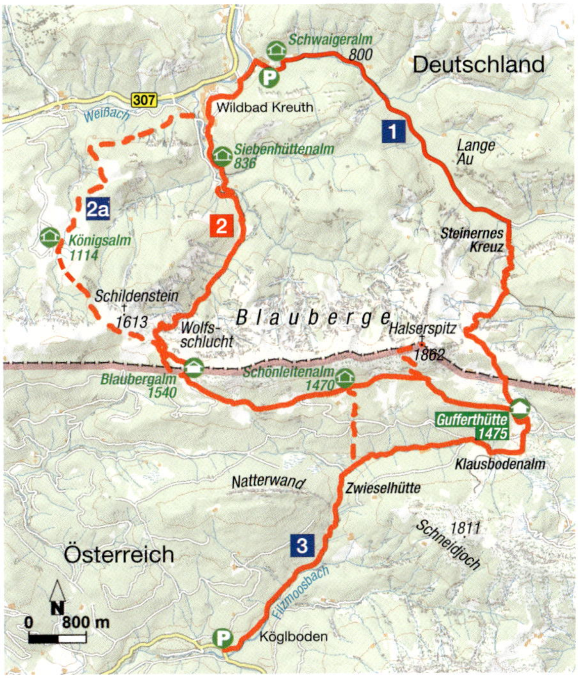

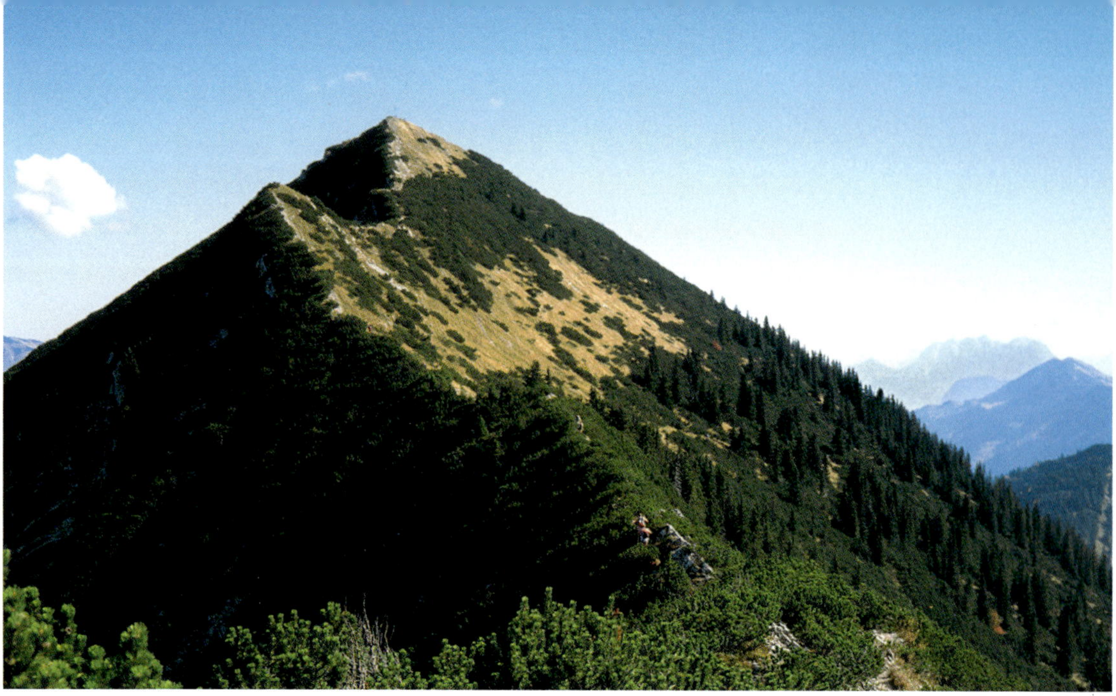

Unterwegs am Blaubergkamm mit Blick auf den Halserspitz, der höchsten Erhebung der Tegernseer Berge

ten Auf und Ab hinüber zur Schönleitenalm (1470 m). Dort geht es in gleicher Richtung weiter, bis rechts der markierte Weg hinab zur Gufferthütte führt.

2a. Variante über die Königsalm

leicht 900 Hm 4.30 Std.

Vom Parkplatz »Lange Au« folgen wir zunächst dem breiten Weg zur Siebenhüttenalm, bis rechts ein ausgeschilderter Weg zur Königsalm abzweigt. Auf diesem steigen wir steil durch Wald zur Geißalm, dann über die Almwiesen hinauf zur Königsalm, dort – links vom sogenannten Kavaliershaus – über den Bach (Mark. BB 2) und über Almwiesen hinauf zum Graseck. Dort geht es rechts haltend weiter und am Waldrand entlang hinauf zum Sattel (1536 m) zwischen Schildenstein und Platteneck, erst etwas abwärts, dann weiter auf einfachem Weg zur Blaubergalm.

Der Hüttengipfel

leicht 830 Hm 2.45 Std.

Halserspitz (1862 m): Der höchste Gipfel der Blauberge (Bergwanderwege und Bergpfade; Trittsicherheit von Vorteil). – Von der in einer Waldlichtung gelegenen Hütte folgen wir der Ausschilderung zum Halserspitz in nordwestlicher Richtung. Wir steigen zunächst auf der bewaldeten Südseite des Halserspitz an, bis wir nach 45 Minuten bei einer Lichtung auf eine Wegverzweigung stoßen. Von dort folgen wir einem steilen Pfad über einen Wald- und Latschenhang zur Karspitze (1801 m) auf der Westseite des Halserspitz. Wir bleiben auf der Kammhöhe und steigen rechts den steilen Steig hinauf zum Gipfelkreuz. Der Abstieg erfolgt auf dem Aufstiegsweg oder in Kombination mit den Hüttenzustiegswegen.

3. Vom Köglboden

leicht 500 Hm 2.15 Std.

Vom Parkplatz am Köglboden folgen wir dem ausgeschilderten Fahrweg in das bewaldete Tal des Ampelbachs. Bei der Zwieselhütte (1144 m) wendet sich der Weg in Richtung Osten und folgt nunmehr dem Filzmoosbach aufwärts, vorbei an der Ludernalm, bis in den Sattel zwischen Schneidjoch (am Weg zu diesem Vorgipfel des Guffertmassivs wurden etruskische Inschriften gefunden) und den Südausläufern des Halserspitz. Dort dann links weiter hinauf zur Gufferthütte.

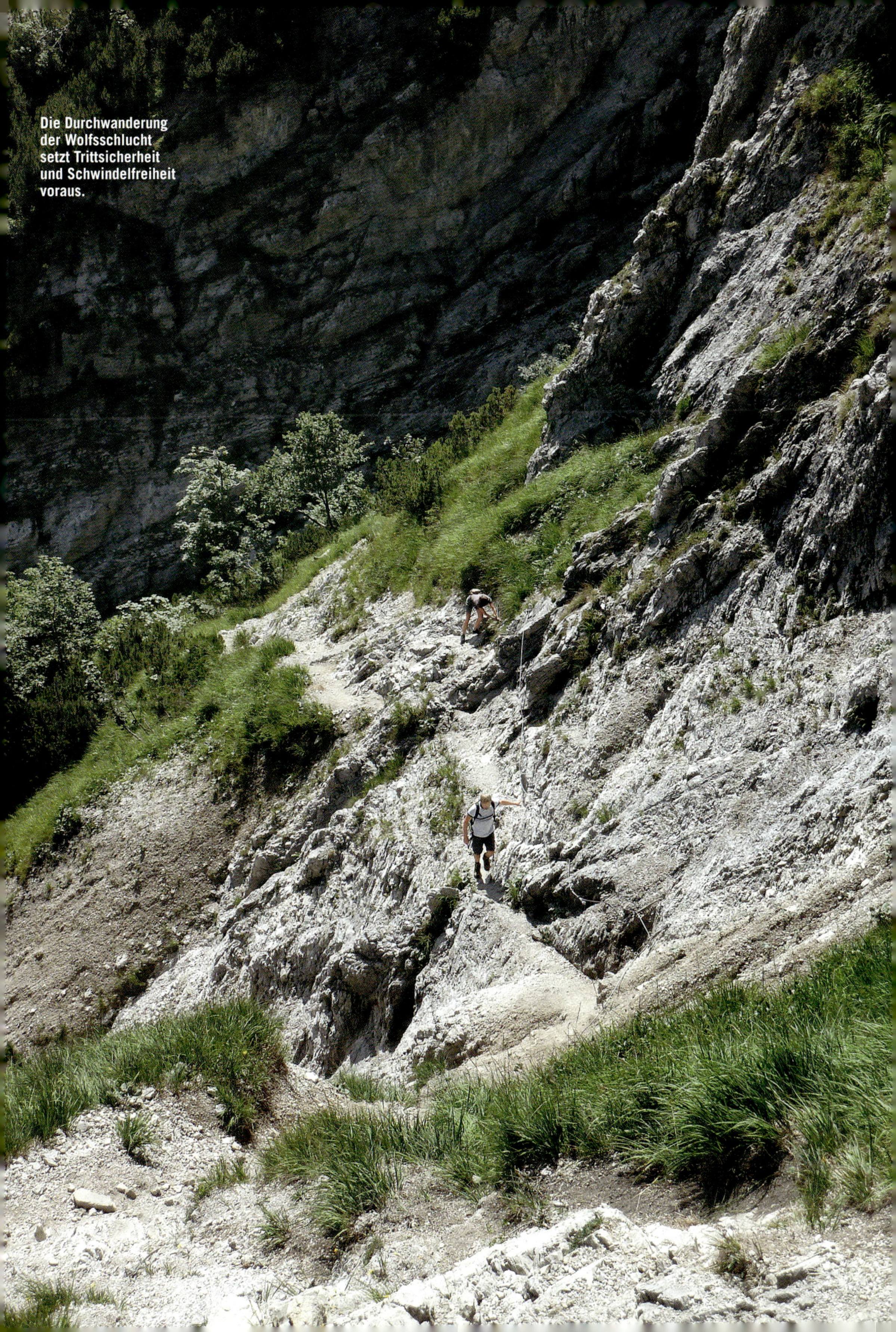

Die Durchwanderung der Wolfsschlucht setzt Trittsicherheit und Schwindelfreiheit voraus.

37

Brünnsteinhaus (1342 m)

Ein kurzer Klettersteig im Sommer, rodeln im Winter

Die Hütte
Brünnsteinhaus (1342 m), AV-Haus, Kat. I, von 1. Mai bis 1. November bewirtschaftet, Montag und Dienstag wegen Ruhetag keine Übernachtung möglich, von November bis Mitte März nur an den Wochenenden geöffnet (Ausnahme: Weihnachtsferien), 21 Betten, 42 Lager; Tel. 0 80 33/14 31

Charakter
Bergwanderwege und Bergpfade

Anreise
Mit Pkw: Auf der A 8 bis Ausfahrt Weyarn, dann über Miesbach, Schliersee, Bayrischzell auf die Sudelfeldstraße und über Grafenherberg (oder oberhalb vom Hotel Feuriger Tatzelwurm) zum Berggasthof Rosengasse; Parkplätze etwas unterhalb (Hüttenweg 1). Oder über die A 8/A 93 bis Ausfahrt Brannenburg; dann über die Mautstraße durch das Färchenbachtal zum Hotel Tatzelwurm, an der Straßengabelung rechts und sogleich wieder links hinab zum Wanderparkplatz (Hüttenweg 2). Oder auf der A 93 weiter bis Ausfahrt Oberaudorf, dort zur Talstation der Hocheckbahn (Hüttenweg 3) bzw. weiter nach Buchau, bis zum Ende der Fahrstraße (dort parken; Variante 3 a) bzw. in Oberaudorf weiter in Richtung Kiefersfelden, dann rechts über den Luegsteinsee nach Mühlau/Dörfl und bei der Bushaltestelle rechts zum Wanderparkplatz Kreit, am Eingang in die Rechenau (Hüttenweg 4). Oder weiter auf der A 93 bis Ausfahrt Kiefersfelden, durch den Ort und in Richtung Breitenau, nach 4 km zweigt rechts die Straße ins Gießenbachtal ab; dort weiter bis zum letzten Parkplatz (Hüttenweg 5).
Mit Bahn/Bus: Nicht sehr geeignet

Karte
Topografische Karte 1:50 000 Mangfallgebirge (LDBV)

Das Alpenvereinshaus der Sektion Rosenheim ist fast das ganze Jahr über geöffnet. Viele leichte Wege führen dorthin, der Weg zum gleichnamigen Gipfel über dem Haus setzt aber Trittsicherheit und Schwindelfreiheit voraus. Die Küche verwöhnt zudem mit bayerischen Schmankerln.

Das bereits 1894 erbaute Brünnsteinhaus liegt etwas versteckt im Wald auf der Südseite des Brünnsteins. Vor einigen Jahren kam ein nahezu gläserner Anbau hinzu sowie die Fotovoltaikanlagen an der Frontseite – was dem Ganzen ein etwas futuristisches Aussehen gibt. Doch keine Sorge, das Haus ist gemütlich und die Terrasse neben der Hütte im Sommer angenehm schattig. Eine Hütte für Wanderer, Skitourengehen, Rodler – und für Mountainbiker ist die Strecke aus der Rechenau geradezu ideal.

1. Von der Rosengasse

leicht 200 Hm 2.00 Std.

Man wandert vom Parkplatz 100 Meter hoch, dann links auf Almfahrweg zur Rosengassenalm. Dort beginnt der Steig. An den Almen links vorbei und hinauf zu einer Schneide, bei der nächsten Abzweigung rechts. Bei der Seeonalm trifft man auf den Almfahrweg zum Brünnsteinhaus.

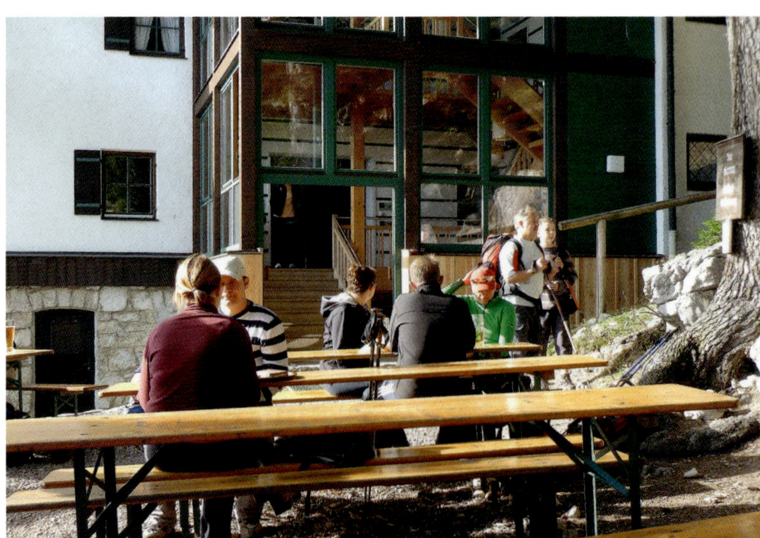

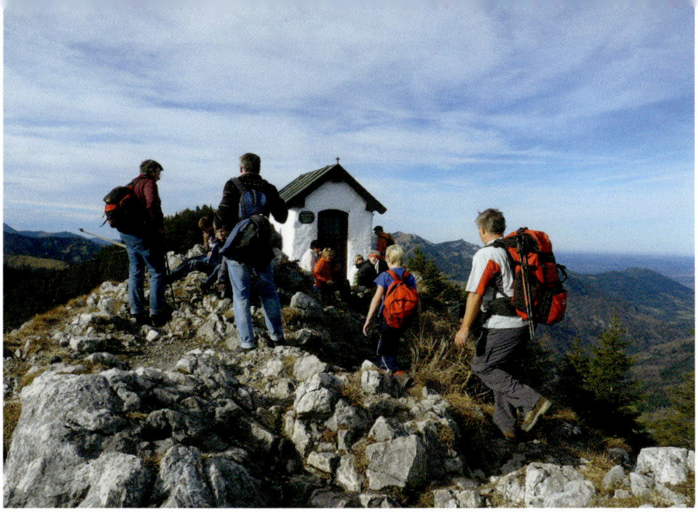

Der Hüttengipfel

mittel 292 Hm 1.15 Std.

Brünnstein (1634 m): Der Dr.-Julius-Mayr-Klettersteig (gut geeignet für Anfänger) führt von der Hütte erst durch Wald, dann mit Leitern und Seilsicherungen gut markiert zum Gipfel. Im Abstieg nimmt man den Steig auf der anderen Gipfelseite.

Die kleine Gipfelkapelle auf dem Brünnstein; das Gipfelkreuz befindet sich etwas abseits davon.

2. Vom Parkplatz Tatzelwurm

leicht 565 Hm 2.00 Std.

Auf markiertem Weg geht es zu den Tatzelwurm-Wasserfällen, der am oberen Wanderparkplatz endet. Dort beginnt links der Almfahrweg (Mark.-Nr. 657) zur Schoißeralm. Man kreuzt einen quer führenden Verbindungsweg und wandert geradeaus weiter bis zu einer starken Rechtskurve. Dort zweigt rechts der ausgeschilderte Wanderweg ab, der hinauf zum Brünnsteinhaus führt.

3. Von Oberaudorf (bzw. Buchau)

leicht 460 Hm 2.00 Std.

Von der Bergstation des Sessellifts (790 m) folgt man dem Fahrweg durch das Wiesenplateau zu einer Wegverzweigung. Dort geht es rechts durch Wald auf markiertem Wanderweg zu einer Forststraße. Links kurz auf dieser weiter, bis rechts ein Pfad abzweigt, der auf den von Buchau heraufführenden Weg (Routennummer 3a; Mark.-Nr. 652) stößt. Links steil hinauf zum Brünnsteinhaus.

Linke Seite: Das Brünnsteinhaus ist Ausgangspunkt für einen reizvollen kurzen Klettersteig.

4. Aus der Rechenau

leicht 635 Hm 2.15 Std.

Vom Parkplatz (610 m) folgt man dem dem Ziehweg auf der linken Bachseite zum Weiler Rechenau. Dort links (Mark.-Nr. 651) auf dem Almfahrweg durch Wald über den Kleinen Brünnberg zur Hütte.

5. Aus der Gießenbachklamm

leicht 630 Hm 1.45 Std.

Vom Parkplatz (720 m) geht es auf Wirtschaftsweg ins Hintere Gießenbachtal zur Gießenbachhütte. Dort beginnt rechts ein Steig (Mark.-Nr. 653) durch Wald zur Himmelmoosalm und rechts auf einem Wirtschaftsweg zur Hütte.

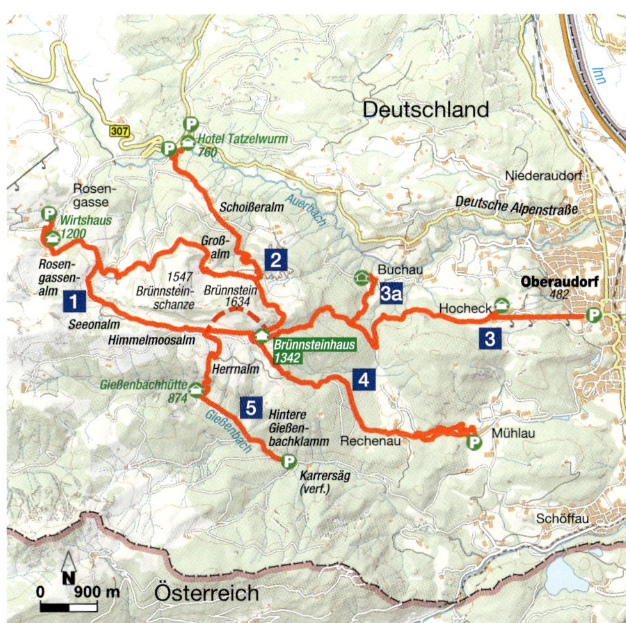

38

Kesselalm (1278 m)

Bei schönem Wetter immer geöffnet

Die Hütte
Kesselalm (1278 m), privat, von Mai bis Ende November Tagesbetrieb von 10–17 Uhr, keine festen Ruhetage, die sind wetterabhängig; im Winter Montag und Dienstag Ruhetag, die restlichen Tage bei schönem Wetter bewirtschaftet, an Feiertagen und bayerischen Ferien täglich geöffnet, 20 Lager und 2 Betten, Übernachtung von Mai bis Oktober, jedoch nur nach Voranmeldung; Tel. 0 80 28/26 02, mobil 0162/180 19 24. Siehe Hinweisschild in Birkenstein! www.kesselalm.de

Charakter
Im Talbereich jeweils Wirtschaftswege, dann Bergwanderwege, im Schlussaufstieg jeweils rechts steil. Trittsicherheit erforderlich

Anreise
Mit Pkw: Auf der A 8 bis Ausfahrt Weyarn, dann auf der Staatsstraße über Miesbach nach Elbach (Parkplatz neben der Kirche; Hüttenweg 2) bzw. über Schliersee nach Fischbachau und von dort noch 1 km zum Wallfahrtsort Birkenstein; großer Wanderparkplatz am oberen Ortsende (Hüttenweg 1). Oder Autobahnausfahrt Bad Aibling und über Bad Feilnbach ins Jenbachtal, bis zum Ende der Fahrstraße; dort mehrere Wanderparkplätze (Hüttenwege 3 und 3a).
Mit Bahn/Bus: Mit der Oberlandbahn in Richtung Bayerischzell, bis zum Haltepunkt Fischbachau; dann weiter zu Fuß

Karte
Topografische Karte 1:50 000 Mangfallgebirge (LDBV)

Weitere Hütten
Hubertushütte (1585 m), privat, von Juni bis Anfang November bewirtschaftet, im Winter an schönen Wochenenden, Weihnachten durchgehend. Anschlag über Öffnungszeiten am Beginn des Wanderwegs in Fischbachau

Schon seit dem Jahr 1927 besitzt die Kesselalm die Vollkonzession für einen Gaststättenbetrieb. Dennoch hat sie ihren urigen Charakter bis heute nicht verloren und dient Wanderern das ganze Jahr über als Einkehrstation und im Sommer auch als Übernachtungshütte.

Der sogenannte »Kessel« oberhalb von Birkenstein, auf der Südwestseite des Breitensteins, wurde bis Ende des 19. Jahrhunderts von fünf Bauern aus dem Leitzachtal auf fünf Almen mit Vieh bestoßen. Drei von ihnen gaben dann die Almwirtschaft auf. Auf der Kesselalm begann man bereits um die vorletzte Jahrhundertwende mit dem Verkauf von selbst hergestellter Almbutter und von Almkäse. Die noch bestehende Almhütte wurde vermutlich im 19. Jahrhundert erbaut und im Jahr 1969 kam ein Anbau dazu, das heutige Lokal. Ein Ausflugsziel für Wanderer, Mountainbiker im Sommer sowie für Schneeschuhwanderer und Rodler im Winter – auch für Gruppen gut geeignet, die am Berg feiern wollen.

1. Von Birkenstein

leicht 420 Hm 1.30 Std.

Vom großen Parkplatz unterhalb der Wallfahrtskirche in Birkenstein zurück zur Birkensteinstraße, dort kurz rechts und sogleich links in die Straße »Am Waldeck«. Nun auf dem ausgeschilderten Almfahrweg (WW »Breitenstein«) bergwärts, dann durch Wald zu einer Wegkreuzung (links geht es zur Bucheralm), dort rechts weiter und in weiten, teilweise steilen Kehren durch Wald hinauf zur Kesselalm.

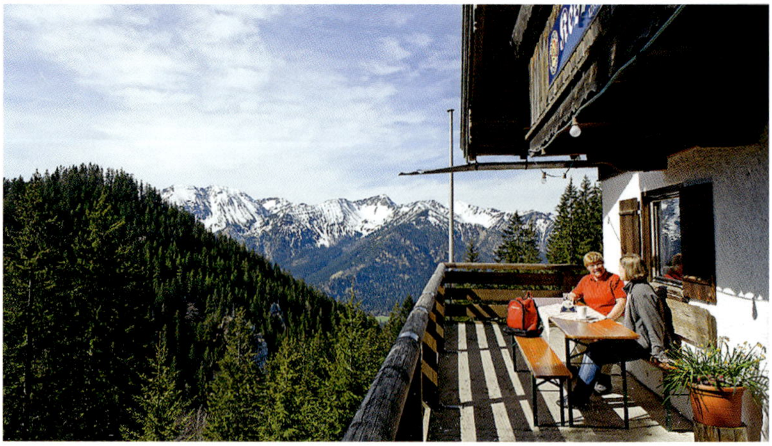

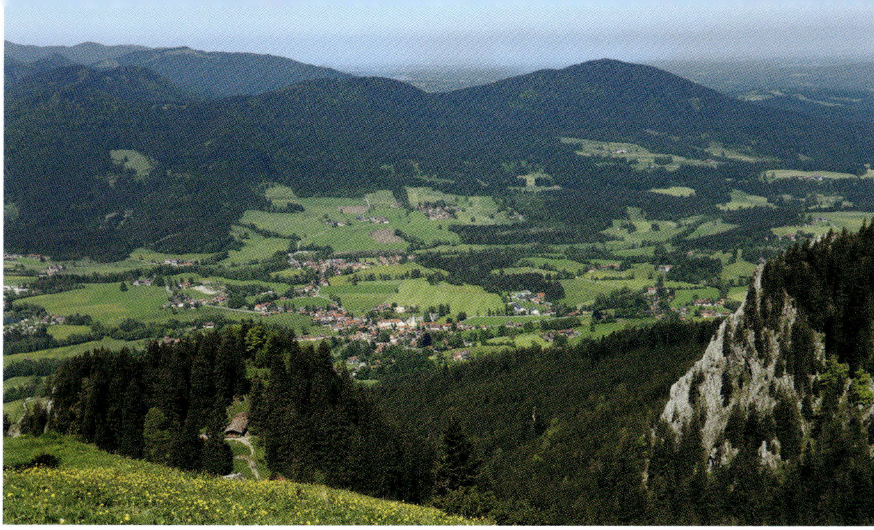

Freier Tiefblick vom Breitenstein auf das Tal von Fischbachau

2. Von Elbach über die Bucheralm

mittel 1100 Hm 3.0 Std.

Von der Ortsmitte auf Sträßchen zunächst zum Weiler Buch und auf Wiesenweg rechts haltend nach Buchenberg; dort links auf aspaltiertem Wirtschaftsweg auf einen bewaldeten Kamm und bei Wegverzweigung rechts weiter; bei einer Wegteilung im Wald links bleiben, dann bei einer Lichtung rechts einen Pfad hinauf zu einer Forststraße. Bei der Weggabelung links weiter und nun der Markierung »B« folgend hinauf zur Bucheralm. Von dort über steile Bergwiesen, dann durch lichten Wald hinauf zum Joch rechts des Bocksteins und nunmehr leicht ansteigend zur Hubertushütte. Links an dieser vorbei und über einen steilen Steig hinab in den Sattel am Bergfuß; dort rechts hinab auf Almweg zur bereits sichtbaren Kesselalm.

Linke Seite: Auf der Kesselalm können wir den Tag ausklingen lassen und eventuell sogar übernachten.

Der Hüttengipfel

leicht 700 Hm 1.30 Std.

Breitenstein (1622 m): Von Süden leicht zu ersteigen, nach Norden bricht er steil ab. – Von der Kesselalm auf Almfahrweg hinauf zum Sattel, der den Übergang ins Jenbachtal vermittelt; dann auf teilweise steinigem Steig hinauf zur Hubertushütte und an dieser vorbei in 15 Minuten zum Gipfel.

3. Aus dem Jenbachtal

leicht 625 Hm 2.30 Std.

Vom Parkplatz (800 m) zunächst auf unbefestigtem Wirtschaftsweg an der Wirtsalm vorbei zum Talende. Dort verzweigen sich die Wege: Links über eine Brücke und gleich wieder rechts bis zum Ende des Fahrwegs. Knapp oberhalb Wegverzweigung; dort rechts auf Bergwanderweg in zahlreichen Kehren durch Wald hinauf in den Sattel vor dem Gipfelaufbau des Breitenstein; dort links haltend auf rauem Almfahrweg hinab zur Kesselalm.

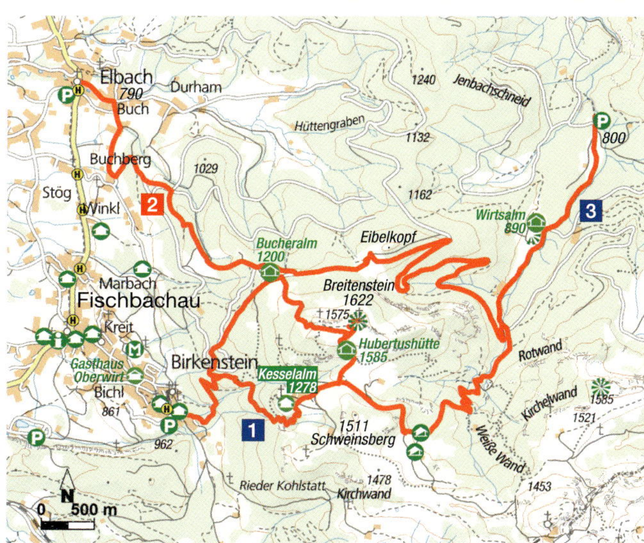

39

Rotwandhaus (1737 m)

Der Klassiker in den Bayerischen Voralpen

Das Panorama, das man vom Rotwandhaus aus genießt, kann sich sehen lassen. Und die Sonnenaufgänge und die Abendröte haben wahrlich Filmreife. Im Jahr 2011 wurde das Haus komplett renoviert.

Das 1907 eröffnete Alpenvereinshaus der Sektion »Turner Alpenkränzchen« ist eine Institution für Bergwanderer. Da das Rotwandhaus inmitten eines abwechslungsreichen Geländes auf der Südseite der Rotwand liegt, hat es sich auch als beliebte Anlaufstelle für Familien mit Kindern entwickelt. Mit etwas Glück lassen sich dort Murmeltiere und sogar Gämsen beobachten. Außerdem gibt es im Sommer natürlich auch Almvieh auf den umliegenden Bergweiden.

1. Von der Taubensteinbahn-Bergstation

mittel 210 Hm 1.30 Std.

Von der Bergstation der Taubensteinbahn (1611 m) geht es zuerst auf felsigem Steig hinauf zum Sattel hinter dem Taubenstein (hier ist für Trittsichere ein Abstecher zum Gipfel möglich). Dann wandert man mäßig ansteigend in südwestlicher Richtung durch freies Gelände, bis zum Fuß des Lempersbergs, den man unterhalb seiner Kammlinie quert. Ein Stück abwärts, dann hinauf zum Kirchsteinsattel. Dort ist bereits das Rotwandhaus zu sehen. In einem weitem Bogen hinab zum Alpenvereinshaus.

Die Hütte
Rotwandhaus (1737 m), AV-Haus, Kat. I, 30 Betten, 38 Lager, nahezu ganzjährig bewirtschaftet, von Anfang November bis Mitte Dezember geschlossen; Tel. 0043/664/164 52 90 oder 08026/395 98 80. www.rotwandhaus.de

Charakter
Überwiegend Wirtschaftswege, das letzte Stück auf der Route von Geitau auf Bergwanderweg

Anreise
Mit Pkw: Auf der A 8 bis Weyarn, dann über Miesbach und Schliersee, bis hinter Neuhaus die Spitzingstraße rechts abzweigt; auf dieser bis zur Talstation der Taubensteinbahn (Hüttenweg 1) oder weiter bis zum Ende des Sees zu den hintersten Parkplätzen (Hüttenweg 2). Oder von Neuhaus weiter auf der Deutschen Alpenstraße bis Geitau, dort rechts in den Ort (Parkplatz am südlichen Ortsende; Hüttenweg 3).
Mit Bahn/Bus: Mit der Oberlandbahn bis Fischhausen-Neuhaus, dann weiter mit RVO-Bus zum Spitzingsee. Oder weiter mit der BOB bis zum Haltepunkt Geitau (von dort weiter zu Fuß)

Karte
Topografische Karte 1:50 000 Mangfallgebirge (LDBV)

Weitere Hütten
Taubensteinhaus, siehe Tour 40

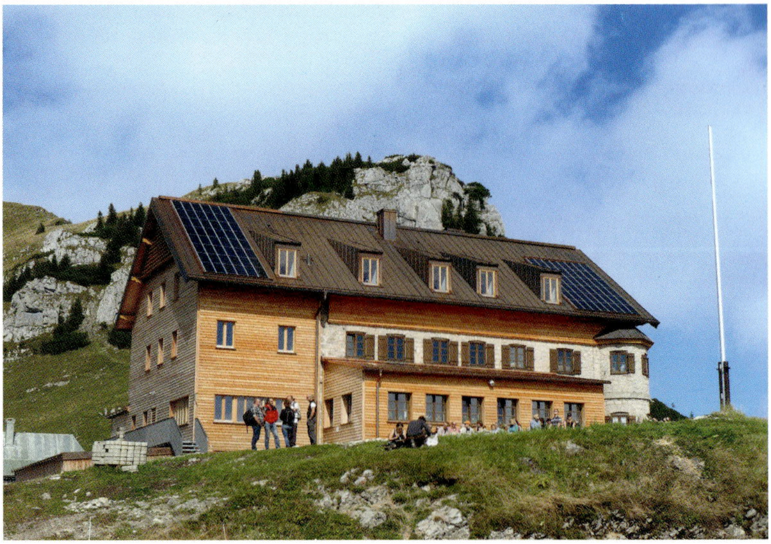

Das ganzjährig bewirtschaftete Rotwandhaus war Vorreiter einer umweltfreundlichen Energieversorgung; mittlerweile wurde das AV-Haus innen wie außen komplett saniert.

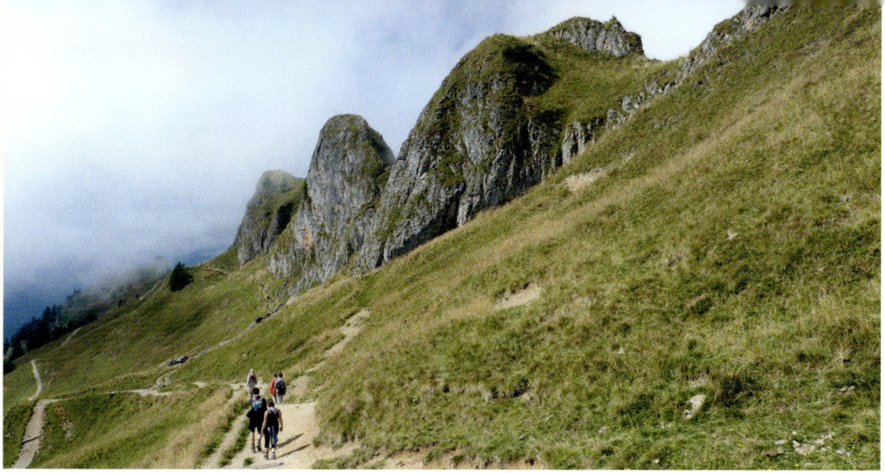

Die Wanderer steigen an diesem etwas trüben Tag vom Rotwandgipfel hinab zum Rotwandhaus, um sich aufzuwärmen.

2. Von Spitzingsee (Wurzhütte)

leicht 650 Hm 2.30 Std.

Vom Parkplatz bei der Kirche (1090 m) in Richtung Valepp, dann jenseits der Sperre (zahlreiche Wegweiser) auf Fahrweg weiter, bis bald links der befestigte Fahrweg zur Schwarzenkopfhütte abzweigt. Auf diesem durch Wald bis oberhalb der Bergwachthütte, wo rechts der unbefestigte Fahrweg (Schranke) zur Wildfeldalm hinaufführt. Dort weiter auf dem Hüttenzufahrtsweg, nun jedoch durch freies Gelände hinauf zum Rotwandhaus.

3. Von Geitau

leicht 965 Hm 4.30 Std.

Kurz vor dem Parkplatz am westlichen Ortsende von Geitau (769 m) zweigt links ein für den allgemeinen Verkehr gesperrtes Fahrsträßchen ab, dem man bis zu einer Weggabelung (von links mündet hier die Straße von Osterhofen ein) folgt. Dort rechts weiter und über eine Brücke zu einer Forsthütte oberhalb; bei der folgenden Wegverzweigung links und weiter auf einem Wirtschaftsweg in einem weiten Linksbogen um den bewaldeten Steilenberg herum (man bleibt immer auf der rechten Seite des Steilenbaches). Nach einer Bergwiese steigt der Weg in steilen Kehren zur Schellenbergalm an und erreicht dann durch ein weiteres Waldstück den Soinsee; dort rechts an diesem entlang und weiter zur Großtiefenthalalm, wo der Fahrweg endet. Auf schönem Bergwanderweg geht es nun links haltend hinauf zur Kümpfelscharte und ein kurzes steiles Stück weiter zum Rotwandhaus.

Der Hüttengipfel

leicht 300 Hm 0.45 Std.

Rotwand (1884 m): Der Gipfelanstieg zum Hausberg des Rotwandhauses ist von diesem auf breitem Wanderweg in einer knappen halben Stunde zu bewältigen. Ein Gipfelkreuz und eine herrliche Aussicht sind die Krönung der Tour. Vorsicht am Gipfel, die Rotwand fällt nach Norden und Osten steil ab.

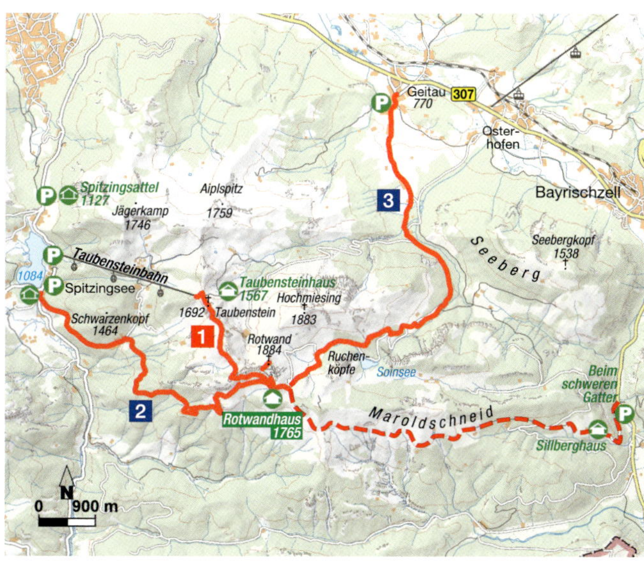

40

Taubensteinhaus (1567 m)

Rustikale Hütte für Bergbahnliebhaber

Die Hütte
Taubensteinhaus (1567 m), AV-Haus, Kat. II, 48 Betten und Lager, ganzjährig bewirtschaftet, von Anfang November bis 27. Dezember geschlossen; Tel. 0 80 26/70 70. www.taubensteinhaus.de

Charakter
Vom Spitzingsattel Bergwanderweg; vom Spitzingsee bzw. von Geitau Wirtschaftsweg, das letzte Stück auf Wanderweg

Anreise
Mit Pkw: Auf der A 8 bis Ausfahrt Weyarn, dann auf der Landstraße über Miesbach und Schliersee, bis hinter Neuhaus die Spitzingstraße rechts abzweigt; auf dieser bis zum Spitzingsattel (Parkplatz; Hüttenweg 1) oder weiter bis zum Ende des Sees zu den hintersten Parkplätzen (Hüttenweg 2). Oder von Neuhaus weiter auf der Deutschen Alpenstraße bis Geitau, dort rechts in den Ort; Parkplatz am südlichen Ortsende (Hüttenweg 3).
Mit Bahn/Bus: Mit der Oberlandbahn bis Fischhausen-Neuhaus, dann weiter mit RVO-Bus zum Spitzingsee. Oder weiter mit der BOB bis zum Haltepunkt Geitau (von dort zu Fuß)

Karte
Topografische Karte 1:50 000 Mangfallgebirge (LDBV)

Weitere Hütten
Obere Maxlraineralm (1520 m), nahezu ganzjährig bewirtschaftet, im Sommer Montag und Dienstag Ruhetag, im Winter von Freitag bis Sonntag geöffnet, bei Schlechtwetter evtl.geschlossen; im April Betriebsurlaub, 44 Betten; Tel. 0 80 26/73 82
Schönfeldhütte, siehe Tour 41

Das schindelverkleidete Taubensteinhaus im Spitzingseegebiet macht zwar einen altehrwürdigen Eindruck, gehört aber nicht zu den alten Hütten in den Bayerischen Alpen. Erst 1936 wurde der Bau errichtet; besonders gemütlich ist das Kaminstüberl.

Mit dem Bau der Taubensteinbahn, die 1972 eröffnet wurde und deren Bergstation knapp oberhalb des Hauses steht, ist der rege Zulauf zur Hütte gesichert. Nur zehn Minuten sind es von dort bis zur Hütte – eine Einladung besonders an Familien mit kleinen Kindern, die noch nicht so gerne länger wandern. Außerdem ist die Umgebung der Hütte ohne Gefahren. Für richtige Berggeher gibt es hingegen ein paar schöne Ziele: Taubenstein, Rotwand, Hochmiesing oder Aiplspitz.

1. Vom Spitzingsattel

leicht 550 Hm 2.00 Std.

Vom Wanderparkplatz (1127 m) auf markiertem Steig (SB 4 und Nr. 643/644) geht es zuerst über Wiesengelände, dann durch die bewaldeten Hänge der Lochgrabenschneid. Bei der Wegverzweigung links ab (Aus-

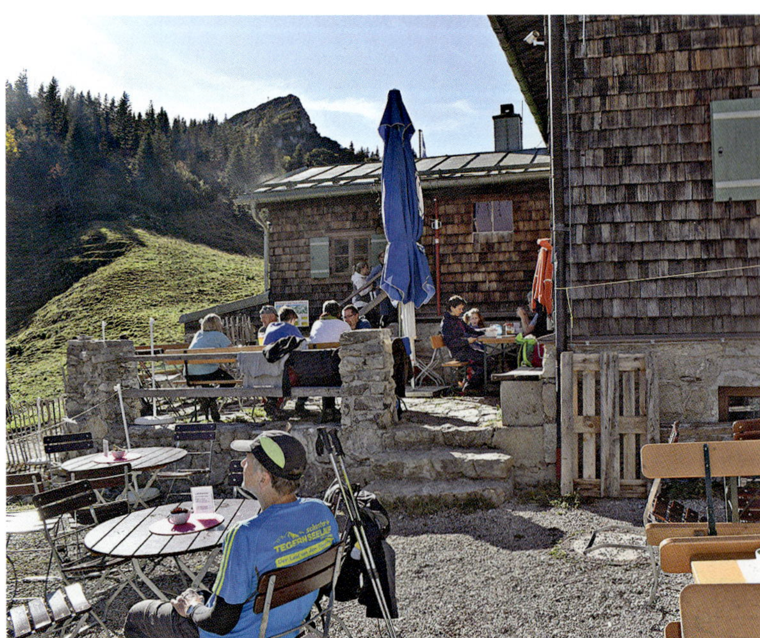

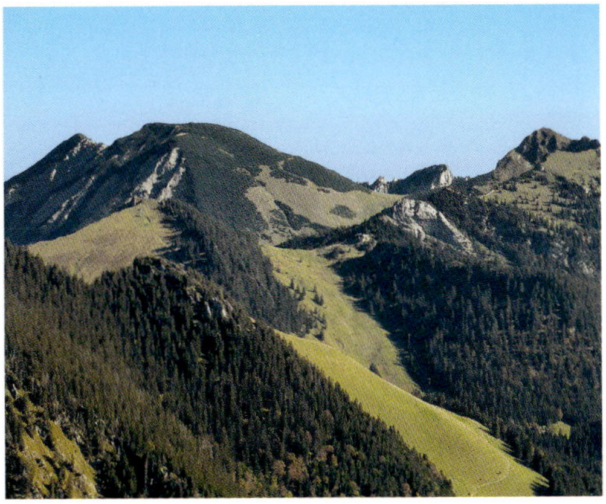

Der Hüttengipfel

mittel · 680 Hm · 2.00 Std.

Aiplspitz (1759 m): Man geht hinauf zur Bergstation der Taubensteinbahn und folgt rechts dem Wanderweg (Mark.-Nr. 642), links am Rauhkopf vorbei zum Almboden der Schnittlauchmoosalm. Dort folgt man rechts dem Pfad zum »Tanzeck« (Mark.-Nr. 643), geht seitlich an diesem vorbei, über die seilgesicherten Schrofen des Südwestgrats zum Gipfel des Aiplspitz. Jenseits geht es auf leichterem Steig durch Latschen auf dem Ostgrat hinab, dann rechts haltend über freie Hänge zur Krottenthaler Alm. Dort führt ein Pfad seitlich am Rauheck vorbei bis zum Taubensteinhaus.

schilderung rechts führt ebenfalls zum Taubenstein) und über weite Bergwiesen zur Schönfeldhütte (1410 m). Dort auf dem Fahrweg rechts, bis nach dem Lochgrabenlift der Wanderweg zum Taubenstein abzweigt. Auf diesem geht es durch ein kurzes Waldstück, dann seitlich der Piste hinauf zur Bergstation der Seilbahn und links hinab zum Taubensteinhaus.

Blick vom Aiplspitz – im Prinzip ein leichter Gipfel, aber ein paar kurze Passagen fordern dann doch den versierten Wanderer – auf den Hochmiesing.

2. Mit der Taubensteinbahn

leicht · 60 Hm · 0.15 Std.

Von der Bergstation auf bequemem Wanderweg hinab zum Taubensteinhaus.

3. Vom Spitzingsee (Wurzhütte)

leicht · 620 Hm · 1.30 Std.

Vom Wanderparkplatz bei der Kirche (1090 m) auf Fahrweg in Richtung Valepp, vorbei an einer Sperre (Tafel mit Wegweisern), bis bald links der befestigte Fahrweg zur Schwarzenkopfhütte abzweigt.

Auf diesem Weg geht es nun durch Wald bis oberhalb des ehemaligen Gasthauses Igler, wo rechts der ausgeschilderte Wanderweg zur Oberen Maxlraineralm abzweigt. Von der Alm links haltend hinauf zur Bergstation der Taubensteinbahn und rechts hinab zur Hütte.

Linke Seite: Mit der Taubensteinbahn ist das Taubensteinhaus schnell erreichbar.

4. Von Geitau

leicht · 800 Hm · 4.30 Std.

Vom Parkplatz in Geitau (770 m) auf Fahrstraße über einen Wiesengrund – immer rechts haltend – bis an den Bergfuß, über eine Brücke und zur Miesebern-Diensthütte. Bei den nächsten zwei Wegverzweigungen rechts und auf Almfahrweg durch den bewaldeten Krottenthaler Graben. Im Linksbogen um die Nordwestseite des Hochmiesing herum, bis kurz vor der Großtiefenthalalm der Hüttenzugangsweg rechts abzweigt.

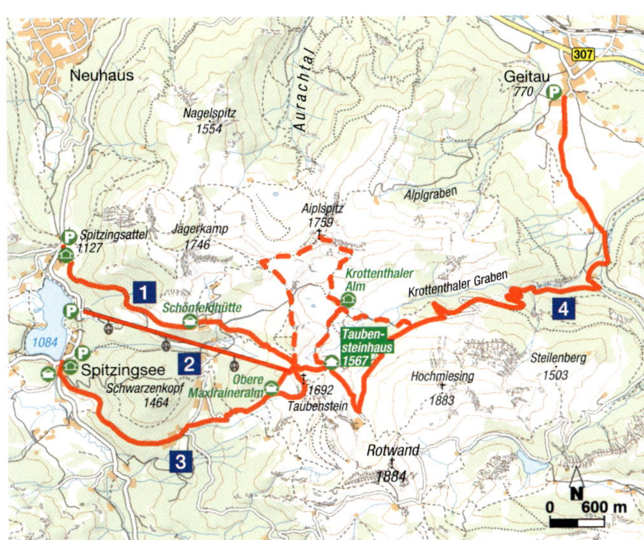

41

Schönfeldhütte (1410 m)

Familienhütte über dem Spitzingsee

Die inmitten eines Almgeländes gelegene Hütte weist nur leichte Zugänge auf und ist daher ideal für Wanderungen mit Kindern. Wer lieber bergab wandert, kann dies auch von der Taubensteinbahn tun – es sind nur 200 Höhenmeter.

Dieser Tourenstützpunkt ging aus der Unteren Schönfeldalm hervor, den die Alpenvereinssektion München im Jahr 1929 erwarb. Knapp 20 Jahre später wurde sie jedoch durch eine Lawine schwer beschädigt und musste durch einen Neubau ersetzt werden. Ihre heutige Gestalt erhielt sie nach einer Erweiterung im Jahr 1967. Neben den kleinen Zimmerlagern gefällt manchem sicher die regionale Ausrichtung der Küche: »So schmecken die Berge« ist auch das Motto der jetzigen Pächter.

1. Vom Spitzingsattel

leicht 285 Hm 1.00 Std.

Vom Ende des Parkplatzes geht es auf markiertem Steig (SB 4 und Nr. 644) zuerst über Wiesengelände, dann durch die bewaldeten Hänge der Lochgrabenschneid. Bei der Wegverzweigung nach dem Waldstück links weiter über die freien Hänge zur Schönfeldhütte.

2. Mit der Taubensteinbahn

leicht 230 Hm 0.30 Std.

Von der Bergstation gehen wir links hinab zum Taubensteinsattel, dann erneut links über den markierten Wanderweg (Mark.-Nr. 644) am Rande

Die Hütte
Schönfeldhütte (1410 m), AV-Hütte, ganzjährig bewirtschaftet, 24 Betten, 10 Lager; Tel. 0 80 26/74 96. www.davplus.de/schoenfeldhuette

Charakter
Anstieg vom Spitzingsattel und Abstieg von der Bergstation, leichte Bergwanderwege. Vom Spitzingsee überwiegend Fahrweg. Der Übergang über den Jägerkamp erfordert Trittsicherheit.

Anreise
Mit Pkw: Auf der A 8 bis Ausfahrt Weyarn, dann auf der Landstraße über Miesbach und Schliersee, bis hinter Neuhaus die Spitzingstraße rechts abzweigt; auf dieser bis zum Spitzingsattel (Hüttenwege 1 und 4) oder weiter bis zur Talstation der Taubensteinbahn (großer Parkplatz; Hüttenweg 2) oder bis zum Ende der Fahrstraße am See (Parkplätze; Hüttenweg 3).
Mit Bahn/Bus: Mit der Oberlandbahn bis Fischhausen-Neuhaus, dann weiter mit RVO-Bus zum Spitzingsee

Karte
Topografische Karte 1:50 000 Mangfallgebirge (LDBV)

Weitere Hütten
Spitzingalm (1127 m), ganzjährig bewirtschaftet
Taubensteinhaus, siehe Tour 40
Jägerbauernalm (1544 m), privat, im Sommer einfach bewirtschaftet

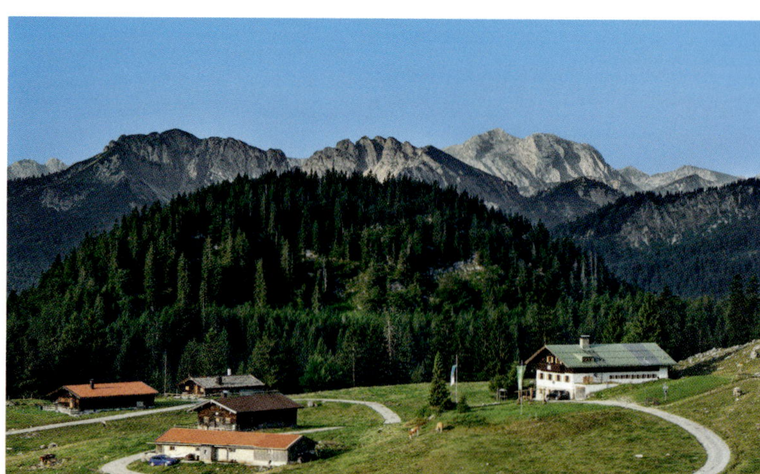

Die ganzjährig bewirtschaftete Schönfeldhütte im Spitzingseegebiet bietet für alle etwas: einen kurzen Anstiegsweg, ein großes Almgelände und mit dem Jägerkamp einen leichten Aussichtsgipfel.

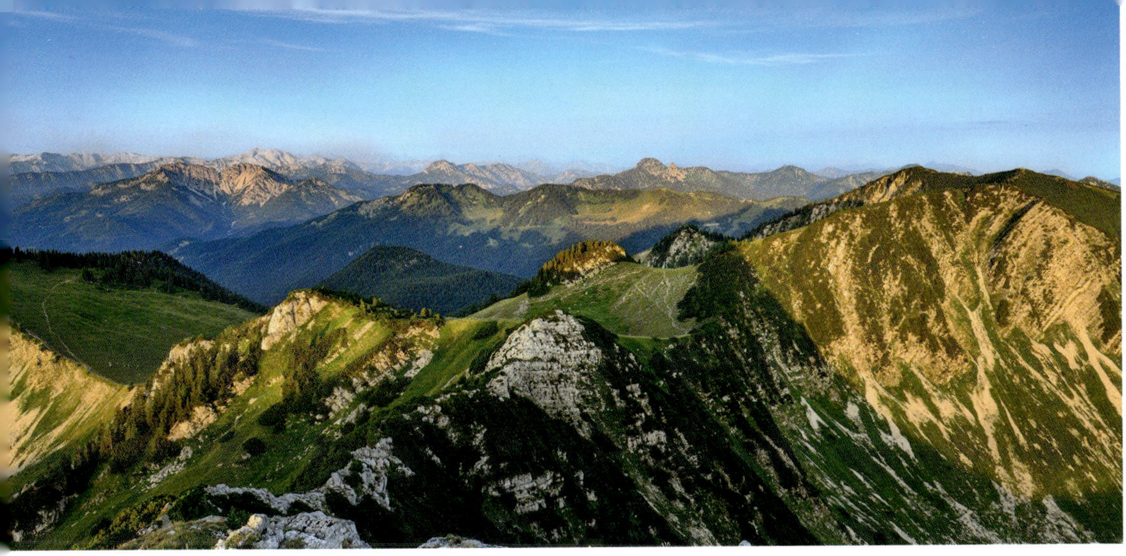

Blick von Westen auf den Jägerkamp mit seiner zerfurchten Westflanke

der Piste hinab zu einem Almfahrweg. Dort rechts weiter, bis links der Hüttenzufahrtsweg abzweigt. Die Hütte liegt am Gegenhang.

3. Vom Spitzingsee

leicht 330 Hm 1.30 Std.

Vom Parkplatz am Südufer des Sees folgt man jenseits der Sperre dem Fahrweg in Richtung Valepp, bis bald links der befestigte Fahrweg zur Schwarzenkopfhütte abzweigt. Auf diesem durch Wald bis zur Wegverzweigung bei der Schwarzenberghütte (Wegtafeln). Hier rechts weiter auf dem schmalen Almfahrweg, unter der Taubensteinbahn hindurch, bis links der Hüttenzufahrtsweg zur Schönfeldhütte abzweigt.

4. Über den Jägerkamp

mittel 960 Hm 3.45 Std.

Vom Spitzingsattel geht es über freies Gelände hinauf zum Waldrand, dann links haltend unter den Felswänden entlang, bis man auf den von der Spitzingstraße heraufführenden Weg stößt. Nun rechts weiter auf diesem zur Jägerbauernalm. Dort rechts haltend auf den Nordgrat des Jägerkamp zu und auf dem Grat durch Latschen zum Gipfel. Links geht es hinab auf markiertem Weg zu einer Wegverzweigung, rechts steil hinab zu den Oberen Schönfeldalmen und zur Hütte.

Der Hüttengipfel

leicht 680 Hm 1.45 Std.

Jägerkamp (1746 m): Ruhiger, latschenbewachsener Gipfel gegenüber der Aiplspitz. – Von der Schönfeldhütte geht es auf leichtem, markiertem Weg (Nr. 643) über die Weidehänge zu den Oberen Schönfeldalmen; dann weiter zu einer Wegverzweigung auf einem Hochplateau. Dort links auf Bergsteig (Mark.-Nr. 642) und durch Latschen zum Gipfel.

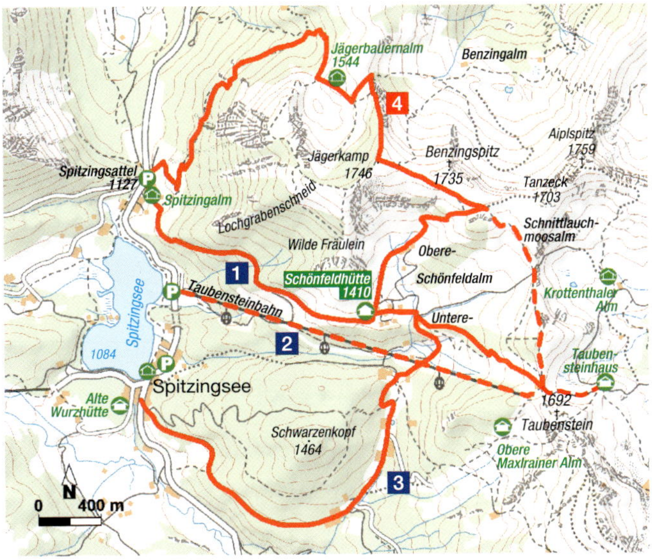

42

Bleckseinhaus (1060 m)

Ideales Basislager für Familien und Gruppen

Die Hütte
Blecksteinhaus (1060 m), AV-Haus, Kat. II, 22 Betten in kleinen Zimmerlagern sowie ein großes Lager mit 22 Betten, vorherige Anmeldung erwünscht, ganzjährig bewirtschaftet, Dienstag Ruhetag, Mai oder Juni bzw. auch November Betriebsruhe;
Tel. 0 80 26/924 67 92.
www.blecksteinhaus.com

Charakter
Gesperrte Fahrsträßchen und Bergwanderwege

Anreise
Mit Pkw: Auf der A 8 bis Ausfahrt Weyarn, dann auf der Landstraße über Miesbach und Schliersee, bis hinter Neuhaus die Spitzingstraße rechts abzweigt; auf dieser bis zum Ende des Sees zu den hintersten Parkplätzen (Hüttenweg 1). Oder Autobahnausfahrt Holzkirchen, dann auf der Landstraße über Gmund und Tegernsee nach Rottach-Egern und links weiter auf der Mautstraße in die Valepp. Ausgangspunkte ist dann die Talstation der Stümpflingbahn am Spitzingsee (Hüttenweg 3) oder der Parkplatz in der Valepp (Hüttenweg 2).
Mit Bahn/Bus: Mit der Oberlandbahn bis Fischhausen-Neuhaus, dann weiter mit RVO-Bus zum Spitzingsee. Im Sommer fährt der Bus bis zur Abzweigung/Haltestelle Blecksteinhaus (dann nur noch 10 Min. zu Fuß). Oder mit der BOB nach Tegernsee und mit RVO-Bus in die Valepp

Karte
Topografische Karte 1:50 000 Mangfallgebirge (LDBV)

Weitere Hütten
Albert-Link-Hütte (1053 m), AV-Hütte, Kat. II, ganzjährig bewirtschaftet, Ende November bis Weihnachten Betriebsruhe, Montag Ruhetag, 41 Betten, 24 Lager;
Tel. 0 80 26/7 12 64;
www.albert-link-huette.de

Leicht und schnell erreichbar ist diese Hütte im Spitzingseegebiet, die sich ideal für Familien, Gruppen, für Geburtstagspartys und ja sogar für Hochzeiten eignet. Zudem gibt es einen großen Freisitz vor der Hütte.

Das Blecksteinhaus im Spitzingseegebiet zählt zu den leicht erreichbaren Hütten und ist daher ideal für Wanderurlaube mit der Familie. Das Unterkunftshaus der Alpenvereinssektion Männer-Turnverein München ist seit dem Jahr 1927 im Besitz der Sektion und wurde erst kürzlich renoviert. Es gibt nicht nur Kinderbetten zum Beistellen, sondern auch Schlafräume mit nur drei, vier oder fünf Betten sowie ein spezielles Speise- und Getränkeangebot für Kinder. Rund um das Haus gibt es zahlreiche Spiel- und Tourenmöglichkeiten.

1. Vom Spitzingsee

leicht 40 Hm 0.30 Std.

Vom Parkplatz bei der Kirche zunächst auf ausgeschildertem (gesperrtem) Fahrweg in Richtung Valepp, dann leicht abwärts, bis rechts das Zufahrtssträßchen zum Haus abzweigt.

2. Aus der Valepp

leicht 180 Hm 1.30 Std.

Vom Parkplatz bei der Brennerklamm (880 m) geht es auf Wanderweg an der für Verkehr gesperrten Straße entlang in Richtung Spitzingsee, bis bei der Winterstube der Zugangsweg zum Blecksteinhaus nach links abzweigt.

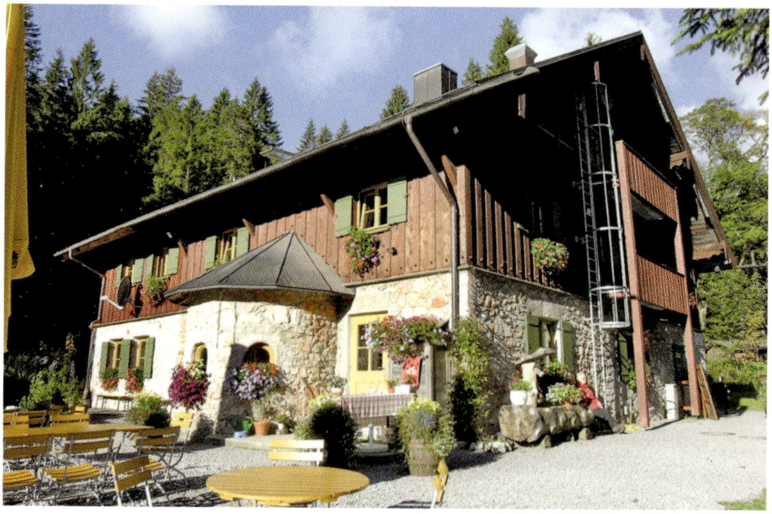

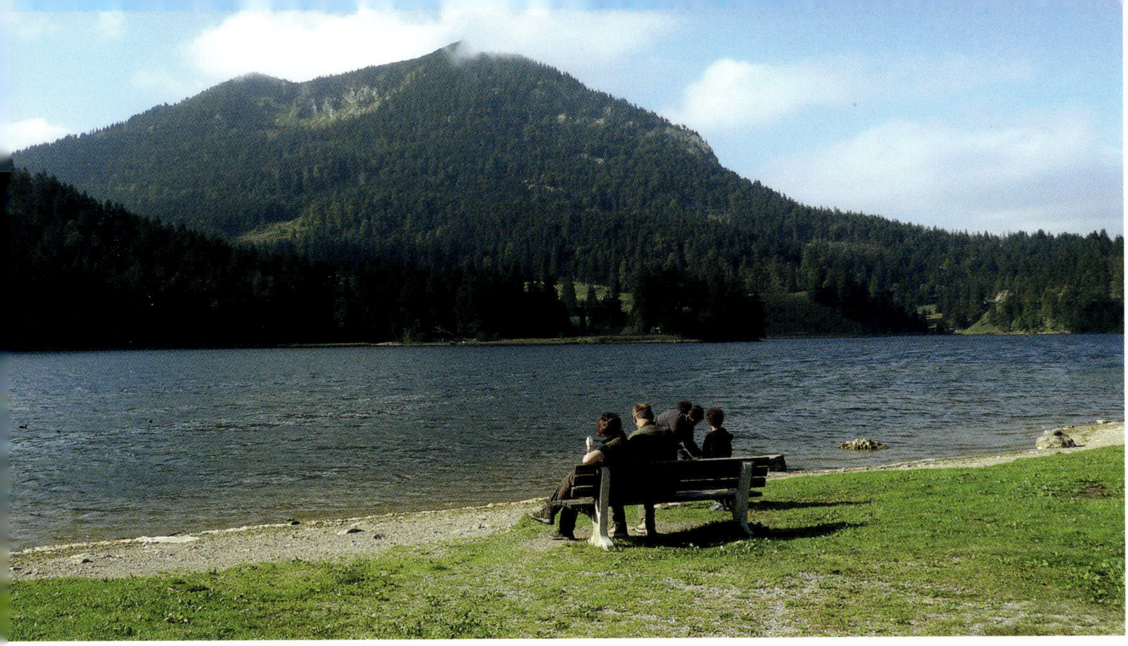

3. Von der Jagahütt'n

leicht 575 Hm 1.15 Std.

Mit der Stümpflingbahn fahren wir zur Bergstation, dann geht es rechts auf markiertem Weg auf der Kammhöhe zur Grünseealm, dann auf gutem Pfad hinauf zum Roßkopf (1580 m). Wir wandern jenseits hinab, bei der Wegverzweigung links über die steilen Bergwiesen hinab zum Grünsee, kurz ansteigend und erneut talwärts, bis wir auf einen Almfahrweg treffen. Auf diesem geht es hinab zur Unteren Haushamer Alm und auf Wirtschaftsweg talwärts, der direkt auf die Albert-Link-Hütte zuhält. Bei der Wegkreuzung wandern wir aber rechts weiter zum Blecksteinhaus.

Beschauliche Rast am Spitzingsee; im Hintergrund die Brecherspitze

Linke Seite: Das Blecksteinhaus im Spitzinggebiet ist auf Wanderurlaube für Familien spezialisiert.

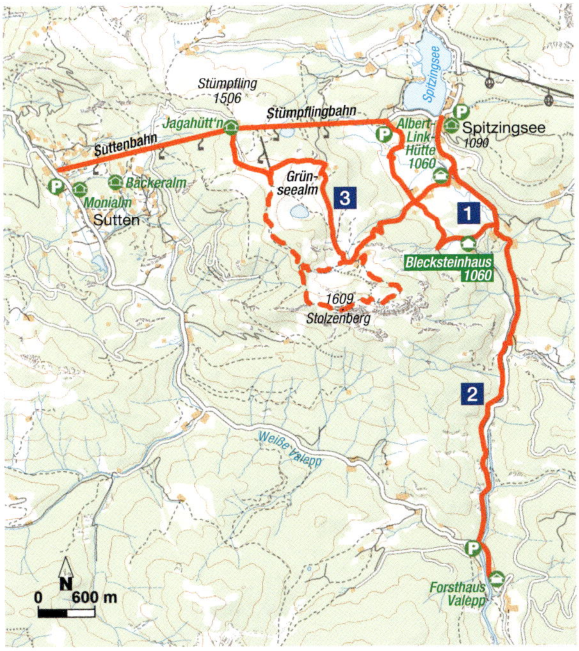

Der Hüttengipfel

leicht 1100 Hm 4.00 Std.

Stolzenberg (1609 m): Vom Blecksteinhaus geht es wie beschrieben (siehe Hüttenweg 3) zur Unteren Haushamer Alm, wo links ein markierter Bergsteig zum Stolzenberg abzweigt. Auf diesem geht es nun hinauf zum überwiegend bewaldeten Gipfel. Über den Gipfelkamm wandern wir in einer Rechtsbiegung auf den Rotkopf zu, dann rechts auf steilem Pfad hinab zu den Wiesen der Unteren Haushamer Alm und auf dem Zustiegsweg zurück zum Ausgangspunkt.

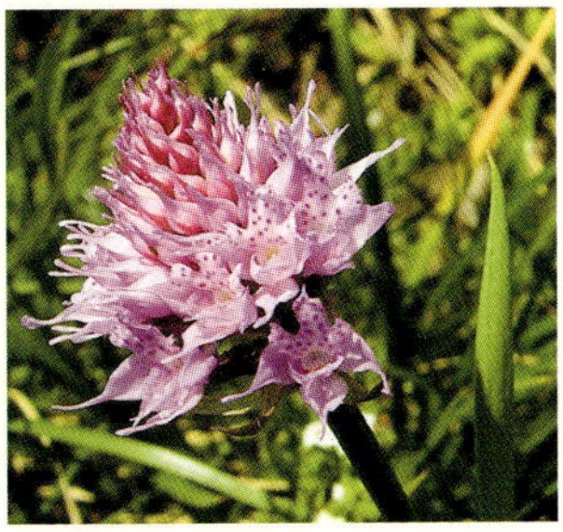

43

Bodenschneidhaus (1353 m)

Ganzjährig bewirtschaftet und zwei tolle Hüttengipfel

Die Hütte
Bodenschneidhaus (1353 m), AV-Haus, Kat. II, 17 Betten, 31 Lager, ganzjährig bewirtschaftet, im April etwa 2 Wochen Betriebsruhe; Tel. 0 80 26/ 46 92. www.bodenschneidhaus.de

Charakter
Von Fischhausen, vom Spitzingsattel bis zur Oberen Firstalm sowie von Kühzagl gesperrte Wirtschaftswege; ansonsten gute, an manchen Stellen wurzelreiche bzw. steinige Bergwanderwege

Anreise
Mit Pkw: Auf der A 8 bis Ausfahrt Holzkirchen, dann über Gmund und Tegernsee nach Rottach-Egern und auf der Mautstraße in Richtung Valepp nach Kühzagl (Wanderparkplatz; Hüttenweg 4) oder weiter bis zur Talstation der Suttenbahn; dort Parkplätze (Hüttenweg 3).
Oder auf der A 8 bis Ausfahrt Weyarn, dann über Miesbach, Schliersee nach Fischhausen (Parken im Ort; Hüttenweg 1) oder zum Spitzingsattel (Hüttenweg 2) bzw. zur Talstation der Stümpflingbahn (Hüttenweg 3).
Mit Bahn/Bus: Mit der Oberlandbahn bis Tegernsee oder Fischhausen-Neuhaus, dann jeweils mit RVO-Bussen in die Valepp oder hinauf zum Spitzingsee

Karte
Topografische Karte 1:50 000 Mangfallgebirge (LDBV).

Weitere Hütten
Obere Firstalm (1375 m), privat, ganzjährig bewirtschaftet, 25 Betten; Tel. 0 80 26/73 02. www.firstalm.de
Untere Firstalm (1317 m), privat, ganzjährig bewirtschaftet, Freitag Ruhetag
Lukasalm (früher Bäckeralm) und **Monialm**, jeweils ganzjährig bewirtschaftet, nur Einkehr

Das im Jahr 1916 erbaute und mittlerweile ganzjährig bewirtschaftete Bodenschneidhaus liegt etwas abseits der üblichen und viel begangenen Routen rund um den Spitzingsee. Die Versorgungsstraße von der Hennerer Au wird im Winter als Rodelbahn genutzt und von den Hüttenwirten geräumt.

Vor dem Ausbau der Zufahrtsstraße zum Spitzingsee lag das Bodenschneidhaus an der Hauptroute aus dem Tegernseer Tal ins Spitzinggebiet. Das änderte sich auch mit dem Bau der Taubensteinbahn. Diese Abgeschiedenheit wird heute keineswegs bedauert. In Hüttennähe gibt es inzwischen einen neuen Klettergarten. Etwas oberhalb des Bodenschneidhauses ereignete sich im Übrigen jener Jagdunfall, der dazu beitrug, die berühmte Moritat vom Wildschütz Jennerwein in die Welt zu setzen; auf dem Friedhof von Rottach-Egern könnten wir sein Grab besuchen.

1. Von Fischhausen

leicht 565 Hm 1.30 Std.

Vom Bahnhof (800 m) bzw. von der Ortsmitte Fischhausen wandern wir zum südlichen Ortsrand, dann auf ausgeschildertem Wirtschaftsweg – ein größerer Schlenker kann abgekürzt werden – zunächst am Dürnbach entlang, dann weiter durch Wald. Zuletzt durch Bergwiesen, um schließlich zum Bodenschneidhaus zu gelangen.

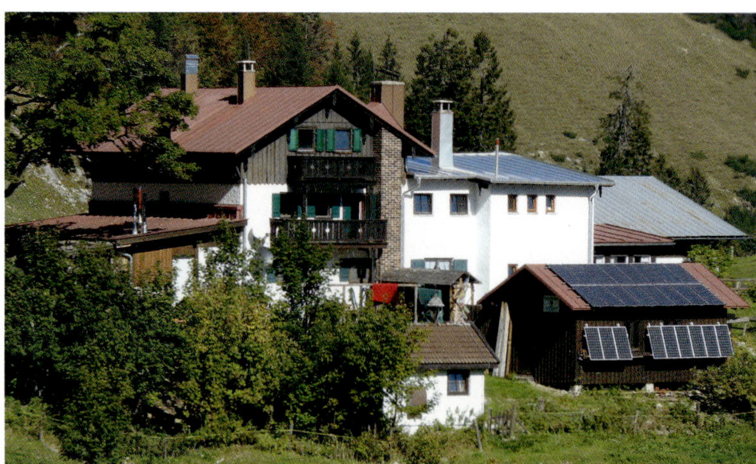

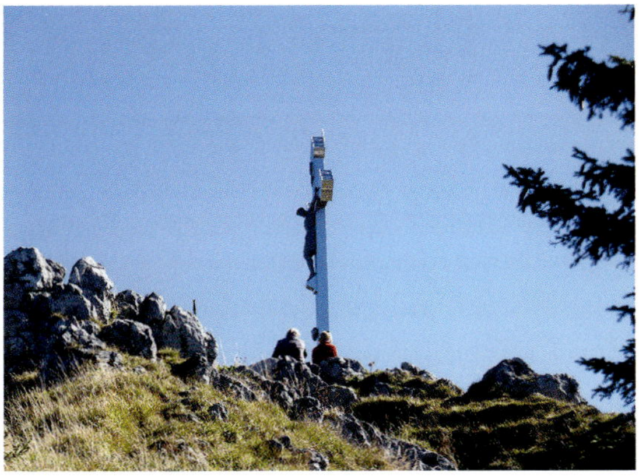

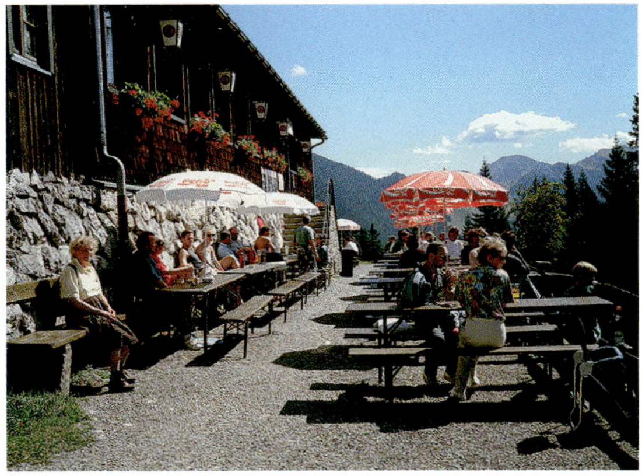

Die Obere Firstalm verfügt über eine Terrasse mit schönem Ausblick (oben re.). Am Gipfel der Bodenschneid (oben li.). Das ganzjährig bewirtschaftete Bodenschneidhaus (linke Seite)

2. Vom Spitzingsattel

leicht 380 Hm 1.30 Std.

Vom Parkplatz am Spitzingsattel (1127 m) aus überqueren wir die Straße und wandern auf dem ausgeschilderten Trautweinweg zur Oberen Firstalm. Von dort geht es hinauf zum Freudenreichsattel (Wegweiser). Wir folgen nun, uns links haltend, dem etwas steinigen Bergwanderweg durch die teilweise bewaldete Flanke der Krettenburg und erreichen so schließlich das Bodenschneidhaus.

3. Von der Jagahütt'n

leicht 680 Hm 1.30 Std.

Mit der Suttenbahn oder mit der Stümpflingbahn zur Jagahütt'n an der Bergstation dort links bzw. rechts auf dem breiten Kamm (Skipiste) in eine Einsenkung. Jenseits dem Bergwanderweg folgend zunächst durch Wald, dann freies Gelände hinauf zur Bodenschneid. Jenseits geht es auf einem Bergpfad wieder hinab. Die letzten Meter wandern wir links haltend auf dem Wirtschaftsweg zum Bodenschneidhaus.

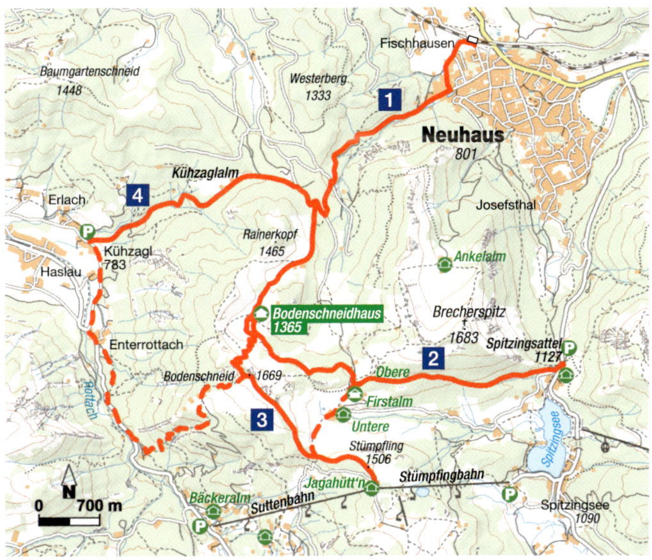

4. Von Kühzagl

leicht 580 Hm 1.30 Std.

Vom Parkplatz auf Fahrweg durch Wald immer am Kühzaglbach entlang zur Kühzaglalm, dann weiter bis zu einer Wegverzweigung. Dort rechts und bald wieder rechts zum Hüttenzubringerweg. Auf diesem Weg weiter über die Raineralm und Rettenböckalm zum Haus.

Der Hüttengipfel

mittel 610 Hm 1.45 Std.

Bodenschneid (1669 m): Vom Bodenschneidhaus folgt man dem Wirtschaftsweg in südlicher Richtung eben zum Bergfuß, dort zweigt rechts ein steiler, serpentinenreicher Bergwanderweg ab, der über freies Gelände hinauf zum großen Gipfelkreuz leitet. Vom Gipfel führt rechts ein direkter Weg hinab zum Parkplatz Hufnagelstube in der Sutten.

44

Tegernseer Hütte (1650 m)

Eine spektakuläre Lage als Markenzeichen

Kletterer holen sich ihre Adrenalinstöße an der Roßsteinnadel. Kletteranfänger steigen auf den Buchstein, alle anderen auf den Roßstein. Auf der kürzlich erweiterten Terrasse dürfen sich dann alle zusammen ihre »Belohnung« durch die Kehle rinnen lassen.

Die Hütte
Tegernseer Hütte (1650 m), AV-Hütte, Kat. I, 38 Lager (seit 2019 keine Übernachtung mehr möglich), bewirtschaftet von Mitte Mai bis Anfang November, von Sonntag auf Montag keine Übernachtungen; Tel. 0 80 92/9 97 92 62. www.tegernseerhuette.de

Charakter
Von Bayerwald steiler und schmaler Bergwanderweg, ab »Brotzeitfelsen« Trittsicherheit und Schwindelfreiheit erforderlich (einige Seilsicherungen). Durchs Schwarzenbachtal bis auf die letzten Meter Almfahrwege

Anreise
Mit Pkw: Auf der A 8 bis Ausfahrt Holzkirchen, dann über Bad Wiessee und Kreuth zum Parkplatz Winterstube (rechts knapp 100 m von der Achenpassstraße; Hüttenweg 2) oder weiter zum Parkplatz etwa 700 m hinter dem Gasthaus Bayerwald (Hüttenweg 1) oder weiter zum Eingang des Schlifftals;kleiner Parkplatz (Hüttenweg 3).
Mit Bahn/Bus: Mit der Oberlandbahn bis zum Endbahnhof Tegernsee, dann mit RVO-Bus ins Kreuther Tal bis zur Haltestelle Winterstube bzw. Bayerwald

Karte
Topografische Karte 1:50 000 Mangfallgebirge (LDBV)

Weitere Hütten
Buchsteinhütte, siehe Tour 46
Schwarzentennalm, siehe Tour 46

In der engen Scharte zwischen Roß- und Buchstein hat die Tegernseer Hütte einen wirklich unvergleichlichen Platz gefunden. Die 1968 erbaute Hütte gehört der Alpenvereinssektion Tegernsee, und für Bergwanderer gehört diese exponiert gelegene Bergsteigerunterkunft zu den absoluten »Muss«-Touren in den Bayerischen Alpen. Die Hütte wird mittlerweile mit Solarstrom versorgt, und aufgrund ihrer wasserarmen Lage kann auf den Regen nicht verzichtet werden. Eine Zisterne mit Entkeimungsanlage liefert das dringend benötigte Nass für Wanderer und Kletterer gleichermaßen.

1. Von Bayerwald

mittel 800 Hm 2.30 Std.

Vom Parkplatz an der Achenseestraße (850 m) geht es auf ausgeschildertem steilen Steig in Serpentinen hinauf zum Sonnbergalm-Niederleger (1144 m). Zwischen den Hütten hindurch und dann durch lichten Wald weiter bergan. Der letzte Abschnitt vor dem Sonnbergalm-Hochleger ist etwas weniger steil, und bald ist dann auch die Almhochfläche erreicht, von der man den ersten reizvollen Blick auf die Tegernseer Berge genießen kann. Links leicht ansteigend zum Fuß des Roßsteins. Beim »Brot-

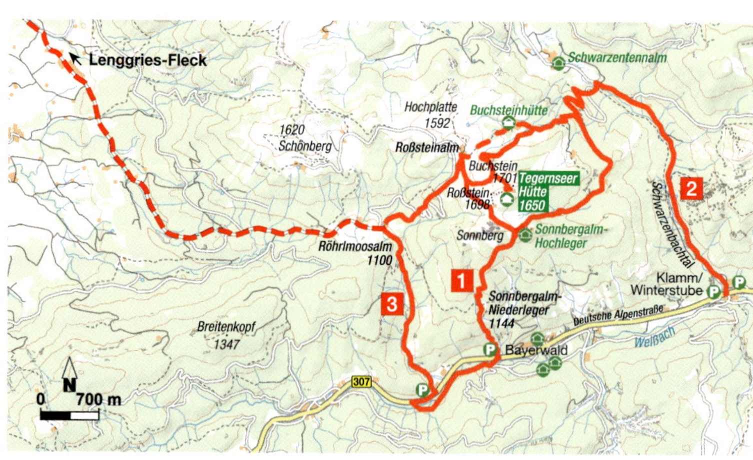

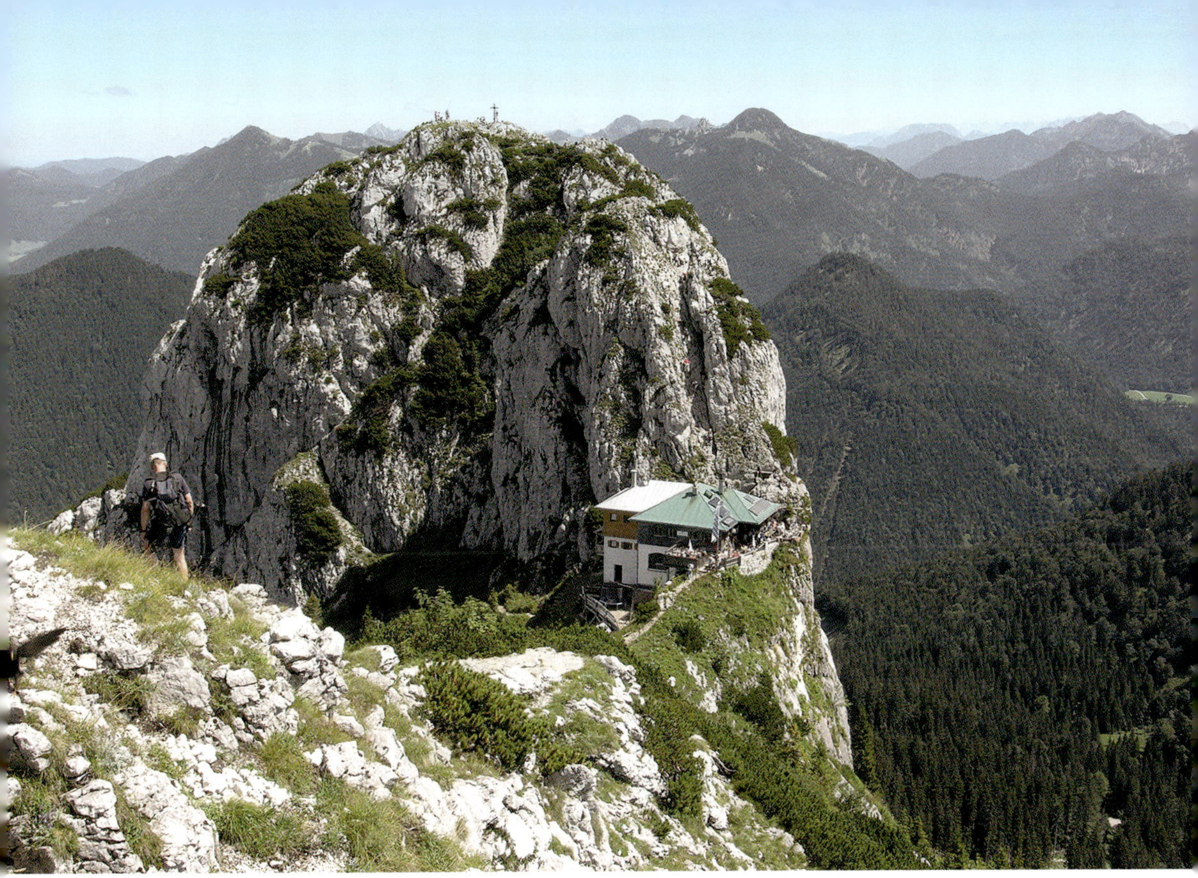

zeitfelsen« beginnt rechts ein einfacher Klettersteig (bei Nässe heikel), der seitlich am Roßstein vorbei direkt hinauf zur Tegernseer Hütte führt.

Die Tegernseer Hütte kann mit einer unvergleichlichen Lage aufwarten; wer dort sein Glas erhebt, ist direkt mit dem Himmel konfrontiert.

2. Durchs Schwarzenbachtal

mittel · 800 Hm · 2.30 Std.

Vom Parkplatz an der Achenseestraße auf dem ausgeschilderten, leicht ansteigenden Almfahrweg durch Wald in Richtung Norden (bei der ersten Bachbrücke nach links Abzweigung zum parallel führenden Wanderweg). Nach einer knappen Stunde wird der Wald lichter, das Tal weitet sich, und bald erreicht man die Almwiesen der Schwarzentennalm. Dort links über den Bach und dem breiten Hüttenweg folgend zur Buchsteinhütte. Von dort führt ein ausgeschilderter Wanderweg an den Nordfuß von Roß- und Buchstein, zuletzt in steilen Serpentinen hinauf zur Tegernseer Hütte.

3. Über die Röhrlmoosalm

mittel · 860 Hm · 3.00 Std.

Vom Parkplatz an der Achenseestraße wandern wir auf ausgeschildertem Wanderweg (Mark.-Nr. 631) ins Schliffbachtal hinein, rechts über den Bach und links an diesem durch Wald leicht ansteigend zur Röhrlmoosalm. Dort geht es rechts weiter in Richtung Rosssteinalm (den breiten Almweg kann man abkürzen). Dort rechts auf dem Kamm weiter und hinauf zum »Brotzeitfelsen«; weiter wie Hüttenweg 1.

Der Hüttengipfel

leicht · 100 Hm · 0.15 Std.

Roßstein (1698 m): Von der Tegernseer Hütte führt ein schmaler Pfad hinauf zum leicht erreichbaren Gipfel, den ein Gipfelkreuz ziert. Falls es auf der Hütte zu eng werden sollte – und das ist gerade am Wochenende nicht selten der Fall –, gibt es auch hier Platz für die Brotzeit.

45

Hirschberghaus (1545 m)

Ausflugsziel für Sommer und Winter

Die Hütte
Hirschberghaus (1545 m), privat, nahezu ganzjährig bewirtschaftet, drei Wochen im April sowie November bis Weihnachten geschlossen, Dienstag Ruhetag, 30 Betten, 25 Lager, Übernachtung jedoch nur nach Voranmeldung; Tel. 0 80 29/ 4 65. www.hirschberghaus.de

Charakter
Schmaler Fahrweg bis zur Talstation des Materiallifts, dann leichter, aber steiler Bergsteig (Hüttenweg 1). Die beiden anderen Anstiegswege verlaufen ebenfalls zu Beginn auf Wirtschaftswegen und gehen in Bergwanderwege über.

Anreise
Mit Pkw: Auf der A 8 bis Ausfahrt Holzkirchen, dann auf der B318 über Gmund nach Bad Wiessee, am südwestlichen Ortsrand rechts hinauf in Richtung Gasthaus Sonnenbichl, nach 400 m links ins Söllbachtal, nach 100 m Wanderparkplatz (Hüttenweg 2). Oder weiter in Richtung Kreuth, bei Reitrain rechts ab und parallel zur Bundesstraße nach Scharling (Parkplatz am Nordende des Ortes, direkt am Ausgangspunkt; Hüttenweg 1) bzw. nach Kreuth und dort im Ort parken, mehrere Parkplätze (Hüttenweg 3).
Mit Bahn/Bus: Mit der Oberlandbahn bis Tegernsee, dann weiter mit RVO-Bus nach Bad Wiessee, Scharling oder Kreuth

Karte
Topografische Karte 1:50 000 Mangfallgebirge (LDBV)

Weitere Hütten
Aueralm (1260 m), privat, ganzjährig bewirtschaftet, November und Dezember geschlossen, im Winterhalbjahr Montag und Dienstag Ruhetag, keine Übernachtung; Tel. 0 80 22/8 36 00

Diese private Schutzhütte ist ein klassisches Bergwanderziel in den Tegernseer Bergen. Eine gemütliche Hütte, ein leichter Gipfel dazu und eine großartige Sicht hinab auf den Tegernsee – mehr braucht's nicht!

Der heutige Bau wurde im Jahr 1968 anstelle des abgebrannten alten Hauses errichtet. Das Hirschberghaus verdankt seine Existenz einem 1887 gegründeten Hirschbergverein, der es im gleichen Jahr errichten ließ. Im Gefolge zahlreicher Naturschwärmer kam viel Prominenz, allen voran die Mitglieder des Hauses Wittelsbach; selbst Fürst Bismarck gab sich dort oben die Ehre.

1. Von Scharling

leicht · 800 Hm · 2.00 Std.

Am Nordende von Scharling (760 m) weist eine Tafel beim Gasthaus Hirschberg nach Westen. Auf asphaltierter Fahrstraße wandern wir am Weiler Leiten vorbei zum Hochwald, dann auf unbefestigtem Fahrweg durch Wald bergauf, bis nach einer Stunde links ein Ziehweg abzweigt. Dort folgen wir aber dem rechts weiterführenden breiten Wirtschaftsweg, der sich in zahlreichen Kehren hinauf zur Hirschlache (1300 m) zieht. Am Ende des Fahrweges beim Materiallifthäuschen halten wir uns links und

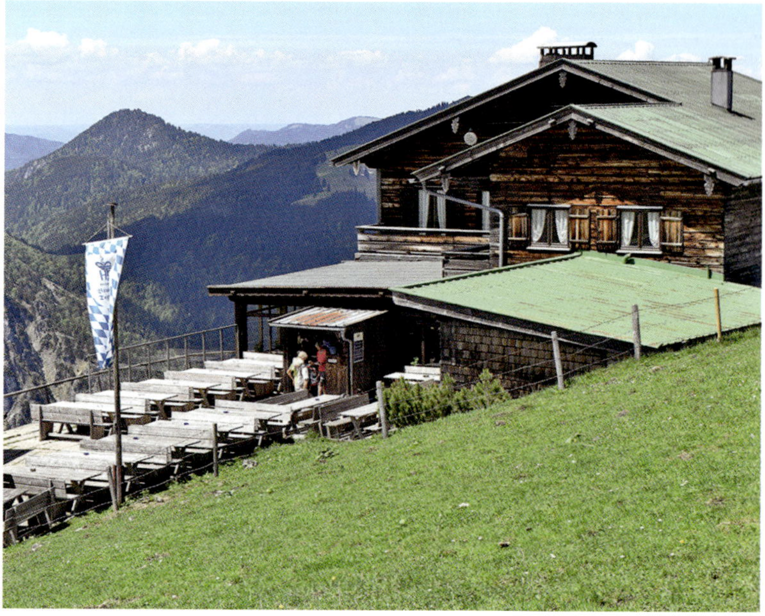

steigen in steilen Serpentinen in einer halben Stunde hinauf zum schön gelegenen Hirschberghaus.

2. Von Bad Wiessee

leicht 780 Hm 2.15 Std.

Vom Parkplatz am Eingang ins Söllbachtal (770 m) wandern wir auf breitem, unbefestigtem Fahrweg am Söllbach entlang zur Söllbachklause. Dort weiter den Söllbach entlang, nach 250 Metern links über eine Brücke und nun leicht ansteigend durch Wald hinauf zum Bauern in der Au (904 m). Auf breitem Wirtschaftsweg noch etwa 700 Meter weiter in Richtung Schwarzentennalm, bis links – nach Bachquerung – der Anstiegsweg zum Hirschberghaus abzweigt. Erst gehen wir leicht ansteigend auf Wirtschaftsweg das Bachtal einwärts, dann rechts auf Bergwanderweg weiter und um das Luchseck herum zur Hirschlache, wo man auf den Aufstiegweg von Scharling trifft.

3. Von Kreuth

leicht 810 Hm 2.00 Std.

Am nördlichen Ortsende, bei der Abzweigung Richtung Scharling, links dem ausgeschilderten Wanderweg folgend durch Wald bergan, dann durch den Pletschergraben und hinauf zu einer Forststraße. Rechts weiter, nach 100 Metern verlassen wir diese und folgen links dem Pfad hinauf zur Rauheckalm und über den nordöstlichen Gipfelausläufer leicht fallend zum Haus.

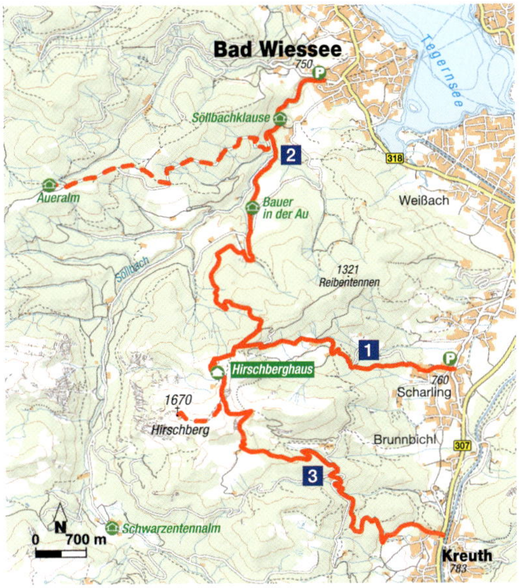

Der Hüttengipfel

leicht 250 Hm 1.00 Std.

Hirschberg (1670 m): Vom Hirschberghaus wandern wir in einem weiten Rechtsbogen auf leichtem Wanderweg über freie Bergwiesen, dann zum bewachsenen Vorgipfel und über seinen Osthang hinauf zum höchsten Punkt.

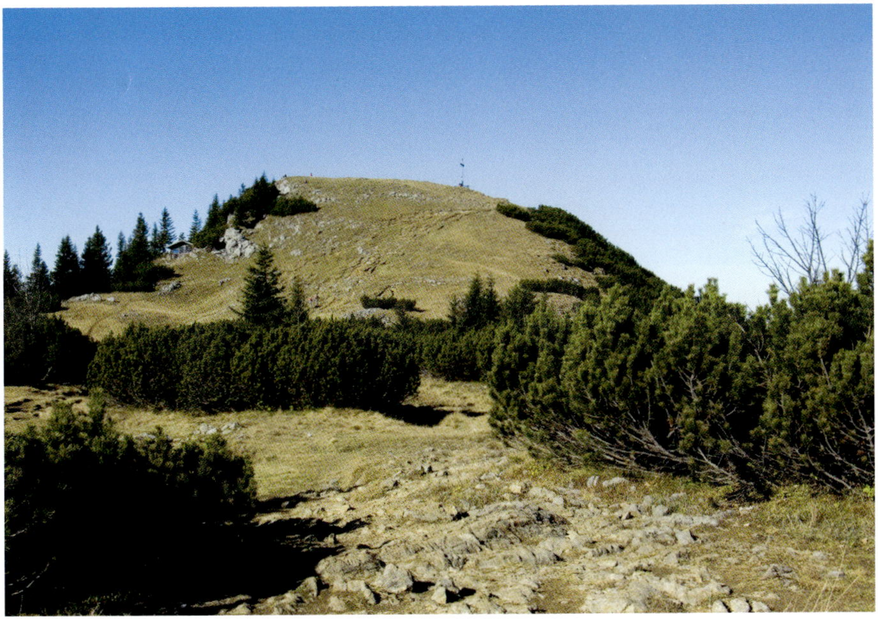

Der Hirschberg ist auch ein Gipfel für Nicht-Schwindelfreie – und eine großartige Aussicht wird garantiert.

Linke Seite: Das private, ganzjährig bewirtschaftete Hirschberghaus ist eine »Bergwanderinstitution« in den Tegernseer Bergen.

46

Buchsteinhütte (1240 m)

Familienziel im Schatten von Roß- und Buchstein

Die Hütte
Buchsteinhütte (1240 m), privat, ganzjährig bewirtschaftet, von Mitte November bis Anfang Dezember geschlossen, im Sommerhalbjahr Montag und Dienstag Ruhetag, 40 Betten und Lager; Tel. 0 80 29/2 44. www.buchsteinhuette.com

Charakter
Lediglich der Anstieg über die Röhrlmoosalm erfolgt zum Teil auf leichtem Wanderweg, ansonsten relativ breite Wirtschaftswege.

Anreise
Mit Pkw: Auf der A 8 bis Ausfahrt Holzkirchen, dann über Gmund nach Bad Wiessee; am südwestlichen Ortsende rechts der Ausschilderung zum Gasthaus Sonnenbichl folgen, nach 400 m links in das Söllbachtal, wo sich nach 100 m der Wanderparkplatz befindet (Hüttenweg 2). Oder weiter über Kreuth zum Parkplatz Klamm (gebührenpflichtig; rechts, knapp 100 m von der Achenpassstraße; Hüttenweg 1) oder weiter zum Parkplatz am Eingang des Schlifftals; kleiner Parkplatz (Hüttenweg 3).
Mit Bahn/Bus: Mit der Oberlandbahn bis Gmund, dann mit RVO-Bus nach Bad Wiessee oder weiter zum Endbahnhof Tegernsee, dann mit RVO-Bus ins Kreuther Tal bis zur Haltestelle Winterstube bzw. Bayerwald

Karte
Topografische Karte 1:50 000 Mangfallgebirge (LDBV)

Weitere Hütten
Röhrlmoosalm (1100 m), privat, zur Zeit nicht bewirtschaftet
Schwarzentennalm (1027 m), privat, während der Almsaison täglich, den Rest des Jahres an Wochenenden und Feiertagen bewirtschaftet

Leichte Zugangswege, eine schöne Sonnenterrasse und bei Regen gemütliche Stuben drinnen. Ideal für einen Hüttenabend oder kleine Feiern wie Geburtstage; Hüttenruhe ist daher erst um 24 Uhr. Zudem bietet die Küche gutbürgerliche Kost.

Die Buchsteinhütte auf der Nordseite des Roß- und Buchsteins steht in stiller Konkurrenz zur Tegernseer Hütte mit ihrem unvergleichlichen Aussichtsplatz, hat mit ihrer Lage auf einer Waldlichtung aber einen eigenen, reizvollen Charakter. Sie ist Eigentum des Hüttenvereins Buchstein, der 1932 gegründet wurde und heute trotz Zuwachs nicht einmal 500 Mitglieder hat (demnächst steht eine Hüttensanierung an).

1. Von der Achenseestraße

leicht 410 Hm 2.00 Std.

Vom Parkplatz Klamm (830 m) wandern wir auf ausgeschildertem Almfahrweg durch Wald in Richtung Norden (bei der ersten Bachbrücke links Abzweigung zum parallelen Wanderweg). Nach einer knappen

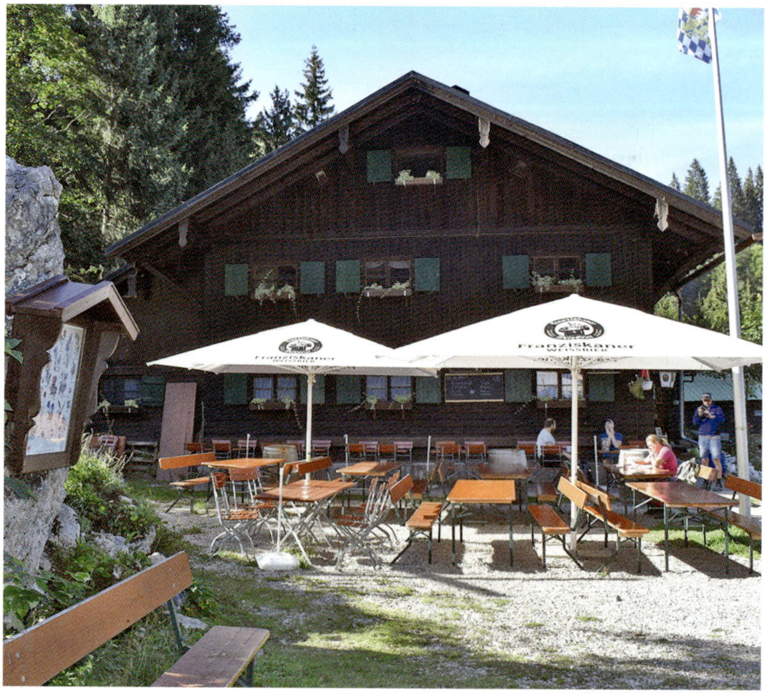

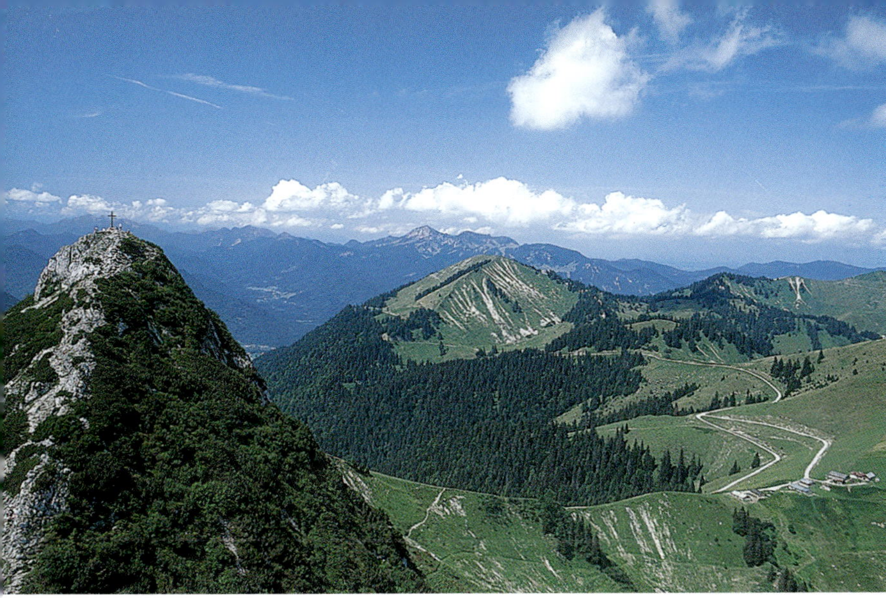

Blick über die Wiesen der Roßsteinalmen zum Schönberg; links der markante Spitz des Roßsteins

Linke Seite: Das Haupthaus des Hüttenvereins Buchstein wird als allgemeines Berggasthaus geführt, das Nebenhaus ist für die Mitglieder reserviert.

Stunde wird der Wald lichter, das Tal weitet sich, bald erreicht man die Almwiesen der Schwarzentennalm. Dort links über den Bach und auf breitem Hüttenweg zur Hütte.

2. Von Bad Wiessee

leicht 470 Hm 3.00 Std.

Vom Parkplatz am Eingang ins Söllbachtal (770 m) wandern wir zur Söllbachklause, an dieser vorbei, bald links über eine Brücke und auf der linken Bachseite leicht ansteigend durchs stille Söllbachtal bis zu den Bergwiesen der Schwarzentennalm. Am Ende der weiten Lichtung zweigt rechts ein ausgeschilderter Forstweg ab, dem man 20 Minuten folgt, bis rechts der Hüttenweg abzweigt. Auf diesem rechts hinauf zur Buchsteinhütte.

3. Über die Röhrlmoosalm

leicht 800 Hm 2.30 Std.

Vom Parkplatz an der Achenseestraße (860 m) geht es auf ausgeschildertem Wanderweg (Mark.-Nr. 631) ins Schliffbachtal hinein, rechts über den Bach und links an diesem durch Wald leicht ansteigend zur Röhrlmoosalm (1100 m) und rechts weiter auf Almfahrweg hinauf zur Roßsteinalm. Wir wandern jenseits auf markiertem Wanderweg durch Almwiesen und kleine Waldstücke hinab zur Buchsteinhütte.

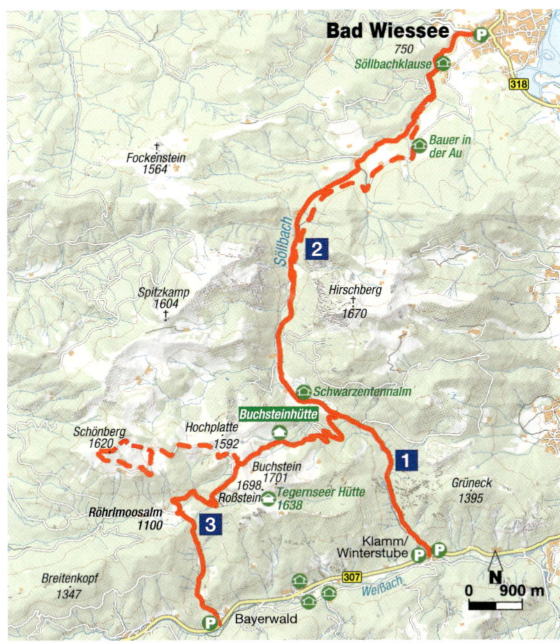

Der Hüttengipfel

leicht 760 Hm 2.30 Std.

Schönberg (1620 m): Von der Buchsteinhütte geht es auf ausgeschildertem Wanderweg erst durch Wald, dann ein Wiesengelände hinauf zur Roßsteinalm. Auf der Almstraße rechts eben weiter zur Amperthalalm und leicht hinauf zur Schönbergalm (1459 m). Von dort führt ein markierter Wanderweg über die Südseite hinauf zum Gipfelkreuz, dann rechts auf dem Kamm bis zum höchsten Punkt des Schönbergs (nach Regen leicht morastig).

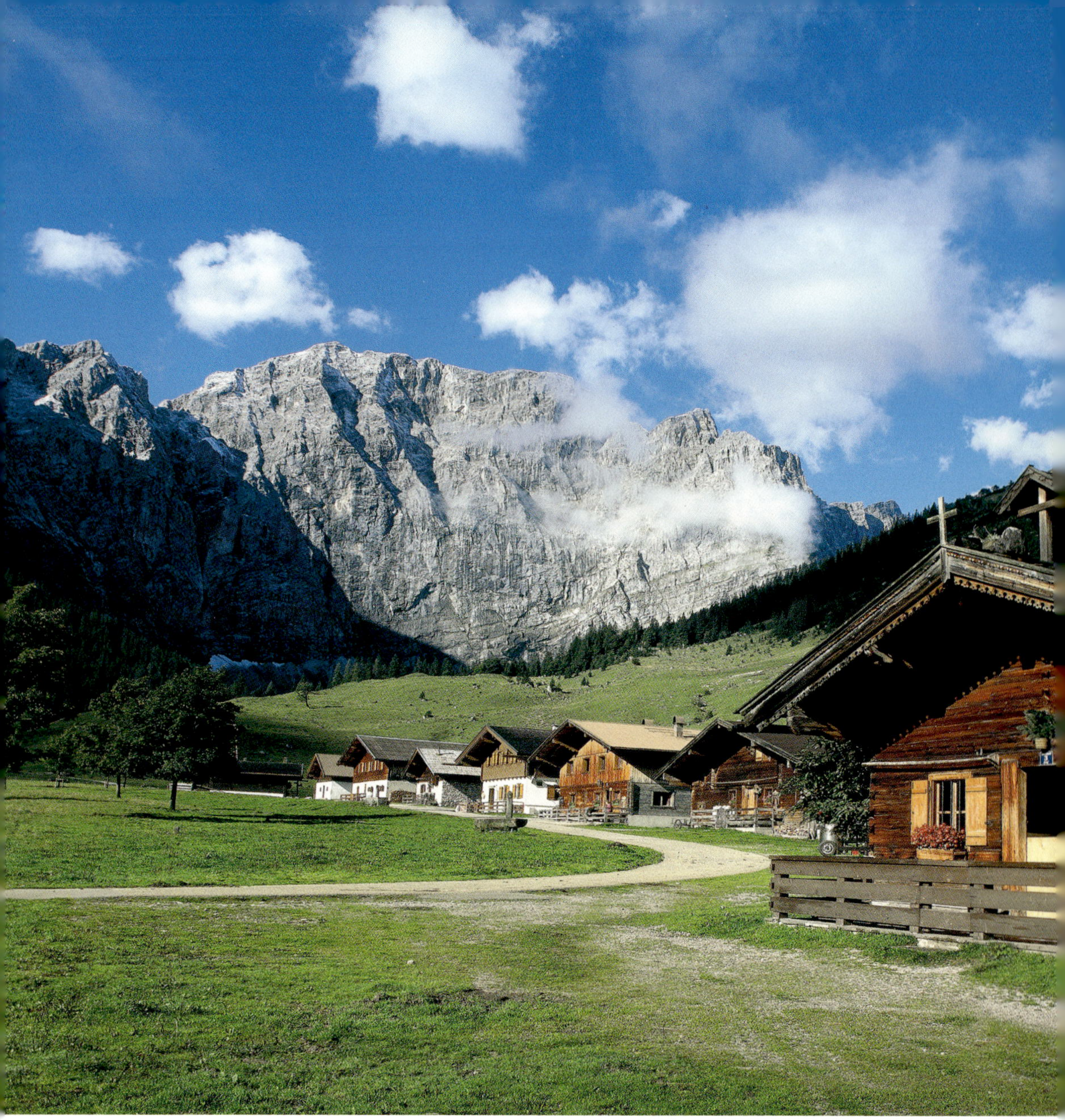

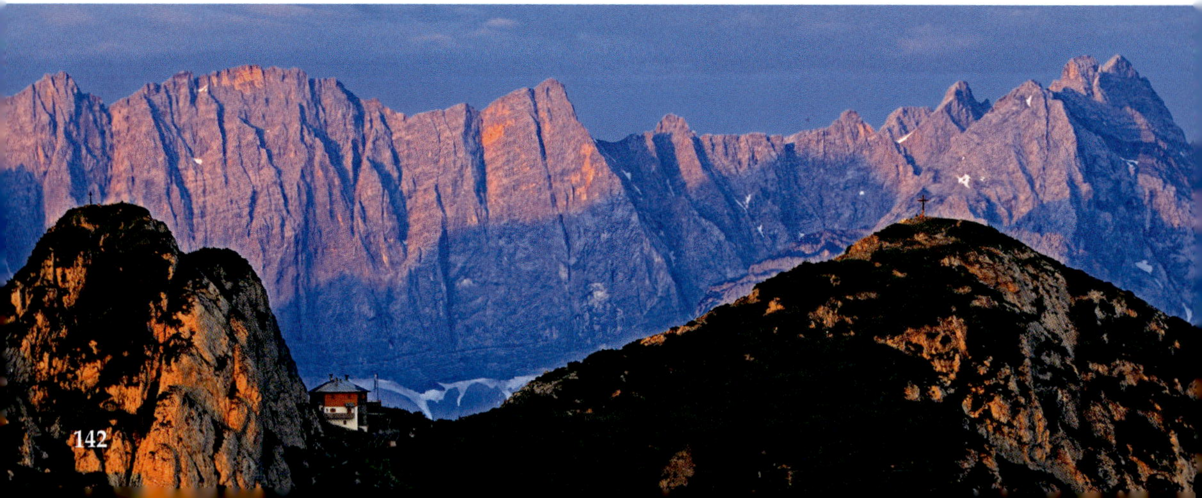

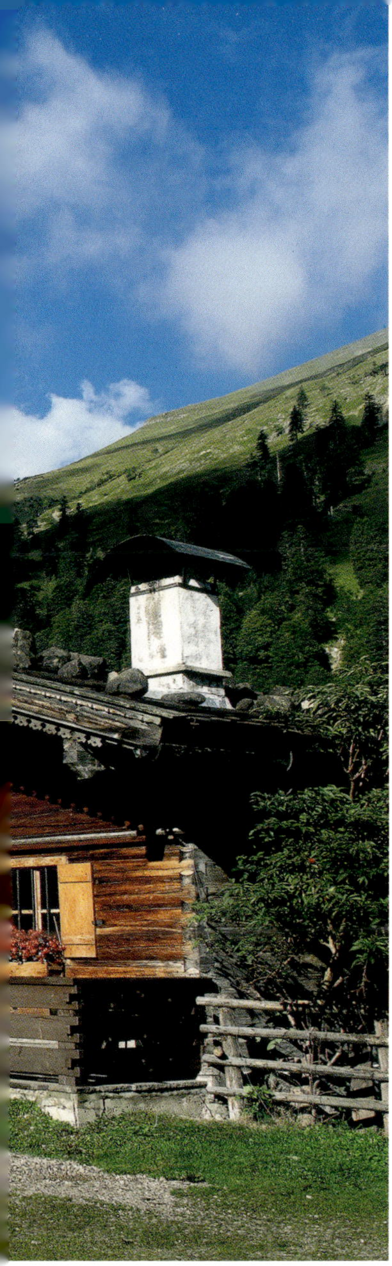

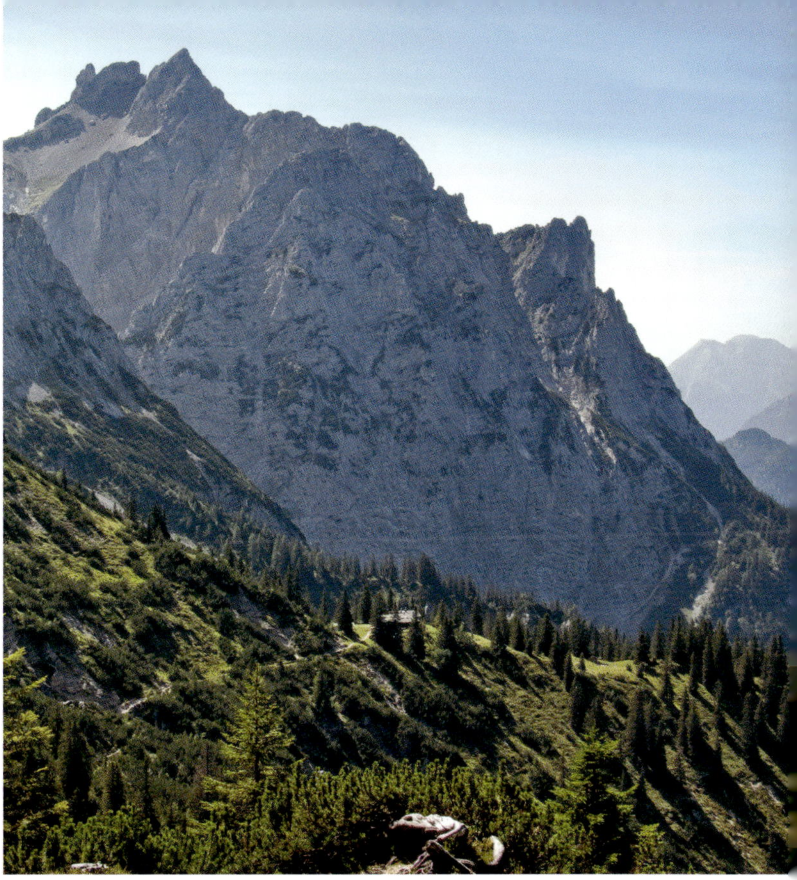

Karwendel-gebirge

Das Almdorf Eng im Karwendel ist das größte seiner Art in Tirol (li. oben). Der Karwendelhauptkamm, in magisches Licht getaucht (li. unten). Markanter Ausläufer im Westen ist die Westliche Karwendelspitze (re. oben). Die Lamsenjochhütte (re. unten) ist auf leichtem Bergweg zu erwandern.

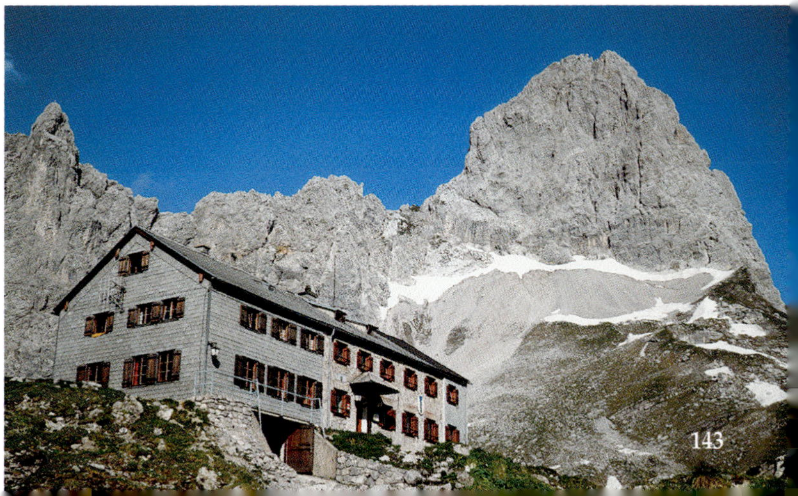

47

Tölzer Hütte (1835 m)

Schlipfkrapfen, Knödel und Tiroler Hüttenbrettl

Die Hütte
Tölzer Hütte (1835 m), AV-Hütte, Kat. I, bew. Mitte Mai bis ca. Mitte Oktober, 28 Betten, 32 Lager, Winterraum offen mit 4 Plätzen; Tel. 00 43/676/451 98 50. www.toelzer-huette.at

Charakter
Steile, aber gut markierte Wanderwege und Bergsteige. Der Anstieg von Fall durchs Krottenbachtal und übers Delpsjoch erfordert Trittsicherheit und Schwindelfreiheit (nur für Geübte)

Anreise
Mit Pkw: Auf der A 8 bis Ausfahrt Holzkirchen, dann weiter über Bad Tölz und Lenggries nach Fall; Wanderparkplatz am östlichen Ortsrand sowie Richtung Dürrachtal (Hüttenweg 3). Oder weiter zum Parkplatz Oswaldhütte, 3 km hinter Vorderriß (Hüttenweg 2) bzw. zum Parkplatz Leckbach im Rißtal (Hüttenweg 1). *Mit Bahn/Bus:* Mit der Oberlandbahn bis Lenggries, dann mit dem RVO-Bergsteigerbus nach Fall, zur Oswaldhütte oder bis kurz vor Hinterriß, zum Parkplatz Leckbach

Karte
Topografische Karte 1:50 000 Karwendelgebirge (LDBV)

Weitere Hütten
Kaiserhütte (850 m), privat, von Mai bis Mitte/Ende Oktober bewirtschaftet, kurz vor dem Wanderparkplatz Leckbach

Diese Alpenvereinshütte ist vor allem auf Familien mit Kindern eingestellt; ein Nebenraum der Hütte ist sogar speziell für sie reserviert. Die Kinder sollten jedoch nicht zu klein sein, da der Anstieg zur Hütte bereits einiges an Kondition erfordert.

Die Tölzer Hütte steht an aussichtsreicher Stelle am Südhang des Schafreuters, mit herrlichem Blick von der Terrasse auf die großen Karwendelgipfel – zum Beispiel auf die Laliderer Wände. Die in den Jahren 1922–24 erbaute Unterkunftshütte hatte schwierige Zeiten zu durchstehen, bis endlich in den 1960er-Jahren der Aufschwung einsetzte. In jenen Jahren wurde die Versorgung der Hütte mittels Ponys bewerkstelligt, bis eine Materialseilbahn Abhilfe schaffte. Neben dem Hüttengipfel ist der Übergang zur Plumsjochhütte eine beliebte Wanderung. Für Skitourengeher und Schneeschuhwanderer steht ein Winterraum zur Verfügung. Nach einer Generalsanierung wird die Hütte ab Frühsommer 2021 wieder geöffnet sein.

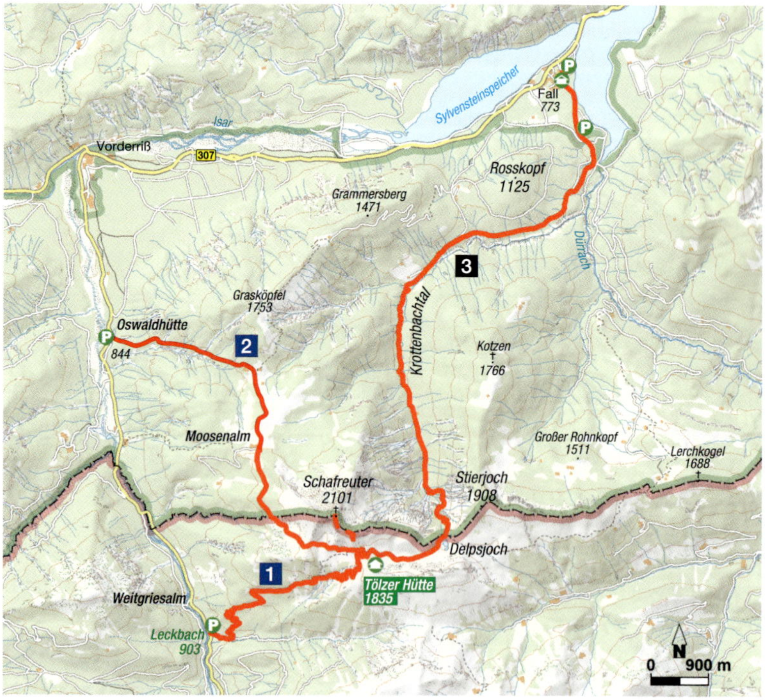

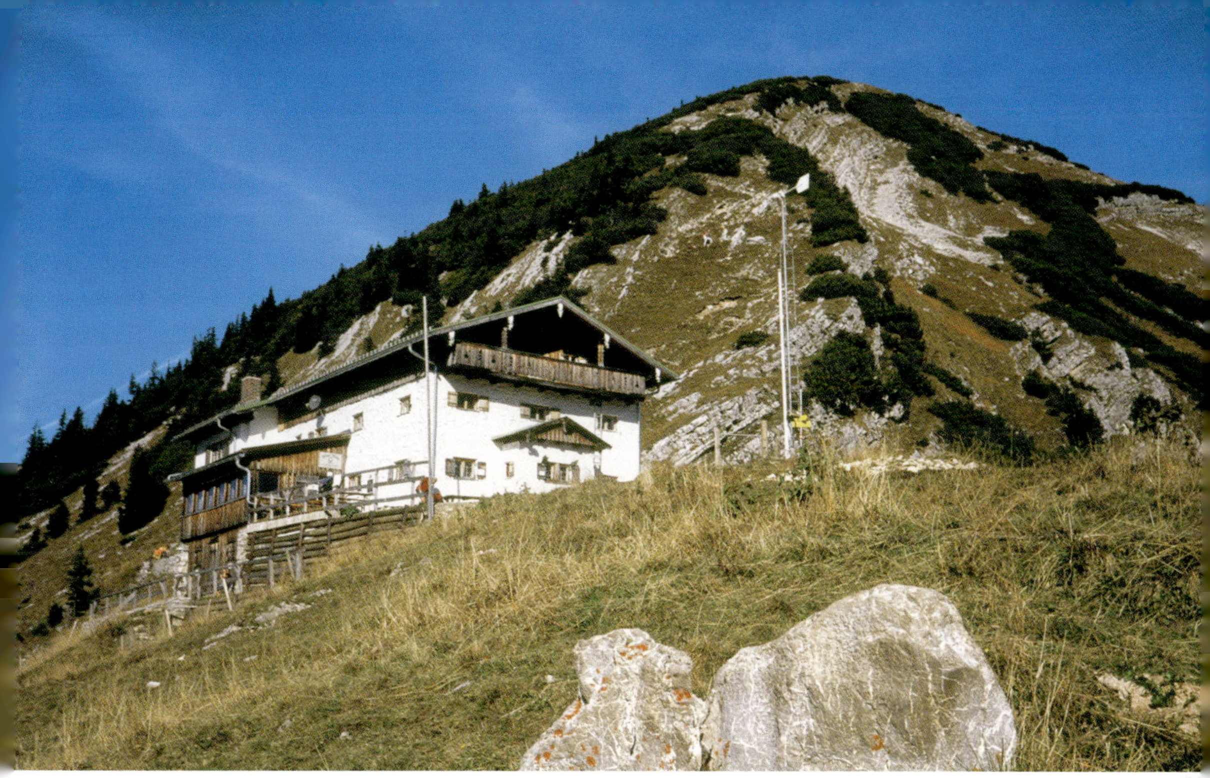

Die Tölzer Hütte vor dem ersten Gipfelaufschwung des Schafreuters; die leichtesten Aufstiege beginnen im Rißbachtal.

1. Vom Parkplatz Leckbach

leicht 910 Hm 3.00 Std.

Vom Parkplatz an der Einmündung des Leckbaches (903 m) wandern wir auf gutem, aber steilem Jagdsteig (Mark.-Nr. 239) in zahlreichen Serpentinen hinauf durch die bewaldete Flanke des Wiesingberges zum Pfannlochgraben. Dort verzweigen sich die Wege, das Ziel ist jedoch dasselbe. Beide Wege führen in einem Rechts- bzw. einem Linksbogen durch Latschenfelder hinauf zur Tölzer Hütte.

2. Von der Oswaldhütte

leicht 990 Hm 4.00 Std.

Vom Parkplatz (844 m) wandern wir auf einem gut markierten, serpentinenreichen Steig (Mark.-Nr. 238) steil durch Wald hinauf zur Moosenalm. Von dort führt rechts ein schöner Höhenweg (Mark.-Nr. 237) seitlich am Westgrat des Schafreuters vorbei. Wir steigen jetzt teils durch Latschen, teils durch freies Gelände und erreichen bald die Tölzer Hütte.

3. Von Fall über das Delpsjoch

schwer 1060 Hm 5.00 Std.

Von Fall (773 m) führt eine Forststraße in weitem Bogen in das Krottenbachtal. Die Forststraße endet beim Griesmann-Niederleger und geht dort in einen schmaleren Weg über. Am Ende des langen Bachtals führt dann ein ausgesetzter Steig hinauf zum Delpssee (1590 m). Von dort wandern wir nun rechts auf einem guten Wanderweg weiter hinauf zur Tölzer Hütte.

Der Hüttengipfel

mittel 266 Hm 1.30 Std.

Schafreuter (2101 m): Von der Tölzer Hütte führt ein serpentinenreicher Steig über den Südgratrücken des Schafreuters. Zuerst geht es über freies Gelände, dann führt der Steig durch Latschen bis an den Gipfelaufbau. Zuletzt steigen wir dann durch eine gesicherte Schrofenrinne (Trittsicherheit erforderlich) zum Gipfel des Schafreuters mit Gipfelkreuz.

48

Plumsjochhütte (1630 m)

Urige und gemütliche Privathütte im Karwendel

Die Hütte
Plumsjochhütte (1630 m), privat, von Anfang Mai bis Ende Oktober bewirtschaftet, 7 Zimmer und 28 Lager; Tel. 00 43/52 43/4 31 11. www.plumsjochhuette.com

Charakter
Almfahrwege und Bergwanderwege

Anreise
Mit Pkw: Über Bad Tölz, Lenggries, Fall, Vorderriß und Hinterriß in Richtung Eng (Mautstraße) bis zum Parkplatz Hagelhütten (Hüttenwege 1 und 2). Oder über den Achensee und Pertisau (Ausschilderung »Karwendeltäler«) in das Gerntal (Mautstraße) bis zum Parkplatz am Ende der Fahrstraße bei der Gernalm (Hüttenweg 3)
Mit Bahn/Bus: Mit der Oberlandbahn bis Lenggries, dann weiter mit dem RVO-Bergsteigerbus in Richtung Eng bis zur Haltestelle Hagelhütten. Oder mit der Bahn bis Tegernsee und von dort mit dem RVO-Bus nach Pertisau am Achensee (von Mai bis Oktober; Abfahrtszeiten in den Verkehrsämtern erfragen)

Karte
Topografische Karte 1:50 000 Karwendelgebirge (LDBV)

Weitere Hütten
Hasental-Mittelleger (1553 m), im Sommer einfach bewirtschaftet
Alpengasthof Gernalm (1166 m), von Mitte Mai bis Ende Oktober und Mitte Dezember bis Ende März bewirtschaftet, Familienzimmer und Komfortzimmer; Tel. 00 43/52 43/55 79

Mountainbiker und Bergwanderer sind die Zielgruppe dieser Unterkunftshütte über dem Rißtal. Die Gipfel rund um die Hütte – Montscheinspitze und Bettlerkarspitze – erfordern jedoch den erfahrenen Bergsteiger.

Die Plumsjochhütte ist der ehemalige Hochleger der Plumsalm und steht an aussichtsreicher Stelle an einem Jochübergang. Von ihrer Terrasse hat man einen überwältigenden Blick auf die Karwendelhauptkette. Im Vordergrund dominieren jedoch die Gipfel der Gamsjochgruppe. Die Unterkunftshütte ist ein Etappenziel der beliebten Mountainbike-Route, die vom Tannheimer Tal bis nach Kitzbühel führt.

1. Von Hagelhütten über die Hasentalalmen

leicht 360 Hm 2.00 Std.

Vom Parkplatz (1077 m) wandern wir zunächst auf dem ausgeschilderten Fahrweg zu den Hasentalalmen. Dort geht es bei der Wegverzweigung links über eine Brücke und in weiten Kehren durch Wald bergwärts. Man überschreitet dann den Hasentalbach und erreicht bald den Hasentalalm-Niederleger (1266 m). Dort beginnt ein Steig, der sich über die Almwiesen und durch Wald hinauf zum Mittelleger (1553 m) schlängelt. Man

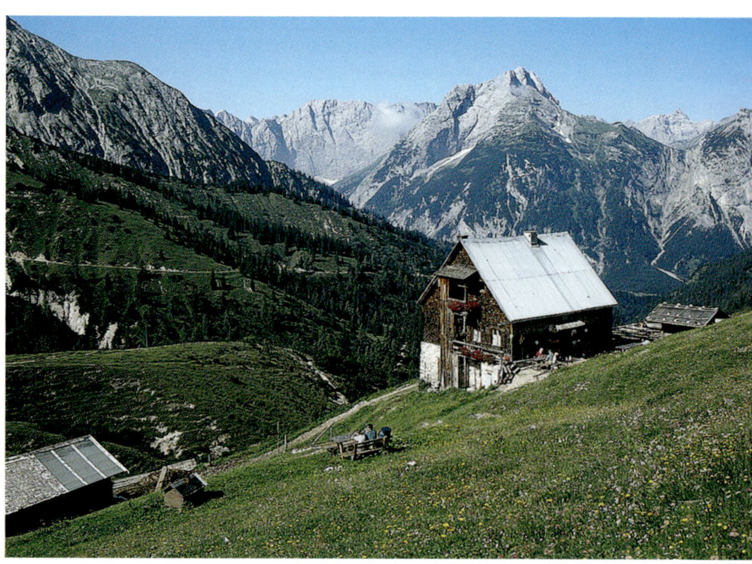

Blick über die Plumsjochhütte und das Rißbachtal hinweg auf die Gamsjochgruppe

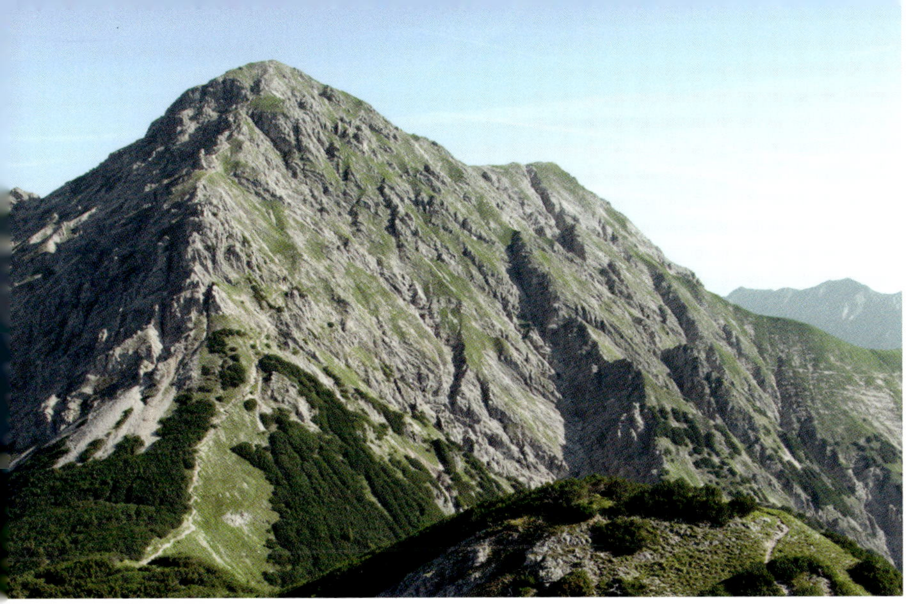

Die stolz aufragende Montscheinspitze. Von welcher Seite man den Aufstieg auch angeht, es führt kein leichter Weg zum Gipfel.

überschreitet die Waldgrenze und erreicht über die weiten Hänge den Verbindungskamm zwischen Kompar und Satteljoch. Bei den Wegtafeln (1825 m) hält man sich rechts, und auf der Kammhöhe geht es seitlich am Satteljoch vorbei zur Plumsjochhütte.

2. Von Hagelhütten über die Plumsalm

leicht 360 Hm 1.45 Std.

Vom Parkplatz (1077 m) quert man rechts über das Bett des Plumsbachs und folgt dem Wanderweg (Mark.-Nr. 233), der die weite Schleife des Almfahrwegs zur Plumsalm abkürzt. Dort geht es links auf diesem bergan bis zur Plumsalm (1423 m), wo links der markierte Wanderweg abzweigt (man kann allerdings auch dem Fahrweg weiter folgen). Auf diesem wandern wir hinauf durch Wald, zuletzt durch Latschen und freie Wiesenhänge zur Hütte.

3. Von der Gernalm

leicht 490 Hm 1.30 Std.

Vom Parkplatz vor der Gernalm (1166 m) wandern wir auf Wirtschaftsweg seitlich an dieser vorbei und auf steilem Wirtschaftsweg in zahlreichen Kehren hinauf zum Plumssattel (1649 m) und links hinab zur Plumsjochhütte.

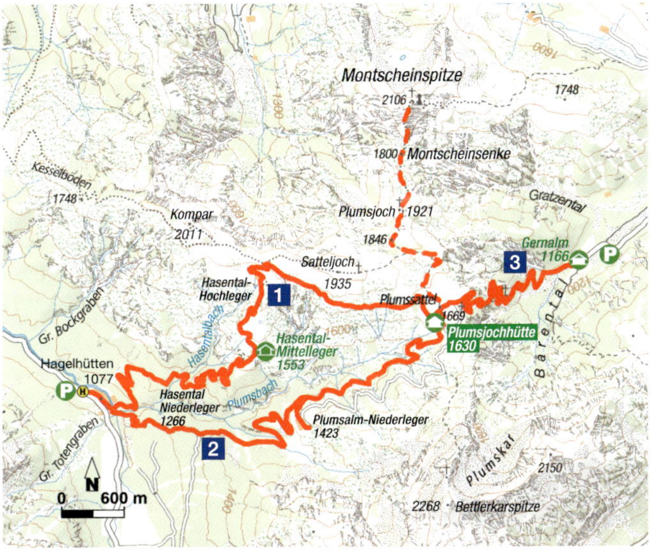

Der Hüttengipfel

schwer 960 Hm 3.30 Std.

Montscheinspitze (2106 m): Von der Plumsjochhütte geht es zunächst hinauf zum Plumssattel, dann auf einem markierten Pfad zum Plumsjoch (1921 m; mit Kreuz). Jenseits steigen wir auf dem latschenbewachsenen Kamm in die Montscheinsenke und auf schmalem Pfad zu den ersten Felsen. Dann geht es rechts am ersten Aufschwung vorbei und hinauf zum Gipfelgrat. Durch eine steile Rinne zum letzten Gipfelaufschwung und über einen schrofigen Grashang erreichen wir den höchsten Punkt.

49

Soiernhaus (1622 m)

Zwei reizvolle Hütten am Rande der Soiernseen

König Ludwig II., der Märchenkönig, ließ am Soiernsee eine Jagdhütte bauen, jagte selbst aber nicht dort oben. Er genoss vielmehr die Ruhe in diesem Hochtalkessel. Wie auch die heutigen Bergwanderer – denen rundherum einige aussichtsreiche Gipfel als Tourenziel zur Verfügung stehen.

Die Soiernhäuser waren königliche Jagdhäuser, die im Jahr 1867 errichtet wurden. Später pachtete, erwarb und erweiterte die Sektion Oberland des Deutschen Alpenvereins die beiden Hütten und funktionierte das obere Haus, das sogenannte Königshaus, zu einer Unterkunftshütte für Bergwanderer um. Das untere Haus, das ehemalige Bedienstetenhaus, ist nicht zugänglich (Stützpunkt für die Bergwacht).

1. Von Krün

leicht bzw. mittel 765 Hm 3.15 Std.

Von Krün (860 m) wandert man zunächst auf einer Forststraße in nordöstlicher Richtung überwiegend durch Wald hinauf zur Fischbachalm. Zum Soiernhaus kann man von dort dann auf zwei verschiedenen Wegen gelangen: entweder auf dem leichten ehemaligen Reitweg durch den sogenannten Hundsstall (1238 m, mit Höhenverlust) und über den Wasserfall oder über den Lakaiensteig westlich davon in der Bergflanke. Der

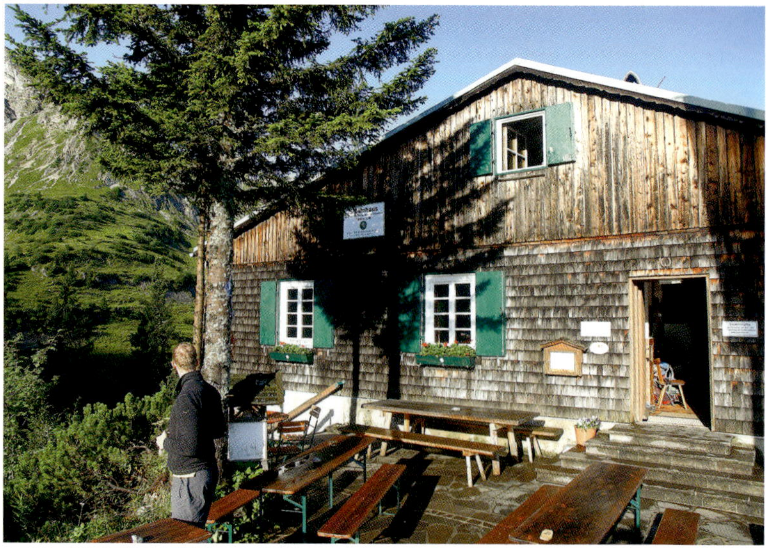

Die Soiernhütte liegt etwas versteckt im Wald über den Soiernseen.

Die Hütte
Soiernhaus (1622 m), AV-Haus, Kat. I, von Mitte Mai bis Mitte Oktober bewirtschaftet, 45 Lager, 5 Notlager; Tel. 0171/5 46 58 58. www.alpenverein-hochland.de/soiernhaus

Charakter
Der Anstieg von Krün über den »Hundsstall« ist leicht, die Variante über den Lakaiensteig erfordert Trittsicherheit und Schwindelfreiheit. Der Anstieg über die Fereinalm erfordert Trittsicherheit.

Anreise
Mit Pkw: Auf der A 95 bis zum Ende, dann auf der B 2 über Garmisch-Partenkirchen und Klais nach Krün; in der Ortsmitte rechts und über das Isarbett; dort Parkplatz (Hüttenweg 1). Oder weiter in Richtung Mittenwald bis zur ersten Isarbrücke nördlich der Ausfahrt Mittenwald-Nord; dort links zum Parkplatz bei der Standort-Schießanlage (Hüttenweg 2).
Mit Bahn/Bus: Mit der Bahn bis Garmisch-Partenkirchen bzw. Klais, dann weiter mit RVO-Bus

Karte
Topografische Karte 1:50 000 Karwendelgebirge (LDBV)

Weitere Hütten
Fischbachalm (1403 m), von Anfang Mai bis Ende Oktober einfach bewirtschaftet
Krinner-Kofler-Hütte (1395 m), Selbstversorgerhütte des DAV, Anfang Juni bis Mitte September bewartet, 30 Lager; Tel. Hüttenwart 0 88 23/55 84
Fereinalm (1406 m), Jägerhaus mit einfacher Bewirtschaftung im Sommer

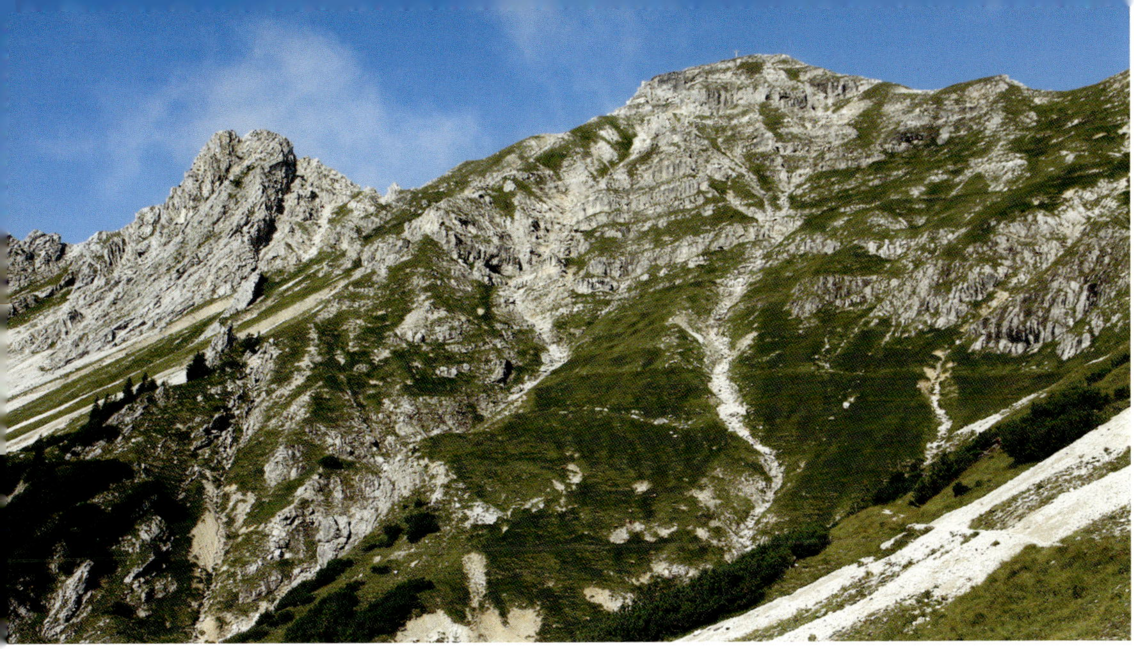

Weg beginnt beim Brunnen der Fischbachalm und zieht sich nur leicht ansteigend durch die steilen Berghänge, überschreitet einige Gräben und erreicht so die Schulter, auf der das Soiernhaus steht.

Die nördliche Einrahmung mit der Schöttelkarspitze

2. Von Mittenwald

mittel 1230 Hm 6.00 Std.

Man folgt vom Parkplatz dem Forstweg in östlicher Richtung und wandert oberhalb der tief eingeschnittenen Seinsklamm durch die bewaldeten Südhänge der Soierngruppe. Bei der Wegverzweigung im Seinsgraben hält man sich links und erreicht bald die Fereinalm. Wer die Forststraße nicht gehen will, kann stattdessen den Seinsbach überqueren, zur Aschauer Alm wandern und den Jägersteig zur Fereinalm nehmen. Im Sommer ist dieser Fußweg der Fahrstraße vorzuziehen. Bei der Fereinalm zweigt links der ausgeschilderte Steig ab, der in Serpentinen durch Wald ansteigt, dann in einem Rechtsbogen um den »Turm« (1598 m) herumleitet, in einem weiten Bogen rechts um die Soiernspitze zum Steinkarsattel und dann in Serpentinen zum Soiernhaus hinunterführt.

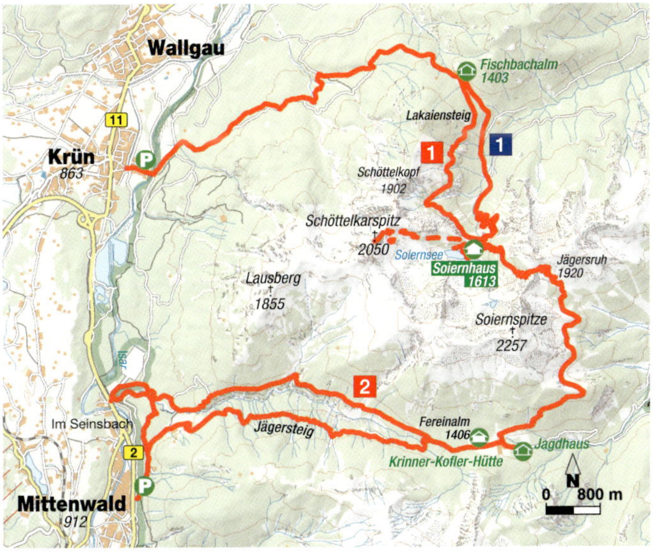

Der Hüttengipfel

mittel 920 Hm 1.45 Std.

Schöttelkarspitze (2050 m): Vom Soiernhaus führt der ehemalige Reitsteig bis in Gipfelnähe. Man folgt vom oberen Haus ein kurzes Stück dem Lakaiensteig und zweigt dann links ab. Der Weg steigt erst nur mäßig an und führt zum Ende der großen Soiernmulde, von wo er sich in steilen Serpentinen hinauf zum Grat zieht und diesem bis auf den kreuzbesetzten Gipfel folgt.

50

Brunnsteinhütte (1523 m)

Stützpunkt für den Mittenwalder Klettersteig

Eine Hütte für Familien und für Klettersteigler – und dann ist da noch der fantastische Fernblick auf das Massiv des Wettersteingebirges. Rund um die Hütte gibt es zudem einen Spielplatz und zahlreiche Haustiere; für Abwechslung ist also gesorgt.

Die Hütte
Brunnsteinhütte (1523 m), AV-Hütte, Kat. I, von Ende April bis Mitte Oktober bewirtschaftet, im Winter und im Frühjahr an schönen Wochenenden, 42 Lager; Tel. 0172/8 90 96 13 oder 08823/32 69 51. www.brunnsteinhuette.de

Charakter
Der Hüttenanstieg ist leicht. Die Gipfelwege sind jedoch anspruchsvoll: Der Heinrich-Noé-Weg ist an ausgesetzten Stellen mit Seilen gesichert und nur für Trittsichere und Schwindelfreie.
Der Anstieg zur Brunnsteinspitze ist wesentlich leichter, an einigen Stellen befinden sich ebenfalls Seilsicherungen. Auch der Abstieg über den Pürzlgrat erfordert den geübten Bergwanderer.

Anreise
Mit Pkw: Auf der A 95 bis zum Ende, dann auf der B 2 über Garmisch-Partenkirchen nach Mittenwald, auf der Ortsumgehungsstraße zur Talstation der Karwendelbahn (für Begehung des Mittenwalder Klettersteigs) und weiter in Richtung Scharnitz; Parkplatz 3 km hinter Mittenwald (Hüttenweg 1).
Mit Bahn/Bus: Mittenwald und Scharnitz liegen an der Bahnlinie München – Garmisch – Innsbruck.

Karte
Topografische Karte 1:50 000 Karwendelgebirge (LDBV)

Weitere Hütten
Karwendelbahn-Bergstation, siehe Tour 52

Die Brunnsteinhütte ist die am westlichsten gelegene Hütte des gesamten Karwendels. 1935 direkt am Waldrand oberhalb des Isartals bei Mittenwald auf einer steilen Bergwiese erbaut, bietet sie einen freien Ausblick auf das Wettersteingebirge, die Ammergauer Alpen und das Estergebirge. Und im Hütteninneren lockt bei Schlechtwetter ein warmer Kachelofen.

1. Von Mittenwald

leicht 600Hm 2.00 Std.

Vom Parkplatz (930 m) an der Straße nach Scharnitz queren wir die Bahnlinie (hierher gelangt man auch vom südlichen Ortsende über das Hoffeld) und gehen rechts auf Fahrweg durch Wiesen weiter ein Stück Richtung Süden, bis links der ausgeschilderte Weg zur Brunnsteinhütte

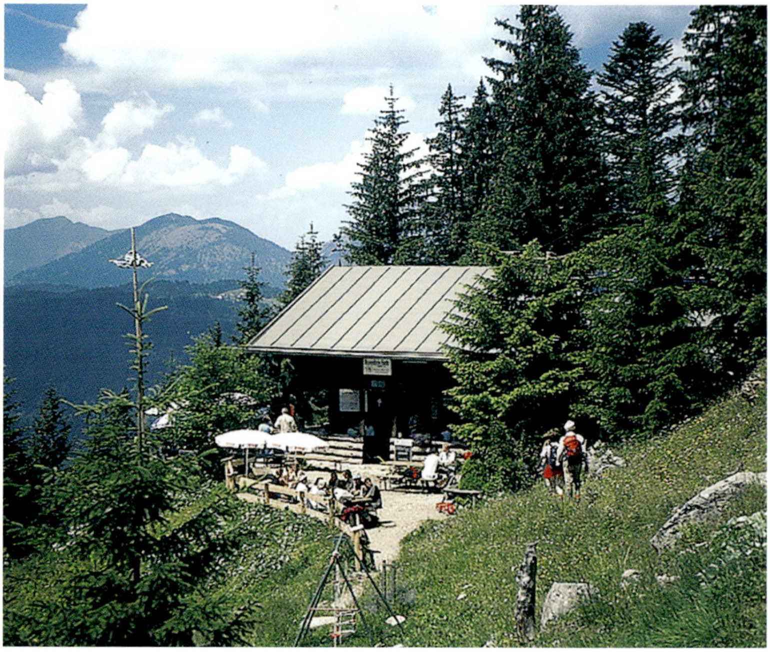

Die Brunnsteinhütte trägt das Umweltgütesiegel des DAV. Rechte Seite: Großartiger Ausblick von der Westlichen Karwendelspitze auf das Wettersteinmassiv

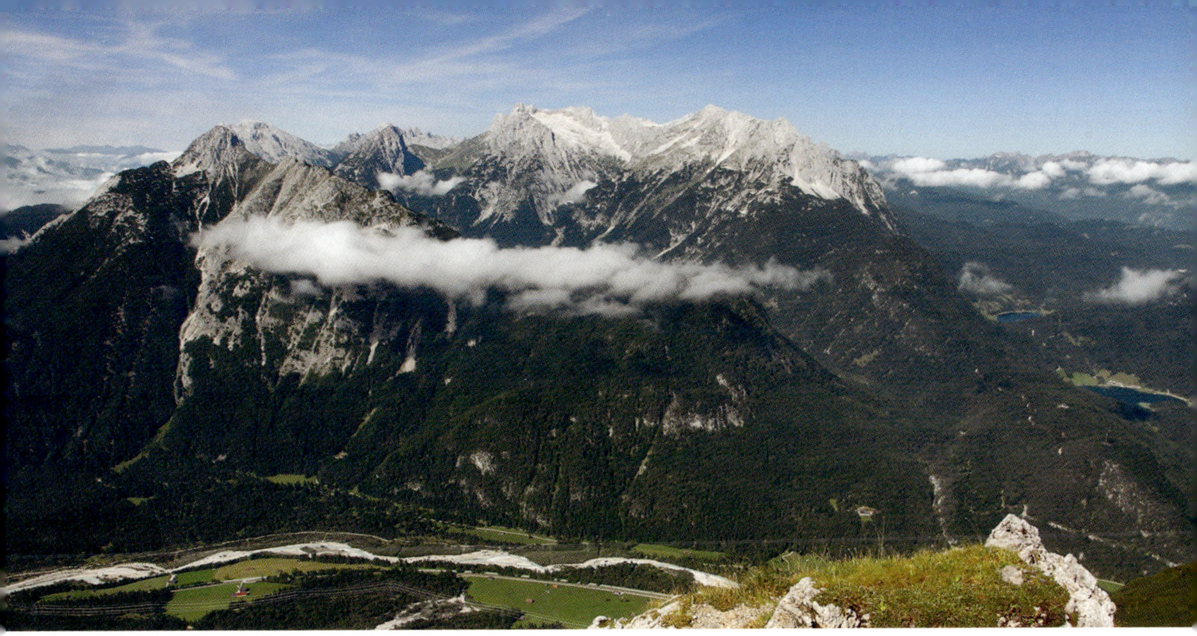

abzweigt. Zunächst wandern wir durch schönen Mischwald hinauf, dann geht es auf dem querenden Leiterweg rechts weiter durch die Sulzleklamm (Hängebrücke) und links haltend in zahlreichen Serpentinen durch Hochwald hinauf zur Brunnsteinhütte.

2. Abstieg nach Scharnitz

mittel 1870 Hm 3.30 Std.

Von der Brunnsteinhütte wandern wir wie unten beschrieben zur Tiroler Hütte, dann auf dem Kamm weiter in Richtung Süden, vorbei am Brunnsteinkopf (1924 m) und über den steilen Pürzlgrat durch Wald – zuletzt über zahlreiche steile Serpentinen – hinab nach Scharnitz und rechts zum Bahnhof.

3. Aufstieg zur Karwendelbahn-Bergstation

mittel 720 Hm 2.00 Std.

Der anspruchsvolle Steig (Heinrich-Noé-Weg) beginnt bei der Brunnsteinhütte und führt gut markiert links hinauf zur Oberen Sulzleklamm, dann durch den Sulzlewald und den gleichnamigen Anger und steil durch die felsige Westseite der Linderspitzen hinauf zur Grathöhe. Dort trifft man auch auf den Mittenwalder Klettersteig. Auf diesem geht es dann links weiter zur Bergstation.

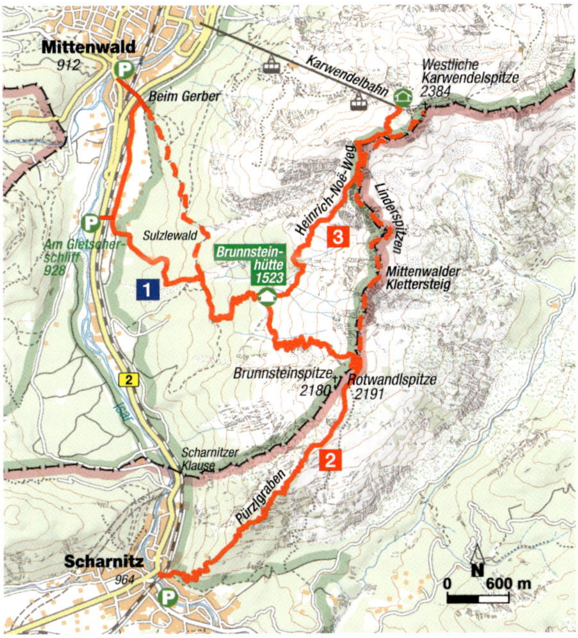

Der Hüttengipfel

mittel 1350 Hm 2.30 Std.

Rotwandlspitze (2192 m): Von der Brunnsteinhütte geht es rechts auf markiertem Steig in Richtung Süden, dann in steilen Serpentinen über Bergmähder und Latschen hinauf zum Brunnsteinanger (2069 m). Dort hält man sich rechts, macht eventuell kurz Station bei der kleinen Tiroler Hütte (unbewirtschaftet) und steigt dann noch die letzten Meter zum Gipfelkreuz der Rotwandlspitze.

51

Hochlandhütte (1623 m)

Alpenvereinshütte für Ein- und Mehrtageziele

Die Anstiege zu dieser aussichtsreich gelegenen Hütte sind nahezu alle leicht, doch sämtliche Weiterwege anspruchsvoll: sei es der Wörner, der lange Übergang zum Karwendelhaus oder der Mittenwalder Klettersteig – dem Zuspruch tut dies jedoch keinen Abbruch.

Die bereits 1909 von einer Gruppe Kletterern in Eigenregie erbaute Hochlandhütte steht an aussichtsreicher Stelle auf einem breiten Grasbuckel vor dem imposanten Wörner. Von ihrer Terrasse hat man einen freien Blick auf über 100 Berggipfel – vom Wettersteingebirge über die Ammergauer Alpen, das Estergebirge bis hinein in die Allgäuer Alpen. Auch heute noch strahlt die Hütte eine Ursprünglichkeit aus, wie sie nur noch selten zu finden ist.

1. Von Mittenwald

leicht 725 Hm 3.00 Std.

Vom Wanderparkplatz (vom Bahnhof über die Dammkarstraße) bummeln wir auf befestigter Straße durch Wald hinauf, machen einen Rechtsbogen Richtung Dammkarhütte und nehmen bei der Talstation des Materiallifts den linken Steig. Vorwiegend oberhalb der Waldgrenze geht es durch Kare und ein Waldstück zur Hochlandhütte.

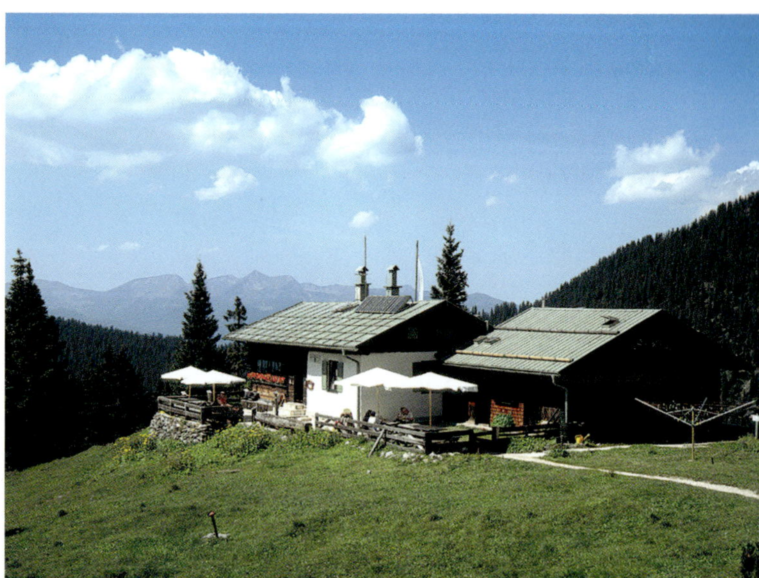

Die im Sommer durchgehend bewirtschaftete Hochlandhütte bietet einfache Bewirtung, ein Bergsteigeressen am Abend, Suppen, Brotzeiten sowie Getränke auch tagsüber.

Rechte Seite: Der Wörner ist der anspruchsvolle Hüttengipfel der Hochlandhütte.

Die Hütte
Hochlandhütte (1623 m), AV-Hütte, Kat. I, 41 Lager, 14 Notlager, kein Winterraum, einfach bewirtschaftet von Ende Mai bis zum dritten Sonntag im Oktober, warme Gerichte erst am Abend; Tel. 0174/9 89 78 63. www.hochlandhuette.de

Charakter
Die Hüttenzugangswege erfolgen auf leichten Wirtschafts- und Bergwanderwegen. Lediglich der Abstieg durch das Dammkar erfordert Trittsicherheit und Schwindelfreiheit: gesicherte Steiganlage, aber Gefahr durch steile Altschneefelder.

Anreise
Mit Pkw: Auf der A 95 bis zum Ende, dann auf der B 2 über Garmisch-Partenkirchen nach Mittenwald; Parkplatz kurz vor der Karwendelbahn-Talstation, direkt an der B 2 (Hüttenweg 1) bzw. 700 m vorher (Hüttenweg 2).
Mit Bahn/Bus: Mittenwald liegt an der Bahnlinie München – Garmisch – Innsbruck

Karte
Topografische Karte 1:50 000 Karwendelgebirge (LDBV)

Weitere Hütten
Dammkarhütte, siehe Tour 52
Bergstation Karwendelbahn (2244 m), Einkehrmöglichkeit während der Betriebszeiten

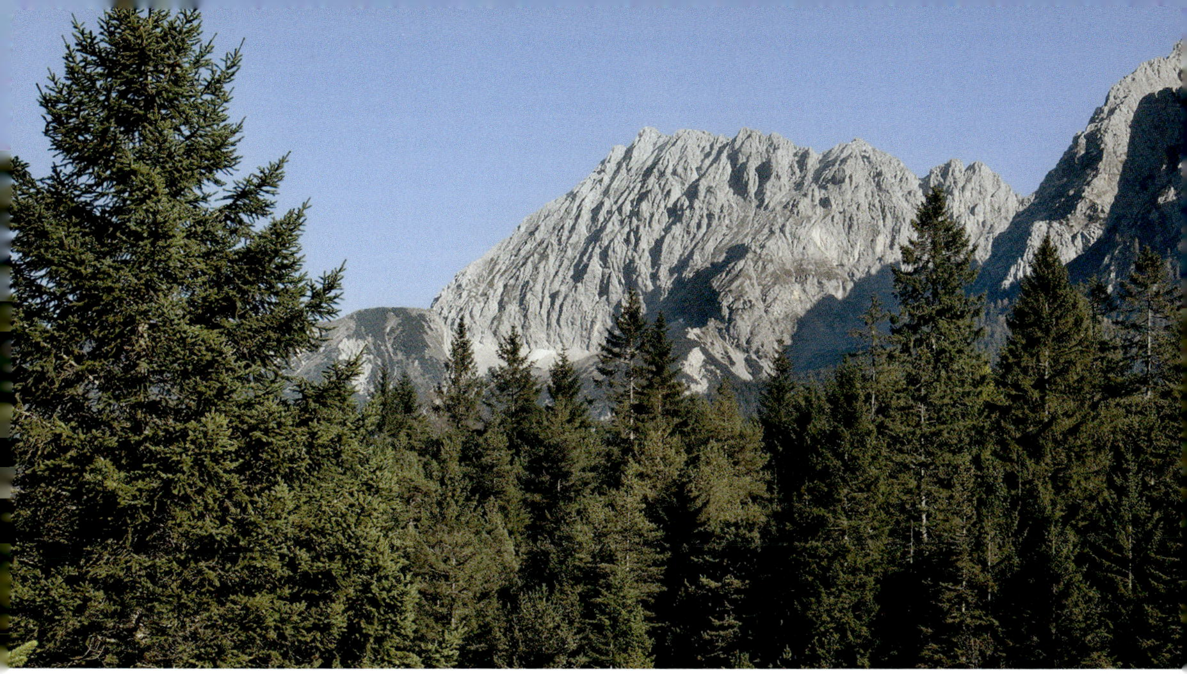

2. Über die Obere Kälberalm

leicht 710 Hm 2.30 Std.

Vom Parkplatz (920 m) wandern wir auf Wanderweg (parallel zur Straße) einen halben Kilometer in Richtung Mittenwald, bis nach der Brücke links der Steig ansetzt. Durch Wald geht es in Serpentinen empor bis zu einer Forststraße. Auf dieser rechts über dem Gassellahnbach taleinwärts, bis nach 20 Minuten links haltend der Weg zur Oberen Kälberalm weiterführt. Bei einer Wegverzweigung geht es rechts über ein Brückerl und durch einen Graben steil hoch zur Oberen Kälberalm und rechts weiter zur Hochlandhütte.

3. Abstieg durch das Dammkar

schwer 830 Hm 2.00 Std.

Von der Bergstation der Karwendelbahn (2244 m) wandern wir durch Stollen auf die Ostseite der Westlichen Karwendelspitze, mittels Steiganlage ins Hintere Dammkar und zu einer Wegverzweigung oberhalb der Dammkarhütte. Dort zweigt rechts ein Pfad ab, der zur Hochlandhütte führt.

Der Hüttengipfel

schwer 1710 Hm 5.00 Std.

Wörner (2476 m): Von der Hochlandhütte geht es Richtung Nordosten durch ein Kar zum Wörnersattel (1989 m) und über einen steilen Steig hinauf zum Grat. Trittspuren leiten südwestlich des Grats durch die Felsen, dann hinab zu einer Rinne. Nach einer Querung passieren wir die anspruchsvollste Stelle (Markierung »W«) und steigen auf der rechten Seite der Rinne steil hinauf. Unter der Grathöhe queren wir links und steigen durch einen Riss zum Gipfelkreuz.

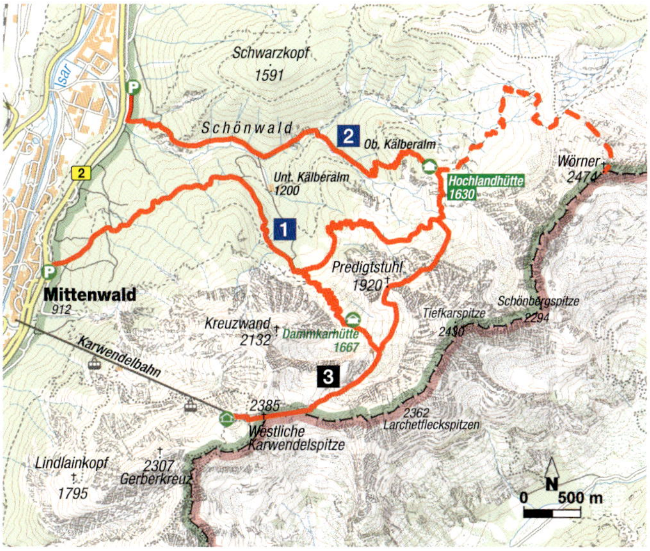

52

Mittenwalder Hütte (1518 m)

Ausflugsziel mit Höhenweg und Klettersteig

Die Hütte
Mittenwalder Hütte (1518 m), AV-Hütte, Kat. I, 27 Lager, bewirtschaftet von Mitte Mai bis Mitte Oktober; Tel. 0151/17 30 31 18. www.mittenwalderhuette.de

Charakter
Hüttenanstieg leicht, eine seilgesicherte Stelle. Der Anstieg zur Bergstation ist steil und lang, einige gesicherte Stellen, evtl. mit Schnee gefüllte Rinnen. Der Übergang ins Dammkar erfolgt durch Felsstollen und Steiganlage. Steile Firnfelder bis in den Sommer. Nur für Geübte!

Anreise
Mit Pkw: Auf der A 95 bis zum Ende, dann auf der B 2 über Garmisch-Partenkirchen nach Mittenwald; Parkplatz kurz vor der Karwendelbahn-Talstation, direkt an der B 2, Abfahrt Mittenwald-Mitte (Hüttenweg 1).
Mit Bahn/Bus: Mittenwald liegt an der Bahnlinie München – Garmisch – Innsbruck; von dort weiter zu Fuß zum Parkplatz an der B 2

Karte
Topografische Karte 1:50 000 Karwendelgebirge (LDBV)

Weitere Hütten
Dammkarhütte (1650 m), privat, 10 Lager, von Ende April bis Ende September bewirtschaftet, Übernachtung nur nach vorheriger Anmeldung, Tel. Hütte 0173/3 51 46 59 oder Tel. Tal 0 88 23/38 26. Anstieg vom Parkplatz an der B 2 bzw. vom Bahnhof Mittenwald 2¼ Std. www.dammkarhuette.de
Karwendelbahn-Bergstation (2244 m), Gaststätte, während der Betriebszeit der Bahn bewirtschaftet

Nicht einmal zwei Stunden Gehzeit von Mittenwald – das klingt verlockend! Wer weitergehende Ambitionen hat, wählt den Höhenweg hinüber zur Brunnsteinhütte oder nimmt den langen Anstieg zur Westlichen Karwendelspitze unter die Füße.

Die Mittenwalder Hütte liegt am steilen Westhang der Westlichen Karwendelspitze und wurde 1949 errichtet, nachdem die alte Hütte durch Brandstiftung zerstört worden war. Bereits im Jahr 1888 stand dort eine Unterstandshütte, die den Anforderungen bald aber nicht mehr genügte, da der damals neu geschaffene Steig zur Karwendelspitze sehr gut ankam. Die Sicht von der Terrasse auf Mittenwald ist überwältigend. Nach dem Bau der Karwendelbahn schien die Hütte an Bedeutung zu verlieren, aber mittlerweile gibt es wieder genügend Anhänger des reinen Bergsteigens, sodass die Hütte nicht über mangelnden Zulauf klagen kann.

1. Von Mittenwald

mittel 610 Hm 1.45 Std.

Vor dem Bahnhof gehen wir links vor zur Dammkarstraße, rechts auf dieser über die Isar und rechts vor zur Unterführung unter die B 2 zum Parkplatz. Dort beginnt der alte Karwendelsteig. Wir gehen kurz rechts an der B 2 entlang, bis links ein Schotterweg abzweigt. Auf diesem gut ausgeschilderten Weg wandern wir zur alten Erzgrube, wo der Steig beginnt. Auf dem Steig geht es hinauf zu einer Wegverzweigung (Wegta-

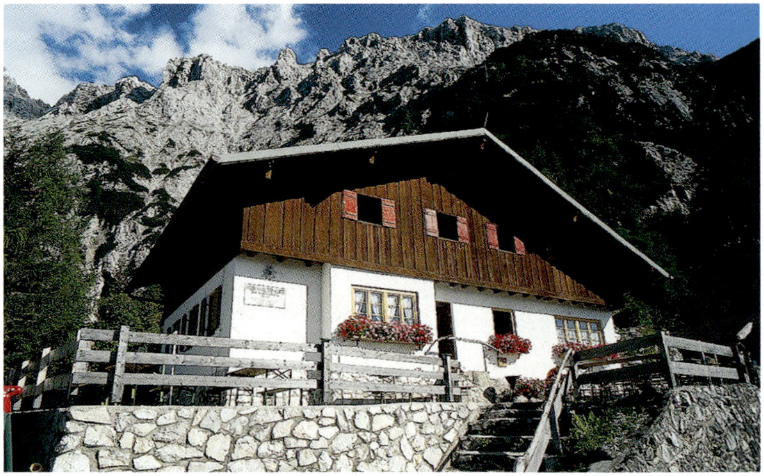

Die Mittenwalder Hütte ist Stützpunkt für den Mittenwalder Klettersteig, falls man nicht mit der Karwendelbahn »aufsteigt«.

feln; nach rechts zweigt der Leitersteig ab). Nun folgen wir weiter bergwärts der Ausschilderung zur Mittenwalder Hütte durch Wald und meistern eine seilgesicherte Hangquerung, bis wir die Hütte erreichen.

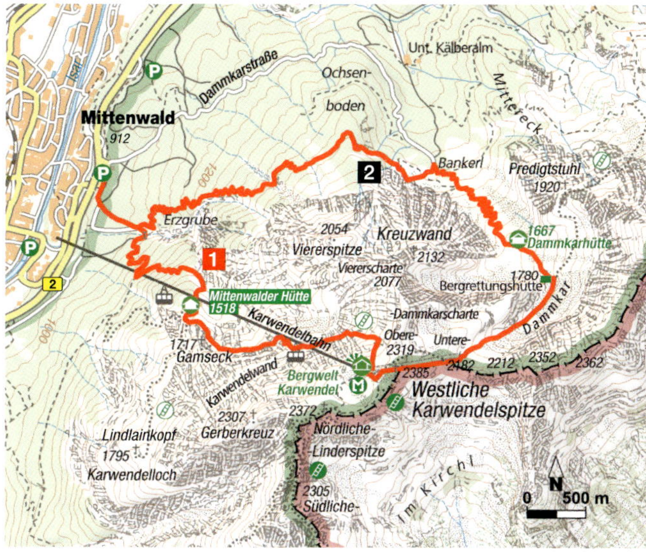

2. Rundtour über das Dammkar

schwer 1650 Hm 4.45 Std.

Von der Mittenwalder Hütte geht es in Kehren hinauf, in einer Linksquerung unter der Bahntrasse hindurch in einen weiten Karkessel und in Serpentinen weiter hinauf zur Bergstation der Karwendelbahn (2244 m). Von der Bergstation führt ein Tunnel zum oberen Ende des Dammkars, über einen Grashang und Schrofen hinab zur Dammkarhütte, wo ein leichter Steig hinab zum Anstiegsweg zur Hochlandhütte führt. Auf diesem Steig geht es nun links hinab zum Parkplatz an der B 2 bzw. nach Mittenwald.

Mittenwald von oben, links die Nördliche Linderspitze, dahinter das Wettersteinmassiv

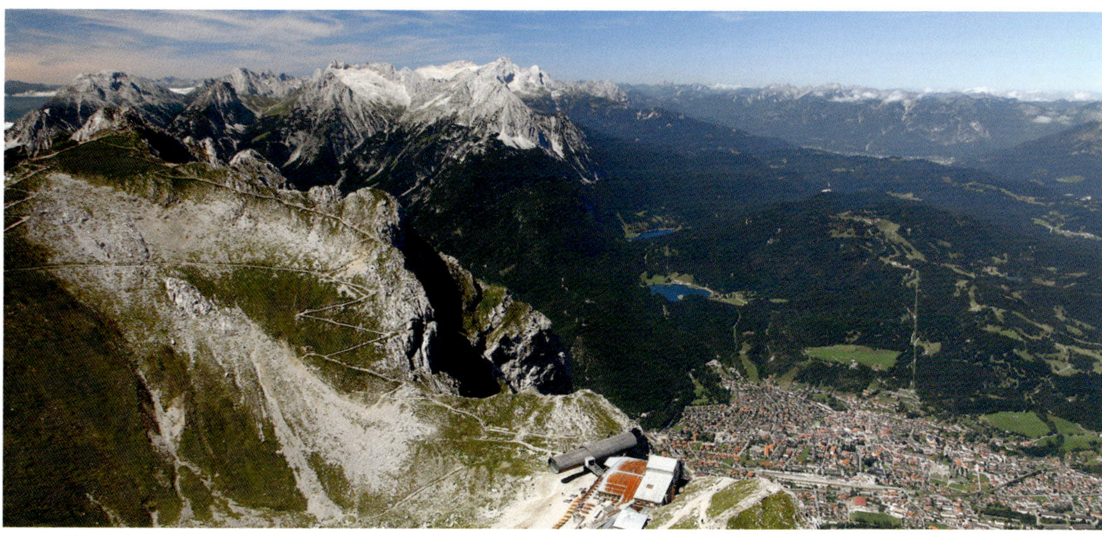

Tipp

Für Klettersteigbegeisterte empfiehlt sich eine Begehung des **Mittenwalder Klettersteigs** (ab Bergstation Karwendelbahn 4 bis 5 Std., Abstieg über Brunnsteinhütte 2 ½ Std.).

Der Hüttengipfel

mittel 280 Hm 2.30 Std.

Westliche Karwendelspitze (2384 m): Höchster Gipfel des westlichen Karwendels (Trittsicherheit und Schwindelfreiheit erforderlich). – Von der Bergstation der Karwendelbahn (2244 m; siehe Hüttenweg 2) geht es auf einem breiten Weg zur Karwendelgrube. Dann wandern wir in einem Rechtsbogen weiter zum Gipfelaufbau. Über eine kleine Steiganlage erreichen wir den Gipfel.

53

Pleisenhütte (1757 m)

Das Vermächtnis eines ehemaligen Bergführers

Die Hütte
Pleisenhütte (1757 m), privat, 40 Lager, Anfang Juni bis Ende Oktober sowie über Weihnachten täglich, sonst am Wochenende bewirtschaftet; Tel. 0043/664/ 9 15 87 92. www.alpenwelt-karwendel.de/pleisenhuette

Charakter
Von Scharnitz Wirtschaftswege und Hüttenfahrwege. Der Übergang vom/zum Karwendelhaus erfordert Trittsicherheit, Schwindelfreiheit und etwas Orientierungssinn; einige Seilsicherungen.

Anreise
Mit Pkw: Auf der A 95 bis zum Ende, dann auf der B 2 über Garmisch-Partenkirchen und Mittenwald nach Scharnitz; Parkplatz »Karwendeltäler« am östlichen Ortsrand (Hüttenweg 1).
Mit Bahn/Bus: Mit der Bahn bis Scharnitz

Karte
Topografische Karte 1:50 000 Karwendelgebirge (LDBV)

Weitere Hütten
Schönwieshof (1029 m), privat, ganzjährig bewirtschaftet

Es gibt nur einen wirklichen Hüttenanstieg zur Pleisenhütte, den von Scharnitz. Von der gemütlichen, überwiegend aus Holz gebauten Hütte bietet sich der gleichnamige Hüttengipfel an, der an sich schon eine Herausforderung darstellt. Eine ganz andere Herausforderung – aber sehr reizvoll – ist die Begehung des Toni-Gaugg-Höhenweges hinüber zum Karwendelhaus.

Die Pleisenhütte ist das Lebenswerk des Pleisen-Toni, wie ihn seine Bergfreunde liebevoll nannten. Der ehemalige Bergführer Toni Gaugg erbaute nach dem II. Weltkrieg aus eigener Kraft die Pleisenhütte im Karwendel; das Holzmaterial holte er sich aus dem Umfeld der neuen Hütte. Grund genug, dieser reizvollen Hütte einen Besuch abzustatten. Der »Toni« ist mittlerweile in den Bergsteigerhimmel eingegangen, doch schon seit einiger Zeit führt sein Sohn Siggi dort oben die Hütte weiter.

1. Von Scharnitz

leicht 800 Hm 3.00 Std.

Vom Parkplatz »Karwendeltäler« am Ortsrand von Scharnitz folgen wir auf einem Sträßchen den Ausschilderungen in Richtung Hinterautal. An

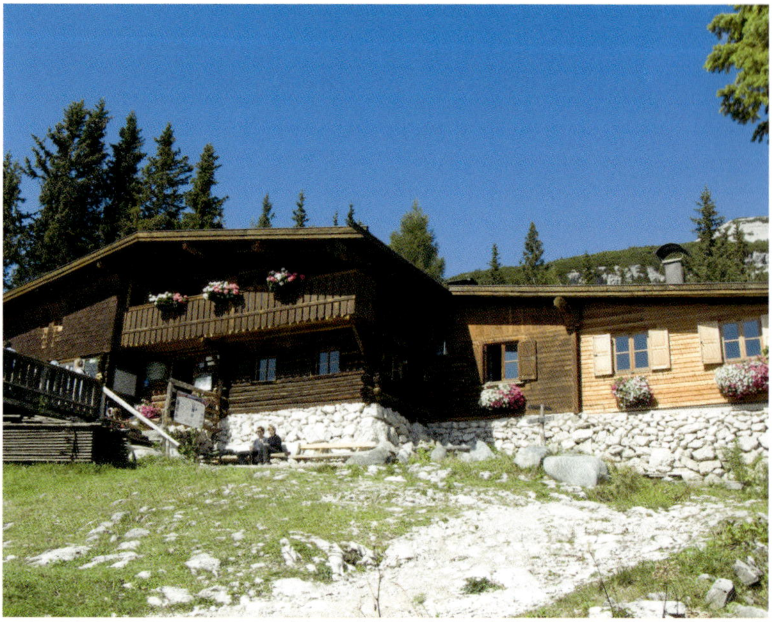

Die Pleisenhütte hat nur einen Hüttenberg zu bieten, die Pleisenspitze (rechte Seite). Wer den Übergang zum Karwendelhaus in Angriff nehmen will, sollte sich unbedingt vom Hüttenwirt beraten lassen.

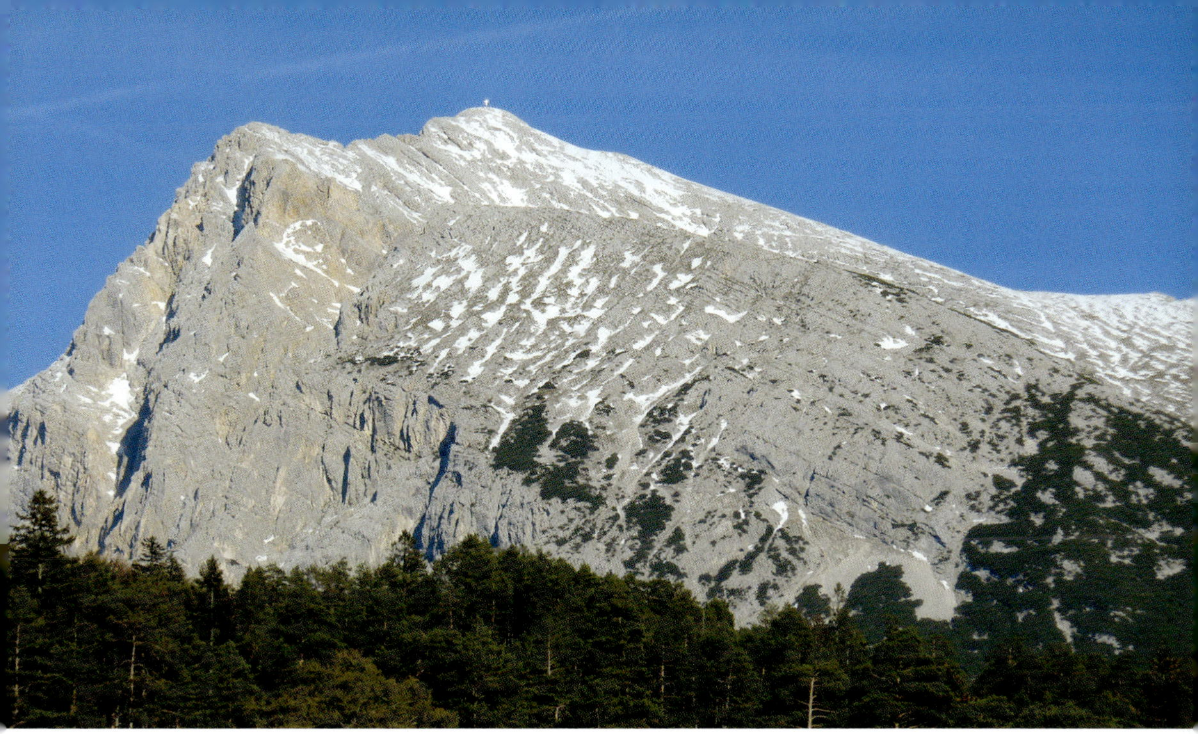

der jungen Isar entlang gelangen wir bis vor das Gasthaus Schönwieshof (1029 m). Dort zweigt links (Wegtafel) der Hüttenfahrweg ab. Auf diesem leicht ansteigend, vorbei an Almwiesen und durch lichten Nadelwald zum sogenannten Wasserlegraben (Einmündung des Weges aus dem Karwendeltal). Über ein Brückchen und steiler durch Wald geht es zur Lablehnerbrünst, rechts die Bergflanke querend zur Pleisenhütte.

2. Übergang vom Karwendelhaus

schwer 1870 Hm 8.00 Std.

Die gut markierte, teilweise aber weglose Route ist eine Herausforderung an die Kondition und den Orientierungssinn. Es werden mehrere Scharten überschritten und große Kare durchquert. An der Breitgrießkarscharte passiert man eine Biwakschachtel. Wer diesen Übergang plant, sollte die detaillierte Routenbeschreibung im Alpenvereinsführer »Karwendelgebirge« dabeihaben, die von Toni Gaugg, dem Initiator dieses Weges, verfasst wurde.

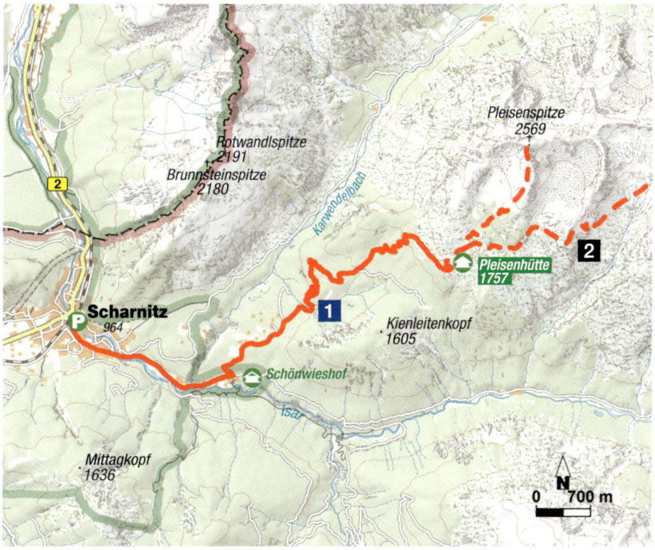

Der Hüttengipfel

mittel 1625 Hm 3.30 Std.

Pleisenspitze (2569 m): Eckpfeiler des Karwendel-Hauptkamms, der ins Karwendeltal steil abbricht (Bergsteig, sehr der Sonne ausgesetzt). – Von der Pleisenhütte folgt man einem Steig in Richtung Vorderkar, das von den beiden südlichen Pleisengraten eingefasst wird, durchschreitet einige Latschengassen und steigt zum Hinteren (rechten) Pleisengrat an. Dieser leitet schweißtreibend zum höchsten Punkt.

54

Karwendelhaus (1765 m)

Stützpunkt für den höchsten Karwendelgipfel

Die Hütte
Karwendelhaus (1765 m), AV-Haus, Kat. I, 52 Betten, 141 Lager, bewirtschaftet von Anfang Juni bis Ende Septemberr, unversperrter Winterraum mit 25 Plätzen und Selbstversorgerraum; Tel. 00 43/ 7 20/98 35 54. www.karwendelhaus.com

Charakter
Wirtschaftswege und leichte Bergwanderwege

Anreise
Mit Pkw: Auf der A 95 bis zum Ende, dann auf der B 2 über Garmisch-Partenkirchen und Mittenwald nach Scharnitz; Parkplatz »Karwendeltäler« am östlichen Ortsrand von Scharnitz (Hüttenweg 1). Oder über Lenggries, Fall und Vorderriß nach Hintersee bis zur Mautstelle beim Alpengasthof (Hüttenweg 2).
Mit Bahn/Bus: Mit der Bahn bis Scharnitz. Für Anstiege aus dem Rißtal gibt es den RVO-Bergsteigerbus, der zwischen Bad Tölz, Lenggries und der Eng verkehrt (Abfahrtszeiten bei den Tourismusämtern in Bad Tölz oder Lenggries erfragen).

Karte
Topografische Karte 1:50 000 Karwendelgebirge (LDBV)

Weitere Hütten
Falkenhütte, siehe Tour 56

Das 1908 erbaute Karwendelhaus des Männerturnvereins München steht ikonenhaft für das Karwendel-Bergerlebnis schlechthin. Bereits der Name gibt dem Haus Gewicht, und tatsächlich steht es auch im Karwendeltal, am Zugang zum höchsten Berggipfel des Karwendels, der Birkkarspitze, die dem Karwendelhauptkamm mit 2749 Metern Höhe die Krone aufsetzt.

Das auf einer ausgesprengten Plattform errichtete Alpenvereinshaus vermittelt großartige Rundblicke und liegt auch wanderstrategisch an günstiger Stelle. Häufiges Ziel ist natürlich die Birkkarspitze; beliebt ist die Hütte allerdings auch bei Weitwanderern (so ist es Stützpunkt der viertägigen Karwendeltour, aber auch dem beliebten »Adlerweg«). Der lange Hüttenfahrweg durch das Karwendeltal ist natürlich besonders bei Mountainbikern beliebt – weniger vielleicht bei den Wanderern, die ihn gerne als langen Hatscher abqualifizieren. Das Haus ist auch alpine Unfallmeldestelle, was in Handyzeiten allerdings nicht mehr so wichtig ist wie früher. Neben zahlreichen Umbauten, z. B. dem Ausbau des Dachgeschosses, um mehr Schlafräume zu schaffen, stand zuletzt der Einbau einer vollbiologischen Kläranlage. Aber auch das neue »Winterhaus« ne-

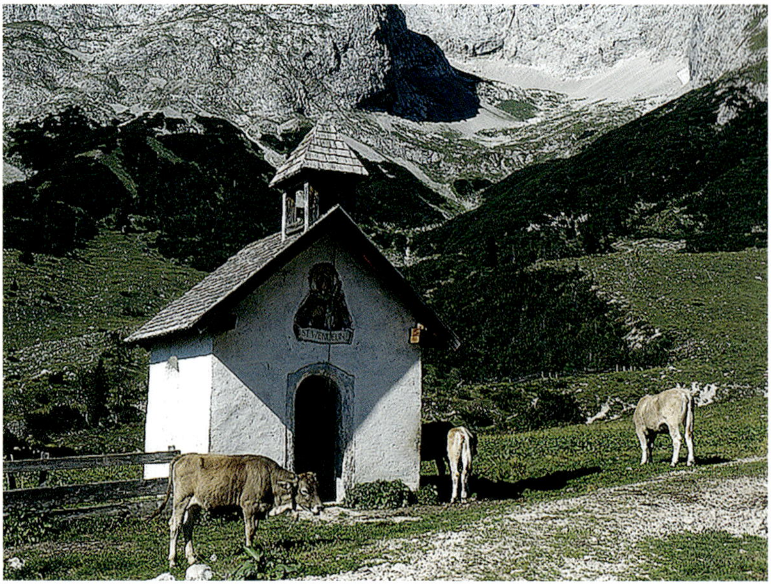

Die kleine Kapelle am Hochalmsattel. Rechts im Hintergrund erkennt man das Schlauchkar, durch das der Anstieg zur Birkkarspitze führt.

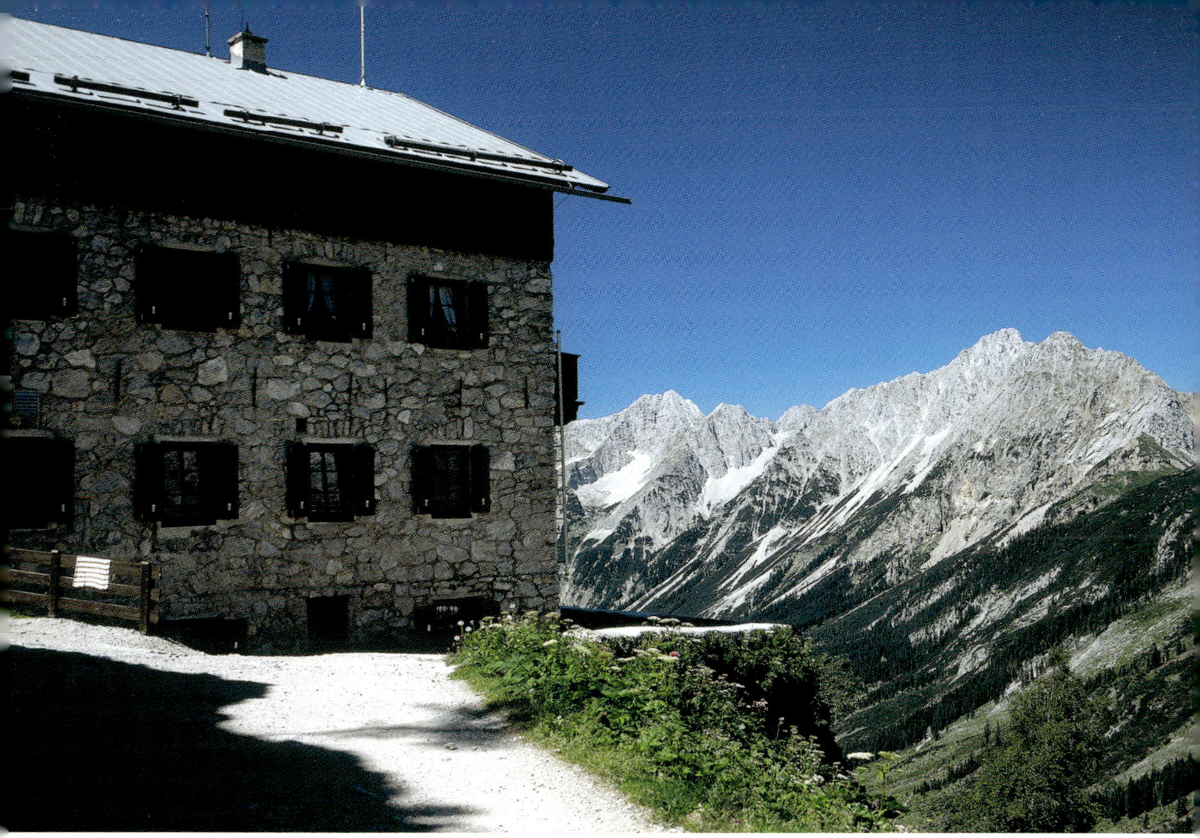

benan, das 2005 fertiggestellt wurde, bietet nun 25 Lagerplätze mit Selbstversorgungsmöglichkeiten. Im Sommer wird es gerne von Jugendgruppen genutzt.

Das Karwendelhaus steht hoch über dem Karwendeltal. Gegenüber erhebt sich die Östliche Karwendelspitze.

1. Von Scharnitz

leicht 810 Hm 5.00 Std.

Bei Scharnitz laufen die drei bedeutendsten Karwendeltäler zusammen: Karwendeltal, Hinterautal und Gleirschtal. Die lange Talwanderung zum Karwendelhaus führt durch das gleichnamige, reizvolle Tal. Von der Isarbrücke in Scharnitz wandern wir zunächst auf der Hinterautalstraße (Mark.-Nr. 201, E 4a) südostwärts bis zur Abzweigung links ins Karwendeltal. Dort geht es weiter auf etwas monotonem Fahr-

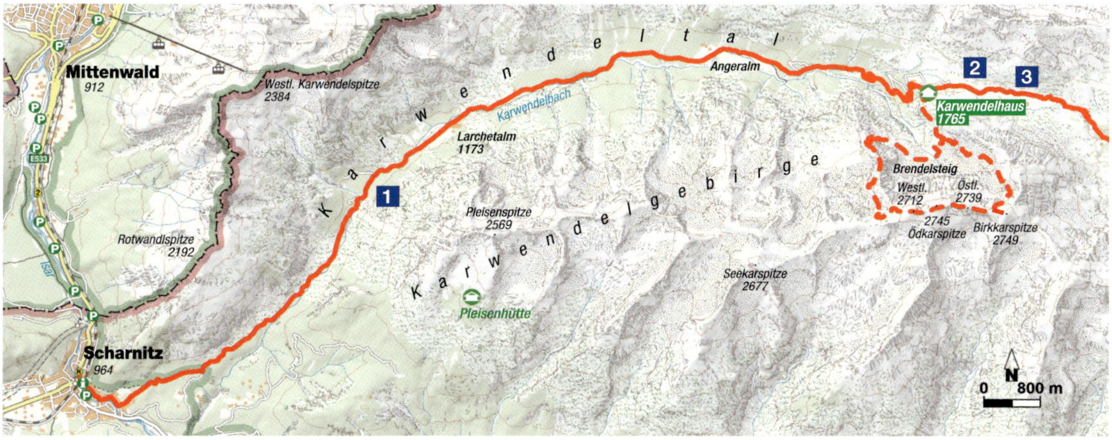

Rechte Seite: Der Westgrat und die stark gebänderte Südwestflanke der Birkkarspitze, durch die der Gipfelanstieg führt. Trittsicherheit und Schwindelfreiheit sind dort ein absolutes Muss!

weg, dafür aber in grandioser Landschaft, unfehlbar über die Larchetalm (abgebrochen; 1174 m) und die Angeralm bis zum Karwendelhaus am Fuß der Birkkarspitze.

2. Von Hinterriß

leicht 850 Hm 4.00 Std.

Vom Alpenhof queren wir die Wiese und über eine Brücke den Rißbach und folgen dann dem markierten Steig (Weg-Nr. 231) zunächst steil durch Wald hinauf zu einer Forststraße. Dieser folgen wir links um das Luchsegg herum in das Johannestal. Am Ende der Straße geht es weiter auf einem Steig zur verfallenen Johannestalalm, wo wir auf die Johannestalstraße treffen, der wir bis zum Hermann-von-Barth-Denkmal im Kleinen Ahornboden folgen (parallel dazu führt auch ein schmaler Wanderweg, der im oberen Talbereich dann wieder auf das Sträßchen trifft). Bei den Jagdhütten (1399 m) im Kleinen Ahornboden wandern wir rechts auf Fahrweg hinauf zum Hochalmsattel (1803 m) und leicht fallend hinab zum bereits sichtbaren Karwendelhaus.

3. Übergang von der Falkenhütte

leicht 855 Hm 2.30 Std.

Scharnitz mit der Ahrnspitzgruppe; dieser Grenzort zwischen Bayern und Tirol ist Ausgangspunkt für den Hüttenanstieg durchs Karwendeltal.

Der Europäische Fernwanderweg E 4a verbindet die beiden Hütten miteinander. Große Abschnitte des Weges verlaufen dabei auf Forst- und Hüttenzufahrtswegen, wobei wir inmitten einer großartigen Hochgebirgskulisse unterwegs sind; Details hierzu siehe Tour 56.

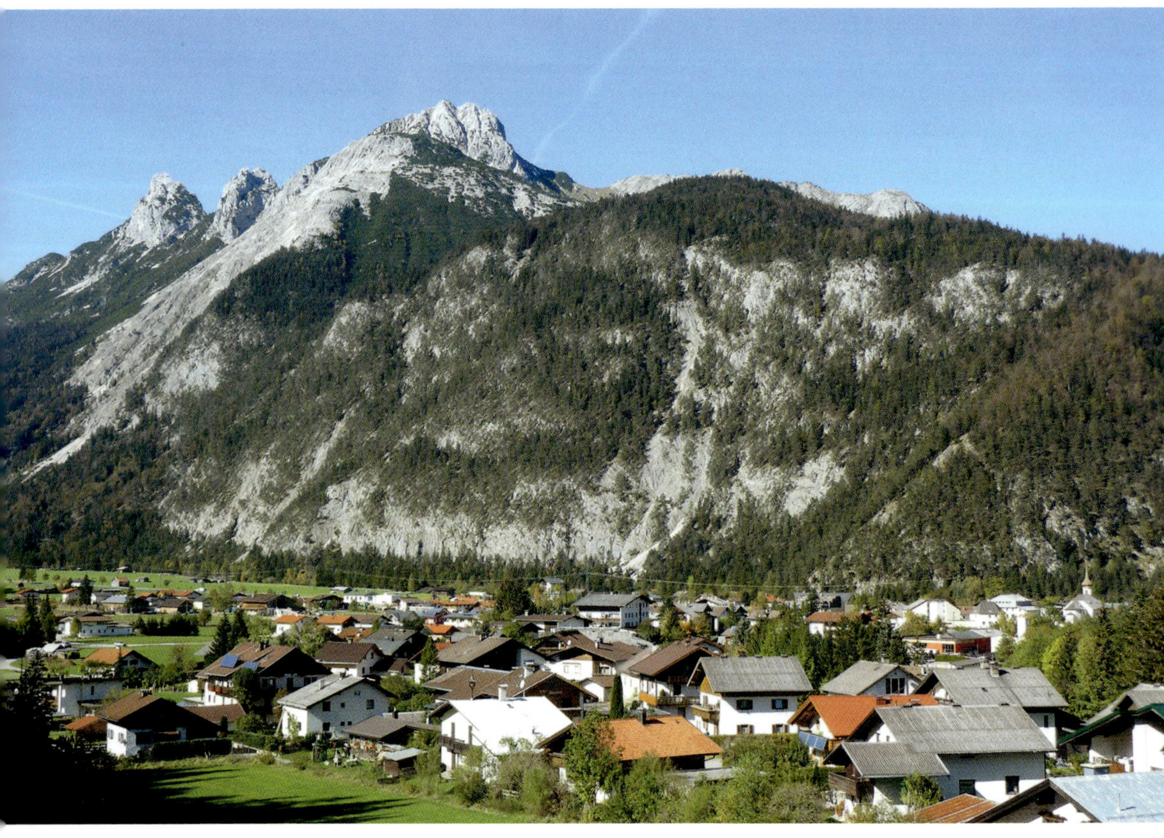

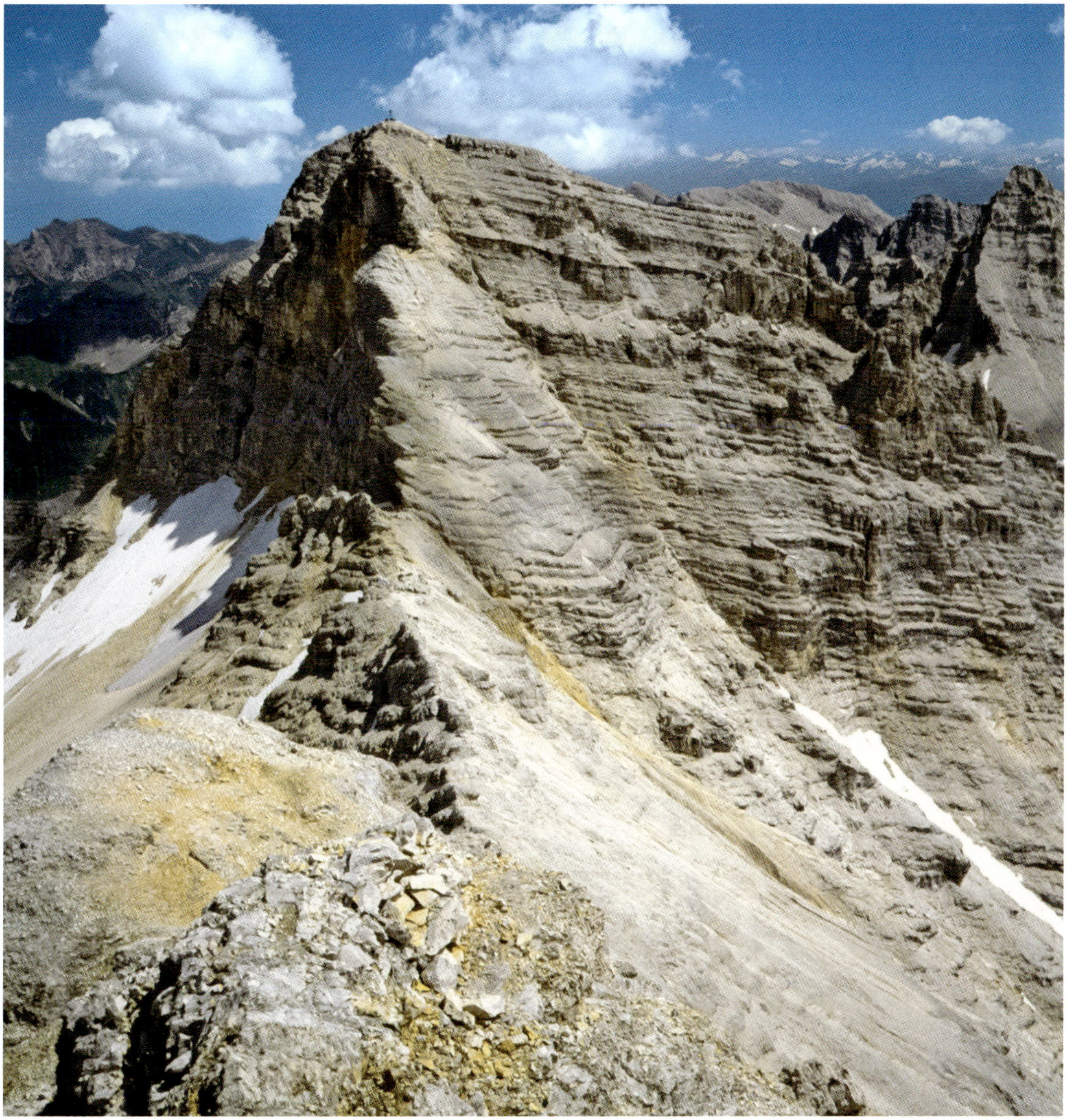

Der Hüttengipfel

schwer 1970 Hm 5.00 Std.

Birkkarspitze (2749 m): Höchster Gipfel des Karwendelgebirges mit großartiger Aussicht (Trittsicherheit und Schwindelfreiheit erforderlich; einige Seilsicherungen loses Gestein auf den Bändern am Westgrat; evtl. Altschnee im Schlauchkar bis in den Spätsommer). – Gleich beim Karwendelhaus beginnt der Steig, der uns zuerst über eine gesicherte Felsstufe ins Schlauchkar führt. Nahezu waagrecht wandern wir unter dem Hochalmkreuz vorbei. Immer auf der linken Seite des Kars steigen wir dann steil in Serpentinen hinauf (im Frühjahr und Frühsommer findet man hier oft noch harten Firn) in den Schlauchkarsattel, der Scharte zwischen Ödkarspitze und Birkkarspitze (wenig östlich davon steht ein Unterstandshüttchen, die Birkkarhütte). Direkt links am Felsfuß beginnt ein gesicherter Steig, der uns zuerst nahe dem Westgrat, dann über die plattige Südwestflanke zum Gipfel führt.

55

Hallerangerhaus (1768 m)

Wo Kletterer und Wanderer zu Hause sind

Die Hütte

Hallerangerhaus (1768 m), AV-Haus, Kat. I, 52 Betten, 24 Lager, bewirtschaftet von Anfang Juni bis Mitte Oktober, von Mitte Juli bis Mitte September empfiehlt sich Voranmeldung; Winterraum mit 8 Plätzen und Selbstversorgerraum; Tel. 00 43/7 20/34 70 28. www.hallerangerhaus.at

Charakter

Überwiegend unbefestigte Wirtschaftswege, das jeweils letzte Stück zur Hütte auf guten Wanderwegen

Anreise

Mit Pkw: Auf der A 95 bis zum Ende, dann auf der B 2 über Garmisch-Partenkirchen und Mittenwald nach Scharnitz; Parkplatz »Karwendeltäler« am östlichen Ortsrand von Scharnitz (Hüttenweg 1). Oder auf der A 8/E 45 über Kufstein nach Hall in Tirol, dort durch den Ort und auf Mautstraße hinauf ins Halltal bis zum Ende der Straße, ca. 1300 m (Hüttenweg 2).
Mit Bahn/Bus: Mit der Bahn bis Scharnitz; dann weiter zu Fuß

Karten

Freitag & Berndt-Wanderkarte 321 u. 322, 1 : 50 000. Alpenvereinskarte 1:25 000, Karwendelgebirge mittleres und westliches Blatt

Weitere Hütten

Pfeishütte (1922 m), AV-Hütte, Kat. I, bewirtschaftet von Anfang Juni bis Mitte Oktober, 37 Betten, 37 Lager, kleiner Winterraum mit 6 Lagern; Tel. 00 43/7 20/31 65 96
Hallerangeralm (1770 m), privat, bewirtschaftet von Anfang Juni bis Anfang Oktober, 28 Betten, 70 Lager; Tel. 00 43/6 64/1 05 59 55
Möslalm (1262 m), privat, bewirtschaftet von Mai bis Anfang Oktober, 30 Lager; Tel. 0043/512/27 57 83

Das etwas im Wald versteckte Unterkunftshaus liegt an der klassischen Route der Alpenüberquerer von München nach Venedig. Von Norden her gibt es keinen schnellen Weg dorthin. Allein der Anstieg von der Haller Seite hält sich in Grenzen, allerdings ist er mit einem erheblichen Anstieg und Abstieg verbunden.

Im hintersten Karwendeltal, beim Ursprung der Isar, liegt das Hallerangerhaus im Naturpark Karwendel, dem größten Naturschutzgebiet Österreichs. Dieser Umstand erfordert natürlich ein besonderes Augenmerk auf den Zustand der Hütte. Der erste Bau entstand auf dem Kohlerboden im Jahr 1901, wurde jedoch 1914 von einer Lawine hinweggefegt. Erst im Jahr 1924 machte man sich an den Wiederaufbau, dieses Mal allerdings an einer vor Lawinen sicheren Stelle. 1985 wurde das Nebengebäude zu einer Selbstversorgerhütte umgebaut, die im Sommer von Jugendgruppen und im Winter gerne von Ski- und Schneeschuhgehern frequentiert wird. Die Energieversorgung erfolgt durch Wasserkraft, unterstützt durch Sonnenkollektoren. In den letzten Jahren wurde der Klettergarten »Durchschlag« in Hüttennähe (10 Minuten) eingerichtet.

1. Durch das Hinterautal

leicht 840 Hm 5.00 Std.

Vom großen Wanderparkplatz »Karwendeltäler« folgen wir zunächst der Hauptstraße in südlicher Richtung, gehen dann links ab zur Isarbrücke und überqueren diese. Dann wandern wir weiter am Isarufer entlang,

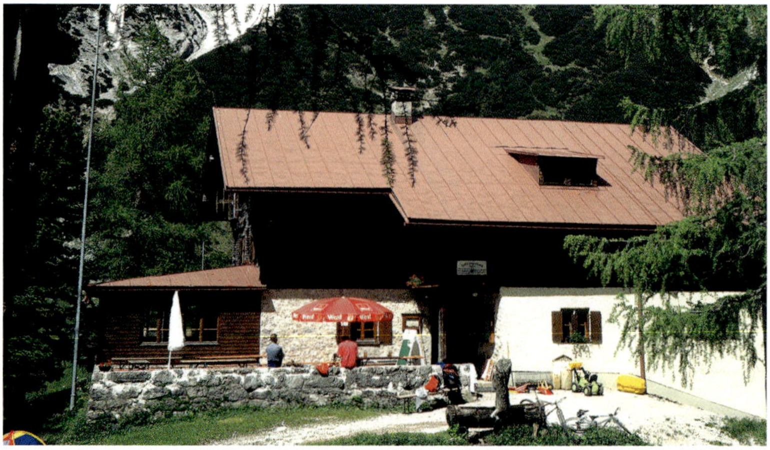

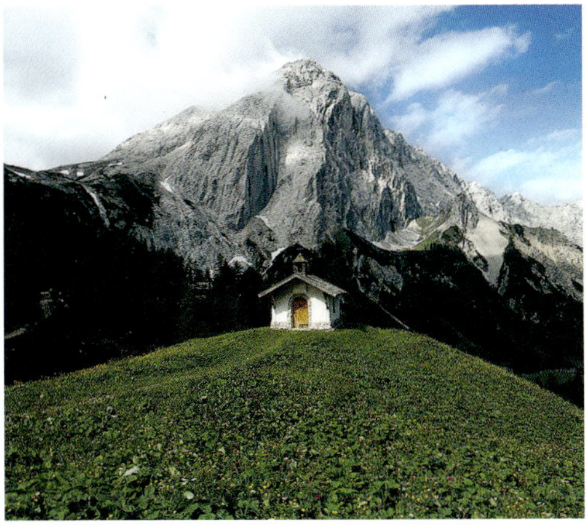

Der Hüttengipfel

schwer 1705 Hm 5.00 Std.

Speckkarspitze (2621 m): Vom Hallerangerhaus folgt man zunächst der Ausschilderung zum Lafatscher Joch bis oberhalb des Lafatscher Durchschlags. Dort beginnt links der markierte Steig, der zunächst in das kleine Kar auf der Westseite des Gipfels führt und im oberen Teil der Route dann knapp unterhalb des Nordwestgrats hinauf zum Gipfel leitet. Für den Abstieg muss man nicht die gleiche Route nehmen, sondern kann auf dem Südwestgrat absteigen. Bald zweigt rechts ein Verbindungssteig zum Nordwestkamm ab; man kann so ohne Umweg wieder zum »Durchschlag« zurückkehren.

Die Kapelle am Halleranger, im Hintergrund der schroffe Lafatscher, ein Gipfel ausschließlich für Kletterer

überqueren diese erneut am Ende der Ortsbebauung und folgen dann dem Sträßchen, das zum Schönwieshof führt. Der Weg führt nun allmählich weg von der Isar, steigt hoch über einer Bachschlucht an und senkt sich dann wieder ins Tal. Im Talgrund geht es weiter bis zur Kastenalm. Dort wandern wir rechts über eine Brücke und nun am Lafatscher Bach entlang weiterhin auf Fahrweg – nun steiler ansteigend – hinauf zum Talboden unterhalb des Überschalljochs mit den beiden Unterkunftshäusern: Hallerangerhaus und Hallerangeralm.

2. Aus dem Halltal

leicht 860 Hm 3.00 Std.

Vom Parkplatz am oberen Ende der Mautstraße im Halltal (bei den sogenannten Herrenhäusern) wandert man in einer halben Stunde auf breitem Weg hinauf zu den Herrenhäusern (Parallelroute durch das Isstal möglich), gelangt über das Issjöchl zum Issanger und steigt in weiten Serpentinen durch Latschen hinauf zum Lafatscher Joch (2081 m). Von dort folgt man der Ausschilderung durch die karge Einsenkung hinüber zum sogenannten »Durchschlag« (hier wurde ein neuer Klettergarten eingerichtet) und steigt dann jenseits in zahlreichen Serpentinen hinab zum Hallerangerhaus. Ein weiterer Zugang führt über die Möslalm und die Pfeishütte.

Linke Seite: Das Hallerangerhaus steht in einem lichten Lärchenwald und ist vor allem Station für Weitwanderer, die die große Alpenüberquerung noch vor sich haben.

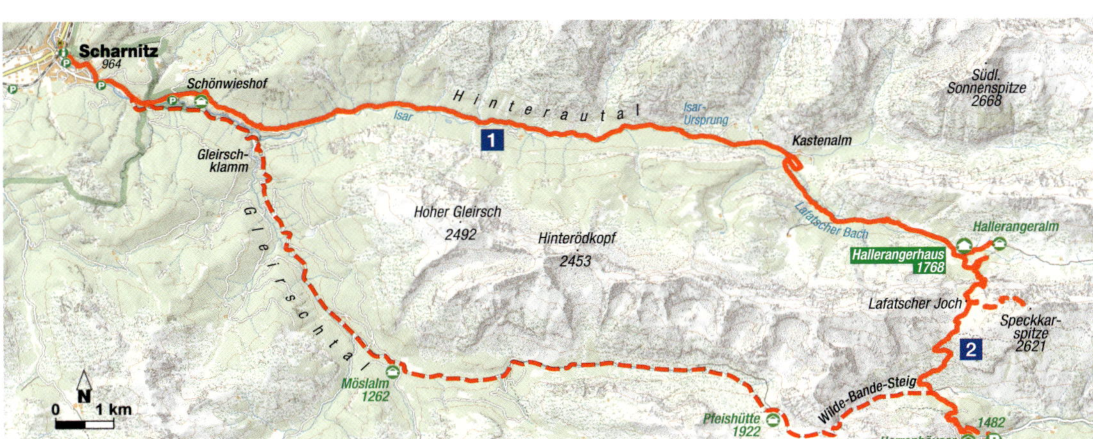

56

Falkenhütte (1846 m)

Im Angesicht der Riesenmauer der Laliderer Wände

Die Hütte
Falkenhütte (1846 m), AV-Hütte, Kat. I, 70 Betten, 60 Lager, bewirtschaftet von Mitte Juni bis Mitte Oktober; Winterraum mit 8 Plätzen und Selbstversorgerraum, AV-Schlüssel; Tel. 0043/52 45/ 2 45. www.falkenhuette.at

Charakter
Durchweg leichte, manchmal jedoch auch steile, ausgeschilderte Bergwanderwege, einige Passagen auf Forststraßen

Anreise
Mit Pkw: Über Bad Tölz, Lenggries, Fall, Vorderriß und Hinterriß in die Eng (Mautstraße) bis zum Ende der Fahrstraße kurz vor dem Alpengasthof Eng; dort große Parkplätze (Hüttenweg 1). Mehrere Parkmöglichkeiten entlang der Strecke (z. B. bei der Mautstelle am Gasthaus Alpenhof kurz hinter Hinterriß, Hüttenweg 3; Laliderer Tal, 4,5 km nach Hinterriß, Hüttenweg 2).
Mit Bahn/Bus: Mit der Oberlandbahn bis Lenggries, dann weiter mit dem RVO-Bergsteigerbus in die Eng (von Mai bis Oktober; Abfahrtszeiten in den Verkehrsämtern erfragen)

Karte
Topografische Karte 1:50 000 Karwendelgebirge (LDBV). Alpenvereinskarte 1:25 000, Karwendelgebirge, mittleres Blatt

Weitere Hütten
Engalmen (1227 m, privat), Almdorf mit Einkehrmöglichkeit und Kaufladen für Almprodukte; in einigen der Almen kann auch übernachtet werden, siehe Tafeln!
Alpengasthof Eng (1203 m), privat, von Anfang Mai bis Ende Oktober bewirtschaftet, 40 Komfortzimmer, 4 Dachzimmer mit 48 Lager; Tel. 00 43/52 45/2 31

Dieses großartige und traditionsreiche Alpenvereinshaus im wohl schönsten Teil des Karwendel steht seit dem Jahr 2015 zum größten Teil unter Denkmalschutz. Dennoch musste generalsaniert werden. Seit 2017 wurde daran gearbeitet, im Sommer 2020 war dann die große Wiedereröffnung.

Die Falkenhütte wurde auf dem Boden der ehemaligen Winkelmoosalm, direkt gegenüber der Riesenmauer der Laliderer Wände, errichtet. Die Sektion Oberland hat sich damit im Jahr 1923 eine Bergsteigerunterkunft erbaut, die besonders den Extremen unter den Bergsteigern lange Jahre zweite Heimat war; erster Hüttenwirt war der Bergführer »Lamsenwastl«. Seit der Wiedereröffnung führt die Familie Rackwitz-Hartmann dieses beliebte Alpenvereinshaus. 1960 wurde der Bau erweitert und erhielt damit seine heutige Gestalt, im Jahr 1964 bekam die Hütte eine eigenständige Stromversorgung. In einem kleinen Zusatzbau ist der Winterraum untergebracht. Mit dem Beinamen »Adolf-Sotier-Haus« sollte das Verdienst des 1. Vorsitzenden der Sektion gewürdigt werden, der neue Name hat sich allerdings nie durchgesetzt. Durch ihre Lage an einem der schönsten Flecken des Karwendelgebirges und an

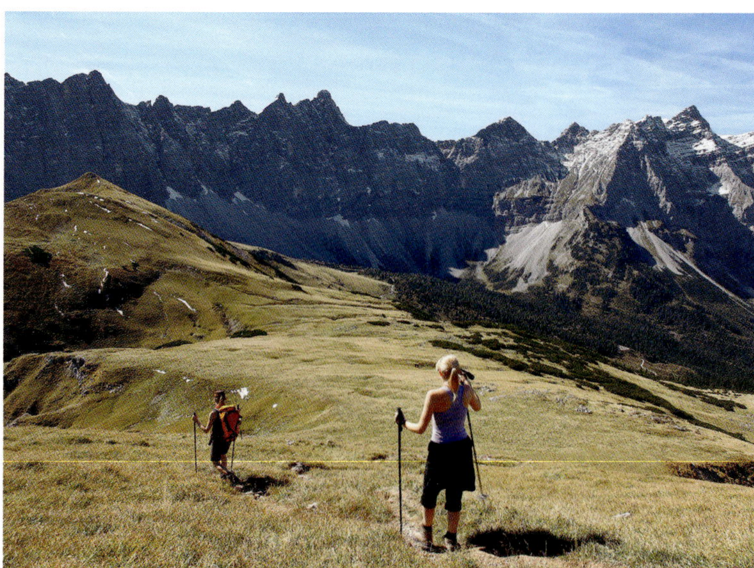

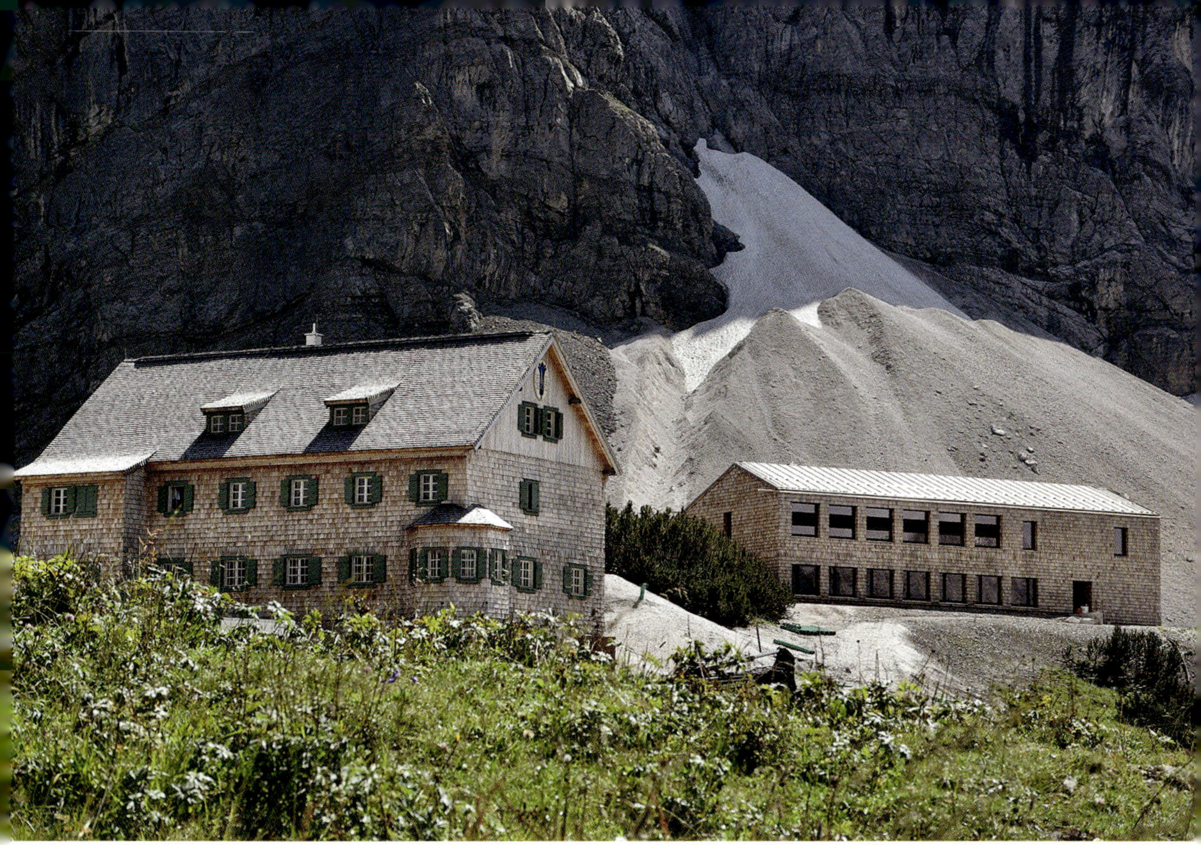

der Route der großen Karwendeldurchquerung ist sie heute eine beliebte Unterkunft für Wanderer. Aber auch Familien sind willkommen – rund um die Hütte finden Kinder einen großartigen, ungefährlichen Abenteuerspielplatz vor.

Die Falkenhütte war im letzten Jahrhundert Stützpunkt für Kletterer, heute ist sie eher Station für Wanderer und Mountainbiker.
Linke Seite: Wanderer auf dem Rückweg vom Mahnkopf

1. Aus der Eng

leicht 700 Hm 2.00 Std.

Von den großen Parkplätzen kurz vor dem großen Almdorf wandern wir auf dem asphaltierten Weg in zehn Minuten hinüber zu den Engalmen (1227 m). Hinter den Almen folgen wir noch etwa 100 Metern geradeaus dem Fahrweg, passieren ein Weidegatter und orientieren uns dann rechts am Wegweiser, der uns hinauf zur Falkenhütte führt. Auf gut saniertem Wanderweg steigen wir nun über die sonnigen Almwiesen bergan und erreichen einen lichten Bergwald, lassen diesen aber auch bald wieder hinter uns und kommen zu den weiten Wiesen am Hohljoch (1794 m). Jenseits geht es nun etwas hinab und über die Laliderer Reisen (Kare) nahezu eben zum Spielißjoch (1773 m) und rechts hinauf zur Falkenhütte.

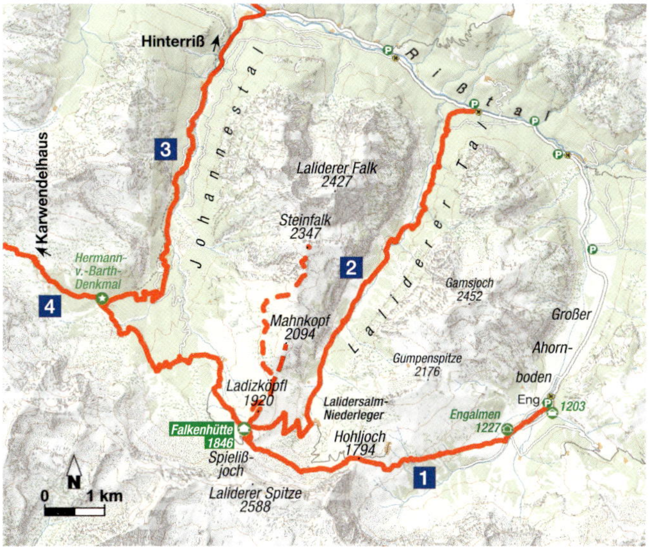

2. Durchs Laliderer Tal

leicht 870 Hm 3.00 Std.

Vom Parkplatz (980 m) am Eingang ins Laliderer Tal folgen wir zunächst der Forststraße (Weg-Nr. 232) auf der orografisch rechten Seite des Laliderer Baches und queren kurz vor dem Gumpenalm-Niederleger auf die andere Talseite. Der Anstiegsweg verläuft sanft ansteigend bis zur Almsiedlung Laliders (1526 m). Dort zweigen wir links ab und folgen den steilen Serpentinen des in den letzten Jahren sanierten Anstiegsweges hinauf zur Falkenhütte.

3. Von Hinterriß

leicht 920 Hm 3.30 Std.

Vom Alpenhof (931 m) queren wir auf einem Weg die Wiese und über eine Brücke den Rißbach und folgen dann dem markierten Steig (Weg-Nr. 231), der zunächst steil durch Wald hinauf zu einer Forststraße führt. Dieser folgen wir links um das Luchsegg herum in das lang gestreckte Johannestal. Am Ende der Straße geht es weiter auf Steig zur verfallenen Johannestalalm. Dort treffen wir auf die Johannestalstraße, der wir bis zum Hermann-von-Barth-Denkmal im Kleinen Ahornboden folgen, einem besonders reizvollen kleinem Hochtal. Dann geht es weiter wie auf Hüttenweg 4 hinauf zur Falkenhütte.

Die Falkenhütte vor der imposanten Kulisse der Laliderer Wände

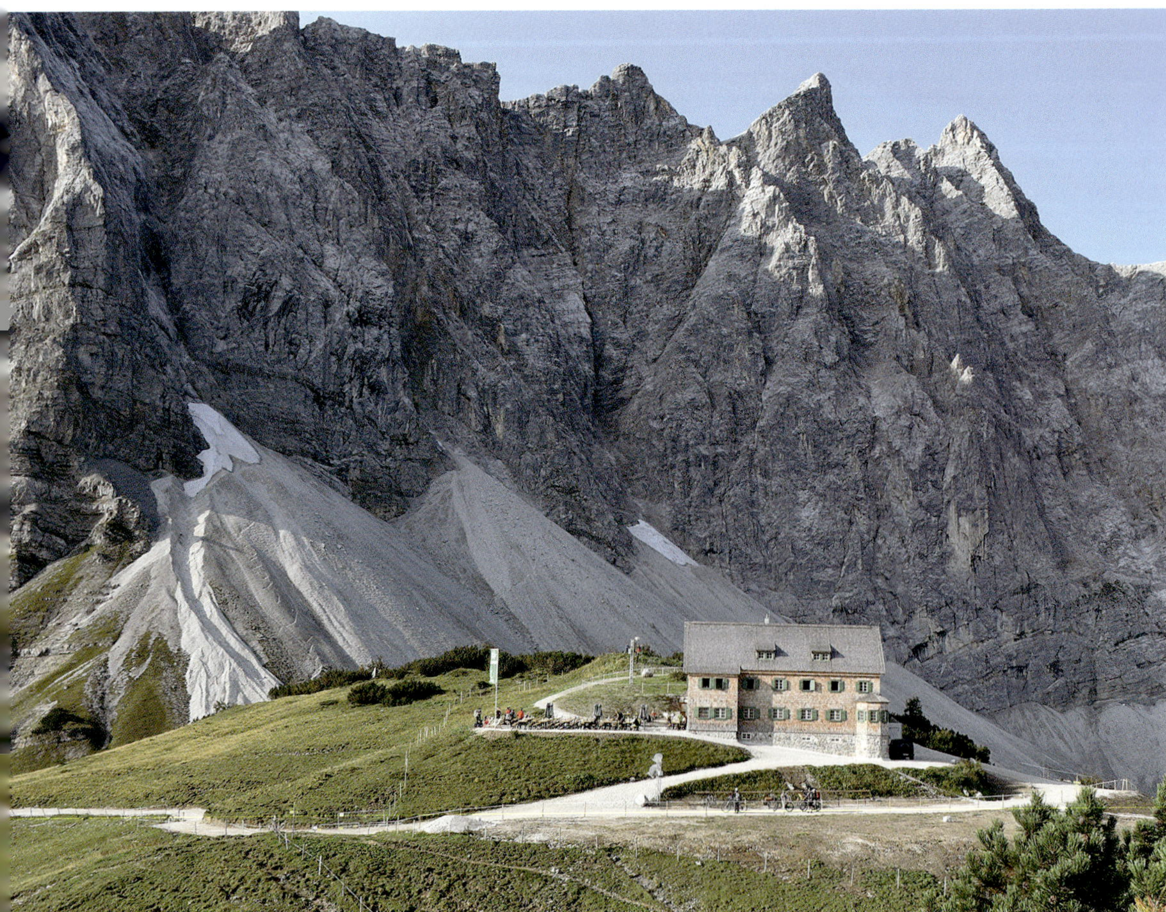

4. Übergang vom Karwendelhaus

leicht 855 Hm 2.30 Std.

Ein schöner und gut markierter Höhenweg (Mark.-Nr. 201; auch E 4a) führt über den Hochalmsattel (1803 m) hinab ins Unterfilztal zum Hermann-von-Barth-Denkmal im reizvollen Kleinen Ahornboden. Von dort wandern wir auf Fahrweg durch den Sauißwald hinauf zur Ladizalm (1573 m), von dort weiter hinauf (Abkürzer möglich) zum Spielißjoch (1773 m) und links in Kehren hinauf zur Falkenhütte.

Der Wanderer ist unterwegs zum Gamsjoch, im Hintergrund der Karwendel-Hauptkamm.

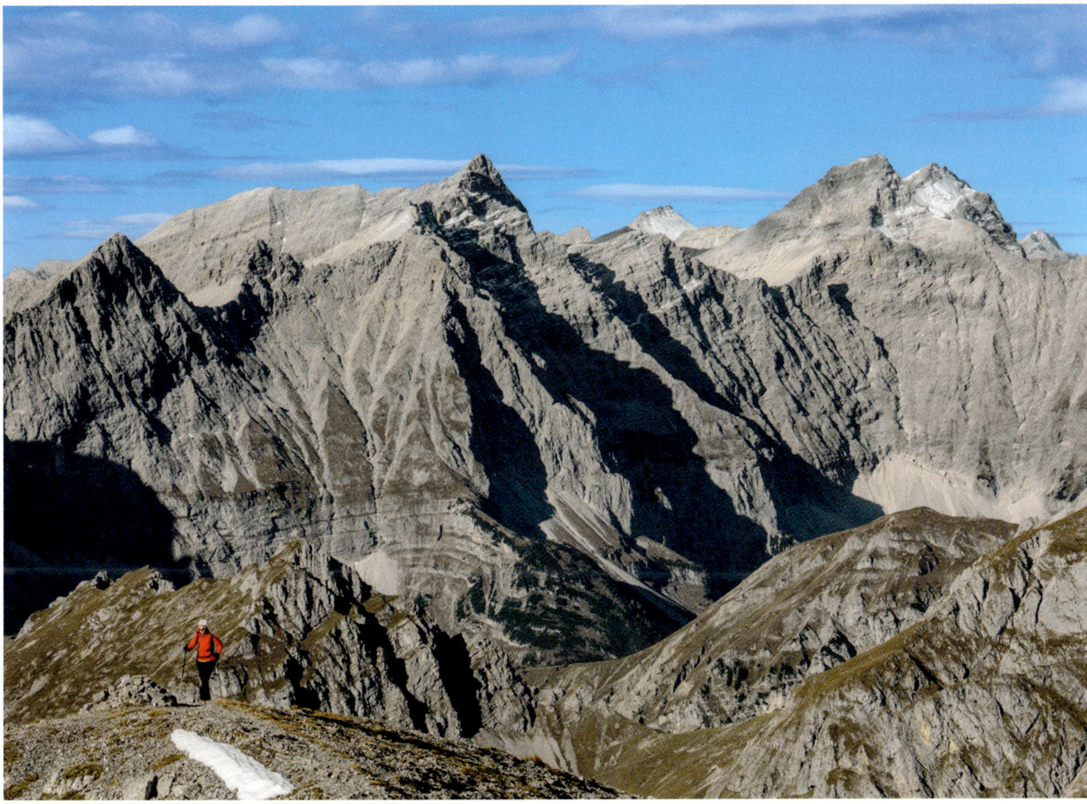

Die Hüttengipfel

leicht 500Hm 1.30 Std. | schwer 1100 Hm 5.00 Std.

Mahnkopf (2094 m): Der nächstgelegene und auch leicht zu erreichende Gipfel in Hüttennähe, der uns ein beeindruckendes Panorama der Laliderer Wände bietet. – Von der Falkenhütte geht es auf leichtem, markiertem Steig zunächst nahezu eben links bzw. rechts um das Ladizköpfl herum in das Ladizjöchl (1825 m). Auf der Kammhöhe folgen wir dem rot-weiß markierten Steig in zahlreichen Serpentinen hinauf zum Mahnkopf, den ein Gipfelkreuz schmückt.

Steinfalk (2347 m): Eindrucksvoll gestaltet sich die Wanderung auf den Steinfalk, zwar gut markiert, aber Trittsicherheit und Schwindelfreiheit sind erforderlich. Dort lässt sich der gewaltige Eindruck des Karwendel-Bergerlebnisses sogar noch steigern. – Zunächst wandern wir von der Falkenhütte, wie schon beim Anstieg zum Mahnkopf, ins Ladizjöchl, dann auf einem Steig durch den latschenbewachsenen Westhang des Mahnkopfes zu einem Sattel südlich des Steinfalk (1965 m). Über den grünen Kamm geht es nun aufwärts, bis dieser steil und schmal wird. Hier halten wir uns nun links auf einem Pfad und gelangen leicht absteigend über die Arzklamm, dann durch einen Graben über schrofiges Gelände zum Grat. Schließlich erreichen wir links über eine Schulter den Gipfel.

57

Lamsenjochhütte (1953 m)

Stützpunkt für große Karwendelgipfel

Die Hütte
Lamsenjochhütte (1953 m), AV-Hütte, Kat. I, 32 Betten, 88 Lager, bewirtschaftet Anfang Juni bis Mitte Oktober; Winterraum mit 6 Plätzen und Selbstversorgerraum im Nebenhaus, nicht versperrt; Tel. 00 43/52 44/6 20 63. Reservierungen über E-Mail erwünscht. www.davplus.de/lamsenjochhuette

Charakter
Wirtschafts- und Bergwanderwege

Anreise
Mit Pkw: Über Bad Tölz, Lenggries, Fall, Vorderriß und Hinterriß in die Eng (Mautstraße) bis zum Ende der Fahrstraße kurz vor dem Alpengasthof Eng; dort große Parkplätze (Hüttenweg 1). Oder über den Achensee und Pertisau (Ausschilderung »Karwendeltäler«) ins Falzthurntal (Mautstraße) bis zum Parkplatz an der Gramaialm (Hüttenweg 3). Oder von Schwaz (A) über Fiecht und Weng ins Stallenbachtal; dort Auffahrt bis zu einer Höhe von 1180 m möglich; Parkplatz »Bärenrast« (Hüttenweg 2).
Mit Bahn/Bus: Mit der Oberlandbahn bis Lenggries, dann weiter mit dem RVO-Bergsteigerbus in die Eng bzw. mit RVO-Bus über den Achensee bis Pertisau; Abfahrtszeiten in den Verkehrsämtern erfragen. Von dort weiter zu Fuß

Karte
Topografische Karte 1:50 000 Karwendelgebirge (LDBV). Alpenvereinskarte 1:25 000 Karwendelgebirge, östl. Blatt

Weitere Hütten
Engalmen, siehe Tour 56
Alpengasthof Eng, siehe Tour 56
Binsalm (1503 m), privat, bewirtschaftet von Mitte Mai bis Ende Oktober, 40 Betten, 40 Lager; Tel. 00 43/52 45/2 14
Gramaialm, siehe Tour 58
Stallenalm (1340 m); auf Dauer geschlossen

Diese traditionsreiche Alpenvereinshütte steht an aussichtsreicher Stelle über dem Ahornboden – mit einem großartigen Blick hinab ins Inntal. Bevorzugte Ziele sind die Lamsenspitze, die Hochnissl und das Sonnjoch.

Die 1905/06 erbaute Lamsenjochhütte lag unterhalb des Lamsenjochs am Fuße eines großen Kars im obersten Stallental. Die neue Hütte (erbaut 1908) steht nach der Zerstörung der alten durch eine Lawine weiter östlich auf dem Lamsenjoch. Mittlerweile ist sie auch umwelttechnisch auf dem neuesten Stand mit mechanisch-biologischer Abwasseranlage und gasbetriebenem kleinen Heizkraftwerk. Die Hütte liegt am Übergang über die Lamsscharte ins Vomper Loch.

1. Von der Engalm

leicht 755 Hm 2.30 Std.

Vom Parkplatz in der Eng geht es auf gesperrtem Fahrweg zur Almsiedlung, dann links haltend (beim Gasthof Eng steiler Abkürzer möglich) auf unbefestigtem Fahrweg (Mark.-Nr. 201) über den Binsalm-Niederleger (1503 m) zum Binsalm-Hochleger (1614 m). Über Bergwiesen und

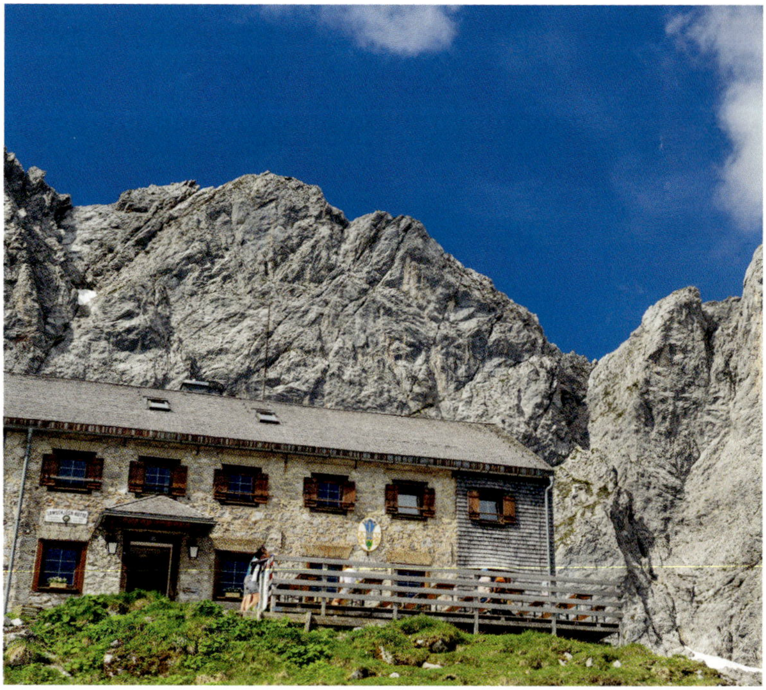

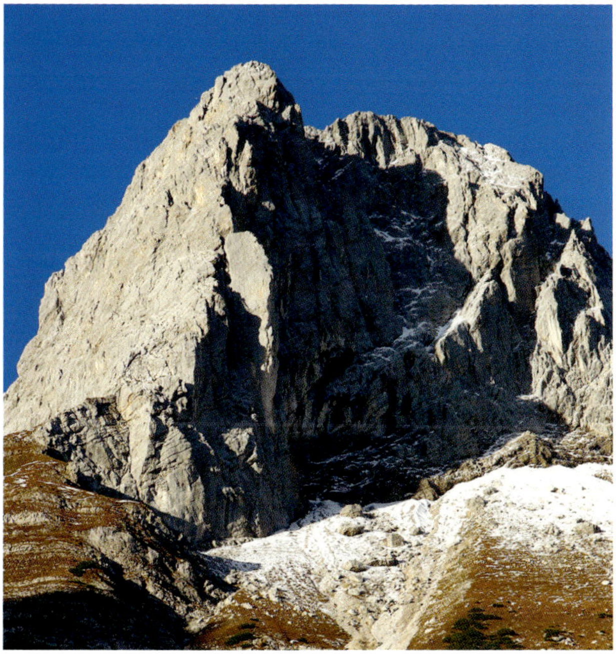

Die Lamsenjochhütte vor großartiger Felskulisse (linke Seite); die Lamsenspitze (oben) ist der unbestrittene Hüttengipfel.

Der Hüttengipfel

schwer 1110 Hm 3.30 Std.

Lamsenspitze (2508 m): Beherrschender Gipfel über der Eng mit großartiger Sicht über das Karwendelgebirge (Trittsicherheit und Schwindelfreiheit erforderlich; der Aufstieg hat Klettersteigcharakter). Von der Lamsenjochhütte geht es eben direkt auf die Lamsenspitze zu, dann bei der Wegverzweigung rechts, durch das Kar bis an die steil abfallenden Felsen heran und mit Hilfe einiger Sicherungen hinauf zur Lamsscharte (2217 m). Über Geröll führt der Weg weiter gut markiert auf die Felsen des Gipfelaufbaus zu. Die steinschlaggefährdete Turnerrinne wird drahtseilgesichert rechts umgangen. Über gestuften Fels bis an die Gipfelfelsen heran und durch eine Felsrinne hinauf in Richtung Gipfelgrat, dann rechts unterhalb der Grathöhe über Geröll bis zum Gipfel.

durch Latschen wandern wir weiter zum Westlichen Lamsenjoch (1940 m) und auf nahezu ebenem Bergwanderweg erreichen wir die Lamsenjochhütte.

2. Aus dem Stallental

leicht 615 Hm 2.30 Std.

Vom Parkplatz auf Wirtschaftsweg (Mark.-Nr. 227) wandern wir zuerst nahezu eben, dann durch den Stallenboden hinauf zur Stallenalm. Weiter geht es auf Fahrweg nur leicht ansteigend (im oberen Teil führt parallel ein Wanderweg) zur Lamsenjochhütte.

3. Von der Gramaialm

leicht 690 Hm 2.00 Std.

Wir gehen am Alpengasthof Gramaialm (1263 m) links vorbei und auf unbefestigtem Wirtschaftsweg (Mark.-Nr. 201) durch den Gramaier Grund, dann zu Beginn noch mäßig ansteigend in das latschendurchsetzte Kar. Anschließend steigen wir in zwei Stufen in zahlreichen Serpentinen hinauf zum Östlichen Lamsenjoch und gehen dort weiter zur Lamsenjochhütte.

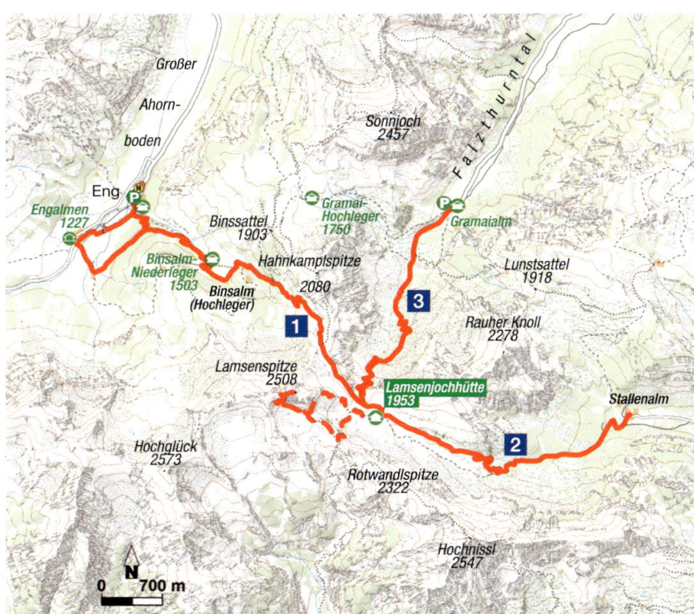

58

Gramai-Hochleger (1756 m)

Eine Alternative zur Lamsenjochhütte

Die Hütte
Gramai-Hochleger (1756 m), privat, 16 Lager, bewirtschaftet von Anfang Juni bis Mitte Oktober, Vergünstigung für AV-Mitglieder, Übernachtung nur nach Voranmeldung; Tel. 0043/52 43/51 66. E-Mail: info@gramaialm.at

Charakter
Leichte Wanderungen auf Wirtschaftswegen bzw. guten Bergwanderwegen und -steigen

Anreise
Mit Pkw: Über Bad Tölz, Lenggries, Fall, Vorderriß und Hinterriß in die Eng (Mautstraße) bis zum Ende der Fahrstraße kurz vor dem Alpengasthof Eng; dort große Parkplätze (Hüttenweg 1). Oder über den Achensee und Pertisau (Ausschilderung »Karwendeltäler«) in das Falzthurntal (Mautstraße) bis zur Gramaialm (Hüttenweg 2).
Mit Bahn/Bus: Mit der Oberlandbahn bis Lenggries, dann weiter mit dem RVO-Bergsteigerbus in die Eng bzw. RVO-Bus über den Achensee bis Pertisan (von Mai bis Oktober; Abfahrtszeiten in den Verkehrsämtern erfragen). Von dort weiter zu Fuß

Karte
Topografische Karte 1:50 000 Karwendelgebirge (LDBV). Alpenvereinskarte 1:25 000 Karwendelgebirge, östl. Blatt

Weitere Hütten
Engalmen, siehe Tour 56
Alpengasthof Eng, siehe Tour 56
Binsalm, siehe Tour 57
Gramaialm (1263 m), großer Alpengasthof im Falzthurntal, ganzjährig bewirtschaftet, Übernachtungsmöglichkeit; Tel. 00 43/52 43/51 66
Lamsenjochhütte, siehe Tour 57

Es gibt nur einen Hüttengipfel – doch der hat es in sich. Nicht so sehr des Anstiegs wegen, als vielmehr wegen der grandiosen Aussicht auf den Achensee. Zudem haben wir dort oben die große Chance, Steinböcke in freier Wildbahn zu sehen.

Der Gramai-Hochleger liegt in einer Einsenkung zwischen Sonnjoch, Gramaijoch (das hier einen Berggipfel meint), Binssattel und Hahnkampljoch. Sein Pendant, der Niederleger, befindet sich im Falzthurntal und gehört zu den beliebten Ausflugszielen vom Achensee aus, denn die ehemalige Alm ist ein veritabler Alpengasthof. Im Schatten des mächtigen Sonnjochs geht es beschaulicher und alpiner zu.

1. Aus der Eng

leicht · 850 Hm · 2.30 Std.

Beim Gasthaus Eng wenden wir uns in südöstliche Richtung (Variante: Wanderweg zu den Engalmen und die dort abzweigende Almfahrstraße zur Binsalm hinaufwandern) und steigen durch den Binsgraben auf schmalem Steig durch Wald hinauf zu einer Almstraße, der wir zur Binsalm folgen. Weiter über Almböden bis an den Fuß der Hahnkamplspitze

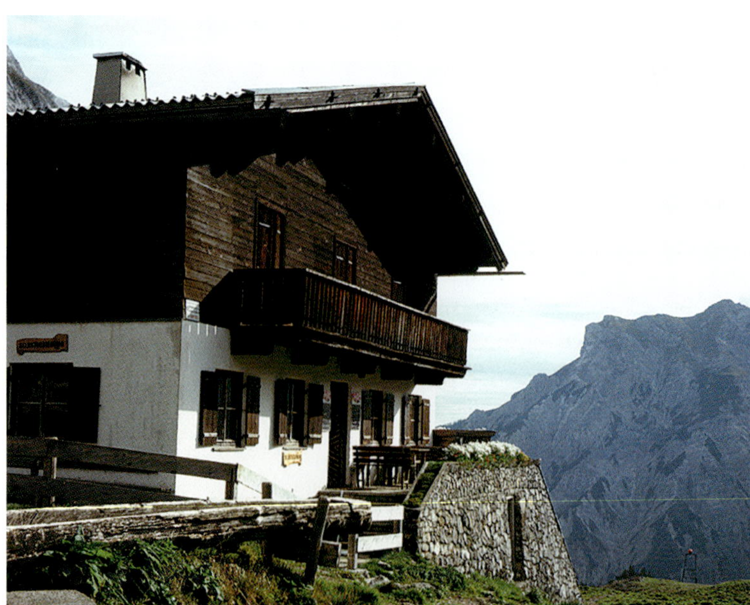

Der gemütliche, private Gramai-Hochleger am Weg zum Sonnjoch

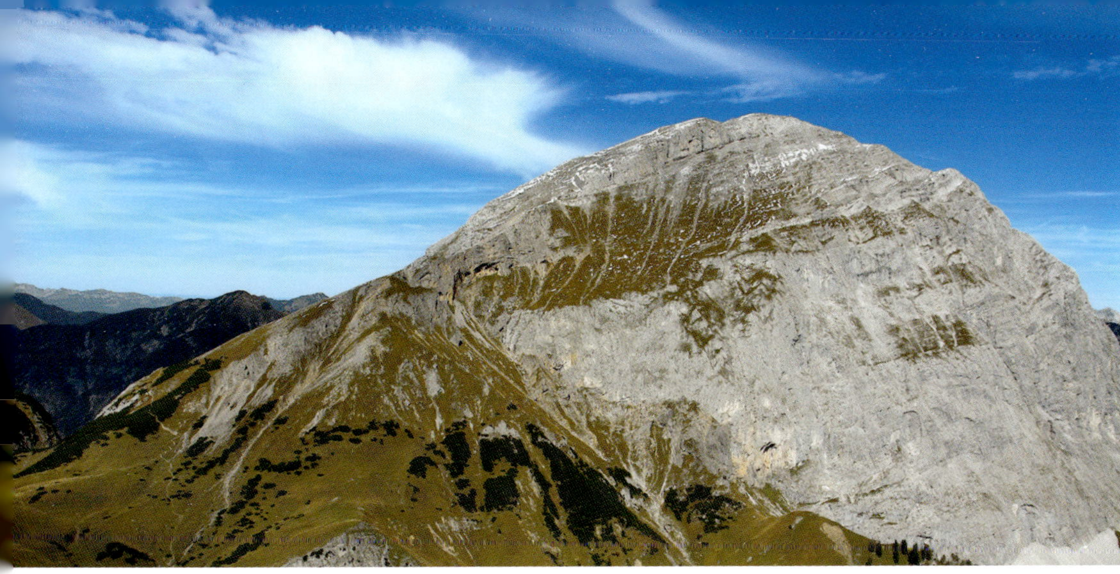

(rechts: Weg zur Lamsenjochhütte). Wir halten uns links und steigen steil auf zum Binssattel (1901 m) und in nordöstlicher Richtung ab über die Almböden zum Gramai-Hochleger.

Vom Hüttengipfel, dem Sonnjoch, hat man einen prächtigen Blick auf den Achensee.

2. Von der Gramaialm

leicht 490 Hm 1.45 Std.

Wir wandern am Alpengasthof links vorbei und auf Wirtschaftsweg (Mark.-Nr. 201) durch den Gramaier Grund bis zu einer Wegverzweigung bei einem großen Geröllfeld. Hier geht es rechts (Wegtafel) auf breitem Weg in einen weiten Graben hinein, zunächst auf der linken, dann auf der rechten Seite, zuletzt in Serpentinen hinauf zum Gramai-Hochleger.

3. Von der Lamsenjochhütte

leicht 560 Hm 1.30 Std.

Von der Hütte geht es auf dem ausgeschilderten Weg erst über das Östliche Lamsenjoch zum Westlichen Lamsenjoch (1940 m), dann am Hahnkampl vorbei (Überschreitung ist möglich, erfordert aber Trittsicherheit und Schwindelfreiheit) und hinab zu einer Wegverzweigung. Dort steigen wir rechts hinauf zum Binssattel und jenseits leicht hinab und im Rechtsbogen zum Gramai-Hochleger, der etwas abseits vom Anstiegsweg zum Sonnjoch liegt.

Der Hüttengipfel

mittel 1400 Hm 3.30 Std.

Sonnjoch (2457 m): Höchster Gipfel des gleichnamigen Kammes, fällt steil nach Osten ab. – Vom Gramai-Hochleger steigen wir – uns links haltend – zum Gramaisattel am Südwestfuß des Sonnjoch-Gipfels hinauf, dann über Almböden und Schotterhänge auf den felsigen Westgrat (bezeichneter Steig; Trittsicherheit und Schwindelfreiheit erforderlich) und dann weiter zum Gipfel.

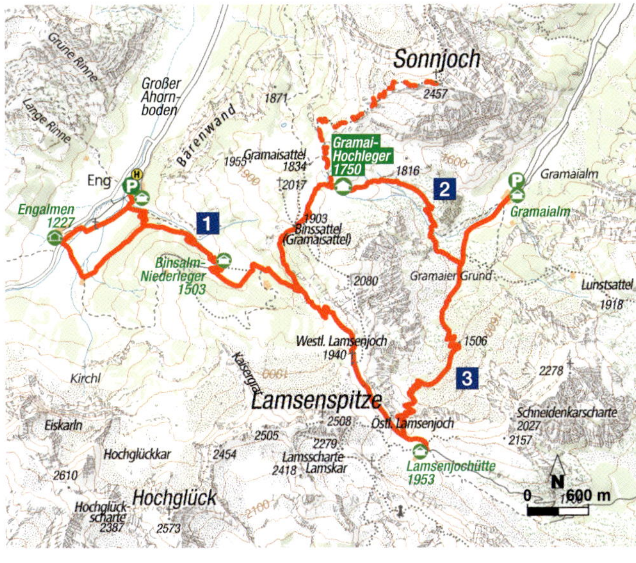

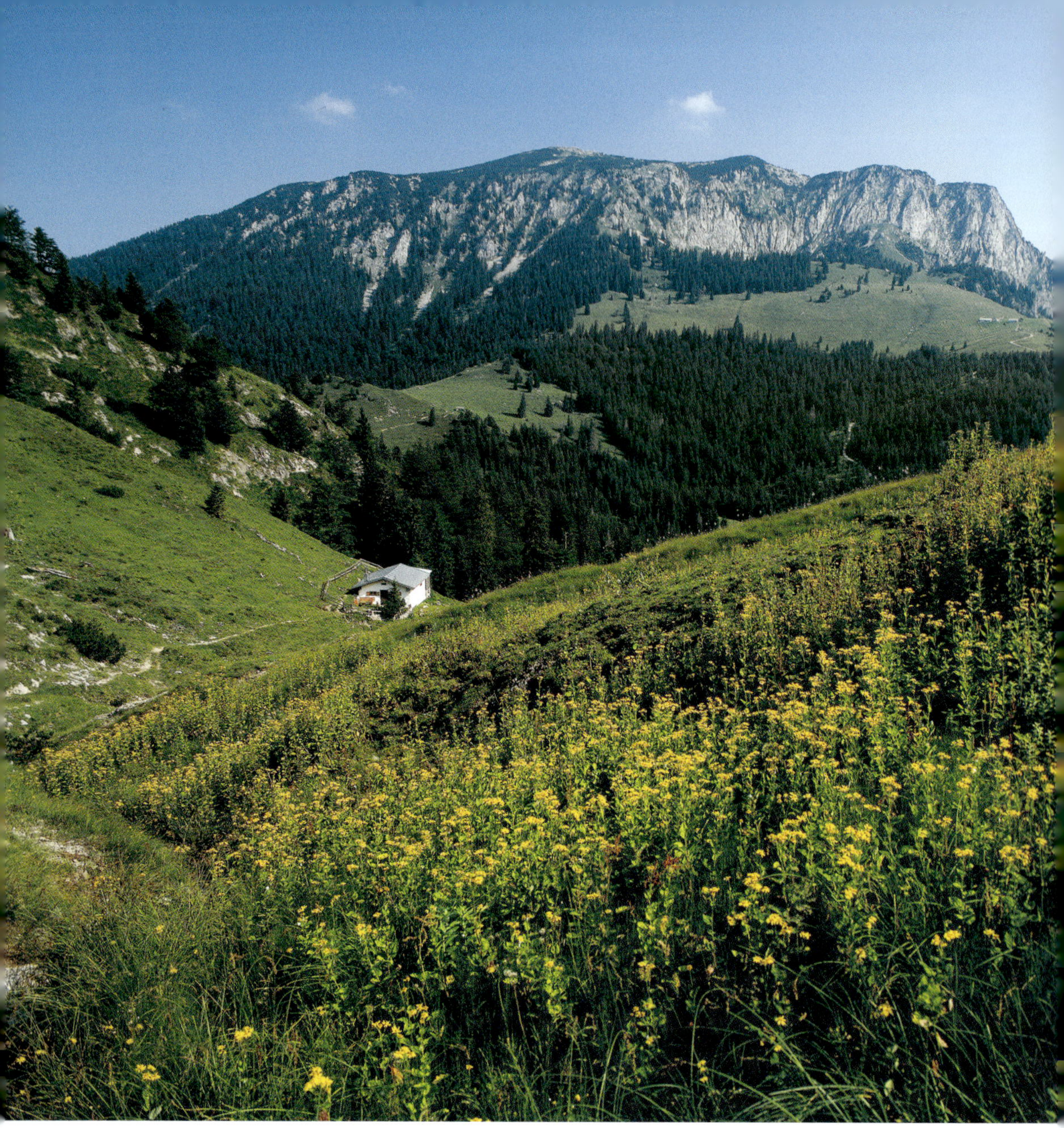

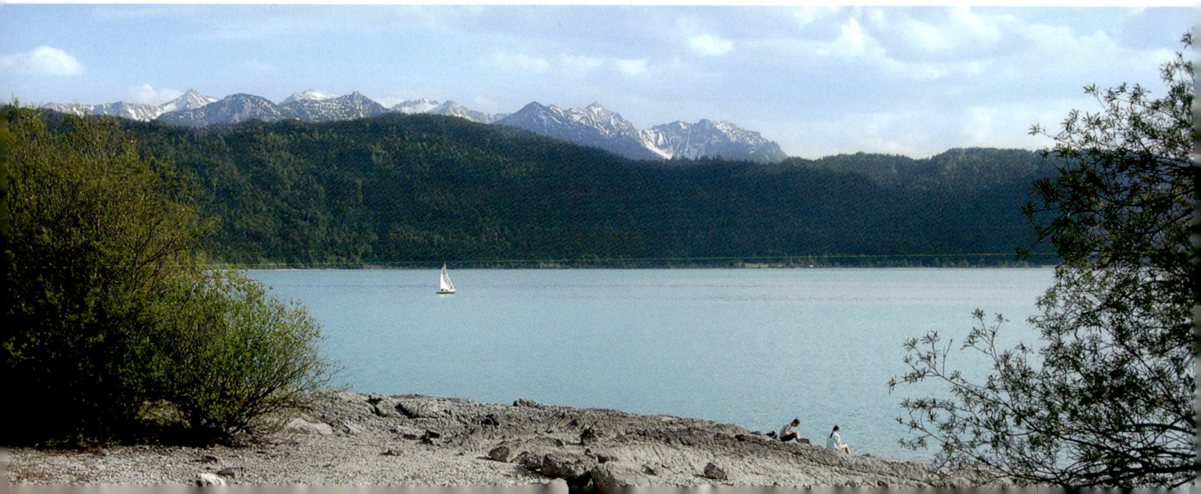

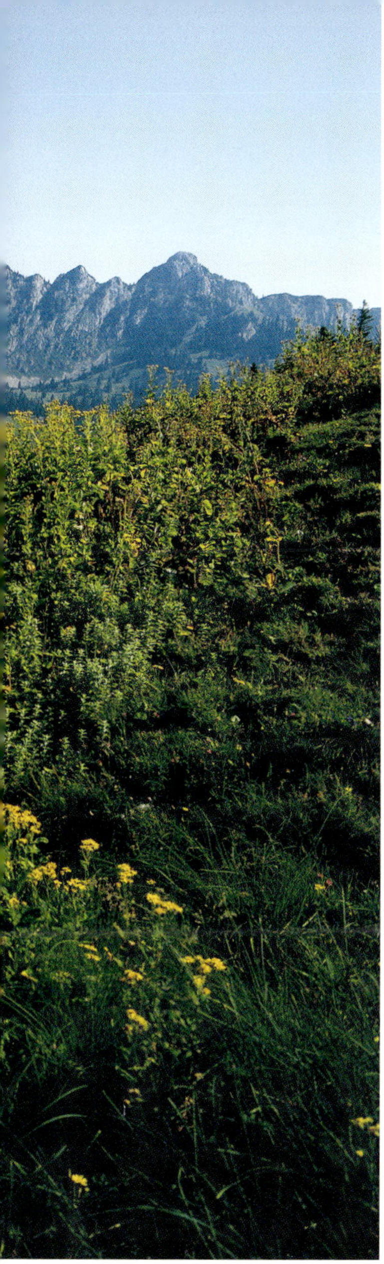

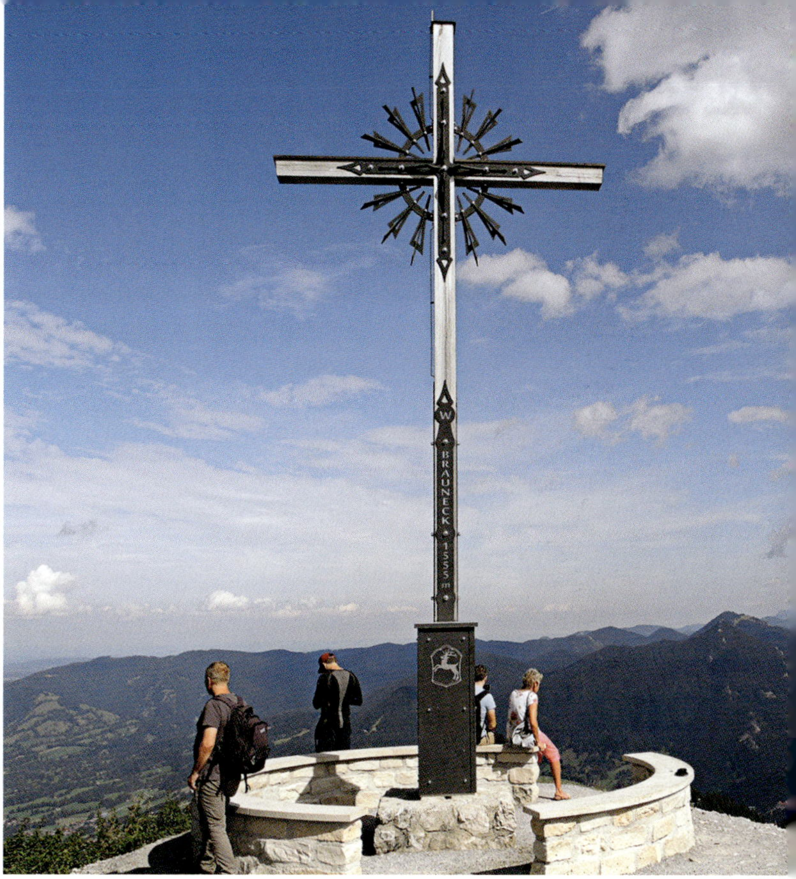

Isarwinkel und Estergebirge

Die Benediktenwandgruppe, das zentrale Gebirgsmassiv im Isarwinkel, von Süden (li. oben). Der Walchensee (li. unten). Ein leicht erreichbarer Gipfel ist das Brauneck (re oben). Die Denkalm oberhalb von Lenggries ist das Ziel für eine beliebte Kurzwanderung mit Einkehrmöglichkeit (re. unten).

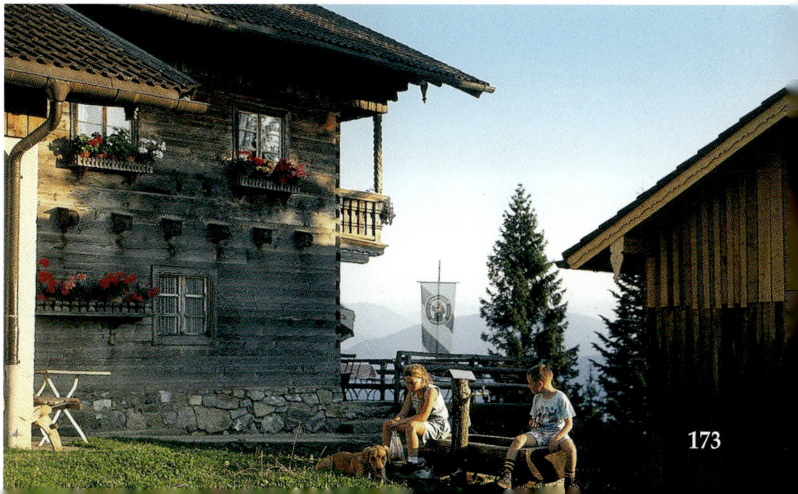

59

Lenggrieser Hütte (1338 m)

Eine großartige Aussicht und gutes Essen

Die Hütte
Lenggrieser Hütte (1338 m), AV-Hütte, Kat. I, 50 Lager, 7 Notlager, Selbstversorgerraum 7 Plätze, ganzjährig bewirtschaftet, im Dezember jeweils etwa 3 Wochen geschlossen, im Winter Montag und Dienstag Ruhetag;
Tel. 0 80 42/5 63 30 96.
www.lenggrieserhuette.de

Charakter
Leichte Bergwander- und Wirtschaftswege; der Sulzersteig kann nach längerem Regen rutschig sein.

Anreise
Mit Pkw: Auf der A 8 bis Ausfahrt Holzkirchen, dann auf der B 13 über Bad Tölz nach Lenggries; der Ausgangspunkt befindet sich ca. 2 km von der Ortsmitte entfernt in Hohenburg; dort Parkmöglichkeit (Hüttenwege 1 und 2).
Mit Bahn/Bus: Mit der Oberlandbahn bis Endstation Lenggries, dann mit Bus (oder zu Fuß) weiter nach Hohenburg

Karte
Topografische Karte 1:50 000 Bad Tölz – Lenggries und Umgebung (LDBV)

Weitere Hütten
Tegernseer Hütte, siehe Tour 44
Buchsteinhütte, siehe Tour 46

Unter Bergwanderern hat sich diese Alpenvereinshütte einen guten Namen gemacht, denn sie ist klein und gemütlich, nahezu ganzjährig geöffnet und einen leichten Hüttengipfel mit großartiger Aussicht hat sie auch aufzuweisen.

Auf der Westseite der Tegernseer Berge gibt es mit Ausnahme der Denkalm nur eine bewirtschaftete Hütte, doch diese bietet während des ganzen Jahres Einkehr- und Übernachtungsmöglichkeit. Die im Jahr 1950 von der gleichnamigen Alpenvereinssektion erbaute Lenggrieser Hütte ist nahezu mitten im Wald gelegen, bietet jedoch eine eindrucksvolle Aussicht nach Westen.

1. Von Lenggries über den Sulzersteig

leicht 660 Hm 2.00 Std.

Vom Parkplatz in Hohenburg (Wegtafeln; Mark.-Nr. 601, 612) folgen wir dem Fahrweg Richtung Hirschtalsattel. Erst geht es durch Bauernwiesen, dann durch Wald, bis der Weg allmählich steiler wird. Bald treffen wir auf den Hirschbach. Bei der letzten von drei Bachbrücken biegen wir rechts zum Sulzersteig ab. Wir erreichen eine Almwiese, wo ein Fahrweg erst zur Seekaralm und weiter zur Lenggrieser Hütte führt.

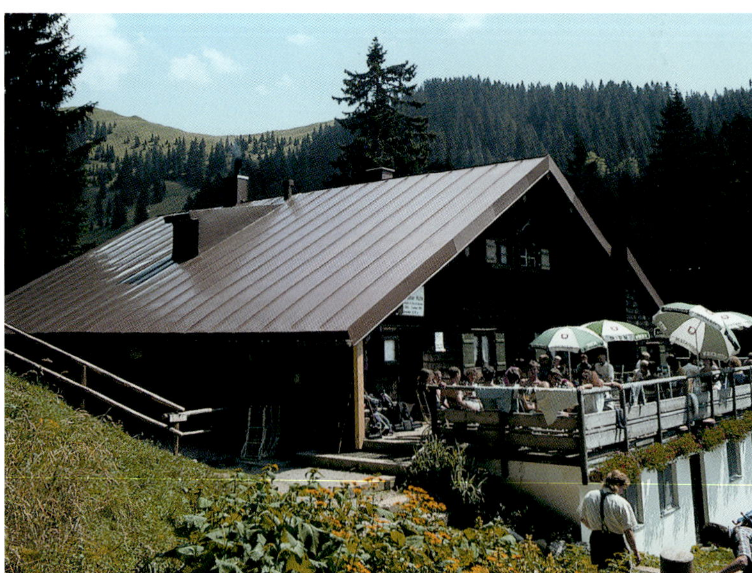

Die Lenggrieser Hütte bietet wenig Aussicht, ist aber sehr gemütlich, und sie ist das ganze Jahr über geöffnet.

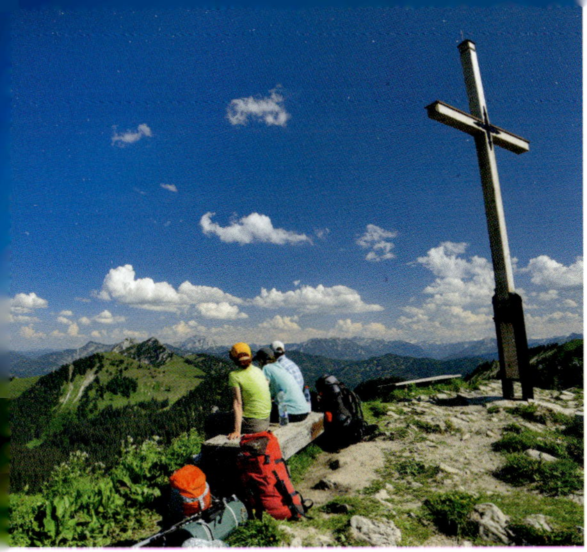

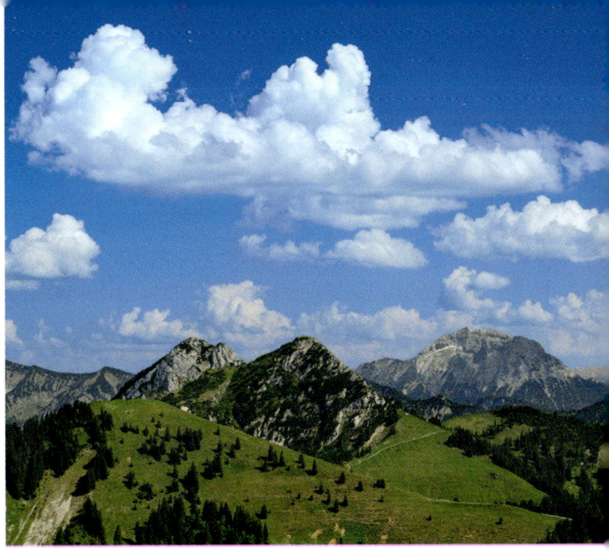

Am Gipfel des Seekarkreuzes (links) und der Blick nach Süden zu Roß- und Buchstein, dahinter der Guffert (rechts)

2. Von Lenggries über die Grasleite

leicht · 680 Hm · 2.00 Std.

In Hohenburg folgen wir vom Parkplatz der Wegabzweigung nach rechts und wandern zum Bauerndorf Mühlbach. Dort zweigt links ein Wirtschaftsweg (Mark.-Nr. 621) ab, der über den Weiler Tradln an den Waldrand führt. Weiter geht es nun auf einem Steig durch Wald zur Lenggrieser Hütte.

3. Übergang von der Tegernseer Hütte

leicht · 400 Hm · 2.00 Std.

Wir steigen von der Hütte nach Norden über Serpentinen ab, halten uns bei der Wegverzweigung links, steigen wieder leicht auf einem Pfad bergan und erreichen in einem Rechtsbogen die Roßsteinalm (1460 m). Dort folgen wir nun rechts der Wirtschaftsstraße (von rechts mündet der Anstieg von der Buchsteinhütte ein), halten uns bei der Wegverzweigung rechts und folgen anschließend der Almstraße in Richtung Schönbergalm, bis nach etwa 20 Minuten rechts ein Wanderweg abzweigt (Mark.-Nr. 621). Nun wandern wir links am Plattel vorbei, folgen dann weiter der Kammhöhe und erreichen in einem Rechtsbogen das Mariaeck (1469 m). Dort steigt der Weg wieder an, und wir wandern weiter auf der freien Kammhöhe, bis wir auf den Weg zum Seekarkreuz treffen. Dort links hinab zur Lenggrieser Hütte.

Der Hüttengipfel

leicht · 530 Hm · 1.30 Std.

Seekarkreuz (1601 m): Leichter Aussichtsgipfel über dem Isartal. – Wir folgen dem von der Hütte in Richtung Osten führenden Wanderweg (Wegtafeln) und steigen bald durch dichten Wald hinauf zu einem Wiesensattel; dort erreichen wir links haltend bald die freien Gipfelhänge mit dem großen Kreuz.

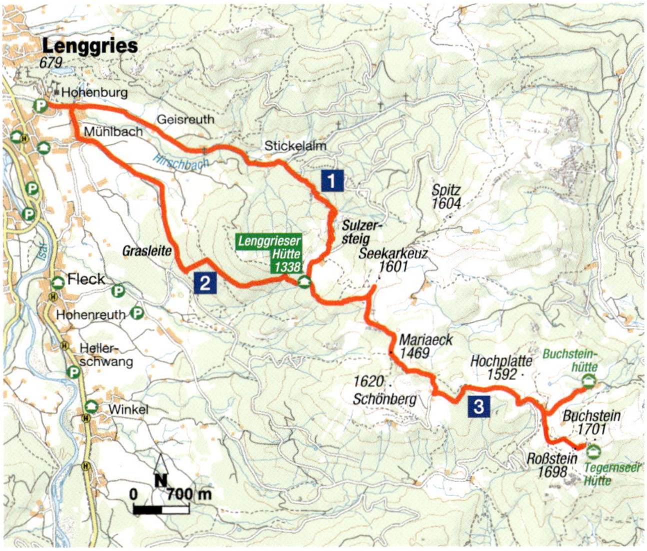

60

Brauneck-Gipfelhaus (1540 m)

Einkehr für Brotzeit und Candlelight-Dinner

Die Hütte
Brauneck-Gipfelhaus (1540 m), AV-Haus, Kat. II, 80 Betten und Lager, bewirtschaftet von Mitte Dezember bis Mitte April und von Mitte Mai bis Anfang/Mitte November, Dienstag Ruhetag (im Winter auch Mittwoch); Tel. 0 80 42/87 86. www.brauneckgipfelhaus.de

Charakter
Wirtschaftswege und Bergwanderwege; der Anstieg übers Längental erfordert Trittsicherheit.

Anreise
Mit Pkw: Auf der A 8 bis Ausfahrt Holzkirchen, dann auf der B 13 über Sachsenkam nach Bad Tölz und weiter nach Lenggries; dort rechts ab und über die Isarbrücke zur Talstation der Brauneck-Seilbahn; dort Parkplatz (700 m; Hüttenweg 1). Oder über die A 95 bis Ausfahrt Penzberg/Iffeldorf, dann über Penzberg und Bad Heilbrunn nach Bad Tölz; vor der Isar rechts weiter nach Arzbach; dort der Ausschilderung »Blaika« und »Unternberg« folgen, bis zum obersten Parkplatz (Hüttenweg 3). Oder in Lenggries nach der Isarbrücke links weiter in Richtung Wegscheid, dann rechts hinauf zu den Liftanlagen (Ausschilderung »Milchhäusl«) oberhalb von Untermurbach; dort Parkplatz (Hüttenweg 2).
Mit Bahn/Bus: Mit der Oberlandbahn bis Lenggries, dann zu Fuß oder per Ortsbus zur Talstation der Brauneckbahn

Karte
Topografische Karte 1:50 000 Tölzer Land – Starnberger See (LDBV)

Weitere Hütten
Reiseralm (920 m), privat; Tel. 0 80 42/83 02
Kotalm (1210 m), privat; Tel. 0 80 42/25 95
Hintere Längentalalm (1003 m), privat, im Sommer einfach bewirtschaftet
Kirchsteinhütte (1050 m), privat, Tel. 0172/852 77 95

Für ausdauernde Wanderer ist diese Hütte ein idealer Stützpunkt für die Überschreitung des Braunecks und der Benediktenwandgruppe. Zudem liegt das Brauneck-Gipfelhaus am Europäischen Fernwanderweg E 4.

Das Brauneck-Gipfelhaus, das tatsächlich 15 Meter unterhalb des höchsten Punktes steht, wurde in den Jahren 1930/31 erbaut und erst kürzlich komplett renoviert. Das Unterkunftshaus des Alpinen Ski-Clubs des Deutschen Alpenvereins ist auf Ganzjahresbetrieb eingestellt und daher Anlaufstelle für Wanderer, Skifahrer, Gleitschirmflieger und Drachenflieger. Aber auch Firmen, Heiratswillige und sonstige Entspannungswillige finden dort Unterkunft; neu ist eine mobile Sauna für vier Personen.

1. Von Lenggries über Reiseralm

leicht 840 Hm 2.30 Std.

Von der Talstation der Brauneckbahn (man kann auch mit der Bahn hinauffahren) führt rechts ein Wirtschaftsweg (Mark.-Nr. 451 und »M« = »Maximiliansweg«) bergwärts, dann in einigen Kehren durch Wald hinauf zur Reiseralm. Wir wandern daran vorbei und auf der rechten Tal-

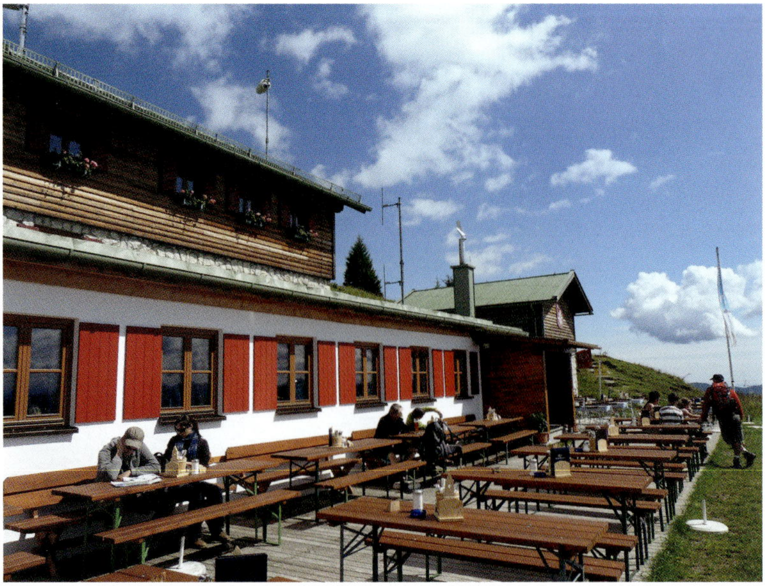

seite weiter bergan zur Garlandalm und zum Speichersee, wo der Fahrweg endet. Nun auf steilem Steig hinauf zur Bergstation der Brauneckbahn und dort rechts haltend hinauf zur Hütte.

2. Von Wegscheid über die Kotalm

leicht 840 Hm 2.30 Std.

Vom Parkplatz bei den Liften (700 m) folgt man dem ausgeschilderten Almweg in Kehren durch Wald hinauf zur Kotalm, die in einer großen Senke liegt. Wir wandern geradeaus auf markiertem Pfad weiter und steil hinauf auf den Rücken des Kotigen Steins. Dort geht es rechts über einen steilen Weg hinauf zur Bergstation der Brauneckbahn und weiter zum Brauneckhaus.

3. Durch das Längental

mittel 1100 Hm 3.30 Std.

Vom Parkplatz (780 m) im Längental gehen wir auf dem Fahrweg südwärts, über eine Brücke und am Arzbach entlang durch Wald. Der Weg verlässt dann den Arzbachgraben und folgt dem Lettenbach. Bald geht es links auf einen Abzweiger. Bei der folgenden Wegverzweigung halten wir uns links; dieser Weg führt zur Kirchsteinhütte. Von dort weiter bergwärts, noch ein kurzes Stück auf der breiten Almstraße, hinauf ins flache Längental zur Hinteren Längentalalm und weiter zum oberen Ende des Almgeländes, auf markiertem Weg am Arzbach entlang zur Enzianhütte, dann hinauf zur Probstenalm. In dem großen Felsenrund der Probstenwand wandern wir in Kehren hinauf zum Latschensattel. Links im Auf und Ab über den Latschenkopf, den Vorderen Kirchstein, das Stangeneck und den Schrödelstein zum Brauneckgipfel und rechts hinab zum Unterkunftshaus.

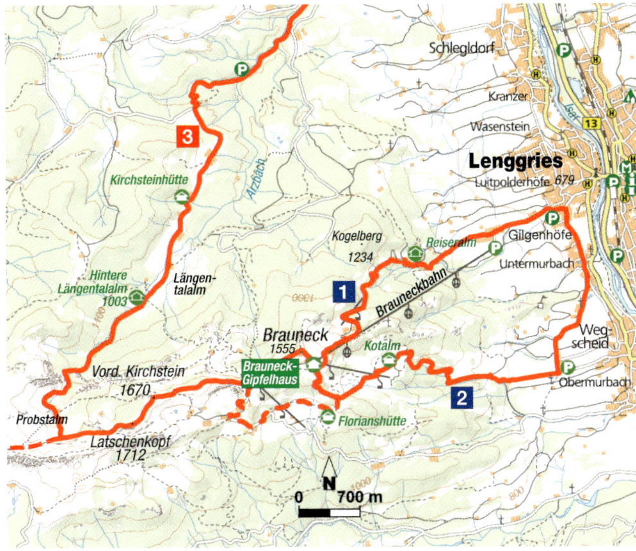

Der Hüttengipfel

leicht 30 Hm 0.10 Std.

Brauneck (1555 m): Der östliche Endpunkt des langen Kammes, der von der Benediktenwand bis zum Brauneck reicht, ist vom Brauneckhaus nur mehr einen kurzen Spaziergang entfernt. Dort oben sind die Drachenflieger und Gleitschirmpiloten zu Hause.

Linke Seite: Das Brauneck-Gipfelhaus.

Unten: Am verwaisten Startplatz der Drachenflieger

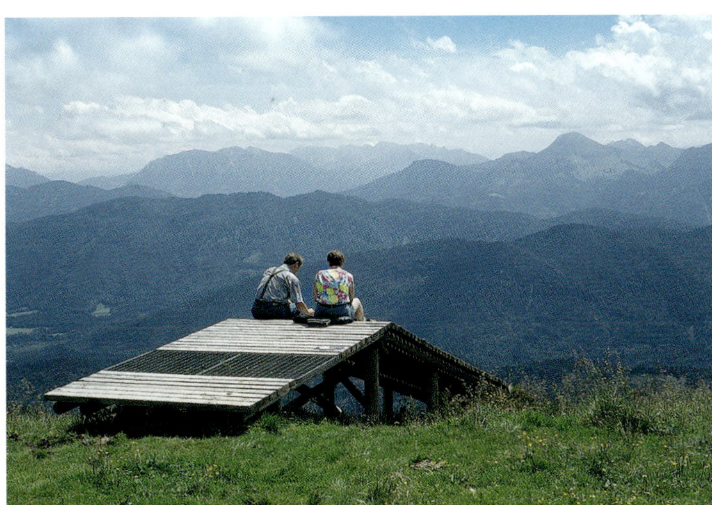

61

Stiealm (1520 m)

Alm, Einkehrstation, Skihütte – alles in einem

Am Ende der Panoramarunde am Brauneck erwartet uns eine typische Almwirtschaft mit Terrasse und freiem Blick auf das Karwendel. Man kann dort übernachten und auch bei der Käserei zuschauen. Und wer gut zu Fuß und schwindelfrei ist, startet von hier zur Überschreitung der Benediktenwandgruppe.

Die Stiealm, landläufig und in den Karten auch Idealhanghütte genannt, ist eine multifunktionale Alm oder besser Einkehrstation. Im Winter dient sie den Skifahrern am »Idealhang« als Refugium, im Sommer ist sie ein beliebtes Ziel für Familien mit Kindern. Ein kleiner Spielplatz mit Kletterfelsen mitten auf der Terrasse ist dabei der Mittelpunkt. Auch Kühe sind auf der Alm zu finden, zudem zeichnet sie sich durch die prämierte Zucht von Kaltblutpferden aus. Und nicht zuletzt gibt es wenige Minuten hinter der Hütte ein Klettergebiet vom Feinsten für die Freunde gut gesicherten Sportkletterns …

1. Von Lenggries (mit Bergbahn)

leicht 180 Hm 1.00 Std.

Wir fahren mit der Brauneckbahn zur Bergstation, dann wandern wir auf dem kleinen Panoramaweg durch die Südostflanke des Braunecks

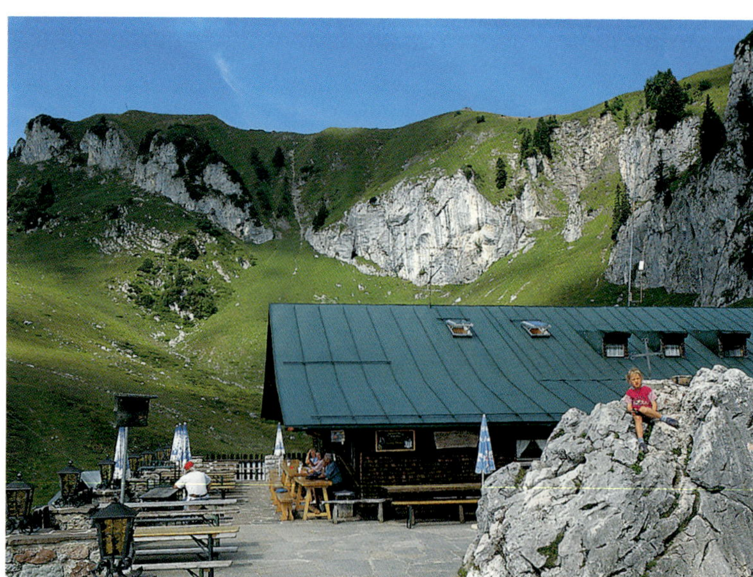

Die Stiealm ist nicht nur Stützpunkt für Wanderer, sondern auch ein Zuchtbetrieb für Haflinger.

Die Hütte
Stiealm (1520 m), privat, ganzjährig bewirtschaftet, Betriebsferien von Ostern bis Pfingsten sowie November, 80 Betten und Lager; Tel. 0 80 42/23 36. www.stiealm.de

Charakter
Breite Wanderwege bzw. Wirtschaftswege; auch im Winter gut machbar

Anreise
Mit Pkw: Auf der A 8 bis Ausfahrt Holzkirchen, dann auf der B 13 über Sachsenkam nach Bad Tölz und weiter nach Lenggries; dort rechts ab und über die Isarbrücke zur Talstation der Brauneckbahn; dort Parkplatz. Oder über die A 95 bis Ausfahrt Penzberg/Iffeldorf und über Penzberg, Bad Heilbrunn und Bad Tölz nach Lenggries.
Mit Bahn/Bus: Mit der Oberlandbahn bis Lenggries, dann zu Fuß oder per Ortsbus zur Talstation der Brauneckbahn

Karte
Topografische Karte 1:50 000 Tölzer Land – Starnberger See (LDBV).

Weitere Hütten
Brauneck-Gipfelhaus, siehe Tour 60.
Tölzer Skihütte (1500 m), privat, mit Ausnahme von November und April ganzjährig bewirtschaftet, keine Übernachtung
Reiseralm, siehe Tour 60
Florianshütte (1350 m), privat, ganzjährig bewirtschaftet, im November und im April geschlossen, 40 Betten; Tel. 0 80 42/89 00
Quengeralm (1440 m), privat, nahezu ganzjährig bewirtschaftet, 27 Betten, nach Voranmeldung; Tel. 0 80 42/507 92 05

leicht fallend hinab zur Tölzer Hütte. Dort rechts vorbei und steil hinab – vorbei an Quenger- und Strasseralm – zu einer Wegverzweigung. Rechts haltend wieder bergan in Richtung Westen. Auf kurzem, aber steilem Wirtschaftsweg hinauf zur Stiealm, die in einer weiten Senke liegt.

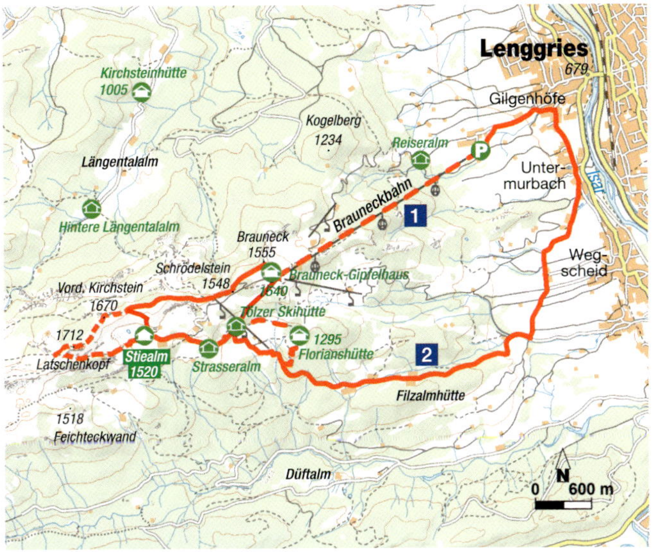

2. Von Lenggries über die Filzalm

leicht 830 Hm 3.00 Std.

Vom Parkplatz an der Talstation der Brauneckbahn wandern wir bis zu den Gilgenhöfen, dort rechts auf schmalem

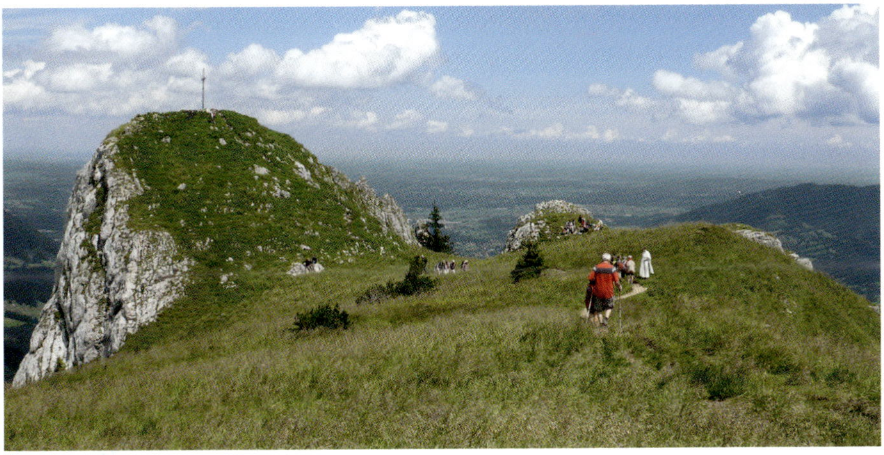

Die Wanderer kommen vom Latschenkopf, links der Gipfel des Vorderen Kirchsteins.

Sträßchen, vorbei an schönen Bauernhöfen, bis nach Untermurbach. Dort zweigt rechts ein Wiesenweg (Mark.-Nr. 473) ab. Auf diesem geht es leicht ansteigend zu den Skiliften, an diesen vorbei und geradeaus weiter, bis man auf die von Wegscheid heraufführende Forststraße trifft. Auf dieser halten wir uns rechts (Mark.-Nr. 471), dann wandern wir bald links weiter und durch Wald über die Filzalm hinauf – vorbei an der geschlossenen Bayernhütte – zur Wegverzweigung unterhalb der Tölzer Skihütte. Dort links weiter zur Stiealm.

Der Hüttengipfel

mittel 370 Hm 1.15 Std.

Latschenkopf (1712 m): Die höchste Erhebung des Kammes, der den Brauneck-Gipfel mit der Benediktenwand verbindet. Der Latschenkopf lässt sich am besten mit einer kleinen Rundtour ersteigen (Bergpfad, der Trittsicherheit voraussetzt). – Von der Stiealm führt ein Pfad in direkter Linie über das freie Gelände in Serpentinen auf den Bergkamm hinauf und biegt dann links ab in den Sattel zwischen Stangeneck und Vorderem Kirchstein. Dort trifft man auf den vom Brauneck kommenden Höhenweg, dem man links bis zum Vorderen Kirchstein (1670 m) folgt. Dann geht es auf der Kammschneide weiter zum Latschenkopf. Wir steigen jenseits durch eine steile Latschengasse hinab in den Feichtecksattel und im spitzen Winkel links auf Pfad hinab zur Latschenkopfhütte, dann weiter an einem Skilift entlang hinab und zurück zur Stiealm.

62

Tutzinger Hütte (1327 m)

Einziger Stützpunkt im Bereich der Benediktenwand

Die von Benediktbeuern relativ schnell zu erreichende Alpenvereinshütte bietet allen Komfort, den man heutzutage in den Bergen erwarten kann, einschließlich umweltfreundlicher sanitärer Anlagen. Und trotzdem ist sie keine Gaststätte im herkömmlichen Sinn. Und das ist auch gut so!

Die Hütte
Tutzinger Hütte (1327 m), AV-Hütte, Kat. II, bewirtschaftet Mitte April bis Anfang November sowie über die Weihnachts- und die Osterferien, 64 Betten und 34 Lager; Tel. 0175/1 64 16 90. www.dav-tutzinger-huette.de

Charakter
Die ersten Passagen bei allen Hüttenanstiegen erfolgen zunächst auf Wirtschaftswegen, dann leichte Bergwanderwege. Der Anstieg von Pessenbach ist recht steil; Trittsicherheit auf allen Wegen (mit Ausnahme Hüttenweg 1) erforderlich

Anreise
Mit Pkw: Auf der A 95 bis Ausfahrt Sindelsdorf, dann auf der B 472 nach Benediktbeuern; der Ausgangspunkt befindet sich im Ortsteil Gschwendt; dort Parkplatz (Hüttenweg 1). Oder weiter in Richtung Kochel nach Pessenbach; Parkplatz an der Straße (Hüttenweg 3). Oder über Bad Tölz nach Arzbach; im Ort – vorbei am Kramerwirt – zur Kapelle, dann rechts in die Anliegerstraße ins Längental, dann über den Arzbach und rechts zum großen Parkplatz vor einer Schranke (Hüttenweg 2). Oder über Lenggries in die Jachenau; der Ausgangspunkt Petern befindet sich 8 km nach der Abzweigung Wegscheid (Hüttenweg 5). In Jachenau Wanderparkplatz (Hüttenweg 4).
Mit Bahn/Bus: Mit der Bahn über Weilheim nach Benediktbeuern. Von dort weiter zu Fuß bzw. nach Pessenbach mit RVO-Bus. Oder Bahn bis Lenggries, dann mit Bus in die Jachenau (Haltestelle Petern bzw. Ortsmitte Jachenau)

Karte
Topografische Karte 1:50 000 Tölzer Land – Starnberger See (LDBV)

Die nach der gleichnamigen Alpenvereinssektion benannte Hütte steht vor der Kulisse der mächtigen Benediktenwand-Nordwand, die mit 400 Metern Höhe eine beeindruckende Ausnahmestellung in den Bayerischen Voralpen innehat. Viele Kletteraspiranten haben dort ihre ersten Felserfahrungen gemacht. Die 1908 erbaute Hütte wurde 2000 durch einen Neubau ersetzt. Es entstand ein Niedrigenergiehaus in Ständerbauweise mit viel Komfort. Vor allem für Familien mit Kindern bieten sich zahlreichen Möglichkeiten für Erkundungen und Spielmöglichkeiten an. Ein Klettergarten in Hüttennähe ist gerade im Aufbau.

1. Von Benediktbeuern

leicht 700 Hm 2.30 Std.

Nach einem Bummel von einer halben Stunde durch den Ort – falls man mit dem Zug gekommen ist – gelangt man vom Bahnhof zum Ausgangspunkt bei der Kapelle Mariabrunn. Von dort wandert man den Lainbach

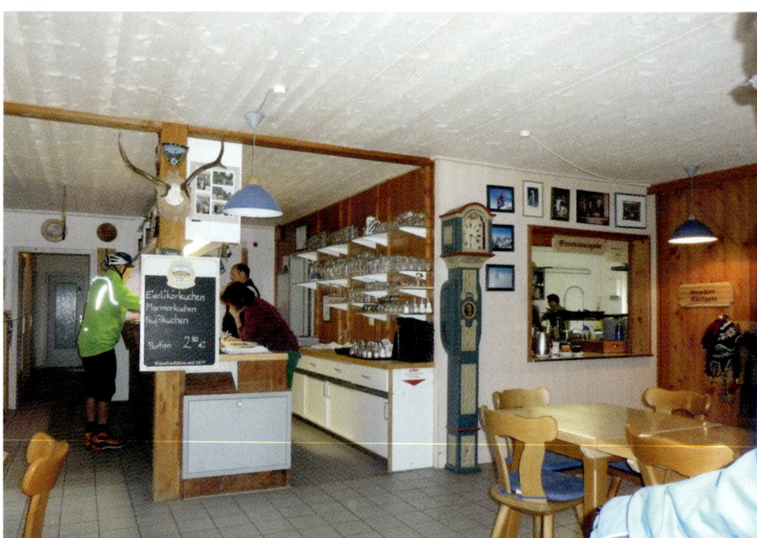

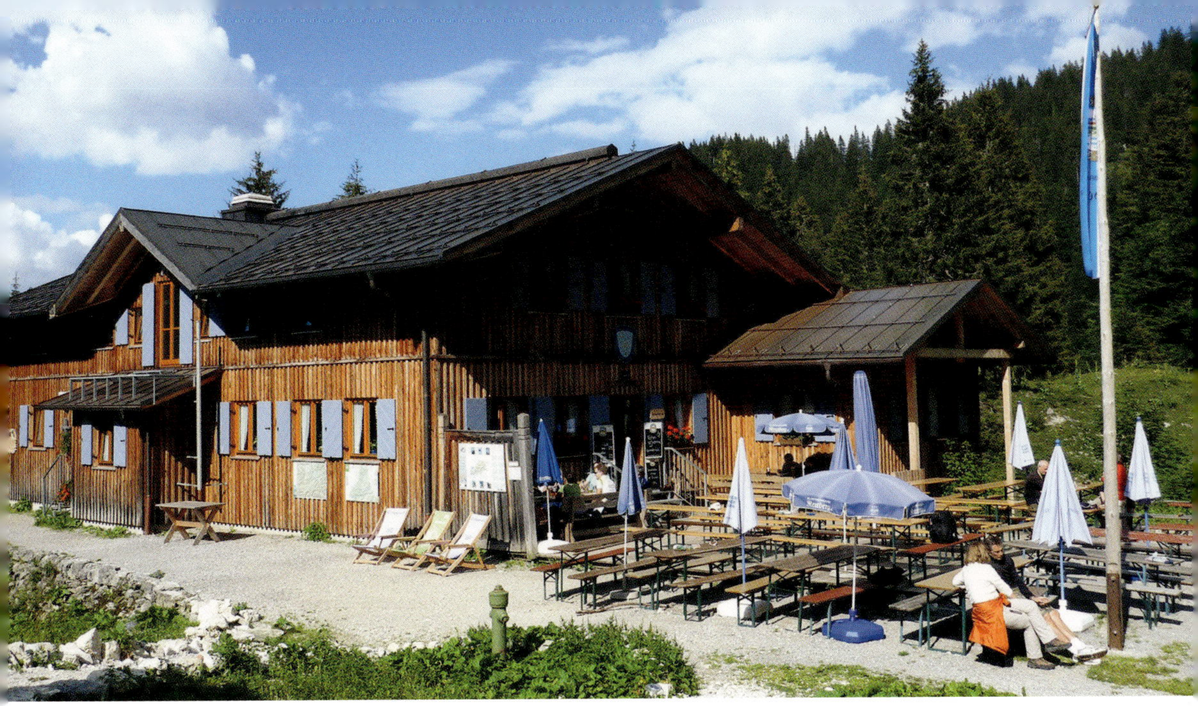

entlang taleinwärts; hier wurde vor ein paar Jahren ein ökologischer Lehrpfad eröffnet. Über die Söldneralm und ein steiles Wegstück setzt sich der breite Forstweg fort. Bei der Materialseilbahnstation, mit der die Tutzinger Hütte versorgt wird, beginnt der serpentinenreiche Waldsteig hinauf zur Hütte.

Die komplett neu errichtete Tutzinger Hütte (oben) und die Schanktheke (linke Seite)

2. Von Arzbach

mittel 880 Hm 4.00 Std.

Der erste, lange Wegabschnitt erfolgt auf einem Wirtschaftsweg (Ausschilderung zur »Bayernwerk-Hütte«, »Neulandhütte«, Mark.-Nr. 466). Es geht mäßig ansteigend erst am Arzbach, dann am Lettenbach entlang, dann leicht ansteigend zu einer Wegverzweigung. Wir gehen rechts weiter, bis nach etwa 1,5 Kilometern links der Almweg zur Dudlalm abzweigt, dem man nun folgt. Wir wandern über die Almwiesen hinweg und ansteigend zur Längenbergalm (1244 m), wo sich rechts oberhalb die Neulandhütte befindet. Weiter nun über die Böden der Längenbergalm hinweg und auf markiertem Weg (Nr. 460) fast eben

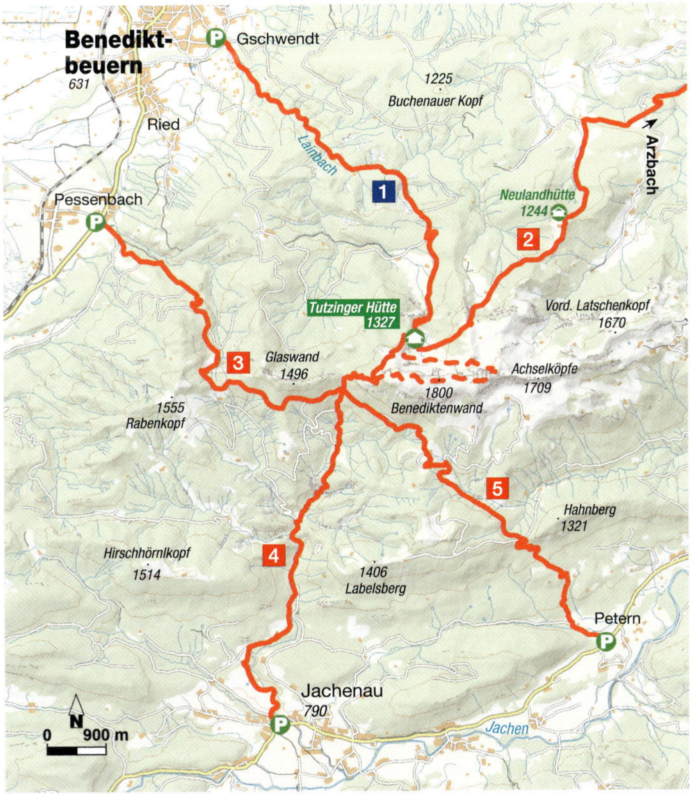

Der Hüttengipfel

mittel 690 Hm 2.30 Std.

Benediktenwand (1800 m): Dieser bekannte Gipfel, der vor allem durch seine Nordwand im Alpenvorland alpine Akzente setzt, ist auch für Normalwanderer relativ leicht zu ersteigen; üblicher Ausgangspunkt ist dabei die Tutzinger Hütte (Anstieg von beiden Seiten über einen Bergsteig, der Trittsicherheit voraussetzt, über den Rotöhrlsattel zusätzlich auch Schwindelfreiheit erfordert). – Von der Tutzinger Hütte führt der Steig links um die Nordwand auf den Rotöhrlsattel (drahtseilgesichert) oder rechts auf Steig oberhalb des Sattels zwischen Glaswand und Benediktenwand. Von dort wandert man in Kammnähe bis zum Gipfel, der der gesamten Berggruppe ihren Namen gegeben hat. Der einfachste Weg hinab führt über den Steig auf der Westseite. Bei der Weggabelung rechts zur Tutzinger Hütte und auf dem Anstiegsweg zurück zum Ausgangspunkt.

durch Wald auf Wanderweg hinüber zur Tiefentalalm (1252 m). In Serpentinen geht es steil hinauf zum Tiefentalsattel (1480 m) und jenseits hinab auf leichtem Weg zur bald sichtbaren Hütte.

3. Von Pessenbach

mittel 1240 Hm 4.00 Std.

Vom Parkplatz folgen wir auf Forststraße der Ausschilderung »Rabenkopf«, halten uns nach der Wildfütterung links und wandern weiter über die Orteralm. Dann steigen wir auf serpentinenreichem und steilem Steig in den Sattel zwischen Rabenkopf und Glaswand (1 ¾ Std.). Dort geht es links leicht ansteigend auf Bergwanderweg (Mark.-Nr. 451 sowie E 4) durch Wald Richtung Glaswand, die wir auf der Südseite umgehen (bei der Weggabelung auf dem Kammausläufer links), wo wir auf den von der Jachenau heraufführenden Weg stoßen. Hier geht es nun links ansteigend zur Glaswandscharte (1324 m), dann

Blick vom Gipfel nach Westen ins Alpenvorland, tief unten verläuft der Anstiegsweg von der Tutzinger Hütte.

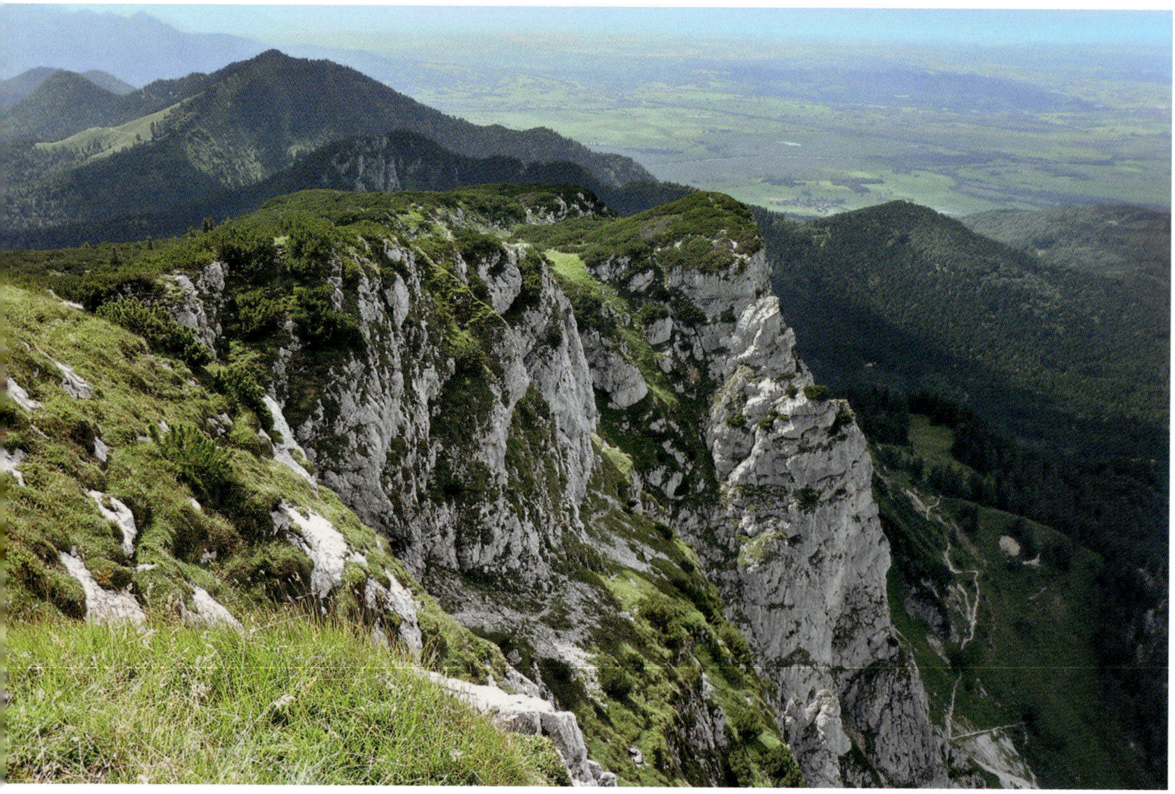

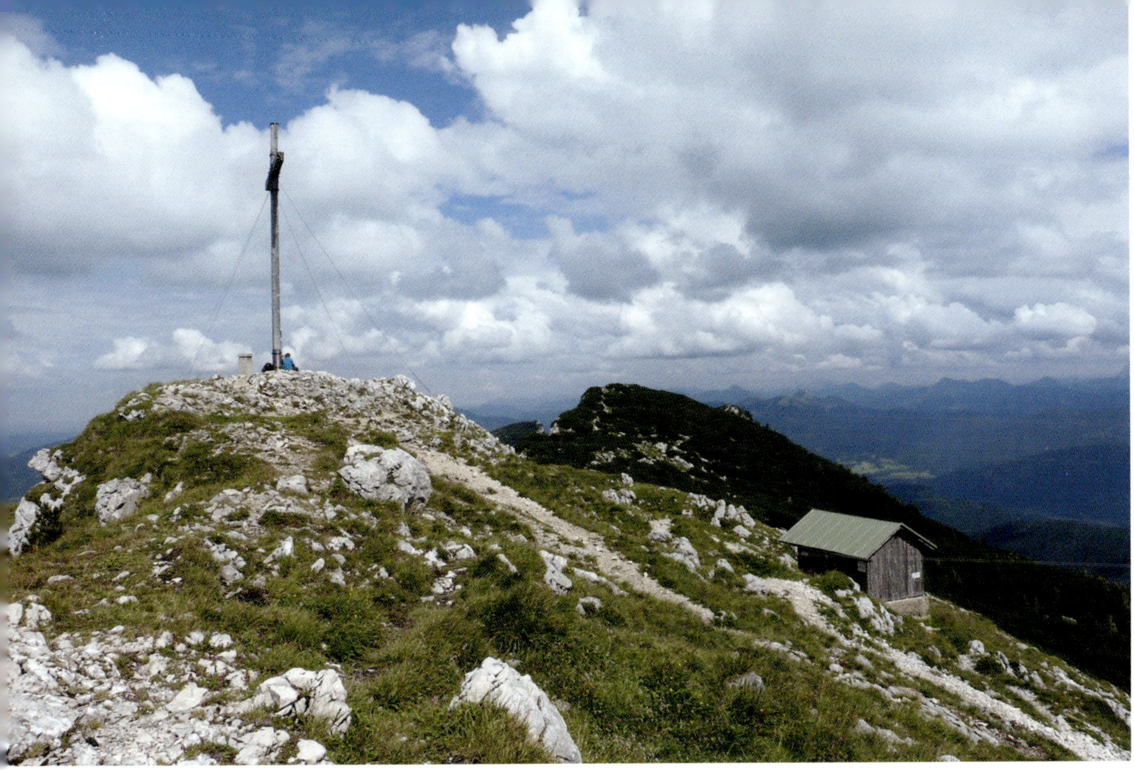

Ein großes schlichtes Kreuz markiert den höchsten Punkt der Benediktenwand; unterhalb befindet sich eine kleine Schutzhütte.

rechts in steilen Serpentinen hinauf zu einer Weggabelung. Wir biegen links auf den Weg Nr. 455 und wandern durch die Westseite der Benediktenwand und dann hinab zur Tutzinger Hütte.

4. Vom Ort Jachenau

mittel 1020 Hm 4.00 Std.

Vom Parkplatz am westlichen Ortsende führt der Wanderweg (Wegtafel »Wasserfall«) links der Großen Laine durch Wald eben zu den Brunnenmooswiesen und trifft dort auf einen unbefestigten Forstweg, dem man nach rechts folgt. Dann geht es bald wieder rechts ab, über die Große Laine hinweg und hinüber zur Forststraße (jetzt Mark.-Nr. 485), die direkt hinauf zur Lainlalm (906 m) führt. Dort verlässt man die Straße und wandert rechts zum Lainltal-Wasserfall. Rechts von diesem steigen wir in Kehren stetig bergauf. Oberhalb des tief eingeschnittenen Glasbachs wandern wir zur Peterer Alm (1086 m) und weiter am Glasbach entlang zur Glaswandscharte, wo man auf den Hüttenweg 3 trifft; weiter wie dort.

5. Von Petern in der Jachenau

mittel 1160 Hm 4.00 Std.

Vom Parkplatz folgt man erst der breiten Forststraße bergwärts, quert den Reichenaubach und zweigt nach 150 Metern rechts auf den Almfahrweg (Mark.-Nr. 480, Wegtafel »Benediktenwand«) ab. Der Fahrweg führt in Kehren durch Wald hinauf zum Langenecksattel (1167 m), quert dort einen Almweg und führt weiter durch Wald, vorbei an der verfallenen Ortereralm, zu einer Wegverzweigung am oberen Ende des Schwarzenbachs. Es geht links weiter (Mark.-Nr. 477) zur Tanneralm (1340 m), wo der Almweg endet. Der weitere Weg führt eben auf Bergpfad durch den bewaldeten Südwesthang der Benediktenwand, bis wir auf den von der Jachenau kommenden Weg treffen; weiter wie Hüttenweg 3.

63

Wankhaus (1780 m)

Das ultimative Gipfelhaus im Estergebirge

Die Hütte
Wankhaus (1780 m), AV-Haus, Kat. II, nahezu ganzjährig bewirtschaftet, von Anfang November bis Ende Dezember sowie im April geschlossen, 20 Lager;
Tel. 0 88 21/5 62 01.
www.alpenverein-gapa.de

Charakter
Bis zur Esterbergalm Wirtschaftswege, ansonsten überwiegend Bergwanderwege und -steige

Anreise
Mit Pkw: Auf der A 95 bis zum Ende, dann auf der B 2 nach Garmisch und weiter in Richtung Mittenwald, bis links die Straße zur Talstation der Wankbahn abzweigt; dort parken (Hüttenwege 1 und 2). Oder auf der A 95 bis Ausfahrt Murnau/Kochel und über die Kesselbergstraße nach Wallgau (oder über Garmisch dorthin); Parkmöglichkeiten im Ort (Hüttenweg 3).
Mit Bahn/Bus: Mit dem Werdenfels-Takt bis nach Garmisch-Partenkirchen, dann mit Ortsbus zur Talstation der Wankbahn oder mit dem Bus nach Wallgau.

Karte
Topografische Karte 1:50 000 Werdenfelser Land (LDBV)

Weitere Hütten
Esterbergalm (1264 m), privat, ganzjährig bewirtschaftet, im November geschlossen, Mittwoch Ruhetag
Gschwandtnerbauer (1020 m), privat, ganzjährig tagsüber bewirtschaftet, Montag und Freitag sind Ruhetage

Zu Fuß und per Bergbahn – beides ist möglich am Wank, um diesen großartigen Aussichtberg bei Garmisch-Partenkirchen zu erreichen. Und wer dort oben übernachtet, erlebt die schönsten Sonnenunter- und -aufgänge in den Bayerischen Voralpen.

Das Wankhaus – auch als Alois-Huber-Haus bekannt – gehört zu den wenigen Unterkunftshütten in den Bayerischen Alpen, die direkt auf einem Gipfel stehen. Erbaut wurde die Hütte, von der aus man angeblich über 400 Alpengipfel zählen kann, im Jahr 1911. Initiator war der Schatzmeister und Architekt der Alpenvereinssektion Garmisch, Alois Huber. Finanziert wurde der Bau teilweise aus den Einnahmen der Höllentalklamm. Mit dem Bau der Wankbahn war das Unterkunftshaus nicht mehr tragfähig. Über Jahrzehnte war das Wankhaus nur mehr Einkehrstelle für Tagesausflügler, seit einigen Jahren kann man im Wankhaus auch wieder übernachten.

1. Über die Esterbergalm

leicht 1040 Hm 3.00 Std.

Von der Talstation der Wankbahn führt ein ausgeschilderter Wirtschaftsweg über die Daxkapelle zur Esterbergalm. Noch bevor man diese erreicht, zweigt rechts der Steig (Mark.-Nr. 413) ab. Erst geht es mäßig steil durch Wald, dann in Serpentinen höher und über die Hänge zum Gipfel.

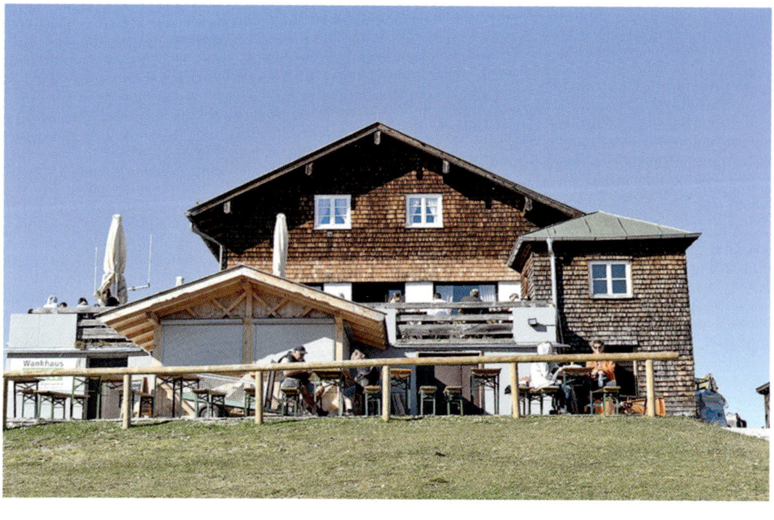

Das Wankhaus ist ein echtes Gipfelhaus, denn es steht am höchsten Punkt.

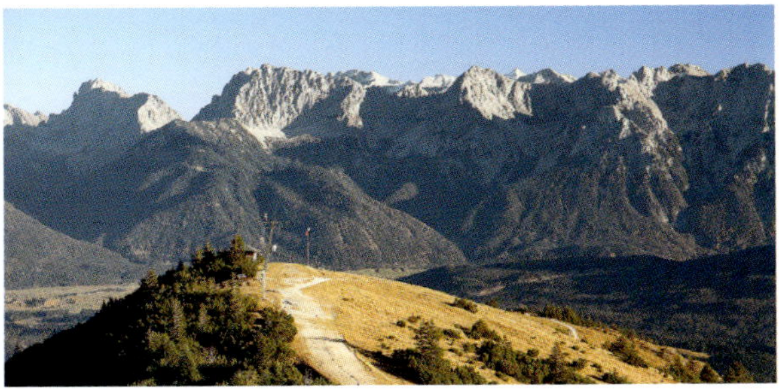

Der Hüttengipfel

leicht · 0 Hm · 10–30 Min.

Wank (1780 m): Auf dem Wank – direkt am Gipfel – steht das Wankhaus. Auf dem Wank-Plateau gibt es aber einige Erhebungen, die wir auf einem kleinen Spaziergang besuchen können, z. B. den Ameisberg (leichte Wanderwege).

Als Inselberg bietet der Wank ein großartiges Rundumpanorama; hier der Ausblick nach Südosten auf die schroffen Gipfel des Karwendelgebirges.

2. Abstieg via Gschwandtnerbauer

leicht · 1070 Hm · 3.00 Std.

Vom Wankhaus wandern wir auf dem Höhenweg erst in Richtung Osten zum Roßwank, dann an diesem vorbei und hinab in den Taleinschnitt (1384 m) zwischen Wank und Rotenkopf, wo wir auf den von der Esterbergalm kommenden Weg stoßen. Hier geht es rechts weiter durch den Häuslgraben hinab, bei den nächsten zwei Wegverzweigungen rechts und zum Gschwandtnerbauer (1020 m). Nach der Einkehr gehen wir etwas zurück und auf dem linken Abzweiger durch Wald zum Steinbühel (1150 m), wo wir uns am Wegweiser zur ehemaligen Gamshütte orientieren. Man trifft auf eine Forststraße, verlässt diese gleich wieder nach rechts und wandert in die Schalmerschlucht (kleiner Wasserfall und Antoniuskircherl). Auf dem Philosophenweg kehren wir schließlich zur Wankbahn-Talstation zurück.

3. Von Wallgau

leicht · 970 Hm · 4.30 Std.

Von Wallgau führt ein ausgeschilderter Wirtschaftsweg über die Finzalm zur Esterbergalm. Dort folgt man noch ein Stück dem Fahrweg in Richtung Garmisch, bis links der Steig (Mark.-Nr. 413) zum Wank abzweigt. Zunächst geht es leicht ansteigend durch Wald, dann bald in steilen kurzen Serpentinen hinauf und über die allmählich freier werdende Nordseite des Wank hinauf in die Einsenkung westlich des Ameisbergs und weiter zum Gipfel mit dem Wankhaus.

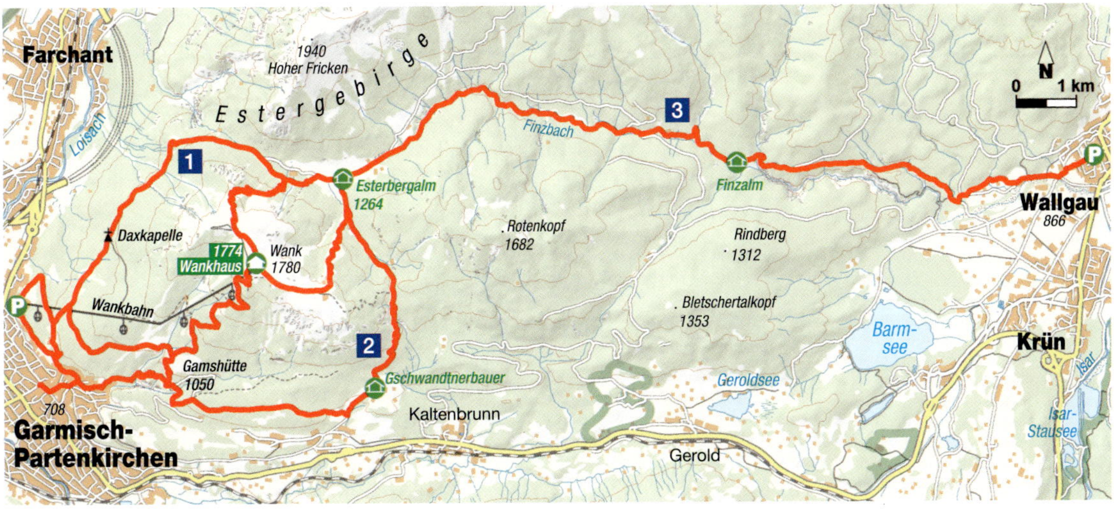

64

Weilheimer Hütte (1946 m)

Die höchstgelegene Unterkunftshütte in den Bayerischen Voralpen

Die Hütte
Weilheimer Hütte (1946 m), AV-Hütte, Kat. I, 10 Betten, 50 Lager, 5 Notlager, von Mitte Mai bis Mitte Oktober bewirtschaftet; Tel. 0170/ 2 70 80 52. Winterraum (AV-Schloss) mit 5 Lagern. www.dav-weilheim.de/content/ weilheimerhuette

Charakter
Jeweils langer Hüttenanstieg von allen Talorten; von Garmisch und von Wallgau bis zur Esterbergalm Wirtschaftswege, ansonsten teilweise steile Bergwege

Anreise
Mit Pkw: Auf der A 95 bis Ausfahrt Eschenlohe, dann in den Ort, dort über die Loisachbrücke und über die Krottenkopfstraße und die Schellenbergstraße zum Wanderparkplatz am südlichen Ortsende (Hüttenweg 3). Oder auf der A 95 bis zum Ende, dann auf der B 2 bis Oberau, dort links über die Loisach zum Parkplatz (Hüttenweg 1). Oder weiter nach Garmisch zur Talstation der Wankbahn (Hüttenweg 4). Oder auf der A 95 bis Ausfahrt Murnau/ Kochel und über die Kesselbergstraße nach Wallgau (oder über Garmisch dorthin); parken im Ort (Hüttenweg 2).
Mit Bahn/Bus: Mit dem Werdenfels-Takt nach Eschenlohe, Oberau bzw. nach Garmisch-Partenkirchen. Oder über Weilheim nach Kochel und mit RVO-Bus nach Wallgau

Karte
Topografische Karte 1:50 000 Werdenfelser Land (LDBV)

Weitere Hütten
Krüner Alm (1621 m), privat, im Juli und August einfach bewirtschaftet
Finzalm (1100 m), Niederleger der Krüner Alm, von Ende Mai bis Ende Juni und von Ende August bis Mitte September bewirtschaftet
Esterbergalm, siehe Tour 63
Wankhaus, siehe Tour 63

Für Einsamkeitssucher ist das Estergebirge eine wahre Fundgrube. Und es gibt Anstiege aus allen Himmelsrichtungen hinauf zu den ausgeprägten Randgipfeln. Ein Erlebnis besonderer Art ist natürlich eine Übernachtung auf dieser urigen Hütte.

Die Weilheimer Hütte im Estergebirge kann mit einem kleinen Superlativ aufwarten: Sie ist die höchstgelegene Unterkunftshütte in den Bayerischen Voralpen. Da die Anstiege auf den Krottenkopf – den Hauptgipfel des Estergebirges – lang sind, empfiehlt sich eine Übernachtung. Bereits 1884 wurde die Hütte errichtet und gehört somit zu den ältesten Hütten der bayerischen Hausberge.

1. Von Oberau

leicht 1290 Hm 3.00 Std.

Vom Bahnhof über die Loisach (Parkplatz), dann rechts durch die Wiesen bis zum Golfplatz, wo bald rechts der Oberauer Steig abzweigt. Nun in den Wald und in Serpentinen hinauf zur Schafalm, wo es weiter durch Wald geht, den wir mit dem Frickenkar verlassen. Durch das Hochtal aufwärts, dann links weiter durch ein Latschenfeld (bei Verzweigung links) und hinauf in den Sattel zwischen Henneneck und Bischof und weiter zur Hütte.

2. Von Wallgau

leicht 1090 Hm 4.30 Std.

Vom Parkplatz am Kurgästehaus in Wallgau kurz nach Norden, wo der Weg zur Krüner Alm beginnt. Auf breitem Forstweg nach 30 Minuten zu einer Abzweigung. Dort links auf einen etwas steileren Waldweg. Der Weg streift bald wieder die Forststraße, hält sich aber weiterhin separat und führt linker Hand im Wald empor. Erst bei der nächsten Einmündung in eine andere Forststraße, wo sie eine Linkskehre beschreibt, folgt man dieser. In nordwestlicher Richtung zu deren Ende, von wo ein Steig zur Krüner Alm (1621 m) leitet. Der Krüner Steig führt unter den bewaldeten Südhängen des Klaffen zur Lochtalalm. Der Weg umrundet die Senke des Angerlbodens, um dann auf den Weg zu treffen, der die Hohe Kisten mit dem Krottenkopf verbindet; dort links weiter zur Hütte.

3. Von Eschenlohe

mittel 1360 Hm 5.00 Std.

Vom Parkplatz auf breiter Forststraße nach Osten bis zum Brandeck und dann nach Süden. Bald zweigt rechts ein Weg ab (Wegweiser »Krotten-

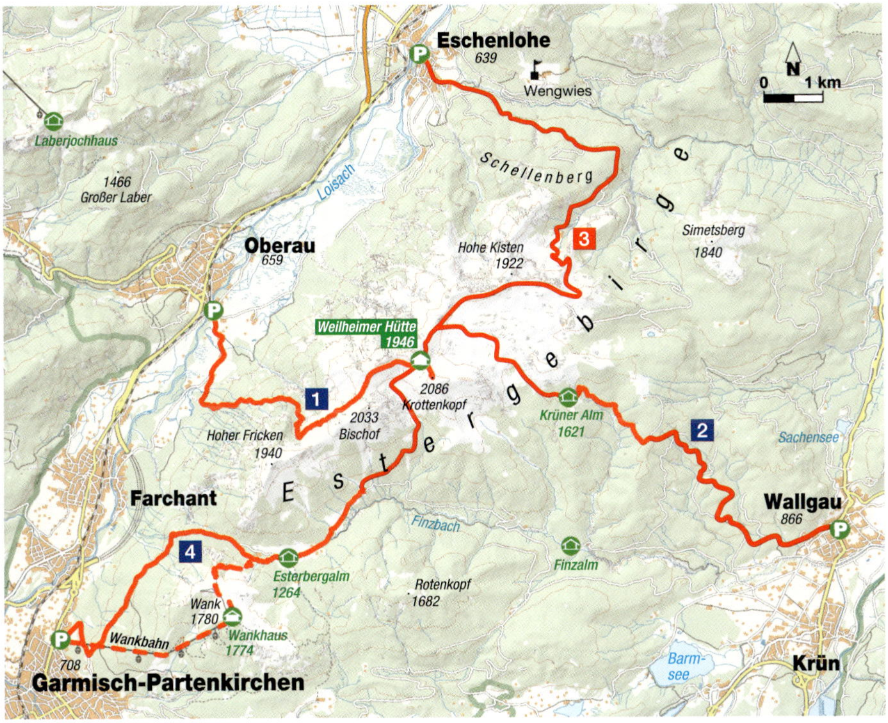

Die Weilheimer Hütte am Fuße des Krottenkopfs; die Anstiege zu dieser Hütte sind lang, da bietet sich eine Übernachtung geradezu an.

kopf«), der durch Hochwald zum »Brünnl« und Jagdhaus Pustertal (1325 m) führt (stellenweise Drahtseilsicherung). Weiter ins Kistenkar und über Geröll hinauf zum Gatterl, einem Sattel zwischen Hoher Kisten und Platteneck. Dort rechts auf Steig, seitlich an der Hohen Kisten, am Archtalkopf und Schindlerskopf vorbei, zur Weilheimer Hütte.

4. Von Garmisch-Partenkirchen

leicht 1230 Hm 4.30 Std.

Von der Talstation der Wankbahn auf Wirtschaftsweg in weitem Rechtsbogen zur Esterbergalm (1265 m); hierher auch mit der Wankbahn zum Gipfel, dann auf markiertem Steig (Mark.-Nr. 413) hinab zur Esterbergalm. Nun auf Wirtschaftsweg über Wiesen und durch Wald zur Hinteren Esterbergalm. Der Weg steigt nun etwas an, bei der Weggabelung unter dem Bischof hält man sich links und folgt dem Weg zur Waldgrenze. Nun geht es links hinauf zu einer Wegverzweigung. Hier rechts durch die Westhänge des Krottenkopfs hinauf zur Hütte.

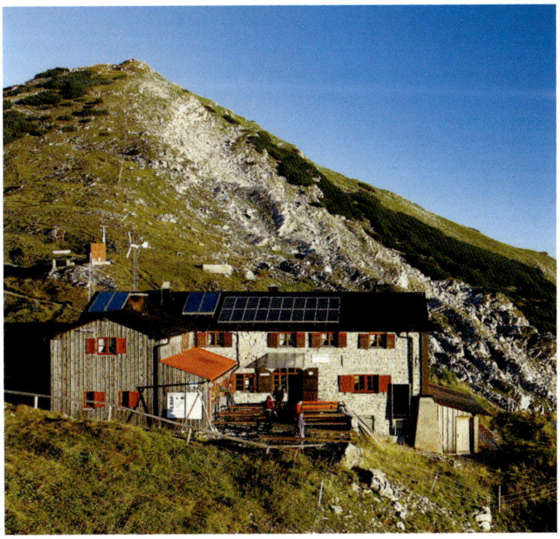

Der Hüttengipfel

leicht 280 Hm 50 Min.

Krottenkopf (2086 m): Der höchste Gipfel des Estergebirges ist nur einen Katzensprung von der Weilheimer Hütte entfernt. Der Anstiegsweg ist nicht zu übersehen. Man steigt in kurzen Kehren über einen unschwierigen Bergpfad zum höchsten Punkt.

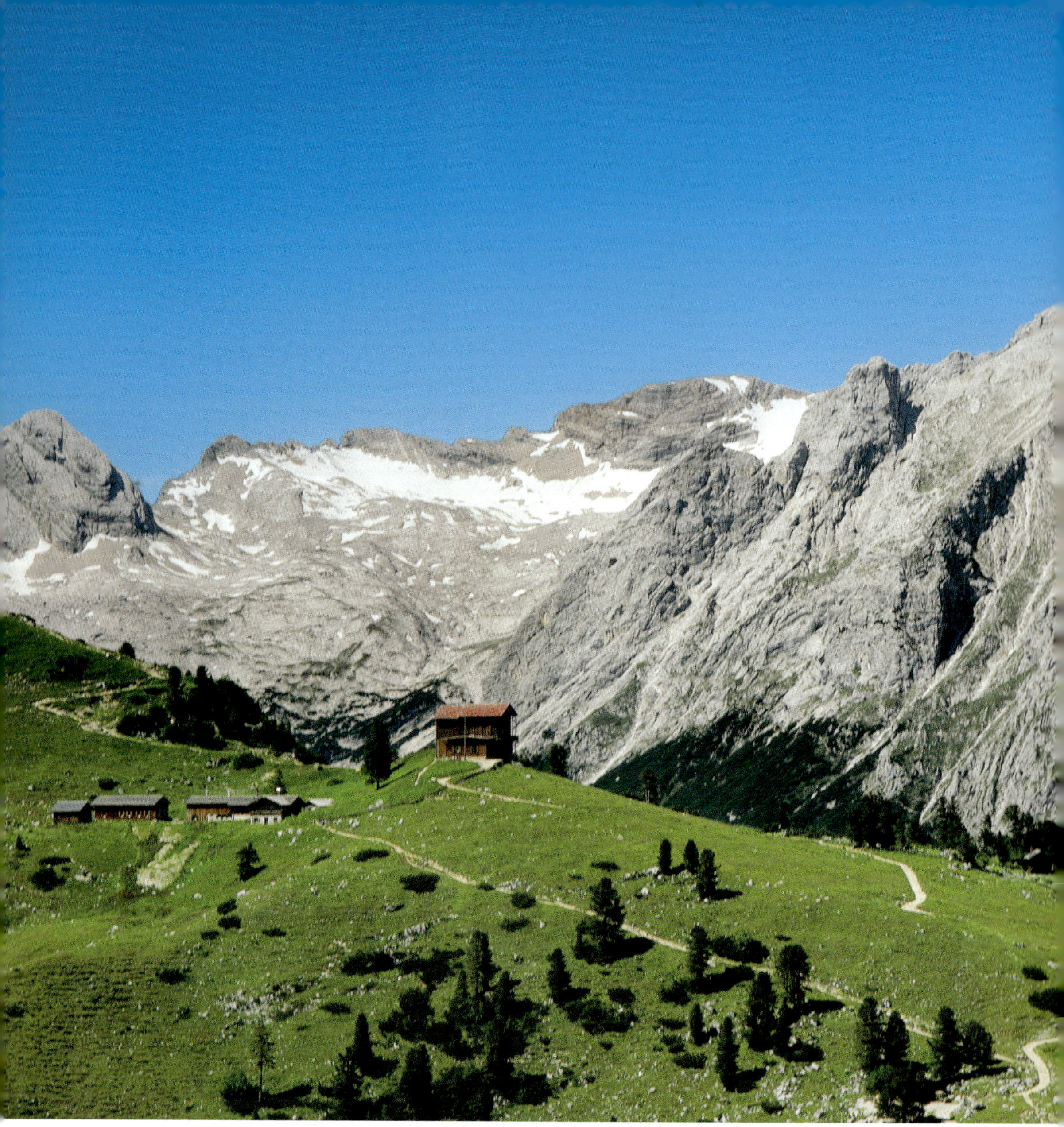

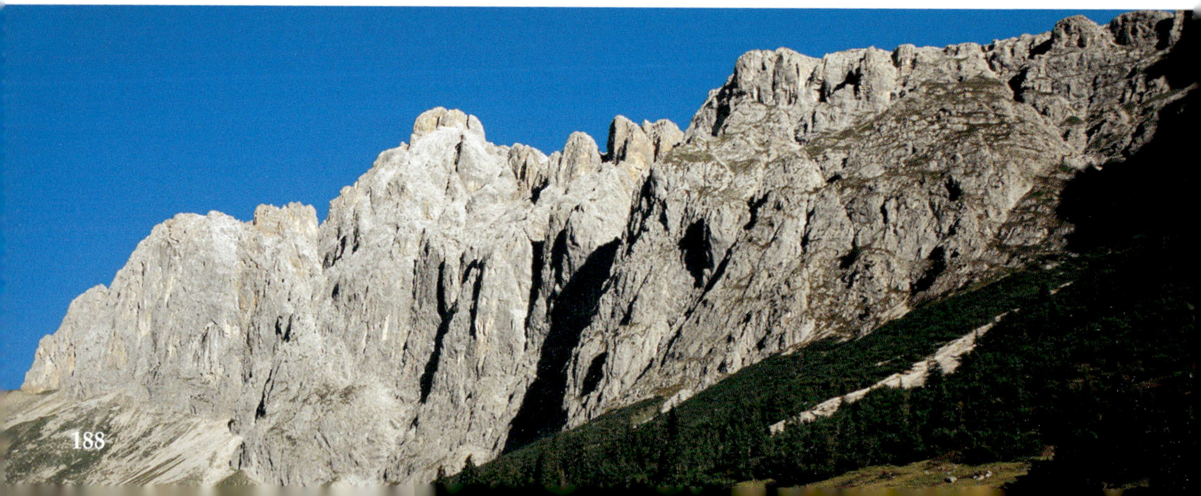

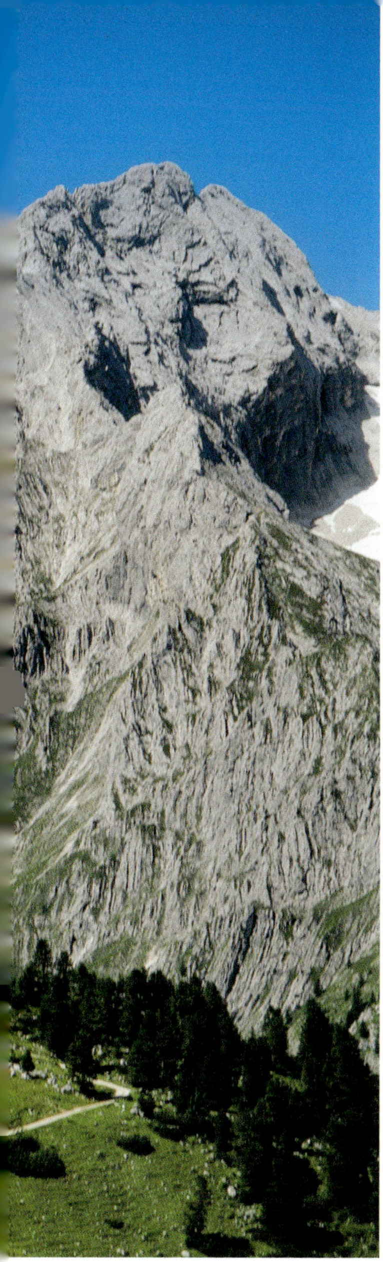

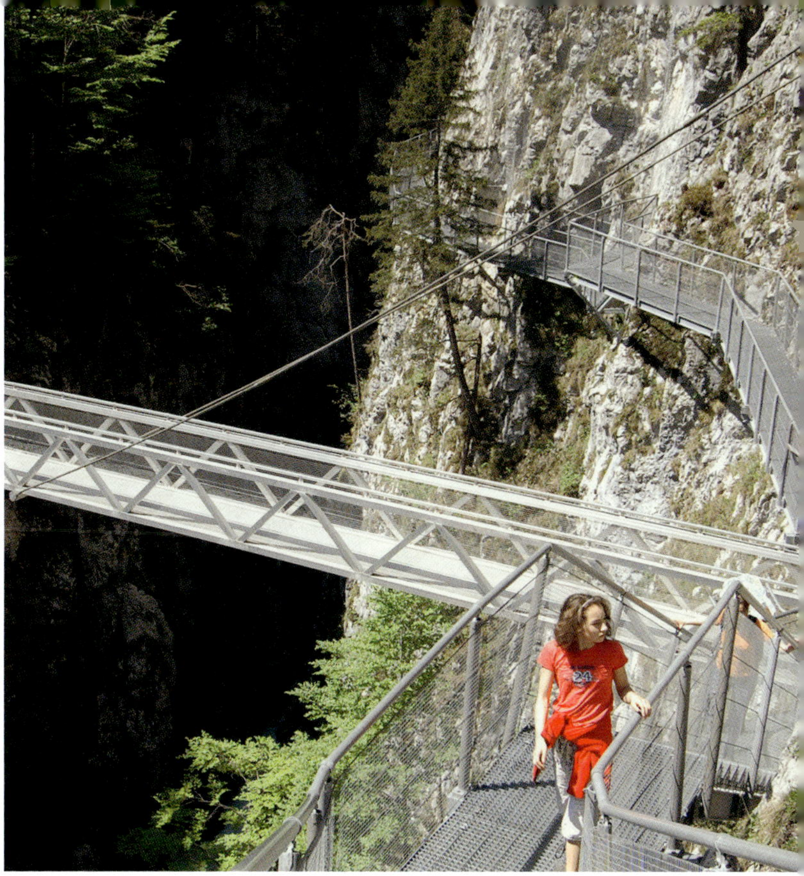

Wetterstein und Mieminger Berge

Blick über das Schachenschloss hinweg auf den Blassenkamm mit Hohem Gaif und Hochblassen (li. oben). Bergidylle im Puittal unter den Dreitorspitzen (li. unten). Die Leutaschklamm wurde durch eine großartige Weganlage gangbar gemacht (re. oben). Der Gletscherbahnhof SonnAlpin auf dem Zugspitzplatt (re. unten).

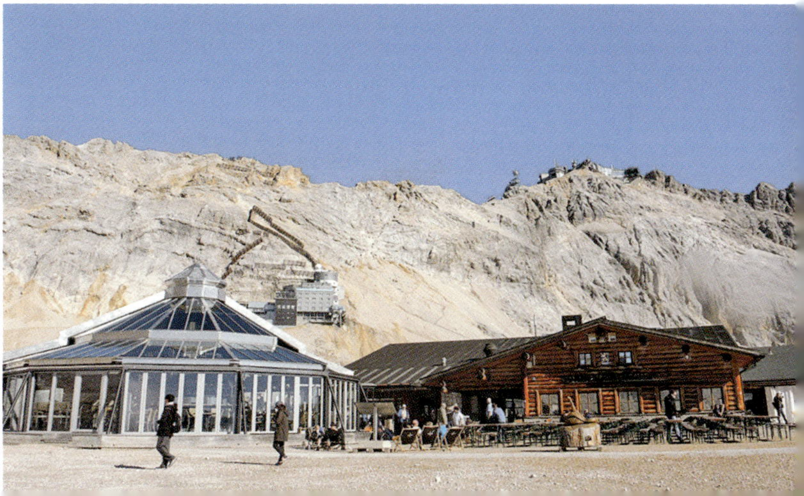

65

Kreuzeckhaus (1652 m)

Unterkunftshaus mit großartigem Hüttengipfel

Die Hütte
Kreuzeckhaus (1652 m), AV-Haus, Kat. II, 72 Betten in Doppel- und Mehrbettzimmern sowie 43 Lager, von Mitte Mai bis Anfang Nov. und von Mitte Dez. bis zum 1. Sonntag nach Ostern bew.; Tel. 0 88 21/ 22 02. www.kreuzeckhaus-gapa.de

Charakter
Mit Ausnahme des Übergangs von der Höllentalangerhütte, der Trittsicherheit und Schwindelfreiheit erfordert, einfache Bergwanderwege

Reise
Mit Pkw: Auf der A 95 bis zum Ende, dann auf der B 2 nach Garmisch-Partenkirchen; dort der Ausschilderung zur Kreuzeckbahn bzw. zur Osterfelderbahn folgen (Hüttenweg 1) oder über Obergrainau nach Hammersbach (Hüttenwege 2 und 5); dort jeweils Parkplätze. Oder von der Ortsmitte von Garmisch zur Talstation der Hausbergbahn; Parkplatz (Hüttenweg 4).
Mit Bahn/Bus: Mit dem Werdenfels-Takt nach Garmisch-Partenkirchen, dann mit der Zugspitzbahn zu den Bahnhöfen Kreuzeckbahn, Hammersbach oder Obergrainau. Stadtbus bis Talstation der Hausbergbahn (nur im Winter) bzw. Kreuzeckbahn. Oder zu Fuß in 20 Minuten

Karte
Topografische Karte 1:50 000 Werdenfelser Land (LDBV)

Weitere Hütten
Hochalm (1705 m), privat, von Pfingsten bis Ende Oktober und von Mitte Dezember bis Ostern bewirtschaftet; ab 2021 vermutlich wieder Übernachtung möglich
Stuibenhütte (1640 m), AV-Hütte für Selbstversorger, nur im Winter von Weihnachten bis zum ersten Sonntag nach Ostern geöffnet
Höllentalangerhütte, siehe Tour 66

Das neben der Bergstation der Kreuzeckbahn gelegene Haus bietet ein großartiges Panorama des Wettersteingebirges und ist Ausgangspunkt für Touren zu einem der Wahrzeichen von Garmisch-Partenkirchen, der pyramidenförmigen Alpspitze mit ihren anspruchsvollen Anstiegen.

Das 1906 unter dem örtlichen Sektionsvorsitzenden Adolf Zoeppritz auf der Hochalm errichtete Haus musste bereits 1912 wegen des starken Besucherandrangs durch ein Nebengebäude erweitert werden. Vor allem nach dem Bau der Seilbahn 1926 erfolgten Erweiterungen; so wurde 1930 das Schlafhaus errichtet. Im II. Weltkrieg war das Haus Militärstation, danach wurde es von den amerikanischen Besatzungsmächten bis 1955 genutzt, ehe es wieder dem ursprünglichen Zweck zugeführt wurde. Im Sommer ist es Ausgangspunkt für Touren auf die Alpspitze und für Übergänge ins Reintal und den Höllentalanger.

1. Mit der Kreuzeckbahn

leicht 20 Hm 5 Min.

Am schnellsten ist das Kreuzeckhaus mit der Kreuzeckbahn zu erreichen. Von der Bergstation sind es nur wenige Minuten zum Alpenvereinshaus.

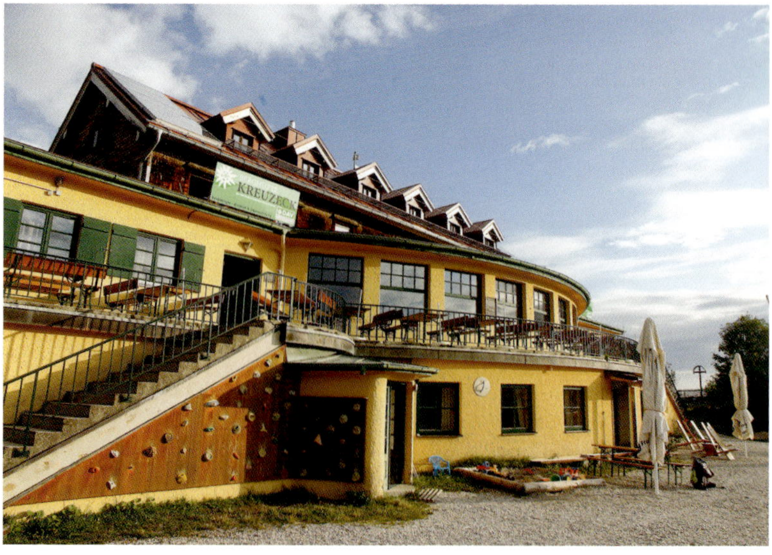

2. Von Hammersbach

leicht 850 Hm 3.00 Std.

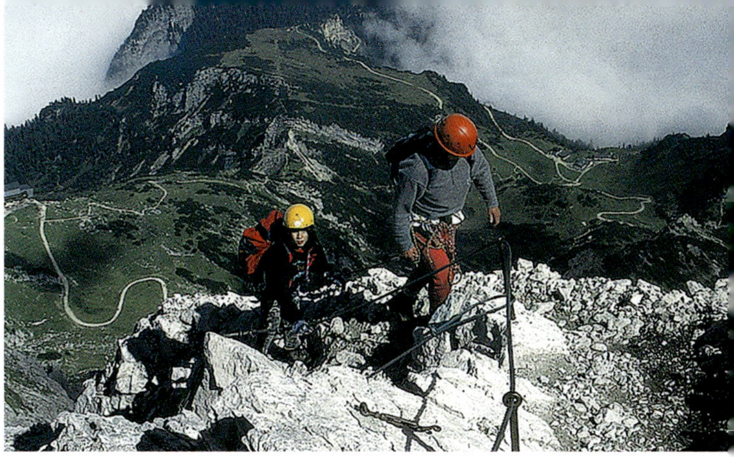

Vom Parkplatz folgt man erst der Ausschilderung in Richtung Höllenbachklamm, bis links ein markierter Weg abzweigt. Auf diesem geht es steil hinauf durch Wald zu einer Wiese, wo man auf einen Forstweg trifft, auf dem wir ein kurzes Stück nach links wandern, bis rechts ein Wanderweg abzweigt, der zur Diensthütte (1171 m) unterhalb des Waldecks führt. Hier geht es rechts auf der Forststraße weiter, dann links unter der Osterfelderbahn hindurch steil hinauf zum Fahrweg, der das Kreuzeck mit der Hochalm verbindet. Auf diesem Weg wandern wir links zum Kreuzeckhaus.

Am Anstiegsweg zur Alpspitze über die »Via Ferrata«

Linke Seite: Das Kreuzeckhaus lädt im Sommer wie im Winter zum Besuch ein.

3. Vom Haltepunkt Rießersee

leicht 900 Hm 3.00 Std.

Auf markiertem Steig geht es steil durch Wald hinauf zum Hotel Rießersee, dann seitlich auf Wirtschaftsweg an diesem vorbei, bis links der Abkürzer abzweigt, der zur großen Forststraße über die Tonihütte (1096 m) zum Kreuzeck führt. Vor der Kreuzeckbahn kann man abkürzen und über die Trögelhütte hinauf zum Kreuzeckhaus wandern.

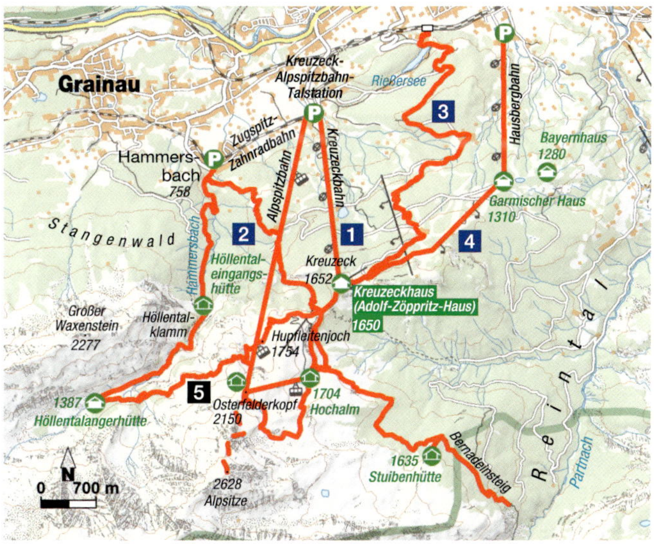

4. Über Hausberg und Kreuzjoch

leicht 300 Hm 1.00 Std.

Von der Bergstation der Hausbergbahn (1350 m) führt ein markierter breiter Weg am Skilift entlang übers Kreuzjoch zur Hütte (nur im Winter machbar).

5. Übergang von der Höllentalangerhütte

schwer 470 Hm 2.00 Std.

Zum Zugang zur Höllentalangerhütte siehe Tour 66. Von dort führt ein markierter Steig links durch die steilen Hänge (Mark.-Nr. 832 A) über die Knappenhäuser hinauf zum Hupfleitenjoch (1754 m), dann absteigend zum Kreuzeckhaus; üblicherweise wird diese Route jedoch im Abstieg begangen.

Der Hüttengipfel

schwer 1950 Hm 6.00 Std.

Alpspitze (2628 m): Das Wahrzeichen von Garmisch-Partenkirchen (mit großem Gipfelkreuz) ist auf einer durchgehenden Klettersteiganlage (entsprechende Ausrüstung erforderlich), der Nordwand-Ferrata, nur von absolut schwindelfreien Bergsteigern als Tagestour zu besteigen. – Der Abstieg erfolgt am besten über den ebenfalls markierten Nordwandsteig, sodass sich eine großartige Gipfelüberschreitung ergibt.

66

Höllentalangerhütte (1387 m

Station am klassischen Aufstiegsweg zur Zugspitze

Eine traditionelle Alpenvereinshütte macht einem futuristischen Neubau Platz. Das ist allerdings den Umständen zu verdanken – die Hütte ist nun nämlich lawinensicher. Der landschaftliche Reiz ist derselbe und die Terrasse nun größer.

Der »Normalweg« auf die Zugspitze war bereits in den 90er-Jahren des 19. Jahrhunderts zum Klettersteig ausgebaut worden. Im Jahr 1905 erfolgte der Ausbau der Höllentalklamm zu touristischen Zwecken. Seither geht es auf dieser Hütte – deren Ursprünge bis 1883 zurückreichen – gewaltig zu. Neben alljährlich 5000 Übernachtungsgästen sind auch 40 000 Tagesbesucher zu versorgen. Der bauliche Zustand datierte aus dem Jahr 1925, dringende Umweltmaßnahmen standen an. Daher wurde die alte Hütte abgerissen und durch einen modernen Neubau ersetzt, der diesem Anspruch auch architektonisch gerecht wird. Die Neueröffnung erfolgte im Jahr 2015. Manchem wird dieser Stil nicht gefallen, denn der Wechsel ist vermutlich für einige mit einem Wehmutstropfen verbunden, die mit dieser urgemütlichen Hütte sehr schöne Bergerlebnisse verbinden.

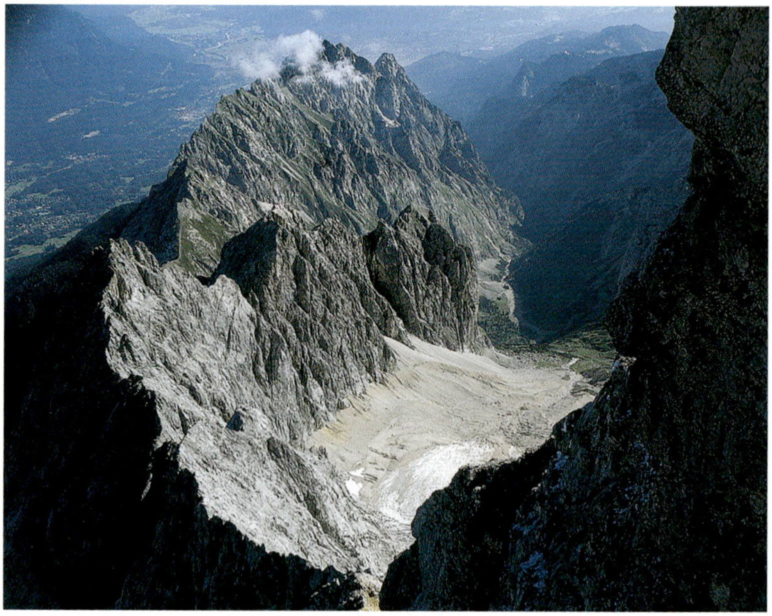

Die Hütte

Höllentalangerhütte (1387 m), AV-Hütte, Kat. I, 82 Betten, 46 Lager, von Mitte Mai bis Mitte Oktober bewirtschaftet, vom Wetter abhängig; Tel. 0 88 21/9 43 85 48. www.davplus.de/hoellentalangerhuette

Charakter

Der Übergang übers Hupfleitenjoch, der Rindersteig und der Stangensteig erfordern Trittsicherheit und Schwindelfreiheit (Drahtseilsicherungen). Der Anstieg durch die Höllentalklamm ist leicht, Regenschutz mitnehmen.

Anreise

Mit Pkw: Auf der A 95 bis zum Ende, dann auf der B 2 nach Garmisch-Partenkirchen; dort der Ausschilderung zur Kreuzeckbahn/Osterfelderbahn folgen (Hüttenwege 1 und 4). Oder über Obergrainau (Hüttenweg 3) nach Hammersbach (Hüttenweg 2); dort jeweils gebührenpflichtige Wanderparkplätze.
Mit Bahn/Bus: Mit dem Werdenfels-Takt nach Garmisch-Partenkirchen, dann mit der Zugspitzbahn zu den Bahnhöfen Kreuzeckbahn, Hammersbach oder Obergrainau. Stadtbus nur bis Talstation der Kreuzeckbahn.

Karte

Topografische Karte 1:50 000 Werdenfelser Land – Ammergauer Alpen (LDBV)

Weitere Hütten

Kreuzeckhaus, siehe Tour 65
Höllentaleingangshütte (1045 m), AV-Hütte, von Mitte Mai bis Mitte Oktober bewirtschaftet, keine Übernachtung. Zustieg von Hammersbach 30 Min
Neuneralm (910 m), privat, ganzjährig bewirtschaftet, von Ende Oktober bis Weihnachten geschlossen, Mittwoch und Donnerstag Ruhetag; Tel. 0 88 21/812 25. 30 Min. von Obergrainau

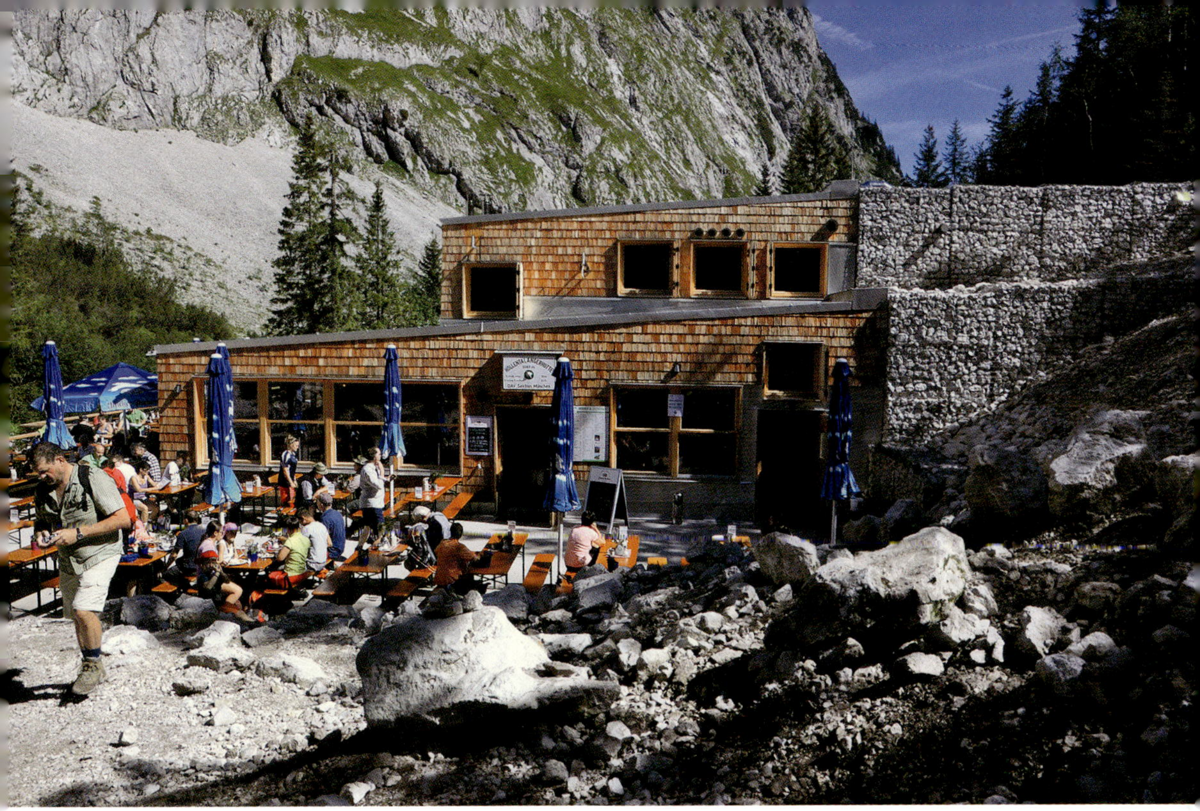

Die neu erbaute Höllentalangerhütte (oben). Tiefblick von der Zugspitze ins Höllental (linke Seite)

1. Vom Kreuzeck über das Hupfleitenjoch

schwer 475 Hm 2.00 Std.

Nach Auffahrt mit der neuen Umlaufbahn zum Kreuzeck (1638 m) schlendert man vor dem großartigen Zugspitzpanorama eine knappe Stunde hinüber zum Hupfleitenjoch (1754 m), mit weitem Blick ins Höllental und hinüber zu den Waxensteinen. Von dort steigt man dann in teilweise drahtseilgesicherten Serpentinen hinab ins Höllental. Nach einer halben Stunde hat man die unbewirtschafteten Knappenhäuser erreicht, die an den früher hier betriebenen Bergbau erinnern. Der Weg führt weiter bergab, und man kommt nach einer weiteren halben Stunde zur Höllentalangerhütte, dem idealen Stützpunkt für eine Besteigung der Zugspitze.

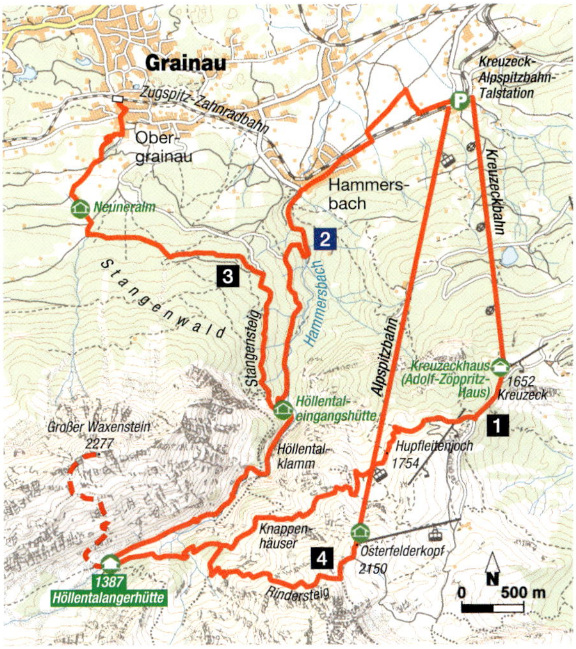

2. Von Hammersbach durch dieHöllentalklamm

leicht 630 Hm 2.00 Std.

Vom Parkplatz bzw. von der Station Hammersbach (760 m) geht es zunächst auf breitem Weg durch Wald am Hammersbach entlang bis zum Ende des gesperrten Fahrwegs. Dann wandern

Der Hüttengipfel

● schwer 1795 Hm 5.30 Std.

Großer Waxenstein (2276 m): Für den »normalen« Bergwanderer gibt es im Umfeld der Höllentalangerhütte keine leichten Gipfelziele. Der übliche Hüttengipfel ist bei dieser Tour natürlich die Zugspitze, für die viele Tourengeher hier übernachten. Da dieser Hüttengipfel aber bereits als Anstiegsweg zum Münchner Haus beschrieben wird (siehe Tour 67), soll hier für erfahrene Wanderer der Große Waxenstein als schönes alternatives Gipfelziel empfohlen werden. Es empfiehlt sich hierfür aber die Mitnahme einer detaillierten Routenbeschreibung. Voraussetzungen: Absolute Trittsicherheit und Schwindelfreiheit, Kletterfertigkeit im Schwierigkeitsgrad II erforderlich. Bis zur Waxensteinrinne markiert, dann Steigspuren.

wir in Kehren hinauf zur Höllentaleingangshütte (1045 m) und zum Eingang der Höllentalklamm. Nach dem Entrichten einer Gebühr (für Alpenvereinsmitglieder freier Eintritt) wandert man durch die faszinierende Klamm auf einem gut instand gehaltenen Steig mit ihren zwölf aus dem Fels herausgeschlagenen Tunneln hinauf ins Höllental. Nach dem Klammausgang geht es weiter taleinwärts, dann rechts in Kehren steil hoch zur Hütte auf dem ebenen Höllentalanger.

3. Von Obergrainau durch den Stangenwald

● schwer 635 Hm 2.30 Std.

Man folgt zunächst dem Wegweiser in Nähe der Kirche hinauf zur bewirtschafteten Neuneralm. Von dort wandert man weiter durch Wald hinauf zum Höhenweg, der den Eibsee mit dem Höllental verbindet. Dort hält man sich links und wandert eben durch den Stangenwald, quert einen Wirtschaftsweg und trifft schließlich auf eine Forststraße. Wir wandern kurz auf dieser rechts weiter ins Höllental hinein, dann rechts in steilen Serpentinen bis unter die Felsen der Waxensteinwand und weiter zum 73 Meter hohen Klammsteg, bis der Stangensteig oberhalb der Höllentalklamm auf den von Hammersbach heraufführenden Weg trifft. Auf diesem weiter zur neuen Alpenvereinshütte.

Rechte Seite: Anstieg aus dem Höllental auf den Großen Waxenstein

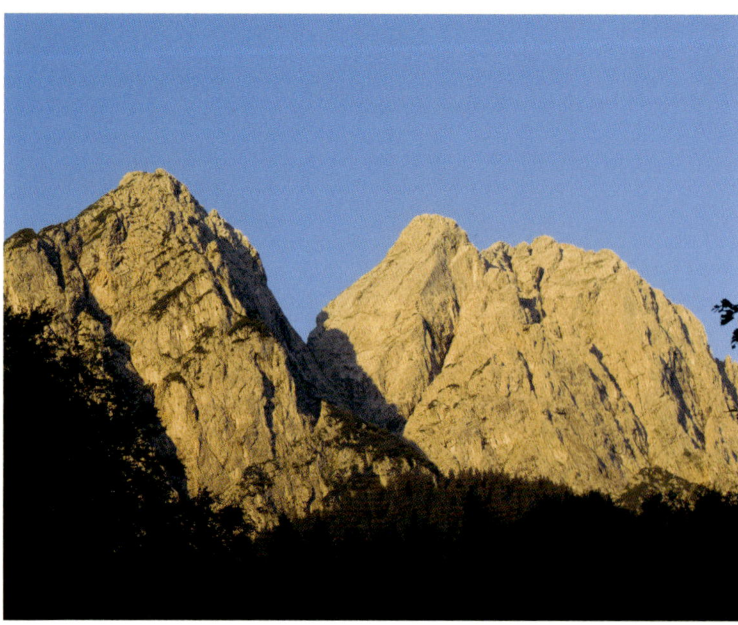

Die Waxensteine im zarten Morgenlicht

4. Vom Osterfelderkopf

● schwer 720 Hm 2.00 Std.

Von der Bergstation mit der neuen Aussichtsplattform »Alpspix« folgen wir zunächst der Route zum Nordwandsteig (Alpspitze), steigen dann rechts steil zum Höllentor an und wandern dann jenseits auf dem steilen, in zahlreichen Serpentinen hinabführenden Rindersteig, der auf den vom Hupfleitenjoch herabführenden Weg trifft. Auf diesem Weg geht es nun links weiter hinab zur Höllentalangerhütte.

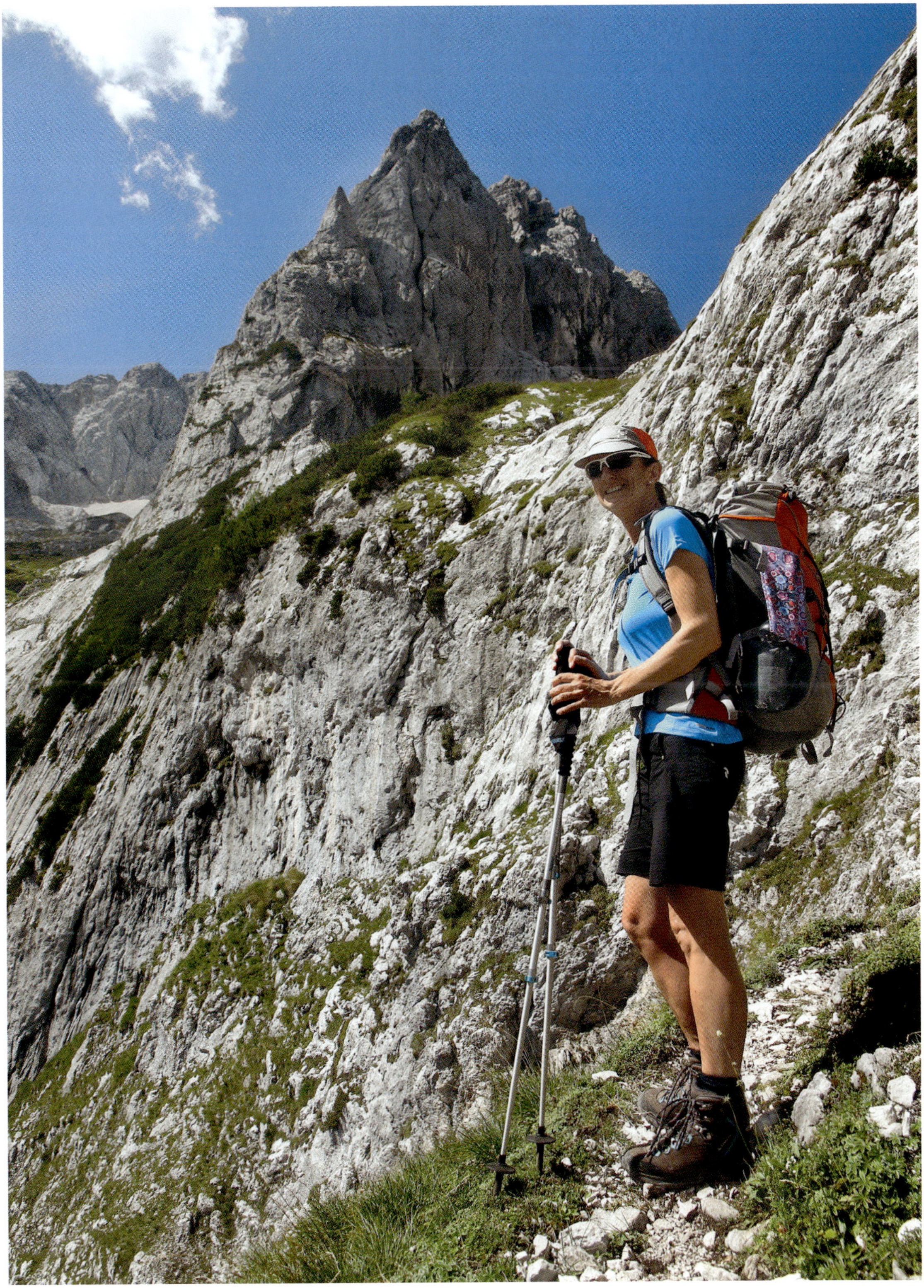

67

Münchner Haus (2959 m)

Höchstes Unterkunftshaus in Deutschland

Die Hütte

Münchner Haus (2959 m), AV-Haus, Kat. II, 30 Lager, von Mitte Mai bis Anfang Oktober bewirtschaftet, Tel. 0 88 21/29 01; Vorbestellung von Schlafplätzen nur von Sonntag bis Freitag möglich, kein Waschwasser. www.davplus.de/muenchner-haus

Charakter

Alle Anstiege setzen Trittsicherheit und Schwindelfreiheit voraus. Leichtester Anstieg über die Knorrhütte. Der Anstieg vom Eibsee ist bis in den Sommer durch Lawinen gefährdet.

Anreise

Mit Pkw: Auf der A 95 bis zum Ende, dann auf der B 2 nach Garmisch-Partenkirchen, dort weiter in Richtung Griesen, dann links ab nach Hammersbach; großer Parkplatz (Hüttenweg 1). Oder weiter zum Eibsee (und mit der Eibseebahn oder Zugspitzbahn auf die Zugspitze; Achtung: am Eibsee keine Pkw-Stellplätze über Nacht). Oder in Garmisch zum Olympischen Skistadion (Hüttenweg 2). Oder nach Ehrwald zur Talstation der Ehrwalder Zugspitzbahn in Obermoos; dort großer Parkplatz (Hüttenweg 3).

Mit Bahn/Bus: Mit dem Werdenfels-Takt nach Garmisch-Partenkirchen und vom Bahnhof mit Ortsbus zum Olympischen Skistadion bzw. mit der Zugspitzbahn nach Hammersbach bzw. zum Eibsee (Umsteigemöglichkeit in die Eibsee-Gondelbahn) oder gleich hinauf mit der Zahnradbahn bis zum Endpunkt auf dem Zugspitzplatt. Oder mit der Außerfernbahn von Garmisch nach Ehrwald, dann weiter zu Fuß (Bahnstation etwa 15 Min. von der Ortsmitte).

Karte

Topografische Karte 1:50 000 Werdenfelser Land – Ammergauer Alpen (LDBV)

Seit 1925 betreut die Familie Barth diese luftig gelegene Alpenvereinshütte im Wettersteingebirge. Tagsüber sind es natürlich viele Tagesgäste, die Hüttenzauber schnuppern wollen. Abends allerdings sind dann die echten Bergsteiger unter sich.

Das Münchner Haus auf der Zugspitze hat im Laufe der Jahrzehnte viele Wandlungen durchgemacht. Zu Beginn im Jahr 1897 war es ein kleiner Bau, dem bald ein meteorologischer Turm angebaut wurde. Der höchste Berg Deutschlands wurde denn auch nicht von einem Bergsteiger zum ersten Mal erstiegen, sondern von einem Vermesser. Die dann folgenden Anbauten haben dem Zugspitzgipfel mittlerweile den Charakter einer kleinen Felsenstadt verliehen: Gipfelhäuser, Bergbahnstationen, wissenschaftliche Institute und jede Menge Antennen, Kioske, Imbisse und sogar eine Kunstgalerie gehören zum Gesamtensemble.

1. Von Garmisch-Partenkirchen

schwer 2200 Hm 8.00 Std.

Von der Höllentalangerhütte (siehe Tour 66) wandern wir in den hinteren Grund des Höllentalangers zu einer Wegverzweigung. Dort gehen wir

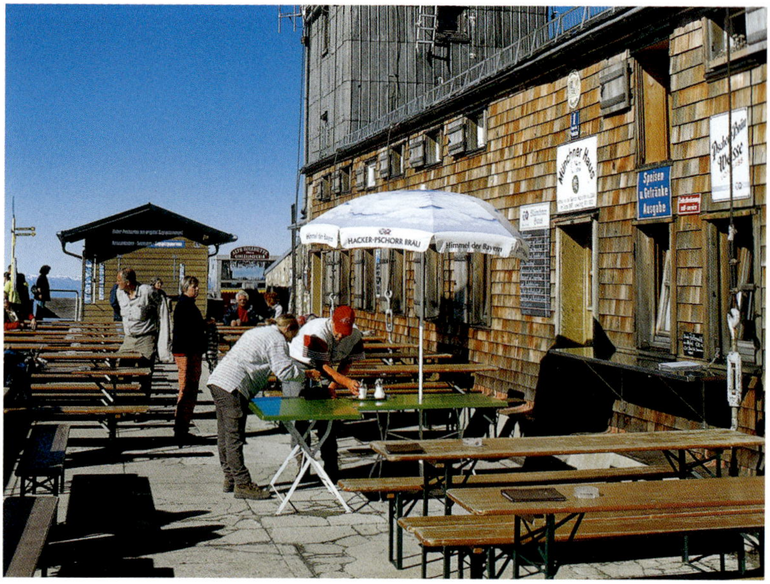

links zum Beginn der sogenannten Leiter, die den Auftakt zum Klettersteig darstellt. Über das ausgesetzte »Brett« und den »Grünen Buckel« steigen wir ins Höllentalkar zum gleichnamigen Gletscher (ca. 2300 m). Oberhalb der Abbruchzone geht es rechts steil hinauf zum Gletscherrand mit der manchmal heiklen Randkluft. Vom Wandfuß den Sicherungen folgend über eine Felsstufe hinauf zu einer Schuttterrasse und rechts luftig hinauf zur Irmerscharte (2660 m). Dann geht es weiter durch die Rinnen der Nordwand – immer gut gesichert – zum Jubiläumsgrat, der rechts hinauf zum Ostgipfel der Zugspitze führt.

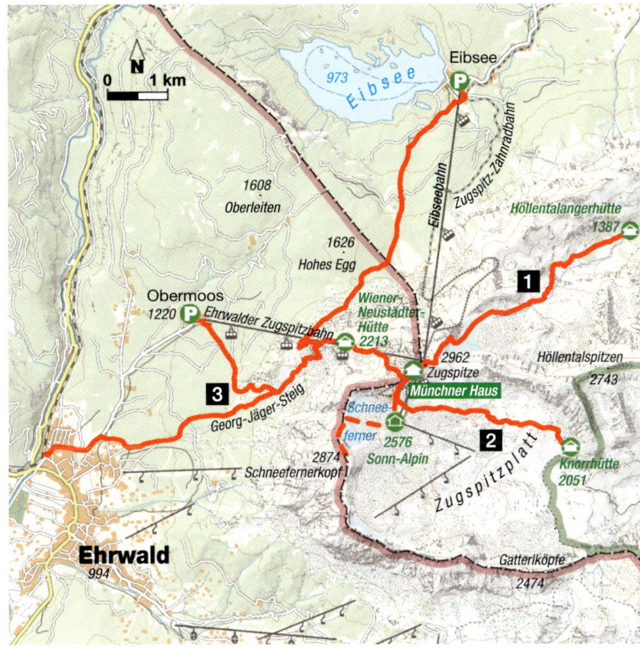

2. Von der Knorrhütte

schwer 920 Hm 2.30 Std.

Von der Knorrhütte (siehe Tour 71) auf markiertem leichten Steig in Serpentinen über das etwas unübersichtliche Platt (bis in den Frühsommer hinein Schneefelder) hinauf zur Bergstation der Zugspitzbahn (SonnAlpin). Von dort führt die Hangbahn direkt hinauf zum Zugspitzgipfel. Zum Gipfelkreuz sind es zwar nur wenige Meter auf gesichertem Steig, aber dafür braucht es dann schon noch Schwindelfreiheit. Vom Restaurant SonnAlpin gibt es einen markierten und mit Stangen und Seilen gesicherten Steig in Serpentinen durch den steilen Gipfelhang.

Linke Seite: Das Münchner Haus auf der Zugspitze nimmt eine Sonderstellung ein, denn es steht auf Deutschlands höchstem Punkt.

3. Von Ehrwald

schwer 2000 Hm 8.00 Std.

Vom Bahnhof in Ehrwald gehen wir durch das Unterdorf, dann durch Wiesen zum Waldrand und weiter über den Georg-Jäger-Steig (von links mündet der Binderweg von der Talstation der Zugspitzbahn ein) durch Latschen in das Gamskar und in Serpentinen auf den Gratausläufer der Ehrwalder Köpfe. Dann steigen wir rechts hinauf zur Wiener Neustädter Hütte. Von dort geht es auf markiertem Weg zum linken oberen Ende des Österreichischen Schneekars. Dort befindet sich der Einstieg zum Klettersteig. Die Schlüsselpassage, der sogenannte Stopselzieher, befindet sich gleich am Anfang. Zuletzt erreicht man schrofiges Gelände und folgt den Markierungen zur Bergstation der alten Seilbahn direkt auf dem Grat, dann geht es links auf gesichertem Steig hinauf zum Münchner Haus.

Der Hüttengipfel

schwer 134 Hm 4.00 Std.

Schneefernerkopf (2870 m): Randgipfel des Zugspitzplatts. – Vom Münchner Haus geht es auf dem gesicherten Weg (Trittsicherheit und Schwindelfreiheit erforderlich, Drahtseilsicherungen) hinab zum Restaurant SonnAlpin. Von dort führt rechts ein Pfad über den Schneeferner hinauf zur Schneefernerscharte (2699 m). Dort hält man sich links und folgt den Sicherungen (Drahtseile und Eisenbügel) über einige Felsstufen hinauf auf die Nordschulter des Schneefernerkopfs. Zuletzt über einfaches Gelände zum höchsten Punkt.

68

Schachenhaus (1866 m)

Zu einem ehemals königlichen Refugium

Für stolze Wanderer das Schachenschloss, für den profanen Wanderer die ehemaligen Unterkunftsräume der königlichen Dienerschaft. Nur sind die Rollen heute anders verteilt als zu Königs Zeiten. Wir freuen uns trotzdem an der alten königlichen Pracht.

Die Hütte
Schachenhaus (1866 m), privat, 16 Betten, 50 Lager, von Anfang Juni bis Mitte Oktober bewirtschaftet; Tel. 0172/876 88 68. www.schachenhaus.de

Charakter
Der leichteste Zustieg erfolgt von Elmau auf breitem Wirtschaftsweg (der Anstieg von Mittenwald ist nur eine Verlängerung). Die Anstiege über den Kälbersteig und durch das Oberreintal erfordern jedoch Trittsicherheit.

Anreise
Mit Pkw: Auf der A 95 bis zum Ende, dann auf der B 2 nach Garmisch-Partenkirchen, dort parken am Skistadion (Hüttenwege 1). Oder weiter in Richtung Mittenwald; bei Klais rechts ab und auf Mautstraße über Kranzbach bis zum Ende der befahrbaren Straße in Elmau; dort Wanderparkplatz (Hüttenweg 2). Oder weiter nach Mittenwald bis zur Talstation des Kranzberglifts; großer Parkplatz (Hüttenweg 3).
Mit Bahn/Bus: Mit dem Werdenfels-Takt nach Garmisch-Partenkirchen bzw. weiter nach Mittenwald

Karte
Topografische Karte 1:50 000 Werdenfelser Land – Ammergauer Alpen (LDBV)

Weitere Hütten
Gasthaus St. Anton (1223 m), privat, ganzjährig bewirtschaftet
Wettersteinalm (1464 m), privat, im Sommer bewirtschaftet. Abstecher vom Königsweg
Bockhütte (1035 m), privat, im Sommer einfach bewirtschaftet
Oberreintalhütte (1525 m), AV-Hütte, Kat. I, Selbstversorgerhütte für Kletterer, von Pfingsten bis Anfang Oktober bewartet, Getränke, 60 Lager; Tel. Tal 0 88 21/27 01. 20 Min. oberhalb Hüttenweg 1

Das Königshaus auf dem Schachen wurde im Jahr 1877 von König Ludwig II. als Jagdschloss errichtet. Ungewöhnlich ist vor allem der türkische Saal im ersten Stock; das Schachenschloss ist gegen Gebühr zu besichtigen. Unterkunftsmöglichkeit für Wanderer besteht in den Touristenhäusern knapp unterhalb. Für ambitionierte Bergwanderer bietet sich der Weiterweg zur Meilerhütte an, weniger Ambitionierte genießen den Tiefblick ins Reintal oder den alpinbotanischen Garten.

1. Durch das Reintal

mittel 1170 Hm 5.00 Std.

Vom Olympischen Skistadion zum Eingang der Partnachklamm, dann weiter die Partnach entlang bis zum Steg über den Ferchenbach. Dort rechts auf der breiten Forststraße weiter ins Reintal. Der Weg steigt zunächst ständig leicht an und ist gut ausgeschildert, dann wird er etwas steiler und erreicht dann (nach zwei Verzweigungen; hier immer links halten) das Ende der Fahrstraße beim Materiallager für die Reintalangerhütte. Auf schmälerem Weg weiter, hoch über der Hinterklamm, bald fallend hinab zur Partnach, dann auf die andere Seite und leicht ansteigend

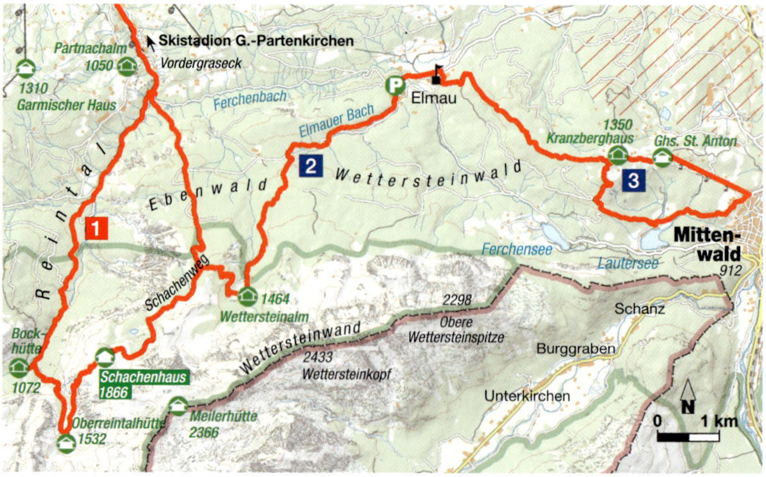

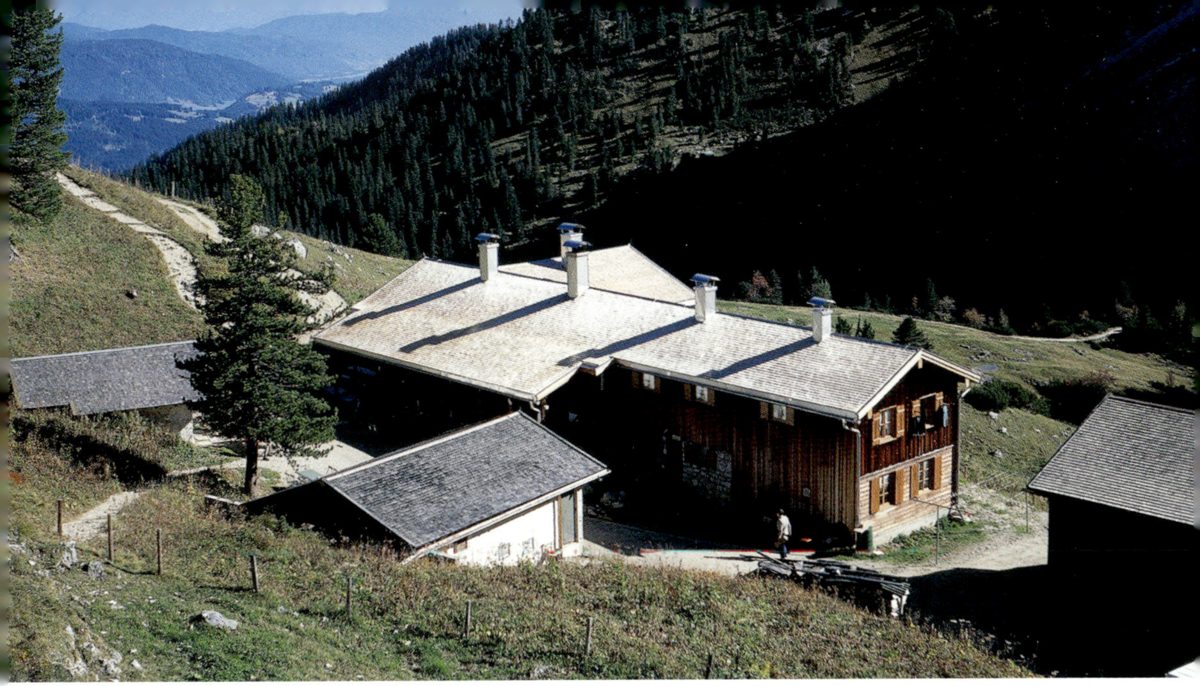

durch schönen Hochwald bergan. Man überquert den Reintalbach und kurz darauf auch wieder die Partnach und steht unmittelbar nach der Brücke vor der Bockhütte (1052 m; 3 Std.). Von dort zurück zur Brücke und kurz dahinter auf markiertem Steig (Mark.-Nr. 801/E4a) durch Wald steil hinauf ins Oberreintal. Dort wandern wir aber nicht zur Oberreintalhütte, sondern auf dem links abzweigenden Steig über das Bachbett, dann in zahlreichen Serpentinen steil hinauf zum Schachen.

Die ehemaligen Wirtschaftsgebäude des Schachenschlosses dienen heute als Unterkünfte für Bergwanderer und Bergsteiger.

2. Von Elmau

leicht 870 Hm 3.30 Std.

Vom Wanderparkplatz (1006 m) bei Schloss Elmau, malerisch eingebettet zwischen Weideböden und Wettersteinwänden, führt ein breiter, gut ausgeschilderter Weg südwestwärts empor Richtung Schachen. Man ist zuerst unterwegs auf dem Königsweg, gewinnt dann allmählich an Höhe, steigt anschließend steil zum Steilenberg hinauf und erreicht schließlich das Schachenhaus. Mit zahlreichen Mountainbikern muss hier jedoch gerechnet werden.

3. Von Mittenwald

leicht 1350 Hm 5.30 Std.

Von der Talstation des Kranzberglifts geht es zunächst hinauf zur Bergstation beim Gasthaus St. Anton und zu Fuß weiter auf Bergwanderweg zum Kranzberghaus oder von der Talstation auf ausgeschildertem Wanderweg hinauf zum Lautersee. Bei der Badeanstalt biegen wir rechts ab und steigen durch Wald hinauf zum Kranzberghaus. Von dort geht es seitlich am Gipfel des Kranzbergs vorbei und über den Kleinen Kranzberg hinab nach Elmau. Weiter wie Hüttenweg 2.

Unser Tipp

Im alpinbotanischen Garten findet man neben gängigen Alpenblumen wie Alpenkratzdistel und Enzian auch seltene Pflanzen aus den Gebirgen der Welt wie die Kesselringslilie aus dem Transkaukasus oder den Kaschmir-Lerchensporn. Da sich viele Gebirgspflanzen nur unter großem Aufwand in tiefen Lagen kultivieren lassen, legte man 1900 auf Veranlassung des Münchner Botanikprofessors von Göbel am Schachen einen Alpengarten an. Der Schachengarten ist von Anfang Juli bis Mitte September täglich von 8 bis 17 Uhr geöffnet.

69

Reintalangerhütte (1369 m)

Station am langen Weg zur Zugspitze

Die Hütte

Reintalangerhütte (1369 m), AV-Hütte, Kat. I, 20 Betten, 73 Lager, von Mitte Mai bis Mitte Oktober bewirtschaftet, Winterraum mit 12 Lagern, nur mit AV-Schlüssel; Tel. 0 88 21/708 97 43. www.davplus.de/reintalangerhuette

Charakter

Lange Hüttenzugangswege. Der Anstieg durchs Reintal ist aber leicht, auch der Abstieg von der Zugspitze, sofern man von der Bergstation auf den Gipfel die Seilbahn zur Sonn-Alpin (Bergstation Zahnradbahn) nimmt, sonst fordert der Abstieg auf allen Wegen Trittsicherheit und Schwindelfreiheit.

Anreise

Mit Pkw: Auf der A 95 bis zum Ende, dann auf der B 2 nach Garmisch-Partenkirchen; dort der Ausschilderung zur Kreuzeckbahn (Hüttenweg 2) bzw. zum Olympischen Skistadion folgen (Hüttenweg 1); dort jeweils großer Parkplatz. Für die Anfahrtswege und Parkmöglichkeiten zu den Hüttenwegen 3 und 4 siehe Touren 67 und 68; alle Parkplätze sind gebührenpflichtig.

Mit Bahn/Bus: Mit dem Werdenfels-Takt nach Garmisch-Partenkirchen und vom Bahnhof mit Ortsbus zum Olympischen Skistadion bzw. mit der Zugspitzbahn zum Haltepunkt Kreuzeckbahn oder Eibsee oder gleich hinauf bis zum Endpunkt auf dem Zugspitzplatt

Karte

Topografische Karte 1:50 000 Werdenfelser Land – Ammergauer Alpen (LDBV)

Weitere Hütten

Kreuzeckhaus, siehe Tour 65
Hochalm, siehe Tour 65
Knorrhütte, siehe Tour 71
Bockhütte (1035 m), im Sommer einfach bewirtschaftet

Der Anstieg zur Reintalangerhütte ist zwar mit Schweiß markiert, denn er gehört zu den längsten Hüttenwegen in den gesamten Bayerischen Alpen. Doch er ist auch der einfachste Bergwanderweg hinauf in das mit Felsgipfeln gesäumte Reintal.

Die 1912 erbaute Reintalangerhütte hat ihr Gesicht seit damals nicht verändert. Besonders in den 1920er- und 1930er-Jahren waren hier die deutschen Spitzenkletterer – wie Welzenbach, Ertl, Schneider oder Heckmair – versammelt, die ihren Mut an der Hochwanner-Nordwand testeten.

Vor der Hütte, am Ufer der Partnach, bietet der »Lido« mit Sonnenschirmen und Bierausschank ein heiteres südliches Flair und Entspannung pur. Der Weg ins »Hinterzimmer« des Wettersteingebirges bietet dafür aber ein Felsszenarium, wie man es sonst nur in den Österreichischen oder Schweizer Alpen findet. Steil steigen dort links und rechts eindrucksvoll die Felsmauern auf. Doch der Zugang ist ungefährlich, und so kommen auch Familien mit Kindern voll auf ihre Kosten. Die Umgebung

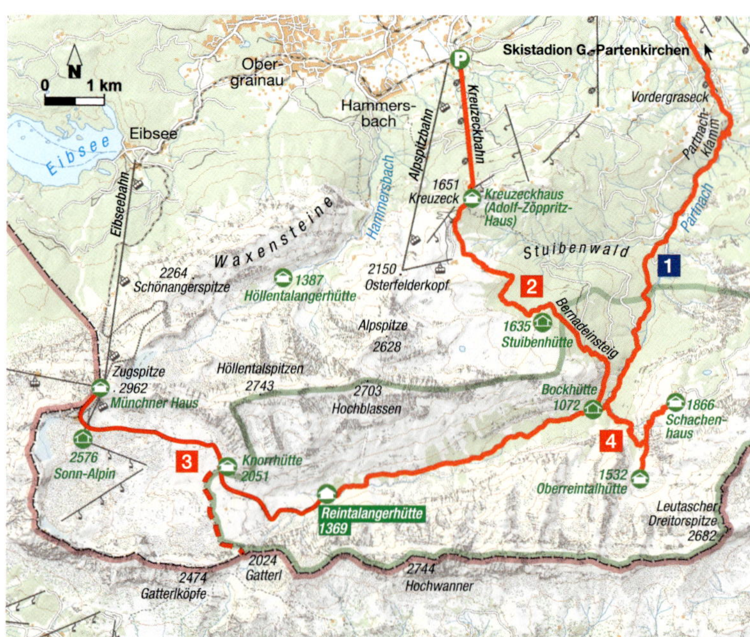

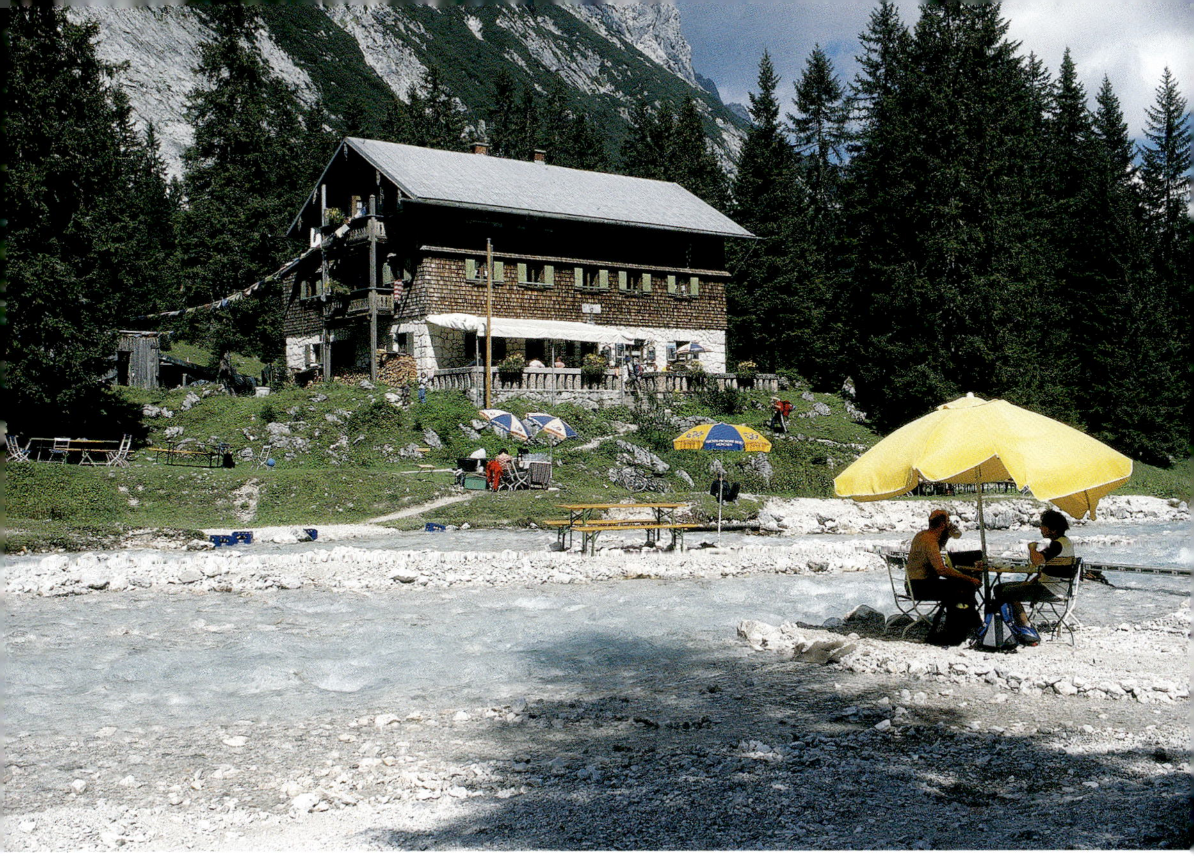

Die Reintalangerhütte mit dem »Lido«; Bei schönem Wetter findet der Ausschank auch im Freien statt.

der Hütte ist ein Abenteuerspielplatz pur. Die neuen Hüttenwirte, Steffi und Michael Stimmer, sind nun seit 2016 installiert und meistern eine der bestbesuchten Hütten in den Bayerischen Alpen.

1. Von Garmisch-Partenkirchen

leicht 670 Hm 5.00 Std.

Vom Olympischen Skistadion folgt man dem Fahrsträßchen zum Eingang der Partnachklamm. Durch Tunnel und auf einem mit Geländern gesicherten breiten Weg geht man durch die beeindruckende Klamm. Weiterhin auf breitem Wanderweg der Partnach entlang leicht ansteigend höher (von links mündet bald der steile Weg vom Berggasthaus Eckbauer ein) bis zum Steg über den Ferchenbach. Nun geht es rechts auf der breiten Forststraße weiter, über die Partnach und auf überwiegend schattigem Weg – immer der Partnach entlang – ins Reintal. Der Weg steigt leicht an und ist immer gut erkennbar ausgeschildert. Das Ende der Fahrstraße wird bei einem Lagerplatz (Materiallager für die Reintalangerhütte) erreicht. Nun wandert man auf schmalerem Weg weiter. Man überquert den Reintalbach und bald auch wieder die Partnach und steht unmittelbar nach der Brücke

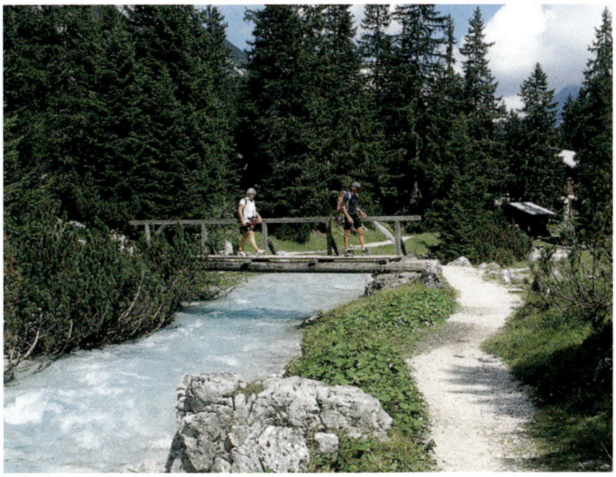

Kurz hinter der Hütte führt ein Steg über die Partnach, die hier oben ihren Ursprung hat.

Der Hüttengipfel (Übergang)

mittel 1560 Hm 6.00 Std.

Der eigentliche Hüttengipfel ist natürlich die **Zugspitze** (siehe Tour 71). Als alternatives Ziel bietet sich stattdessen der Aufstieg zum **Gatterl** (2023 m; Trittsicherheit erforderlich, 1.30 Std. für Auf- und Abstieg) an, das den Übergang nach Süden, hinab ins Ehrwalder Tal, markiert. Von dort oben haben wir die Chance, über das tief eingeschnittene Trogtal hinaus einen Blick nach Süden auf die Mieminger Berge zu werfen. Der Anstieg erfolgt zunächst hinauf zur Knorrhütte, von dort leitet links der Plattsteig in leichtem Auf und Ab hinüber zum Gatterl.

vor der neu erbauten Bockhütte (1035 m; 3 Std.). Auf Wanderweg (Mark.-Nr. 801) geht es nun taleinwärts und vorbei an den »Quellen der Sieben Sprünge« zur ehemaligen Blauen Gumpe (inzwischen verschüttet), einem schönen Rastplatz. Man folgt weiter dem Talboden, steigt dann in Kehren über den folgenden Talriegel durch offeneres Gelände hinweg (schöner Wasserfall der Partnach) und erreicht schließlich durch ein Waldstück die Reintalangerhütte.

2. Über den Bernadeinsteig

mittel 465 Hm 5.00 Std.

Vom Kreuzeck (Auffahrt mit der neuen Umlaufbahn) geht es zunächst auf dem breiten Wanderweg hinüber in Richtung Hochalm. Bei der Wegverzweigung folgen wir dem untersten Weg weiter, erst leicht abfallend, dann wieder ansteigend hinüber zur privaten Bernadeinhütte. Von dort wandern wir eben weiter durch Wald und über den oberen

Die Durchwanderung der Partnachklamm gehört zur reizvollsten Passage des Hüttenwegs.

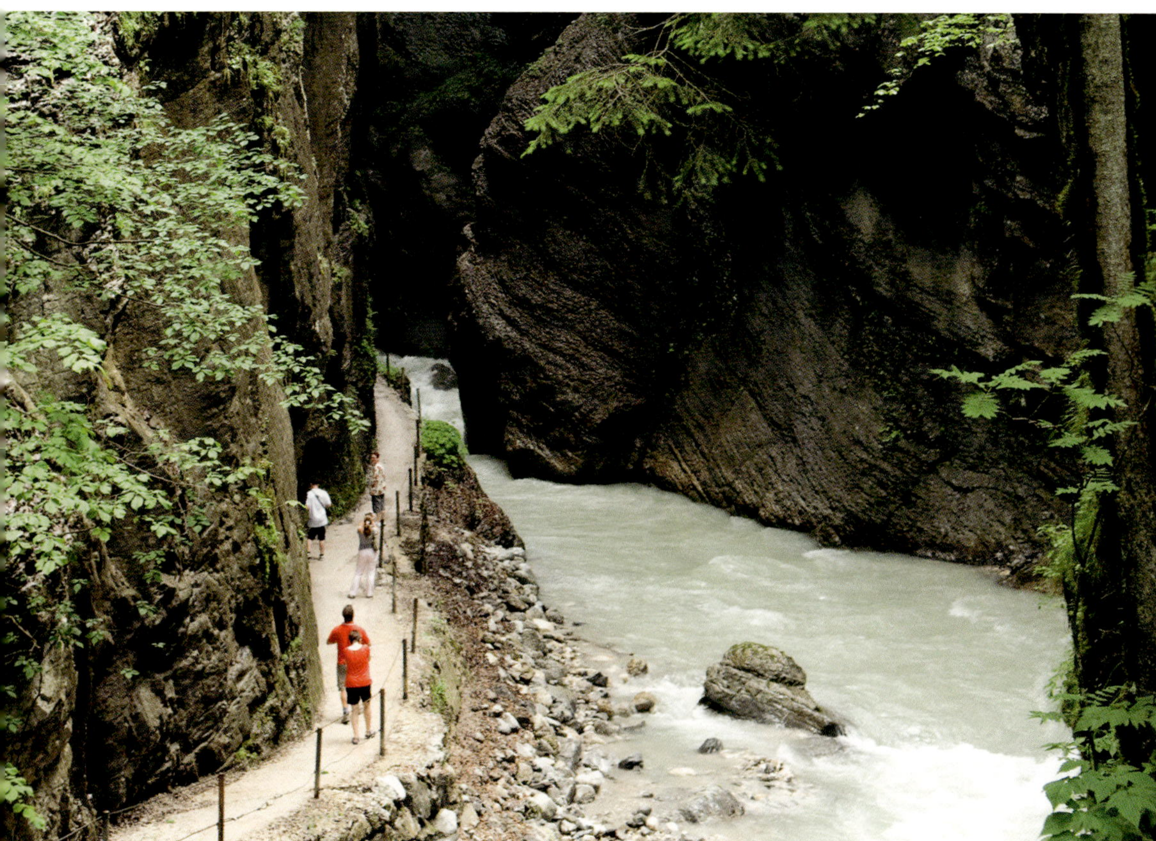

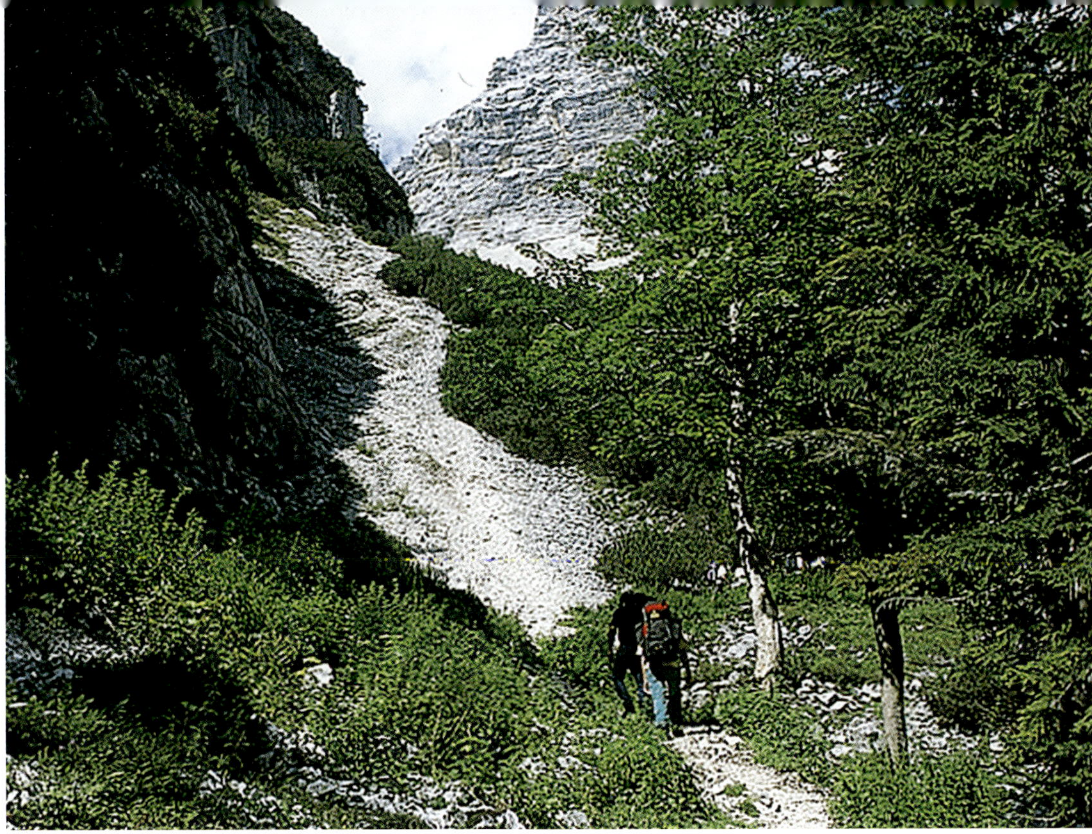

Im Anstieg von der Reintalangerhütte zur Knorrhütte; aus dem grünen Hochtal geht es hinauf in die hochalpine Region.

Rand des Gassentals links um die Ausläufer der Stuibenwand herum und dann über den eigentlichen Bernadeinsteig (kurze Seilsicherung) hinab ins Reintal, das man direkt bei der Bockhütte erreicht. Weiter wie Hüttenweg 1.

3. Abstieg von der Zugspitze

leicht 1600 Hm 3.30 Std.

Auf gesichertem Steig geht es steil hinab zum Zugspitzplatt (bzw. schneller mit der Hangbahn zum Restaurant SonnAlpin). Dort folgen wir links der Ausschilderung zur Knorrhütte. Der Weg führt dabei leicht auf der linken Seite des Plattes durch Mulden und über Erhebungen durch eine zunächst unwirtliche Landschaft hinab zur Knorrhütte, dann weiter – bei der Wegverzweigung unterhalb der Hütte rechts halten – über zwei Geländestufen hinab ins grüne Reintal. Zuletzt geht es dann nahezu eben über kargen Weidegrund und durch ein Stück Wald weiter zur Reintalangerhütte.

4. Übergang vom Schachen

mittel 835 Hm 3.00 Std.

Vom Schachenhaus führt ein markierter Steig in Serpentinen steil hinab ins Oberreintal, dort rechts am Reintalbach entlang und über eine weitere steile Geländestufe hinab ins Reintal, das man kurz vor der Bockhütte erreicht. Dort links weiter auf Hüttenweg 1.

Unser Tipp

Kurzwanderung zum Partnachursprung: Eine Viertelstunde oberhalb der Reintalangerhütte tritt aus dem Fels eine Quelle aus, die landläufig als Partnachursprung bezeichnet wird. Tatsächlich handelt es sich um das Schmelz- und Sickerwasser des Schneefernergletschers auf der Zugspitze. Bis zu ihrem eigentlichen Ursprung in der Blauen Gumpe versickert das Wasser der Partnach immer wieder im ausgehöhlten Untergrund.

70

Meilerhütte (2366 m)

Grenzhütte zwischen Bayern und Tirol

Die Hütte
Meilerhütte (2366 m), AV-Hütte, Kat. I, 11 Betten, 70 Lager, von Anfang/Mitte Juni bis Anfang Oktober bewirtschaftet, Winterraum in der alten, bereits 1898 erbauten Hütte mit 8 Lagern; Tel. 0171/522 78 97. www.alpenverein-gapa.de

Charakter
Die Hüttenanstiege 1 und 2 sind bis zum Schachenhaus leicht, dann Trittsicherheit erforderlich. Für Hüttenweg 3 ist Trittsicherheit erforderlich.

Anreise
Mit Pkw: Auf der A 95 bis zum Ende, dann auf der B 2 nach Garmisch-Partenkirchen zum Skistadion; dort Parkplatz (Hüttenweg 1). Oder weiter nach Klais, dort rechts hinauf nach Elmau (Hüttenweg 2). Oder weiter nach Mittenwald, über die Ortsumgehungsstraße bis Ortsende, dann rechts in Richtung Ortsmitte und links hoch in die Leutasch bis zum Gasthaus Hubertus, ca. 2 km vor Puitbach; dort Parkplatz (Hüttenweg 3).
Mit Bahn/Bus: Mit der Bahn über Garmisch-Partenkirchen und Klais (Busverbindung bis Elmau) bis Mittenwald; von dort mit Bus (nur Juni bis September) in die Leutasch bis zum Gasthaus Hubertus (Haltestelle Reindlau)

Karte
Topografische Karte 1:50 000 Werdenfelser Land – Ammergauer Alpen (LDBV)

Weitere Hütten
Wettersteinalm, siehe Tour 68
Schachenhaus, siehe Tour 68

Keine leichten Anstiege, keine Bergbahn in der Nähe – die Meilerhütte sitzt gleich einer Festung auf einem Grat im Wettersteinkamm. Und viele finden das auch gut so, gibt es doch neben der Aussicht ins Tirolerische auch einen respektablen Hüttengipfel.

Die Meilerhütte zählt mit 2366 Metern Höhe zu den höchstgelegenen Hütten in den Bayerischen Alpen. Sie wurde 1898 von dem Bergfreund Leo Meiler gestiftet und der Sektion Bayerland des Deutschen Alpenvereins übereignet. Bereits 1911 errichtete diese einen großen Steinbau, dem ein wuchtiger Küchenanbau 1936 folgte. Die unmittelbar am Dreitorspitzgatterl gelegene Hütte markiert den Übergang von der Garmischer Seite ins Leutaschtal. Nach der Übernahme der burgähnlichen »Hütte« durch die Sektion Garmisch-Partenkirchen machte sich die Hütte einen Namen als Vorreiterin bei der Nutzung alternativer Energien durch Wind und Sonne.

1. Von Garmisch-Partenkirchen

mittel 1670 Hm 5.30 Std.

Vom Skistadion gehen wir zum Eingang der Partnachklamm, dann durch die gebührenpflichtige, gesicherte Klamm (Umgehung links über Vordergraseck) und folgen der Partnach bis zur Wegverzweigung (Eckbauer); dort geradeaus hinab zum Holzsteg über den Ferchenbach und

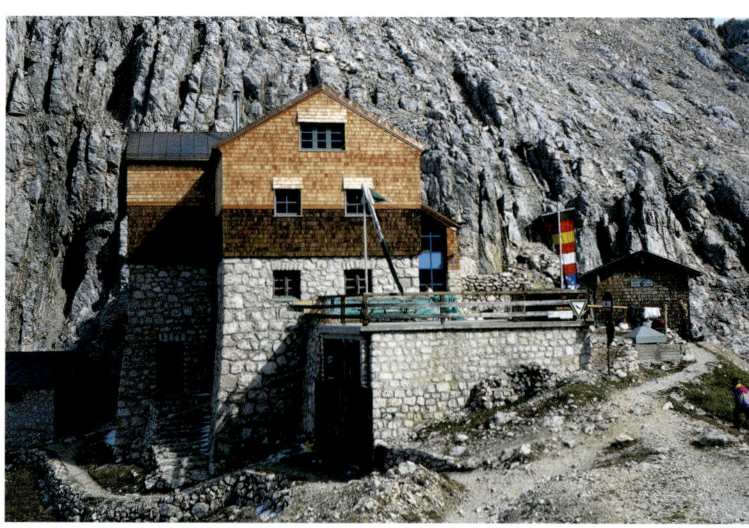

Die Meilerhütte thront wie eine Burg am Dreitorspitzgatterl.

nach der zweiten Wegverzweigung rechts über die Partnach. Nun auf der Forststraße durchs Reintal, beim E-Werk geradeaus weiter. Nach der Hinterklamm quert man die Partnach und den Reintalbach und zweigt links vom Hauptweg ab ins Oberreintal. Nach steilem Anstieg geht es über eine Bergstufe links hinab und in zahlreichen Serpentinen auf dem E 4a zum Schachenhaus; dort weiter wie Hüttenweg 2.

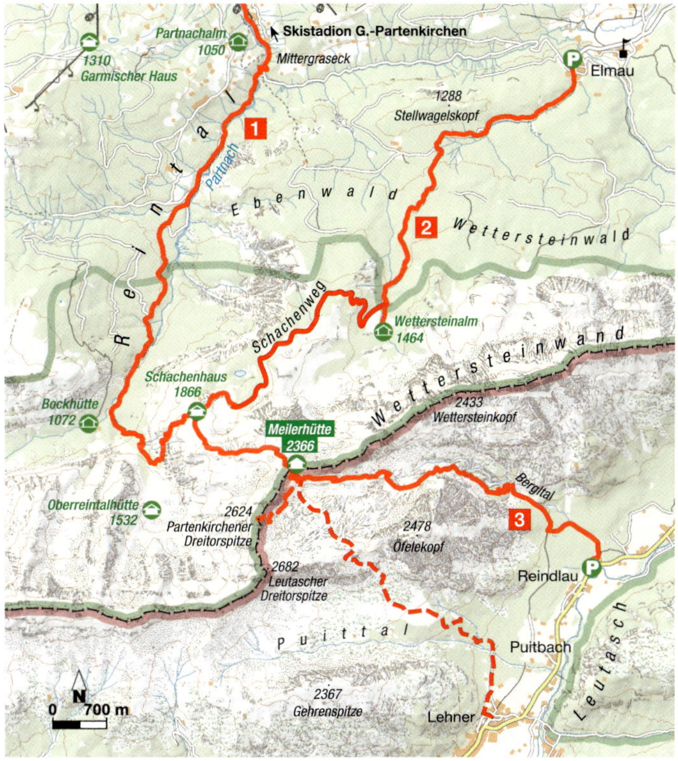

2. Von Elmau

mittel 1360 Hm 4.30 Std.

Von Schloss Elmau (1006 m) führt ein breiter, gut ausgeschilderter Weg hinauf zum Schachen (siehe Tour 68). Vom Schachenhaus steigen wir auf gutem Wanderweg zunächst über den Wiesenrücken des Teufelsgsaß zu den Felsen des Frauenalprückens. Von dort leitet uns ein in den Fels gesprengter Steig hinauf zum Frauenalpl (2202 m). Ab hier geht es wieder etwas abwärts, dann über einen Hang zum gleichnamigen Sattel. Dort steigen wir jenseits ein Stück hinab und über ein Geröllfeld hinauf zur Meilerhütte.

3. Durch das Bergltal

mittel 1355 Hm 4.30 Std.

Vom Gasthof Hubertus wandern wir auf Wirtschaftsweg durch Wiesen zum Wald, passieren ein Gatter und treffen auf eine Weggabelung, wo sich unser Weg zu einem Pfad verengt. Alsbald treffen wir wieder auf einen Fahrweg, folgen ihm kurz, bis uns rechts eine Wegtafel zur Meilerhütte weist. Wir wandern nun hinauf zum grünen Berglboden, dann weiter in zahlreichen Serpentinen auf der Ostseite des Öfelekopfs durch die endlose Latschenzone hinauf zum Leutascher Platt. Unter den Felsen des Mustersteins und der Törlwand geht es über die Geröllhalden hinauf zum Gatterl und rechts weiter zur Meilerhütte.

Der Hüttengipfel

schwer 720 Hm 3.30 Std.

Partenkirchener Dreitorspitze (2633 m): Von der Meilerhütte geht es in südlicher Richtung hinab Richtung Leutascher Platt, dann rechts haltend und Querung unterhalb des Bayerlandturms in ausgesetztem Gelände (Trittsicherheit und Schwindelfreiheit erforderlich) ohne großen Höhenverlust in Richtung Westen (Seilsicherungen). Der Steig hält sich rechts und führt in Serpentinen über die obersten Schutthänge des Platts und geht dann in festes Gestein über. An einem Felsen mit roter Markierung beginnt der Gipfelanstieg. Zunächst geht es über eine steile Felspassage an Eisenklammern höher, an einer Seilsicherung nach rechts und über eine Felsrippe direkt gipfelwärts. Etwa 80 Meter unterhalb der Gratlinie queren wir eben nach links zum flacheren Gipfelbereich. Über Schottergelände hinauf zum Grat, dann rechts in Serpentinen über Felsstufen auf den Westgipfel der Partenkirchener Dreitorspitze.

71

Knorrhütte (2051 m)

Bergsteigerunterkunft mit langer Tradition

Die Hütte
Knorrhütte (2051 m), AV-Hütte, Kat. I, 26 Betten, 864 Lager, Anfang Juni bis Anfang Oktober bewirtschaftet, offener Winterraum mit
4 Lagern; Tel. 0151/14 44 34 96.
www.davplus.de/knorrhuette

Charakter
Der Aufstieg von Garmisch-Partenkirchen über die Reintalangerhütte ist leicht, aber sehr lang. Der Aufstieg von Ehrwald lässt sich mit der Ehrwalder-Alm-Bahn abkürzen, setzt aber Trittsicherheit und Schwindelfreiheit voraus; im Frühsommer noch Schneefelder.

Anreise
Mit Pkw: Auf der A 95 bis zum Ende, dann auf der B 2 nach Garmisch-Partenkirchen, dort der Ausschilderung zum Olympischen Skistadion folgen; dort großer Parkplatz (Hüttenweg 1). Oder weiter über Griesen nach Ehrwald zur Talstation der Ehrwalder-Alm-Bahn; dort großer Parkplatz (Hüttenweg 2).
Mit Bahn/Bus: Mit dem Werdenfels-Takt nach Garmisch-Partenkirchen und vom Bahnhof mit Ortsbus mit Olympia-Skistadion. Oder mit der Außerfernbahn von Garmisch nach Ehrwald, dann weiter zu Fuß (Bahnstation etwa 15 Min. von der Ortsmitte oder mit dem Ortsbus)

Karte
Topografische Karte 1:50 000 Werdenfelser Land – Ammergauer Alpen (LDBV)

Weitere Hütten
Ehrwalder Alm (1502 m), privat, von Ende Mai bis Mitte Oktober und von Mitte Dezember bis Ostern bewirtschaftet, keine Übernachtung; Tel. 0043/56 73/212 55
Hochfeldernalm (1732 m), privat, von Mai bis Mitte Oktober bewirtschaftet; Tel. 0043/664/156 33 39
Reintalangerhütte, siehe Tour 69
Münchner Haus, siehe Tour 67

Das der Zugspitze am nächsten gelegene Unterkunftshaus auf bayerischem Boden befindet sich am unteren Ende des Zugspitzplatts; sie ist daher auch Stützpunkt der dreitägigen »Zugspitztour«. Obwohl die Umgebung der Hütte schon hochalpin ist, finden wir dort oben im Sommer weidende Schafe.

Die Knorrhütte kann wohl als die älteste noch bestehende Bergsteigerunterkunft in den Bayerischen Alpen gelten: Schon im Jahr 1855 wurde unterhalb des Zugspitzplatts eine einfache Hütte errichtet, die nach dem Münchner Bürger Angelo Knorr benannt wurde, der einen großen Teil der Baukosten übernommen hatte. Die Hütte verfiel allerdings mit der Zeit und diente zeitweise sogar als Schafstall. Knapp 20 Jahre später bot sie allerdings wieder für ein Dutzend Bergsteiger Unterschlupf, nachdem die Sektion München des Deutschen Alpenvereins die Hütte wieder instand gesetzt hatte. Ihr heutiges Aussehen erhielt die Hütte nach den letzten Umbaumaßnahmen im Jahr 1929. Heute finden in der Knorrhütte über 100 Bergsteiger eine sichere Unterkunft. Seit Mai 2017 bewirtschaftet ein echtes Tiroler Paar aus dem Pitztal die Hütte.

1. Von Garmisch-Partenkirchen

leicht 1035 Hm 7.00 Std.

Zunächst wandern wir wie bei Tour 69 zur Reintalangerhütte (5 Std.). Von dieser folgen wir dem ausgeschilderten Wanderweg links über die

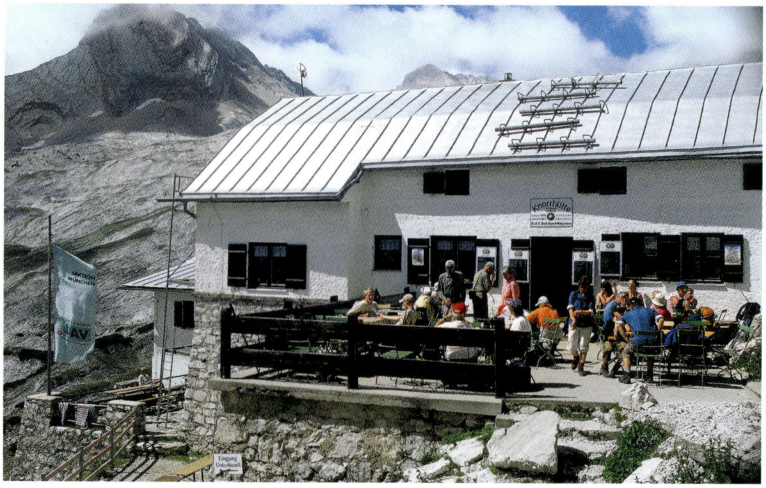

Partnach und wandern dann leicht ansteigend über Schafweiden bis zum Ende des Reintals. Von dort führt ein steiniger Wanderweg in einigen Serpentinen über zwei Geländestufen hinauf zur Knorrhütte, wobei die linke Wegverzweigung auf den einfacheren Weg führt.

2. Von Ehrwald

mittel 1000 Hm 5.30 Std.

Wir wandern vom Parkplatz an der Talstation auf gesperrtem Fahrweg (Mark.-Nr. 801 A) zur Ehrwalder Alm (1502 m) hinauf. Dort führt ein Fahrweg weiter in Richtung Gaistal, dann links abzweigen Richtung Hochfeldernalm und auf Fahrweg zur Pestkapelle. Davor links auf einem Steig steil hinauf zur Hochfeldernalm. Dann auf schmalem Pfad über die Weidehänge weiter steil hinauf, bei den nächsten beiden Wegverzweigungen jeweils rechts abbiegen hinauf zum Brand (2120 m), dem höchsten Punkt dieses Hüttenwegs. Dann geht es leicht hinab zum Feldernjöchl (2045 m), bei der Wegverzweigung links weiter leicht hinab zum Gatterl, dem Übergang (zugleich Grenze zwischen Bayern und Tirol) ins Reintal. Eine kurze drahtseilgesicherte Stelle muss gemeistert werden, dann folgen wir dem Bergpfad (»Plattsteig«) nahezu eben hinüber zur Knorrhütte.

Der Hüttengipfel

schwer 1830 Hm 4.30 Std.

Zugspitze (2962 m): Von der Knorrhütte geht es auf markiertem, leichtem Steig in Serpentinen über das etwas unübersichtliche Platt – bis in den Frühsommer hinein sind hier Schneefelder zu finden – hinauf zur Bergstation der Zugspitz-Zahnradbahn (SonnAlpin). Von dort führt die Hangbahn direkt hinauf zum Zugspitzgipfel. Zum Gipfelkreuz sind es von hier zwar nur wenige Meter auf gesichertem Steig, aber dafür braucht es dann schon noch Trittsicherheit und Schwindelfreiheit. Wer die Gondelbahn vermeiden will, folgt vom Restaurant SonnAlpin dem markierten und mit Stangen und Seilen gesicherten Steig in zahlreichen Serpentinen durch den steilen und schottrigen Gipfelhang.

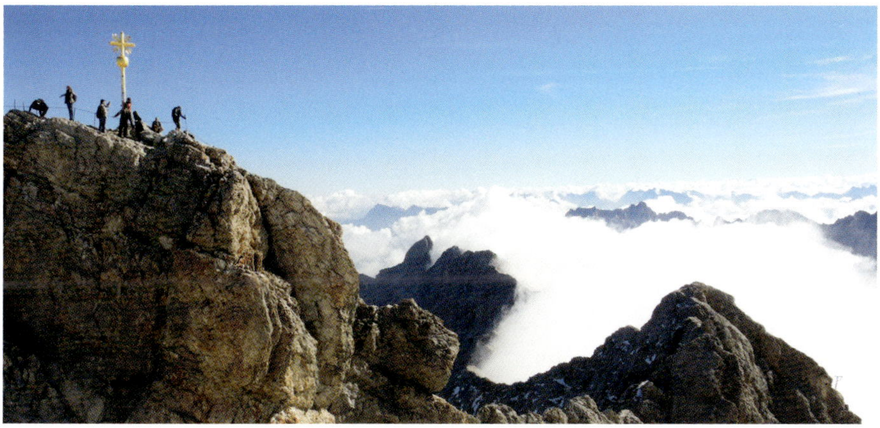

Der Gipfel der Zugspitze ist mit einem riesigen, vergoldeten Kreuz geschmückt.

Linke Seite: Die Knorrhütte am unteren Rand des Zugspitzplatts; in Hüttennähe finden die Schafe die höchstgelegenen Grasbüschel Deutschlands.

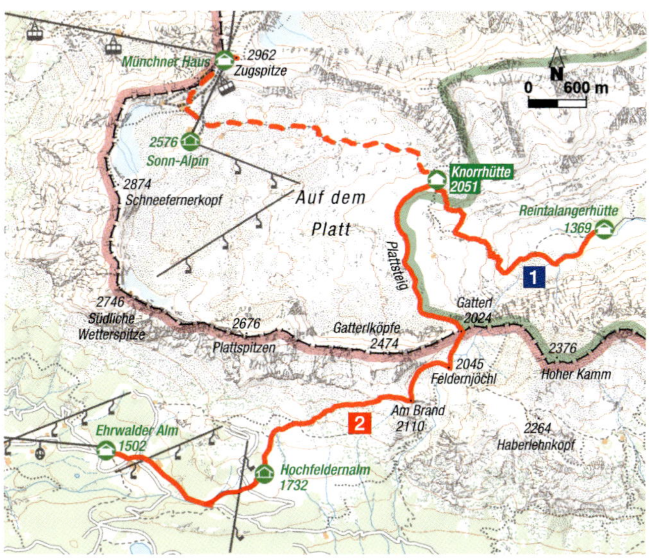

72

Wettersteinhütte (1717 m)

Gemütlicher Stützpunkt auf der Südseite des Wettersteins

Die Hütte
Wettersteinhütte (1717 m}, privat, bew. von Mitte Mai bis Anfang November sowie Mitte Dezember bis Ostern, 4 Betten, 30 Lager, Tel. 0043/660/346 21 00. www.wettersteinhuette.at

Charakter
Almfahrweg, dann Bergsteige, teilweise steil. Der Übergang von der Wettersteinhütte zum Steinernen Hüttl erfordert Trittsicherheit.

Anreise
Mit Pkw: Auf der A 95, dann auf der B 2 über Garmisch nach Mittenwald; am südlichen Ortsende rechts ab in das Leutaschtal (dort Grenzübergang). Über die Ortsteile Leutasch, Platzl und Klamm (Hüttenweg 1) weiter in das Gaistal (Ausschilderung) bis zu den Parkplätzen »Stopper« oder »Salzgraben« (Tagesgebühr; Hüttenweg 2). *Mit Bahn/Bus:* Mit der Bahn bis Mittenwald, dann mit dem Bus ins Leutaschtal

Karte
Topografische Karte 1:50 000 Werdenfelser Land – Ammergauer Alpen (LDBV)

Weitere Hütten
Hämmermoosalm (1400 m), privat, nahezu ganzjährig bewirtschaftet, 25 Betten, Tel. 0043/676/ 333 70 00
Wangalm (1753 m), privat, Mitte Mai bis Mitte Oktober bewirtschaftet, 20 Betten und 2 Lager; Tel. 0043/664/919 60 73
Rotmoosalm (2030 m),privat, Mitte Mai bis Mitte Oktober bewirtschaftet; 14 Lager; Tel. 0043/664/ 422 61 49
Steinernes Hüttl (1925 m), privat, von Mitte Juni bis Ende September bewirtschaftet, 10 Lager; Tel. 0043/650/984 72 34
Gaistalalm (1350 m), privat, Mitte Mai bis Mitte Oktober, Weihnachten bis Ostern bewirtschaftet, Di Ruhetag, 4 Betten, 9 Lager; Tel. 0043/52 4/51 90

Neben der aussichtsreich gelegenen Hütte gibt es noch die sogenannte Kuschelhütte, die für Pärchen oder eine kleine Gruppe ein ganz uriges Bergerlebnis bietet (nur auf Reservierung); Beate und Hans Schütz bekochen ihre Gäste außerdem liebevoll nach Tiroler Art.

Die Wettersteinhütte, auf der Südseite des Wettersteingebirges knapp über 1700 Meter Höhe gelegen, ist ein aussichtsreicher und auch gemütlicher Stützpunkt für Wanderer und Kletterer, die die sonnigen Routen auf der Wetterstein-Südseite zu schätzen wissen. Für geübte Wanderer bietet sich hier ein schöner Höhenweg (Südsteig) über Rotmoosalm und Steinernes Hüttl bis hinüber zur Ehrwalder Alm an.

1. Von Klamm

leicht 530 Hm 1.30 Std.

Vom Leutascher Ortsteil Klamm (keine Parkmöglichkeit) führt der markierte Wanderweg (Nr. 817) rechts des Klammbaches durch Wiesen zum Bergfuß, dann durch Wald steil hinauf zu den Wiesen unter der Wangalm. Dort quert man links über ein Brückerl den Klammbach und steigt kurz zur Wettersteinhütte ab.

2. Vom Parkplatz Salzgraben

leicht 510 Hm 2.00 Std.

Vom Parkplatz Salzgraben geht es links über die Brücke und auf dem breiten Almweg durchs Gaistal. Nach einer Viertelstunde zweigt rechts der Fahrweg zur Hämmermoosalm ab. Ein kurzes Stück durch Wald,

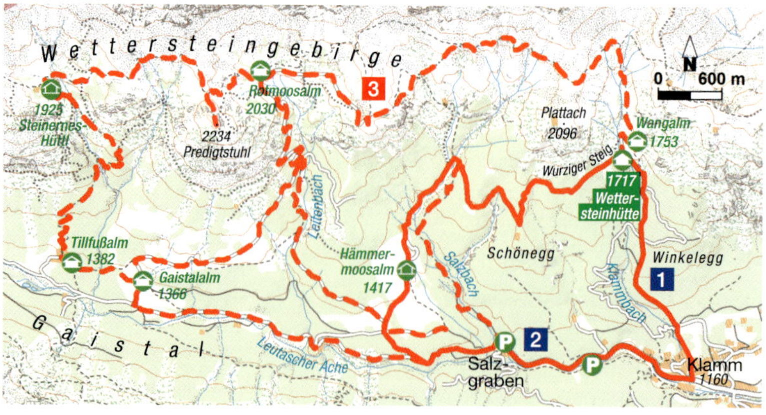

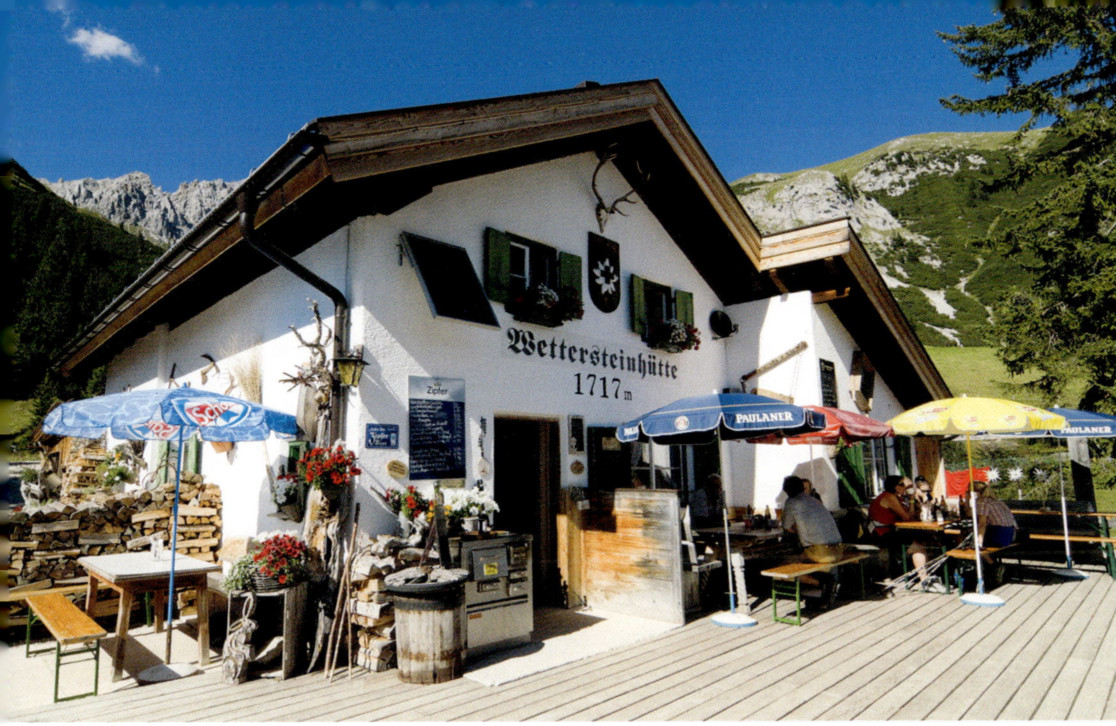

Die private Wettersteinhütte hoch über der Leutasch; von hier beginnt man die schöne Wanderung über den »Südsteig«, der bis zum Steinernen Hüttl führt.

dann sind die weiten Weidehänge der Alm erreicht. Man folgt dem oberhalb der Alm führenden Fahrweg, der in einen Bergsteig übergeht (Mark.-Nr. 41), quert bald den Salzbach und einige seiner Zuflüsse und trifft kurz danach auf den von rechts heraufkommenden direkten Bergweg. Nun links bergwärts, bis bald der »Wurzige Steig« rechts abzweigt, dann ostwärts weiter durch Nadelwald. Am Schönegg geht es links etwas steil den Berg hinauf, bis der Steig sich wieder Richtung Osten wendet. Am oberen Rand der Waldgrenze zur auf einem Vorsprung gelegenen Wettersteinhütte.

3. Über Rotmoosalm und Steinernes Hüttl

mittel 1500 Hm 6.15 Std.

Abstiegsrunde: Von der Wettersteinhütte geht es in den Klammbachgraben, dann links den neuen Fahrweg hinauf zur Wangalm, an ihr vorbei und in Serpentinen die freien Weidehänge hinauf. Wir wandern entlang des Klammbachs in das Kar des Oberreintalschrofens, wo man auf den Südsteig trifft.

Wir halten uns links und steigen auf aussichtsreichem Höhenweg hinauf auf den Roßbergsattel und leicht ansteigend den Pfadspuren folgend durch die Kare der Südseite. Nach der Hälfte des Weges erreicht man den höchsten Punkt. Es geht hinab in die Mulde unterhalb des Schönbergs, durch Latschen und über freie Almhänge weiter hinab zur Rotmoosalm. Von dort kann man auf einem Wirtschaftsweg ins Gaistal absteigen, oder man kann alternativ auf dem Höhenweg übers Steinerne Hüttl auf Bergpfad zur Tillfußalm hinabwandern. Von dort geht es auf dem Talweg zurück zum Ausgangspunkt.

Der Hüttengipfel

mittel 1300 Hm 5.15 Std.

Gehrenspitze (2367 m): Großartiger Aussichtsgipfel gegenüber der Schüsselkarspitze-Südwand (Trittsicherheit und Schwindelfreiheit erforderlich). – Von der Hütte auf markiertem Weg zur Wangalm und weiter talaufwärts, dann in Serpentinen zum Scharnitzjoch. Hier rechts zur (unbew.) Erinnerungshütte und weiter (markierter Pfad) zum Gratrücken, rechts von diesem weiter, am Schluss über Schrofen zum höchsten Punkt.

73

Coburger Hütte (1917 m)

Dreh- und Angelpunkt in den Mieminger Bergen

Die Hütte
Coburger Hütte (1917 m), AV-Hütte, Kat. I, 80 Lager, Winterraum 5 Lager, Schlüssel über die Sektion, von Anfang Juni bis Anfang Oktober bewirtschaftet;
Tel. 0043/664/325 47 14.
www.coburgerhuette.at

Charakter
Mit Ausnahme des Anstiegs von der Ehrwalder Alm (überwiegend Almsträßchen) setzen alle Hüttenzustiege Trittsicherheit voraus, der Anstieg über den Hohen Gang (Hüttenweg 1) sogar Schwindelfreiheit.

Anreise
Mit Pkw: Auf der A 95 bis zum Ende, dann auf der B 2 weiter über Garmisch-Partenkirchen und Griesen nach Ehrwald, in der Ortsmitte links und hinauf zum Parkplatz unterhalb der Talstation der Ehrwalder-Alm-Bahn (Hüttenweg 1). Oder weiter auf der Nebenstraße nach Biberwier; in der Ortsmitte links in Richtung St.-Rochus-Kapelle (Hüttenweg 2). Oder weiter über den Fernpass nach Nassereith; am Ortsanfang nicht in den Tunnel einfahren, sondern bereits vorher abfahren. Dann weiter der Ausschilderung nach Obsteig folgen. »Auf der Höhe« schließlich links den Wegweisern zum Gasthaus Arzkasten folgen; dort gebührenpflichtiger Parkplatz (Hüttenweg 3).
Mit Bahn/Bus: Mit dem Werdenfels-Takt nach Garmisch-Partenkirchen, dann weiter mit der Außerfernbahn zur Bahnstation Ehrwald; von dort entweder zu Fuß durch den Ort zur Talstation der Bergbahn oder mit dem Ortsbus zur Bergbahn

Karte
Freytag&Berndt-Wanderkarte 1:50 000, Nr. 322 Wetterstein – Karwendel – Seefeld

Die Coburger Hütte kann sicher mit einem der schönsten Bergszenarien in den Nördlichen Kalkalpen aufwarten: Blickt man nach Norden, fällt das Auge auf die prallen Felswände des Zugspitzmassivs, links von der Hütte erhebt sich die schön geformte Pyramide der Ehrwalder Sonnenspitze und unterhalb der Hütte liegt der malerische Drachensee.

Ein Kranz von schroffen Gipfeln umgibt diese urige Alpenvereinshütte in den Mieminger Bergen. Etwas unterhalb davon liegt der reizvolle Drachensee. Die im Jahr 1901 erbaute Hütte ist nach wie vor die einzige Alpenvereinshütte in den Mieminger Bergen, und sie braucht sich auch hinsichtlich ihres Gemütlichkeitsfaktors nicht zu verstecken. Doch auch technisch war die Hütte immer up to date: Man baute sogleich eine feste Wasserleitung für Trinkwasser ein, nutzte einen Turbodynamo für die Versorgung mit Strom, und bereits zum Jahreswechsel 1907/08 wurde eine Telefonanlage installiert. Die Außerfernbahn brachte bald zahlreiche Gäste. In den 1980er-Jahren wurde die Energieversorgung auf Pflanzenölbasis mit fotovoltaischer Ergänzung umgestellt, die Abwasserversor-

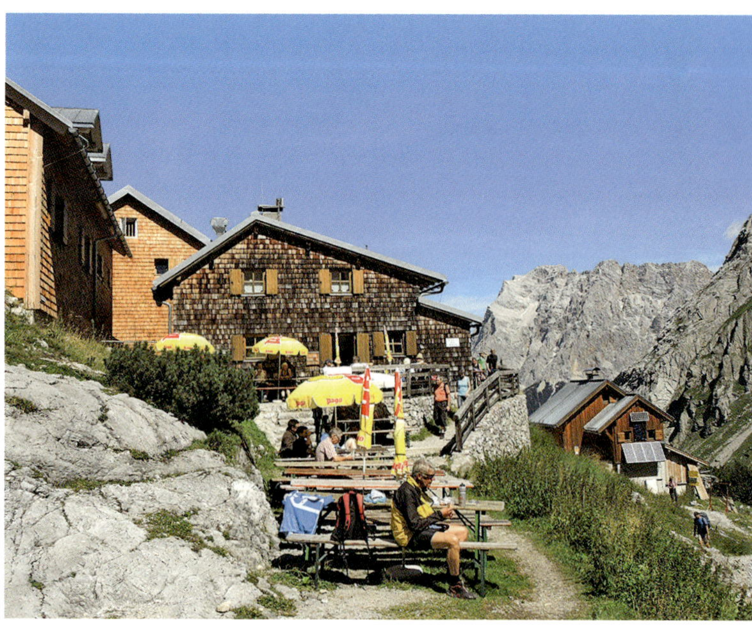

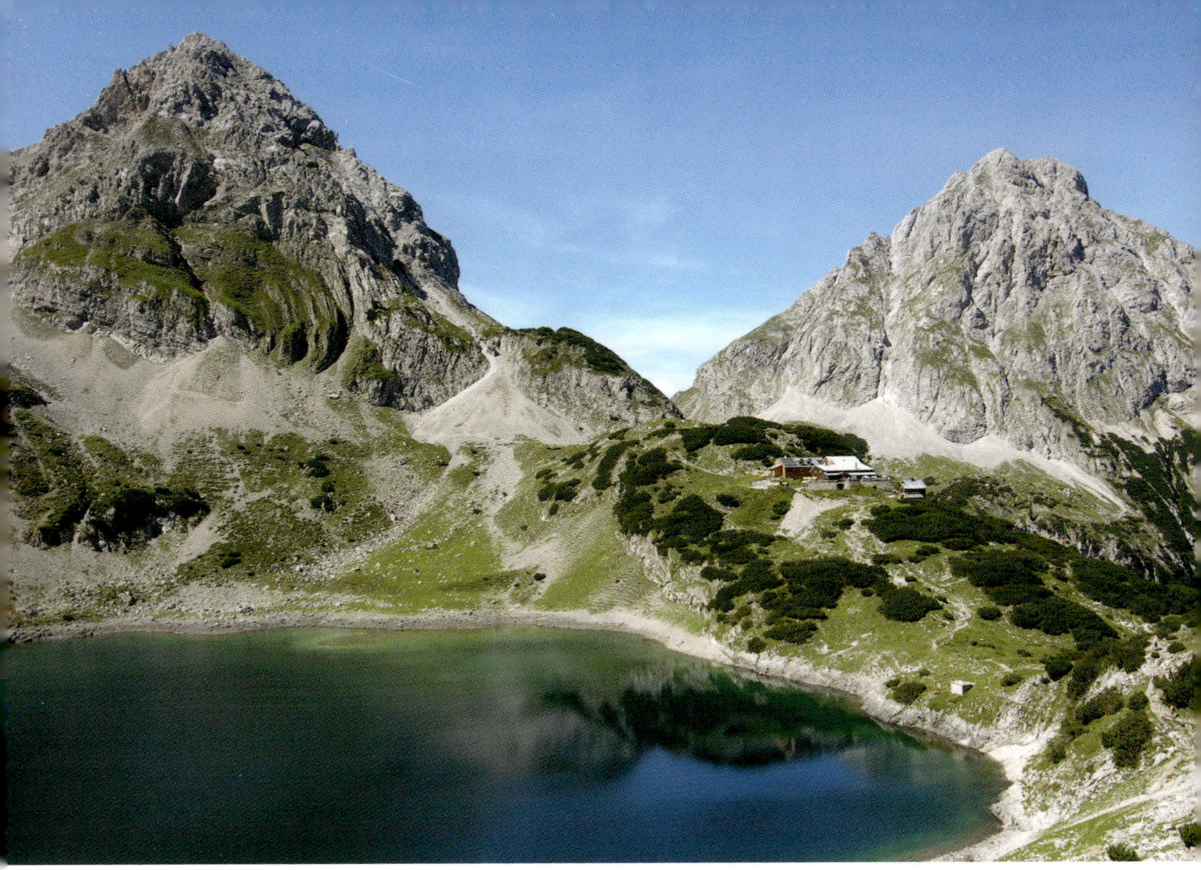

gung umweltgerecht umgestellt, die Küche erneuert und neue Räume gebaut. Seit 2011 gibt es auch neue Waschräume, Duschen und Toiletten, außerdem einen Schulungsraum mit Leinwand, TV und Internet. Das Ergebnis ist ein alpines Heim, das auch höchsten Ansprüchen gerecht wird.

Die Coburger Hütte (linke Seite) kann mit einem Panorama der Superlative aufwarten. Die Hütte liegt inmitten eines Felsenkessels, der von der Ehrwalder Sonnenspitze (oben) begrenzt wird; im Vordergrund der Drachensee.

1. Von Ehrwald über den Hohen Gang

schwer 960 Hm 3.00 Std.

Am östlichen Ortsrand (etwas unterhalb des Parkplatzes an der Ehrwalder-Alm-Bahn) beginnt bei der Kapelle rechts ein Pfad (Mark.-Nr. 812), der durch schönen Mischwald bis unter die ersten Felsen führt. Von dort leitet uns ein zum Teil ausgesetzter, aber gesicherter Bergsteig über ein paar felsige Absätze hinüber in einen großartigen Felsenkessel. Leicht absteigend, an knorrigen Bäumen vorbei, wandern wir weiter zum Seebensee (1657 m), wo man auf die von der Ehrwalder Alm heraufführende Almstraße trifft. Weiter geht es wie bei der Variante ab Ehrwalder Alm.

1a. Variante ab Ehrwalder Alm

leicht 955 Hm 2.00 Std.

Die Ehrwalder-Alm-Bahn verhilft zu einer guten Möglichkeit, erst einmal Höhe zu gewinnen (1502 m). Von dort wandert man auf Almsträßchen durch Almwiesen taleinwärts und hält dann auf den rechts liegenden Bergrücken zu. Ein bequemer Fahrweg – bzw. der alte Fußweg – bringt uns in mäßiger Steigung durch Wald zur bewirtschafteten Seebenalm und zum nahe gelegenen Seebensee. Wir wandern links am See vorbei und auf dem nun schmalen Bergsteig in Serpentinen steil hinauf durch einen mit Latschen bestandenen Hang zur Coburger Hütte über dem Drachensee.

Der Hüttengipfel

● schwer 1220 Hm 2.30 Std.

Hinterer Tajakopf (2408 m): Aussichtsgipfel in der Felsenrunde rund um den Drachensee (Anstieg auf Bergpfaden; besonders im Gipfelbereich Trittsicherheit und Schwindelfreiheit erforderlich, aber objektiv nicht schwierig). – Von der Hütte führt zunächst ein Pfad hinab zum Drachensee. Wir gehen links um diesen herum und in kurzen Serpentinen über eine Geländestufe hinauf ins Kar unterhalb der Griesspitzen, wo man auf den von der Grünsteinscharte kommenden Pfad trifft. Hier wandern wir nun links nahezu eben weiter bis knapp vor das Hintere Tajatörl (2259 m). Dort zweigt links ein markierter Pfad ab. Man geht links um den ersten Felsaufbau herum und steigt zum begrünten Sattel am Beginn des eigentlichen Gipfelgrates. Auf diesem steigen wir hinauf zum höchsten Punkt.

2. Von Biberwier

● leicht 1090 Hm 3.30 Std.

Von der Dorfmitte folgt man der Ausschilderung zur Rochuskapelle und wandert dann jenseits (Mark.-Nr. 814) bergwärts. Der Panoramaweg zwischen Ehrwald und Biberwier wird gekreuzt, dann folgt man dem Knappensteig durch ein bewaldetes Tal bergauf. Zuletzt geht es in zahlreichen Serpentinen hinauf zur Biberwierer Scharte (1999 m), jenseits dann sanft auf Bergwanderweg hinab zur Coburger Hütte.

3. Übergang vom Lehnberghaus

● mittel 1090 Hm 3.00 Std.

Vom Gasthaus Arzkasten auf ausgeschildertem Forstweg- bzw. Hüttenweg zum Lehnberghaus (leicht; 1¼ Std.). Dort gehen wir links am Haus vorbei und nahezu eben auf schmalem Fahrweg zum Bach. Dort beginnt der Wanderweg (Mark.-Nr. 812), der uns hinauf in das Kar »Hölle « führt. Weiter geht es in gerader Linie in kurzen Serpentinen steil hinauf zur Grünsteinscharte (2272 m). Dann steigen wir jenseits steil hinab und rechts haltend in Richtung Tajatörl, bis links der Pfad zur bereits sichtbaren Coburger Hütte abzweigt. Über die Geröllreisen geht es dann hinab zum Drachensee und kurz ansteigend zur Hütte.

Blick von der Ehrwalder Sonnenspitze über den Drachensee hinweg auf Vorderen und Hinteren Tajakopf

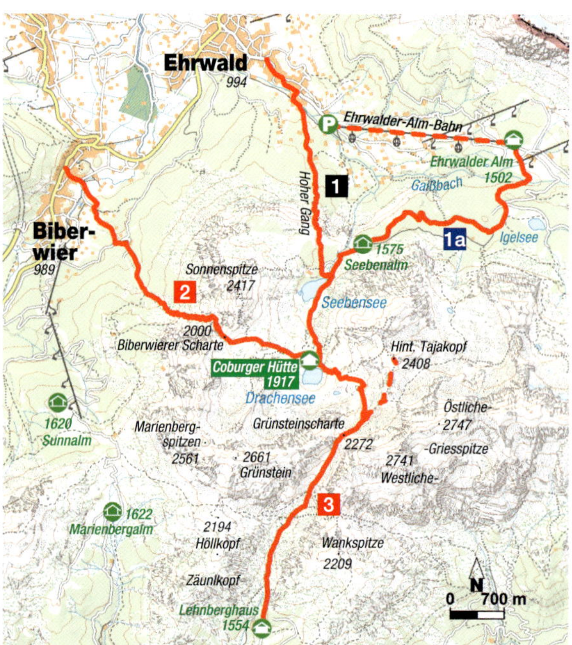

Unser Tipp

Ein Besuch des Geißbaches: Der Geißbach, der den Seebensee entwässert, stürzt unterhalb der Seebenalm in einem gewaltigen, 150 Meter hohen Wasserfall zu Tal. Hier mündet der Steig, der von der Talstation der Ehrwalder-Alm-Bahn heraufführt. Auf gutem Weg geht es zunächst hinab zum Geißbach, dann auf einer Brücke über diesen hinweg, wo wir auf den Altmühlensteig treffen. Auf diesem Steig gehen wir links zu den Oberen Mähdern und weiter bis unter die steil abbrechenden Seebenwände.

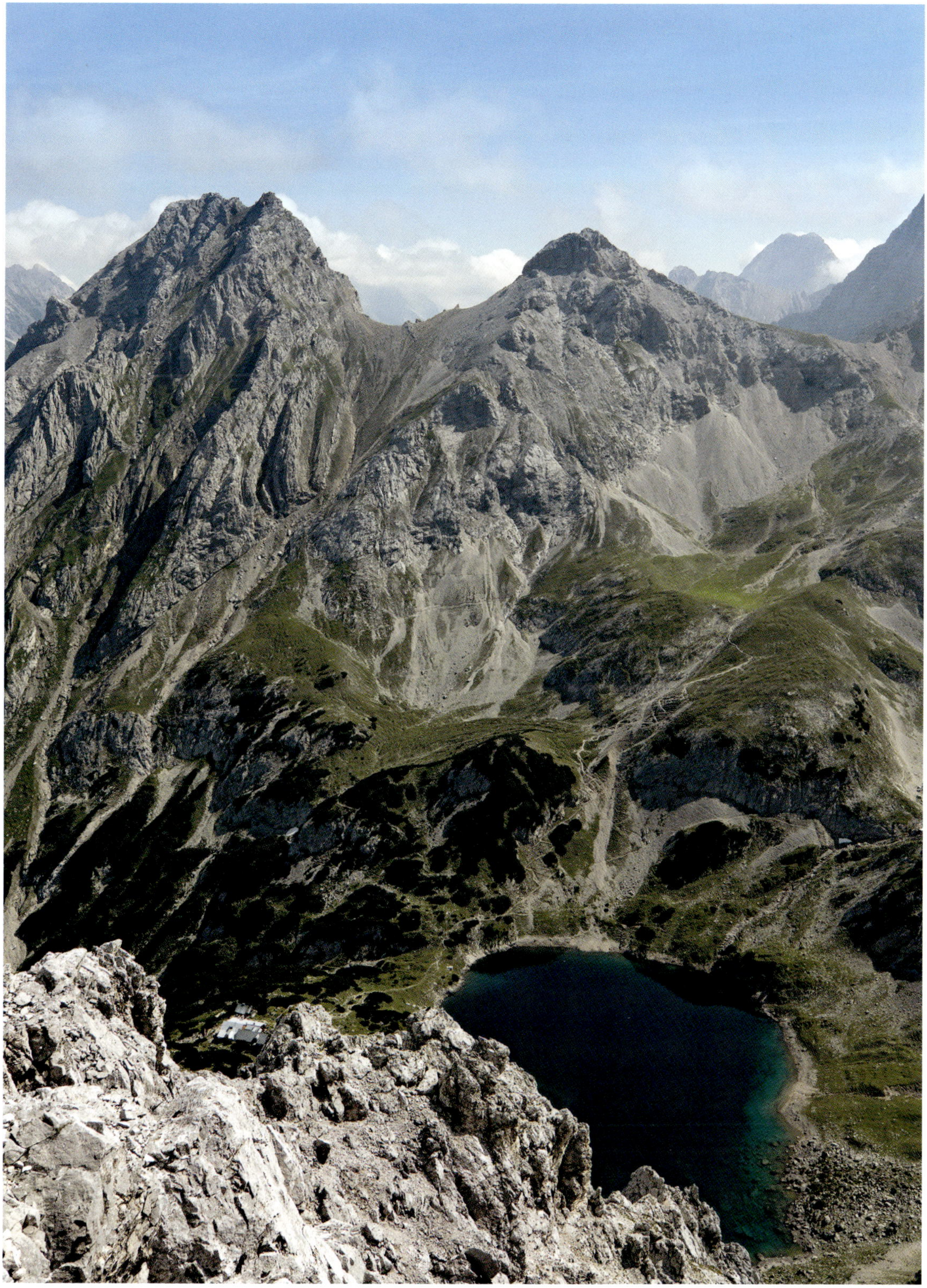

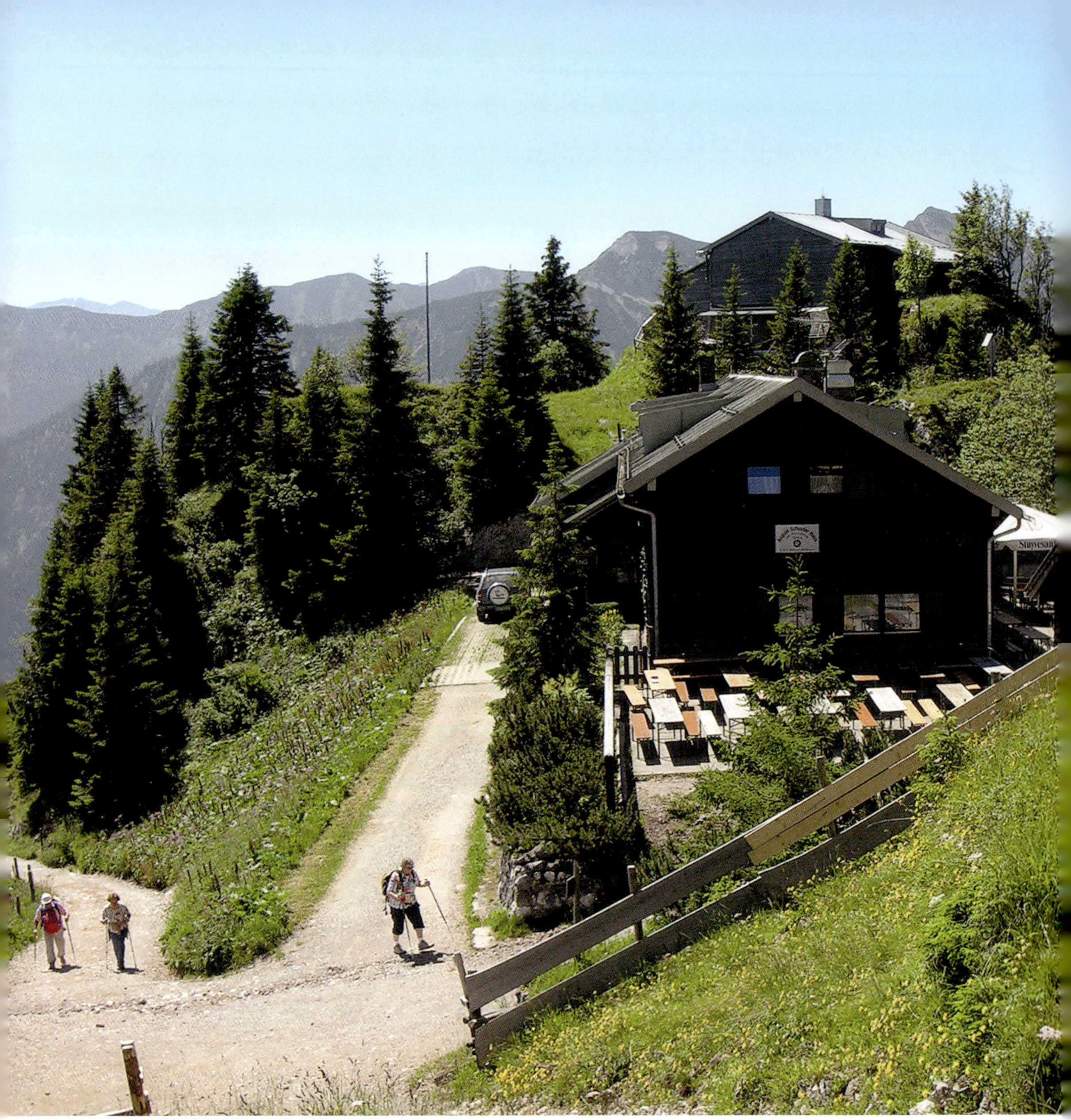

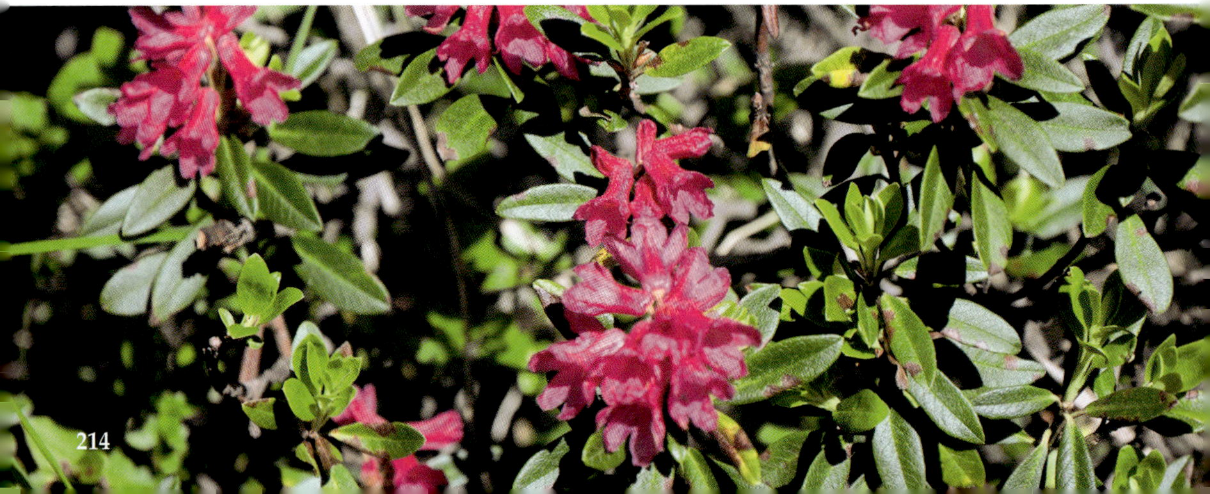

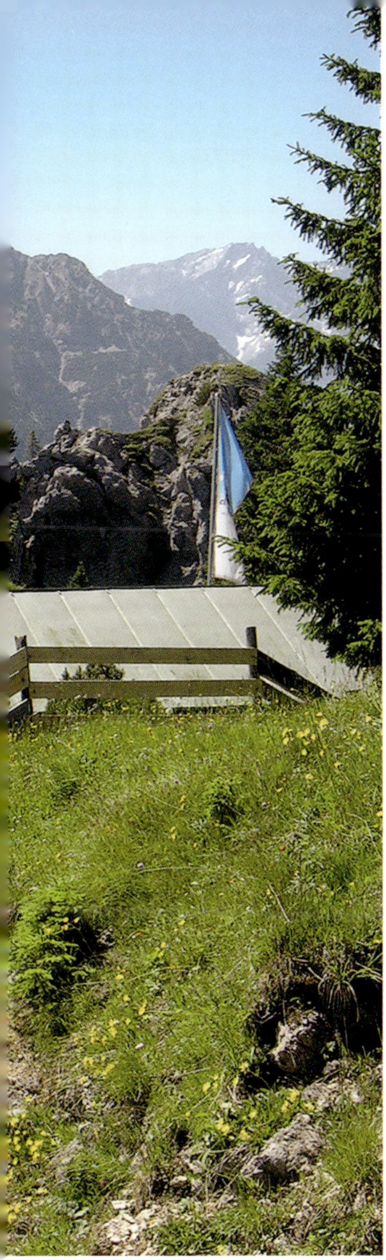

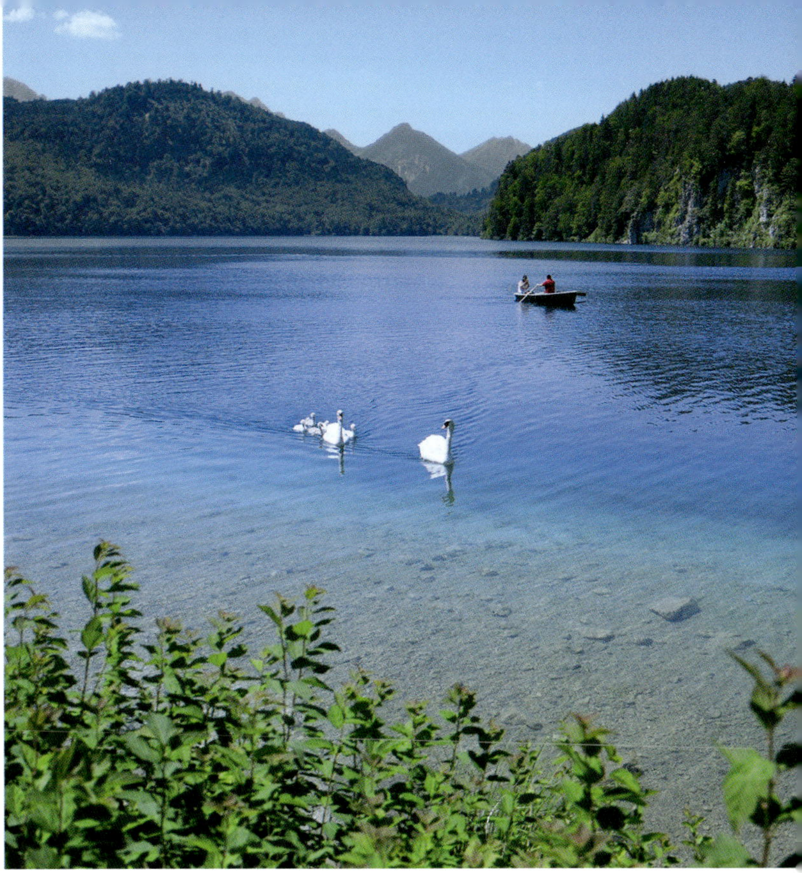

Ammergauer Alpen

Die Pürschlinghäuser über dem Graswangtal (li. oben). Die Alpenrose ist aus unseren Breiten kaum wegzudenken (li. unten). Der idyllisch gelegene Alpsee markiert das westliche Ende dieser Gebirgsgruppe (re. oben). Der vielfach lockere Fels in den Ammergauer Alpen mahnt zur Vorsicht (re. unten).

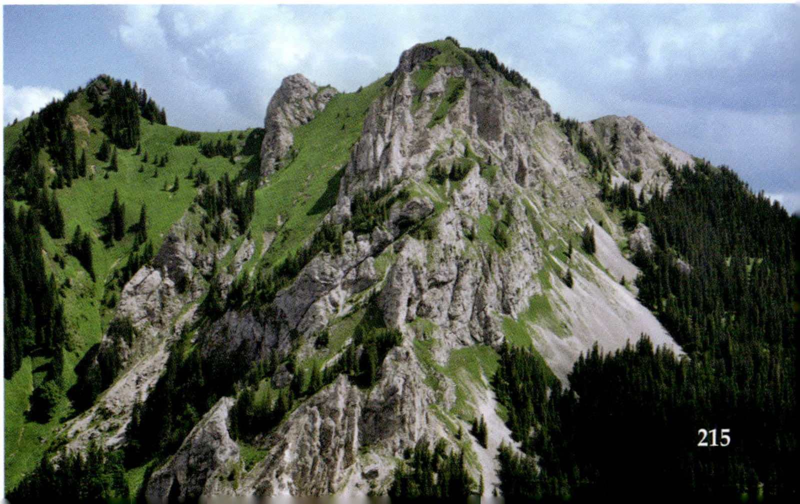

74

Hörnlehütte (1390 m)

Mit Ausblick ins Alpenvorland

Die Hütte
Hörnlehütte (1390 m), AV-Hütte, Kat. II, 24 Lager, nahezu ganzjährig bewirtschaftet, im November und im März geschlossen, Übernachtung nur nach Voranmeldung; Tel. 0 88 45/229. www.hoernle-huette.de

Charakter
Leichte, gut ausgeschilderte Bergwanderwege

Anreise
Mit Pkw: Auf der A 95 bis Ausfahrt Murnau/Kochelsee, dann auf der Landstraße über Murnau in Richtung Bad Kohlgrub; im kleinen Ort Westried gleich nach der Bahnunterführung links nach Grafenaschau; Parkplatz am südlichen Ortsrand (Hüttenweg 3). Oder weiter nach Bad Kohlgrub; im Ort ist der Weg zur Hörnlebahn ausgeschildert; dort großer Parkplatz (Hüttenweg 1). Oder weiter nach Unterammergau; Parkplatz am nördlichen Ortsrand, in Kappel (Hüttenweg 2).
Mit der Bahn: Über Weilheim und Murnau zur Haltestelle Grafenaschau oder bis zum Bahnhof Bad Kohlgrub bzw. Unterammergau. In Bad Kohlgrub Busverbindung zur Talstation der Hörnlebahn (oder zu Fuß)

Karte
Topografische Karte 1:50 000 Pfaffenwinkel – Ammergauer Alpen Nord (LDBV)

Weitere Hütten
Hörnlealm (1431 m), im Sommer einfach bewirtschaftet; am Weg zum Hinteren Hörnle

Wanderer, Skifahrer, Schneeschuhwanderer, Gleitschirmflieger – alle geben sich auf der Hörnlehütte, je nach Jahreszeit, ein Stelldichein. Außerdem fühlen sich Familien mit Kindern dort oben sehr wohl. Und wer ein Handicap hat, die Hütte ist barrierefrei.

Die im Jahr 1911 erbaute Hörndlhütte (auch: Hörnlehütte) der Alpenvereinssektion Starnberg befindet sich auf der Nordwestseite des Hörnles und gehört zu den wenigen ganzjährig bewirtschafteten Alpenvereinshütten. Nur im November ist die Hütte geschlossen. Der Grund für die lange Öffnungszeit im Jahr ist natürlich die Hörnlebahn, die auch im Winter für regen Betrieb bzw. für Skifahrer und Winterwanderer sorgt. Die gemütliche Hütte wurde erst kürzlich innen und außen umfassend renoviert sowie das Dach erneuert.

1. Von Bad Kohlgrub

leicht 460 Hm 1.30 Std.

Von der Bergstation der Hörnlebahn (1380 m) sind es nur wenige Minuten bis zur Hörndlhütte. Wer den Fußweg von Bad Kohlgrub nehmen will, folgt vom Parkplatz an der Talstation dem ausgeschilderten Hörnle-Sommerweg. Auf diesem Weg queren wir die Trasse des Sessellifts und

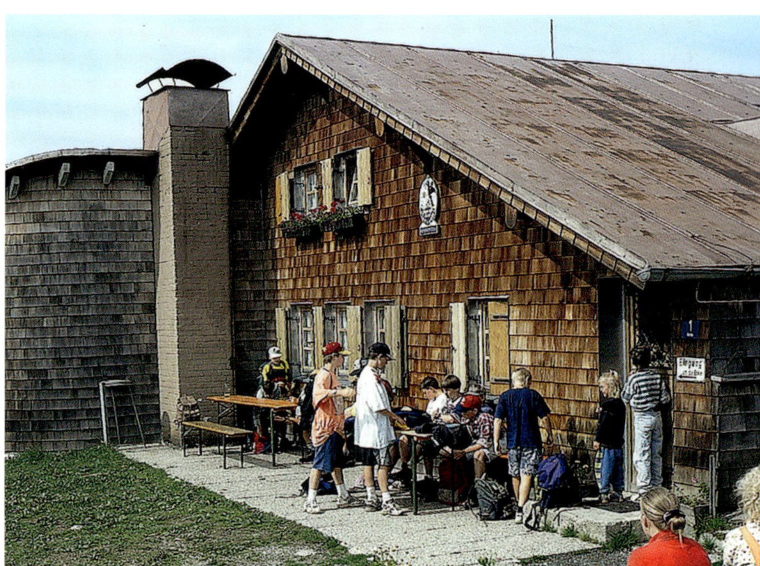

Die Hörnlehütte erreichen wir schnell und leicht mit der Hörnlebahn und dies auch im Winter.

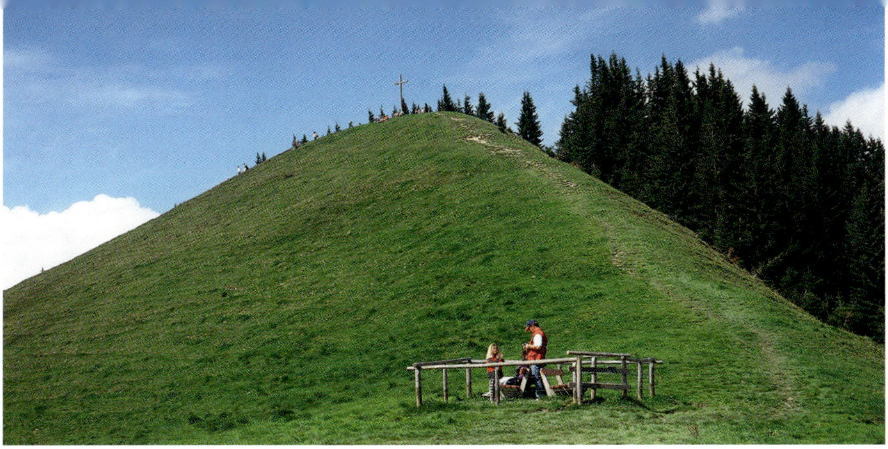

Vorderes und Mittleres Hörnle sind die schnell erreichbaren Grasgipfel auf diesem Voralpenberg; zum Hinteren Hörnle ist es nur eine weitere halbe Stunde Gehzeit.

ein Wirtschaftssträßchen, wandern dann in den Wald hinein, schrauben uns in zahlreichen Serpentinen höher und kommen schließlich direkt bei der Hütte an.

2. Von Unterammergau

leicht 450 Hm 2.30 Std.

Vom Parkplatz wandern wir auf dem ausgeschilderten Wanderweg (auch Mark. E 4), einem Wirtschaftsweg, hinüber zur Wallfahrtskapelle Kappel. Dort führt rechts ein Wirtschaftssträßchen ins Tal der Kappellaine, dem man jetzt folgt. Wir überqueren den Bach und wandern in das bewaldete Tal hinein. Weiter geht es links auf Wanderweg durch Wald hinauf bis zur Aiblehütte (1293 m) und schließlich weiter auf dem Kamm zur Hörndlhütte.

3. Von Grafenaschau

leicht 745 Hm 3.00 Std.

Vom Parkplatz aus folgt man der Ausschilderung des Maximilianswegs/E 4 (gelbe Markierungen) auf einem Sträßchen zum Bergfuß, dort rechts und gleich wieder links auf Forststraße leicht ansteigend durch Wald hinauf. Bei der zweiten Wegverzweigung hält man sich rechts, quert ein paarmal eine Forststraße und steigt über Bergwiesen, Wald und Lichtungen hinauf zum Rißberg. Nun geht es entweder über das Hintere Hörnle oder rechtsherum, bis man auf einen Almweg trifft. Auf diesem wandern wir leicht fallend vorbei an den beiden vorderen Hörnlegipfeln hinab zur Hütte.

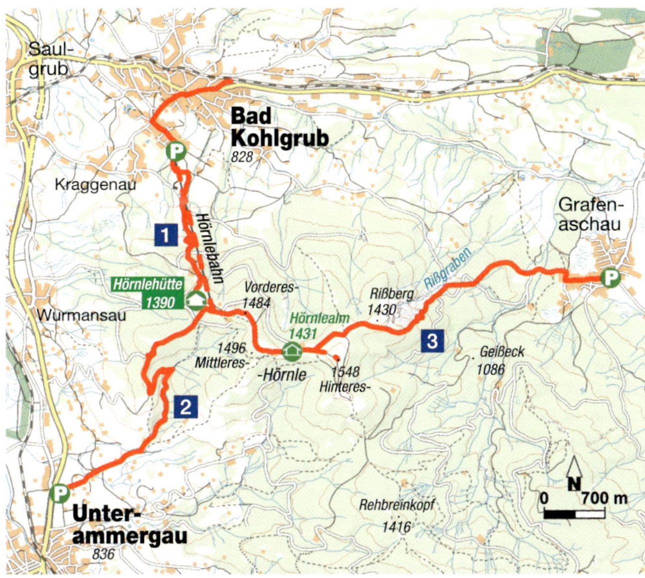

Der Hüttengipfel

leicht 340 Hm 2.00 Std.

Hinteres Hörnle (1548 m): Höchste Erhebung des Hörnle, dem Hausberg von Bad Kohlgrub. – Von der Hörndlhütte halten wir uns links und wandern auf Almstraße in östlicher Richtung, vorbei am Mittleren Hörnle, zur Hörnlealm. Dort geht es weiter auf dem Fahrweg um das Hintere Hörnle herum und über die Ostseite auf leichtem Bergwanderweg hinauf zum Gipfel des Hinteren Hörnles (bei Nässe etwas rutschig).

75

August-Schuster-Haus (1564 m)

Ganzjahresziel über dem Graswangtal

Die ehemaligen Jagdhütten von König Max II. Joseph wurden nach dem I. Weltkrieg von der Sektion Bergland erworben und zur Bergsteigerunterkunft umgebaut. Seitdem ist sie beliebtes Ziel für Bergwanderer im Sommer wie im Winter, wobei im Winter die Rodler überwiegen.

Wahrscheinlich hat kaum je ein Wanderer vom August-Schuster-Haus gehört – landläufig ist diese beliebte Hütte nach dem Bergrücken benannt, auf dem sie steht: Pürschlinghäuser – und das auch noch im Plural. August Schuster, dem die Hütte gewidmet ist, hat sich um die Weiterentwicklung von Bergsteigerausrüstung verdient gemacht. Die 1972 grundlegend renovierte Hütte ist leicht erreichbar, ganzjährig geöffnet und bietet reizvolle Gipfelabstecher. Den Fernwanderern ist sie natürlich ein Begriff, denn sie liegt am E 4 (eine Teilstrecke ist dabei zu Ehren des Königs als »Maximiliansweg« ausgeschildert), der die Pyrenäen mit dem Neusiedler See verbindet.

1. Von Oberammergau

leicht 300 Hm 2.30 Std.

Von der Bergstation des Kolbenlifts wandern wir an der Einkehrstation vorbei, halten uns links und steigen ein kurzes Stück steil an, bis wir auf den quer führenden Kofelsteig treffen (hierher führt auch der Wanderweg über die Kolbenalm). Wir gehen auf diesem rechts weiter (Mark.-Nr.

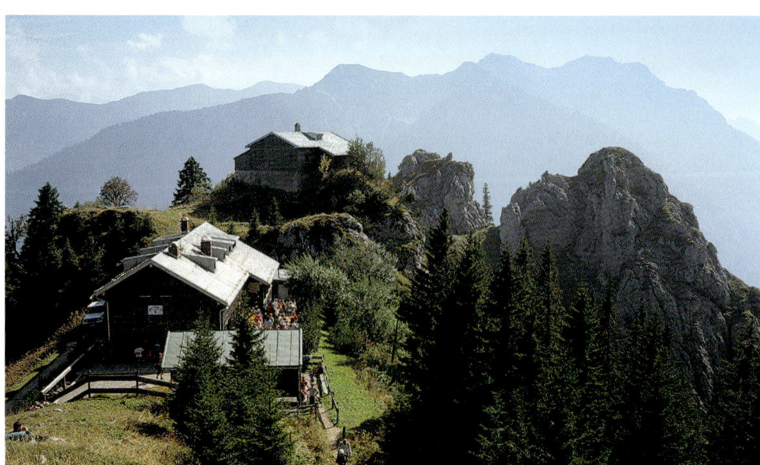

Die Hütte
August-Schuster-Haus (1564 m), AV-Haus, Kat. II, 54 Betten, 12 Lager, ganzjährig bewirtschaftet, im April und im November geschlossen; Tel. 0 88 22/35 67. www.davplus.de/august-schuster-haus

Charakter
Wirtschaftswege und gute Bergwanderwege. Der Übergang vom Kolbenlift kann nach längeren Regenfällen matschig sein.

Anreise
Mit Pkw: Auf der A 95 bis Ausfahrt Murnau/Kochel, dann über Murnau und Bad Kohlgrub nach Unterammergau; am südlichen Ortsende rechts zum Parkplatz am Eingang ins Tal der Schleifmühlenlaine (; Hüttenweg 2). Wer den Sessellift benutzen will, fährt bis Oberammergau; die Talstation mit Parkplatz befindet sich am südwestlichen Ortsrand (Hüttenweg 1). Den Ausgangspunkt Linderhof (Hüttenweg 3) erreicht man über Oberau, Ettal und Graswang; eigener Wandererparkplatz (gebührenpflichtig; an der Schranke fragen) beim Schloss Linderhof.
Mit Bahn/Bus: Mit der Bahn über Weilheim und Murnau nach Oberammergau. Ins Lindertal weiter mit RVO-Bus

Karte
Topografische Karte 1:50 000 Pfaffenwinkel – Ammergauer Alpen Nord (LDBV).

Weitere Hütten
Berggasthof Kolbenalm (1040 m), privat, nahezu ganzjährig bewirtschaftet, 25 Betten; Tel. 088 22/63 64
Kolbensattelhütte (1276 m), privat, nahezu ganzjährig bewirtschaftet; nur Einkehr

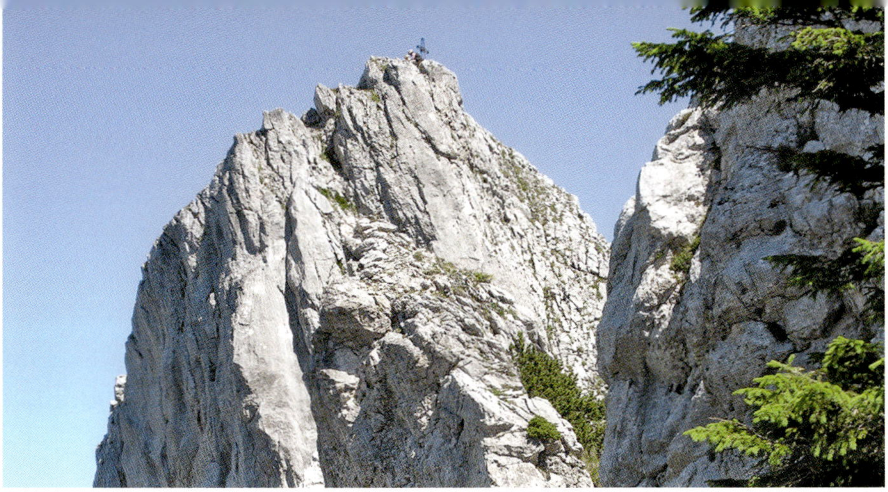

Der Teufelstättkopf ist eine markante Felsspitze im langen Klammspitzkamm; der Anstieg erfolgt über eine gesicherte Passage.

233) und durch Wald bis zum Fahrweg, der von Unterammergau heraufführt. Auf diesem ziemlich steil links haltend hinauf zum Alpenvereinshaus am Pürschling.

Linke Seite: Die Pürschlinghäuser hoch über dem Graswangtal; der Normalweg von Unterammergau ist ein ziemlicher »Hatscher«.

2. Von Unterammergau

leicht 730 Hm 2.00 Std.

Vom Parkplatz an der Schleifmühlenlaine gehen wir auf der Forststraße neben der Laine entlang in Richtung Süden, bei der nächsten Wegteilung links und mäßig steil durch Wald bergan bis zur Langenthalalm (1192 m). Dann steigen wir steiler an in die Nordseite des Sonnenbergs. Der Weg biegt nun in westlicher Richtung ab, und bald verlassen wir den Wald und wandern das letzte Stück auf breitem Weg hinauf zur Hütte.

3. Von Linderhof

leicht 980 Hm 2.30 Std.

Wir wandern am Schloss vorbei in Richtung Oberammergau bis zu einer Wegverzweigung; links auf Forstweg weiter, bis rechts der Weg (E 4) zu den Pürschlinghäusern abzweigt. Es geht steil bergan durch den Linderwald. Wir queren eine Forststraße und steigen in östlicher Richtung zur Kälberalm an. An der Wegverzweigung gehen wir rechts und unter dem Latschenkopf hoch auf die Kammhöhe. Rechts haltend dann hinab zu den Pürschlinghäusern.

Der Hüttengipfel

schwer 400 Hm 1.30 Std.

Teufelstättkopf (1758 m): Markanter Felsgipfel im Klammspitzkamm (Trittsicherheit und Schwindelfreiheit erforderlich). – Wir wandern von den Pürschlinghäusern auf ausgeschildertem Weg seitlich an der Bergwachthütte vorbei über einen Hang bergan, dann überwiegend auf der Südseite des grasbewachsenen Kammrückens weiter. Am Fuße des Teufelstättkopfs geht es nun über Blockwerk zum Gipfelaufbau. Dort steigen wir rechts vorbei auf die Ostseite und über einen seilgesicherten Steig zum Gipfel des Teufelstättkopfs mit Gipfelkreuz.

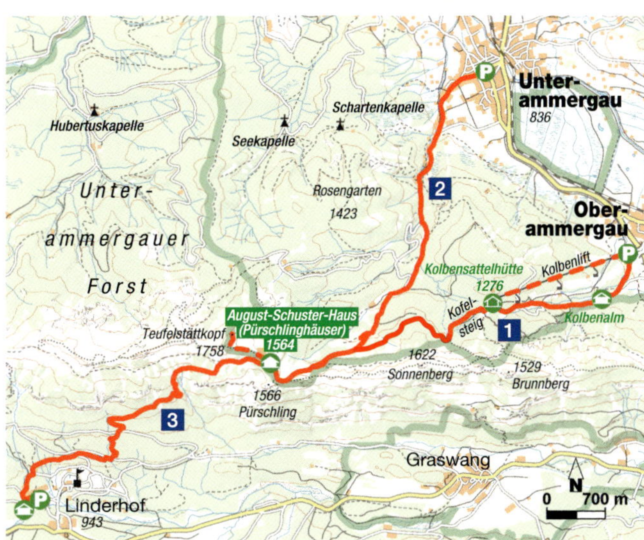

76

Brunnenkopfhütte (1602 m)

Ein königliches Jagdhaus als Alpenvereinshütte

Die Hütte
Brunnenkopfhäuser (1602 m), AV-Haus, Kat. I, 36 Lager, bewirtschaftet von Mitte Mai bis Mitte Oktober; Tel. 0175/654 01 55. www.brunnenkopfhuette.de

Charakter
Von Linderhof breiter Wanderweg. Für die Übergänge von der Kenzenhütte und den Pürschlinghäusern ist Trittsicherheit erforderlich (sie verlaufen auf dem Europäischen Fernwanderweg E 4), im Bereich der Klammspitze Drahtseilsicherungen und ausgesetzte Stellen.

Anreise
Mit Pkw: Auf der A 95 bis zum Ende, dann auf der B2 bis Oberau, rechts nach Ettal und weiter nach Graswang; gebührenpflichtiger Wanderparkplatz (an der Schranke fragen) beim Schloss Linderhof (Hüttenweg 1). Zugänge zu den Hüttenwegen 2 und 3 siehe jeweils die Touren 75 und 77.
Mit Bahn/Bus: Mit der Bahn Richtung Garmisch bis Haltestelle Oberau, dann mit Bus über Ettal ins Graswangtal. Oder mit der Bahn nach Oberammergau und weiter mit dem Bus

Karte
Topografische Karte 1:50 000 Pfaffenwinkel – Ammergauer Alpen Nord (LDBV)

Weitere Hütten
August-Schuster-Haus, siehe Tour 75
Kenzenhütte, siehe Tour 77

Der Name diseses Alpenvereinshauses ist im Kopf der Bergwanderer noch im Plural verankert, denn es handelt sich um zwei Hütten. Hüttengipfel ist natürlich die Große Klammspitze, die für Bergwanderer durchaus eine Herausforderung darstellt. Danach gibt es als Belohnung den allseits geschätzten Kaiserschmarrn.

Die beiden Brunnenkopfhäuser wurden 1856 errichtet und dienten ursprünglich König Max II., dem Vater von Ludwig II., als Jagdhäuser. Doch auch der Märchenkönig nutzte später die Hütten, als er Schloss Linderhof erbauen ließ; zeitweise erledigte er sogar seine Regierungsgeschäfte dort oben. 1922 erwarb die AV-Sektion Bergland die beiden Hütten. Die obere Hütte wird als allgemein zugängliche Bergsteigerunterkunft geführt, die kleinere untere Hütte (die eigentliche Königshütte) dient als Privathütte der Sektion. Das ganze Ensemble steht mittlerweile unter Denkmalschutz.

1. Von Linderhof

leicht 660 Hm 2.00 Std.

Man beginnt die Wanderung an der Westseite von Linderhof, am Ende der Parkplätze. Eine Wegtafel weist die Route durch den Linderwald zum Brunnenkopf. Auf dem ehemaligen königlichen Reitweg geht es zuerst gemütlich ansteigend durch ein Tal, dann steiler durch dichten Wald in zahlreichen Serpentinen hinauf bis unter den Dreisäulenkopf. Dort wendet sich der Weg nach links und führt hinauf zum Verbindungsgrat und in weiter Querung hinüber zu den bereits sichtbaren Brunnenkopfhäusern.

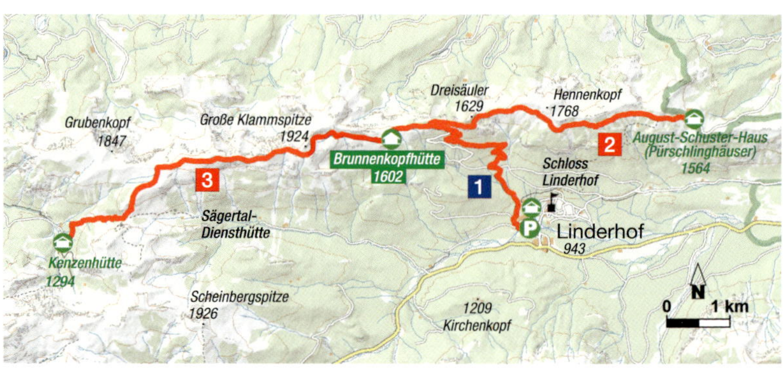

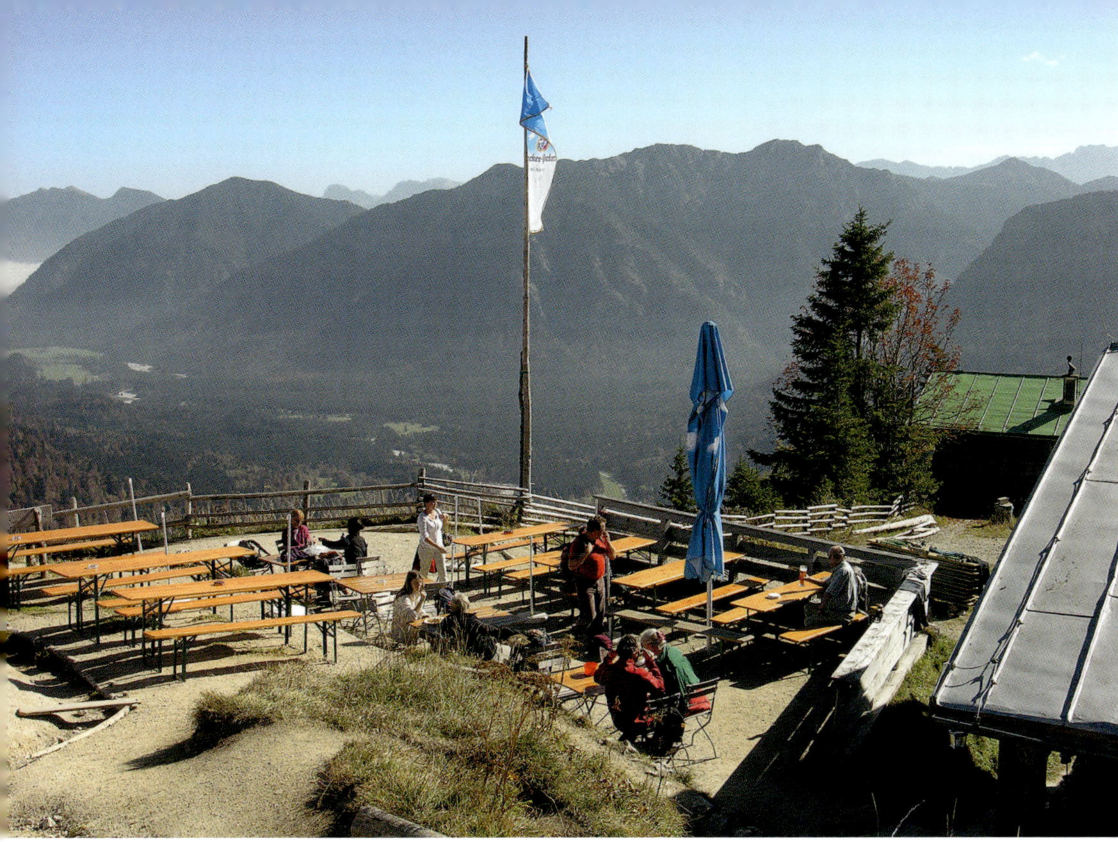

Die Brunnenkopfhütte und ihr Nebengebäude waren früher königliche Jagdhäuser.

2. Vom August-Schuster-Haus

mittel 170 Hm 2.00 Std.

Vom Unterkunftshaus folgt man kurz dem bergwärts führenden Weg, bis links der markierte Fernwanderweg E 4 (auch »Maximiliansweg«) abzweigt. Auf der Südseite des Latschenkopfs wandern wir zur Kälberalm, dann ansteigend unter das Laubeneck und eben auf gutem Steig am Hennenkopf vorbei zur Kammhöhe und auf dieser über den Dreisäulerkopf zu den Brunnenkopfhäusern.

3. Übergang von der Kenzenhütte

mittel 910 Hm 4.00 Std.

Von der Hütte erst auf markiertem Weg (E 4) durch Wald und freies Gelände hinauf zum Bäckenalmsattel (1536 m). Bei der Wegkreuzung geht es links weiter auf serpentinenreichem Weg (E 4) hinauf zur Hirschwanghütte, dann weiter auf mäßig steilem Weg zum Feigenkopf (1867 m). Nun steigen wir steil hinab in einen Sattel, dann über Schrofengelände (Drahtseilsicherungen) zum Südgrat der Klammspitze. Dort geht es aber nicht hinauf, sondern links unter den Gipfelfelsen hinab ins Wintertal und zu den Brunnenkopfhäusern.

Der Hüttengipfel

schwer 650 Hm 2.30 Std.

Große Klammspitze (1925 m): Am Gipfelaufbau Trittsicherheit und Schwindelfreiheit Voraussetzung. Bis in den Frühsommer häufig steile Altschneefelder im Gipfelbereich. – Von den Brunnenkopfhäusern zunächst in Richtung Westen auf einem schmalen Bergweg durch die steilen Hänge des Brunnenkopfes, dann Anstieg durch das sogenannte Wintertal bis unter die nun massiv aufragenden Felsen der beiden Klammspitzen. Auf steilem Steig geht es in einigen Kehren hinauf zum Südgrat, dann in einem Rechtsbogen, den Markierungen folgend, über die gestufte Gipfelabdachung hoch zum Gipfelkreuz.

77

Kenzenhütte (1294 m)

Eine ehemalige Jäger- und Holzknechthütte

Die Hütte
Kenzenhütte (1294 m), privat, 65 Betten und Lager, bewirtschaftet von Anfang Mai bis etwa Ende Oktober; Tel. 0 83 68/3 90. www.berggasthof-kenzenhuette.de

Charakter
Von Halblech Fahrweg; über den Bäckenalmsattel zu Beginn Wirtschaftsweg, dann Bergwanderweg; vom Alpenhotel Ammerwald Bergwanderweg und Bergsteig

Anreise
Mit Pkw: Von München über Starnberg und Weilheim bzw. über Landsberg und Schongau nach Steingaden und Halblech. Ausgangspunkt zur Kenzenhütte am Wanderparkplatz an der Brücke über den Halblech (Hüttenweg 1). Oder über die A 95 bis zum Ende, dann über Oberau und Ettal ins Graswangtal. Auf der Staatsstraße 2060 bis zum Wanderparkplatz etwa 2,5 km hinter Linderhof (Hüttenweg 3). Oder weiter bis zum Wanderparkplatz vor dem Alpenhotel Ammerwald, knapp 4 km nach dem Grenzübergang (Hüttenweg 2). *Mit Bahn/Bus:* Mit der Bahn bis Füssen oder Weilheim, dann weiter mit Bus bis Halblech; von der Bushaltestelle ein paar hundert Meter bis zum Wanderparkplatz

Karte
Topografische Karte 1:50 000 Füssen (LDBV)

Weitere Einkehr
BMW Alpenhotel Ammerwald (1075 m), privat, ganzjährig bewirtschaftet, 93 Zimmer; Tel. 0043/56 72/78 13 10)

Die »Kenzen« kann aus allen vier Himmelsrichtungen angesteuert werden. Ganz bequeme nehmen den Pendelbus in Anspruch, die anderen genießen die reizvollen Anstiege zu Fuß oder per Mountainbike mit Blick auf die Hochplatte oder die Scheinbergspitzen. Alle zusammen genießen dann die gute Küche auf der großen Terrasse.

Die Kenzenhütte ist kein Unterkunftshaus, das seine Entstehung den sanften Erschließungsgelüsten der Alpenvereine zu verdanken hat; es diente ursprünglich den Interessen der Jäger und Holzknechte. Sein Ursprung datiert ins 16. Jahrhundert zurück. Von der großen Terrasse, die gut 60 Personen Platz bietet, hat man zwar einen beschränkten Ausblick, doch rund um die gemütliche Hütte warten attraktive Wanderziele. Die Kenzen, ein idyllischer Flecken inmitten von Fichtenwald, wird gerne als das Herz der Ammergauer Alpen bezeichnet.

1. Von Halblech
leicht 470 Hm 3.30 Std.

Vom Parkplatz an der Halblechbrücke (825 m) biegen wir auf die Teerstraße zur Kenzenhütte ein. Die Wegstrecke beträgt 11 Kilometer ab Ausgangspunkt (ab Wankerfleck evtl. auf Fußweg über den Wasserfall) – also besser mit dem Bus.

2. Vom Alpenhotel Ammerwald
leicht 1200 Hm 3.00 Std.

Vom Parkplatz kurz vor dem Hotel (1100 m) gehen wir rechts auf Fahr-

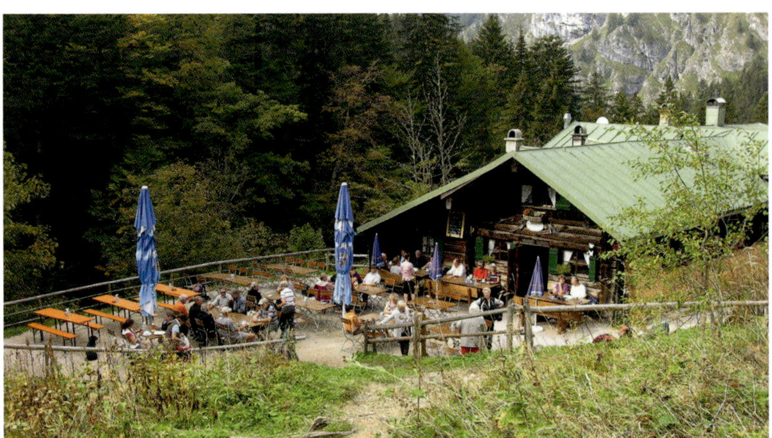

Die Kenzenhütte ist eine der wenigen Unterkunftshütten in den westlichen Ammergauer Alpen; sie liegt am oberen Ende des reizvollen Wankerflecks (rechte Seite).

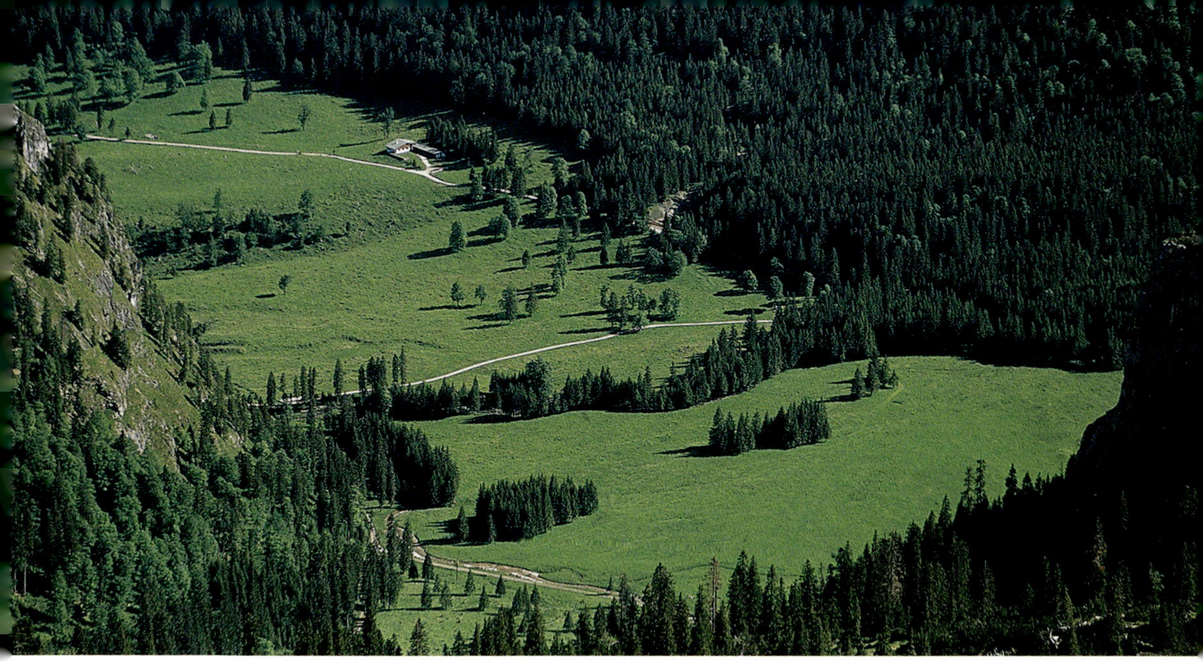

weg durch Wald bis an den Eingang des Roggentals. Durch das tief eingeschnittene Tal – die Bachseite wird mehrfach gewechselt – wandern wir zu einer Weggabelung (1466 m). Hier geht es rechts weiter hinauf zum Weitalpjoch (1780 m); anschließend auf gutem Weg (Mark.-Nr. 222) rechts haltend weiter durch Latschen und über Karrenfelder, vorbei am Schössel, zu einer Weggabelung, dort links hinunter zu den Bergwiesen der Vorderen Scheinberghütte und weiter zur Kenzenhütte.

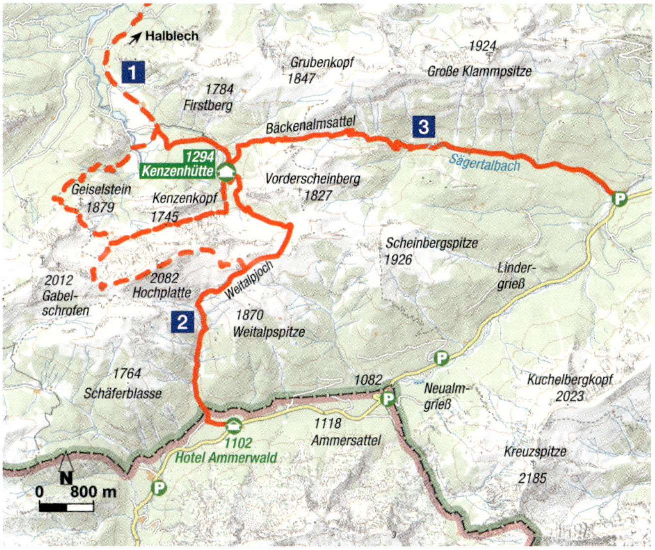

3. Über den Bäckenalmsattel

mittel 800 Hm 4 bzw. 5 Std.

Der Anstiegsweg vom Parkplatz an der Linder (980 m) führt erst auf Fahrweg, dann auf Ziehweg durch das dicht bewaldete Sägertal hinauf zu den Wiesen der Bäckenalm (1309 m). Auf dem Wanderweg – immer Richtung Westen – erreichen wir den Bäckenalmsattel (1536 m). Jenseits des Sattels geht es in vielen Kehren hinab und links haltend zur Kenzenhütte.

Der Hüttengipfel

schwer 1580 Hm 4 bis 5 Std.

Hochplatte (2082 m): Trittsicherheit und Schwindelfreiheit erforderlich, einige Seilsicherungen. – Wir folgen von der Kenzenhütte dem Wegweiser Nr. 201, wandern bald steil bergan und um das Schössel herum zum Weitalpjoch. Hier mahnt die Wanderer ein Schild: »Nur für Geübte«. Über den seilgesicherten Gratrücken (»Gamsangerl«) folgen wir den Markierungen zum Gipfel. Zurück steigen wir genauso wieder hinab zur Hütte. Oder aber wir wählen den Weg auf der Westseite hinab – hier einige ausgesetzte Stellen – und gelangen über den Kenzensattel zurück zur Kenzenhütte.

78

Tegelberghaus (1707 m)

Ursprünglich ein königliches Jagdhaus

Die Hütte
Tegelberghaus (1707 m), privat, 28 Betten, ganzjährig bewirtschaftet; Tel. 083 62/89 80. Im Winter Übernachtung nur nach Vereinbarung. www.tegelberghaus.de

Charakter
Bergwanderwege; Anstieg über den Gelbe-Wand-Steig erfordert Trittsicherheit und Schwindelfreiheit (Klettersteig-Lehrpfad mit Seilbrücke und einigen Sicherungen).

Anreise
Mit Pkw: Über Kempten nach Füssen und weiter nach Schwangau oder über Schongau und Halblech in Richtung Hohenschwangau; kurz vorher links zur Talstation der Tegelbergbahn mit großem Parkplatz (Hüttenwege 1 und 4). Oder weiter nach Hohenschwangau bis zu den Großparkplätzen vor dem Alpsee (Hüttenwege 2 und 3)
Mit Bahn/Bus: Mit der Bahn bis Füssen und mit Bus nach Hohenschwangau bzw. zur Talstation der Tegelbergbahn

Karte
Topografische Karte 1:50 000 Füssen (LDBV)

Weitere Hütten
Drehhütte (1210 m), privat, nahezu ganzjährig bewirtschaftet, Montag Ruhetag; Tel. 0 83 62/930 36 33
Rohrkopfhütte (1359 m), privat, im Sommer bewirtschaftet

Auch wenn die Hütte von außen etwas kühl wirkt, drinnen sieht es gleich ganz anders aus: Eine gemütliche Stube mit Kachelofen lässt – vor allem an kalten Tagen – das Herz höherschlagen. Und wer übernachten will, tut das ebenfalls inmitten einer heimeligen Hüttenatmosphäre.

Heute dient diese privat geführte Hütte als Ganzjahresziel für Bergwanderer, Mountainbiker, Gleitschirm- und Drachenflieger (dank der Tegelbergbahn, deren Bergstation gleich um die Ecke ist) sowie für Skifahrer im Winter. Beeindruckend ist der Panoramablick auf die Oberallgäuer Seenplatte. Vom Aufstiegsweg über die Marienbrücke bietet sich ein herrlicher Tiefblick auf Schloss Neuschwanstein. Die Küche ist gut bürgerlich; warme Gerichte gibt es bis 16 Uhr. Kleine Gäste dürfen sich auf dem Spielplatz austoben.

1. Von Hohenschwangau

schwer 890 Hm 2.30 Std.

Am schnellsten geht es mit der Tegelbergbahn (830 m), interessanter ist der Gelbe-Wand-Steig: Vom Tegelbergbahn-Parkplatz wandern wir nach

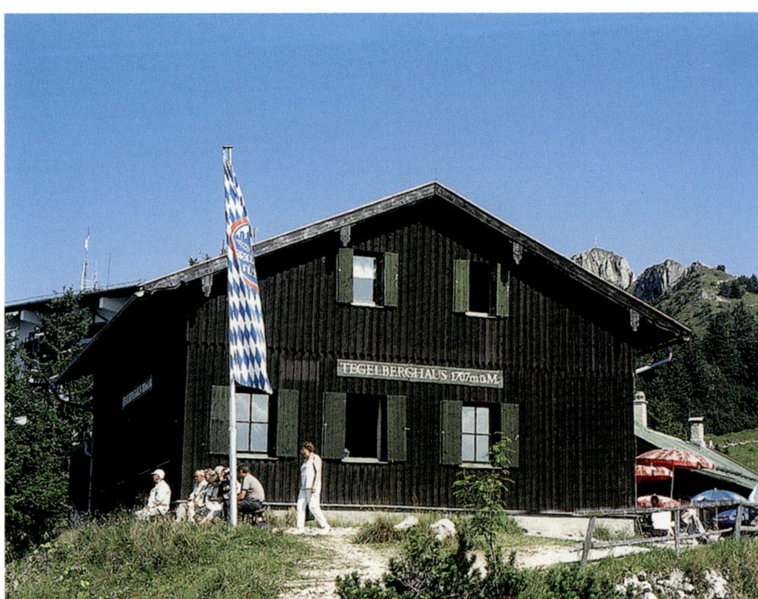

Das Tegelberghaus mit dem Branderschrofen im Hintergrund; sie ist eine der leicht erreichbaren Hütten, denn die Tegelbergbahn ist ganzjährig im Einsatz; wer's spannender mag, wählt den Gelbe-Wand-Klettersteig als Hüttenanstieg.

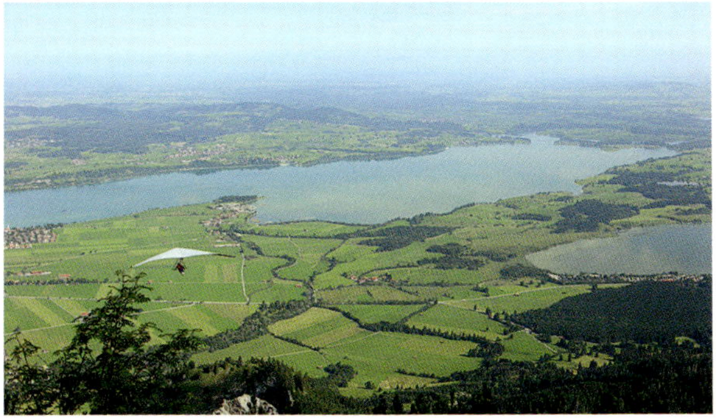

Der Hüttengipfel

schwer 350 Hm 1.00 Std.

Branderschrofen (18807 m): Trittsicherheit und Schwindelfreiheit erforderlich, Drahtseilsicherungen am Gipfelaufbau. – Am Tegelberghaus rechts vorbei und am Kamm höher, das Gipfelkreuz immer im Blick. Dann geht es links vom Hauptweg ab und an die Gipfelfelsen heran. Drahtseilgesichert geht es weiter zum höchsten Punkt.

Blick vom Branderschrofen auf die Ostallgäuer Seenplatte, im Bild der Forggensee (links) under Der Bannwaldsee (rechts)

rechts zum ausgewiesenen Klettersteig-Lehrpfad. Nach 30 Minuten erreichen wir den Anseilplatz und gehen weiter, vorbei am Tegelbergsteig, zu einer Seilbrücke, die rechts über einen Bach führt (kann jedoch umgangen werden). Wir erreichen zunächst ein Marterl mit Bank, dann den Täfelesattel (1645 m). Dort rechts hinauf zum Tegelberghaus.

2. Über die Marienbrücke

mittel 900 Hm 2.30 Std.

Vom Parkplatz bei Hohenschwangau (820 m) geht es auf ausgeschildertem Weg hinauf zum Schloss Neuschwanstein und rechts weiter zur Marienbrücke. Über diese und in Serpentinen hinauf zu einer Schulter, auf der Nordseite des Berges weiter, unter der Seilbahn hindurch, bis man auf den Gelbe-Wand-Steig trifft; weiter wie dort.

3. Abstieg über den Reitweg

mittel 900 Hm 2.00 Std.

Vom Tegelberghaus wandern wir auf markiertem Weg (E 4) durch die Südhänge des Branderschrofens hinab zum Branderfleck (Wegkreuzung). Dort geht es rechts in Kehren durch Wald hinab zur Ahornhütte. Nun auf Forstweg ins Tal der Pöllat, rechts auf Fahrweg über den Deutenhauser Bach und weiter hinaus nach Hohenschwangau.

4. Abstieg über die Drehhütte

leicht 890 Hm 2.00 Std.

Vom Tegelberghaus zurück auf dem Anstiegsweg zur Wegverzweigung (Wegtafel »Ilgmösle, Drehhütte, Bannwaldsee«), dort rechts in eine Mulde. Links haltend an zwei Lifthäuschen vorbei, zur Rohrkopfhütte und rechts zur Drehhütte. Von dort hinab zur Talstation der Bergbahn.

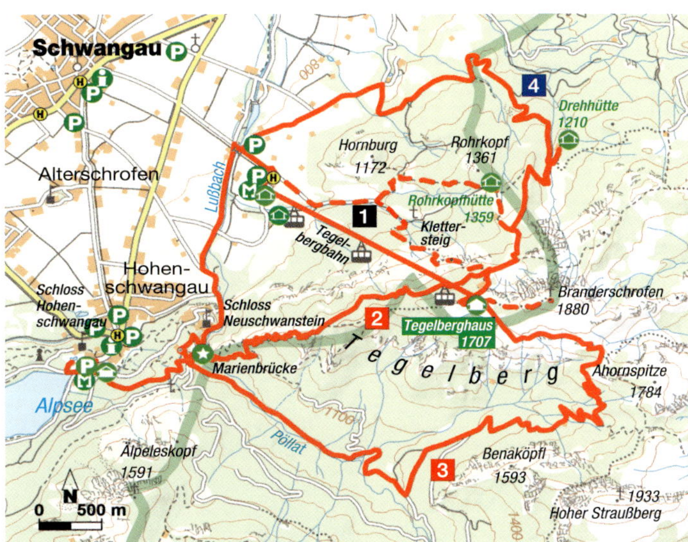

79

Säulinghaus (1720 m)

Eine gemütliche Hütte der Naturfreunde

Das Säulinghaus gehört zu den wenigen Hütten in den Bayerischen Hausbergen, die noch im Urzustand erhalten sind. Es gibt kein fließendes Wasser, und der Strom wird durch eine kleine Solaranlage erzeugt. Mehr alpines Flair geht praktisch nicht.

Die Hütte

Säulinghaus (1720 m), TVN-Haus, 27 Betten, 34 Lager, von Mitte Mai bis Ende Oktober bewirtschaftet; Tel. 0043/676/ 941 37 75. www.saeulinghaus.at

Charakter

Der leichteste Weg führt von Pflach hinauf, alle anderen Wege erfordern Trittsicherheit und Schwindelfreiheit.

Anreise

Mit Pkw: Über Kempten nach Füssen und weiter nach Schwangau oder über Schongau und Halblech nach Hohenschwangau bis zu den Großparkplätzen vor dem Alpsee (Hüttenwege 1 und 4). Oder weiter durch den Vilstunnel auf die österreichische Seite, Ausfahrt Reutte-Nord und am Kreisverkehr weiter nach Pflach; im Ort beim Schild »Säulinghaus« über das Bahngleis und auf Feldweg zum Parkplatz (Hüttenweg 2).
Mit Bahn/Bus: Mit der Bahn bis Füssen und mit Bus nach Hohenschwangau bzw. mit der Außerfernbahn bis zum Haltepunkt Pflach, dann weiter zu Fuß

Karte

Topografische Karte 1:50 000 Füssen (LDBV)

Weitere Hütten

Berggasthaus Bleckenau (1167 m), ehemaliges Jagdhaus Ludwigs II., heute privat, von Mitte Mai bis Mitte Oktober bewirtschaftet, im Winter auf Anfrage; Tel. 0 83 62/ 880 98 78

Dürrenbergalm (1438 m), Jausenstation, im Sommer bewirtschaftet

Die vergleichsweise zahmen Ammergauer Alpen haben im Westen einen markanten Eckpunkt: den Säuling. In seinem Schutz steht im sogenannten Königswinkel Deutschlands bekanntestes Schloss, Neuschwanstein. Auf der Westseite des Gipfels, den sich zwei Länder teilen, liegt das im Jahr 1925 erbaute Säulinghaus. Es gibt nur einen Hüttengipfel – dafür aber einen mit großartiger Aussicht in die Lechtaler Alpen im Süden und die Allgäuer Seenplatte im Norden.

1. Von Hohenschwangau

mittel | 240 Hm | 2.30 Std.

Vom Parkplatz »Königsschlösser« (820 m) wandern wir hinauf zum Schloss Neuschwanstein, dann weiter zum Aussichtspunkt auf Hohenschwangau und den Alpsee und vorbei am Zugang zur Marienbrücke zu einer Kreuzung mit Ampel. Gerade hinüber und auf dem Brunnenstuben- oder Wasserleitungsweg weiter ansteigend, bis rechts ein Schild zum »Säuling« weist. Bei der Wildsulzhütte geht es rechts, über den Kamm des Pilgerschrofens hinweg, auf dessen Südseite und unter den Wänden entlang zum Säulinghaus.

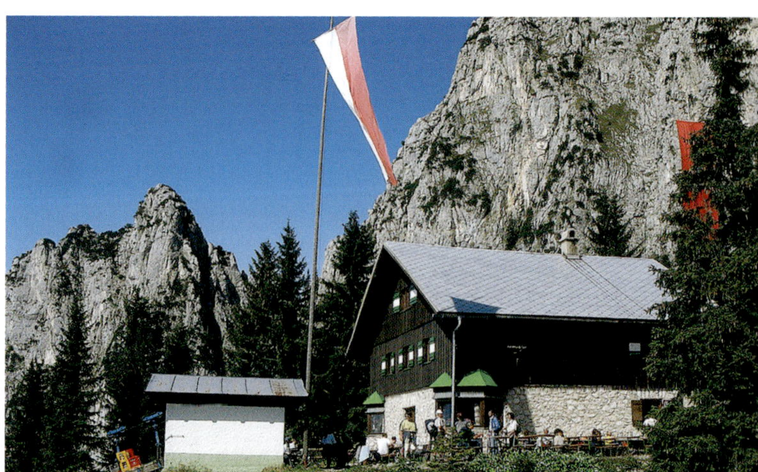

Das Säulinghaus der Naturfreunde; von seiner Terrasse hat man einen schönen Blick über das Lechtal hinweg auf die Tannheimer Berge.

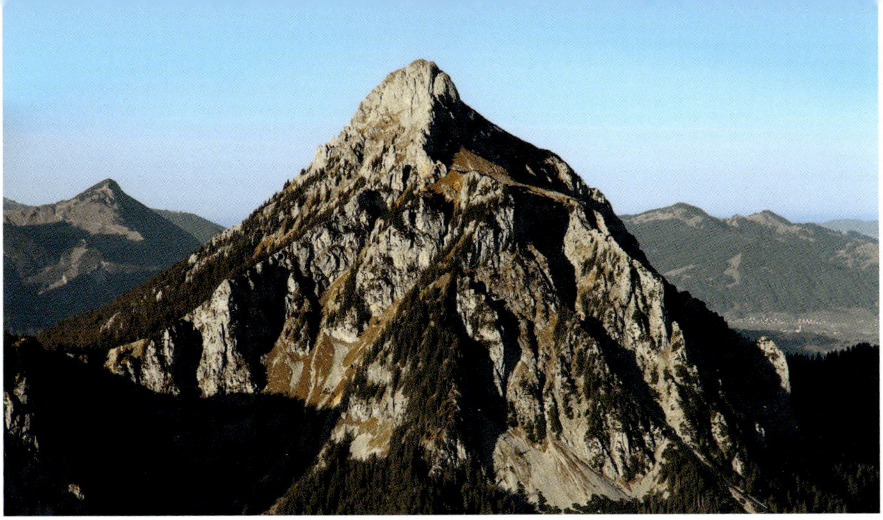

Der Gipfelaufbau des Säuling ist für geübte Bergwanderer kein Problem.

2. Von Pflach

leicht 820 Hm 2.30 Std.

Vom Parkplatz geht es auf Wirtschaftsweg in den Wald, bis rechts der Wanderweg zum Säulinghaus abzweigt. Mehrmals den Fahrweg kreuzend oder ihm folgend und über verwachsene Mähder steigen wir zu einer Weggabelung. Dort geht es links steil hinauf zum Säulinghaus.

3. Abstiegsrunde über die Dürrenbergalm

leicht 920 Hm 3.00 Std.

Wer für den Abstieg etwas Abwechslung sucht, zweigt vom Steig nach Pflach auf dem Fahrweg links ab und folgt ihm zum Pflacher Älpele. Dort steigen wir rechts über die Gräben des Klemmtalbaches und wandern über weitere Gräben hinüber zur Dürrenbergalm. Von dort führt rechts ein Wanderweg hinab zu unserem Ausgangspunkt bei Pflach.

4. Abstieg über die Bleckenau

mittel 1220 Hm 2.30 Std.

Vom Säulinggipfel steigen wir hinab zum Sattel unterhalb, dann rechts hinab auf steilem Steig in die Bleckenau bis zur kleinen Fritz-Putz-Hütte. Dort geht es über die Brücke zum Berggasthaus Bleckenau (Busverbindung ins Tal).

Oder ein kurzes Stück zurück und rechts auf dem Brunnstubenweg (bei den Wegverzweigungen immer geradeaus) über ein paar Steilstufen hinab nach Hohenschwangau.

Der Hüttengipfel

mittel 640 Hm 2.15 Std.

Säuling (2030 m): Trittsicherheit und Schwindelfreiheit erforderlich; es sind Eisenketten zur Sicherung angebracht. – Vom Säulinghaus folgt man rechts dem rot markierten gesicherten Steig steil hinauf zur Gamswiese – ein Blumenparadies! Von dort steigen wir rechts über ein paar Geländestufen hinauf zum breiten Gipfel.

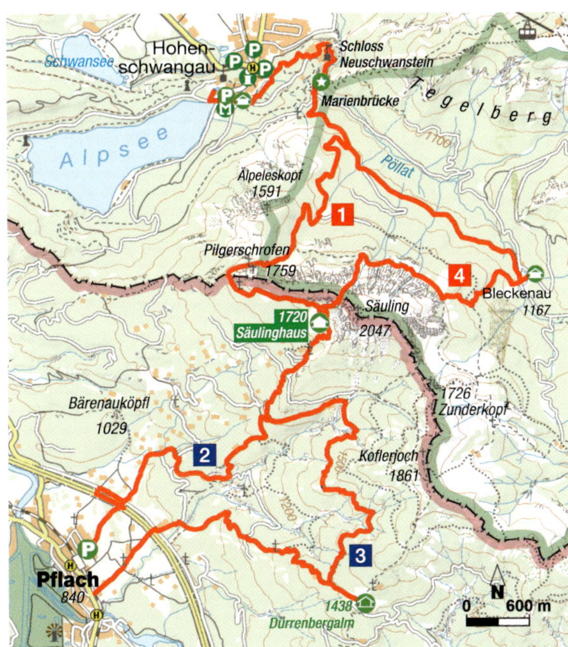

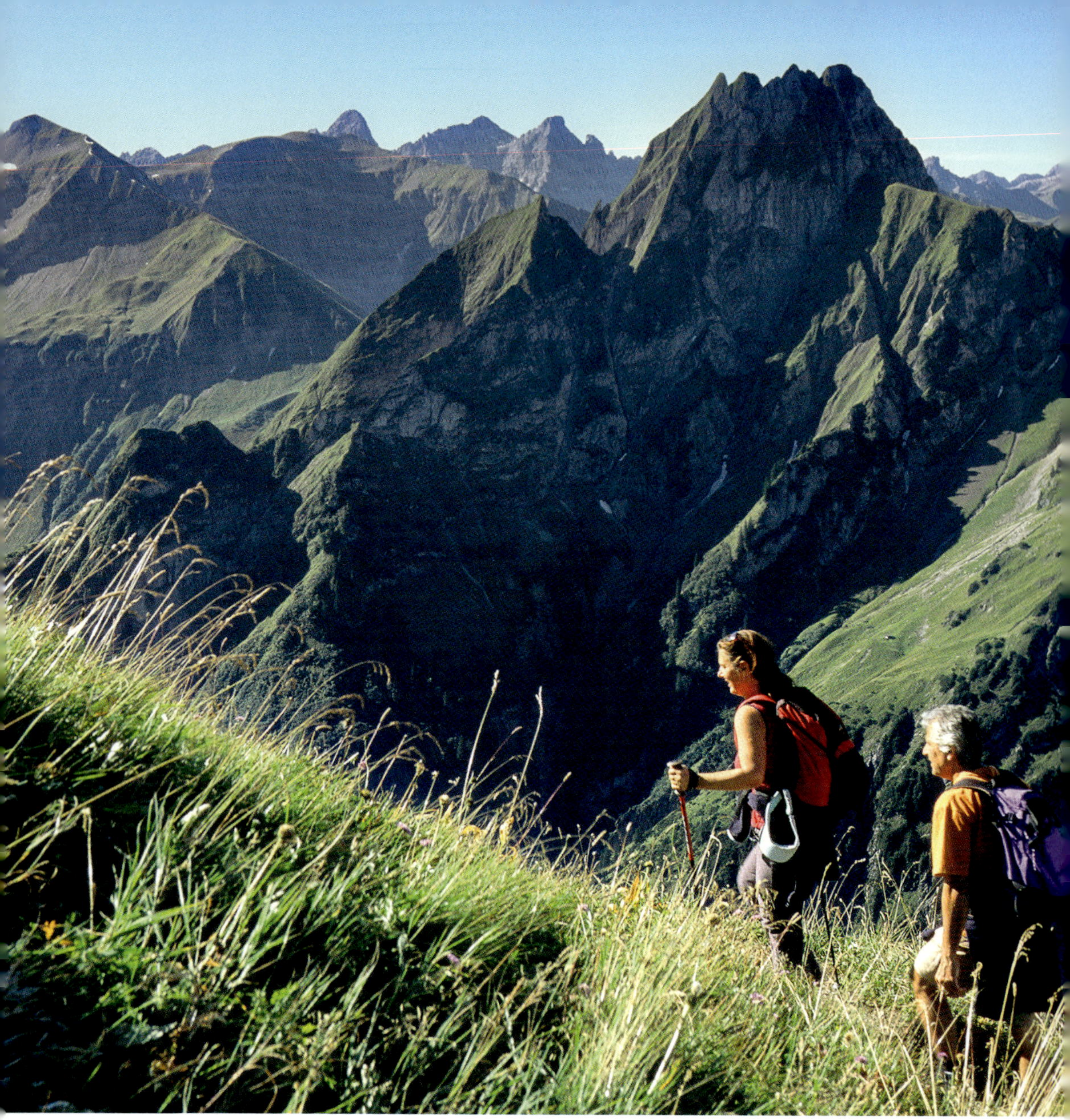

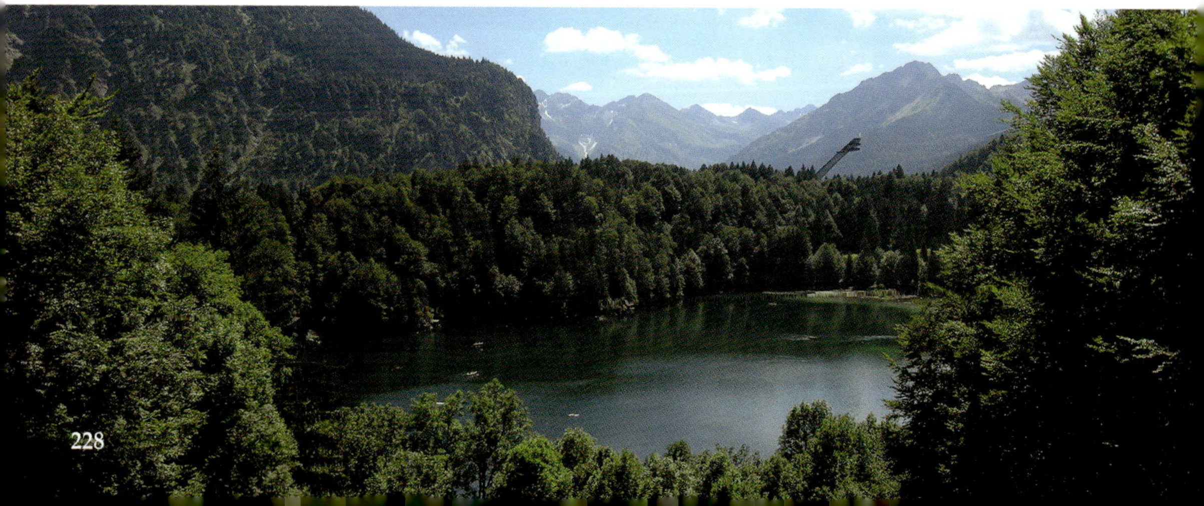

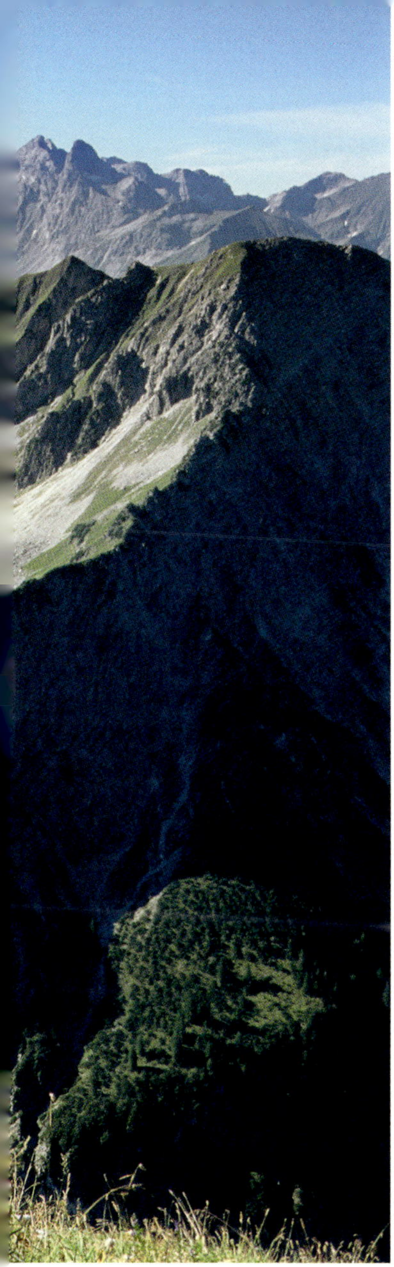

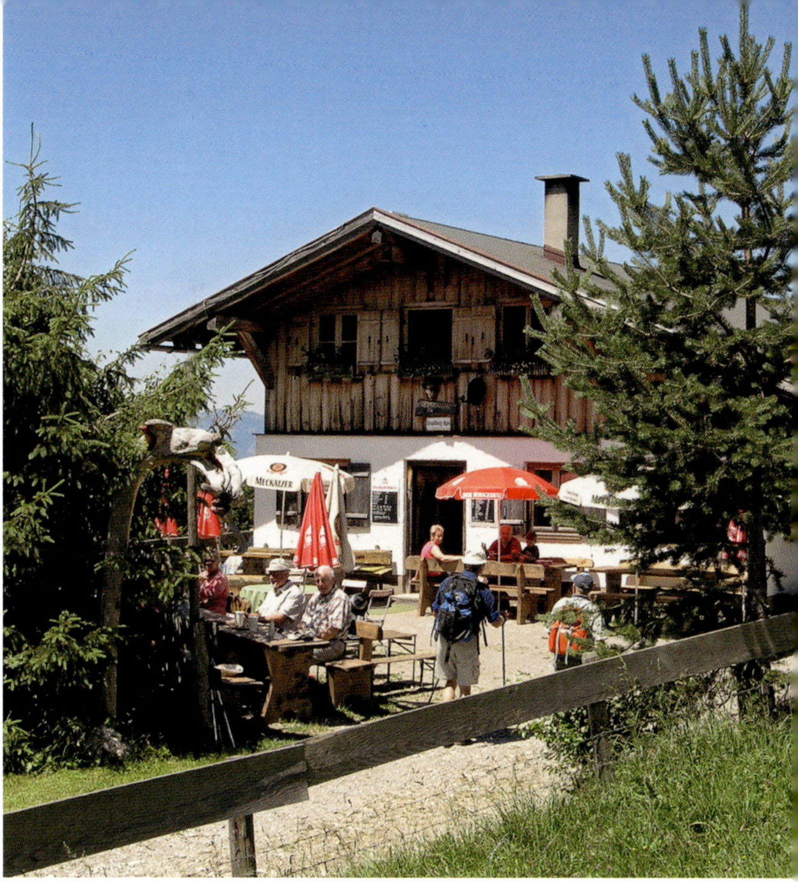

Allgäuer Alpen

Unterwegs am Höhenweg zwischen Himmeleck und Rauheck; im Hintergrund die Höfats (li. oben). Der Freibergsee bei Oberstdorf mit der Skiflugschanze (li. unten). Die Straußbergalpe oberhalb von Bad Hindelang (re. oben). Der Hochvogel ist eine imposante Erscheinung (re. unten).

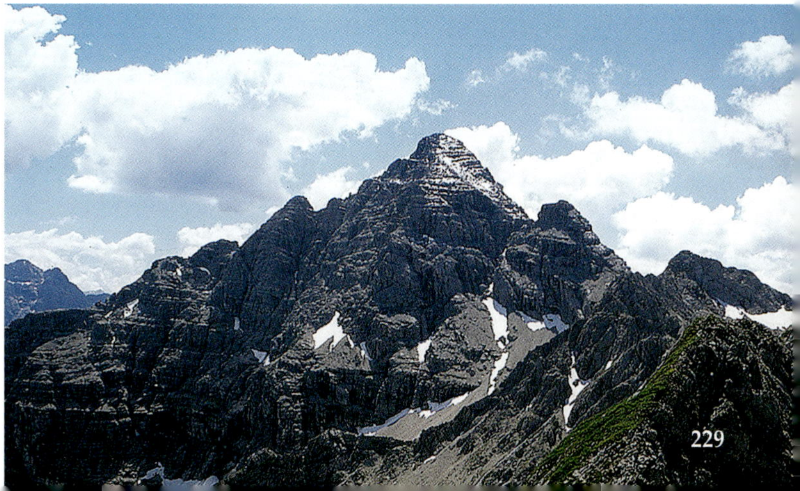

80

Gimpelhaus (1659 m)

Ausbildungscenter mit Hotelcharakter

Die Hütte
Gimpelhaus (1659 m), privat, 50 Betten, 110 Lager, 8 Betten, vom 1. Mai bis zum dritten Sonntag im Oktober bewirtschaftet; Tel. 0043/56 75/82 51. www.gimpelhaus.at

Charakter
Bergwanderwege. Der Anstieg von Nesselwängle ist steil. Der Übergang vom Füssener Jöchl erfolgt auf Klettersteig, der unbedingte Trittsicherheit und Schwindelfreiheit erfordert. Der Übergang von der Hahnenkammbahn erfolgt zum Teil auf schmalem Bergsteig. Der Übergang von der Otto-Mayr-Hütte verlangt Trittsicherheit und Schwindelfreiheit, einige Seilsicherungen, Kletterstelle im Schwierigkeitsgrad I.

Anreise
Mit Pkw: Über Pfronten ins Tannheimer Tal nach Grän; auf der Ostseite Zufahrt zur Gondelbahn Füssener Jöchl; großer Parkplatz an der Talstation (Hüttenweg 2). Oder weiter nach Nesselwängle; großer Wanderparkplatz am westlichen Ortsende (Hüttenweg 1). Oder über Füssen und Reutte nach Höfen zur Talstation der Reuttener Bergbahn (Hüttenweg 3). Zugang zur Otto-Mayr-Hütte siehe Tour 82 (Hüttenweg 4).
Mit Bahn/Bus: Mit der Bahn bis Reutte und weiter mit Bus zur Talstation der Reuttener Bergbahn. Oder mit Bus nach Nesselwängle bzw. nach Grän (bis Touristeninformation); 10 Min. zu Fuß zur Talstation der Bergbahn. Für Zugang zur Otto-Mayr-Hütte Anfahrt mit der Bahn bis Musau, dann weiter zu Fuß

Karte
Topografische Karte 1:50 000 Füssen (LDBV)

Das große Unterkunftshaus thront auf einem Geländevorsprung hoch über dem Tannheimer Tal. Es ist schnell zu erreichen und hat eine ganze Palette an anspruchsvollen Gipfeln und Touren zu bieten: die Köllenspitze, die Rote Flüh, den Gimpel und den Friedberger Klettersteig und natürlich jede Menge Kletterrouten.

Das privat geführte Gimpelhaus, an aussichtsreicher Stelle über Nesselwängle gelegen, gehört zu den großen Hütten in den Tannheimer Bergen. Nach einem Brand wurde es 1973 in der heutigen Gestalt neu errichtet. Im Gegensatz zur nahen urig-gemütlichen Tannheimer Hütte gleicht dieses Haus – trotz der kompletten Außenverkleidung mit Holzschindeln, auch innen dominiert Holz – einem Berghotel. Die Bettenzahl spricht für sich, und so eignet sich das Gimpelhaus für die Aufnahme großer Gruppen – daher ist sie auch Ausbildungsstützpunkt mit einem speziellen Schulungsraum und sogar einem separaten Boulderraum.

1. Von Nesselwängle

leicht 520 Hm 2.15 Std.

Vom Parkplatz auf Sträßchen am oberen Ortsrand zu den letzten Häusern von Nesselwängle (hierher auch direkt von der Kirche auf ausgeschildertem, etwas verwinkeltem Weg), dann dem Wegweiser zum »Gimpelhaus« folgend zunächst noch auf Wirtschaftsweg, dann auf saniertem Steig in steilen Serpentinen hinauf zum Gimpelhaus.

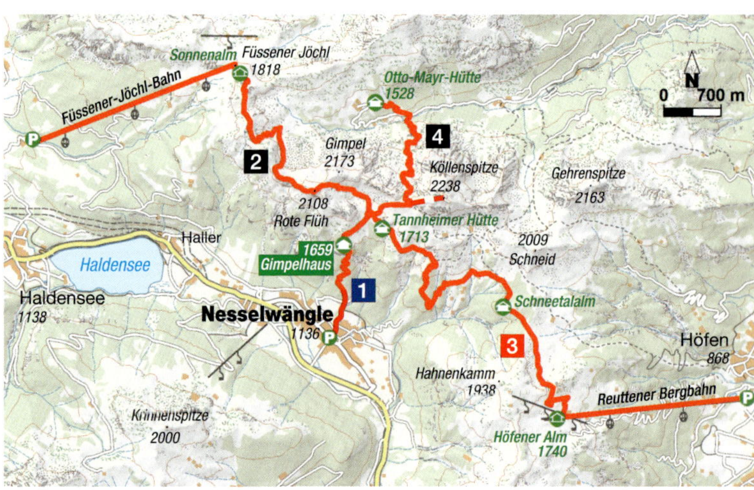

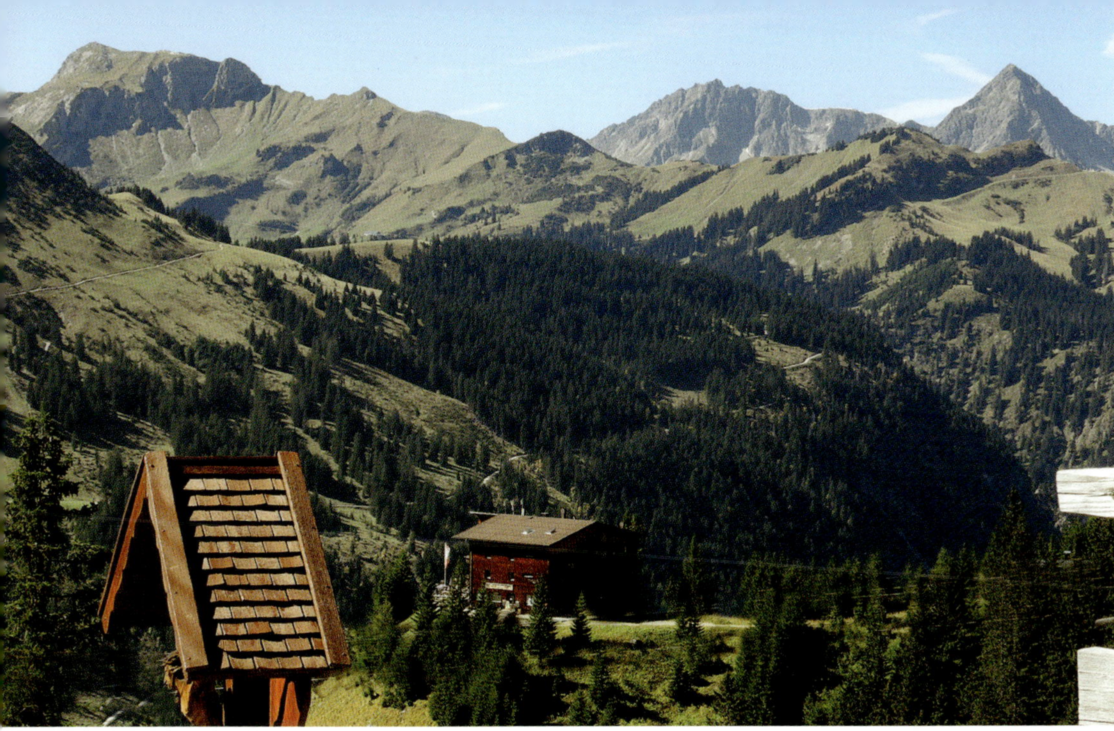

2. Vom Füssener Jöchl

schwer 960 Hm 4.00 Std.

Der Anstieg erfolgt wie bei Tour 81. An der Wegverzweigung nach dem Gimpelkar hält man sich jedoch rechts und folgt dem guten Wanderweg hinab – zuletzt durch ein Waldstück – zum Gimpelhaus.

Das Gimpelhaus ist nicht nur Unterkunftshaus, es ist auch Ausbildungszentrum und Treffpunkt für Bergbegeisterte jeder Couleur.

3. Von der Hahnenkammbahn

mittel 820 Hm 2.45 Std.

Von der Bergstation (1740 m) folgt man zunächst dem breiten Fahrweg hinab zur Höfener Alm. Von dort leitet ein schöner Höhenweg – der Alpenrosenweg – hinüber zum Tiefjoch (1717 m) und von diesem links hinab durch Wald zur Schneetalalm. Dann weiter auf Höhensteig (Mark.-Nr. 417/418) zur Tannheimer Hütte. Dort geht es links hinab durch Wald zum Gimpelhaus.

4. Übergang von der Otto-Mayr-Hütte

schwer 990 Hm 2.30 Std.

Von der Hütte wandern wir auf dem Wanderweg 20 Minuten hinab in Richtung Musauer Alpe, kreuzen den Fahrweg und folgen dem markierten Bergsteig zur Nesselwängler Scharte (2005 m)t. Zunächst über den Sababach, dann durch Wald und Latschen hinauf in den Karboden oberhalb und in zahlreichen Serpentinen – eine drahtseilgesicherte Stelle – hinauf zur Scharte. Jenseits hinab, Querung nach rechts unter den Felsen, bis links der Steig in direkter Linie hinab zum Gimpelhaus führt.

Der Hüttengipfel

schwer 1160 Hm 3.30 Std.

Köllenspitze (2238 m): Rund um das Gimpelhaus gibt es keine wirklich leichten Gipfel zu besteigen. Die Köllenspitze – immerhin höchster Gipfel der Tannheimer Berge – weist für den erfahrenen Bergsteiger jedoch eine »schwache« Seite auf (Trittsicherheit, Schwindelfreiheit und Klettererfahrung im 2. Schwierigkeitsgrad unbedingt erforderlich; kurzes Stück Drahtseilsicherung; nicht bei Nässe oder Schnee begehen). – Detaillierte Routenbeschreibung mitnehmen!

81

Tannheimer Hütte (1713 m)

Urgemütliche Hütte am Fuße eines großartigen Klettergebiets

Die Hütte
Tannheimer Hütte (1713 m), AV-Hütte, Kat. I, 22 Lager, bewirtschaftet von Mitte Mai bis Ende Oktober, zur Zeit wegen Renovierung geschlossen; Tel. 0043/676/545 17 00 oder 08 31/209 27. www.davplus.de/tannheimer-huette

Charakter
Bergwanderwege. Der Übergang vom Füssener Jöchl erfolgt auf Klettersteig. Übergang von der Hahnenkammbahn zum Teil auf schmalem Bergsteig.

Anreise
Mit Pkw: Über Pfronten ins Tannheimer Tal nach Grän; auf der Ostseite Zufahrt zur Gondelbahn Füssener Jöchl; großer Parkplatz an der Talstation (Hüttenweg 2). Oder weiter nach Nesselwängle; großer Parkplatz am westlichen Ortsende (Hüttenweg 1). Oder über Füssen und Reutte nach Höfen zur Talstation der Reuttener Bergbahn (Hüttenweg 3).
Mit Bahn/Bus: Mit der Bahn bis Reutte und weiter mit Bus zur Talstation der Reuttener Bergbahn. Oder mit Bus nach Nesselwängle bzw. nach Grän (bis Touristeninformation); 10 Min. zu Fuß zur Talstation der Bergbahn

Karte
Topografische Karte 1:50 000 Füssen (LDBV)

Weitere Hütten
Schneetalalm (1650 m), privat, 30 Lager, von Ende Mai bis Anfang Oktober bewirtschaftet; Tel. 0043/676/960 44 15
Sonnenalm (1820 m), Bergstation der Füssener-Jöchl-Bahn
Gimpelhaus, siehe Tour 80

Dunkel getöntes Holz, eine Terrasse mit freiem Blick nach Süden und Startpunkt für zahlreiche, großartige, aber auch anspruchsvolle Bergtouren: das ist die Tannheimer Hütte hoch über dem Haldensee.

Die Tannheimer Hütte der AV-Sektion Allgäu-Kempten war die Privathütte eines k.u.k.-Notars, die 1892 zum Preis von 800 Goldmark den Besitzer wechselte und 1893 feierlich eröffnet wurde. 1894 wurde der gesicherte Weg zur Roten Flüh angelegt. Nach der Zwangsverwaltung ab 1945 kehrte die Hütte 1956 in den Besitz der Sektion zurück und wurde 1958 wieder eröffnet. Zurzeit ist die Hütte geschlossen, da ein Sanierungskonzept für die Zukunft erstellt werden muss.

1. Von Nesselwängle

leicht 560 Hm 1.30 Std.

Vom Parkplatz wandern wir auf einem Sträßchen am oberen Ortsrand zu den letzten Häusern, dann dem Wegweiser zum Gimpelhaus folgend erst noch auf Wirtschaftsweg, dann in steilen Serpentinen hinauf zum Gimpelhaus. Kurz dahinter zweigt rechts ein Weg ab, der durch Wald direkt zur Tannheimer Hütte führt. **Variante:** Am oberen Ortsrand, wo der Anstiegsweg den Bach berührt, steigen wir rechts über diesen und auf Weg (Mark.-Nr. 416 und 416a) am unteren Waldrand in Richtung Osten, links über einen bewaldeten Bergrücken unter die Felsen der Köllenspitze und links hinüber zur Tannheimer Hütte (1a).

2. Vom Füssener Jöchl

schwer 900 Hm 3.30 Std.

Vom Füssener Jöchl auf leichten Wanderwegen um die Läuferspitze herum, dann im Wechsel von der Ost- auf die Westseite zum Hallergern-

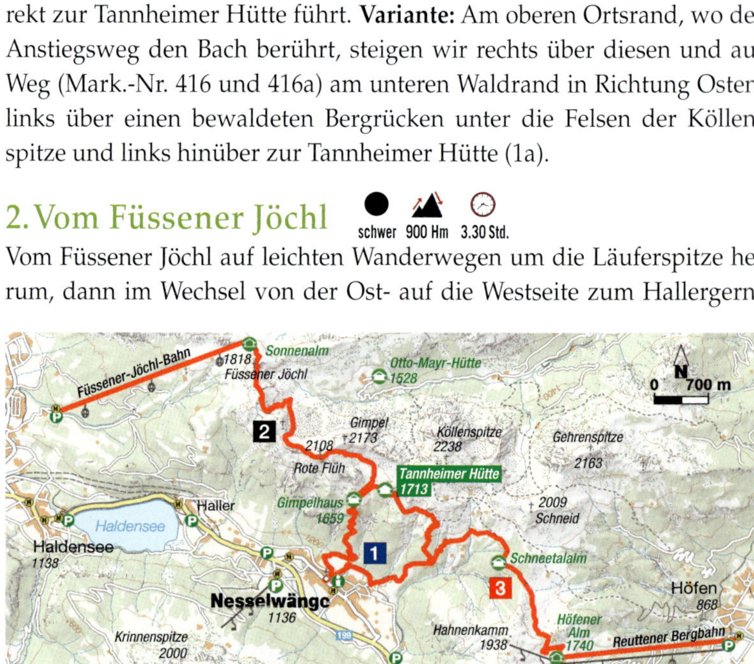

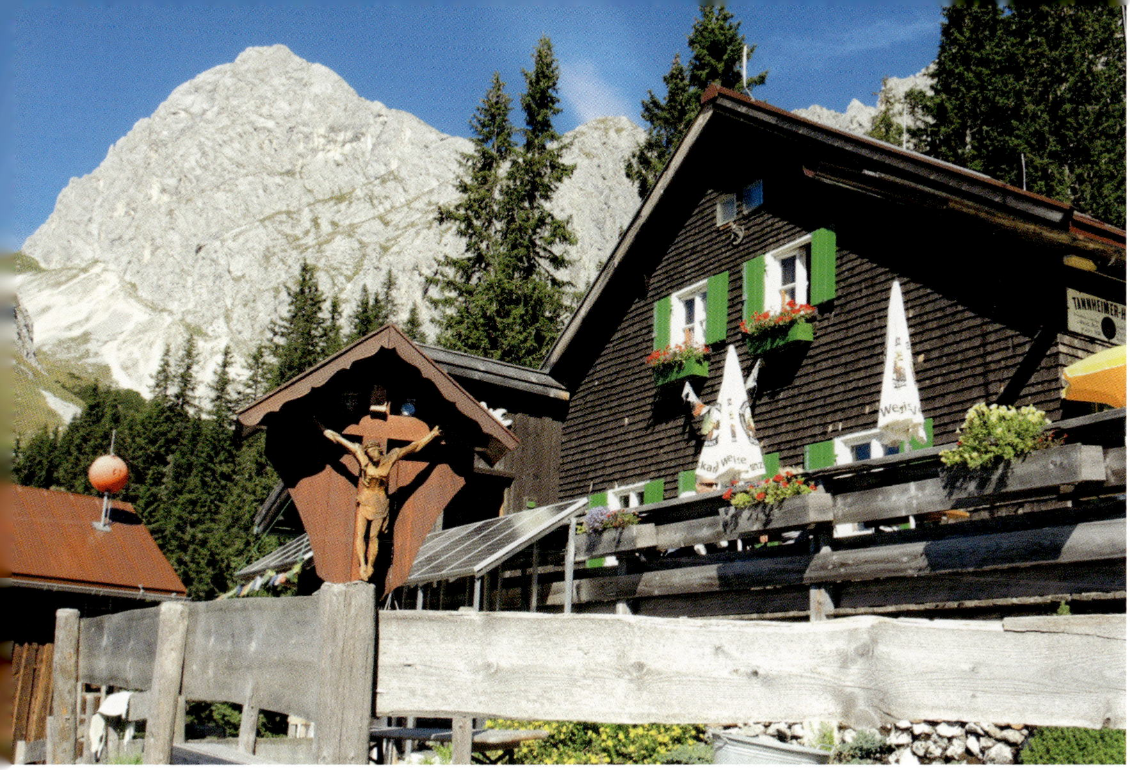

joch. Von hier sind es 20 Minuten zum Gipfelkreuz des Schartschrofens (Mark.-Nr. 424). Dort beginnt der Friedbergsteig. Auf der Südostseite geht es steil am nahezu durchgehenden Seil (Friedberger Klettersteig) hinab zur Gelben Scharte (Tafel, links Abstieg zur Otto-Mayr-Hütte). Von der Scharte wandern wir einen schrofigen Steig hinauf, rechts um einen Felsturm und den Grat entlang (Seilsicherungen). Über Eisenbügel und mithilfe von Eisenstiften steigen wir durch einen Kamin, über einen einfachen Steig zum Gipfel der Roten Flüh und dann auf der anderen Seite zur Judenscharte ab. Auf Bergweg nun durchs Gimpelkar zur Tannheimer Hütte.

Die Tannheimer Hütte mit dem Gimpel im Hintergrund (oben).

Unten: Blick über den Haldensee auf Schartschrofen (links) und Rote Flüh (rechts).

3. Von der Hahnenkammbahn

mittel · 760 Hm · 2.30 Std.

Von der Bergstation (1740 m) folgt man zunächst dem breiten Fahrweg hinab zur Höfener Alm. Von dort leitet ein schöner Höhenweg – der Alpenrosenweg – hinüber zum Tiefjoch (1717 m) und von diesem links hinab durch Wald zur Schneetalalm. Dann weiter auf Höhensteig (Mark.-Nr. 417/418) zur Tannheimer Hütte.

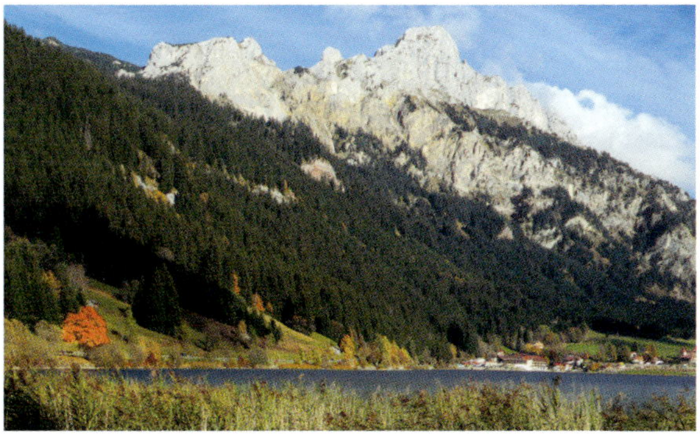

Der Hüttengipfel

schwer · 800 Hm · 2.30 Std.

Rote Flüh (2108 m): Aussichtsreicher Gipfel über Grän (Trittsicherheit und Schwindelfreiheit nötig). – Von der Hütte führt ein ausgeschilderter Steig zum Gimpelkar. Am oberen Rand durch dieses (bei Steinschlaggefahr untere Variante!) zur Judenscharte. Von dort links über eine Felsplatte, die mithilfe von Seilsicherungen, Felstritten und Eisenstiften überwunden wird, durch eine Rinne auf den grasigen Gipfel.

82

Otto-Mayr-Hütte (1528 m)

Erster Fertighausbau in den Tannheimer Bergen

Die Hütte
Otto-Mayr-Hütte (1528 m), AV-Hütte, Kat. I, 47 Betten, 37 Lager, von etwa Anfang Mai bis Mitte Oktober bewirtschaftet; zurzeit steht kein Winterraum zur Verfügung; Tel. 0043/56 77/84 57. www.ottomayrhuette.de

Charakter
Der leichteste Anstieg erfolgt auf Alpfahrweg von Roßschläg, der kürzeste von der Bergstation der Füssener-Jöchl-Bahn; Bergsteige, teilweise Alpfahrwege

Anreise
Mit Pkw: Von Füssen auf der B 189 nach Vils (Hüttenweg 2) bzw. nach der Lechbrücke links nach Musau und weiter in Richtung Pflach nach Roßschläg (Hüttenweg 1). Oder über Pfronten ins Tannheimer Tal nach Grän; auf der Ostseite Zufahrt zur Gondelbahn Füssener Jöchl; großer Parkplatz an der Talstation (Hüttenweg 4). Oder weiter nach Haller (Hüttenweg 3).
Mit Bahn/Bus: Mit der Bahn bis Reutte und weiter mit Bus nach Grän (bis Touristeninformation); 10 Min. zu Fuß zur Talstation der Bergbahn. Für Zugang von Norden mit der Bahn bis Vils oder Musau, dann weiter zu Fuß

Karte
Topografische Karte 1:50 000 Füssen (LDBV)

Weitere Hütten
Musauer Alm (1290 m), privat, bewirtschaftet von Anfang Mai bis Anfang November, im Winter an den Wochenenden, Di. Ruhetag, 15 Betten, 23 Lager; Tel. 0043/720/51 03 36 oder Tel. Tal 0043/650/210 02 26
Vilser Alpe (1226 m), privat, ganzjährig bewirtschaftet, im April Betriebsruhe, Di. Ruhetag, im Winter auch am Montag, 16 Betten; Tel. 0043/720/20 51 81
Füssener Hütte, siehe Tour 83

An jedem ersten Sonntag im Monat ist »Musiksonntag mit wechselnden Musikanten« auf dieser Alpenvereinshütte. Wer es lieber ruhig mag an diesem Tag: Als Hüttengipfel bieten sich Gimpel, Rote Flüh und Große Schlicke an.

Die Nordwände der Tannheimer Berge geben für die 1900 erbaute Hütte eine beeindruckende Kulisse ab. Ursprungsbau war ein auf einer Münchener Ausstellung erworbener Holzbau, der von der AV-Sektion Augsburg in Einzelteile zerlegt und dort oben wieder errichtet worden war. Schon 1909 war jedoch eine Erweiterung notwendig (letzte Renovierung 2005/2006). Namensgeber war der Justizrat Otto Mayr, der 30 Jahre lang die Sektion führte. Für Hundefreunde: Auf der Hütte gibt es sogar eine Hunde-»Suite«.

1. Von Musau (von Roßschläg)

leicht 710 Hm 3.00 Std.

Von der Bahnstation wandern wir auf ausgeschildertem Feldweg zum Bergfuß, dann steil durch Bergwald zur »Achsel«, einem Durchschlupf hinüber ins Raintal. Auf einem Ziehweg geht es jenseits hinab, bis man auf den von Roßschläg heraufführenden Wirtschaftsweg trifft. Auf diesem links weiter und über die Musauer Alm – zuletzt in Kehren (die auf Wanderweg abgekürzt werden können) – hinauf zur Otto-Mayr-Hütte.

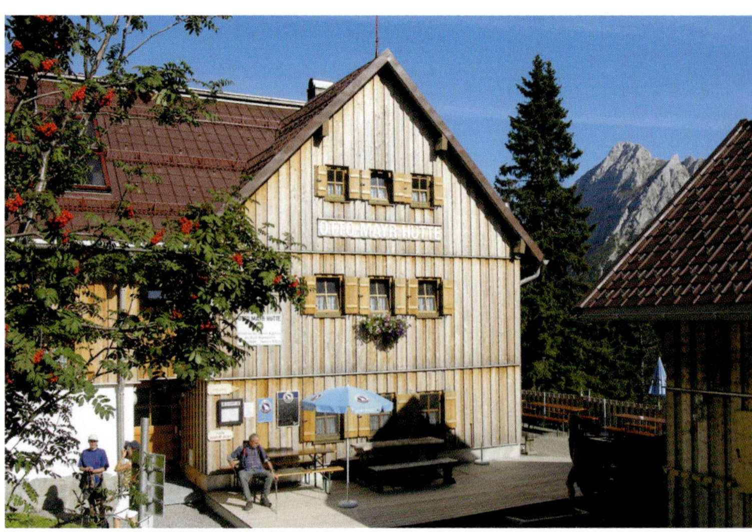

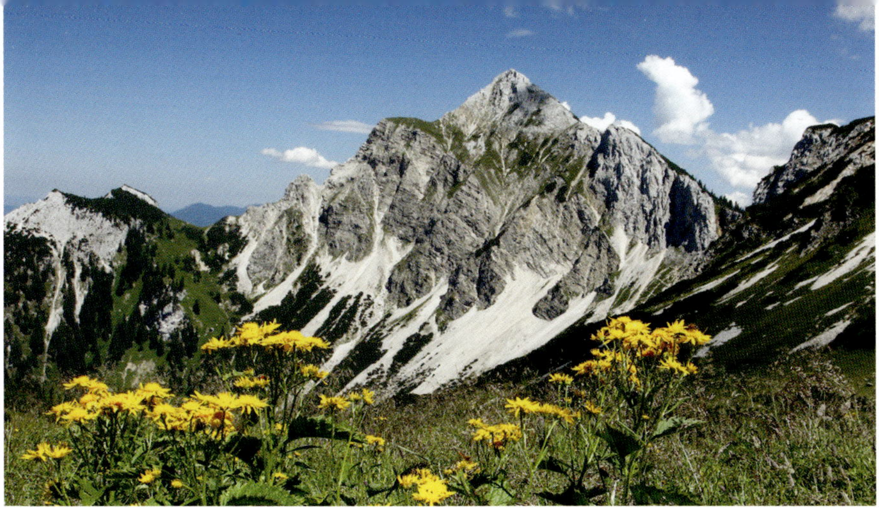

Die Große Schlicke ersteigt man über die Vilser Scharte (Einschartung rechts vom Gipfel).

Linke Seite: Die Otto-Mayr-Hütte wurde komplett aus Fertigbauteilen errichtet.

2. Von Vils

mittel 840 Hm 3.30 Std.

Einen Kilometer hinter Vils (Richtung Pfronten) führt links ein Wirtschaftsweg durchs Kühbach- und Alptal hinauf zur Vilser Alm (1226 m). Dort folgt man dem Wegweiser in den hinteren Karboden, dann steil hinauf in Serpentinen zur Vilser Scharte. Jenseits geht es direkt hinab zur Otto-Mayr-Hütte.

3. Von Haller

mittel 1025 Hm 3.00 Std.

Vom Ort Haller am Haldensee (1035 m) führt ein Bergweg (Mark.-Nr. 413) über das Ausflugslokal Adlerhorst und die Gessenwangalpe (1581 m) durch Wald, dann durch Latschen hinauf zum Hallergernjoch (1853 m). Jenseits geht es auf gutem Bergweg steil hinab (Wegweiser) ins Raintal zur Hütte.

4. Von Grän über das Füssener Jöchl

leicht 350 Hm 0.30 Std.

Mit der Umlaufbahn ist das Füssener Jöchl bequem zu erreichen. Von der Bergstation (1818 m) leitet rechts ein leichter Höhenweg durch die Nordosthänge des Läuferspitz zum Raintaljoch und jenseits auf ausgeschildertem Weg hinab zur Otto-Mayr-Hütte.

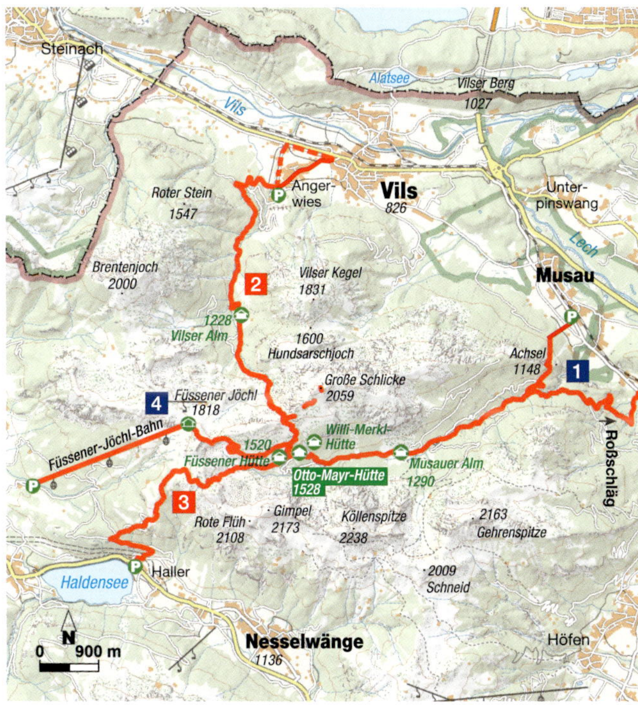

Der Hüttengipfel

mittel 1080 Hm 2.30 Std.

Große Schlicke (2059 m): Der leicht erreichbare Gipfel bietet nach Norden einen herrlichen Blick auf das Allgäuer Seengebiet und nach Süden auf Kellerspitze und Gimpel (steiler, aber unschwieriger Anstieg; Trittsicherheit Voraussetzung). – Der Anstieg beginnt direkt bei der Hütte und führt auf markiertem Weg (Ausschilderung »Vils«) über Weiden, durch lichten Wald und Latschen zur Vilser Scharte (1817 m). Wenige Meter unterhalb leitet der Steig rechts durch den Südosthang der Kleinen Schlicke, bis links steile Serpentinen zum Gipfelkreuz führen.

83

Füssener Hütte (1550 m)

Die »Urhütte« stammt aus dem Jahr 1837 …

Die Hütte
Füssener Hütte (1550 m), privat, 50 Betten, bewirtschaftet von Anfang Mai bis ca. Mitte Oktober, Mo. Ruhetag; Tel. 083 62/880 98 49. www.fuessener-huette.at

Charakter
Der leichteste Anstieg erfolgt auf Alpfahrweg von Roßschläg, der kürzeste von der Bergstation der Bergbahn; ansonsten Bergsteige.

Anreise
Mit Pkw: Von Füssen auf der B 189 nach Vils (Hüttenweg 2) bzw. nach der Lechbrücke links nach Musau und weiter in Richtung Pflach nach Roßschläg (Hüttenweg 1). Oder über Pfronten ins Tannheimer Tal nach Grän; auf der Ostseite Zufahrt zur Gondelbahn Füssener Jöchl; großer Parkplatz an der Talstation (Hüttenweg 4). Oder weiter nach Haller (Hüttenweg 3).
Mit Bahn/Bus: Mit der Bahn bis Reutte und weiter mit Bus nach Grän (bis Touristeninformation); 10 Min. zu Fuß zur Talstation der Bergbahn. Für Zugang von Norden mit der Bahn bis Vils oder Musau, dann weiter zu Fuß

Karte
Topografische Karte 1:50 000 Füssen (LDBV)

Weitere Hütten
Vilser Alm, siehe Tour 82
Otto-Mayr-Hütte, siehe Tour 82
Musauer Alm, siehe Tour 82

Das Raintal, das von den massiven Nordwänden der höchsten Gipfel der Tannheimer Berge im Süden begrenzt wird, gehörte – ebenso wie die dortigen Alpen – der ehemals freien Reichsstadt Füssen, daher auch der Name.

Die Füssener Hütte wurde bis ins 20. Jahrhundert zu Alpzwecken genutzt. 1936 übernahm die damalige Reichswehr die Hütte und stockte den eingeschossigen Bau zu einem stattlichen Haus auf. Nach Kriegsende folgten diverse Pächter, bis die Hütte im Jahr 1985 in der jetzigen Form der Öffentlichkeit zugänglich gemacht wurde. Mittlerweile hat sich die Hütte zu einem beliebten Treffpunkt für Bergwanderer und Mountainbiker entwickelt, die dort oben nicht nur die Abgeschiedenheit, sondern statt karger Älplerkost auch die Spezialitäten der Allgäuer Küche genießen wollen.

1. Von Musau (von Roßschläg)

leicht 735 Hm 3.00 Std.

Von der Bahnstation wandern wir auf ausgeschildertem Feldweg zum Bergfuß, dann steil durch dichten Bergwald zur sogenannten Achsel, einem Durchschlupf hinüber ins Raintal. Auf einem Ziehweg geht es jenseits hinab, bis wir auf den von Roßschläg heraufführenden Wirtschafts-

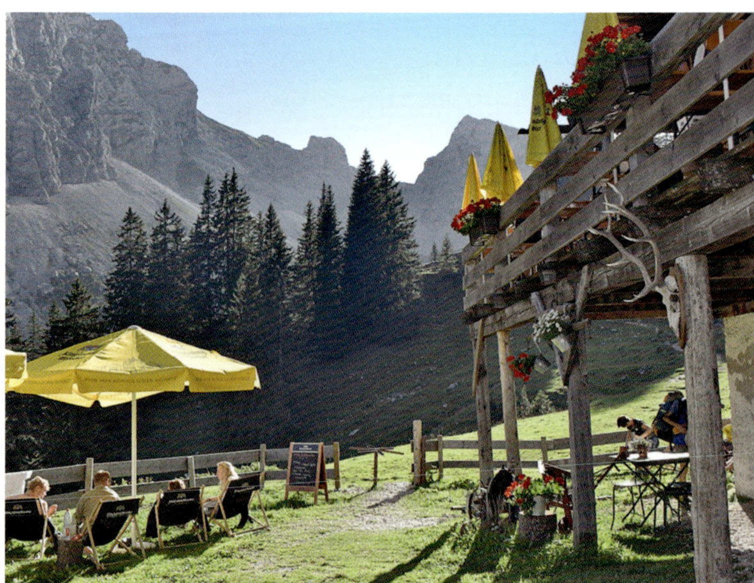

Die Füssener Hütte befindet sich auf deutschem Staatsgebiet (Vertrag von 1057) und gehört der Stadt Füssen.

weg treffen. Links weiter auf diesem über die Musauer Alm – zuletzt in Kehren (die aber auf Wanderweg abgekürzt werden können) – hinauf zur Füssener Hütte.

2. Von Vils

mittel 865 Hm 3.30 Std.

Siehe Tour 82. Die Füssener Hütte liegt nur wenige Meter von der Otto-Mayr-Hütte entfernt.

3. Von Haller

mittel 1000 Hm 3.00 Std.

Vom kleinen Ort Haller am Haldensee führt ein

Der Hüttengipfel

mittel 850 Hm 2.30 Std.

Schartschrofen (1973 m): Von der Füssener Hütte geht es auf markiertem und ausgeschildertem Wanderweg in westlicher Richtung zu einer Wegverzweigung. Dort links weiter über Bergwiesen, dann durch lichten Wald an den felsigen Kamm heran, der das obere Raintal nach Westen hin abschließt. Nun über steile Serpentinen hinauf ins Hallergernjoch (1853 m), dort links auf leichtem Bergwanderweg durch Latschen hinauf zum Gipfelkreuz des Schartschrofens.

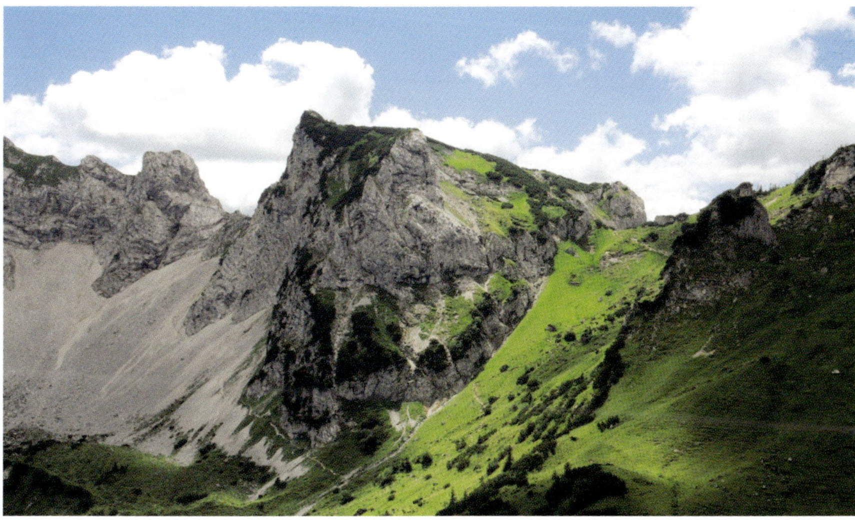

Der Gipfel des Schartschrofens (Bildmitte) ist einfach zu ersteigen

schöner Bergweg (Mark.-Nr. 413) über das Ausflugslokal Adlerhorst und die mittlerweile wieder bestoßene Gessenwangalpe (1581 m) durch Wald, dann durch Latschen hinauf zum Hallergernjoch (1853 m). Jenseits geht es dann auf gutem Bergweg steil hinab (Wegweiser) ins obere Raintal und zur Hütte.

4. Von Grän über das Füssener Jöchl

leicht 325 Hm 0.30 Std.

Auffahrt mit der Umlaufbahn: Von der Bergstation (1818 m) leitet dann rechts ein leichter Höhenweg durch die Nordosthänge des Läuferspitz zum Raintaljoch und jenseits auf gutem, ausgeschildertem Weg in Serpentinen hinab zur Füssener Hütte.

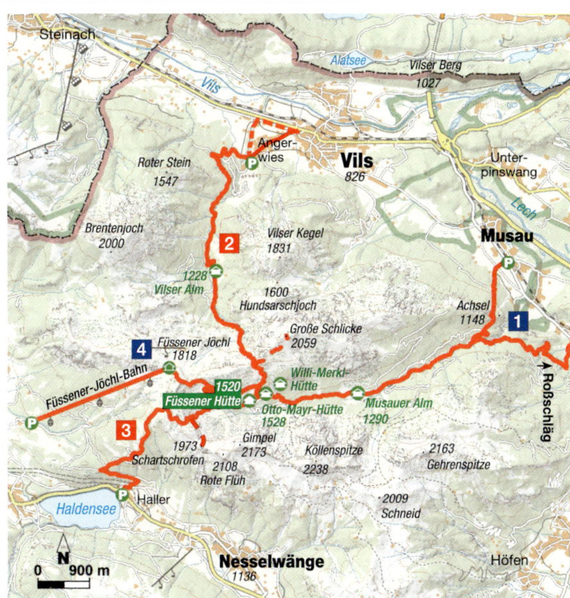

84

Bad Kissinger Hütte (1788 m)

Erste Erwähnung im Jahr 1880 als Aggensteinhütte

Die Hütte
Bad Kissinger Hütte (1788 m), AV-Hütte, Kat. I, von Mitte Mai bis Ende Oktober, bei günstigem Wetter evtl. noch im November bewirtschaftet, 34 Betten, 19 Lager, unversperrter Winterraum mit 8 Lagern; Tel. 0043/676/373 11 66. www.badkissinger-huette.at

Charakter
Der Aufstieg von Enge (Grän) und der Übergang vom Füssener Jöchl sind leicht. Die anderen Zustiege setzen Trittsicherheit, Hüttenweg 1 auch Schwindelfreiheit voraus.

Anreise
Mit Pkw: Von Kempten oder über Marktoberdorf bzw. über Füssen nach Pfronten-Steinach zur Talstation der Breitenbergbahn; dort großer Parkplatz (Hüttenwege 1 und 2). Parkplatz am Ausgangspunkt Enge kurz vor Grän (Hüttenweg 3). Großer Parkplatz an der Talstation der Füssener-Jöchl-Bergbahn (Hüttenweg 4).
Mit Bahn/Bus: Mit der Bahn bis Pfronten-Steinach, Bahnhof gegenüber der Talstation der Bergbahn. Bus- und Taxiverbindung von Pfronten nach Enge/Grän.

Karte
Topografische Karte 1:50 000 Füssen (LDBV)

Weitere Hütten
Sonnenalm (1818 m), Restaurant an der Bergstation der Füssener-Jöchl-Bahn
Hochalphütte, siehe Tour 85
Vilser Alm, siehe Tour 82

Was zeichnet diese Hütte aus? Erstens eine fantastische Lage, dazu eine super Terrasse und damit einen großartigen Blick in die Lechtaler Alpen, ja, bis in die Zentralalpen, und zweitens einen leicht erreichbaren und trotzdem attraktiven Hüttengipfel – den Aggenstein.

Im Jahr 1889 wurde sie in Blockhüttenbauweise neu und größer errichtet. Seitdem ist sie Alpenvereinshütte und bekam den Namen Pfrontner Hütte. 1921 brannte sie ab, eine Nothütte trat an ihre Stelle, die bis 1960 hielt. Die AV-Sektion Ludwigsburg stellte bis 1962 einen Neubau hin. 1994 ging die Hütte in den Besitz der Sektion Bad Kissingen über. Umbau und Erweiterung erfolgten im Jahr 2013/14. Der Anbau – quasi in Form eines »Höckers« auf der Bergseite der Hütte erweiterte vor allem das Übernachtungsangebot. Geführt wird die Hütte von Sabine Wirth, nachdem sich die langjährige Hüttenwirtin Andrea Walch aus gesundheitlichen Gründen zurückgezogen hatte.

1. Von Pfronten-Steinach

schwer 700 Hm 3.00 Std.

Mit der Bergbahn zur Bergstation (1610 m), dort weiter auf Alpweg zur Einsattelung zwischen Breitenberg und Aggenstein. Dann links haltend über die Alpweiden leicht hinab, über Serpentinen zur Ostschulter des

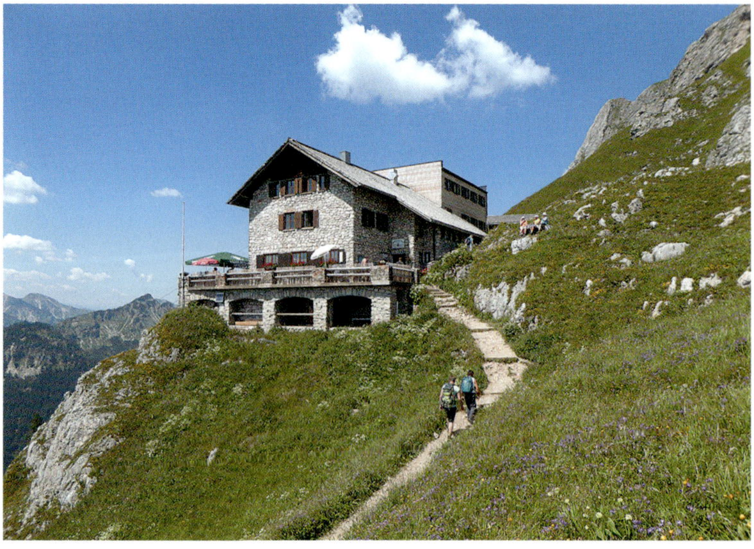

Die Bad Kissinger Hütte klebt wie eine Trutzburg an den Felsen des Aggensteins.

Aggensteins hinauf und mit Drahtseilsicherung zum Gipfel. Jenseits steigen wir dann noch 200 Höhenmeter zur Bad Kissinger Hütte ab.

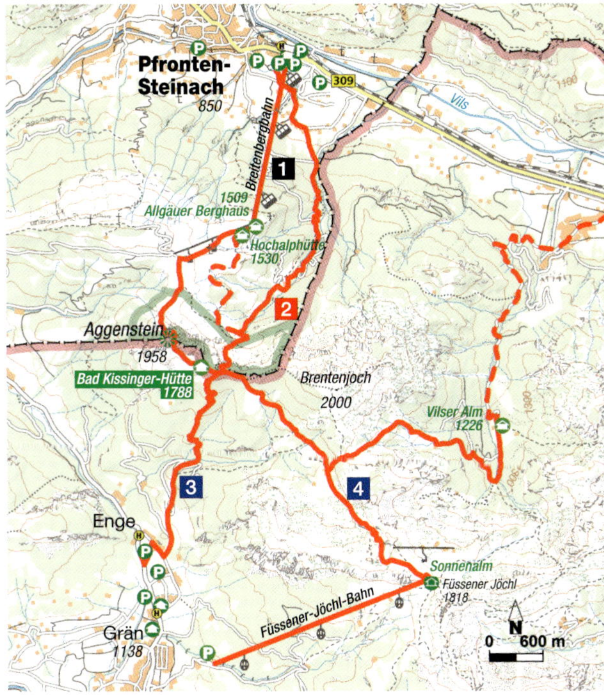

2. Von Pfronten via »Böser Tritt«

mittel 940 Hm 3.00 Std.

Von Parkplatz der Breitenbergbahn (850 m) gehen wir am oberen Ende parallel zur Trasse auf Wirtschaftsweg zum quer führenden Weg und links weiter bis zu einer Linkskurve. Dort zweigt links der Weg in die Reichenbachklamm ab. Entlang des Reichenbachs geht es bis zu einer Diensthütte, und über den »Bösen Tritt« zum Ostgrat des Aggensteins und rechts haltend zur Hütte.

3. Von Enge (Grän)

leicht 610 Hm 2.00 Std.

Wir gehen vom Parkplatz (1180 m) auf Teersträßchen bis zu einer Schranke, dann auf Wirtschaftsweg (Mark.-Nr. 411) durch freies Gelände bis kurz vor die Talstation der Materialseilbahn, dort rechts vorbei und in den Wald hinein. Über den Seebach und einen Nebenbach hinweg und in Kehren hinauf zum Ostgrat des Aggensteins. Links haltend weiter zur Hütte.

4. Über das Füssener Jöchl

leicht 370 Hm 2.00 Std.

Mit der Kleinkabinenseilbahn geht es von Grän hinauf zum Füssener Jöchl (1818 m), dann links auf dem Gräner Höhenweg (Mark.-Nr. 414) zur Westschulter der Sebenspitze. Dort wandern wir hinab zur Sebenalpe (1620 m). Jetzt in gerader Linie weiter und hinauf zur Bad Kissinger Hütte.

Am Gipfel des Aggenstein, der von der Alpenvereinshütte leicht zu erreichen ist.

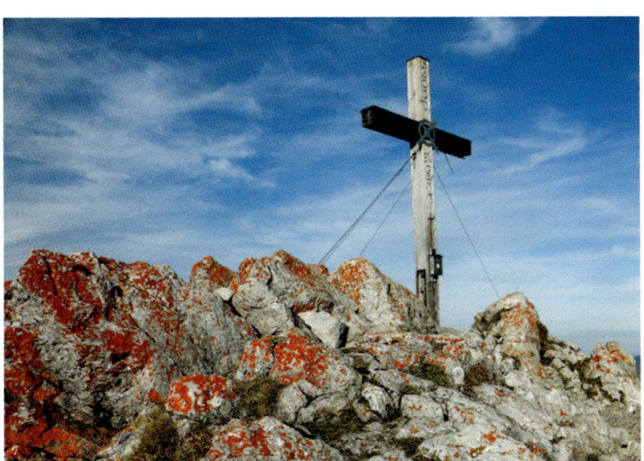

Der Hüttengipfel

mittel 400 Hm 1.00 Std.

Aggenstein (1958 m): Beherrschender Gipfel des Westkammes der Tannheimer Berge (im Gipfelbereich Trittsicherheit und Schwindelfreiheit erforderlich; einige Seilsicherungen). – Nur knapp 200 Höhenmeter trennen die Bad Kissinger Hütte vom Hausgipfel. Von der Hütte steigen wir durch die freie Südflanke des Berges, dann rechts zur Schulter des Aggensteins. Von hier führt ein gesicherter Anstiegsweg hinauf zum Gipfelkreuz.

85

Ostlerhütte (1838 m)

Stützpunkt für Wanderer und Skifahrer

Die Hütte
Ostlerhütte (1838 m), privat, nahezu ganzjährig bewirtschaftet, von Anfang November bis Weihnachten und eine Woche nach Ostern bis Christi Himmelfahrt geschlossen, Montag Ruhetag, außer zu den bayerischen Ferienzeiten sowie an Feiertagen, 42 Betten und Lager; Tel. 0 83 63/424.
www.huette-mit-herz.de

Charakter
Von Pfronten-Steinach zu Beginn Fahrweg, dann Ziehweg; von Fallmühle leichter, aber steiler Bergweg; vom Zollamt Fallmühle Almfahrweg

Anreise
Mit Pkw: Von Kempten oder über Marktoberdorf bzw. über Füssen nach Pfronten-Steinach zur Talstation der Breitenbergbahn; dort großer Parkplatz (Hüttenweg 1). Kleine Parkplätze an den anderen beiden Ausgangspunkten in Richtung Grän (Hüttenwege 2 und 3).
Mit Bahn/Bus: Mit der Bahn bis Pfronten-Steinach, Bahnhof gegenüber der Talstation der Bergbahn. Busverbindung von Pfronten nach Grän

Karte
Topografische Karte 1:50 000 Füssen (LDBV)

Weitere Hütten
Hochalphütte (1530 m), privates Berggasthaus knapp oberhalb der Bergstation der Breitenbergbahn, nahezu ganzjährig bewirtschaftet, 20 Betten, Übernachtung jedoch nur von Freitag bis Sonntag möglich; Tel. 0151/68 14 72 08 ; von Pfronten 2 Std.
Berghaus Allgäu (1509 m), an der Bergstation der Gondelbahn, Einkehr und Übernachtungsmöglichkeit; Tel. 0 83 63/486
Bad Kissinger Hütte, siehe Tour 84

Die Ostlerhütte ist eine richtige Gipfelhütte – höher geht es nicht mehr. Das kürzlich rundum erneuerte Berghaus hat dadurch jedoch nicht seine Gemütlichkeit verloren – denn innen wie außen dominiert Holz. Dazu gehört auch die Allgäuer Küche, die von Omas Rezepten inspiriert wird.

Die Ostlerhütte wurde in den Jahren 1928/29 auf Privatinitiative erbaut und nach dem Bau der Breitenbergbahn im Jahr 1951 saniert und erweitert. Den Namen erhielt die Hütte nach dem Spender des Bauholzes für dieses mittlerweile sehr beliebte Ausflugsziel. Von der großen Terrasse auf der Südseite hat man einen herrlichen Blick auf die Tannheimer Berge, besonders auf den direkt gegenüber steil aufragenden Aggenstein – bei gutem Wetter reicht der Blick sogar bis in die Schweizer Bergwelt. Seit 2016 wird die Hütte von Andrea Heiligensetzer geführt. **Tipp:** Bei einem Abstieg von der Hütte nach Fallmühle gibt es um ca. 15.45 Uhr eine Busverbindung zur Talstation der Bergbahn.

1. Von Pfronten-Steinach

leicht 900 Hm 3.00 Std.

Von der Talstation der Breitenbergbahn (850 m; bei Benutzung der Gondelbahn nur gute 30 Min.) wandern wir auf ausgeschildertem Feld- und

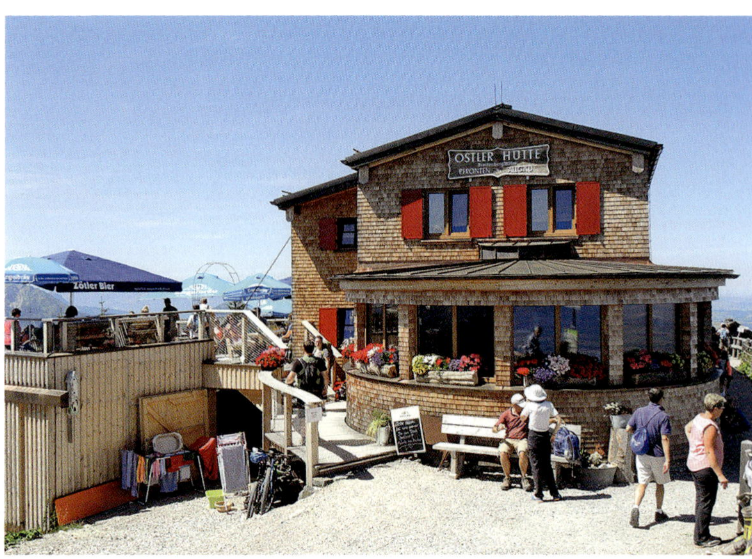

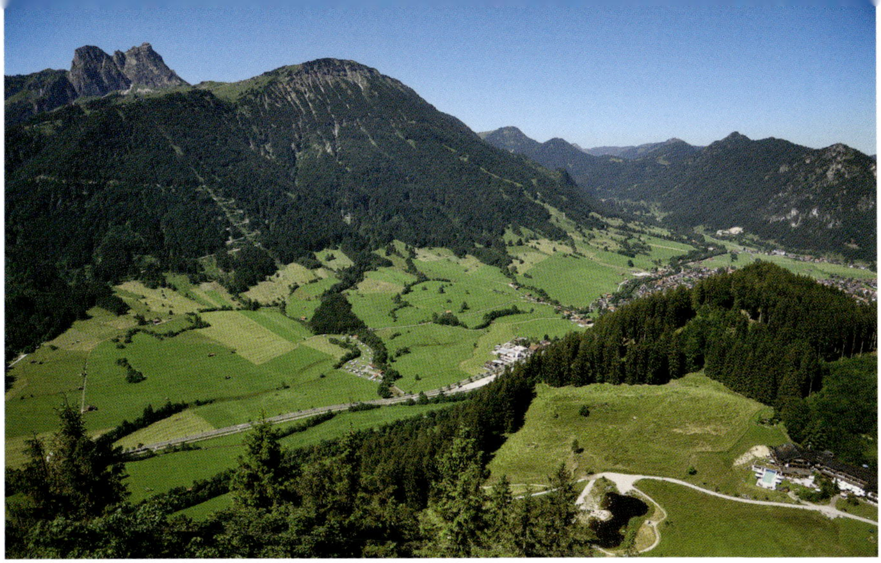

Blick über das Vilstal auf den Breitenberg; links im Hintergrund der Aggenstein

Wirtschaftsweg zum Bergfuß, dann in zahlreichen Serpentinen (Weg.-Nr. 411) durch Bergwald, zuletzt in weitem Rechtsbogen zur Bergstation bzw. zur Hochalphütte. Von dort geht es auf breitem Weg zur Einsattelung zwischen Aggenstein und Breitenberg und rechts auf Fahrweg zur Ostlerhütte.

Linke Seite: Die neu gestaltete, private Ostlerhütte auf dem Breitenberg

2. Von Fallmühle

leicht 890 Hm 2.30 Std.

Gegenüber dem Parkplatz an der Straße nach Grän beginnt der markierte und ausgeschilderte Bergweg. Als Startpunkt eignet sich auch das Gasthaus Fallmühle. Der schattige Weg führt zunächst durch Nadelwald, dann bald steil in Serpentinen hoch zum Westkamm, den man auf einer Höhe von 1561 Metern erreicht. Nun wandern wir links immer auf dem breiten Kamm entlang aussichtsreich zur Ostlerhütte.

3. Vom Zollhaus Fallmühle

leicht 810 Hm 2.30 Std.

Beim Zollhaus (1030 m) beginnt links ein Almfahrweg (Mark.-Nr. 5), der uns durch Wald und Almwiesen zum Joch zwischen Aggenstein und Breitenberg führt. Von der Bergstation des Sessellifts steigen wir links steil hinauf und erreichen auf diesem Weg die Hütte.

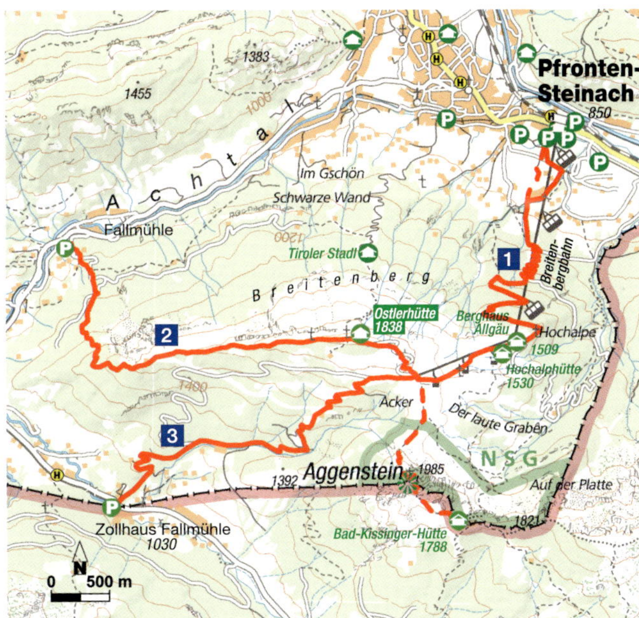

Der Hüttengipfel

Die Ostlerhütte befindet sich auf dem Gipfel des **Breitenbergs** (1840 m). Damit haben wir mit dem Hüttenweg gleich auch den Gipfelweg gemeistert. Nächstgelegenes Gipfelziel ist der **Aggenstein**, siehe auch Tour 84.

86

Grüntenhaus (1585 m)

Das Schutzhaus unter dem Wächter des Allgäus

Früher gab es auf dem Grüntenhaus »Molkenkuren« mit Literatur und Musik. Daran wollen die Hüttenwarte wieder anknüpfen. An einem Wochenende im Monat gibt es nun auch wieder Kulturerlebnisse für Bergwanderer – von Volksmusik über Jazz bis zu Sketch-Abenden.

Der Grünten gilt als der Wächter des Allgäus, denn er steht am Eingang zu den Allgäuer Alpen. Von seinem höchsten Punkt bietet sich ein umfassender Panoramablick hinaus auf das gesamte Allgäu, vom Bodensee bis zum Lechtal, von Kempten bis zum Allgäuer Hauptkamm. Kein Wunder, dass dort oben bereits im Jahr 1854 von Karl Hirnbein das erste gewerbliche Unterkunftshaus in den gesamten Allgäuer Alpen errichtet wurde. Das Grüntenhaus steht Bergwanderern als Einkehr- und Übernachtungsstelle offen. Beim Grüntenhaus weiden jeden Sommer Allgäuer Braunvieh sowie einige Schafe der Ouessant-Rasse, die als kleinste Schafrasse der Welt gilt, bewacht von einem isländischen Hirtenhund.

1. Von Burgberg

leicht 835 Hm 3.00 Std.

Vom Kirchplatz wandern wir auf der Grüntenstraße in Richtung Osten, dann links auf dem markierten Wanderweg am Bach entlang zwischen

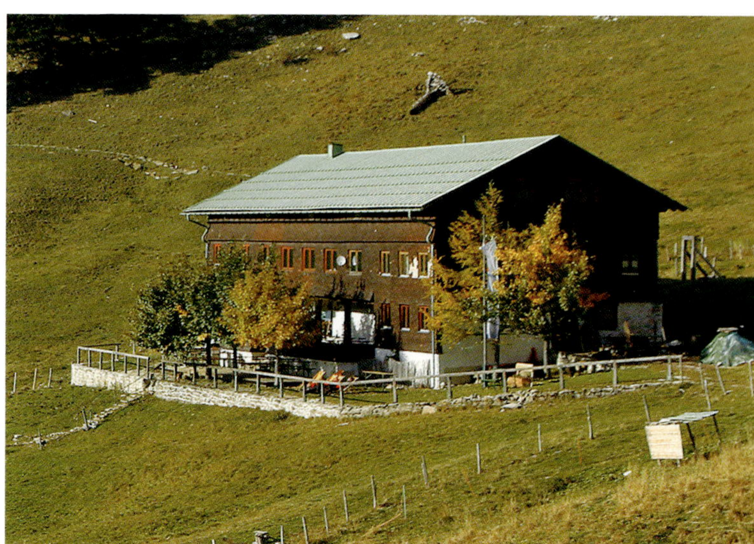

Die Hütte
Grüntenhaus (1585 m), privat, bew. von Mai bis Mitte November, im Winter bei gutem Wetter an Wochenenden, 40 Betten, Übernachtung für Gruppen nach Voranmeldung; Tel. 0 83 21/33 72. www.gruentenhaus.de

Charakter
Bergwanderwege, die jedoch Trittsicherheit voraussetzen; auf der Nordseite des Übelhorns eine Drahtseilsicherung (Hüttenweg 3)

Anreise
Mit Pkw: Auf der A 7 bis zum Autobahndreieck Allgäu, auf der A 980 bis Waltenhofen und weiter auf der B 19 über Sonthofen nach Burgberg; dort in die Grüntenstraße bis zu einem Wanderparkplatz (Hüttenweg 1). Oder weiter von Burgberg zum Wanderparkplatz »Erzgrubenwelt«, unterhalb des Gasthauses Alpenblick (Hüttenweg 2). Oder alternativ auf der A 7 bis zur Ausfahrt Oy-Mittelberg, dann auf der B 310 bis Wertach und weiter in Richtung Rettenbach-Immenstadt; in Kranzegg links hinauf auf Mautstraße zum Wanderparkplatz Jörgalpe (Hüttenweg 4) bzw. von Kranzegg 1 km weiter und links hinauf auf Mautstraße zum Wanderparkplatz Kammeregg (1080 m; Hüttenweg 3).
Mit Bahn/Bus: Mit dem Allgäu-Schwaben-Takt nach Sonthofen, dann weiter mit Bus nach Burgberg

Karte
Topografische Karte 1:50 000 Allgäuer Alpen (LDBV)

Weitere Hütten
Jörgalpe (1175 m), privat
Alpe Kammeregg (1150 m), privat. 10 Min. zu Fuß vom Parkplatz unterhalb
Grüntenhütte (1477 m), privat, 12 Betten, 30 Lager; Tel. 0 83 27/ 999 90 22

Kreuzelspitze und Stuhlwand bald steil durch Wald hinauf zum Grüntenhaus.

2. Vom Parkplatz »Erzgrubenwelt«

leicht 590 Hm 2.30 Std.

Vom Parkplatz »Erzgrubenwelt« folgen wir dem Wegweiser zum Gasthaus Alpenblick. (Man kann auch auf der Straße zurückgehen und rechts den Weg nehmen, der durch den Graben zwischen Stuhlwand und Burgberger Hörnle zur Hütte führt, 2a.) Beim Gasthaus beginnt ein Wirtschaftsweg, den man bei der Alpe Kehr nach links verlässt. Über Bergwiesen wandern wir auf ausgeschildertem Weg zur Oberen Schwandalpe. Eine Viertelstunde oberhalb an einer Wegverzweigung halten wir uns links und wandern über einen bewaldeten Kamm zur Hütte.

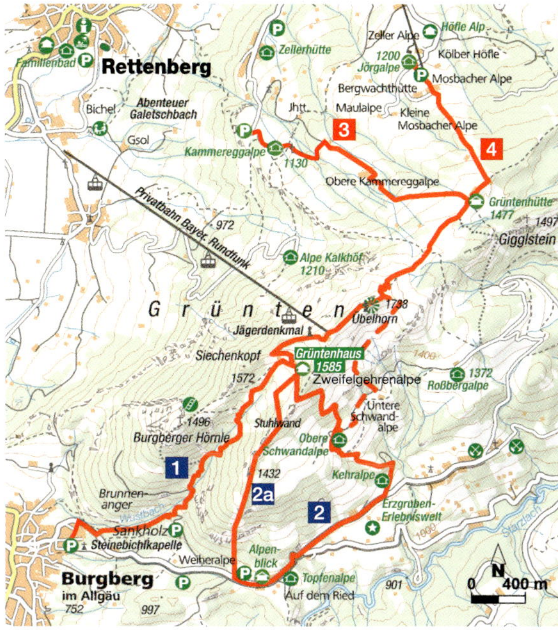

3. Von der Alpe Kammeregg

mittel 815 Hm 2.00 Std.

Auf gesperrtem asphaltierten Sträßchen wandern wir hinauf zur Grüntenhütte. Dort geht es rechts auf einem markierten Bergwanderweg am Lift entlang über den felsigen Nordostgrat hinauf zum höchsten Punkt des Grünten. Jenseits wandern wir auf einfachem Bergwanderweg vorbei an der Fernsehumsetzstation hinab zum Grüntenhaus, das unterhalb in einer Wiesenmulde liegt.

Linke Seite: Das Grüntenhaus gilt als das erste zu gewerblichen Zwecken errichtete Unterkunftshaus in den Allgäuer Alpen.

4. Von der Jörgalpe

mittel 720 Hm 2.00 Std.

Auf markiertem Weg wandern wir über freie Alpwiesen entlang der Lifttrasse hinauf zur Grüntenhütte; dort geht es weiter wie oben beschrieben.

Unten: Der Blick vom Übelhorn hinaus ins Allgäuer Voralpenland

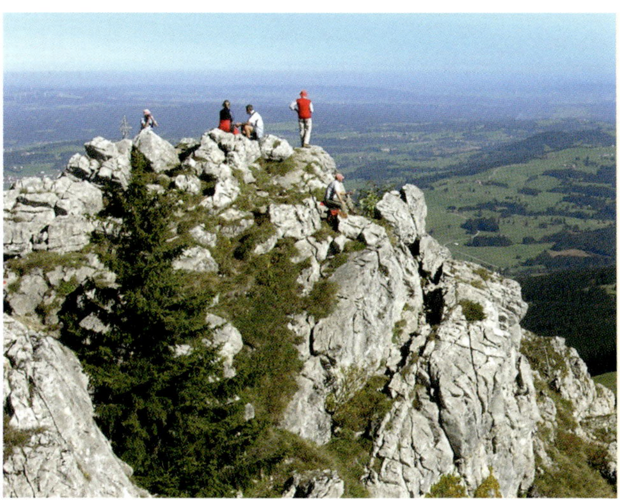

Der Hüttengipfel

mittel 310 Hm 1.00 Std.

Übelhorn (1738 m): Der höchste Punkt des Grünten wird beim Anstieg von Norden zum Grüntenhaus überschritten (beim Abstieg nach Norden felsige Passage, Trittsicherheit erforderlich). – Vom Grüntenhaus geht man rechts über die Wiese eben zu einer Wegverzweigung, dann geradeaus weiter und hinauf zur bewaldeten Kammhöhe. Wir wandern rechts auf dieser zur Fernsehumsetzstation, links an dieser vorbei und hinauf zum höchsten Punkt mit dem auffälligen Jägerdenkmal (Kriegerdenkmal von 1924).

87

Landsberger Hütte (1810 m)

Bergsteigerstützpunkt über dem Vilsalpsee

Die Hütte
Landsberger Hütte (1810 m), AV-Hütte, Kat. I, 30 Betten, 80 Lager, bewirtschaftet von Ende Mai bis Mitte Oktober, offener Winterraum mit 16 Lagern; Tel. 0043/ 56 75/62 82. www.alpenvereinaktiv.com/landsberger-huette

Charakter
Leichte, teilweise steile Bergwanderwege. Für den Anstieg vom Vilsalpsee zur Landsberger Hütte ist Trittsicherheit erforderlich.

Anreise
Mit Pkw: Über Sonthofen und den Oberjochpass nach Tannheim und weiter zum Vilsalpsee; dort Parkplatz, Anfahrt nur bis 10 Uhr, Rückfahrt ab 17 Uhr (Hüttenweg 1). Oder über Reutte und Weißenbach nach Rauth, dort gibt es zwei Parkplätze (Hüttenweg 4) bzw. nach Haldensee, Parkplatz am Ortseingang (Hüttenweg 3) oder nach Tannheim zur Talstation der Neunerköpflebahn; Parkplatz (Hüttenweg 2).
Mit Bahn/Bus: Bahn bis Reutte, dann weiter mit Bus bis Rauth (von der Hauptstraße noch 20 Min. zu Fuß) bzw. nach Nesselwängle, Haldensee und Tannheim; von dort auch Busverbindung zum Vilsalpsee

Karte
Topografische Karte 1:50 000 Füssen (LDBV)

Weitere Hütten
Gundhütte (1810 m), privat, von Ende Mai bis Mitte Oktober bewirtschaftet; an der Bergstation der Neunerköpflebahn
Obere Traualpe (1649 m), privat, im Sommer bewirtschafte)
Edenbachalpe (1405 m), privat, im Sommer bewirtschaftet
Hubertushütte (1500 m), privat, Ende Mai bis Mitte Oktober bewirtschaftet
Obere Strindenalpe (1660 m), zur Weidezeit bewirtschaftet

Die von außen bildschöne, im Inneren urige Hütte liegt im »Naturschutzgebiet Vilsalpsee«. Mehrere kleine Bergseen runden das landschaftliche Bild ab und machen diese Alpenvereinshütte daher zu einem großen Anziehungspunkt.

Die Landsberger Hütte wurde 1928 erbaut und 1929 eröffnet. Die erheblichen Erweiterungen in den späteren Jahren haben ihr charakteristisches Erscheinungsbild nicht beeinträchtigt. Die Hütte steht an aussichtsreicher Stelle oberhalb des Vilsalpsees in den Tannheimer Bergen. Ihr Hausberg, die Lachenspitze, ist einer der mächtigsten Gipfel in der Vilsalpseegruppe mit einer 300 Meter hohen Nordwestwand, durch die ein anspruchsvoller Klettersteig führt. Im Juni findet dort der alljährliche Hüttenlauf statt.

1. Vom Vilsalpsee

mittel 640 Hm 2.15 Std.

Am östlichen Seeufer wandern wir auf Wirtschaftsweg bis zu einer Jagdhütte, dann links durch Wald bergan, zuletzt in Serpentinen zum Traualpsee und der Oberen Traualpe (1640 m). Wir wandern am See links vorbei und über einen felsigen Abschnitt zur Landsberger Hütte hinauf.

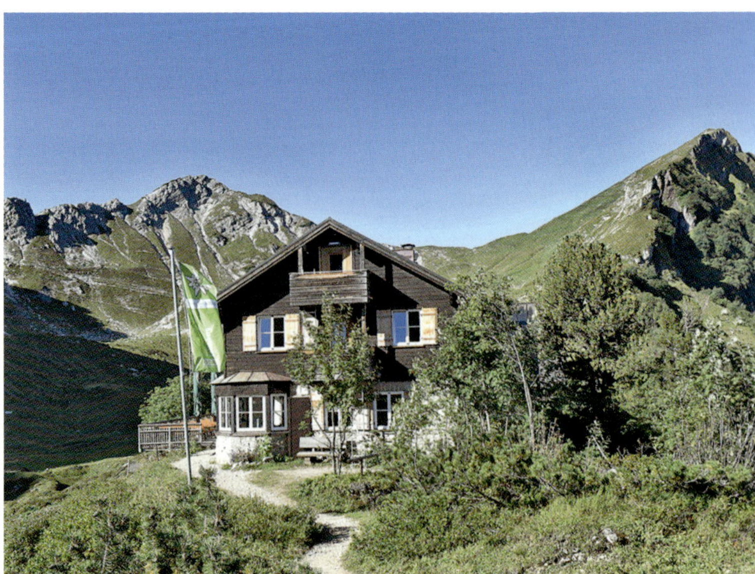

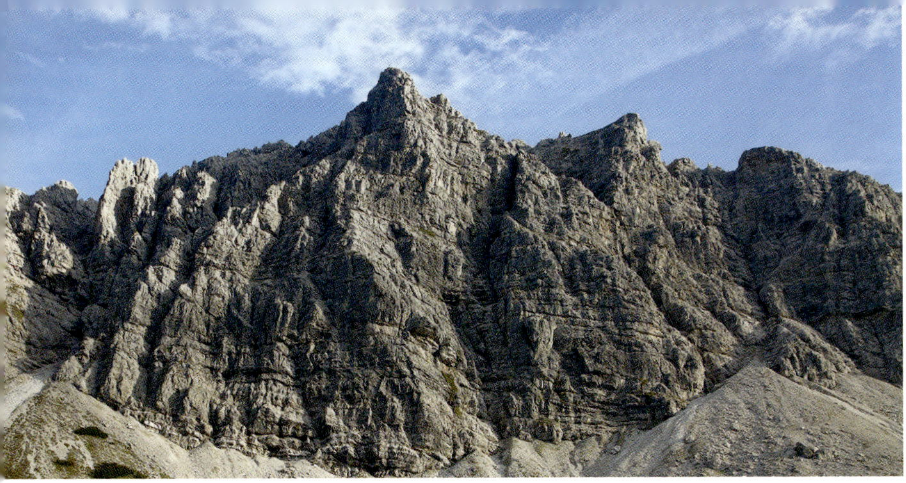

Die Lachenspitze ist von Erosion gezeichnet; der Anstieg erfolgt rechts über die Steinkarscharte (nicht im Bild).

Linke Seite: Die Landsberger Hütte über dem Vilsalpsee

2. Von der Bergstation der Neunerköpflebahn

leicht 250 Hm 3.00 Std.

Von der Bergstation am Neunerköpfle (1882 m) geht es auf dem Höhenweg in südlicher Richtung über das Vogelhörnle, dann links über die Obere Strindenalpe oder auf schmalem Steig direkt zur Strindenscharte (1870 m). Weiter wandern wir auf dem Saalfelder Höhenweg (Mark.-Nr. 421) über die Gappenfeldscharte zum Schochensattel. Am Gipfel links vorbei und rechts hinab zur Hütte.

3. Von Haldensee

leicht 850 Hm 4.00 Std.

Vom südlichen Ortsende von Haldensee führt ein Wirtschaftsweg hinauf ins Strindenbachtal und endet erst an der Gappenfeldalpe. Oberhalb der Waldgrenze zweigt links ein Wanderweg ab (Mark.-Nr. 421), der weiter oberhalb wieder auf den Alpfahrweg stößt. Auf diesem zur Strindenscharte und zur Gappenfeldscharte; auf Hüttenweg 2 weiter zur Hütte.

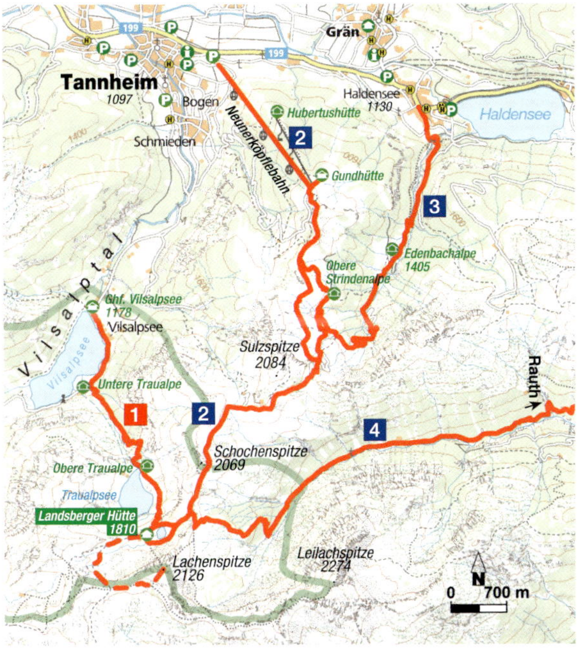

4. Von Rauth durch das Birkental

leicht 880 Hm 5.00 Std.

Vom Weiler Rauth (1140 m) wandern wir (Ausschilderung »Landsberger Hütte«) zum Ende des Forstwegs, dann auf Steig zur Höflishütte (1183 m) und weiter (Mark.-Nr. 426) am Weißenbach entlang durchs Birkental zur Gappenfelder Notländ. Dort geht es rechts durch Wald, dann über Grashänge zur Kammhöhe und über das Östliche Lachenjoch links haltend hinab zur Landsberger Hütte.

Der Hüttengipfel

mittel 640 Hm 2.30 Std.

Lachenspitze (2126 m): Schöner Gipfel mit steil abfallenden Wänden über dem Traualpsee (Trittsicherheit erforderlich). – Von der Landsberger Hütte geht es auf dem Saalfelder Weg in westlicher Richtung zur Steinkarscharte (1955 m) zwischen Steinkarspitze und Lachenspitze, wo links der Weg über die Südwestflanke abzweigt, der bis unter die Gipfelfalllinie leitet. Von dort führt ein markierter Steig auf den Gipfel. Seit 2009 führt ein Klettersteig durch die Nordwand.

88

Schwarzenberghütte (1380 m)

Refugium im Hintersteiner Tal

Ganzjahreshütte mit kurzen Zustiegen – besonders gut geeignet für Familien mit Kindern. Ganz in Hüttennähe gibt es auch einige bewirtschaftete Sennalpen für kürzere Ausflüge. Für Anspruchsvolle warten der Hindelanger Klettersteig und der Direktanstieg auf den Großen Daumen.

Die Hütte

Schwarzenberghütte (1380 m), AV-Hütte, Kat. I, 10 Betten, 49 Lager, bewirtschaftet vom 25. Dezember bis Ende Oktober; Tel. 0 83 24/ 953 19 59.
www.alpenvereinaktiv.com/schwarzenberghuette

Charakter

Von Hinterstein für den öffentlichen Verkehr gesperrte Fahrstraße, dann Wirtschaftsweg; Abstieg vom Edmund-Probst-Haus auf Bergsteig, zuletzt Almfahrweg

Anreise

Mit Pkw: Auf der A 7 bis Ausfahrt Oy-Mittelberg, dann auf der B 310 über Oberjoch bis nach Hindelang und weiter nach Hinterstein; Parkplatz am Ende der öffentlichen Fahrstraße (»Auf der Höh«; 866 m), direkt nach den letzten Häusern (Hüttenwege 1 und 2). Oder auf der A 7 bis Dreieck Allgäu, dann über Waltenhofen und die B 19 nach Oberstdorf; Parkplätze am Ortseingang bzw. an der Talstation der Nebelhornbahn (gebührenpflichtig; Hüttenweg 3).
Mit Bahn/Bus: Mit dem Allgäu-Schwaben-Takt bis Sonthofen, dann mit RVA-Bus nach Hindelang bzw. Hinterstein; von dort Busverbindung zum Giebelhaus. Oder mit der Bahn weiter bis Oberstdorf und mit Ortsbus zur Talstation der Nebelhornbahn

Karte

Topografische Karte 1:50 000 Allgäuer Alpen (LDBV)

Weitere Hütten

Giebelhaus, siehe Tour 90
Engeratsgundhof (1146 m), privat, im Sommer bewirtschaftet
Laufbichelalpe (1250 m), von Anfang Juni bis Ende September bewirtschaftet
Edmund-Probst-Haus, siehe Tour 89

Die zwischen 1948 und 1950 erbaute Hütte der Alpenvereinssektion Illertissen liegt in einem malerischen Flecken inmitten von alten Ahornbäumen auf dem Schwarzenberg oberhalb des Hintersteiner Tals – auch genannt »Im Paradies«. Von 1999 bis 2001 wurde die Hütte modernisiert, die Schlafräume modernen Erfordernissen angepasst und zudem ein zeitgemäßes ökologisches Energiekonzept umgesetzt. War die Hütte noch bis vor Kurzem zur Energiegewinnung auf Dieselaggregate angewiesen, so konnte sie im Jahr 2014 an das Elektrizitätsnetz angeschlossen werden.

1. Von Hinterstein

leicht 340 Hm 3.00 Std.

Von Hinterstein führt eine gesperrte Privatstraße (Privatbus Wechs) ins Hintersteiner Tal zum Giebelhaus (1068 m). Wo die Straße die Ostrach überquert (1040 m), führt rechts ein ausgeschilderter Wanderweg (Sommerweg) durch Wald hinauf zur Schwarzenberghütte.

2. Vom Giebelhaus

leicht 315 Hm 0.45 Std.

Im Winter nimmt man den Hüttenfahrweg, der zuerst in Richtung Engeratsgundhof führt. Nach einer Viertelstunde zweigt rechts der Wirtschaftsweg ab, der in einigen Kehren den Schwarzenberg hinauf zur Hütte führt.

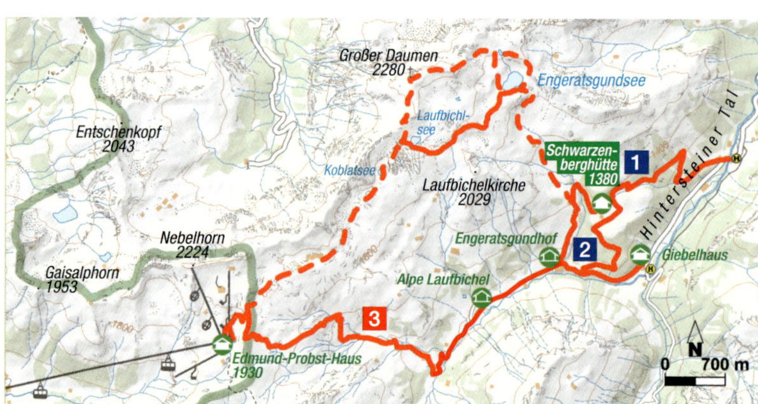

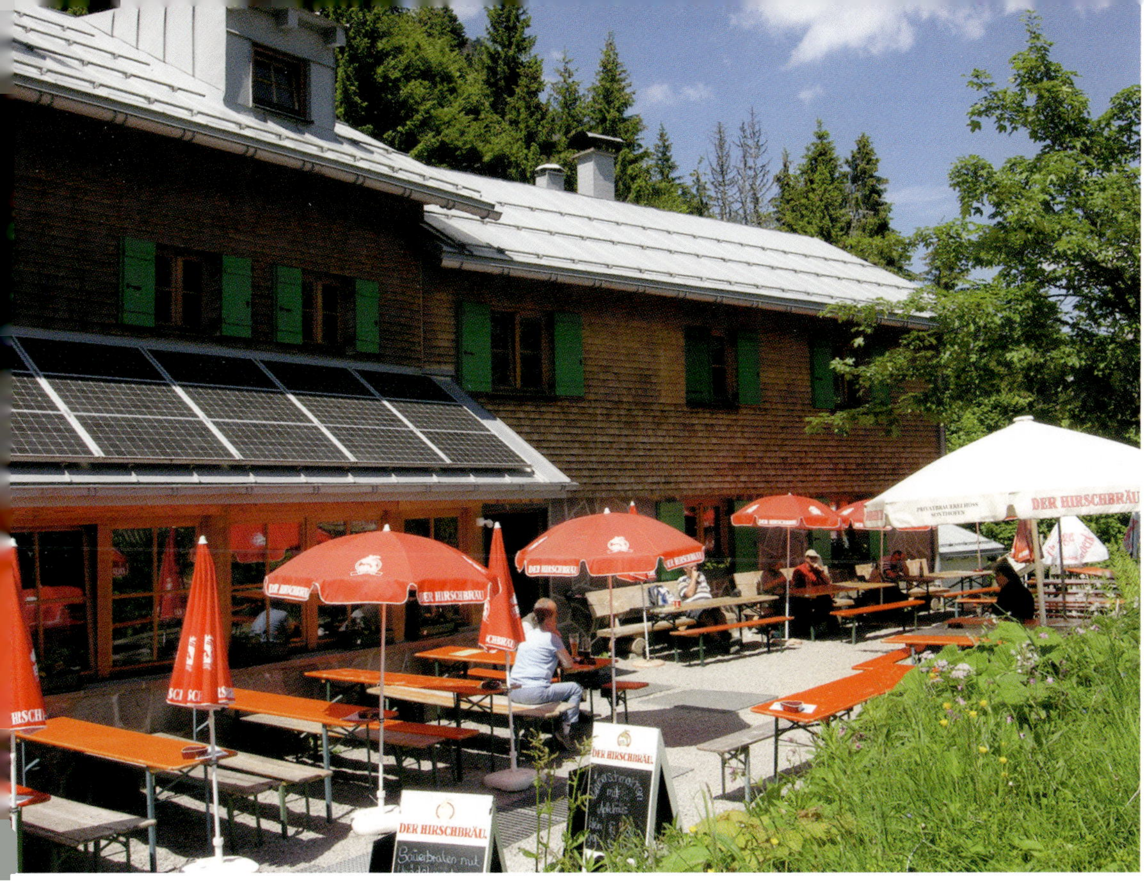

Die Schwarzenberghütte im Hintersteiner Tal eignet sich besonders für Familienaufenthalte.

3. Abstieg vom Edmund-Probst-Haus

mittel 1050 Hm 2.30 Std.

Vom Alpenvereinshaus wandern wir auf ausgeschildertem Weg erst in Richtung Koblatsee, dann bei der Wegverzweigung auf einem Sattel rechts weiter, bald links hinab zur Oberen Wengenalpe und weiter steil hinab zum Wengenbach. An dessen rechtem Ufer geht es hinab zur Unteren Wengenalpe. Von ihr führt ein Almsträßchen durch das Obertal über die Laufbichelalpe und den Engeratsgundhof zur Schwarzenberghütte. Vom Engeratsgundhof kann man auch links auf einem Bergwanderweg hinauf zur Käseralpe und eben hinüber zur Hütte wandern.

Unten: Der Große Daumen, rechts unten der Koblatsee

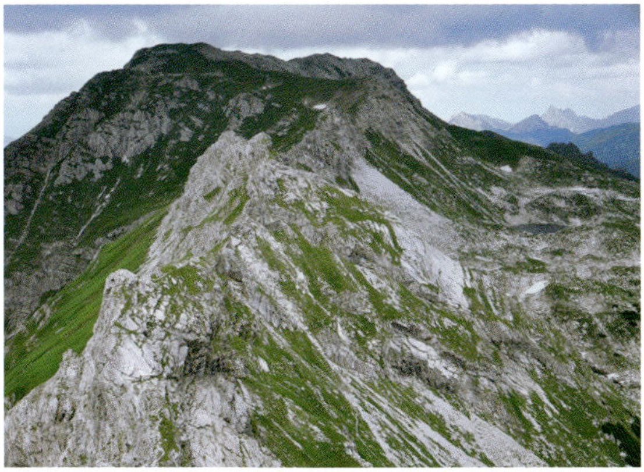

Die Hüttenrunde

Es gibt in diesem Fall keinen ausgesprochenen Hüttengipfel. Der Große Daumen (Trittsicherheit und Schwindelfreiheit unbedingt erforderlich) wird am besten vom Edmund-Probst-Haus aus erstiegen. Eine schöne Rundtour lässt sich jedoch über den Engeratsgundsee, den Laufbichelsee und den Koblatsee zusammenstellen. Es gibt viel zu entdecken rund um die Schwarzenberghütte; deshalb hat die Sektion Illertissen einen Flyer aufgelegt, der alle Tourenmöglichkeiten aufzeigt.

89

Edmund-Probst-Haus (1930 m)

Die Alpenvereinshütte am Nebelhorn

Die Hütte

Edmund-Probst-Haus (1930 m), AV-Hütte, Kat. II, 32 Betten, 58 Lager, bewirtschaftet von Ende Mai bis Anfang Oktober und vom 25. Dezember bis eine Woche nach Ostern; Tel. 0 83 22/47 95. www.edmund-probst-haus.de

Charakter

Der Anstieg über die Vordere Seealpe ist leicht, aber teilweise steinig. Der Anstieg vom Oytalhaus setzt Trittsicherheit und Schwindelfreiheit voraus. Der Weg über die Gaisalpe ist landschaftlich besonders schön, Vorsicht jedoch bei Altschneefeldern!

Anreise

Mit Pkw: Auf der A 7 bis zum Autobahndreieck Allgäu, auf der A 980 bis Waltenhofen und weiter auf der B 19 über Sonthofen nach Oberstdorf; große Parkplätze an der Talstation der Nebelhornbahn (900 m; gebührenpflichtig; Hüttenwege 1 und 2). Oder Abzweigung von der B 19 bei Fischen und weiter nach Reichenbach; am oberen Ortsende Wanderparkplatz (900 m; Hüttenweg 3).
Mit Bahn/Bus: Mit dem Allgäu-Schwaben-Takt nach Oberstdorf, mit RVA-Bus zur Talstation der Nebelhornbahn bzw. nach Reichenbach

Karte

Topografische Karte 1:50 000 Allgäuer Alpen (LDBV)

Weitere Hütten

Hotel Höfatsblick (1929 m), Gipfelrestaurant der Nebelhornbahn
Vordere Seealpe (1267 m), während der Betriebszeiten der Bergbahn bewirtschaftet; an der Mittelstation der Nebelhornbahn
Oytalhaus (1010 m), privat, von Weihnachten bis Mitte November bewirtschaftet; von Oberstdorf 1¾ Std.

Natürlich ist die bequeme Erreichbarkeit mit der Nebelhornbahn ein Plus. Denn wer nicht nur wegen des großartigen Panoramas hinauffährt, macht sich in der Regel auf zum großartigen und sehr beliebten Hindelanger Klettersteig, und da will die Energie schon gut eingeteilt sein.

Das 1890 erbaute Edmund-Probst-Haus (auch Nebelhornhaus) liegt auf den Hängen der Oberen Seealpe über Oberstdorf und gehört zu den wichtigsten Unterkunftshäusern in den Allgäuer Alpen. Namensgeber war der damalige Vorsitzende der Sektion Allgäu-Immenstadt. Kurz nach der Erbauung wurden in ihrem »Revier« zahlreiche bedeutende Höhenwege angelegt, unter ihnen der 1892 eröffnete Weg zum Prinz-Luitpold-Haus über das Laufbacher Eck. Dicht nebenan liegt die Bergstation der 1925 erbauten Nebelhornbahn. Das Haus ist seitdem auch im Winter bewirtschaftet und ein beliebter Treffpunkt für Skifahrer und Snowboarder.

1. Von Oberstdorf

leicht 1030 Hm 3.00 Std.

Mit der Bahn geht es in zwei Abschnitten zur Bergstation Höfatsblick (1929 m). **Zu Fuß:** Von der Talstation der Nebelhornbahn wandern wir

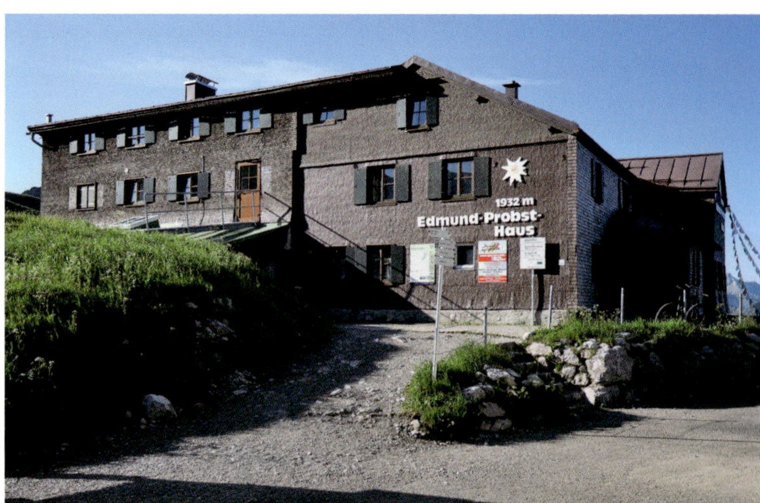

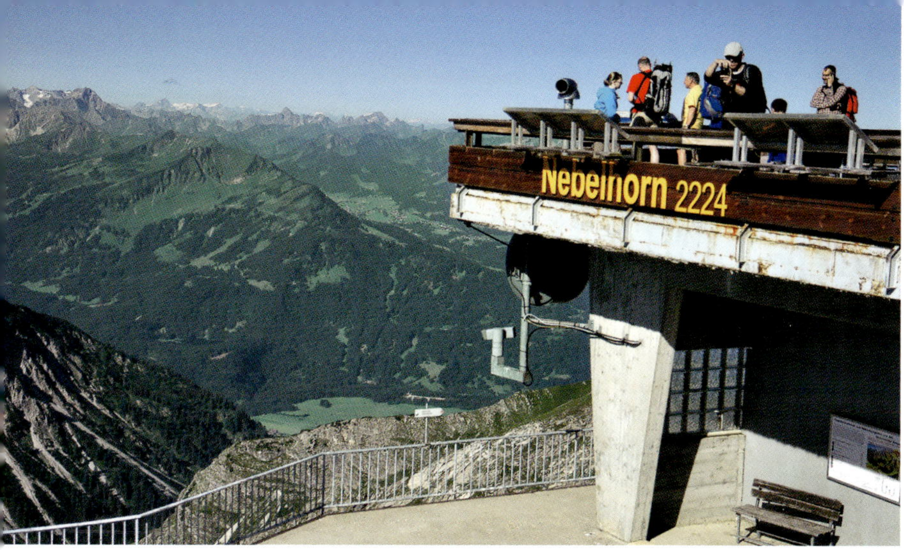

Auf der Gipfelstation der Nebelhornbahn; hier beginnt der Hindelanger Klettersteig, der am Großen Daumen endet.

entweder auf dem gesperrten Fahrweg zur Mittelstation oder auf markiertem Wanderweg vom Parkplatz links der Parkgarage über den Faltenbach, dann an den obersten Häusern vorbei und durch Wald hinauf zum Kessel der Vorderen Seealpe. Dort geht es weiter nahezu eben zum Talschluss, dann in zahlreichen Serpentinen durch die Latschenhänge – immer in Nähe der Seilbahn – hinauf zum Edmund-Probst-Haus.

Linke Seite: Das ganzjährig bewirtschaftete Edmund-Probst-Haus ist auch über die Gaisalpe erreichbar.

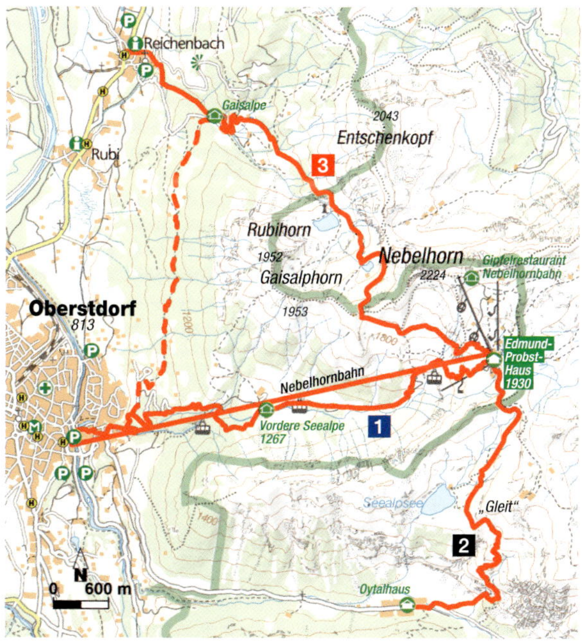

2. Vom Oytalhaus

schwer 920 Hm 3.30 Std.

Von der Gaststätte wandern wir einige Minuten talein, bis links der Steig zum Nebelhorn abzweigt. Zuerst hinauf zum Seealpengündlesfall, dann über steile Bergflanken in Kehren zum sogenannten Mäxeleseck; von dort links weiter zum Seealpsee. Nun auf Steig zur Hinteren Seealpe und über mehrere kleine Böden zum Zeigersattel (1920 m) und zum bald sichtbaren Edmund-Probst-Haus.

3. Von Reichenbach

mittel 1110 Hm 3.30 Std.

Vom Parkplatz in Reichenbach wandern wir auf gesperrtem Alpfahrweg (einige Passagen auf Wanderwegvarianten, z. B. durch den Gaisbachtobel) in weiten Kehren hinauf zur Gaisalpe, dann weiter über Bergwiesen und durch Wald zum Unteren und weiter zum Oberen Gaisalpsee. Bei der Wegverzweigung unterhalb des Gundkopfes halten wir uns rechts und wandern in den Großen Gundkessel hinab. Dort geht es auf der anderen Seite in Kehren empor, dann eben weiter zum Unter-

Der Hüttengipfel

leicht 590 Hm 1.15 Std.

Nebelhorn (2224 m): Der beliebte Aussichtsberg ist bis zum Gipfel mit einer Seilbahn erschlossen. Er ist aber auch zu Fuß auf gutem Bergweg vom Edmund-Probst-Haus in etwa einer halben Stunde zu erreichen.

90

Prinz-Luitpold-Haus (1846 m

Ein königliches Quartier in den Allgäuer Alpen

Eine der ganz großen Hütten in den Alpen, zudem mit einem großartigen Hüttengipfel, dem Hochvogel. Außerdem ist sie die älteste Hütte in den Allgäuer Alpen. Aufgrund ihrer Bedeutung für den Bergtourismus hat der DAV sogar einen eigenen Hüttenführer herausgebracht.

Die Hütte
Prinz-Luitpold-Haus (1846 m), AV-Haus, Kat. I, 20 Betten, 240 Lager, von Anfang Juni bis Anfang Oktober bewirtschaftet; Reservierungen nur über die Homepage bzw. über »Hütten-Holiday«. www.prinzluitpoldhaus.de

Charakter
Für alle Hüttenzustiege ist Trittsicherheit erforderlich. Für den Übergang von der Bergstation der Nebelhornbahn (Hüttenweg 3) auch Schwindelfreiheit und Bergerfahrung Voraussetzung; im Frühjahr bei Altschneeresten evtl. sogar Eispickel nötig; Kinder ans Seil; bei Nässe gefährlich!

Anreise
Mit Pkw: Auf der A 7 bis Ausfahrt Oy-Mittelberg, dann auf der B 310 über Oberjoch nach Hindelang und weiter nach Hinterstein; Parkplatz »Auf der Höh«(866 m; Hüttenweg 1). Oder auf der A 7 bis Dreieck Allgäu, dann über Waltenhofen und die B 19 nach Oberstdorf (autofrei). Parkplätze am Ortseingang bzw. an der Talstation der Nebelhornbahn, jeweils gebührenpflichtig (Hüttenweg 3). Oder über Füssen und Reutte nach Stanzach, dort rechts ab nach Hinterhornbach; Parkplatz am oberen Ortsende (Hüttenweg 2).
Mit Bahn/Bus: Mit dem Allgäu-Schwaben-Takt bis Sonthofen, dann mit RVA-Bus nach Hinterstein; von dort Busverbindung zum Giebelhaus. Oder mit der Bahn weiter bis Oberstdorf

Karte
Topografische Karte 1:50 000 Allgäuer Alpen (LDBV)

Weitere Hütten
Giebelhaus (1068 m), privat, ganzjährig bew.
Untere Bärgündelealp (1322 m), privat, während der Weidezeit bew.
Edmund-Probst-Haus, siehe Tour 89

Das Prinz-Luitpold-Haus wurde 1880/81 erbaut, mehrfach erweitert (zuletzt 1974/75) – zuletzt wurde eine moderne biologische Abwasserreinigungsanlage eingebaut – und gehört zu den beliebtesten Bergsteigerunterkünften in den Bayerischen Alpen. Prinzregent Luitpold von Bayern stiftete den Bauplatz für den Hüttenbau, und deshalb trägt der massive Bau – mit Zustimmung Seiner Königlichen Hoheit – dessen Namen. Das aussichtsreich auf einem Felsriegel gelegene Haus wird eindrucksvoll eingerahmt vom Felsgrat der Fuchskarspitze, von Kreuzspitze und Wiedemerskopf. In Hüttennähe befindet sich ein kleiner Bergsee. Das Haus ist Station am Jubiläumsweg und zudem ein idealer Ausgangspunkt für die Besteigung des Hochvogels.

1. Von Hinterstein (Giebelhaus)

mittel 980 Hm 4.30 bzw. 2.30 Std.

Mit Bus oder zu Fuß gelangen wir auf einem für den öffentlichen Verkehr gesperrten Fahrweg durchs Ostrachtal zum Giebelhaus. Dort überqueren

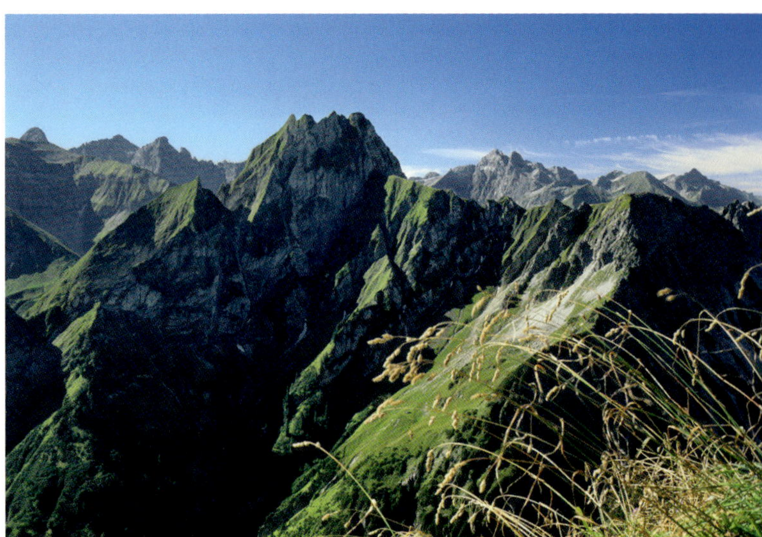

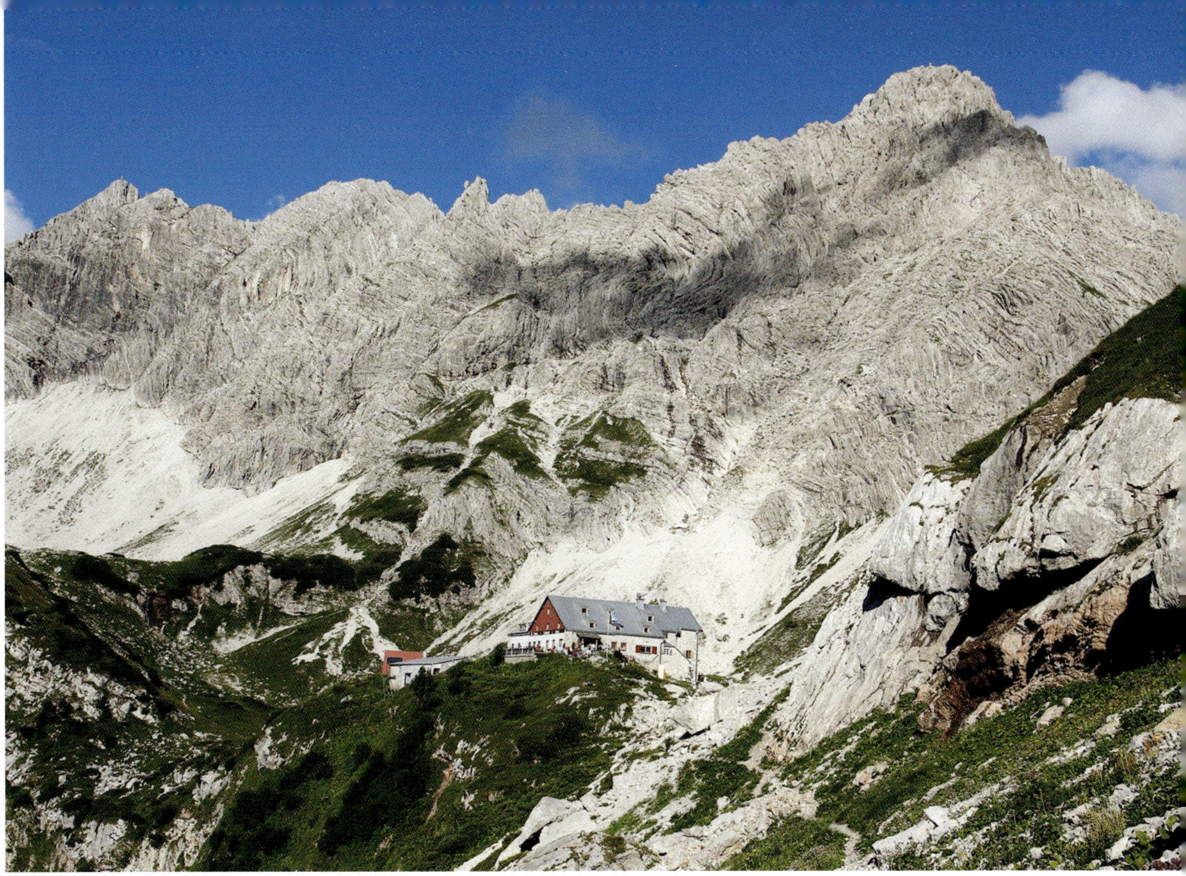

Das Prinz-Luitpold-Haus ist Station am Jubiläumsweg (oben); Linke Seite: Die nicht zu unterschätzende Höfats (von Tour 3 aus gesehen)

wir links die Ostrach und wandern weiter ins Bärgündeletal. Der Fahrweg (rechts parallel dazu Fußweg, der weiter hinten wieder auf den Fahrweg stößt) führt weiter bis zur Pointalm, kurz vor der Talstation des Materiallifts zum Prinz-Luitpold-Haus. Dort geht es links auf einem Bergweg durch Wald hinauf zur Unteren Bärgündelealp und über Alpweiden und durch Latschen, zuletzt in Serpentinen, hinauf zum Alpenvereinshaus.

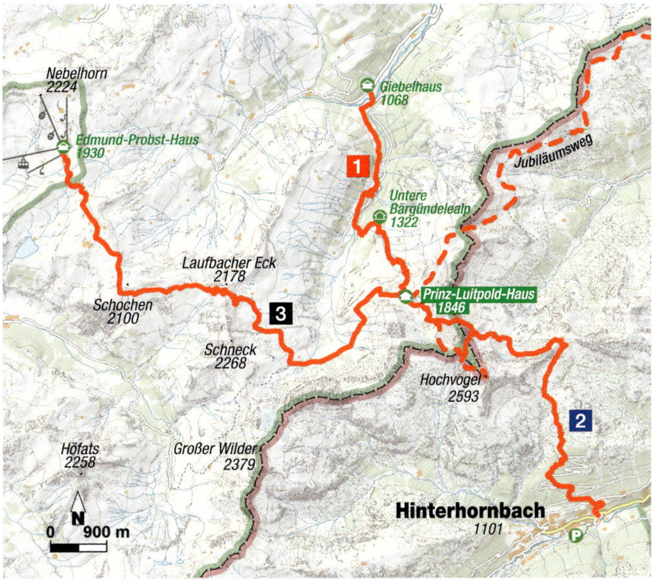

2. Von Hinterhornbach

mittel 1370 Hm 5.00 Std.

Vom Gasthof Hochvogel am hinteren Ende von Hinterhornbach wandern wir auf Forstweg (Mark.-Nr. 421, durchgehend) bergan, bis wir auf den vom Gasthof Adler heraufführenden Weg treffen. Nun halten wir uns links und steigen relativ steil durch Nadelwald bergan. Man überquert dabei viermal einen Wirtschaftsweg und gelangt so in Serpentinen zum Ende eines Forstweges. Es geht weiter steil bergan, nun

Der Hüttengipfel

schwer 1500 Hm 4.30 Std.

Hochvogel (2592 m): Beliebter und formschöner Gipfel (Trittsicherheit und Schwindelfreiheit erforderlich; Firnfeld im »Kalten Winkel«; Klettersteigvariante über die Kreuzspitze). – Vom Prinz-Luitpold-Haus gehen wir auf gutem Weg durch das Obere Tal, dann links (rechts Klettersteigvariante über die Kreuzspitze) hinauf zur Balkenscharte (2156 m) und nahezu eben weiter zum »Sättele«. Bei dieser Weggabelung steigen wir rechts haltend weiter zum Firnfeld im »Kalten Winkel« und hinauf (fixiertes Nylonseil) zur Kaltwinkelscharte (2283 m). Dort links über Felsplatten (einige Seilsicherungen) hinauf zur »Schnur«, einem felsüberdachten Band, dann steigen wir, den roten Farbmarkierungen folgend, in Serpentinen zum Gipfel.

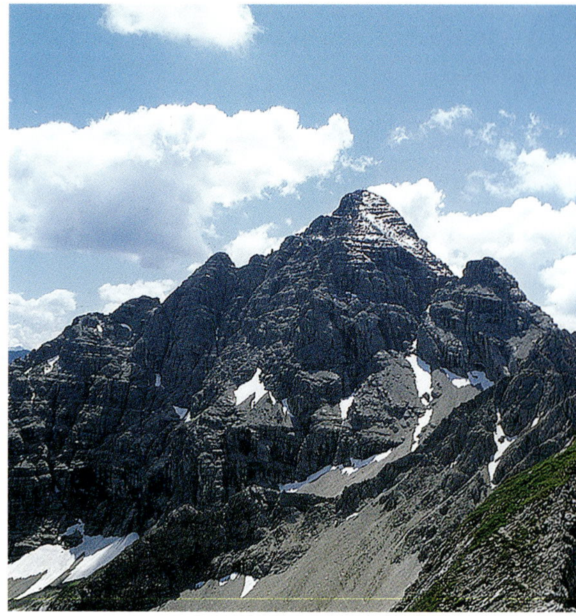

Der Hausberg des Prinz-Luitpold-Hauses: der Hochvogel; er erfordert Trittsicherheit und Schwindelfreiheit.

durch die Latschenregion zur unbewirtschafteten Schwabeckhütte (1699 m). Hier ist ein herrlicher Platz zum Rasten mit freiem Blick ins Tal und auf den Hochvogel. Auf gutem Steig geht es nun weiter weniger steil ansteigend durch Latschen in Serpentinen hinauf zum Muttsattel (1975 m), am Fuß des Gipfelaufbaus auf der Südostseite des Hochvogels (hier zweigte früher der Bäumenheimer Weg ab, der direkt auf den Hochvogel führte; wegen Felssturzgefahr ist diese Route seit 2014 dauerhaft gesperrt). Hier wandern wir rechts haltend auf Wanderweg weiter zum Fuchsensattel (2039 m), überschreiten diesen und steigen links hinab durch das Fuchskar. Dann geht es wieder ansteigend in den »Kalten Winkel« (Firnfeld). Bei der Wegverzweigung am »Sättele« halten wir uns rechts und steigen weiter zur Balkenscharte (2156 m) hoch und jenseits hinab zum Prinz-Luitpold-Haus.

3. Übergang vom Edmund-Probst-Haus

schwer 1100 Hm 4.30 Std.

Der Übergang vom Edmund-Probst-Haus ist botanisch sehr reizvoll, aber nicht ungefährlich. Vom Nebelhornhaus (durchgehend der Mark.-Nr. 428 folgend) steigen wir hinab zu einem Bach, dann jenseits durch die botanisch interessanten Südwesthänge des Zeigers ansteigend zu einem Sattel. Bei der Weggabel wandern wir links weiter und durch die Südwesthänge des Großen und Kleinen Seekopfs in Richtung Schochen. Wir gehen um diesen herum, leicht absteigend, dann eben unter dem Lachenkopf hindurch zum Laufbacher Eck und über Serpentinen steigen wir hinauf zum Laufbacher-Eck-Sattel (2178 m), dann jenseits hinab (bei Nässe gefährlich) zur Ochsenalp mit Bergwachthütte (zum Schutz der Blütenpracht!). Nun wandern wir links am Schneck vorbei, bei den folgenden zwei Wegverzweigungen links haltend, dann leicht fallend hinab in ein tief eingeschnittenes Bachtal (1597 m), jenseits über Grashänge wieder ansteigend in einem weiten Links-, dann Rechtsbogen zum Prinz-Luitpold-Haus.

Rechte Seite: Die Wanderer befinden sich über dem Stierbachtal, zur Hütte ist es von hier nicht mehr weit.

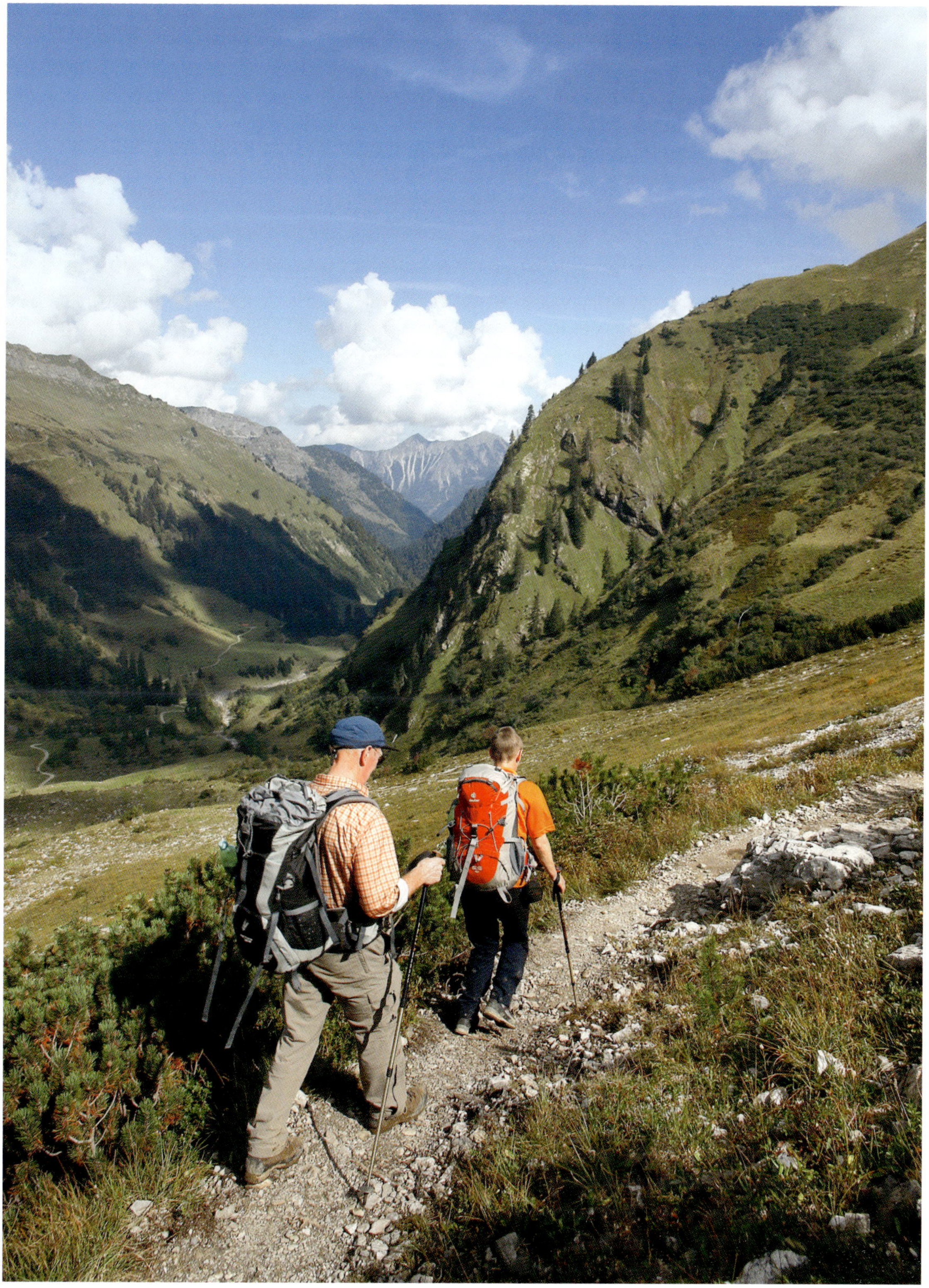

91

Hermann-von-Barth-Hütte (2129 m)

Klassische Berghütte mit Blick in die Lechtaler Alpen

Die Hütte
Hermann-von-Barth-Hütte (2129 m), AV-Hütte, Kat. I, bewirtschaftet von Anfang Juni bis Anfang Oktober, 4 Betten, 69 Lager, offener Winterraum mit 10 Lagern und Selbstversorgerraum; Tel./Fax: 0043/56 34/66 71.
www.hermann-von-barth.at

Charakter
Der Normalweg über das Kasermandl erfolgt auf leichtem Bergwanderweg. Der Anstieg über die Gibleralm weist eine heikle Stelle auf (Drahtseilsicherung). Der Enzenspergerweg verlangt Trittsicherheit und Schwindelfreiheit (Drahtseilsicherungen).

Anreise
Mit Pkw: Auf der A 7 von Kempten bzw. über Füssen nach Reutte und weiter ins Lechtal; über Stanzach und Häselgehr nach Elbigenalp (1039 m); im Ort parken am Geierwally-Parkplatz (Hüttenweg 1); Taxi bis zur Materialseilbahn möglich, Tel. 0043/676/790 54 00). Oder weiter zum Ortsteil Untergiblen über den Bach, dort gleich rechts zu den Parkplätzen an der Abzweigung zur Gibleralm (Hüttenweg 2).
Mit Bahn/Bus: Mit der Außerfernbahn nach Reutte und mit Bus über Stanzach und Häselgehr nach Elbigenalp

Karte
Topografische Karte 1:50 000 Allgäuer Alpen (LDBV)

Weitere Hütten
Kasermandl (1412 m), privat, im Sommer bewirtschaftet, Übernachtungsmöglichkeit; Tel. 0043/56 34/200 57; von Elbigenalp in 1¼ Std. zu erreichen
Gibleralm (1209 m), private Jausenstation
Kaufbeurer Haus (2005 m), AV-Hütte, Kat. I, Selbstversorgerhütte, Tel. 0 82 69/919 96
Kemptner Hütte, siehe Tour 93

Die schindelverkleidete Bergsteigerunterkunft über Elbigenalp im Lechtal liegt auf 2129 Metern Höhe und ist nach Hermann von Barth, dem legendären Alleingeher und Erschließer der Nördlichen Kalkalpen, benannt.

Die 1900 erbaute Hütte liegt im Wolfebnerkar, umrahmt von zahlreichen Felsspitzen; nach Süden kann man den freien Blick über das Lechtal hinweg auf die Lechtaler Alpen genießen. Hausberge der Hütte sind die Wolfebnerspitzen, aber auch der höchste Gipfel der Allgäuer Alpen, der Große Krottenkopf kann von hier aus bestiegen werden. Zudem liegt die Hütte am abwechslungsreichen »Enzenspergerweg«, der die Kemptner Hütte mit dem Kaufbeurer Haus verbindet. 1999 wurde die Hermann-von-Barth-Hütte komplett saniert, eine neue Quellfassung und Abwasserkläranlage gebaut sowie eine moderne Energieversorgung installiert. Sie ist die höchstgelegene Schutzhütte in den Allgäuer Alpen und für manche auch die schönste.

1. Von Elbigenalp

leicht 1090 Hm 3.30 Std.

Von der Schnitzschule führt ein Schotterweg, vorbei an einer Schranke, zur Ölbergkapelle und weiter zur Kasermandlhütte. Von dort wandern wir auf dem Wirtschaftsweg bis zur Talstation der Materialseilbahn. Anschließend folgt man dem Wanderweg (Mark.-Nr. 436) weiter durch Wald, wobei die Route an der Ostflanke des tief eingeschnittenen Balschtetobels entlangführt. Weiter oben wird der Balschtebach überschritten, und in steilen Serpentinen geht es hinauf ins Wolfebnerkar zur Hütte.

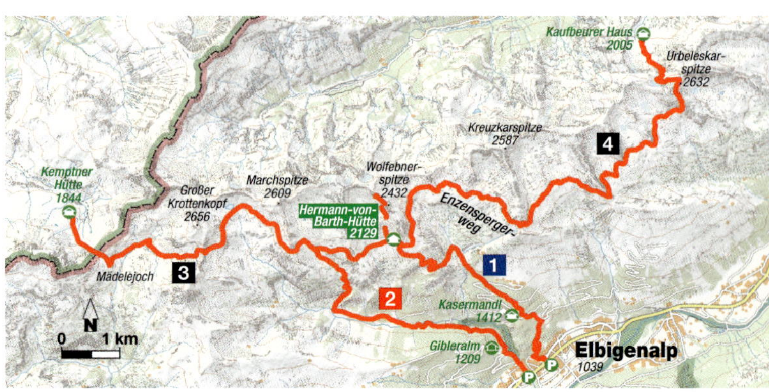

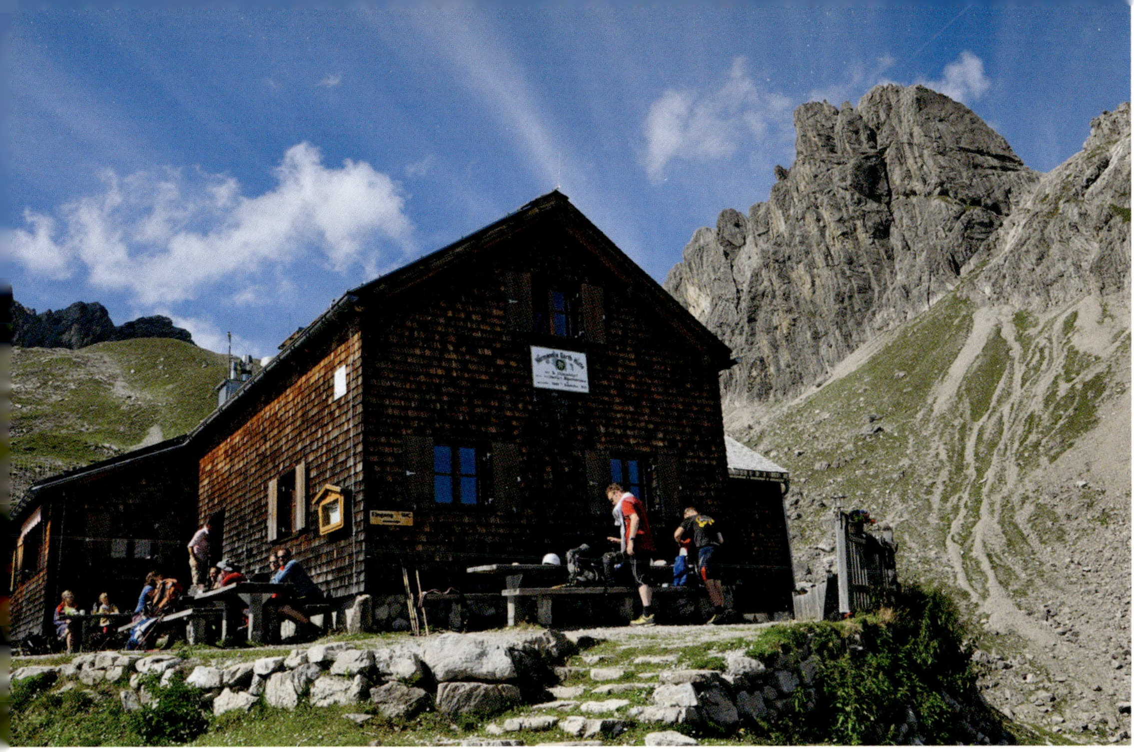

Die Hermann-von-Barth-Hütte über dem Lechtal; im Hintergrund die Wolfebnerspitzen. Das Gebiet um die Hütte gilt als eines der reichsten Gamsreviere in den Allgäuer Alpen.

2. Von Untergiblen

mittel 1130 Hm 4.00 Std.

Vom Parkplatz an der Ortsdurchgangsstraße geht es zunächst auf dem Forstweg (Mark.-Nr. 437) hinauf zur Gibleralm. Dann wandern wir weiter auf Wirtschaftsweg durch Wald – nur mehr leicht ansteigend – ins Bernhardstal. Der Bernhardsbach wird überschritten und bald das gleichnamige Jagdhaus erreicht. Oberhalb einiger Alphütten zweigt der Weg scharf nach rechts ab und führt durch eine Latschengasse hinauf ins Birgerkar. Bei der nächsten Wegverzweigung geht es rechts leicht fallend zu einem Felsriegel, dort steil hinauf (Drahtseilsicherung) und links weiter zur Hermann-von-Barth-Hütte.

3. Übergang von der Kemptner Hütte

schwer 1080 Hm 4.30 Std.

Von der Hütte auf dem ausgeschilderten und markierten »Enzenspergerweg« (durchgehende Mark.-Nr. 432) über das Östliche Mädelejoch (1973 m), die Krottenkopfscharte (2350 m) ins Hermannskar und weiter über den Hermannskarsee (2216 m) zum Schafschartl. Über das Birgerkar und das Wolfebnerkar gelangen wir zur Hermann-von-Barth-Hütte.

4. Übergang vom Kaufbeurer Haus

schwer 1100 Hm 5.30 Std.

Anstieg zu dieser Selbstversorgerhütte von Hinterhornbach, 3 Std. Der anspruchsvolle »Enzenspergerweg« ist in den einschlägigen Führerwerken ausführlich beschrieben.

Der Hüttengipfel

sehr schwer 600 Hm 3.30 Std.

Wolfebnerspitze-Südgipfel (2420 m): Die mehrgipfeligen Wolfebnerspitzen sind die Hüttenberge der Hermann-von-Barth-Hütte (absolute Trittsicherheit und Schwindelfreiheit erforderlich, II. Schwierigkeitsgrad!). Die steil abfallenden Süd- und Ostwände sind bevorzugtes Übungsgelände für Kletterkurse. Für Normalbergsteiger ist der Südgipfel die einzig erreichbare Alternative.

92 Waltenbergerhaus (2084 m)

Moderne Hüttenarchitektur in den Allgäuer Alpen

Die Hütte
Waltenbergerhaus (2084 m), AV-Haus, Kat. I, von Anfang Juni bis Anfang Oktober bewirtschaftet, 42 Betten, 28 Lager, Winterraum mit 9 Lagern; die Hütte ist telefonisch nicht erreichbar, Reservierungen nur über »Huetten-Holiday«. www.waltenbergerhaus.de

Charakter
Der Anstieg von Einödsbach erfolgt auf Bergsteig, der jedoch Trittsicherheit und Schwindelfreiheit voraussetzt (Steinschlaggefahr; Drahtseilsicherungen). Die Verbindung Kemptner Hütte Rappenseehütte ist als Klettersteig ausgebaut.

Anreise
Mit Pkw: Auf der A 7 bis zum Autobahndreieck Allgäu, auf der A 980 bis Waltenhofen und weiter auf der B 19 über Sonthofen nach Oberstdorf; rechts seitlich an Oberstdorf vorbei in Richtung Kleinwalsertal, dann links (Ausschilderung »Fellhornbahn«) nach Faistenoy; Parkplätze links und rechts der Anfahrtsstraße (Hüttenweg 1). Zugänge von der Kemptner Hütte und der Rappenseehütte siehe Tour 93 und 94.
Mit Bahn/Bus: Mit dem Allgäu-Schwaben-Takt nach Oberstdorf, weiter mit RVA-Bus zur Talstation der Fellhornbahn bzw. bis Birgsau

Karte
Topografische Karte 1:50 000 Allgäuer Alpen (LDBV)

Weitere Hütten
Alpengasthof Birgsau (960 m), privat, ganzjährig bewirtschaftet, Übernachtungsmöglichkeit
Berggasthof Einödsbach (1120 m), privat, nahezu ganzjährig bewirtschaftet, Dienstag Ruhetag, Betten und Lager; Tel. 0 83 22/984 54
Alpe Eschbach (ca. 980 m), einfach bew.; von Birgsau ¼ Std.
Kemptner Hütte, siehe Tour 93
Rappenseehütte, siehe Tour 94

Ein neuer Holzbau in hochalpiner Umgebung – da muss man vorbeischauen. Das Waltenbergerhaus hatte jedoch schon immer eine zentrale Rolle für Bergsteiger inne. Es liegt mitten im Allgäuer Hauptkamm und liegt quasi auf halber Strecke des Heilbronner Wegs; zudem sind alle Hüttenzustiege anspruchsvoll.

Die erste Hütte am Standort des heutigen Waltenbergerhauses wurde bereits 1875 eingeweiht, doch bereits 1885 wurde dem wanderwilligen Publikum ein Neubau übergeben, da der Zustrom in die Allgäuer Alpen nach dem Bau der Eisenbahnlinie bis Sonthofen stark zugenomen hatte. Namensgeber der Hütte war Anton Waltenberger, Landvermesser und Erschließer der Allgäuer Alpen. Das hoch über dem Bacherloch am Fuße des Bockkars gelegene Haus erfuhr mehrere Vergrößerungen. 1987 wurde eine große Terrasse angelegt und ein Selbstversorgerraum eingerichtet. All das hat nicht gereicht: Im Jahr 2015 musste die gesamte Hütte abgerissen werden, um einem Neubau zu weichen; Wiedereröffnung war im Frühjahr 2017.

1. Von Einödsbach

mittel · 960 Hm · 3.00 Std.

An der Kapelle in Einödsbach beginnt der ausgeschilderte Weg, der oberhalb des Bacherlochbachs talein zum Stall der Bacheralp führt, dann weiter über einige Tobel hinweg über Grashänge und Geröll ins immer enger werdende Hochtal. Über einige Kehren geht es hinauf zur nächsten Gelän-

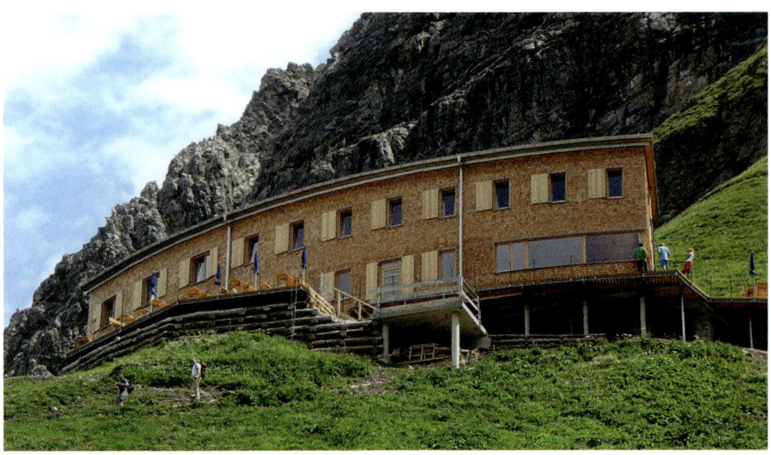

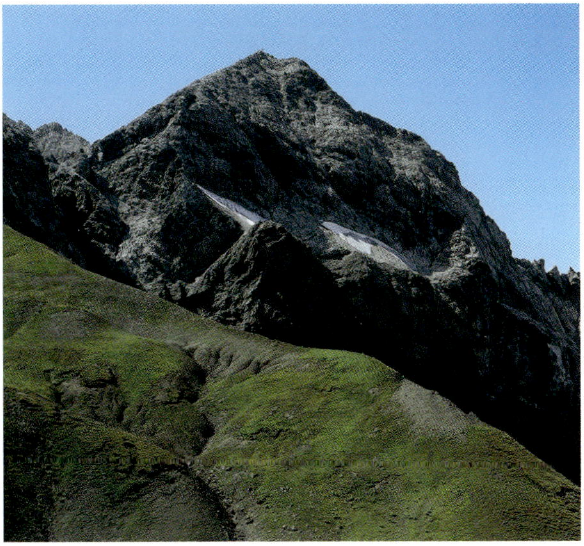

Der Hüttengipfel

schwer 1440 Hm 3.30 Std.

Mädelegabel (2645 m): Trittsicherheit und Schwindelfreiheit sowie Kletterfertigkeit im Schwierigkeitsgrad I erforderlich. – Vom Waltenbergerhaus zunächst hinauf zum Bockkar, dann auf drahtseilgesichertem Steig in die Östliche Bockkarscharte (2522 m), wo man auf den Heilbronner Weg trifft. Dort links weiter auf Bergsteig in Richtung Kemptner Hütte, an der Ostseite der Hochfrottspitze vorbei, dann über die Schwarze Milz, ein ungefährliches Schneefeld, hinweg, bis an dessen Ende links eine Wegtafel den Einstieg zur Mädelegabel weist. Die gut markierte Route führt nun über den breiten Ostgrat – teilweise Schotter – hinauf zum Gipfelkreuz.

Die Mädelegabel wird vom Heilbronner Weg aus bestiegen, sie erfordert auch etwas Kletterfertigkeit.

destufe, dann nahezu eben zum Ende des Bacherlochs. Dort führt links ein teilweise gesicherter Steig steil über das »Wändle« hinauf. Dann steigen wir über zahlreiche Serpentinen, zuletzt über Grashänge hinauf zum neu errichteten Waltenbergerhaus, das aussichtsreich auf einem Geländeabsatz steht.

2. Von der Kemptner Hütte

mittel 1120 Hm 3.30 Std.

Der erste Teil des Heilbronner Wegs hinüber zur Rappenseehütte ist »nur« ein Höhenweg, der gut ausgeschildert zuerst in Richtung Mädelejoch hinaufführt. Etwas unterhalb zweigt der Weg rechts ab und erreicht die Höhe des Allgäuer Hauptkamms. Auf der Lechtaler Seite führt er ohne Probleme unter den Gipfelaufbauten des Kratzer, der Mädelegabel und der Hochfrottspitze – ein Schneefeld, die Schwarze Milz, wird gequert – zur Östlichen Bockkarscharte (2523 m). Auf gesichertem Steig geht es hinab ins Bockkar, dann über Geröll in Serpentinen hinab zur Hütte.

Linke Seite: Das neu errichtete Waltenbergerhaus fügt sich harmonisch in die Berglandschaft ein.

3. Von der Rappenseehütte

schwer 1400 Hm 4.00 Std.

Der Verbindungsweg zum Waltenbergerhaus verläuft bis zur Östlichen Bockkarscharte (2523 m) auf dem anspruchsvollen Heilbronner Weg. Hier steigen wir links auf steilem Pfad (einige Drahtseile) hinab zum Bockkar und weiter zum Waltenbergerhaus; siehe dazu die entsprechende Führerliteratur.

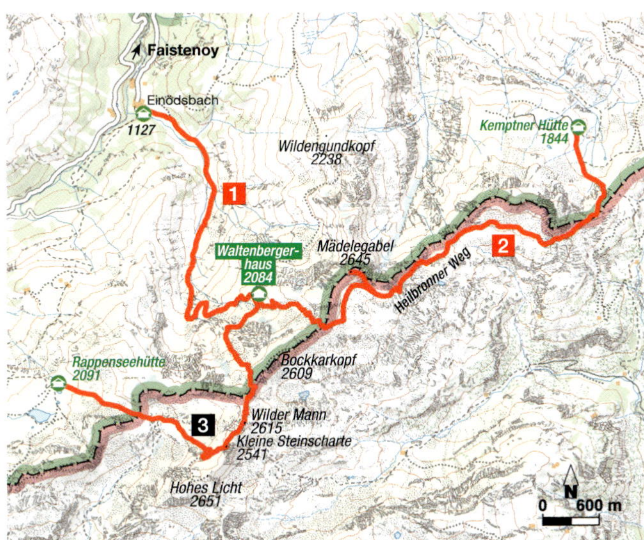

93

Kemptner Hütte (1844 m)

Stützpunkt für den höchsten Gipfel der Allgäuer Alpen

Die stark besuchte Alpenvereinshütte ist der alpine Startpunkt des Europäischen Fernwanderwegs E 5 nach Meran (der offiziell am Bodensee beginnt) sowie der Beginn des hochalpinen Heilbronner Wegs hinüber zur Rappenseehütte. Außerdem besteigt man von der Kemptner Hütte aus üblicherweise den Großen Krottenkopf.

Die Hütte

Kemptner Hütte (1844 m), AV-Hütte, 100 Betten, 190 Lager, 10 Notlager, von Mitte Juni bis Mitte Oktober bewirtschaftet; Winterraum mit 24 Lagern offen; Wege-Hotline 0 83 22/70 01 52. Die Hütte ist telefonisch nicht erreichbar; Reservierungen über »Huetten-Holiday« bzw. über die Homepage. www.kemptner-huette.de

Charakter

Die Anstiege von Spielmannsau und von Holzgau sind leicht, der Weg durch den Sperrbachtobel erfordert jedoch Trittsicherheit; dort muss auch im Sommer mit Schneewechten gerechnet werden. Der Übergang vom Waltenbergerhaus setzt ebenfalls Trittsicherheit und Schwindelfreiheit voraus.

Anreise

Mit Pkw: Auf der A 7 bis zum Autobahndreieck Allgäu, auf der A 980 bis Waltenhofen und weiter auf der B 19 über Sonthofen nach Oberstdorf, rechts seitlich an Oberstdorf vorbei in Richtung Kleinwalsertal, dann links (Ausschilderung »Fellhornbahn«) bis zum Parkplatz Renksteg oder zur Talstation der Fellhornbahn (Hüttenweg 1). Oder über Füssen und Reutte und die B 198 nach Holzgau im Lechtal; parken im Ort (Hüttenweg 2). Zugang über das Waltenbergerhaus siehe Tour 92.

Mit Bahn/Bus: Mit dem Allgäu-Schwaben-Takt nach Oberstdorf, weiter mit Taxi oder Stellwagen nach Spielmannsau

Weitere Hütten

Gasthof Spielmannsau (990 m) privat, von Weihnachten bis Anfang November durchgehend bew., 30 Betten und einige Ferienwohnungen; Tel. 0 83 22/30 15. Vom Parkplatz der Nebelhornbahn über Christlessee 2 ¼ Std.

Die Kemptner Hütte gehört zu den größten Unterkunftshäusern in den Allgäuer Alpen. Das 1891 erbaute Haus liegt am Ende bzw. am Anfang des Heilbronner Wegs. Und nicht nur das, auch der höchste Gipfel der Allgäuer Alpen, der Große Krottenkopf, ist hier der Hausberg. Dementsprechend muss mit einer starken Belegung vor allem in der Ferienzeit gerechnet werden. Nachdem im Jahr 1888 ein Weg durch den Sperrbachtobel angelegt worden war, wurde auf den Grashängen der Oberen Mädelealp von einem Maurermeister in Holzgau im Auftrag der AV-Sektion Kempten eine Hütte für 25–30 Personen erbaut; es gab sogar ein eigenes »Damen-Kabinett«. Die Hütte wurde seitdem mehrmals erweitert. Ein Führerzimmer, ein Mulistall für die Versorgung und eine Waschküche kamen hinzu. Seit 1926 gibt es ein kleines Kraftwerk, sodass die Hütte über elektrischen Strom verfügte. 1930 jedoch wurde die Hütte

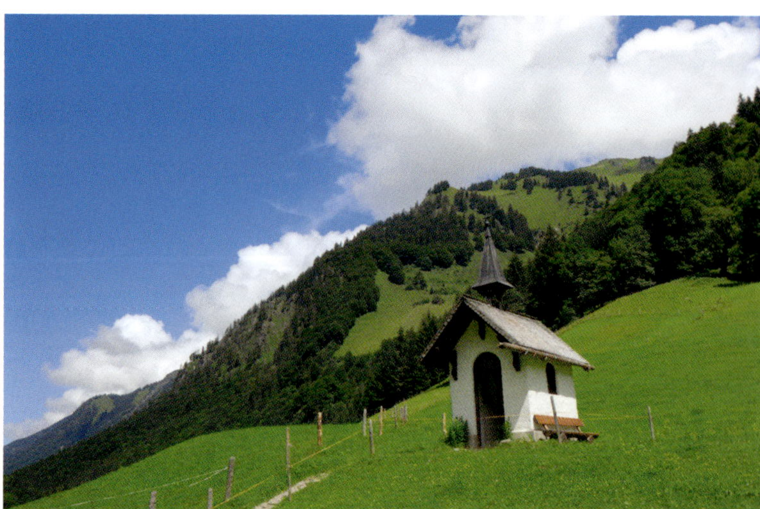

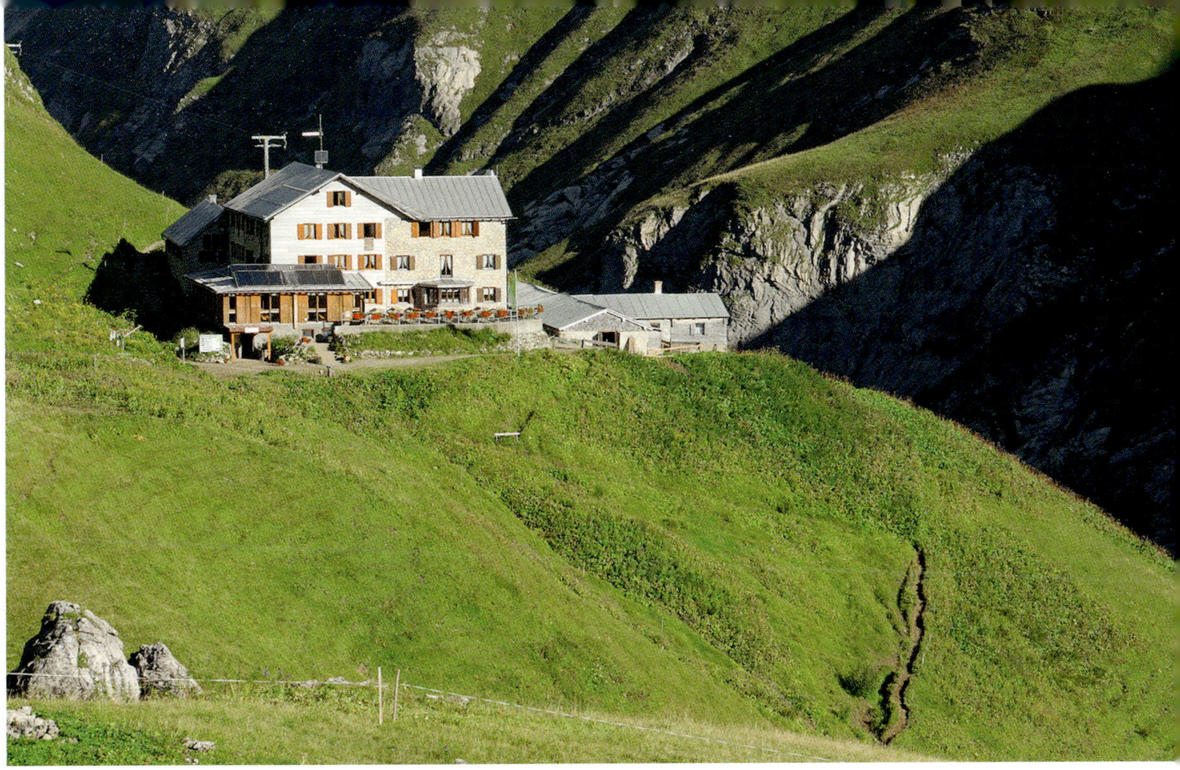

nahezu komplett abgerissen und neu erbaut. Bis 1969 versorgten Mulis die Hütte, bis ein Materiallift die Versorgung sicherstellte. In den Jahren 1970/71 und 1991 schließlich erfuhr die Hütte eine letzte Erweiterung auf ihre heutige Größe und Gestalt.

Die Kemptner Hütte gehört mit ihren nahezu 300 Schlafplätzen zu den großen Alpenvereinshütten in den Allgäuer Alpen; sie ist Ausgangs- bzw. Endpunkt für den berühmten und auch beliebten Heilbronner Weg.

1. Von Oberstdorf (Spielmannsau)

mittel 860 Hm 2.30 Std.

Die für private Kfz gesperrte Zufahrtsstraße nach Spielmannsau lässt sich – um einen langen Talhatscher zu vermeiden – mit dem Taxi, einem Stellwagen (ab Marktplatz in Oberstdorf), dem Wanderbus oder auch mit dem Fahrrad zurücklegen. Wir wandern von Spielmannsau dann auf ausgeschildertem Wirtschaftsweg (Mark. E 4) weiter talein, vorbei an der Alpe Oberau, bis zur Talstation des Materiallifts der Kemptner Hütte. Rechts davon beginnt der schmalere Anstiegsweg, der hoch über der Trettach durch Wald bis zum Talschluss führt, auf einem Steg den Sperrbach überwindet, dann links steil durch die Hänge führt und schließlich auf einer Holzbrücke erneut den Sperrbach nach links überquert. Im weiteren Verlauf sichern Drahtseile den Anstiegsweg durch den tief eingeschnittenen Tobel, der teilweise durch herausgesprengten Fels gangbar gemacht wurde. Zuletzt geht es auf leichtem Weg in einer weiten Rechtskehre hinauf zur Kemptner Hütte.

2. Von Holzgau im Lechtal

leicht 1030 Hm 3.00 Std.

Von der Ortsmitte in Holzgau (1114 m) folgt man einem Wirtschaftsweg zum Eingang des Höhenbachtals, dann geht es auf gutem Weg (Mark.-Nr. 438) durch die Klamm, bald über eine Brücke und links weiter über eine Geländestufe zum Simms-Wasserfall. Der Weg steigt nur leicht an, passiert einige Alphütten und erreicht die Einmündung des Schochalptals (links führt hier der Weg weiter zur Rappensee-

Linke Seite: Kapelle am Anstiegsweg aus der Spielmannsau

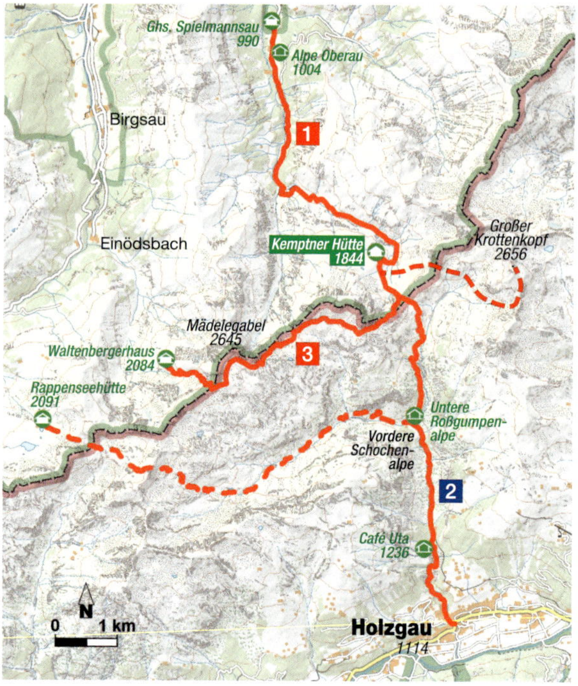

hütte). Auf einer Brücke überqueren wir den Roßgumpenbach, dann wandern wir rechts haltend (Mark. E5/Weg-Nr. 438) oberhalb des Roßgumpenbaches und des Roßgumpentobels hinauf zum Mädelejoch (1973 m) und jenseits über Bergmatten leicht hinab zur Kemptner Hütte.

3. Übergang vom Waltenbergerhaus

mittel 1120 Hm 4.00 Std.

Vom Unterkunftshaus führt der markierte Steig in Serpentinen hinauf zum Bockkar, dann über viel Geröll und eine drahtseilgesicherte Passage steil hinauf zur Östlichen Bockkarscharte (2522 m). Dort folgt man links dem zweiten Abschnitt des Heilbronner Wegs, der an Hochfrottspitze, Mädelegabel vorbei über die »Schwarze Milz«, ein ungefährliches Schneefeld, zur Kemptner Hütte leitet.

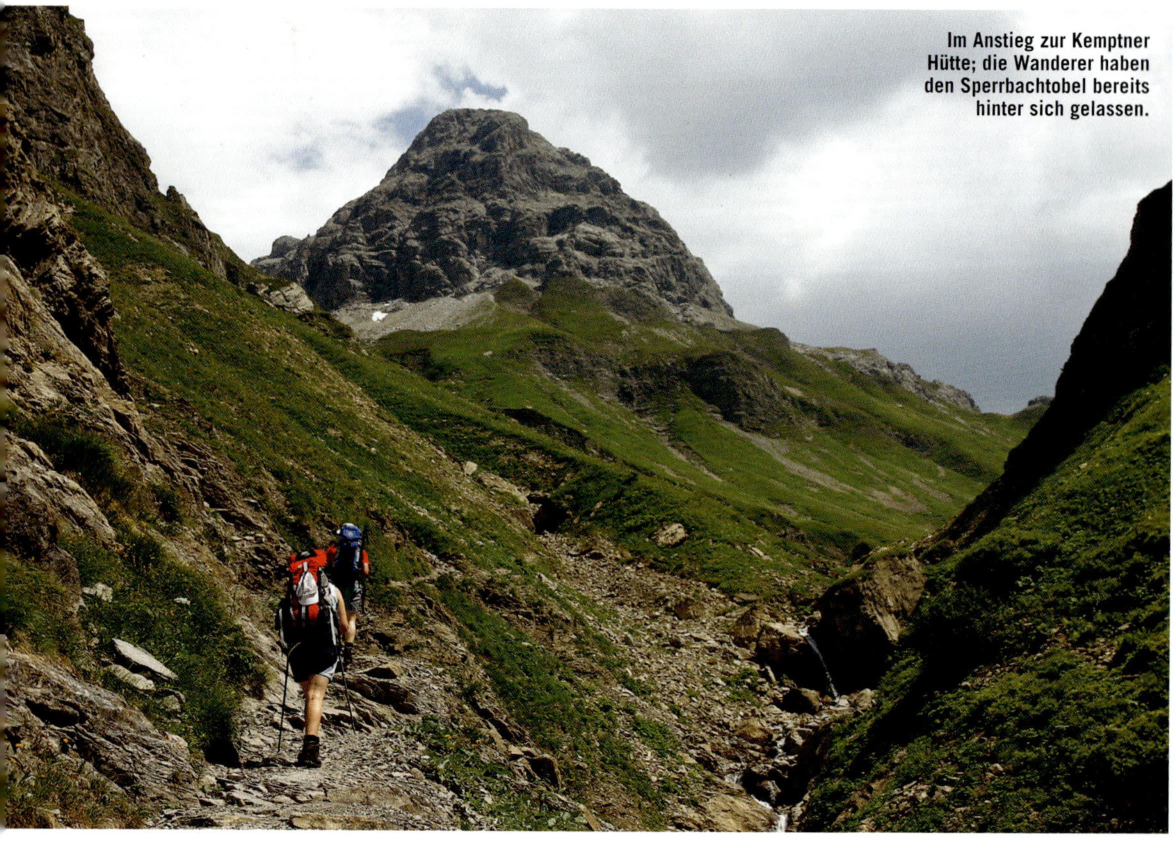

Im Anstieg zur Kemptner Hütte; die Wanderer haben den Sperrbachtobel bereits hinter sich gelassen.

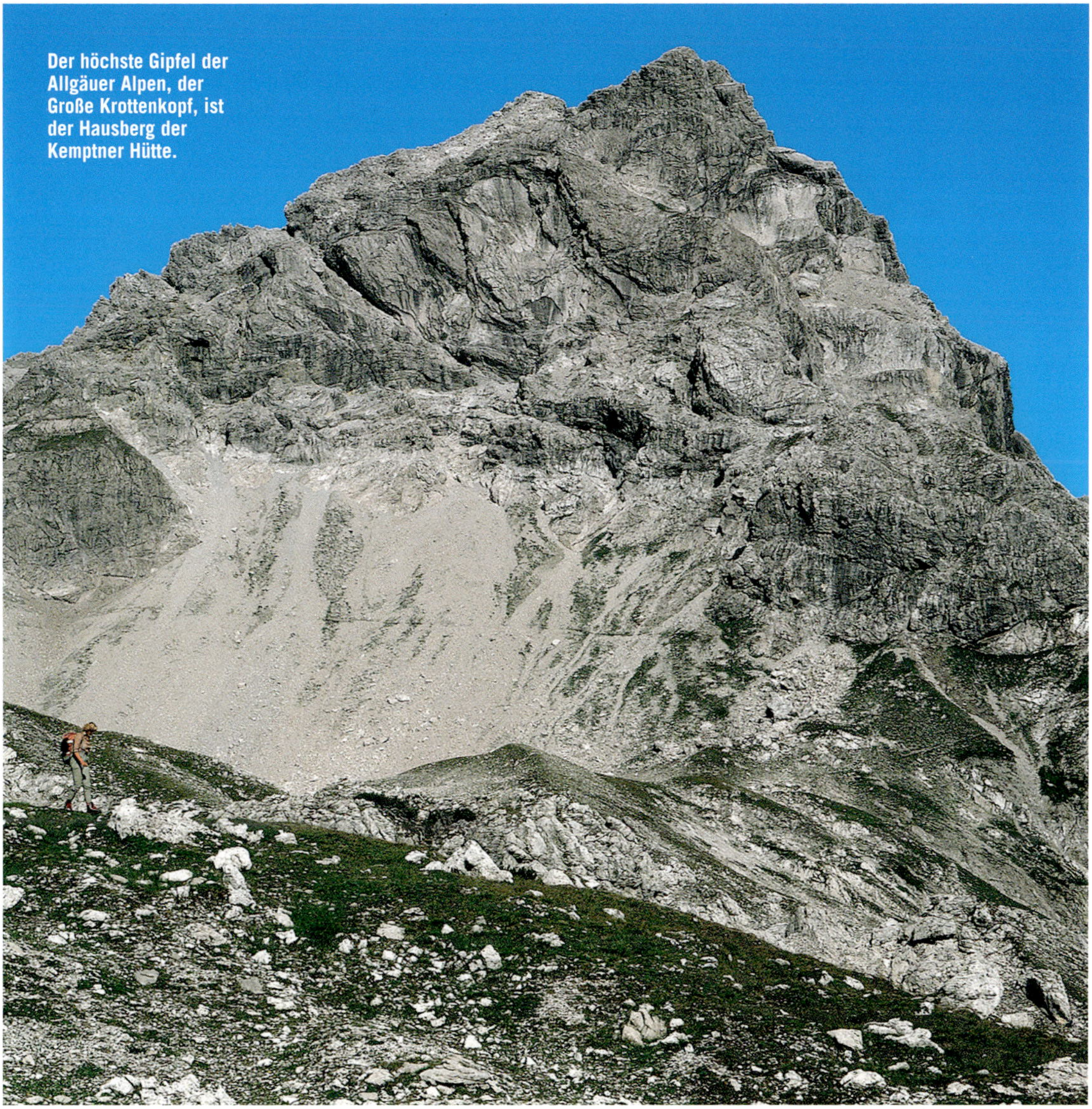

Der höchste Gipfel der Allgäuer Alpen, der Große Krottenkopf, ist der Hausberg der Kemptner Hütte.

Der Hüttengipfel

schwer 2060 Hm 5.00 Std.

Großer Krottenkopf (2656 m): Der höchste Gipfel der Allgäuer Alpen fordert den versierten Bergwanderer (Trittsicherheit und Schwindelfreiheit erforderlich, ist aber objektiv nicht schwierig. Achtung aber bei unsicheren Wetterverhältnissen!). – Von der Kemptner Hütte folgen wir zunächst dem ausgeschilderten Weg in Richtung Prinz-Luitpold-Haus und nehmen dann bei der folgenden Wegverzweigung (1939 m) die rechte Abzweigung in Richtung Hermann-von-Barth-Hütte ins Obere Mädelejoch (2033 m). Jenseits geht es hinab ins Roßgumpenkar und über ein paar Bäche hinweg durch die Südwestseite des Krottenkopfs, bis links der anstrengende, serpentinenreiche Anstieg hinauf zur Krottenkopfscharte abzweigt (2350 m). Knapp unterhalb folgen wir nun links dem markierten Gipfelweg, der sich über schotterige Felsstufen am Kleinen Krottenkopf vorbeizieht und steigen so schließlich hinauf zum Gipfel des Großen Krottenkopfs.

94

Rappenseehütte (2091 m)

Die größte Hütte des Deutschen Alpenvereins

Die Hütte
Rappenseehütte (2091 m), AV-Hütte, Kat. I, 115 Betten, 189 Lager, von Mitte Juni bis Mitte Oktober bewirtschaftet; Winterraum offen, 20 Lager; Info-Tel. 08322/70 01 55; Reservierung nur über »Huetten-Holiday«. www.rappenseehuette.de

Charakter
Die Anstiege von Faistenoy (Einödsbach) und von Lechleiten sind leicht, der Anstieg aus dem Hinteren Rappenalptal ist etwas beschwerlich.

Anreise
Mit Pkw: Auf der A 7 bis zum Autobahndreieck Allgäu, auf der A 980 bis Waltenhofen und weiter auf der B 19 über Sonthofen nach Oberstdorf; rechts seitlich an Oberstdorf vorbei in Richtung Kleinwalsertal, dann links (Ausschilderung »Fellhornbahn«) nach Faistenoy; Parkplätze (Hüttenwege 1 und 2). Oder über Füssen und Reutte und die B 198 ins Lechtal bis Lechleiten, kurz davor befindet sich das Holzgauer Haus (Hüttenweg 3).
Mit Bahn/Bus: Mit dem Allgäu-Schwaben-Takt nach Oberstdorf, dann weiter mit RVA-Bus vom Bahnhof in Oberstdorf zur Talstation der Fellhornbahn bzw. bis Birgsau

Weitere Hütten
Berggasthof Einödsbach, s. Tour 92
Enzianhütte (1780 m), privat, bewirtschaftet von Ende Mai bis etwa Mitte Oktober; Tel. 0170/793 16 55
Petersalpe (1296 m), privat, während der Weidezeit bew.
Hotel Holzgauer Haus (1512 m), bei Lechleiten, privat, ganzjährig bewirtschaftet, ca. 30 Betten; Tel. 0043/664/453 16 13; ½ Std. von Warth
Breitengehrenalpe (1150 m), privat, während der Weidesaison einfach bew-
Schwarze Hütte (1235 m), privat, von Mitte Juni bis Anfang Oktober einfach bew.

Zur großen Beliebtheit dieser »Hütte« tragen nicht nur die zwei Rappenseen bei, sondern auch die Fülle der kleinen und großen Gipfelziele. Überdies ist hier der Start- bzw. Endpunkt des beliebten, hochalpinen Heilbronner Wegs, der die Kemptener Hütte mit der Rappenseehütte verbindet.

Die 1895 ganz aus Holz erbaute Hütte stellt sich heute als stattliches Haus dar und verfügt über die größte Aufnahmekapazität aller in diesem Band genannten Unterkunftshütten; sie gilt als größte Alpenvereinshütte überhaupt. Über 80 Jahre wurde sie von der Familie Geißler geführt, bis sie in andere Hände überging. Die Hütte musste mehrmals erweitert werden, zuletzt in den Jahren 1964/65, in denen sie ihre heutige Gestalt erhielt. 1949 wurde unterhalb des Rappensees ein kleines Kraftwerk gebaut, das endlich das ersehnte elektrische Licht brachte.

1. Von Faistenoy bzw. Einödsbach

leicht 1200 Hm 4.00 Std.

Vom Parkplatz im Stillachtal gehen wir auf gesperrtem Fahrweg (links davon führt ein markierter, unbefestigter Wirtschaftsweg ebenfalls dorthin) nach Birgsau. Kurz dahinter verzweigt sich der Weg. Man nimmt den linken Ast und steigt leicht ansteigend hinauf zum Weiler Einöds-

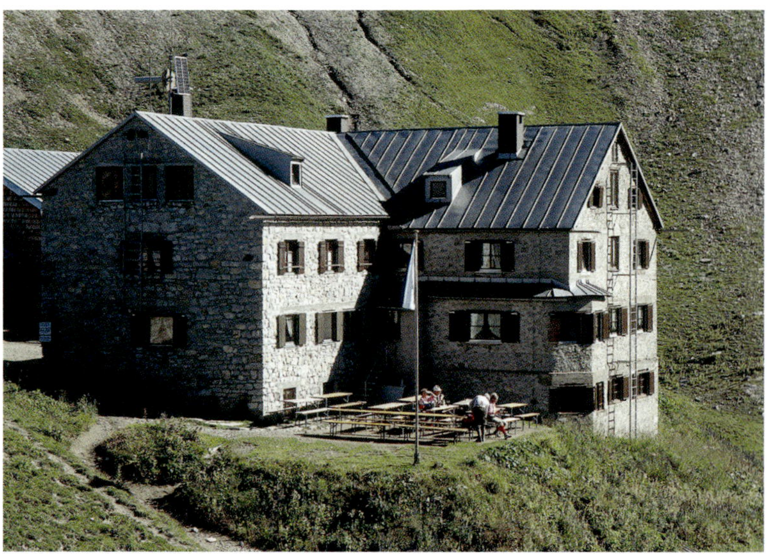

bach. Beim Berggasthof Einödsbach beginnt der markierte Hüttenweg; zunächst hinab zum Steg, der den Bacherlochbach quert, dann jenseits leicht ansteigend durch Wald zu einer Wegverzweigung. Dort geht es nun links in Serpentinen zur Petersalpe. Der Weiterweg zur Jausenstation Enzianhütte erfolgt in sehr steilem Gelände. Von dort geht es in Kehren hinauf zu einem wenig ausgeprägten Sattel (Wegverzweigung), dann weiter zum Sattel am Seebichl. Jenseits kurz hinab zum großen Unterkunftshaus am idyllischen Rappensee.

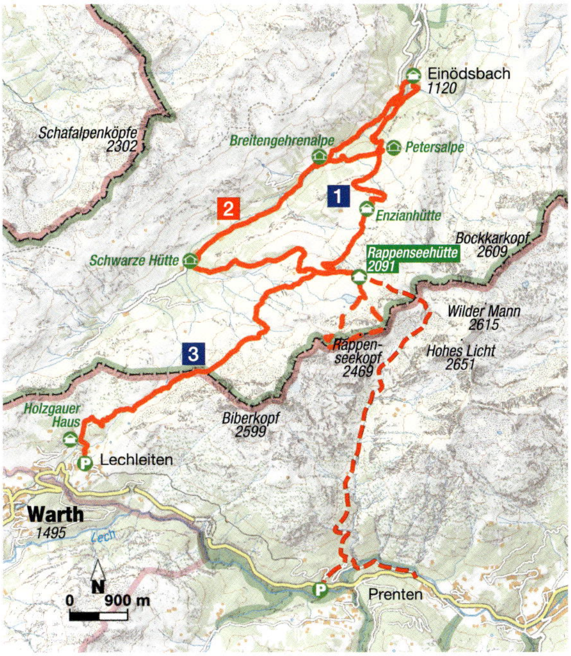

2. Aus dem Rappenalptal

mittel 1200 Hm 4.00 Std.

Vom Parkplatz im Stillachtal wandern wir auf dem gesperrten Fahrweg bis kurz hinter Birgsau, dann rechts durch Bergwald ins Rappenalptal. Bei der Breitengehrenalpe bietet sich links der Wirtschaftsweg hinauf zur Petersalpe an. Oder wir wandern weiter geradeaus bis zur Jausenstation Schwarze Hütte, wo links der markierte Wanderweg zur Rappenseehütte abzweigt. Erst wandern wir durch Wald, dann über Alpwiesen hinauf zur Mittleren Rappenalpe. Dort geht es in weitem Rechtsbogen vor den Hängen des Muskopfes hinauf zum quer laufenden Verbindungsweg von Lechleiten. Auf diesem links zur Rappenseehütte.

Linke Seite: Die Rappenseehütte gilt mit einer Übernachtungskapazität von über 300 Betten und Lagern als größte Alpenvereinshütte überhaupt.

3. Von Lechleiten

leicht 800 Hm 3.00 Std.

Vom Holzgauer Haus wenige Meter talwärts, dann rechts auf ausgeschildertem Wanderweg steil hinauf zur verfallenen Vorderen Lechleitner Alpe (1783 m) und nahezu eben weiter zur Hinteren Lechleitner Alpe, dann leicht abwärts und rechts haltend über freie Hänge hinauf, zuletzt durch Felsblöcke zum höchsten Punkt der Schlosswand (1876 m), wo man die Grenze überschreitet. Nun auf bayerischer Seite weiter und nahezu eben hinüber zur bereits sichtbaren Oberen Biberalpe. Nach kurzem Anstieg haben wir einen Höhenverlust durch Abstieg in den tiefen Mutzentobel (einige Seilsicherungen). Dann geht es im Auf und Ab links um die Westhänge des Kleinen Rappenkopfs hinüber zur Schafalpe. Dort wandern wir wieder leicht ansteigend über einige Gräben hinweg hinauf zu einem schwach ausgeprägten Sattel (1919 m) direkt vor dem Muskopf. Dort rechts haltend weiter (Wegtafeln) steil hinauf über Grashänge und Schrofen zum Sattel am Seebichl und hinab zur Rappenseehütte.

Der Hüttengipfel

schwer 760 Hm 2.15 Std.

Rappenseekopf (2469 m): Aussichtsgipfel über dem gleichnamigen See (Trittsicherheit und Schwindelfreiheit erforderlich, aber nicht schwierig). – Von der Rappenseehütte wandert man links um den Großen Rappensee herum und steigt in Serpentinen zum Sattel zwischen Rappenseekopf und Hochrappenkopf an. Von dort führt ein Pfad links über den Westrücken zum Gipfel.

95

Mindelheimer Hütte (2013 m)

Alpenvereinshütte in traumhafter Lage

Die Hütte
Mindelheimer Hütte (2013 m), AV-Hütte, Kat. I, von Ende Mai bis Mitte Oktober bewirtschaftet, 120 Lager, Winterraum in der kleinen Hütte nebenan mit 25 Lagern; die Hütte ist telefonisch nicht erreichbar, Reservierungen über die Homepage sowie über »Huetten-Holiday«.
www.mindelheimer-huette.de

Charakter
Der Anstieg von Mittelberg erfordert Trittsicherheit und Schwindelfreiheit (einige Drahtseilsicherungen), ebenso der Übergang von der Fiderepasshütte. Der Anstieg von Birgsau ist leicht, ebenso derjenige aus dem Lechtal.

Anreise
Mit Pkw: Auf der A 7 bis zum Autobahndreieck Allgäu, auf der A 980 bis Waltenhofen und weiter auf der B 19 über Sonthofen nach Oberstdorf; rechts seitlich an Oberstdorf vorbei ins Kleinwalsertal, bis nach Mittelberg-Bödmen; dort z. B. Parkplatz Schwendle (1180 m; Hüttenweg 1). Oder von Oberstdorf der Ausschilderung zur Fellhornbahn nach Faistenoy folgen; Parkplätze vor der Talstation der Fellhornbahn (Hüttenweg 2). Oder über Füssen und Reutte und die B 198 bis Warth, rechts hinauf nach Lechleiten; kurz davor befindet sich das Holzgauer Haus (Hüttenweg 3).
Mit Bahn/Bus: Mit dem Allgäu-Schwaben-Takt nach Oberstdorf, dann weiter mit RVA-Bus vom Bahnhof ins Kleinwalsertal nach Mittelberg-Bödmen oder von Oberstdorf zur Talstation der Fellhornbahn. Weiter mit Kleinbus bis Birgsau

Weitere Hütten
Schwarze Hütte (1235 m), privat, bew. von Mitte Juni bis Anfang Okt.

Diese beliebte Hütte ist Start- bzw. Endpunkt des anspruchsvollen Mindelheimer Klettersteigs. Die aus einer Urhütte entstandene und später mit viel Mühe ausgebaute große Alpenvereinshütte entwickelte sich im Lauf der Jahre zu einem großartigen Bergsteigerzentrum.

Im Jahr 1920 stand erst eine kleine Hütte mit 24 Schlafplätzen, erst in den 50er-Jahren des letzten Jahrhunderts nahm die Hütte ihre heutige Gestalt an. Mittlerweile gehört die Mindelheimer Hütte zu den beliebtesten Berghütten in den Allgäuer Alpen. Aussichtsreich, mit Blick auf den Allgäuer Hauptkamm, steht sie hoch über dem Rappenalptal. 1990 wurde ein Ersatzbau geschaffen. Auch die alte kleine Hütte nebenan wurde 2001 renoviert und umgebaut. Seit 1997 trägt die Hütte das Umweltgütesiegel der Alpenvereinshütten und war damit eine der Vorreiterinnen in ökologischer Abwasserentsorgung und Energiegewinnung. Der Winterraum befindet sich in der alten, etwas unterhalb gelegenen kleinen Hütte. In Hüttennähe wurde auch ein neuer Klettergarten mit 40 verschiedenen Routen (eigener Kletterführer) eingerichtet.

1. Von Mittelberg

schwer 930 Hm 3.30 Std.

Von Mittelberg-Bödmen wandern wir auf einem Sträßchen (Mark.-Nr. 441 und 446) ins Wildental bis zum Weiler Höfle. Dort geht es rechts auf

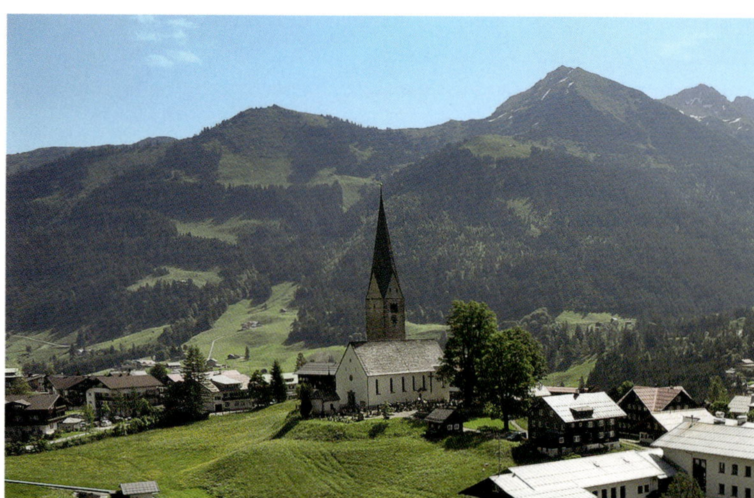

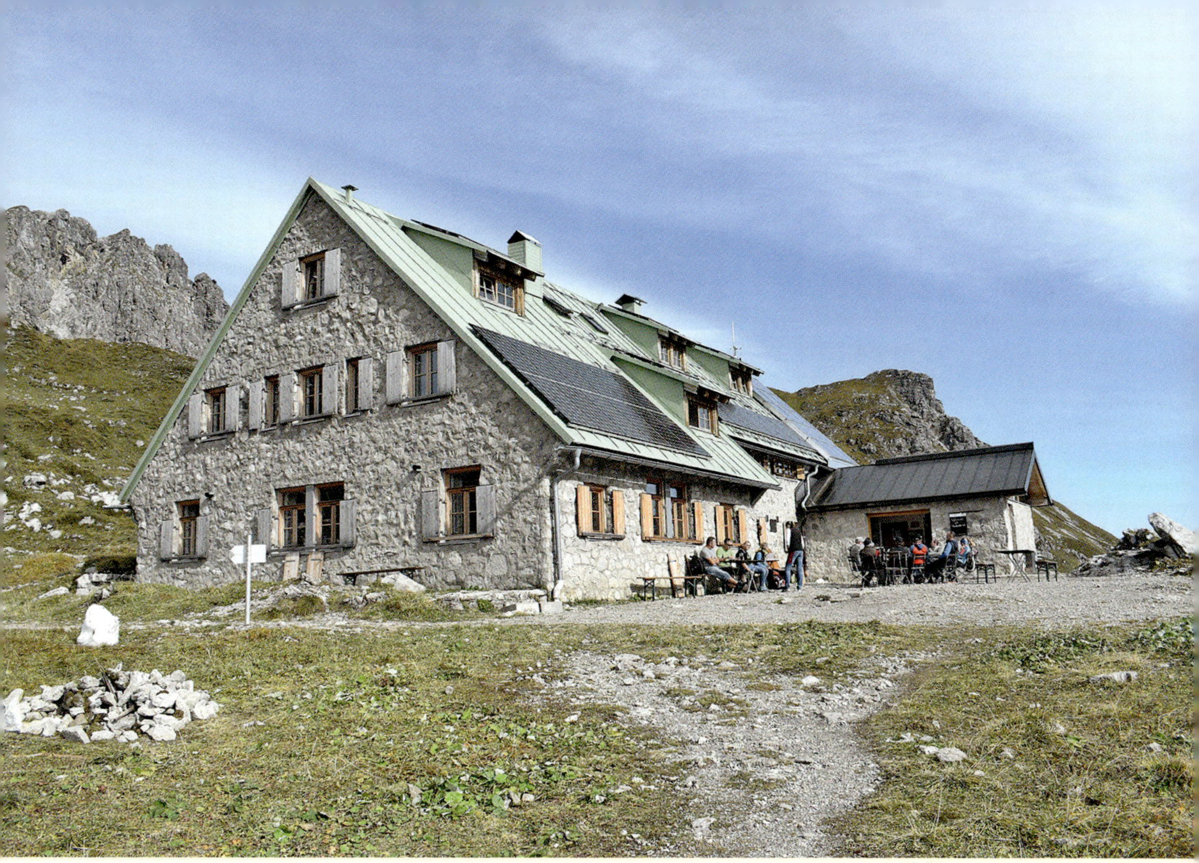

Die Mindelheimer Hütte gehört zu den beliebtesten Hütten in den Allgäuer Alpen; sie ist Start- bzw. Endpunkt des Mindelheimer Klettersteigs.

steilem Pfad hinauf durch Wald zur Innerkuhgehrenalpe und rechts weiter über die freien Hänge zur Wannenalpe (1821 m). Kurz dahinter halten wir uns rechts und steigen durch die Südflanke der Hammerspitze unter der Materialseilbahn der Fiderepasshütte hindurch. Dann geht es rechts weiter (links zweigt der Weg zur Fiderepasshütte ab) zur Hinteren Wildenalpe (1777 m). Oder aber wir wandern vom Parkplatz Schwendle rechts auf einem Alpweg (Mark.-Nr. 446) hinauf zur Unteren und Inneren Wiesalpe (hier ist auch die Einmündung des Weges von Höfle) und weiter durch das Wildental hinauf bis zur Fluchtalpe. Bei der Talstation der Materialseilbahn geht es nun rechts weiter (Mark.-Nr. 441), bald rechts über den Wildenbach hinweg und in zahlreichen Serpentinen hinauf zur Hinteren Wildenalpe (1777 m) und zum Talschluss. Zunächst sanft, dann wieder äußerst steil führt links der serpentinenreiche Steig durch brüchiges Felsgelände hinauf zur Kemptner Scharte (2050 m), wobei einige heiklen Stellen mit Drahtseilen gesichert sind. Jenseits dann hinab auf nun wieder leichtem Bergwanderweg zur Mindelheimer Hütte.

2. Von Faistenoy

leicht · 1110 Hm · 3.30 Std.

Auf dem Fahrweg südwärts, vorbei an Birgsau, zu einer Weggabelung (links weiter nach Einödsbach), dort rechts (Mark.-Nr. 441) über die Stillach weiter auf Fahrweg zur Buchenrainalpe und hinein ins Rappenalptal. Wir wandern an der Breitgehrenalpe vorbei nurmehr leicht ansteigend zur Schwarzen Hütte (1235 m). Dort zweigt rechts der Weg zur Mindelheimer Hütte ab (Mark.-Nr. 441), der in steilen Kehren über die Untere und Obere Angereralpe zum Alpenvereinshaus führt.

Linke Seite: Blick auf Mittelberg, einem der Ausgangspunkte für den Besuch der Mindelheimer Hütte

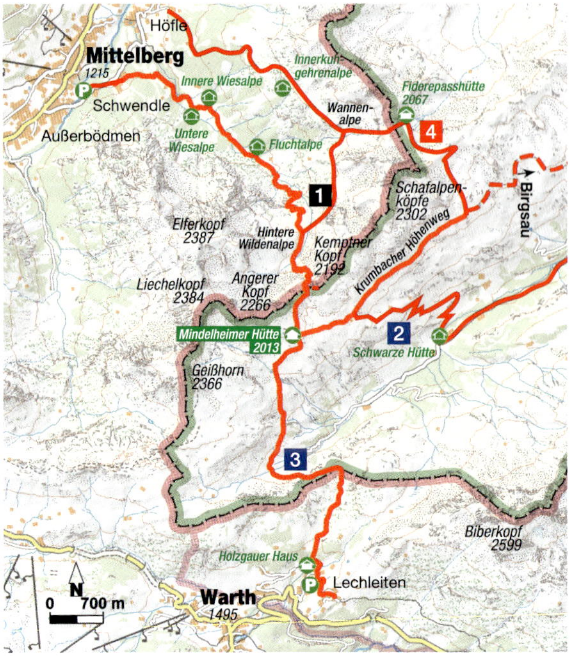

3. Von Lechleiten

leicht 440 Hm 3.00 Std.

Vom Holzgauer Haus gehen wir wenige Meter hinab zu der Wegtafel und wandern nun rechts auf dem markierten Weg (Mark.-Nr. 445) über die Almwiesen, dann durch ein Tälchen hinauf zum Schrofenpass (1688 m). Bei der Wegverzweigung halten wir uns links und gehen über Felsstufen hinab in westlicher Richtung ins Tal des Haldenwanger Baches. Wir überschreiten den Bach und folgen dem markierten und anstrengenden Steig (Mark.-Nr. 445) hinauf zur Mindelheimer Hütte.

4. Von der Fiderepasshütte

mittel 720 Hm 3.00 Std.

Von der Fiderepasshütte wenige Meter hinunter zum Pass und jenseits über Geröll in Kehren hinauf zur Fiderescharte (2214 m). Jenseits steil hinab (Drahtseilsicherung) und über die Saubuckeln zum »Krumbacher Höhenweg« (Mark.-Nr. 443). Bei der Weggabelung rechts und weiter zur unbewirtschafteten Tauferbergalpe. Dort halten wir uns erneut rechts und wandern im leichten Auf und Ab hoch über dem Rappenalptal auf schönem, aussichtsreichem Weg – gegenüber liegt der Allgäuer Hauptkamm – zur Oberen Angerer Hütte (1908 m); rechts haltend geht es dann wieder etwas bergwärts zur Mindelheimer Hütte.

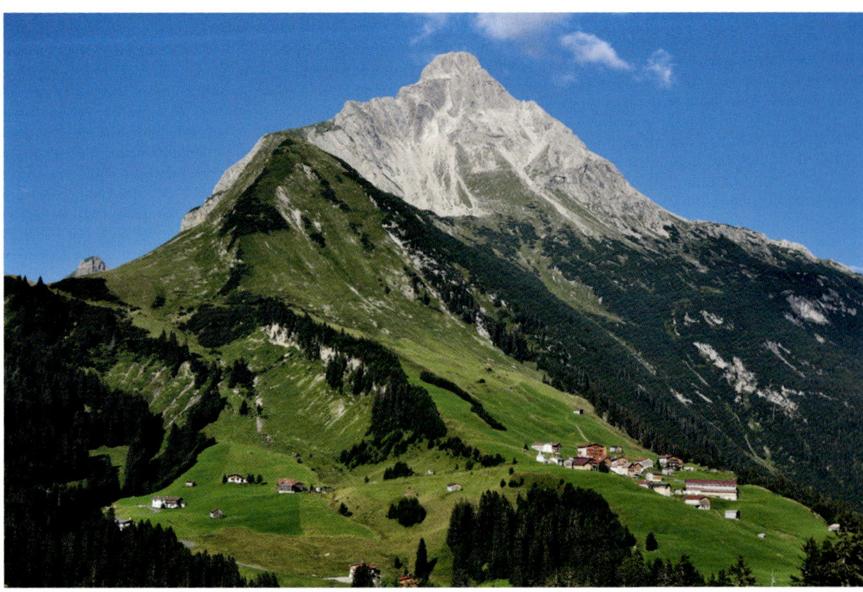

Der Biberkopf ist eine das Lechttal dominierende Felspyramide; von Lechleiten an seinem Bergfuß beginnt der Aufstieg zur Mindelheimer Hütte von Süden.

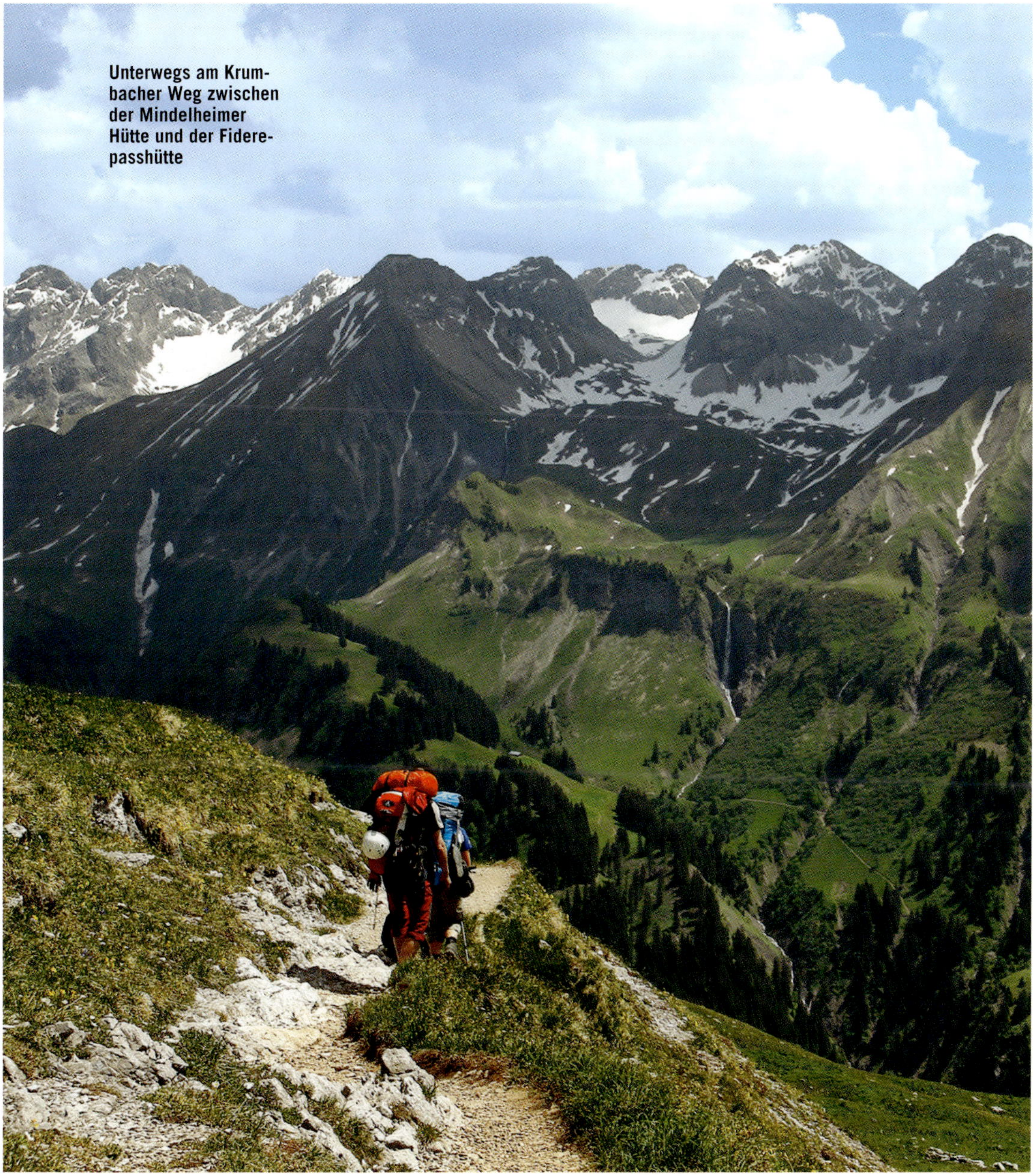

Unterwegs am Krumbacher Weg zwischen der Mindelheimer Hütte und der Fiderepasshütte

Der Hüttengipfel

mittel · 360 Hm · 1.30 Std.

Kemptner Kopf (2192 m): Der Hausberg der Mindelheimer Hütte ist ein kleiner Grasgipfel mit markantem Gipfelaufbau und schöner Aussicht ins Kleinwalsertal auf der einen und ins Rappenalptal auf der anderen Seite (Trittsicherheit und Schwindelfreiheit erforderlich). – Von der Mindelheimer Hütte gehen wir auf gutem Steig erst in den Sattel westlich des Gipfels, die Kemptner Scharte, wandern dann rechts auf dem Grasgrat mit der Ausschilderung »Mindelheimer Klettersteig« und gelangen schließlich zu den Gipfelschrofen.

96

Fiderepasshütte (2067 m)

Ausgangspunkt für den Mindelheimer Klettersteig

Diese Alpenvereinshütte bietet Bergromantik pur. Die relativ spät erbaute Hütte lag immer etwas abseits der viel begangenen Routen. Erst mit der Installation des Mindelheimer Klettersteigs im Jahr 1975 hat sich das geändert; jetzt liegt die Hütte inmitten des alpinen Geschehens.

Die 1938 erbaute gemütliche Fiderepasshütte der Alpenvereinssektion Oberstdorf liegt wenige Meter nördlich des Fiderepasses und ist Ausgangsstation für den beliebten Mindelheimer Höhenweg. Aus der ursprünglichen Zweiraumhütte wurde in den Jahren 1972–74 die Hütte, wie sie sich heute darstellt. Später kam noch eine Panoramastube als Anbau – und die Hütte wurde nach ökologischen Kriterien erneuert. Wer mit Familie oder Wanderern unterwegs ist, hat eine ideale Alternative zum Klettersteig: Auch der Krumbacher Höhenweg verbindet die Fiderepasshütte mit der Mindelheimer Hütte.

1. Von Riezlern (Kanzelwandbahn)

mittel 560 Hm 2.30 Std.

Kanzelwandbahn-Bergstation (1968 m): Der schnellste Übergang erfolgt auf gutem Bergweg links an der Kanzelwand vorbei hinab ins Roßgund-

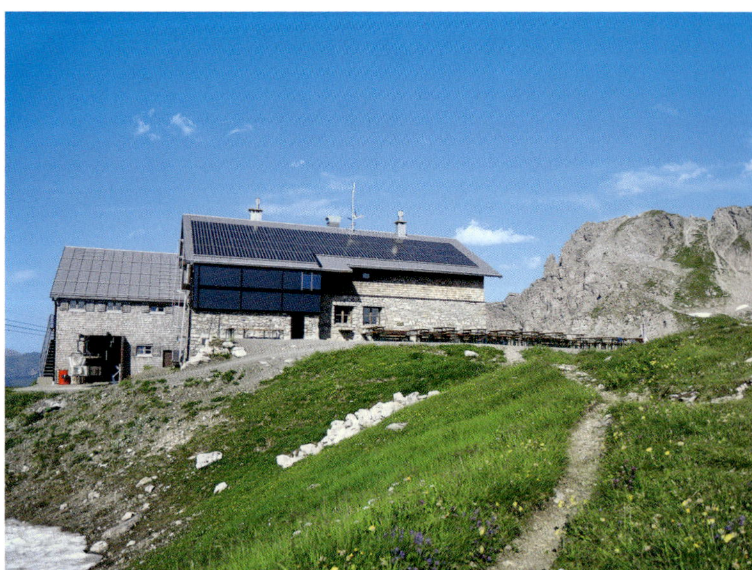

Die Hütte
Fiderepasshütte (2067 m), AV-Hütte, Kat. I, 110 Lager, von Ende Mai bis Mitte Oktober bewirtschaftet; Winterraum mit 10 Lagern, Schlüssel bei der Sektion; die Hütte ist telefonisch nicht erreichbar, Reservierungen nur über die E-Mail der Homepage.
www.fiderepasshuette.de

Charakter
Der bequemste Zugang erfolgt von der Kanzelwandbahn-Bergstation. Alle Anstiege erfordern Trittsicherheit, der Anstieg von Birgsau auch etwas Orientierungssinn.

Anreise
Mit Pkw: Auf der A 7 bis zum Autobahndreieck Allgäu, auf der A 980 bis Waltenhofen und weiter auf der B 19 über Sonthofen nach Oberstdorf; rechts seitlich an Oberstdorf vorbei in Richtung Kleinwalsertal, dann links (Ausschilderung »Fellhornbahn«) nach Faistenoy; Parkplätze vor der Talstation der Fellhornbahn (Hüttenwege 3 und 4). Oder von Oberstdorf weiter ins Kleinwalsertal bis nach Riezlern zur Talstation der Kanzelwandbahn; großer Parkplatz (Hüttenweg 1). Oder weiter bis Mittelberg zum Ortsteil Bödmen; Parkplatz (Hüttenweg 2).
Mit Bahn/Bus: Mit dem Allgäu-Schwaben-Takt nach Oberstdorf, weiter mit RVA-Bus zur Talstation der Fellhornbahn oder ins Kleinwalsertal nach Riezlern bzw. Außerbödmen bei Mittelberg

Karte
Topografische Karte 1:50 000 Allgäuer Alpen (LDBV)

Weitere Hütten
Fluchtalpe (1390 m), von Mitte Mai bis Ende Oktober bew.
Untere Wiesalpe (1290 m), von Pfingsten bis Anfang Oktober bew.
Innere Wiesalpe (1298 m), von Pfingsten bis Oktober bew.

kar und dann ohne Höhenverlust hinüber zur verfallenen Kühgundalpe (1745 m). Von dort folgt man dem westwärts leicht ansteigenden Hochtal zunächst im Talgrund, dann in Kehren hinauf zum Fiderepass mit der gleichnamigen Hütte.

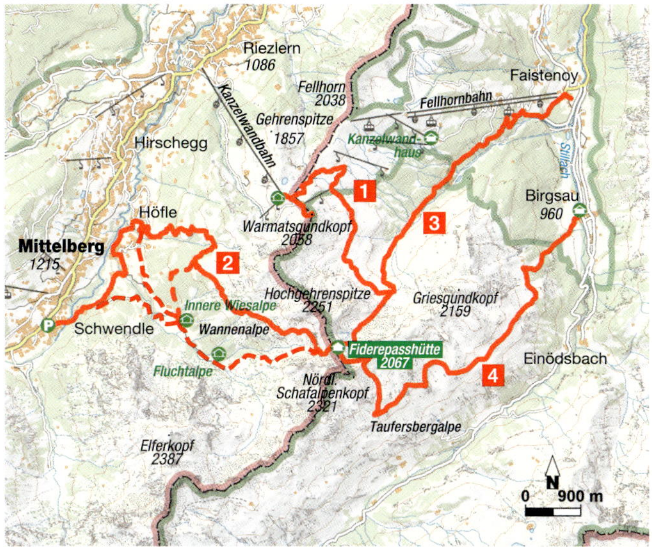

2. Von Mittelberg

mittel 850 Hm 3.00 Std.

Von Mittelberg-Bödmen wandern wir auf einem Sträßchen (Mark.-Nr. 441 und 446) ins Wildental bis zum Weiler Höfle. Dort rechts auf steilem Pfad hinauf durch Wald zur Innerkuhgehrenalpe und rechts weiter über die freien Hänge zur Wannenalpe (1821 m). Kurz dahinter halten wir uns links und steigen durch die Südflanke der Hammerspitze unter der Materialseilbahn der Hütte hindurch. Links geht es dann hinauf zur Fiderepasshütte.

Variante: über die Wiesalpe und die Fluchtalpe.

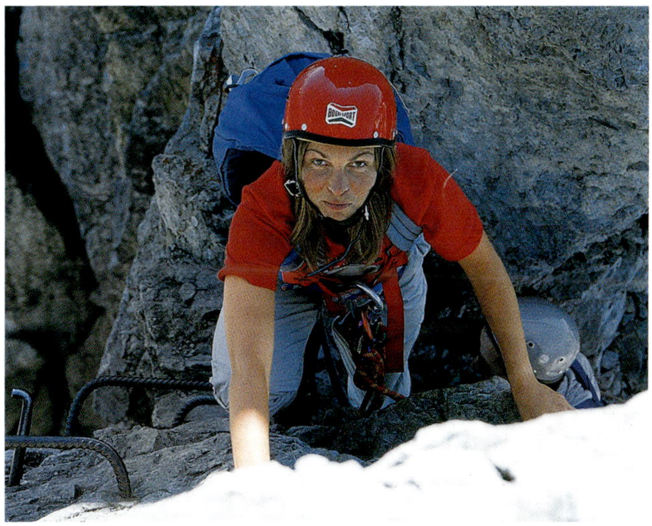

3. Von Faistenoy

mittel 1170 Hm 3.30 Std.

Von der Talstation der Fellhornbahn geht es zunächst auf Wanderweg, dann auf Forststraße (Mark.-Nr. 443 und 446) zur Warmatsgundalpe und weiter auf Fahrweg bis zur verfallenen Wankalm. Dort wandern wir weiter auf Bergsteig über die verfallene Kühgundalpe hinauf zur Fiderepasshütte.

Die Fiderepasshütte (linke Seite); unterwegs am Mindelheimer Klettersteig (oben)

4. Von Birgsau

mittel 1400 Hm 5.00 Std.

Von der Straße nach Einödsbach wandern wir rechts über die Brücke, dann links weiter (Mark.-Nr. 442) auf schwach markiertem Steig (Markierung »Via Alpina«) über den Scheidbichel und die verfallene Vordere Traufbergalpe zur Taufersbergalpe, wo man auf den Krumbacher Weg trifft. Hier geht es rechts hinauf zur Fiderescharte (2214 m) und jenseits hinab zur Fiderepasshütte.

Der Hüttengipfel

schwer 540 Hm 2.15 Std.

Nordöstlicher Schafalpenkopf (2321 m): Höchster Punkt des Mindelheimer Klettersteigs (absolute Trittsicherheit und Schwindelfreiheit erforderlich; Klettersteigset und Steinschlaghelm gehören dazu). – Wegverlauf siehe dazu entsprechende Routenbeschreibungen!

97 Mahdtalhaus (1100 m)

Eine »Talhütte« in den Allgäuer Alpen

Die Hütte
Mahdtalhaus (1100 m), AV-Haus, Kat. II, Selbstversorgerhütte, von ca. 20. Dezember bis Ende Oktober bewartet, nach Ostern vier Wochen Betriebsruhe, 24 Betten, 10 Lager; Tel. 0043/55 17/64 23. Kioskbetrieb (Montag geschlossen). www.dav-mahdtalhaus.at

Charakter
Zugang von Riezlern auf Sträßchen und Wirtschaftswegen

Anreise
Mit Pkw: Auf der A 7 bis zum Autobahndreieck Allgäu, auf der A 980 bis Waltenhofen und weiter auf der B 19 über Sonthofen nach Oberstdorf; rechts seitlich an Oberstdorf vorbei ins Kleinwalsertal bis kurz vor Riezlern (B 201), dann in Westegg rechts ab und hinab zur Brücke über die Breitach und weiter über den Weiler Schwende zum Mahdtalhaus; beim Haus befindet sich ein großer Parkplatz (Hüttenweg 1). Oder auf der B 201 weiter nach Riezlern, durch den Ort und nach der Breitachbrücke rechts weiter der Ausschilderung »Ifenbahn« folgend bis zum Ende der Fahrstraße Wanderparkplatz bei der Talstation (gebührenpflichtig; Hüttenweg 2).
Mit Bahn/Bus: Mit dem Allgäu-Schwaben-Takt nach Oberstdorf, dann mit RVA-Bus nach Riezlern im Kleinwalsertal; dort umsteigen zum Mahdtalhaus im Weiler Schwende

Karte
Topografische Karte 1:50 000 Allgäuer Alpen (LDBV)

Weitere Hütten
Alpinlodge Auenhütte (1306 m), privat, Sommer und Winter bew.; Tel. 0043/5517/52 65. – Am Ende der Fahrstraße, bei der Talstation der neuen »Ifenbahn«
Ifenhütte (1586 m), privat, nahezu ganzjährig bew., keine Übernachtung; Tel. 0043/55 17/59 23

Das Kleinwalsertal bietet für Bergwanderer zahllose Tourenmöglichkeiten an. Und so ist es auch gut, dass es eine Unterkunftshütte im Talbereich gibt. So kann man jeden Tag – ohne absteigen zu müssen – ein anderes Gipfelziel ansteuern.

Das Mahdtalhaus der Alpenvereinssektion Stuttgart ist eine Selbstversorgerhütte mit angeschlossener Jausenstation am Eingang ins Mahdtal. Das 1942 erworbene Haus brannte 1990 ab und wurde 1994 komplett neu aufgebaut. Von hier lassen sich im Sommer zahlreiche Wanderungen, im Winter Skitouren unternehmen. Mit der Schwendloipe steht Langläufern zudem eine der schönsten Loipen im Allgäu zur Verfügung. Der beliebte Hausberg ist natürlich der Hohe Ifen.

1. Vom Mahdtalhaus zum Hohen Ifen

mittel · 1280 Hm · 5.30 Std.

Vom Mahdtalhaus folgt man dem Wegweiser über die Kesselschwand zum Weiler Au, wo man auf ein Sträßchen trifft. Auf diesem rechts weiter nach Unterwald. Dort beginnt rechts der Weg zum Gottesackerplateau. Auf Forststraße über den bewaldeten Eselsrücken, dann auf Waldweg (gelbe Markierung) zur Jagdhütte auf der Schneiderkürenalpe. Auf rot markiertem Wanderweg über die Waldgrenze und durch ein verkarstetes

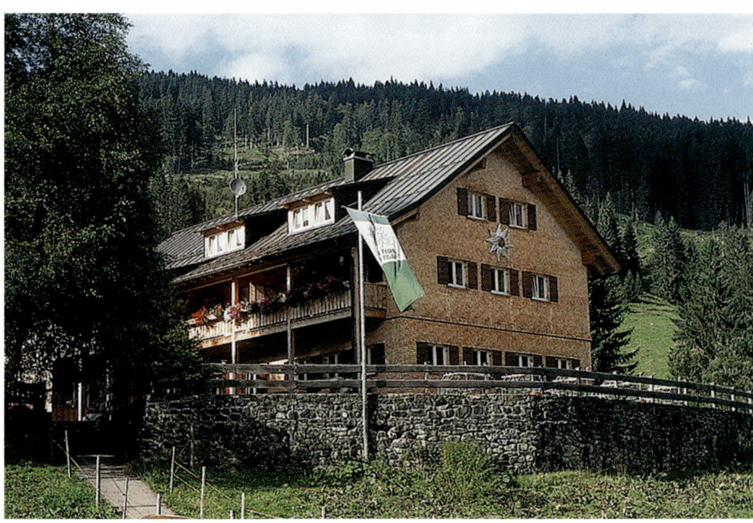

Hochtal zur verfallenen Gottesackeralpe (1835 m), wo man auf einen quer führenden Weg trifft. Hier links weiter auf gelb markiertem Weg über das Gottesackerplateau und seitlich an der Ifenmauer hinab zur Wegverzweigung. Rechts weiter wie unten beschrieben.

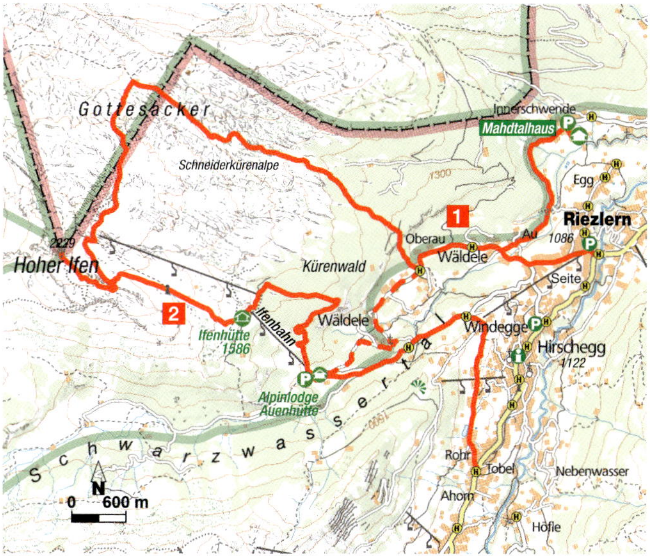

2. Von der Auenhütte zum Hohen Ifen

mittel 970 Hm 3.00 Std.

Von der Talstation der neuen Ifenbahn zur Mittelstation und in wenigen Minuten zur Ifenhütte oder zu Fuß auf ausgeschildertem Teersträßchen dorthin. Dann folgt man dem breiten Wanderweg (Ausschilderung »Hoher Ifen«, »Hahnenköpfle«) hinauf zur Ifenmulde am unteren Rand der Ifenmauer. Noch etwas taleinwärts, dann links auf die Wand zu und auf ausgebautem Steig in Serpentinen hoch zur Gipfelfläche und über den überwiegend grasigen Hang leicht hinauf zum Gipfelkreuz.

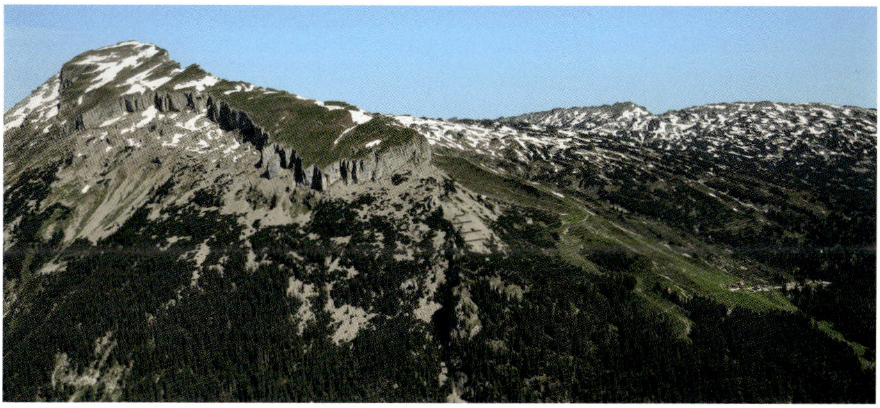

Die beeindruckende Ifenmauer mit dem Ifen-Gipfel

Linke Seite: Die Mahdtalhütte ist eine Selbstversorgerhütte und ist öffentlich wie mit Pkw erreichbar.

Der Hüttengipfel

mittel 2260 Hm 9.00 Std.

Hoher Ifen (2229 m): Der markante Berg mit seiner schrägen Gipfelfläche und den steilen Wandabbrüchen – der Ifenmauer – ist eine der außergewöhnlichsten Berggestalten der Allgäuer Alpen (lange und anstrengende Bergwanderung; am Gipfelaufbau des Hohen Ifen Trittsicherheit und Schwindelfreiheit erforderlich (Drahtseilsicherungen). Auf dem Gottesackerplateau können bei Nebel Orientierungsprobleme auftauchen. – Eindrucksvoll ist auch das sich im Osten anschließende Gottesackerplateau mit seiner geriffelten Karstoberfläche. Der Hohe Ifen lässt sich mit einer langen Tagestour vom Mahdtalhaus überschreiten oder von der Alpinlodge Auenhütte (mit Bergbahnunterstützung ab Ifenhütte 1¾ Std. zum Gipfel) in deutlich kürzerer Zeit besteigen.

98 Schwarzwasserhütte (1620 m)

Im hintersten Winkel des Schwarzwassertals

Die Hütte
Schwarzwasserhütte (1620 m), AV-Hütte, Kat. I, 42 Betten, 33 Lager, 12 Lager in der Nebenhütte, von Mitte Mai bis Anfang/Mitte Oktober und von Weihnachten bis Ostern bew.; Tel. 0043/55 17/302 10, nur für kurzfristige Buchungen; Reservierungen kontakt@schwarzwasserhuette.com oder »Huetten-Holiday«

Charakter
Überwiegend Bergwanderwege, zum Teil mit Bergbahnunterstützung; einige Abschnitte auf Alpfahrwegen, so zur Melköde und von Schönenbach

Anreise
Mit Pkw: Über Kempten (A 7 und B 19) nach Oberstdorf und weiter ins Kleinwalsertal. Bei Riezlern rechts der Ausschilderung »Ifenbahn« folgen bis zum Parkplatz am Ende der Straße (Hüttenweg 1). Oder von Riezlern weiter nach Mittelberg zur Talstation der Walmendinger-Horn-Bahn (Hüttenweg 2). Oder weiter nach Baad; Parkplätze am Ortsanfang (Hüttenweg 3). Auf der österreichischen Seite von Bregenz auf der B 200 bis Reuthe, dann links hinauf nach Schönenbach (Hüttenweg 4) bzw. weiter auf der B 200 nach Schoppernau zur Talstation der Diedamskopfbahn (Hüttenwege 5 und 6).
Mit Bahn/Bus: Mit der Bahn bis Oberstdorf und weiter mit RVA-Bus ins Kleinwalsertal

Weitere Hütten
Stutzalpe (1500 m), privat, Sennalpe, von Anfang Juni bis 21. September bew.
Melköde (1346 m), privat, Jausenstation, bew. von Mitte Mai bis Ende Oktober
Neuhornbachhaus (1700 m), privat, im Sommer wie im Winter bew.; Tel. 0043/720/51 42 64; von Schoppernau 2 ½ Std.

Eine Hütte für Sommer wie Winter. Nächstgelegener hoher Gipfel ist der Hohe Ifen. Vielen ist die Schwarzwasserhütte jedoch mehr als Skitourenstützpunkt bekannt. Es bieten sich hier gleich drei beliebte Ziele an: das Grünhorn, das Steinmandl und der Hählekopf.

Die von 1914 bis 1922 erbaute Schwarzwasserhütte der Alpenvereinssektion Schwaben liegt auf einer Geländeterrasse am oberen Ende des Schwarzwassertals, eines bergumrahmten Seitentales des Kleinwalsertals; sie wurde mehrfach erweitert und den modernen Erfordernissen angepasst. Die Hütte ist ein gemütlicher Stützpunkt für eine ruhige Wanderwoche, denn das Gebiet weist – mit Ausnahme des Hohen Ifen – keine besonders markanten Gipfel auf. Es locken jedoch die bis in die Gipfelregion grünen Grasberge, die besonders zu Überschreitungen einladen. Doch Achtung, bei Nässe sind diese Pfade durch die steilen Grasflanken nicht zu unterschätzen.

1. Vom Parkplatz Ifenbahn

leicht 350 Hm 2.00 Std.

Vom Parkplatz wandern wir links über eine Brücke und auf Wirtschaftsweg am Bergfuß des Hohen Ifen entlang mäßig ansteigend zur Alp Melköde (1346 m). Von der Jausenstation dann weiter auf gutem Wanderweg hinauf zur Schwarzwasserhütte.

Tipp: Entlang dieser Strecke wurde der Naturlehrpfad Schwarzwassertal angelegt.

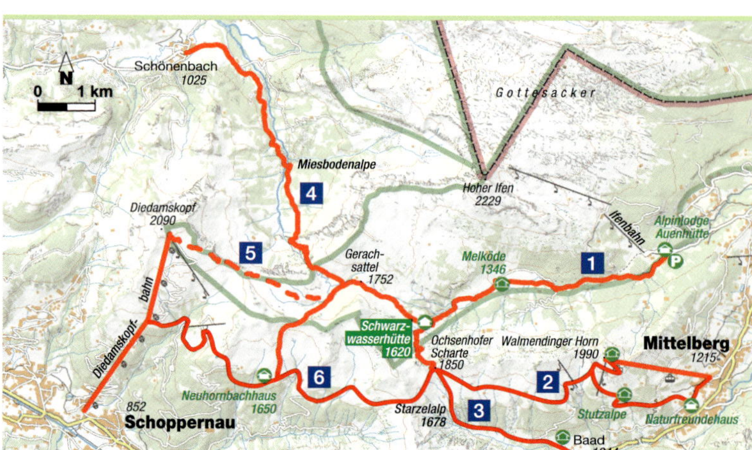

2. Von Mittelberg

leicht 860 Hm 3.00 Std.

Von der Talstation der Walmendinger-Horn-Bahn gehen wir auf dem kleinen Sträßchen in Richtung Süden, bis rechts ein markierter Wanderweg abzweigt, der über die Bühlalpe zur Stutzalpe und weiter zur Muttelbergalpe führt. Dort mündet von rechts der Zugangsweg von der Bergstation der Walmendinger-Horn-Bahn (von der Bergstation 2 ½ Std. zur Hütte) ein. Nun links weiter auf schönem Höhenweg über die Äußere Stierhofalpe zu einer Weggabelung. Dort rechts über die weiten Hänge hinauf zur Ochsenhofer Scharte (1850 m) und jenseits hinab zur bereits sichtbaren Schwarzwasserhütte.

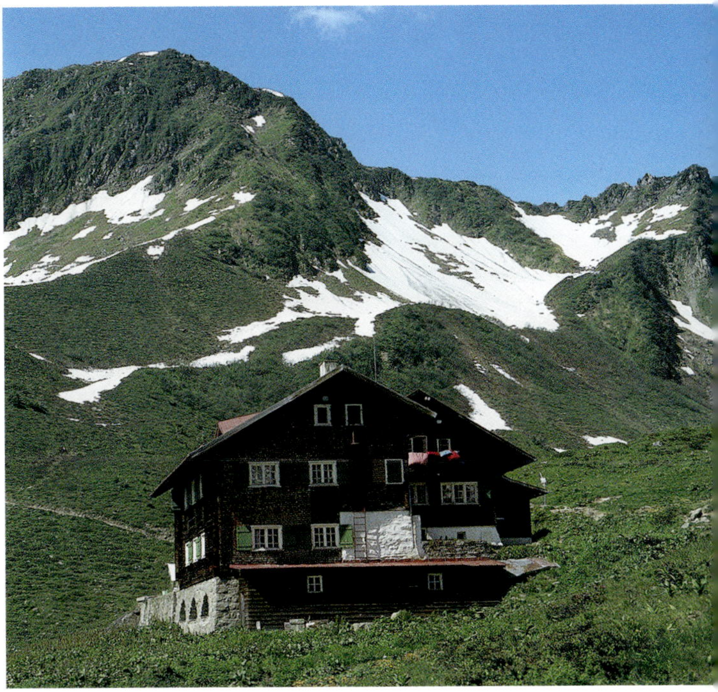

Ein gemütlicher Stützpunkt für eine ganze Tourenwoche: die Schwarzwasserhütte

3. Von Baad

leicht 840 Hm 2.15 Std.

Vom Parkplatz in Baad (1244 m) hinauf zur Kirche, wo links ein Alpweg beginnt, der hoch über dem Turabach zur Starzelalp (1678 m) führt. Von dort wandern wir direkt hinauf in die Ochsenhofer Scharte (1850 m) und hinab zur Alpenvereinshütte.

4. Von Schönenbach

leicht 860 Hm 3.00 Std.

Von Schönenbach führt ein Alpfahrweg ins Tal der Sausach. Er überquert bei der Miesbodenalpe den Bach und steigt im Talschluss steil an zur Gerachalpe. Von dort geht es auf Wanderweg links hinauf zum Gerachsattel und jenseits hinab zur Schwarzwasserhütte.

5. und 6. Von Schoppernau

leicht 500 bzw. 750 Hm 4.30 Std.

Mit der Kleinkabinenbahn hinauf zur Mittelstation (1420 m) bei der Mitteldiedamsalpe. Dort führt rechts ein schöner Höhenweg zunächst leicht fallend über den Schrannenbach, dann steil über freie Grashänge zur Breitenalpe (1662 m). Dann geht es eben über die Falzalpe hinüber zum Neuhornbachhaus (1700 m). Hier bieten sich zwei Möglichkeiten: Entweder direkt hinauf zum Neuhornbachsattel und über den Gerachsattel zur Schwarzwasserhütte oder über die Neu- und Althornbachalpe hinauf zum Starzeljoch (1867 m) und über die Ochsenhofer Scharte dorthin.

Der Hüttengipfel

leicht 550 Hm 4.30 Std.

Diedamskopf (2090 m): Der Diedamskopf ist von der österreichischen Seite vor allem ein beliebtes Ziel für Skifahrer. Von dort führt eine Kleinkabinenbahn in zwei Sektionen zum Gipfel. Wer also von Schoppernau zur Schwarzwasserhütte wandern will, kann diesen Gipfel bei Benützung der Gondelbahn einfach mitnehmen (insgesamt 2 ½ Std. zur Schwarzwasserhütte). Von der Schwarzwasserhütte ist er jedoch bereits ein Tagesziel, wenngleich auch auf einfachen Wegen.

99

Widdersteinhütte (2009 m)

Urige Privathütte über dem Hochtannbergpass

Die Hütte
Widdersteinhütte (2009 m), privat, 26 Lager, von Ende Mai bis Mitte Oktober bew.; Tel. 0043/664/ 391 25 24 (Hütte) oder 0043/ 55 19/282 (Tal). www.widderstein-huette.at

Charakter
In den Tälern Wirtschaftswege, auf den Höhen Wanderwege und Bergsteige, die etwas Trittsicherheit voraussetzen. Der Anstieg zum Gemstelpass ist zum Teil mit Seilen gesichert und erfordert Schwindelfreiheit.

Anreise
Mit Pkw: Auf der A 7 bis zum Autobahndreieck Allgäu, auf der A 980 bis Waltenhofen und weiter auf der B 19 über Sonthofen nach Oberstdorf; rechts seitlich an Oberstdorf vorbei in Richtung Kleinwalsertal bis zum Ortsteil Bödmen, am südwestlichen Ortsende von Mittelberg (Parkplätze; Hüttenweg 2) oder weiter bis kurz vor dem Ende der Fahrstraße bei Baad; Parkplätze am Ortsanfang von Baad, am Eingang ins Bärgunttal (Hüttenweg 1). Oder über Füssen und Reutte und die B 198 nach Warth im Lechtal und weiter nach Hochkrumbach kurz vor dem Hochtannbergpass (Hüttenweg 3).
Mit Bahn/Bus: Mit dem Allgäu-Schwaben-Takt nach Oberstdorf, dann weiter mit RVA-Bus ins Kleine Walsertal nach Mittelberg bzw. Baad

Karte
Topografische Karte 1:50 000 Allgäuer Alpen (LDBV)

Weitere Hütten
Bärgunthütte (1408 m), bew. von Pfingsten bis Ende Oktober
Obere Gemstelalpe (1694 m), bew. von Pfingsten bis Oktober
Hintere Gemstelalpe (1320 m), bew. von Pfingsten bis Ende Oktober sowie **Berhards Gemstelalpe** (1300 m)

Es gibt nur einen Hüttengipfel für die Widdersteinhütte, aber der hat es in sich. Aufgrund seiner isolierten Lage ist der Große Widderstein nicht nur ein großartiger Aussichtsgipfel, beim Gipfelanstieg haben wir sogar die Chance, Steinböcke live zu erleben.

Die Widdersteinhütte liegt auf einer Almhochfläche hoch über dem Hochtannbergpass am Südfuß des Großen Widdersteins. Von der Terrasse bietet sich ein fantastischer Panoramablick auf die Allgäuer und Lechtaler Alpen. Die Hütte liegt bereits auf Vorarlberger Gebiet und ist beliebte Station bei der Umrundung des Widdersteins, dem Wahrzeichen des Kleinen Walsertals. Beliebt ist diese Runde vor allem auch deshalb, weil mehrere bewirtschafte Alphütten an der Route liegen. Aber auch Skitourengeher nutzen die Hütte als Zwischenstation für diverse Überschreitungen.

1. Von Baad

leicht 790 Hm 3.30 Std.

Vom letzten Parkplatz am Talausgang des Bärgunttales wandert man zuerst links über die Holzbrücke, die hier die Breitach überspannt, und

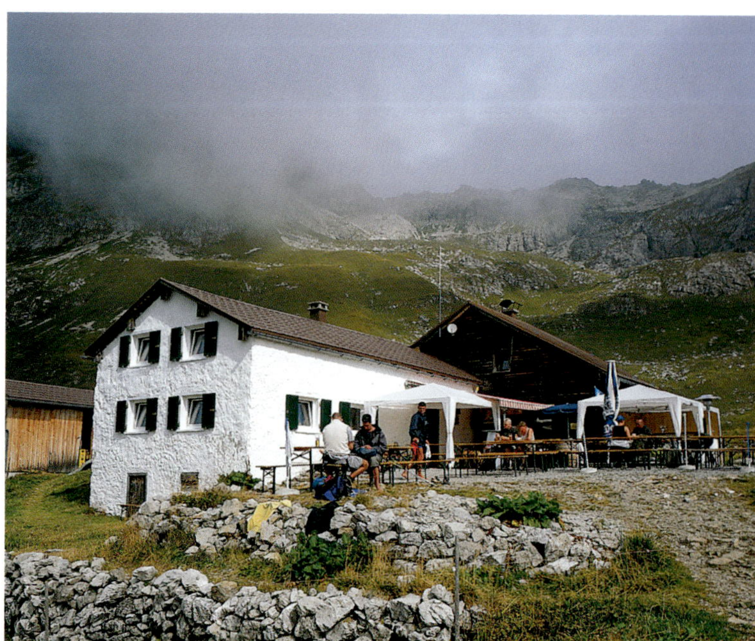

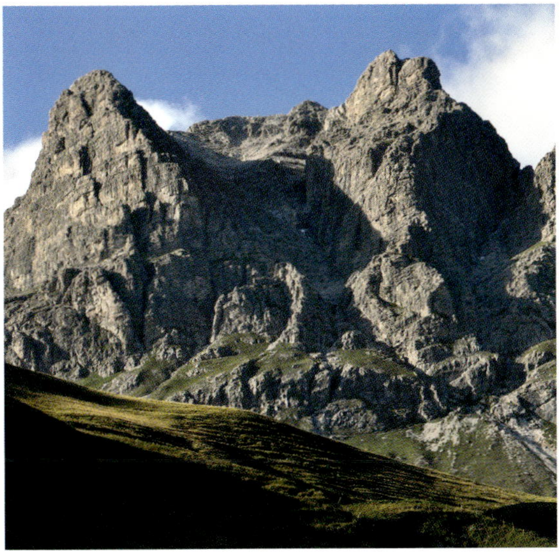

Der Hüttengipfel

schwer 1060 Hm 2.30 Std.

Großer Widderstein (2533 m): Trittsicherheit und unbedingte Schwindelfreiheit erforderlich, Schwierigkeitsgrad I im Fels). – Von der Widdersteinhütte auf Pfad zum südseitigen Gipfelaufbau, dann auf Steig in die Schlucht, die die Südwestschulter und den Südgipfel voneinander trennt. Die Schlucht steigen wir nun im Zickzack hoch, wobei wir uns an die roten Farbmarkierungen halten. Mittels einiger Eisenstifte quert man eine Rinne und erreicht den Felskessel oberhalb der Schlucht. Wir folgen den Steigspuren weiter hinauf bis zum Westgrat, gehen dann rechts auf dem Grat und über einige Felsstufen schließlich hinauf zum Gipfelkreuz.

schlendert dann auf nur mäßig ansteigendem Alpfahrweg (Ausschilderung »Bärgunthütte«) das Bärgunttal einwärts bis zur Bärguntalpe. Über den rechten Talhang ansteigend erreicht man – vorbei an einer verfallenen Zollhütte – den Hochalppass (1908 m). Der Steig zur Widdersteinhütte zweigt kurz vorher nach links ab. Vorbei an der verfallenen Hochalphütte erreicht man die im Sommer bestoßene Neue Hochalp und die Widdersteinhütte.

Der Hüttengipfel der Widdersteinhütte ist allerdings nur trittsicheren und schwindelfreien Bergwanderern zugänglich.

Linke Seite: Die Widdersteinhütte über dem Hochtannbergpass

2. Von Mittelberg (Bödmen)

mittel 800 Hm 2.30 Std.

Vom Parkplatz bei der Breitachbrücke folgt man der Ausschilderung »Widdersteinhütte« und wandert den breiten Alpweg ins Gemsteltal, der bis zur Hinteren Gemstelalpe nur unmerklich ansteigt. Dann geht es auf steilem Steig durch Schrofengelände – hoch über der Klamm des Gemstelbaches – bis zu einer Wegverzweigung; dort rechts haltend hinauf zur Oberen Gemstelalpe. Nun wandern wir weiter um den Ostausläufer des Widdersteins herum über Weidehänge steil hinauf zum Gemstelpass (1972 m) und westwärts weiter zur Widdersteinhütte.

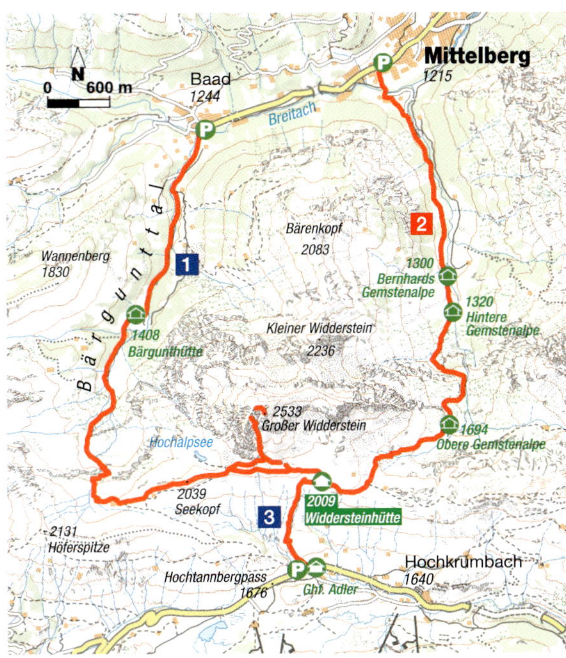

3. Von Hochkrumbach

leicht 370 Hm 1.00 Std.

Beim Gasthof Adler beginnt ein markierter Pfad, der über Alpweiden in direkter Linie hinauf zur Widdersteinhütte führt.

100

Staufner Haus (1614 m)

Wichtiger Stützpunkt in der Nagelfluhkette

Die Hütte
Staufner Haus (1614 m), AV-Haus, Kat. II, 17 Betten, 62 Lager, von Anfang Mai bis Mitte/Ende Oktober täglich und vom 26. Dezember bis Ende März, in den Ferien täglich, sonst Do bis So; Tel. 0 83 86/82 55. www.staufner-haus.de

Charakter
Von Steibis und Gunzesried leicht; alle anderen Routen erfordern Trittsicherheit, teilweise sogar Schwindelfreiheit.

Anreise
Mit Pkw: Auf der A 7 bis zum Autobahndreieck Allgäu, auf der A 980 bis Waltenhofen und weiter auf der B 19 nach Immenstadt; von dort auf der B 308 in Richtung Lindau bis Oberstaufen und dort links weiter nach Steibis zur Talstation der Imbergbahn; Parkplatz (Hüttenwege 1 und 5). Oder weiter zur Talstation der Hochgratbahn; Parkplatz (Hüttenwege 1, 2 und 3). Oder von Immenstadt auf Nebenstrecke in Richtung Sonthofen bis nach Rieden; dort rechts ab ins Gunzesrieder Tal; über Gunzesried zur Gunzesrieder Säge bis zum Ende der öffentlichen Straße (gebührenpflichtiger Parkplatz); von dort Mautstraße bis 3 km vor die Scheidwangalpe (Hüttenweg 4).
Mit Bahn/Bus: Allgäu-Schwaben-Takt nach Immenstadt und weiter nach Oberstaufen. Von dort mit Bus nach Steibis zur Talstation der Imbergbahn bzw. zur Talstation der Hochgratbahn

Weitere Hütten
Imberghaus (1225 m), privat, ganzjährig bew., Tel. 083 86/81 06
Falkenhütte (1500 m), privat, ganzjährig bew., Tel. 083 86/81 13
Berggasthof Oberstiegalpe (1178 m), privat, ganzjährig bew., Übernachtung; Tel. 083 86/81 78
Alpe Schilpre (1130 m), im Sommer einfach bew.
Scheidwangalpe (1368 m), privat, im Sommer bew.
Untere Lauchalpe und **Obere Lauchalpe**, ganzjährig bew.

Der schnellen Erreichbarkeit wegen eignet sich das Staufner Haus besonders gut auch für Familien, zumal mit dem Hochgrat ein leicht erreichbarer Hüttengipfel wartet, Mountainbiker erreichen die Alpenvereinshütte über die Untere und Obere Lauchalpe.

Das Staufner Haus der AV-Sektion Oberstaufen-Lindenberg liegt knapp unterhalb des Hauptkammes der Nagelfluhkette und wurde im Jahr 1908 errichtet. Vor der Errichtung einer Materialseilbahn wurde die Hütte mittels Träger und Mulis versorgt. Sie ist trotz des Baus der Hochgratbahn 1973 ein beliebter Stützpunkt geblieben, denn an ihr führen zwei Europäische Fernwanderwege vorbei: der E 4 und der E 5. Auch für Hundefreunde ist das Staufner Haus offen, vorausgesetzt, sie schlafen allein in der Gaststube.

1. Von Steibis

leicht 760 Hm 4.00 Std.

Mit der Hochgratbahn fahren wir zur Bergstation, dann wandern wir rechts kurz hinab zum Staufner Haus (15 Min.). **Oder zu Fuß:** Von Steibis führt ein Wanderweg entlang der Straße zur Talstation der Hochgratbahn (1.30 Std.). Kurz vorher zweigt rechts ein Verbindungsweg ab, der die Zufahrtsstraße zur Alpe Schilpre abkürzt. Auf dem Wirtschaftssträßchen geht es über die Untere und Obere Lauchalpe zur Hütte.

2. Über die Simatsgundalpe

mittel 1200 Hm 4.30 Std.

Von der Talstation der Hochgratbahn (856 m) wandern wir auf einem Sträßchen zur Hinteren Simatsgundalpe. Dort zweigt rechts der markierte Weg zur Brunnenauscharte (1628 m) ab. Wir wandern über Berg-

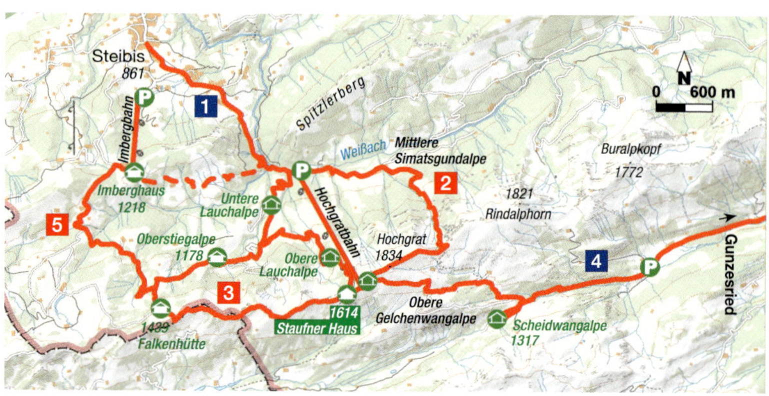

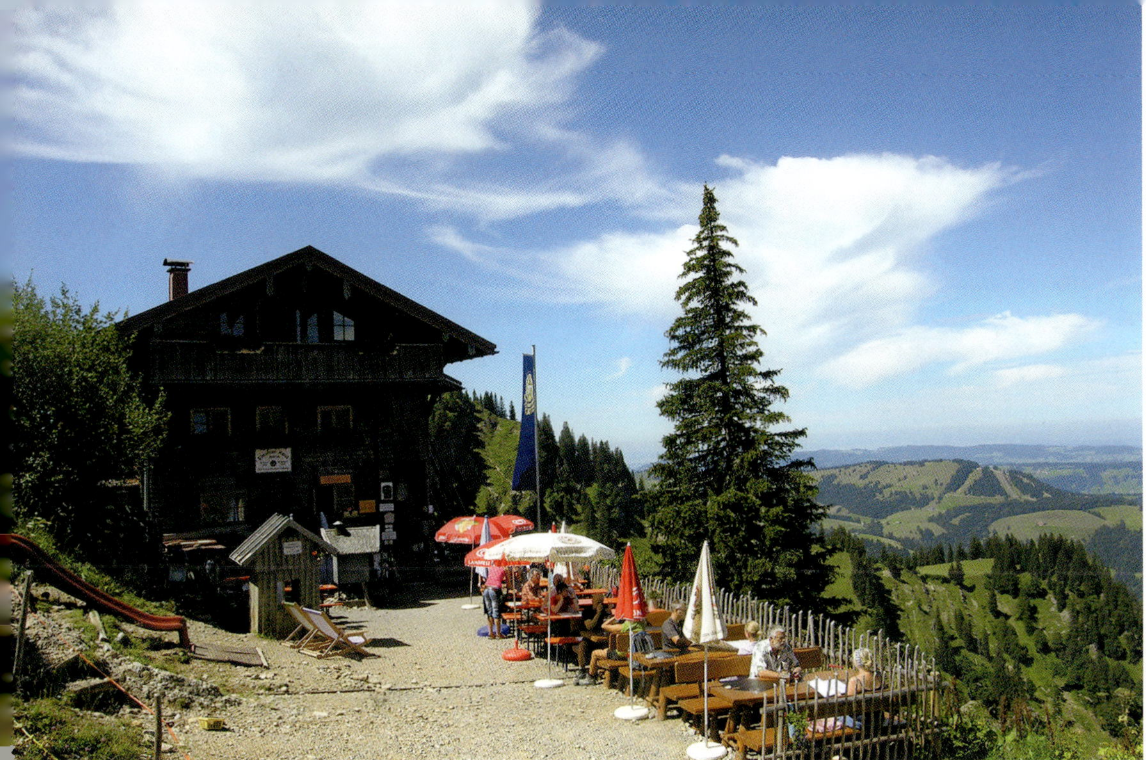

wiesen, dann durch Wald zur Gratvorsäß (1179 m). Dann geht es weiter in den Kessel unterhalb der Scharte. Wir steigen jetzt über steile Felsstufen hinauf und gelangen schließlich rechts weiter über den Hochgrat zum nahen Staufner Haus.

Das Staufner Haus unter dem Hochgrat; es ist dank der Hochgratbahn schnell zu erreichen; doch es gibt auch reizvolle Hüttenwanderwege aus den Tälern.

3. Abstiegsrunde über die Falkenhütte

mittel 860 Hm 3.00 Std.

Von der Bergstation der Hochgratbahn (1704 m) wandern wir rechts auf Fahrweg, dann auf Bergwanderweg immer auf der Grathöhe über Seelekopf (1663 m), Hohenfluhalpkopf (1635 m) und Eineguntkopf (1639 m) rechts hinab zur Falkenhütte. Dort geht es rechts auf steilem Pfad hinab zur Ziehenalpe und zum Berggasthaus Oberstiegalpe. Weiter hinab auf Fahrweg über die Untere Lauchalpe zum Parkplatz an der Talstation der Hochgratbahn.

4. Von Gunzesried

leicht 590 Hm 1.30 Std.

Entweder zu Fuß auf Fahrstraße oder gegen Mautgebühr mit Pkw zur Jausenstation Scheidwangalpe (1316 m). Von dort rechts auf rauem Ziehweg um den Leiterberg herum zur Oberen Gelchenwangalp (1580 m). Dann links haltend auf Pfad hinauf zur Bergstation der Hochgratbahn (1704 m) und in wenigen Minuten links haltend hinab zum Staufner Haus.

5. Mit der Imbergbahn

mittel 1000 Hm 3.00 Std.

Von der Bergstation der Imbergbahn (1218 m) auf markierten Wanderwegen hinauf zur Falkenhütte (1500 m). Dort in umgekehrter Richtung weiter wie Hüttenweg 3 zum Staufner Haus.

Der Hüttengipfel

leicht 440 Hm 1.15 Std.

Hochgrat (1834 m): Höchster Berg der Allgäuer Nagelfluhkette. – Mit der Hochgratbahn ist es dorthin nur mehr ein schneller Gipfelabstecher. Von der Hütte ist der Gipfel zu Fuß auf markiertem, breitem Wanderweg leicht zu erreichen.

Die 100 Hütten auf einen Blick

Piktogramme erleichtern den Überblick

- ●●● Schwierigkeit
- Gehzeit
- Höhenunterschied
- Seilbahn
- für Kinder geeignet
- Schwierigkeit des Hüttengipfels
- Klettersteig in Hüttennähe
- Öffentliche Verkehrmittel

Nr.	Schwierigkeit	Hütte	Gehzeit	Höhenunterschied	Seilbahn	für Kinder geeignet	Schwierigkeit des Hüttengipfels	Klettersteig in Hüttennähe	Öffentliche Verkehrmittel
Berchtesgadener Alpen									
1	●●●	Purtschellerhaus	1.00/1.30/3.30 Std.	350/492/1234 Hm		●	●	●	●
2	●●●●	Carl-von-Stahl-Haus	4.00/3.00/2.00/0.45 Std.	1221/1126/608/575 Hm	●	●	●		●
3	●●●	Gotzenalm	4.00/2.30/3.00 Std.	560/1030/1030 Hm	●	●	●		●
4	●●●	Kärlingerhaus	3.30/4.00/8.00 Std.	1108/1250/1230 Hm			●		●
5	●●●●	Matrashaus	5.00/5.00/3.00/5.30/8.30 Std.	1440/1540/140/1500/2400 Hm			●	●	●
6	●●●●	Riemannhaus	4.00/3.00/2.30/2.30 Std.	1360/1340/500/325 Hm			●		
7	●●	Peter-Wiechenthaler-Hütte	3.30/4.00 Std.	870/850 Hm			●	●	
8	●●●●	Ingolstädter Haus	5-6/4.30/3.30/6.00 Std.	1000/1440/1020/1730 Hm			●		
9	●●●●	Watzmannhaus	4.00/4.00/4.00/5.00 Std.	1315/1150/1325/1345 Hm			●	●	●
10	●●●	Wimbachgrieshütte	3.00/4.00/2.30 Std.	700/1625/1020 Hm		●	●		●
11	●●	Blaueishütte	2.30/3.00 Std.	890/1000 Hm		●	●	●	●
12	●●●●	Neue Traunsteiner Hütte	3.45/4.00/6.00/6.00/3.15 Std.	860/900/1640/1720/1060 Hm		●	●	●	
13	●●●●	Stöhrhaus	4.00/3.00/3.00/4.00 Std.	1280/1075/1060/1040 Hm	●	●	●	●	●
14	●●	Toni-Lenz-Hütte	2.45/1.30 Std.	940/750 Hm	●	●	●	●	●
15	●●●	Zeppezauerhaus	2.30/2.30/0.15 Std.	1180/1180/115 Hm	●	●	●	●	
Loferer und Leoganger Steinberge									
16	●●●	Passauer Hütte	2.30/4.30/4.00 Std.	1170/850/1155 Hm			●	●	
17	●●●●	Schmidt-Zabierow-Hütte	4.00/4.30/4.30/5.00 Std.	1190/1120/1150/1870 Hm			●	●	
Chiemgauer Alpen									
18	●●●	Reichenhaller Haus	3.30/3.00/3.30 Std.	1120/1120/930 Hm			●	●	
19	●●●●	Zwieselhaus	3.00/1.30/3.45/3.30 Std.	810/510/740/620 Hm		●	●		
20	●●●	Traunsteiner Hütte	1.45/2.00/2.00 Std.	400/270/400 Hm		●	●		●
21	●●●●	Hochgernhaus	2.30/3.00/3.00/3.00 Std.	915/1100/970/1370 Hm		●	●		●

22 ●●●● Straubinger Haus	2.45/2.30/4.00/2.30/2.00 Std.	880/920/890/970/240 Hm		●	●		●
23 ●●● Priener Hütte	3.00/3.00/3.30 Std.	710/1060/750 Hm		●	●		●
24 ●●●● Schwarzrieshütte	1.00/1.00/2.15/3.30 Std.	150/140/430/600 Hm		●	●		
25 ●●●● Hochrieshütte	2.30/2.30/2.30/3.30 Std.	850/810/750/950 Hm	●	●	●		
26 ●●●● Spitzsteinhaus	2.00/2.00/2.30/1.00 Std.	515/520/585/265 Hm			●		●
Kaisergebirge							
27 ●●●● Kaindlhütte	1.00/2.00/2.30/3.00 Std.	310/570/730/1120 Hm	●	●	●	●	●
28 ●●●● Vorderkaiserfeldenhütte	2.30/2.30/3.00/2.00 Std.	890/890/815/460 Hm			●		●
29 ●●● Anton-Karg-Haus	2.30/2.00/1.30 Std.	330/570/750 Hm		●	●		●
30 ●●● Stripsenjochhaus	4.30/1.30/4.00 Std.	1080/590/640 Hm			●	●	●
31 ●●●● Gaudeamushütte	0.30/1.30/1.00/4.00 Std.	285/410/420/1350 Hm		●	●	●	
32 ●●● Gruttenhütte	2.30/3.00/1.30 Std.	820/875/420 Hm			●	●	●
Rofangebirge und Brandenberger Alpen							
33 ●●●● Kufsteiner Haus	1.30/2.00/4.00/4.00 Std.	530/560/1020/1040 Hm		●	●		
34 ●● Bayreuther Hütte	2.30/3.00 Std.	1020/1040 Hm			●		●
35 ●●● Erfurter Hütte	0.15/2.45/3.00 Std.	8/885/880 Hm	●	●	●		●
Tegernseer und Schlierseer Berge							
36 ●●●● Gufferthütte	3.00/4.30/4.30/2.15 Std.	700/860/900/500 Hm		●	●		
37 ●●●● Brünnsteinhaus	2.00/2.00/2.00/2.15/1.45 Std.	200/565/460/635/630 Hm	●		●	●	
38 ●●● Kesselalm	1.30/3.00/2.30 Std.	420/1100/625 Hm		●	●		
39 ●●● Rotwandhaus	1.30/2.30/4.30 Std.	210/650/965 Hm	●	●	●		●
40 ●●●● Taubensteinhaus	2.00/1.30/4.30 Std.	550/60/620/800 Hm	●	●	●		●
41 ●●●● Schönfeldhütte	1.00/0.30/1.30/3.45 Std.	285/230/330/960 Hm		●	●		●
42 ●●● Blecksteinhaus	0.30/1.30/1.15 Std.	40/180/575 Hm		●	●		●
43 ●●●● Bodenschneidhaus	1.30/1.30/1.30/1.30	565/380/680/580 Hm	●	●	●		●
44 ●●● Tegernseer Hütte	2.30/2.30/3.00 Std.	800/800/860 Hm			●		●
45 ●●● Hirschberghaus	2.00/2.15/2.00 Std.	800/780/810 Hm		●	●		●
46 ●●● Buchsteinhütte	2.00/3.00/2.30 Std.	410/470/800 Hm		●	●		●

Karwendel								
47 ●●●	Tölzer Hütte	3.00/4.00/5.00 Std.	910/990/1060 Hm			●		●
48 ●●●	Plumsjochhütte	2.00/1.45/1.30 Std.	360/360/490 Hm			●		●
49 ●/●●	Soiernhaus	3.15/6.00 Std.	765/1230 Hm			●		●
50 ●●●	Brunnsteinhütte	2.00/3.30/2.00 Std.	600/1870/720 Hm	●	●	●	●	
51 ●●●	Hochlandhütte	3.00/2.30/2.00 Std.	725/710/830 Hm			●		●
52 ●●	Mittenwalder Hütte	1.45/4.45 Std.	610/1650 Hm	●	●	●	●	●
53 ●●	Pleisenhütte	3.00/8.00 Std	800/1870 Hm			●		●
54 ●●●	Karwendelhaus	5.00/4.00/2.30 Std.	810/850/855 Hm			●		●
55 ●●	Hallerangerhaus	5.00/3.00 Std.	840/860 Hm			●		●
56 ●●●●	Falkenhütte	2.00/3.00/3.30/2.30 Std.	700/870/920/855 Hm		●	●		●
57 ●●●	Lamsenjochhütte	2.30/2.30/2.00 Std.	755/615/690 Hm			●	●	●
58 ●●●	Gramai-Hochleger	2.30/1.45/1.30 Std.	850/490/560 Hm			●		

Isarwinkel und Estergebirge								
59 ●●●	Lenggrieser Hütte	2.00/2.00/2.00 Std.	660/680/400 Hm		●	●		●
60 ●●●	Brauneck-Gipfelhaus	2.30/2.30/3.30 Std.	840/840/1100 Hm	●	●	●		●
61 ●●	Stiealm	1.00/3.00 Std.	180/830 Hm	●	●	●	●	●
62 ●●●●	Tutzinger Hütte	2.30/4.00/4.00/4.00/4.00 Std.	700/880/1240/1020/1160 Hm			●	●	●
63 ●●●	Wankhaus	3.00/3.00/4.30 Std.	1040/1070/970 Hm	●	●	●		●
64 ●●●●	Weilheimer Hütte	3.00/4.30/5.00/4.30 Std.	1290/1090/1360/1230 Hm	●		●		●

Wetterstein und Mieminger Berge								
65 ●●●●	Kreuzeckhaus	5 Min./3.00/3.00/1.00/2.00 Std.	20/850/900/300/470 Hm	●	●	●	●	●
66 ●●●●	Höllentalangerhütte	2.00/2.00/2.30/2.00 Std.	475/630/635/720 Hm	●		●	●	●
67 ●●●	Münchner Haus	8.00/2.30/8.00 Std.	2200/920/2000 Hm	●		●	●	●
68 ●●●	Schachenhaus	5.00/3.30/530 Std.	1170/870/1350 Hm					●
69 ●●●●	Reintalangerhütte	5.00/5.00/3.30/3.00 Std.	670/465/1600/835 Hm			●	●	●
70 ●●●	Meilerhütte	5.30/4.30/4.30 Hm	1670/1360/1355 Hm			●	●	
71 ●●	Knorrhütte	7.00/5.30 Std.	1035/1000 Std. Hm	●		●	●	●
72 ●●●	Wettersteinhütte	1.30/2.00/6.15 Std.	530/510/1500 Hm		●	●		
73 ●●●●	Coburger Hütte	3.00/3.30/3.00 Std.	960/955/1090 Hm	●	●	●	●	●

Ammergauer Alpen									
74	●●●	Hörndlhütte	1.30/2.30/3.00 Std.	460/450/745 Hm	●	●	●		●
75	●●●	August-Schuster-Haus	2.30/2.00/2.30 Std.	300/730/980 Hm	●	●	●		●
76	●●●	Brunnenkopfhütte	2.00/2.00/4.00 Std.	660/170/910 Hm		●	●		●
77	●●●	Kenzenhütte	3.30/3.00/4-5.00 Std.	470/1200/800 Hm		●	●		●
78	●●●●	Tegelberghaus	2.30/2.30/2.00/2.00 Std.	890/900/900/890 Hm	●	●	●		●
79	●●●●	Säulinghaus	2.30/2.30/3.00/2.30 Std.	240/820/920/1220 Hm			●		●
Allgäuer Alpen									
80	●●●●	Gimpelhaus	2.15/4.00/2.45/2.30 Std.	520/960/820/990 Hm	●		●	●	●
81	●●●	Tannheimer Hütte	1.30/3.30/2.30 Std.	560/900/760 Hm	●		●	●	●
82	●●●●	Otto-Mayr-Hütte	3.00/3.30/3.00/0.30 Std.	710/840/1025/350 Hm	●	●	●		●
83	●●●●	Füssener Hütte	3.00/3.30/3.00/0.30 Std.	735/865/1000/325 Hm	●	●	●		●
84	●●●●	Bad Kissinger Hütte	3.00/3.00/2.00/2.00 Std.	700/940/610/370 Hm	●		●		●
85	●●●	Ostlerhütte	3.00/2.30/2.30 Std.	900/890/810 Hm	●	●			●
86	●●●●	Grüntenhaus	3.00/2.30/2.00/2.00 Std.	835/590/815/720 Hm			●		●
87	●●●●	Landsberger Hütte	2.15/3.00/4.00/5.00 Std.	640/250/850/880 Hm	●		●		●
88	●●●	Schwarzenberghütte	3.00/0.45/2.30 Std.	340/315/1050 Hm		●			●
89	●●●	Edmund-Probst-Haus	3.00/3.30/3.30 Std.	1030/920/1110 Hm	●	●	●	●	●
90	●●●	Prinz-Luitpold-Haus	4.30-2.30/5.00/4.30 Std.	980/1370/1100 Hm			●		●
91	●●●●	Hermann-von Barth-Hütte	3.30/4.00/4.30/5.30 Std.	1090/1130/1080/1100 Hm			●		●
92	●●●	Waltenbergerhaus	3.00/3.30/4.00 Std.	960/1120/1400 Hm			●		●
93	●●●	Kemptner Hütte	2.30/3.00/4.00 Std.	860/1030/1120 Hm			●	●	●
94	●●●	Rappenseehütte	4.00/4.00/3.00 Std.	1200/1200/800 Hm			●	●	●
95	●●●●	Mindelheimer Hütte	3.30/3.30/3.00/3.00 Std.	930/1110/440/720 Hm			●	●	●
96	●●●●	Fiderepasshütte	2.00/3.00/3.30/5.00 Std.	560/850/1170/1400 Hm	●		●	●	●
97	●●	Mahdtalhaus	5.30/3.00 Std.	1280/970 Hm	●	●	●		●
98	●●●●	Schwarzwasserhütte	2.00/3.00/2.15/3.00/4.30 Std.	350/860/840/860/750 Hm	●		●		●
99	●●●	Widdersteinhütte	3.30/2.30/1.00 Std.	790/800/370 Hm			●		●
100	●●●●	Staufner Haus	4.00/4.30/3.00/1.30/3.00 Std.	760/1200/860/590/1000 Hm	●	●	●		●

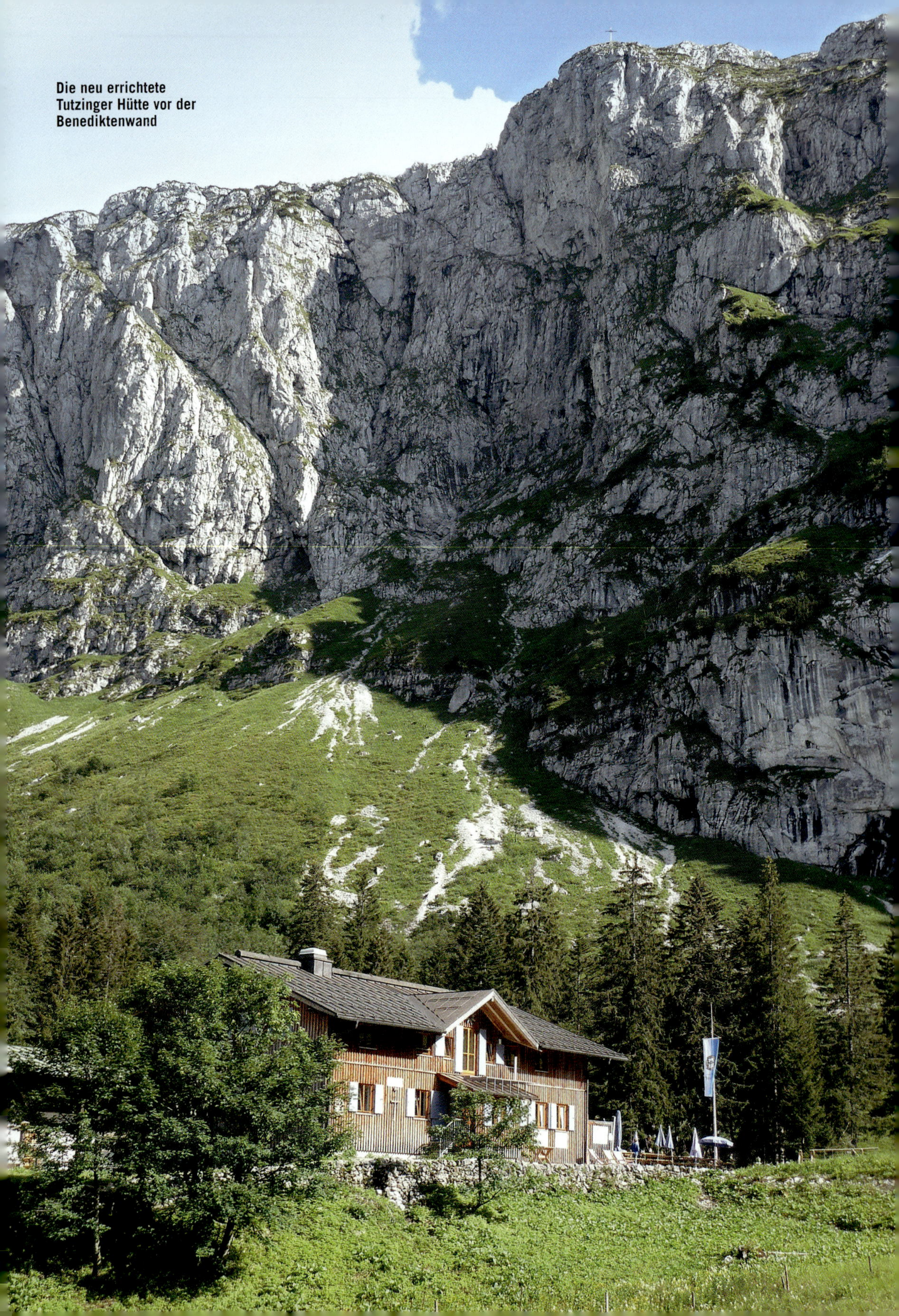

Die neu errichtete Tutzinger Hütte vor der Benediktenwand

Register